AF746902

L'ÉTAT ET LES COUTUMES AU CAMEROUN
XIXe – XXIe SIÈCLE

Contribution à une théorie pluraliste du droit
en Afrique noire postcoloniale

Collection « Mémoires du droit en Afrique »
Sous la direction des professeurs
Mamadou BADJI (*Université Cheikh Anta Diop, Sénégal)*
&
Blaise Alfred NGANDO (*Université de Yaoundé II, Cameroun)*

Conçue et dirigée par les professeurs Mamadou BADJI (Université Cheikh Anta Diop de Dakar) et Blaise Alfred NGANDO (Université de Yaoundé II), cette collection entend mobiliser non seulement les historiens du droit, mais aussi, d'une manière plus large, les juristes et autres spécialistes de la Norme en Afrique pour contribuer à faire percevoir les enjeux, les étapes, les différences et les apports de ce continent dans la marche juridique de l'histoire universelle.

Déjà parus

Blaise Alfred NGANDO (dir.), *Le droit saisi par l'histoire et l'anthropologie au Cameroun. Sur les traces des pionniers en Afrique*, 2023.
Blaise Alfred NGANDO, *Genèse de l'État et du droit au Cameroun (1472-1961). Les racines d'une Nation en construction*, Mars, 2020.

Mamadou BADJI & Samba THIAM (sous la direction de), *THALASSA ! THALASSA ! LA « GRANDE MER » ET SES PASSEURS, Itinéraires en Afrique de l'Histoire du droit et des institutions, Liber Amicorum - Mélanges en l'honneur de Bernard DURAND*, Paris, L'Harmattan, mai 2020.

Mamadou BADJI et Blaise Alfred NGANDO (sous la direction), *La Balance et le fil à plomb. Études d'Histoire du droit et de la justice* (Algérie, Bénin, Cameroun, Madagascar, Sénégal), Paris, L'Harmattan, juillet 2021.

Domê Francis YEO, *Concessions minières et droits fonciers coutumiers en Côte d'Ivoire, XIX*[e]*-XX*[e] *siècles*, Paris, L'Harmattan, novembre 2022.

Philémon Moubeke A Mboussi

L'ÉTAT ET LES COUTUMES AU CAMEROUN

XIXe – XXIe SIÈCLE

Contribution à une théorie pluraliste du droit en Afrique noire postcoloniale

L'Harmattan

© L'Harmattan, 2024
5-7, rue de l'École-Polytechnique – 75005 Paris
www.editions-harmattan.fr

ISBN : 978-2-14-032693-6
EAN : 9782140326936

À Monsieur le Professeur Émérite des Universités, Prince KUM'A NDUMBE III. Sa vision lucide et prospective sur l'enracinement culturel de l'Afrique, et partant l'orientation nouvelle des institutions africaines, a marqué le fond de ce travail.

« Rendre au village africain ancestral, aujourd'hui exclu du processus politique, sa place première dans la gestion de la cité, la nation africaine ; le village africain ancestral devra retrouver sa place première de lieu de vie premier des gens, carrefour des clans, lieu des alliances matrimoniales, économiques et politiques, d'articulation des langues, de fabrication de la personne, d'apprentissage, de fabrication de l'identité africaine, source vitale et vivifiante africaine ; source des regroupements à l'origine des empires et des royaumes, y compris l'empire égyptien, notre Kama/Mama, Nsi, ancestral ; le village devra être célébré comme don sacré incarné, source de l'équilibre de la communauté, trésor, foyer des connaissances ancestrales millénaires[1] ».

[1] Cf. KENTEY PINI-PINI NSASAY, *Manifeste de la renaissance africaine*, Douala, éditions AfricAvenir 2018.

« Rendre au village africain ancestral, aujourd'hui exclu du processus politique, sa place première dans la gestion de la cité, la nation africaine ; le village africain ancestral devra retrouver sa place première de lieu de vie premier des gens, carrefour des clans, lieu des alliances matrimoniales, économiques et politiques, d'articulation des langues, de fabrication de la personne, d'apprentissage, de fabrication de l'identité africaine, source vitale et vivifiante africaine ; source des regroupements à l'origine des empires et des royaumes, y compris l'empire égyptien, notre Kama/Mama, Nsi, ancestral ; le village devra être célébré comme don sacré incarné, source de l'équilibre de la communauté, trésor, foyer des connaissances ancestrales millénaires[1] ».

[1] Cf. KENTEY PINI-PINI NSASAY, *Manifeste de la renaissance africaine*, Douala, éditions AfricAvenir 2018.

REMERCIEMENTS

Je tiens à exprimer mes remerciements à :

- mes co-directeurs, messieurs les professeurs, Éric GAPARINI et Blaise Alfred NGANDO, pour l'encadrement de notre travail ;
- monsieur KUM'A NDUMBE III et la Fondation AfricAvenir International, structure qui a financé cette recherche en partenariat avec la Gerda Henkel Stiftung, dans le cadre du programme doctoral *Heritage and Innovations* ;
- monsieur le Professeur BIYOGO Grégoire, pour son séminaire magistral sur l'épistémologie de la recherche doctorale et postdoctorale, le 23 mars 2017 à la Fondation AfricAvenir Douala-Bonaberi ;
- l'ensemble des professeurs de l'Université de Yaoundé II-Soa, Département de Théorie de Droit, Épistémologie Juridique et Droit Comparé ;
- tous ceux qui m'ont aidé à relire ce travail, notamment : GUIMBANG A BAROUNG Estelle, NGON Bertrand, MBAMBA A BEKONGHO Célestine Raïssa ;
- tous ceux qui de près ou de loin m'ont accompagné de quelque manière que ce soit ;
- tous les nombreux chercheurs dont les travaux m'ont servi.

PRINCIPALES ABRÉVIATIONS

A&A	AfricAvenir
AEF	Afrique Equatoriale Française
AOF	Afrique Occidentale Française
Al.	Alinéa
Art	Article
BDC	Bloc Démocratique Camerounais
CAMES	Conseil Africain et Malgache de l'Enseignement Supérieur
CERDOTOLA	Centre Régional de Documentation sur les Traditions Orales et de Développement des Langues Africaines
CICIBA	Centre International de Civilisation Bantu
cf.	Confère
CNRS	Centre National de Recherche scientifique
CODESRIA	Conseil pour le Développement de la Recherche en Sciences sociales en Afrique.
Col.	Collection
CREDILA	Centre de Recherches et d'Études et de Documentation sur les Institutions et les Législations Africaines
SCED	Sciences Égyptologiques et de Développement
Édit.	Édition
FSJP	Faculté des Sciences Juridiques et Politiques
FUSL	Facultés Universitaires de Saint-Louis
GRAP	Groupe de Recherches Administratives et Politiques
Ibid	Ibidem: au même endroit
JOC	Journal Officiel du Cameroun
KNDP	Kamerun National Democratic Party

KUNC	Kamerun United Committee
LAJP	Laboratoire d'Anthropologie Juridique de Paris
LGDJ	Librairie Générale de Droit et de Jurisprudence
Loc. Cit.	Loco Citatum
N°	Numero
OHADA	Organisation pour l'Harmonisation en Afrique du Droit des Affaires
OK	One Kamerun
ONU	Organisation des Nations Unies
Op. Cit.	Opus Citatum
P	page
PP	les pages
PUAM	Presses Universitaires d'Aix-Marseille
PUF	Presse Universitaire de France
RDUS	Revue de Droit de l'Université de Sherbrooke
RGD	Revue Générale de Droit
RIDC	Revue International de Droit Comparé
S.	Savant
SCHL	Southern Cameroon High Court Law
SDN	Société Des Nations
UYII.	Université de Yaoundé II
UCAC	Université Catholique Afrique Centrale
UNESCO	Organisation des Nations Unies pour la Science et la Culture
UPC	Union des Populations du Cameroun

SOMMAIRE

REMERCIEMENTS 11

PRINCIPALES ABREVIATIONS 13

SOMMAIRE 15

INTRODUCTION GENERALE 19

PREMIERE PARTIE : DES POLITIQUES LEGISLATIVES INADAPTEES AUX COUTUMES LOCALES : LA CONSTRUCTION DU MONOPOLE D'ETAT PAR LA MISE EN PLACE DES INSTITUTIONS EXCLUSIVES 59

TITRE 1 : LE DESSAISISSEMENT INSTITUTIONNEL : LE PROCESSUS DE DECONSTRUCTION ET DE REMODELAGE DES INSTITUTIONS COUTUMIERES 61

CHAPITRE 1 : L'ETAT COLONIAL ET L'ASSUJETTISSEMENT DES INSTITUTIONS TRADITIONNELLES 63

Section 1 : Le dessaisissement des institutions politiques 65

Section 2 : Le dessaisissement des institutions sociales 97

CHAPITRE 2 : LA DYNAMIQUE DE LA RECONSTRUCTION DU NOUVEL ETAT INDEPENDANT 127

Section I : Le fondement de l'Etat nation : l'idéologie de la construction nationale 128

Section II : La conséquence logique : la poursuite des politiques coloniales, et l'inféodation des structures traditionnelles à l'administration de l'Etat.. 156

TITRE 2 : LE DESSAISISSEMENT NORMATIF : LE PROCESSUS D'ABROGATION ET DE RESTRICTION PROGRESSIVE DU CHAMP MATERIEL D'APPLICATION DES COUTUMES 177

CHAPITRE 1 : L'ETAT, JUGE DES COUTUMES : LA RELEGATION DE LA COUTUME AU RANG DE SOURCE SECONDAIRE DU DROIT 179

Section 1 : Les techniques législatives de mise en «jugement des coutumes», source du droit 181

Section 2 : les techniques jurisprudentielles d'inféodation de la coutume comme source du droit 193

CHAPITRE 2 : LA RATIONALITE COUTUMIERE EN JUGEMENT : LA RESTRICTION DU CHAMP D'APPLICATION DU DROIT PROFANE AU PROFIT DU DROIT POLITIQUE 211

Section 1 : La restriction du droit « profane ».. 213

Section 2 : La « rationalisation » des modes de production traditionnelle 239

II- L'absence des outils conceptuels.. 247

DEUXIEME PARTIE : DES POLITIQUES LEGISLATIVES ADAPTABLES : LE PROCESSUS DE RATIONALISATION DE LA PRESCRIPTION, ET LA DYNAMIQUE DES INSTITUTIONS INCLUSIVES.. 263

TITRE 1 : LA CRISE DU MONISME JURIDIQUE, DE L'ENDOGENISME, ET LA PERTE DES SENS PREMIERS DES COUTUMES 265

CHAPITRE 1 : TAXINOMIE DES PRINCIPES PREMIERS, STRUCTURANT L'ORDRE COUTUMIER INTITUTIONNEL 267

Section I : Les principes organisateurs.. 269

Section II : Le principe régulateur ou réparateur : principe de la solidarité de la dette.. 299

CHAPITRE 2 MATERIALISATION DE LA CRISE DU MODELE ETATIQUE : LES CONTOURS D'UNE CRISE DES HYPOSTASES DE LA RATIONALITE JURIDIQUE.. 319

Section I : L'hypostase légale rationnelle : la crise de la loi 320

Section 2 : L'hypostase juridictionnelle : la crise de la justice 334

TITRE 2 : LA RETERRITORIALISATION DU LIEN ETAT-COUTUMES : LA PERSPECTIVE DE LA MODELISATION DES UNIONS, NORMATIVES ET INSTITUTIONNELLES 349

CHAPITRE 1 : LE PREMIER MOMENT DE MODELISATION : ENTRE RETERRITORIALISATION ET PROBLEMATISATION DU NOUVEL ESPRIT SCIENTIFIQUE D'INCLUSION 351

Section 1 : L'inclusion par le nouvel esprit pédagogique de l'entendement 353

Section 2 : L'inclusion par le nouvel esprit d'appropriation-réappropriation des obstacles 369

CHAPITRE 2 : LE SECOND MOMENT DE LA MODELISATION : ENTRE RETERRITORIALISATION ET REDEFINITION DU PARADIGME JURIDIQUE EN AFRIQUE NOIRE 399

Section 1- Modélisation du nouveau paradigme du point de vue des fondations hétéronomes de l'Etat et des coutumes : les prémices majeures 402

Section 2- Modélisation de la perspective des institutions inclusives 433

CONCLUSION GENERALE **481**

BIBLIOGRAPHIE 493

ANNEXES **529**

TABLE DES MATIERES **577**

INTRODUCTION GÉNÉRALE

Lorsqu'on traite du concept d'État en droit, l'on peut être amené à croire que tout a déjà été dit[2]. Mais il n'en est rien pour ce qui est de l'État en Afrique noire[3]. L'État souffre d'un déficit de culture[4], puisque né du fait colonial[5], fait de domination par excellence[6]. Les institutions de l'État [7]en Afrique sont de ce fait, une émanation externe. Par le recours à l'idéologie, elles ont été pensées et conçues sous le primat du *logos* et donc de la volonté d'unir et de légitimer par le présupposé civilisateur et les monothéismes politiques. Cet

---

[2] Cf. BRAUD (Philippe), *Penser l'État*, Paris, Points, 2004.

[3] Cf. BADIE (Bertrand), L'État importé, essai sur l'occidentalisation de l'ordre politique, Fayard, 1992 ; SINDJOUN (Luc), L'État ailleurs, entre noyau dur et case vide, AEF, Economica, 2002.

[4] Cf. *L'État moderne horizon 2000, Aspects internes et externes*, Mélanges offerts à P.F. GONIDEC, LGDJ, 1985 ; ASSOUMOU (Jules) et AMABIAMINA (Flora), *Pour une culture africaine au service du développement*, édit. AfricAvenir, 2017, 351p. ; MOCTAR BA (Cheikh), *Les cosmogonies et cosmologies africaines et grecques, centralité et implications sociales*, édit. Connaissances et savoirs, col. Sciences humaines et sociales, 2013, pp. 38 et s. ; voir aussi BIYOGO (Grégoire), Président de la société savante Imhotep, séminaire du CERDOTOLA sur le thème « L'Afrique à la quête d'un développement culturellement soutenable, place et rôle des traditions africaines dans les dynamiques contemporaines de l'émergence. Leçon prescriptive » du 18 au 21 juin 2015 ; OMOTUNDE NIOUSSERE K., *Cosmogénèse Kamite*, tome 1, Anyjart, 2015.

[5] Cf. ROLLAND (Louis), LAMPUE (Pierre), *Droit d'Outre-Mer*, troisième Édition, 1959 ; Notamment sur le caractère historique de la colonisation, sur le droit international des non métropolitains et sur la formation et l'aspect de l'empire colonial français. pp. 4-34 ; et pp. 35-100. Pour ce qui est de principes constitutionnels et de la question de la tutelle internationale et du mandat des peuples colonisés. Voir aussi, parlant de l'État colonial en Afrique, SINDJOUN (Luc), *L'État ailleurs, entre noyau dur et case vide,* AEF, Economica, 2002 ; KAMTO (Maurice), *Pouvoir et droit en Afrique noire, Essai sur les fondements du constitutionnalisme dans les États d'Afrique noire francophone*, Paris, LGDJ, 1987.

[6] Cf. ROLLAND (Louis), LAMPUE (Pierre), Droit d'Outre-Mer, Op. Cit ; DARESTE (Pierre), Traité de droit colonial, Tome 1, Paris, 1931 ; DURAND (Bernard), « Les décrets coloniaux sont-ils des Lois ou des Règlements?» in La Justice et le Droit : Instruments d'une stratégie coloniale (sous la direction du Professeur Bernard DURAND), vol. 1, UMR 5815 ; GONIDEC (Pierre Françoise), Droit d'Outre-Mer, de l'empire coloniale de la France à la communauté, Tome 1, Édition Montchrétien, 1049, 594p ; du même auteur, Les droits africains Evolution et sources, Tome 1, 2e édition, Paris, LGDJ, 1976 ; EVANS (Lewin), Le Régime Allemand en Afrique, Paris, 1918 ; BRUNSCHWIG (Henri), L'Expansion Allemande d'Outre-Mer, du XVe siècle à nos jours, Paris, PUF, 1957 ; COUGET (Bertrand), « Colonies allemandes, avant et pendant la guerre », Thèse pour le Doctorat, Toulouse, Libraire Editeur, 1917 ; RAMZY (Osman), « De l'organisation politique et l'évolution des colonies anglaises », Thèse pour le Doctorat, RENNES, Imprimerie G. VATAR, 1926 ; BARLAUD (Emile), La politique indigène de l'Angleterre en Afrique Occidentale, Paris Hachette et Cie, Toulouse EDOUARD PRIVAT, 1912 ; DE BROSSCHERE (Guy), Les deux versants de l'histoire, Autopsie de la colonisation, Paris, Albin Michel, 1967, pp. 37-86.

[7] Cf. DUVERGER (Maurice), *Institutions politiques et droit constitutionnel, tome 2, Le système politique* français, Paris, PUF, 1976.

emprunt[8] des institutions est aussi par ricochet celui des logiques et des épistémès. Il induit l'arrachement à sa communauté de vie, comme panacée pour sortir des identités tribales éparses. Ce faisant, construire une identité nationale et républicaine, en rupture avec le socle traditionnel originel ; c'est la traduction de l'injonction de civilisation véhiculée hier par la colonisation et aujourd'hui par la pensée néolibérale[9]. Ceci passe par la définition des référentiels transnationaux à l'instar de la république, de la nation, du développement, de la démocratie, des libertés individuelles et des droits de l'homme. Le cadre légal de construction de l'État se démarque ainsi de son contexte socioculturel de nature communautaire. En Afrique, le socle de personnification de la société coutumière fut pendant longtemps le lignage, le clan, et la tribu. Puis viendront, par le processus civilisationnel, le royaume et l'empire. À ces anciens cadres d'amalgamation de la société politique, est venu se substituer d'autorité, l'État[10]. Bien que la primauté de l'État soit affirmée[11], sa construction semble se faire dans la minoration et le conditionnement global du paradigme local. Il ne serait pas de ce fait, le résultat des dynamiques sociales endogènes [12]de maturation et des permutations transhistoriques des dynamiques internes d'un peuple capable d'historicité, capable de suivre sa propre trajectoire historique, sa temporalité propre à l'abri du modèle dominant, et de l'injonction de la dictature des idées

---

[8] La fabrication du droit en Afrique comme phénomène révolutionnaire « la fabrication du droit en Afrique ne se traduit pas seulement par un emprunt ou mieux par un recours au modèle préexistant dont la pratique est déjà lointaine, mais manifeste également une prise de conscience nouvelle : celle de la nécessité de repenser le droit au-delà de ce que U-BECK appelle le rationalisme méthodologique ». Cf. SOBZE (Serge François), « De la création du droit en Afrique à comment fabrique-t-on le droit en Afrique ? Quelles innovations pour la sécurité juridique en Afrique ? » In, La fabrique du droit en Afrique, Actes du premier symposium juridique de Libreville (21-22 novembre 2013). Revue de la Fondation Raponda-Walter, n° 6 – 2013. pp. 45 et s. p. 55. Lire aussi U-BECK, Pouvoir et contre-pouvoir à l'heure de la mondialisation, Paris, Flammarion, 2003, p. 105.

[9] Cf. Dictionnaire des idées, Encyclopedia Universalis, SA France, 2012, (1476p.), pp. 237 et s.

[10] Cf. OLINGA (Alain Didier), préface de l'ouvrage de Célestin TAGOU, Démocratie rotative, Transcendance et transformation politique des identités ethno-régionales dans l'État-Nation du XXIe siècle, Presses des Universités Protestantes D'Afrique, les éditions du Sahel, 2017, p. 10.

[11] « La nation est politiquement plus englobante que l'ethnie. Elle est une instance politiquement supérieure à l'ethnie ». Ibid., p. 59.

[12] Cf. Kuyu Mwissa (Camille), *Repenser les droits africains pour le XXIe siècle*, Yaoundé, Éditions Menaïbuc ; BIYOGO (Grégoire), Président de la société savante Imhotep. Séminaire du CERDOTOLA sur le thème « L'Afrique à la quête d'un développement culturellement soutenable, place et rôle des traditions africaines dans les dynamiques contemporaines de l'émergence ». Leçon prescriptive. Selon l'auteur, toute connaissance qui n'intègre pas d'endogénéité est simplement a-raisonnante. « *L'endogénéité est la science qui dit les principes premiers, les causes premières (Aristote) qui révèle l'oubli de l'oubli (Heidegger). Ces principes premiers et ces causes premières ont été oubliés et nous avons oublié que nous les avons oubliés* ».

néolibérales. Le processus historique étant fondamentalement dialectique[13]. Il est, un fait de conquête, de viol des notabilités traditionnelles et de la rencontre[14] asymétrique des rationalités[15]. De ce simple constat et du fait même de cette discontinuité historique, la lisibilité de l'État et de son historicité[16] pose problème[17] sous les tropiques. Ce d'autant plus que la différence des visions du monde[18] est tangible. C'est l'opposition des paradigmes, des systèmes de valeurs[19] entre le monothéisme cosmologique[20]

---

[13] Cf. HEGEL, *La Philosophie de l'histoire*, Nouvelle édition, sous la direction de Myriam Bienenstock. Paris, LGF, Collection La Pochothèque, 2009 ; FUKUYAMA (Francis), *La fin de l'histoire et le dernier homme*, traduit de l'anglais par Denis- Armand Canal, Champs essais, p. 91. L'auteur note avec insistance que la société des hommes a évolué au cours des temps depuis les structures sociales primitives jusqu'à des ensembles plus complexes et hautement développés.

[14] Cf. NOA ONANA (Godefroy), Tradition et modernité, quel modèle pour l'Afrique ? Une étude du concept tradition dans ses rapports avec la modernité des lumières jusqu'à l'époque contemporaine, thèse de doctorat nouveau régime en philosophie : option Métaphysique, Epistémologie, Esthétique, Univ. De Paris-Est Creteil, 2013, p.9. BIDIMA (Jean Godefroy), « Rationalités et procédures juridiques en Afrique », Diogène, 2002, BIDIMA affirme en substance que: « la rencontre, qu'elle soit un choc ou une synthèse harmonieuse traduit un équilibre assez fragile, car deux réalités (...) en contact ne seront jamais arithmétiquement proportionnelles; l'asymétrie est constitutive de la rencontre avec l'autre...d'où cette fragilité, qui est en fait la traduction de la rencontre lieu et moment d'instabilité et par conséquent de réversibilité », p. 81.

[15] À quoi reconnait-on une rationalité? À la manière dont elle décline ses modalités d'efficacité, répondra-t-on. Une rationalité serait cette mise en ordre qui, dans un discours, une représentation ou une pratique rend compte à la fois de la logique des processus et des résultats. Arrêtée à ce niveau, la réponse paraît bien générale et imprécise. Et c'est justement du coté de cette imprécision qu'il faut peut-être chercher le sens de la rationalité...la rencontre des rationalités serait dans ce sens, la rencontre des cultures ou des formes d'expression des civilisations. BIDIMA (Jean Godefroy), « Rationalités et procédures juridiques en Afrique », ibid. p. 83 et s.

[16] Cf. BRAUD (Philippe), *Penser l'État*, Op. Cit., pp. 105-132 ; HARTOG (François), *Régime d'historicité : présentisme et expériences du temps*, édit. Points, 2015.

[17] Cf. ROULAND (Norbert), *Introduction historique au droit*, Paris, PUF, 1998.

[18] Cf. MOCTAR BA (Cheikh), Étude comparative entre les cosmogonies grecques et africaines, L'Harmathan, 2007, col. Études africaines ; du même auteur, Les cosmogonies et cosmologies africaines et grecques, centralité et implications sociales, édit. Connaissances et savoirs, col. Sciences humaines et sociales, 2013 ; ROULAND (Norbert), Aux confins du droit, Paris, Éditions Odile Jacob, 1991 ; EBERHARD (Christoph), Le droit au miroir des cultures. Pour une autre mondialisation, Paris, L.G.D.J, 2010 ; ALLIOT (Michel), « La coutume dans les droits originellement africains, Bulletin de liaison du LASP, 7-8, 1985, p.79 et s. voir aussi MBOG BASSONG, La pensée africaine, Essai sur l'universisme philosophique, Kiyikaat, 2012.

[19] MOCTAR BA (Cheikh), *Les cosmogonies et cosmologies africaines et grecques, centralité et implications sociales*, édit. Connaissances et savoirs, col. Sciences humaines et sociales, 2013, Op. Cit., pp. 37 et s.; GILES (David) « L'irrédentisme des valeurs dans le droit : la quête du fondement axiologique » ; R.D.U.S, 42, 2012, p. 309-361.

[20] Le terme désigne la conception de l'ordre naturel dans la cosmogonie traditionnelle négro-africaine, conception dans la quelle c'est l'indifférencié qui fait la différence, ou la création, ou

ou cosmogénèse[21] et le monothéisme politique [22]au service de l'hégémonie géopolitique de l'Occident. Ce postulat entraine une différenciation des règles régissant la vie en communauté. Cette différence se fonde sur l'existence ou l'absence de séparation entre le profane et le sacré ; la conception globale ou conventionnelle de la norme. Il en va de même des formes de structuration d'ordonnancement [23]fondées soit sur le modèle prescriptif soit sur le modèle délibératif. D'où le clivage entre les sociétés sans État[24] et les sociétés étatiques, le clivage entre les sociétés laïques et les communautés ayant le sacré pour référentiel. Importé aux premières heures de la colonisation, l'État est légitimé au plan théorique par l'idéologie de la mission civilisatrice[25], et au plan méthodologique par l'orthodoxie de la rationalité de la science positive[26]. L'État revendique ainsi, selon WEBER Max[27], à la fois le monopole de la force et du droit[28]. Au pire des cas, l'État se confond avec le droit[29]. Ainsi, pour MOREAU Jacques, la « domination de l'État s'exerce d'abord à travers la production d'un droit obligatoire »[30]. Malgré cette imbrication à la fois de l'État et de son droit, la résilience des sociétés dites

---

du moins, l'être n'est pas antérieur à la fonction. Cf. BIDIMA (Jean Godefroy), « Rationalités et procédures juridiques en Afrique », pp.90 et s. MBOG BASSONG, *La pensée africaine, Essai sur l'universisme philosophique*, Kiyikaat, 2012 ; Cf. KALAMBA NSAPO, *Théologie Africaine, les grands courants de pensée de l'antiquité au 21e siècle*, col. Sciences égyptologiques et développement (CSED), 2015, 389p.

[21] Cf. OMOTUNDE NIOUSSERE K., Cosmogénèse Kamite, tome 1, Anyjart, 2015 ; du même auteur, Cosmogénèse Kamite, comprendre le grand livre céleste, tome 2, Anyjart, 2015 ; Cosmogénèse Kamite, le mystère des divinités africaines transmuées en saints chrétiens, tome 3, Anyjart, 2017.

[22] Le terme désigne la conception de l'ordre naturel dans la cosmogonie Hébraïque, judéo-chrétienne, fondé sur l'antériorité de l'être sur la fonction ou la création, et l'ordre conçu comme le résultat exclusif de la volonté divine.

[23] Cf. MOCTAR BA (Cheikh), *Les cosmogonies et cosmologies africaines et grecques, centralité et implications sociales*, Édit. Connaissances et savoirs, col. Sciences humaines et sociales, 2013, Op. Cit.

[24] Cf. COHEN-TANUGI (Laurent), *Le droit sans l'État,* Paris, 2e édition « Quadrige », 2007.

[25] Cf. NGANDO (Blaise Alfred), *La présence française au Cameroun (1916-1959) colonialisme ou mission civilisatrice*, PUAM, 2009.

[26] Cf. COMTE (Auguste), *Leçon de sociologie : cours de philosophie positive*, leçon 47 à 51, 2012. JURGEN HABERMAS, *Connaissance et intérêt*, Gallimard, 1979.

[27] Cf. WEBER (Max), *Economie et société*, Pocket, nouvelle édition, 2003, 410p.

[28] Certains parlent ouvertement, traitant de l'État postmoderne, de la réaffirmation d'un « méta paradigme » ancien, celui de l'Etatisation. NTONO TSIMI (Germain), Le paradigme du crime contre l'humanité et la renaissance du pluralisme juridique dans les droits pénaux africains, thèse pour doctorat/Ph.D en droit, Univ. De Yaoundé II, 2012, résumé, p. vi.

[29] Ainsi par exemple, Hans KELSEN considère que la notion d'État de droit est un pléonasme, car dit-il l'État est une émanation de l'ordre juridique, ou mieux il se confond avec le droit. Hans KELSEN, *Théorie pure du droit*, traduction française, 2è édit., par C. EISENMAN, Paris, Dalloz, 1962, p.378.

[30] Cf. MOREAU(Jacques), cité par BRAUD(Philippe), *Penser l'État*, Op. Cit. P 14

traditionnelles[31] n'a eu guère de difficulté à se manifester. Cette résistance a entamé la légitimité de l'État, partout ailleurs en Afrique, et au Cameroun en particulier. Ceci passe aussi, par l'apparition de systèmes normatifs parallèles[32]. Cette résilience allant jusqu'à la réification des critères qui, dans la conception positiviste, jusqu'ici, bornaient le champ du droit politique. Et de ce fait, ouvrant la possibilité et la perspective pour les droits informels de mieux se mouvoir au sein du corps social. Le plus souvent, ce sera au mépris de la prescription. D'où la crise de l'État[33]. Crise manifestée par le désordre normatif[34], au-delà des déclamations « légitimantes[35] ». Car, comme le note avec pertinence BRAUD Philippe[36] : « Le problème est de savoir si ce type de désordre est le symptôme d'une recomposition sociopolitique permettant à la société considérée de se délivrer d'archaïsmes jugés pesants ou bien si elle constitue le prélude à une forme d'implosion du système d'organisation sociale tout entier ». Cette crise plurielle[37], « fruit d'une occidentalisation de

[31] Ainsi, le Professeur BOKALLI note que « la loi étrangère s'est heurtée à l'hostilité, quand ce n'est pas simplement l'indifférence des populations ». BOKALLI (Emmanuel Victor), « La coutume source de droit au Cameroun » 28 RGD, 1997, p. 39.

[32] Cf. NKOU MVONDO (Prosper), « La justice parallèle au Cameroun : la réponse des populations à la crise de la justice de l'État », in *Droit et Société*, n°51/52-2002, pp. 369-381.

[33] Cette crise se fonde sur la confrontation de quatre éléments majeurs : la mythologie précoloniale, les mythes de justification coloniale, le complexe mythe-idéologie typique de la réaction anticoloniale, et l'idéologie propre à la période postcoloniale. Cf. THOMAS (L. V.), *Les idéologies négro-africaines d'aujourd'hui*, Librairie A. G. Nizet, (non daté), p.78.

[34] Le terme désigne ici un environnement juridique baroque ou pluriel, dû à l'inflation législative contemporaine à nos sociétés modernes et au folklore juridique caractéristique des sociétés traditionnelles et du droit coutumier qui hante encore notre édifice normatif. Ainsi par exemple on note un processus de complexification des ordres juridique comme un effet induit de la modernité. De l'avis même du Pr Germain NTONO TSIMI, on assiste à « une transition des modèles simples post coloniaux aux modèles complexes postmodernes ». NTONO TSIMI (Germain), *Le paradigme du crime contre l'humanité et la renaissance du pluralisme juridique dans les droits pénaux africains* Op. Cit.

[35] Au plan substantiel, nul n'est censé ignorer la loi, la loi c'est la loi, force doit rester à la loi ; au plan méthodologique, le formalisme froid de l'exégèse, le décret de scientificité et l'allégation de l'objectivité.

[36] Cf. BRAUD (Philippe), *Penser l'État*, Points, 2004, p. 154.

[37] Elle sera qualifiée de plurielle si et seulement si on épouse les contours de la pensée binaire, le rejet momentané de la pensée unitaire, qui en fait partie d'ailleurs, et donc, si nous nous inscrivons nous-mêmes dans une logique essentialiste et d'ordre finaliste.

façade »[38], interpelle moins le droit[39] que le juriste[40]. Elle impose la nécessité de repenser à nouveau l'État[41], ses envers[42] et ses revers[43]. L'horizon étant la résolution des conjectures accumulées du fait de l'instauration des rapports de force. Comme le note DUVERGER Maurice: « La révolution n'est jamais fortuite. Celle de 1789 n'aurait évidemment pas éclaté si l'ancien régime n'avait recelé en lui de profondes contradictions, si le consensus national n'avait pas été déjà mis en cause auparavant »[44].

En effet, l'État jusqu'ici, du fait des rapports de minoration qu'il entretient avec les coutumes, se laisse penser pour l'essentiel, à l'intérieur du paradigme dominant. Il s'agit du paradigme positif dans son pendant actuel : la certitude des énoncés. Mais, cette manière de penser l'État, issue des épistémologies restrictives[45], a montré ses limites[46]. Voilà pourquoi, dans la perspective d'un renouvellement de la pensée, il est désormais question d'y adjoindre une démarche alternative. De voir surtout si au-delà de la rationalité prescriptive, la question de la pratique locale est dénuée de tout fondement et de tout intérêt juridique. Autrement dit, il faut réarticuler l'État en Afrique et plus fondamentalement au Cameroun, dans un environnement composite[47]. C'est la problématisation de la reterritorialisation de l'État dans le contexte africain. Cette question n'est pas nouvelle au Cameroun. En effet, depuis plus de cinq

---

[38] Cf. BRAUD (Philippe), *Penser l'État*, Op. Cit. p. 152.

[39] Parce que par définition le droit est impersonnel général et neutre et n'a de ce fait, du moins en théorie, aucune visée subjective. OLINGA (Alain Didier), *Qu'est-ce qu'un juriste? Élément pour une dogmatique éthique,* Yaoundé, édit. Clé. Il pense en fait que « *il n'y a pas une conception courageuse et une conception lâche du droit ; ce sont les juristes qui peuvent être lâches ou courageux* », le juriste a le droit de critiquer le droit positif au fond. pp. 62 et s.

[40] Le juriste, membre de la communauté scientifique et de la société est appelé à prendre et à assumer ses positions surtout dans notre paysage juridique où, dit-on, le droit est en crise. Cf. OLINGA (Alain Didier), *Qu'est-ce qu'un juriste? Élément pour une dogmatique éthique, ibid.*

[41]Cf. BRAUD (Philippe), *Penser l'État*, Op. Cit.

[42] L'effet positif qui résulte de la stabilisation de l'ordre social par le rassemblement par le haut, des souverainetés villageoises et traditionnelles éparses.

[43] Notamment la crise de l'État de droit libéral, crise de la légitimité, crise de l'autorité, crise de la prétention démocratique et de la représentation. Cf. GAUCHET (Marcel), *La révolution des pouvoirs : la souveraineté, le peuple et la représentation :* 1789 - 1799, Paris, Gallimard, 1995, 304 p. ; BIDIMA (Jean Godefroy), *Théorie critique et modernité négro-Africaine, de l'école de Francfort à la « DOCTA SPES AFRICANA »,* publication de la Sorbonne, 1995.

[44] Cf. DUVERGER (Maurice), Institutions politiques et droit constitutionnel, tome 2, Le système politique français, Op. Cit., p. 9.

[45] Notamment la certitude de la philosophie des lumières ; avec des auteurs majeurs comme DECARTES et KANT.

[46] Notamment le passage de la trans-rationalité à la rationalité ; la sortie de l'ordre hétéronome pour l'autonomie de la volonté, l'impasse et la manipulation de l'ordre juridique global qui en sont les fruits.

[47] Cf. DUGAST (Idelette), *Inventaire ethnique du Sud Cameroun*, IRCAM, Mémoire I, Série populations, Paris, 1949.

décennies l'État camerounais a entamé sa mue à travers la réforme[48]. Le processus de réforme, bien qu'étant une exigence de la gouvernance[49], vise à assurer la pérennité[50] de l'État au moyen de sa légitimation et son acclimatation à son environnement[51]. Un environnement qui est à la fois complexe [52]et émergent[53]. Mais un environnement qui se complexifie davantage sous les effets induits par le droit de la postmodernité[54].

Aussi, la réflexion sur l'État et les coutumes au Cameroun ne saurait être purement dogmatique. Elle risquerait, si tel était le cas, s'enfermer dans des débats théoriques et manquer son objet qui est la redéfinition d'un nouveau contrat social au Cameroun, restant globalement tributaire du colonialisme et son présupposé civilisateur ; dans un monde postcolonial. Pour les juristes, cette relation est encore dictée par le zèle de la modernité et de l'orthodoxie de la rationalité[55]des codes idéologiques et du modèle prescriptif. Pour les anthropologues, c'est la nostalgie du passé et la tentative de l'exhumer, tel qu'il soit, par la recherche des bribes de la juridicité[56] à la lisière du modèle délibératif ou primitif. Encore que, de l'avis même du professeur

---

[48] ABOUEM A TCHOYI (David) et M'BAFOU (Stéphane Claude), *50 ans de réforme de l'État au Cameroun, Stratégie, Bilan et perspectives*, ouvrage collectif, l'Harmattan, 2013.

[49] La gouvernance conçue comme catégorie analytique et pratique. Cf. FUKUYAMA (Francis), State *building : gouvernance et ordre du monde au XXIe siècle, trad. Denis-Armand Canal*, Paris, 2005, la Table ronde, 198 p.

[50] Conscient du fait qu'aucun pouvoir ne saurait se maintenir sans être légitime, la réforme de l'État vise avant tout à asseoir sa légitimité et sa pérennité. Cf. NJOYA (Jean), Le pouvoir traditionnel en pays Bamoun : Essai sur la parenté gouvernante, Thèse pour l'obtention du doctorat 3e cycle en science politique, Univ. De Yaoundé II, 1993.

[51] Il s'agit bien de rendre possible le projet républicain pour ne pas sombrer dans ce que DUVERGER qualifie de « république impossible ». Cf. DUVERGER (Maurice), *Institutions politiques et droit constitutionnel,* tome 2, *Le système politique français*, Op. Cit, p 25. Cette impossibilité résultant à la fois de la faillite des réformes volontaires et des réformes imposées.

[52] La complexité résulte à la fois du caractère composite de la société, du pluralisme ambiant, du multi - juridisme et est exacerbée par le principe de la spécialisation scientifique, principe qui soustrait de notre connaissance immédiate, du moins d'un point de vue de la transmission de la connaissance, l'accaparement du réel dans sa totalité et son entièreté. MORIN (Edgar), *Introduction à la pensée complexe*, Paris, édit. Du Seuil, 2005.

[53] Émergent parce que le réel n'est pas statique, mais dynamique. Et du fait même de ce dynamisme, une connaissance absolue du réel à un moment donné est illusoire. Ibid.

[54] La postmodernité est à l'origine, non seulement du phénomène dit de l'inflation législative, mais aussi, et surtout d'une concurrence normative globale. On assiste ainsi à un foisonnement des ordres normatifs : l'ordre étatique, les ordres supra et intra étatiques et les ordres infra étatiques. FRYDMAN (Benoit) la concurrence normative européenne et globale, *in,* https://ulb.academia.edu/BenoitFrydman.

[55] Cf. JURGEN HABERMAS, *Connaissance et intérêt*, Gallimard, 1979.

[56] Cf. ROULAND (Norbert), *Aux confins du droit. Anthropologie juridique de la modernité (ouvrage numérique)*, 1991. Voir aussi ALLIOT (Michel), « Anthropologie et juristique. Sur les conditions d'élaboration d'une véritable science de droit ». *Bulletin de liaison du L.A.J.P.* n°6, 1983, pp 83-117.

POUGOUE Paul-Gérard: « Le droit traditionnel africain recèle des ressorts pour résoudre, au moins partiellement, la contradiction contemporaine du phénomène juridique. L'enjeu est toujours d'améliorer les conditions de vie au sein de la société »[57]. Pour y parvenir, une démarche médiane pour la redéfinition de la modernité juridique africaine, le devenir de l'État, s'impose. Elle interpelle surtout les juristes africains dans la quête des institutions adaptées aux sociétés plurielles. Ceci, au-delà des querelles de chapelles de la pensée juridique[58] contemporaine. Car, comme l'écrivait déjà Portalis[59], *les lois sont faites pour les hommes et non l'inverse*. De ce fait, c'est un pur hasard si celles d'un peuple peuvent convenir à un autre peuple. Aussi, convient-il de tenter de dégager par cette démarche, non pas la voie, ou la solution, mais un début de réflexion. Une réflexion fondée sur les principes premiers de la rencontre des rationalités étatique (modèle prescriptif) et coutumière (modèle délibératif). Cette réflexion, portant sur la rencontre proprement dite entre « tradition et modernité », sera opérée au moyen d'une mise en tension des héritages[60] juridiques ; dans la définition du postulat. Elle implique un dépassement de la pensée positive. Il ne s'agit pas de composer une diatribe contre l'État. Tout au moins, il est question de produire « une critique(en somme) à l'égard de la pensée philosophique elle-même lorsqu'elle voudrait se poser elle-même comme entéléchie, et comme discours autoritaire d'où partirait la mission civilisatrice et la nécessité subséquente de transmettre au reste du monde, qui dit on serait autrement privé »[61]. En effet, comme le martèle le Professeur BIYOGO, ces « héritages n'ont jamais été assez pensés pour qu'on cessât soudain de les revisiter, de les discuter, de les rediscuter, de les déconstruire et pour espérer les renouveler de l'intérieur »[62]. Le renouvellement de la pensée juridique, de la normativité et des institutions en constitue l'horizon. Il s'inscrit de plein droit dans la règle des trois termes : le

---

[57] Cf. POUGOUE (Paul Gérard), « Les colonnes philosophales du droit, les enseignements du droit traditionnel africain ». Conférence donnée le 24/08/2016 à la fondation AfricAvenir International.

[58] Cf. FONTAINE (laureline), Qu'est-ce qu'un « grand » juriste ?, essai sur les juristes et la pensée juridique moderne, Paris, édit. Lextenso.

[59] Discours sur la présentation de l'avant-projet du code civil de 1804. « Le législateur ne doit point perdre de vue que les lois sont faites pour les hommes, et non les hommes pour les lois ; qu'elles doivent être adaptées au caractère, aux habitudes, à la situation du peuple pour lequel elles sont faites ; qu'il faut être sobre de nouveautés en matière de législation, parce que s'il est possible, dans une institution nouvelle, de calculer les avantages que la théorie nous offre, il ne l'est pas de connaitre tous les inconvénients que la pratique seule peut découvrir ». Cf. ROULAND (Norbert), Aux confins du droit. Anthropologie juridique de la modernité, Op. Cit., p. 10.

[60] Cf. BIYOGO (Grégoire), Adieu à Jacques DERRIDA, Enjeux et perspectives de la déconstruction, L'Harmattan Gabon, 2005, pp. 47-51.

[61] Ibid. p.49.

[62] Ibid., *p.50.*

court, le moyen et le long terme. Pour cela, une mise en tension à travers l'éthique de la « différence »[63] est nécessaire. De même qu'une inflexion qui épouse une conception de l'État sur le fondement autre que l'unilatéralisme d'un monisme d'imposition[64] ; encore moins sur un dualisme résultant de la bifurcation des rationalités traditionnelle et moderne. Mais, sur l'éclosion de la rencontre des rationalités juridiques endogènes[65] et exogènes, enfouies[66] au sein même de la société. Cette pensée laisse transparaitre en filigrane l'enjeu de toutes les sociétés humaines, celui de penser et de poser de manière rationnelle, l'ordre social. Cela se fait au nom du commun profit et de l'intérêt général. En restant aux antipodes de deux attitudes erronées que sont d'une part l'hostilité réactionnaire à l'apport extérieur, toujours enrichissant, d'autre part, l'imitation des modèles entéléchiques de civilisation, parce que le devenir d'un peuple ne peut se résumer à mimer les catégories juridiques

[63] Cf. DERRIDA (Jacques), Positions, Paris, Minuit, col. Critique, 1972, pp. 17-18. Voir aussi, BIYOGO (Grégoire), *Adieu à Jacques DERRIDA, Enjeux et perspectives de la déconstruction,* Op. Cit., pp. 91-95. De l'avis même de ce dernier, « il s'agit de s'arracher à la pensée du fondement et au mythe de la fondation des certitudes ; et arracher à leur fausse innocence les fameux mythes dualistes, oppositionnels, hiérarchisant », *pp.*91-92. Mieux encore, la pensée de la différence « se déploie, s'ouvre, erre, traverse, renverse, travaille, doute, se questionne, transporte, transforme sans que l'on ne puisse jamais prévoir sa trajectoire. Le primat de logos est puissamment contesté ici dans la volonté d'unir, de réunir, d'ordonner, de diriger, d'orienter. L'autoritarisme d'un tel mécanisme de contrôle est récusé, qui fait place à celui de la trace. Inaugurale, la différence serait antérieure à l'être lui-même », ibid.

[64]Cf. MEBENGA (Mathieu), « Le droit et ses pratiques : expérience camerounaise », in *Bibliothèque de l'Académie africaine de théorie du droit,* sous la direction de Camille KUYU MWISSA, « Repenser les droits africains pour le XXIe siècle », édit. MENAIBUC, pp. 69-88. L'auteur affirme en substance que *« la singularité de l'itinéraire de l'histoire du droit au Cameroun se décline en un mouvement ternaire »*, puisque la dynamique juridique des sociétés camerounaises précoloniales épouse le pluralisme sociologique, il y a par la suite imposition d'un ordre juridique unificateur c'est-à-dire la substitution de l'ordre juridique colonial au « *chaos coutumier* », ce qui crée une discontinuité.

[65] Cf. NOA ONANA (Godefroy), Tradition et modernité, quel modèle pour l'Afrique ? Une étude du concept tradition dans ses rapports avec la modernité des lumières jusqu'à l'époque contemporaine, thèse de doctorat nouveau régime en philosophie : option Métaphysique, Épistémologie, Esthétique, Op. Cit., p.09.

[66] Eclosion des virtualités enfuies parce qu'à vrai dire il n'a plus ni intérieur ni extérieur, ni *endogénéité* ni *exogénéité,* il y a juste un moment, un temps, celui de la rencontre. Le temps de la logique ou de la dynamique du dedans selon l'expression propre à Achille MBEMBE. Et par conséquent pour être pensé, ce temps nécessite l'établissement d'une ligne de crête, d'un point culminant d'observation.

venues d'ailleurs. Souscrivant ainsi, au double plan formel et substantiel, à la théorie dite de la linéarité de l'histoire[67], de la modernisation[68].

I. Le contexte justifiant la définition d'un nouveau contrat social pour le Cameroun

La compréhension d'un concept ou d'un texte dépend de son contexte. Il est donc vrai que dans un travail scientifique le contexte est aussi important que le texte. Il faut cependant noter que dans la théorie de la connaissance, il y a deux types de compréhension[69]. Une compréhension intellectuelle ou objective et une compréhension personnelle ou intersubjective. Mais, tout compte fait, les institutions et les normes juridiques ont une histoire[70]. La compréhension ne peut donc, de ce fait, en être déconnectée. Comprendre signifie étymologiquement « appréhender ensemble », *« com-prehendere »,* « saisir ensemble »[71]. Saisir le texte et le contexte, la partie et le tout, le multiple et l'unité. Appliquée à notre texte, la théorie de la compréhension dicte d'analyser à partir du texte, son contexte d'émergence. Ceci, dans l'optique de restituer l'unité intrinsèque, le moment interne, préalable à toute connaissance[72]. Il est moins question ici du contexte historique que du contexte actuel qui sert de prétexte au choix du sujet objet même du présent travail.

---

[67] Selon la conception linéaire de l'histoire, l'évolution de l'histoire universelle de l'humanité se construit d'un point A vers un point B. cette histoire n'est donc pas cyclique, mais accumulative. Lire à cet effet FUKUYAMA (Francis), *La fin de l'histoire et le dernier homme*, traduit de l'anglais par Denis- Armand Canal, ibid., pp. 81 – 116.

[68] À la suite des philosophes allemands, HEGEL et MARX (Karl), TALCOTT (Parson) a élabora une vision de la modernité qui stipule que le pays qui est le plus développé industriellement ne fait que montrer au moins développé l'image de son avenir. Le développement suit un schéma de croissance cohérent et doit produire à terme des structures politiques et sociales uniformes dans les pays et les cultures différentes. *In The structure of social action*, New York, Mc GRAW-HILL 1997.

[69] Cf. MORIN (Edgard), *Les sept savoirs nécessaires à l'éducation du futur*, édit. Du Seuil, 1999, p. 51.

[70] Cf. ROULAND (Norbert), Aux confins du droit. Anthropologie juridique de la modernité, Op. Cit., pp. 30-31.

[71] Cf. MORIN (Edgard), *Les sept savoirs nécessaires à l'éducation du futur*, Op. Cit.

[72]Chez PLATON, la connaissance est une croyance vraie et justifiée. Cette définition implique deux conditions : pour accéder au statut de connaissance, une croyance doit non seulement être vraie (c'est-à-dire correspondre à une réalité), mais le sujet doit également être fondé à croire (c'est-à-dire que l'on ne peut pas savoir « par hasard » ou par erreur). Théétète, 201, 207-208.

A. Le contexte général

En Afrique noire, la crise de l'État est perceptible dans le vécu quotidien. Pour l'essentiel, il s'agit de la crise entre la prescription légale rationnelle et la pratique du modèle délibératif. Dans sa genèse, la doctrine de l'État de droit émerge en Allemagne sous les auspices des théoriciens de l'école du droit historique allemande[73]. L'État de droit désigne avant tout une institution qui est justiciable au même titre que le sont les particuliers. Cette conception inhérente au positivisme juridique[74] va s'enrichir avec l'anthropologie du droit[75]. Ainsi, sous l'angle du positivisme, l'État apparait comme la personnification de l'ordre juridique[76]. En même temps, l'État est le dépositaire de la normativité. Il se confond même avec ce droit, puisqu'il est son organe de la rationalisation.

À rebours de cette conception unitaire de l'État de droit moniste, une vision plus large postule l'obligation de l'État de reconnaitre et de se soumettre à la multiplicité des ordres juridiques[77]. Au foisonnement de la normativité au sein de chaque société, dans ce qu'elle a de spécifique[78]. Ceci, combiné à la frondaison des textes et à l'inflation législative inhérente à la postmodernité. Vue sous cet angle, la crise de l'État de droit[79] en Afrique serait

---

[73]Cf. JOUANJAN (Olivier), *Une histoire de la pensée juridique en Allemagne* (1800-1918), Paris, PUF, 2005.

[74] Cf. La Grande Encyclopédie, Librairie Larousse, volume 16, 1975, p. 9776 ; notamment le positivisme logique du cercle de vienne, formé en 1922 autour de la figure de MORITZ SCHILCK. Cf. La Grande Encyclopédie, Librairie Larousse, volume 20, 1976, pp.12604-12606 ; voir aussi, AUGUSTE COMTE, la classification des sciences (1798-1857); TROPER (Michel), *Pour une théorie juridique de l'État*, col. Léviathan, PUF, 1997, pp. 23-44.

[75] Cf. EBERHARD (Christophe) et VERNICOS (Geneviève) *La quête anthropologique du droit, autour de la démarche d'Etienne Le Roy*, ouvrage collectif, Paris, Karthala, 2006 ; ROULAND (Norbert), « Anthropologie juridique », dans Dictionnaire de la culture juridique, sous la direction de D. ALLAND ET S. RIALS, Lamy-Puf, coll. Quadrige-dicos poche, 2003 ; ROULAND (Norbert), *L'anthropologie juridique*, Paris, PUF, Collection que sais-je ?, 1990 ; ANTOINE (Edwige) & CHRETIEN-VERNICOS (Geneviève), *Anthropologies et Droits - État des savoirs et orientations contemporaines*, Paris, Dalloz, 2009 ; Anthropologie juridique - Apport à une macro-histoire du droit, Paris, Dalloz, 2008.

[76] Cf. KELSEN (Hans), « Théorie pure du droit » (Traduction de la deuxième édition par Ch. Eisenmann), Dalloz, collection « philosophie du droit », 1962.

[77] Cf. VANDERLINDEN (Jacques), *Les pluralismes juridiques, penser le droit*, Bruyant, non daté, 407p ; *Les pluralismes juridiques*, Cahiers d'anthropologie du droit 2003, Laboratoire d'anthropologie juridique de Paris, Paris, Khartala, 2003

[78] Cf. FOUCAULT (Michel), *Il faut défendre la société : cours au Collège de France, 1975-1976*, éd. Mauro Bertiani et Association pour le Centre Michel Foucault, Paris, Seuil, 2010, 283 p.

[79] Cf. BADUEL (Pierre Robert), « Le front de l'État, éléments pour une approche comparative autour de la méditerranée », revue de l'occident musulman et de la méditerranée, 1988, vol. 48, n 1, pp. 127-164. Il affirme en effet que « *un peu partout dans les pays développés comme dans les pays en voie de développement, se manifeste une crise de l'État* ». pp. 127 et s.

une crise normative et institutionnelle. Elle est le résultat du monisme d'imposition[80], malgré le caractère composite et hétéroclite de la société[81].

Sous un autre angle, il s'agit d'une crise des épistémès, et des logiques d'exclusion. C'est notamment le cas de la logique binaire qui produit des normes et des institutions exclusives. Logique essentiellement embrigadée dans la construction monologique, pyramidale et formelle. Cela conduit à la transmission de ce modèle de la colonie à la postcolonie[82]. Cette logique conduit ainsi à imposer d'autorité, la suprématie de l'État au détriment du vécu séculaire de la population. Conséquence logique, l'on note l'apparition des systèmes juridiques parallèles[83]. Pourtant il faut bien se garder d'opposer les deux systèmes, et d'établir une relation à la fois génétique et hiérarchique.

Aussi semble-t-il impératif de questionner le modèle juridique de l'État. Et surtout, analyser sa prétention d'uniformiser la société à partir du droit. Car, « la question de la meilleure démarche à suivre pour la construction d'un modèle démocratique adapté à l'Afrique est un sujet apparemment inépuisable »[84]. Inépuisable parce que le droit de l'État est demeuré rigide, avec en prime la tentative péremptoire à clôturer le débat. Un droit édité par lui ou sous son contrôle, selon l'unique modèle de la logique et de la validité formelle[85], dans un monde engagé dans le processus de la mondialisation.

---

[80] Cf. MEBENGA (Mathieu), « Itinéraire de l'histoire du droit et des institutions au Cameroun », A la recherche du droit africain du XXIe siècle, *collection connaissances et savoirs*, pp. 47-60 ; lire aussi dans ce sens, OST (François) et VAN DE KERCHOVE (M*), De la pyramide au réseau* ? *Pour une théorie dialectique du droit*, FUSL, Bruxelles, 2002, Selon l'auteur, « *par la conception moniste du droit ou monisme juridique, on entendra l'idée que le droit n'existe que sous la forme d'un système unique et universel* ». p. 84.

[81] Cf. DUGAST (Idelette), *Inventaire ethnique du Sud Cameroun*, Op. Cit ; DUGAST (Idelette), « monographie de la tribu des Ndiki », T.II, Vie sociale et familiale. In, *Revue Française d'anthropologie,* 1961, pp. 125-126.

[82] Cf. MBEMBE (Achille), *De la postcolonie : essai sur l'imagination politique contemporaine*, Karthala, 2017.

[83] Car, la logique de monopolisation ou d'imposition participe, de par ces effets, de la survivance des droits concurrents, droit néo-traditionnel, de l'apparition des hybridités au sein de l'appareil juridictionnel de l'État, notamment la transformation de nos commissariats de police et nos postes de gendarmerie en *« véritables juridictions »*, ce que d'aucuns qualifient de situation de fait ou encore de justice néo institutionnelle. Tel est également le cas au plan pénal de la survie du droit pénal traditionnel et de la persistance de la justice populaire en tant que modèle de résurgence de la vengeance privée face à la déliquescence de l'imperium étatique.

[84] Cf. OLINGA (Alain Didier), préface de l'ouvrage de Célestin TAGOU, *Démocratie rotative, Transcendance et transformation politique des identités ethno-régionales dans l'État-Nation du XXIe siècle*, Op. Cit., p. 9.

[85] Cf. OST (François) et VAN DE KERCHOVE (M), De la pyramide au réseau ? Pour une théorie dialectique du droit, Op. Cit., la validité des normes juridiques est à la fois une qualité

Le problème de la mondialisation, du point de vue du droit[86], peut s'analyser sous plusieurs aspects. Il s'agit de la définition de l'ordre normatif, de la coordination entre des ordres normatifs, et de la place du citoyen dans la construction du référentiel global.

Du point de vue de la définition des ordres normatifs, à l'opposition classique entre l'ordre traditionnel et l'ordre moderne, est venue se greffer, la construction des espaces communautaires. La conséquence logique qui s'infère de là et l'effacement de l'ordre normatif classique, c'est-à-dire du modèle de l'État-nation.

Pour ce qui est spécifiquement des États africains, l'instauration du droit écrit entraine à la fois le processus d'acculturation juridique, et d'inculturation de l'immense majorité. L'apprentissage du droit étant l'apanage des juristes. En effet, si jusqu'à la seconde moitié du XIXe siècle, la coutume était la source prépondérante du droit en Afrique[87], avec la colonisation elle a été littéralement évincée. Et ce n'est pas le processus de « *déterritorialisation* »[88] de l'État dans le système de la mondialisation, qui est à même de freiner cette érosion.

Du point de vue de la coordination, il est à noter que la construction pyramidale de l'édifice juridique est mise à mal par l'émergence d'une législation internationale, régionale et même locale. Ce qui du point de vue de la coordination de ces différents systèmes est un défi majeur et un enjeu de la sécurité juridique. La conséquence étant la naissance des systèmes hybrides. Conséquence du mélange, parfois in-officiel des paradigmes. Cette situation est symptomatique des systèmes en recomposition et donc, en crise de repère. En clair, il est pertinent de questionner le droit de l'État[89] du Cameroun engagé dans le processus de mondialisation.

À ces deux éléments, il est indispensable d'y adjoindre dans ce processus de la construction des liens entre le local et le global, la place du citoyen dans la mise en œuvre des connaissances institutionnelles. La mondialisation se traduit par l'imposition de l'ordre normatif occidentalisé et ayant la prétention à incarner l'universel. La question de la mondialisation, du point de vue du

---

graduelle et conditionnelle. pp. 307 et s. « la validité comme critère d'efficacité juridique ». pp. 310-314.

[86] Cf. HALPERIN (Jean-Louis), *Profils des mondialisations du droit*, Paris, Dalloz, 2009.

[87] Cf. *La coutume*, Recueils de la Société Jean Bodin pour l'histoire comparative des institutions, De Boeck Université, 1990 ; BOKALLI (Emmanuel Victor), « La coutume source de droit au Cameroun » (1997), 28 RGD, pp. 37-69, Op. Cit.

[88] Cf. APPADURAI ARJUN, Après le colonialisme, les conséquences culturelles de la globalisation, édit. Payot, 2005.

[89] Il existe en effet une liaison entre le droit de l'État et l'État de droit. ROULAND (Norbert), *Aux confins du droit. Anthropologie juridique de la modernité*, Op. Cit., pp. 125-127.

droit global, pose aujourd'hui la problématique de l'inclusion du local dans le global. Il s'agit des processus de fabrication du droit, tant de l'ordre international que des ordres nationaux en prenant en compte l'altérité. Il se pose donc un problème d'équité de ces processus qui innervent le monde actuel. La manière dont les parties articulent au quotidien leurs intérêts, règlent leurs différends, et envisagent le devenir commun ne peut être ignorée. C'est la problématique du droit des peuples à disposer d'eux-mêmes. Et par extension, la contestation de la prétention de partir de la double certitude épistémologique pour fonder la modernité et s'arracher à l'emprise de l'absolu et du transcendantal. Sa modélisation étant le fait de tirer l'ordre autonome de l'ordre hétéronome, d'affirmer la transcendance de la volonté même dans un contexte global de gouvernance.

En effet, la gouvernance devient un véritable leitmotiv dans la définition des politiques publiques et un référentiel à l'échelle internationale. Il est question d'implémenter un véritable État de droit démocratique. État où les lois seraient moins le fait de l'imposition d'autorité, que le résultat des processus concertés et des dynamiques socioculturelles. Aussi, il s'agit de prendre en compte l'altérité dans les processus normatifs. L'implémentation d'une normativité qui se construit aussi par le vécu du peuple. Ce changement de paradigme, des angles d'approche, est un processus qui témoigne du passage de la règlementation à la régulation sociale et de la mutation de l'ordre imposé à l'ordre négocié, du modèle prescriptif au modèle délibératif.

Encore que, la gouvernance d'un point de vue analytique postule le respect d'un certain nombre de principes : notamment l'équité, l'absence d'exclusion et la recherche de consensus dans l'exercice de l'autorité, la définition même des politiques publiques et partant l'élaboration des normes juridiques. L'équité et l'absence d'exclusion devraient donc conduire, du moins au plan du droit, à la prise en compte du contexte juridique endogène. Et aussi de la coutume et de l'héritage culturel dans l'élaboration du droit. Ce faisant, on se conformerait alors à l'adage latin « *Ubi humano ibi societas, ubi sociétas ibis us* ».

B. La pertinence et l'intérêt de la question

L'analyse des politiques législatives de l'État en rapport avec les coutumes est d'un intérêt scientifique indéniable dans la quête des institutions adaptées aux sociétés plurielles.

Premièrement, cette recherche permet d'avoir une vue panoramique et historiographique des relations entre l'État et les coutumes. Ainsi en tant que contribution, elle permet aux pouvoirs publics d'avoir une idée générale de l'incidence réelle des politiques sur les structures traditionnelles et la norme coutumière. Cette vision s'endosse sur la nécessaire redéfinition du pacte ou contrat social et la refondation des rapports entre gouvernants et gouvernés, dans une société en crise. En tant que théorie scientifique, non seulement elle coordonne et unifie les visions, les hypothèses, les principes et les modèles ; elle montre aussi la complémentarité et les interactions réciproques. C'est pour cela qu'elle est plus générale que les modèles qu'elle étudie. Elle se veut, la matrice inspiratrice de l'action surtout par l'entremise réelle de ses fonctions latente, explicative, unificatrice, heuristique et représentative de nouvelles épistémologies en perspectives.

Deuxièmement, il s'agit d'un plaidoyer pour la relecture des politiques législatives de l'État dans la perspective d'un développement endogène équilibré. Il s'agit aussi de la prise en compte de l'épistémologie locale, de l'alternative dans l'élaboration des connaissances. Toute chose de nature à permettre une meilleure vulgarisation des normes juridiques par le simple fait de leur adaptation à leur milieu. Certes le processus d'étatisation de la société est une longue et lente osmose[90]. Mais lorsque ce processus résulte des dynamiques concertées, le droit sera mieux respecté et appliqué. Non pas, parce qu'il émane d'un seul pôle concentrique, mais parce qu'il vient de tout. Pour mieux le dire, parce qu'il est le résultat d'un consensus normatif[91] global.

Troisièmement, il s'agit d'un projet de recherche dont le présent travail jette les prémisses de maturation d'une idée, mais aussi, de la réarticulation d'un paradigme. L'idée ici est le souci de concilier « l'universalité » des principes qui fondent l'État, avec la relativité et la diversité réelle des identités

---

[90] Parce que l'État est un cadre normatif et institutionnel. Un cadre qui se propose aussi de poser rationnellement l'ordre social, de telle sorte que les hommes obéissent aux lois et non aux hommes. Il s'agit donc, de conjurer en perspective, l'arbitraire et la subjectivité des décisions et de l'ordre global.

[91] Cf. KELSEN (Hans), *La démocratie, sa nature-sa valeur*, Dalloz 2004. L'auteur note que le droit est le résultat d'un consensus politique et démocratique, notamment au sein des régimes parlementaires, et d'un système de votation consacrant le scrutin proportionnel. Car dit-il, aucune majorité n'est fondée à imposer sa volonté à la minorité. Une fois le consensus trouvé, le juriste praticiens est infondé à discuter et à remettre en cause la validité d'une telle norme.

correspondant aux sociétés protéiformes. C'est l'idée selon laquelle la culture est universelle. Il s'agit de l'idée républicaine de redéfinition de la légitimité, au sens du fondement de l'autorité, de la citoyenneté ou du rapport à l'autorité. C'est, au fond, l'idée de la réforme de l'État. La réforme fait et défait l'État ; surtout dans un contexte de l'avènement d'un renouveau constitutionnel. Le renouvellement du droit auquel invite avec méthode, le constituant de 1996, par la reconnaissance des valeurs traditionnelles et la protection des minorités. Parlant de la réforme de l'État, ce sujet a le mérite de poser le débat sur une réforme d'envergure de l'État, dans la perspective de l'*endogénéisation*. Et surtout une éviction significative des codes et présupposés idéologiques avec le passage de l'ordre colonial à l'ordre postcolonial. Il ne s'agit pas d'une réforme ad hoc, fruit d'une « escroquerie idéologique » des clichés et pseudo-certitudes, soutenue par des vérités universelles querellées. C'est-à-dire des référentiels, des opinions devenues science[92], dans un monde à prédominance néolibérale. Quand bien même, il serait établi que la vérité en science est un horizon de sens[93]. Cette réforme, de l'avis même d'une conception du droit des ténors de l'école de droit historique, ne saurait éluder sans perdre la face, ou tout au moins, sans manquer son sens étymologique - ou manquer d'alimenter le débat doctrinal sur son utilité - l'historiographie[94] de la Constitution de la société camerounaise. Derrière cette réforme transparait aussi, la nécessaire redéfinition des rapports entre gouvernants et gouvernés. C'est l'affirmation de l'enjeu démocratique, et donc de la souveraineté du peuple.

Pour ce qui est de la mutation du paradigme[95] dominant, de la logique de l'exclusion de l'autre ; il s'agit d'entrer véritablement dans une période de science révolutionnaire. Ce qui conduit à la définition de la théorie des connaissances protreptiques. Aussi, la démarche privilégiée ici est la déconstruction[96] du paradigme dominant. La déconstruction, suppose au préalable l'établissement d'une ligne de crête, c'est-à-dire d'un point culminant d'observation[97]. Elle n'induit pas, la contestation creuse, ou le rejet.

---

[92] On fait référence ici au « *prêt-à-penser* » néolibéral.

[93] Cf. RICOEUR (Paul), *L'idéologie et l'utopie*, Essais, 2016. Voir aussi, du même auteur, *Le conflit des interprétations*, Essais d'herméneutique, 2013.

[94] L'histoire étant la mémoire des peuples, c'est-à-dire, au plan juridique, la mémoire des normes et des institutions.

[95] Il s'agit de s'interroger sur la pensée dominante du droit, politique, mais avec le sérieux et la rigueur académique, et donc avec méthode.

[96] Au sens de Jacques DERRIDA.

[97] Cf. OUMAR KANE, « Épistémologie de la recherche qualitative en terrains africains : considérations liminaires », université de Québec Montréal, recherches qualitatives – vol. 31(1), pp. 152-173. Recherche qualitative en contexte africain - http://www.recherche-qualitative.qc.ca/revue.html « La recherche portant sur l'Afrique a très tôt été inscrite dans le cadre de rapports politiques de domination et a été instrumentalisée sous la dénomination de

Déconstruire c'est prendre tout ce qui est construit et faire la mise à plat des acquis, d'où le privatif « dé ». C'est un « *aggiornamento* »[98]. Elle implique la réfutabilité, au sens poppérien du terme, le renouvellement effréné de la pensée. Elle donne subrepticement de recommencer à penser l'État en Afrique[99] et donc de s'éloigner des connaissances juridiques toutes faites. Pour y arriver, elle questionne les méthodes de production du savoir juridique dans les sociétés plurielles d'Afrique noire. C'est là, tout l'intérêt et l'économie de la reterritorialisation et l'*endogénéisation* des savoirs juridiques au-delà des codes idéologiques. C'est aussi la perspective de l'enracinement culturel du droit. De ce point de vue, la déconstruction des acquis interroge naturellement les fondements heuristiques et l'épistémologie du savoir. Elle implique la mesure, et au besoin, la mise à l'écart des unilatéralités. La reconceptualisation des définitions institutionnelles établies. Elle promeut l'altérité, l'hétéronomie, la relativité, la circularité de la connaissance ; l'élaboration des propositions multiples ou sérielles. C'est le renoncement à toute vérité définitive et à l'universalité[100] de la « *conquista* »[101]. Elle se matérialise par la construction des unions normatives et institutionnelles disjonctives, des propositions de vérités sérielles et dé-passables, « *la pensée de la dés-errance, l'inaugurale* »[102]. Parce qu'elle part du postulat que la vérité scientifique n'est ni un mythe, ni une fin, mais un horizon, une finalité absolutiste et nécessaire du point de vue de l'orientation de l'économie de la scientificité ; elle est la mesure même de l'inclusion de la juridicité et des héritages juridiques. Elle intègre les principes premiers et les intérêts premiers du continent africain, l'enracinement culturel du droit[103] au

---

recherche africaniste. Cette distorsion originelle, qui s'est traduite dans la recherche sous le registre du manque, a donné lieu à certaines tentatives de correction de la part de chercheurs, africains et non africains. » p. 152.

98 C'est-à-dire une mise à jour, l'adaptation, la modernisation. Ce terme fut utilisé par le pape Jean XXIII au renouvellement de l'église romaine dans la ligne du deuxième concile du Vatican

99 Cf. MABANKOU (Alain), *Penser et écrire l'Afrique aujourd'hui*, actes du colloque du 2 mai 2016, Seuil, 2017.

100 « On a cru voir, très longtemps, dans le schéma de l'évolution politique et économique européenne (démocratie grecque et esclavage, féodalité du Moyen Âge et servage, capitalisme moderne et prolétariat) un schéma universel ». cf. DE BROSSCHERE (Guy), Les deux versants de l'histoire, Autopsie de la colonisation, Op. Cit., p. 26.

101 La domination programmée.

102 Nous empruntons ces termes au professeur savant Grégoire BIYOGO.

103 Cf. OUMAR KANE, « Épistémologie de la recherche qualitative en terrains africains : considérations liminaires ». « Un enjeu essentiel de toute recherche est celui du lien entre théorie et terrain. L'articulation de la théorie sociale et des terrains africains est par conséquent de première importance pour la recherche contemporaine en sciences sociales portant sur l'Afrique. Ce lien ne peut être adéquatement reconstruit qu'en tenant compte de la dynamique non pas des sociétés africaines en général, mais plutôt de tel ou tel contexte socioculturel particulier. Le Conseil pour le développement de la recherche en sciences sociales en Afrique (CODESRIA), qui joue un important rôle pour la promotion de la recherche en sciences sociales

côté du droit des peuples à disposer d'eux-mêmes. *Ubi Societas Ibi Us*. Pour cela, il faut un dialogue pédagogique, une refonte même de l'entendement générique du juridique.

C. Délimitation du champ d'analyse

Cette délimitation se veut à la fois historique et aussi spatiale : sur le plan historique, il s'agit de la datation et de la périodisation du présent sujet. Ainsi, le sujet s'inscrit dans une perspective diachronique. La période d'étude va de 1884[104] à la Constitution révisée de 1996[105], et donc par extension, à 2019[106]. Le choix de la date de la révision constitutionnelle 1996 se justifie par le souci d'interroger la portée contemporaine de l'appropriation de la reconnaissance des valeurs traditionnelles énoncées par la Constitution du 18 janvier 1996. Ainsi, peut-on lire : « La République du Cameroun est un État unitaire décentralisé. Elle est une et indivisible, laïque, démocratique et sociale. Elle reconnait et protège les valeurs traditionnelles ».[107]

Notons que la présence européenne sur la côte camerounaise remonte au XVe siècle. Il convient de constater qu'avant l'ère coloniale, l'on note ainsi les prémices du droit occidental au Cameroun. Aussi distingue-t-on de manière rythmée, la période portugaise[108], la période hollandaise[109] et la période britannique[110].

---

sur ce continent, insiste sur la « recherche de moyens appropriés à l'exploration de la dynamique sociale africaine, extrêmement complexe, qui échappe souvent à la rigide emprise, trop systématique, des approches quantitativistes » (CODESRIA, 2010) », Op. Cit. Pp. 152-153.

[104] Cf. NGANDO (Blaise Alfred), « La ''signature'' du ''traité'' germano-camerounais du 12 juillet 1884 : un contrat de dupes ? », dans le Gnomon » - Revue Internationale d'histoire du Notariat, n°200, juillet septembre 2019.

[105] Cf. ONDOUA (Alain), *La Constitution camerounaise du 18 janvier 1996*, ouvrage collectif, Afrédit, 2007.

[106] La notion de Constitution révisée de 1972 étant extensible à la révision constitutionnelle du 18 janvier 1996, Constitution toujours en vigueur, il devient évident que la période de recherche qui s'achève en 2018 devrait être pris en compte.

[107] Cf. Art. 1er al. 2 de la constitution du 18 janvier 1996.

[108] Période qui va de 1472 à 1590. Cf. NGANDO (Blaise Alfred), « La découverte du Cameroun et les prémisses du droit occidental avant 1884 ». In, *La Nouvelle Expression*, n° 4603 du mardi 14 novembre 2017, Op. Cit.

[109] Période comprise entre 1590 et 1800. Cf. NGANDO (Blaise Alfred), « La découverte du Cameroun et les prémisses du droit occidental avant 1884 ». In, *La Nouvelle Expression*, n° 4603 du mardi 14 novembre 2017, ibid.

[110] Période qui va de 1800 à 1884. Cf. NGANDO (Blaise Alfred), « La découverte du Cameroun et les prémisses du droit occidental avant 1884 ». In, *La Nouvelle Expression, n° 4603* du mardi 14 novembre 2017, ibid.

La date de 1884 est d'une réelle importance dans la nomenclature des études historiques portant sur le Cameroun[111]. Cette importance est conventionnellement admise par la communauté scientifique[112]. Elle y voit le début de la concrétisation de la colonisation allemande sur la côte occidentale camerounaise[113]. Cela est corroboré par la signature d'importants textes, à l'instar du traité germano-camerounais du 12 juillet 1884. Se basant sur ce fait, l'année 1884 marque les prémices de l'avènement de « l'État du Cameroun »[114]. Bien sûr, il s'agit encore là des bribes de l'État ou mieux de l'implémentation de l'État colonial. Ce qui passe par la constitution progressive de l'espace territorial au moyen des conquêtes et des alliances. Cette domination qui ira jusqu'en 1922, date de la mise sous mandat[115] international sous la supervision de la Société des Nations (SDN) et l'administration de la France et de la Grande-Bretagne. Puis viendra la tutelle de l'Organisation des Nations Unies (ONU), consécutive à la Seconde Guerre mondiale, de 1945 à 1960. En 1960, le Cameroun devient indépendant et l'État

---

[111] Cf. NGANDO (Blaise Alfred), « La découverte du Cameroun et les prémisses du droit occidental avant 1884 ». In, *La Nouvelle Expression,* n° 4603 du mardi 14 novembre 2017. Selon le Professeur, c'est le « 10 juin 1840 qu'est signé, à Douala, le plus ancien traité (BRUTSCH, Les Traités Camerounais, In *études camerounaises,* n° 43-44, Mars-Juin 1995, pp. 9-42) connu entre les rois Douala (AKWA et BELL) et le Gouvernement anglais. Aux termes de cet accord, les deux monarques s'engagent moyennant un bon « cadeau » *5 DASH), à ne plus faire, ni autoriser la traite des esclaves. Un second traité confirmant le premier, est signé le 07 Mai 1841* ». C'est aussi dans cette mouvance que sera signé le « 14 janvier 1856, avec les rois et chefs Duala, le traité instituant en 20 articles, « la cour d'équité », un tribunal de commerce destiné à juger les conflits commerciaux mettant aux prises Africains et Européens ». Au professeur de conclure que : « la cour d'équité, mise en place par les Anglais pour remplacer le Ngondo (Assemblée Traditionnelle Duala) dans l'arbitrage des conflits, marque déjà une transition symbolique dans la conception indigène du droit et de la justice. Tout comme la signature des divers traités depuis la seconde moitié du XIXe siècle marque le passage de l'oralité à l'écrit comme garantie du respect des droits et obligations. C'est sur ces prémisses que s'amorce la colonisation allemande du Cameroun en 1884 ».

[112] Cf. NGOA (Victor Julius), *Le Cameroun de 1884 à nos jours (2018), Histoire d'un peuple*, édition relue et corrigée, Design House, Limbé, 2019.

[113] Cf. BOUCHAUD (Joseph), La côte du Cameroun dans l'Histoire et la Cartographie, des origines à l'annexion allemande (1884), Yaoundé, Institut Français d'Afrique Noire (IFAN), 1952.

[114] Mais la notion d'État du Cameroun est utilisée pour la première fois en droit par le décret n° 57-501du 16 avril 1957 portant statut du Cameroun (JOC du 9 mai 1957). Il dispose en son art. 1er : « *l'organisation particulière de l'État sous tutelle du Cameroun est définie par le présent statut* ». À la suite de l'art. Précité, son art. 3 dispose aussi : « *La République française, dans le cadre des accords internationaux, garantit l'intégrité des limites territoriales de l'État sous tutelle du Cameroun* ». Par la suite l'ordonnance n° 58-1375 du 30 décembre 1958 portant statut du Cameroun (JOC 1959), utilisera définitivement cette expression, tout en le débarrassant de la mention « *sous tutelle* ». Ainsi peut-on lire des dispositions de son art. 3 : « *La République française, dans le cadre des accords internationaux, garantit l'intégrité des limites territoriales de l'État du Cameroun* ».

[115] Cf. ROLLAND (Louis), LAMPUE (Pierre), *Droit d'Outre-Mer*, Op. Cit. pp. 78-80.

recouvre la plénitude de sa souveraineté. De 1960 à nos jours, le nouvel État indépendant va mettre sur pied un certain nombre de politiques en rupture relative ou en continuité des politiques coloniales. La relecture des différentes constitutions de l'État indépendant du Cameroun nous semble ainsi indispensable, dans la mesure où elle permettra, sans doute, de démêler les écheveaux. D'envisager tout au moins, toutes ces politiques qui vont s'appliquer sur l'espace territorial de l'État indépendant du Cameroun.

Au plan spatial, l'espace objet de notre étude est le territoire du Cameroun. Avant de se stabiliser en 1961, après les référendums des 11 et 12 février 1961, à 475 442 km2, le territoire du Cameroun a connu de nombreuses mutations au gré de la volonté des puissances coloniales. Ainsi, le *KAMERUN STADT* du traité germano-camerounais du 14 juillet 1884 représente l'étroite bande située entre le fleuve Bimbia au Sud et la rivière Kwakwa au Nord. Du fait des conquêtes coloniales, le territoire du KAMERUN sera de 478 000km^2 en 1910. Le grand KAMERUN d'environ 750 000km^2 nait du rattachement d'une partie de l'Afrique-Équatoriale française (AEF) soit 275 000km^2 environ à l'ancien KAMERUN, conformément à la convention signée le 4 août 1911 entre la France et l'Allemagne. En retour, le « bec de canard », 15 000km^2 environ est cédé à la France. Aujourd'hui, après le retrait du territoire de l'AEF consécutive à la défaite allemande en 1916 et du rattachement du « Northen Cameroon » à la fédération du Nigeria en 1961, la superficie du territoire est estimée à 475 442km2.

II. Affectation de sens aux concepts : approche définitionnelle

Avant même de définir, il est opportun de préciser les exigences d'une définition. Pour discuter de manière adéquate de la définition de la connaissance, il convient de préciser les exigences d'une définition. Ainsi, on pourra s'assurer de la validité des définitions, de la connaissance, proposées par différents auteurs et, le cas échéant, détecter leurs faiblesses. On appelle généralement définition substantielle ou analyse, une proposition qui met en relation une expression qui est définie, le « *Definiendum* », et une autre expression qui définit appelée « *Definiens* » et qui remplit, entre autres, les conditions ou les critères de validité d'une définition substantielle[116]. Premièrement la propriété d'adéquation extensionnelle : le « *Definiens* » doit s'appliquer à tout ce que désigne le « *Definiendum* »[117]. Cela est traduit par

[116] Cf. SAGAUT (Pierre), Institut Jean Le Rond d'Alembert, Université Pierre et Marie Curie – Paris 6, Cours de culture générale, Licence, Année 2008-2009, ibid.

[117] Ibid.

l'emploi de l'expression laconique « si et seulement si », familière aux sciences exactes et donc en mathématiques. Deuxièmement, la propriété d'adéquation intentionnelle ou conceptuelle : le « D*efiniens* » doit donner des renseignements sur la nature de la chose définie. Enfin troisièmement la propriété de non-circularité : le « D*efiniens* » ne doit pas faire appel à lui-même, directement ou indirectement.

A. La notion d'État

La définition de la notion d'État nous invite à une balade sémantique. Pourtant cette notion est si familière au langage juridique qu'elle est rarement définie. Tout le monde sait ce que c'est ou du moins, le croit-on. C'est le statut des groupements humains territorialisés.

Dans un premier sens dit sens littéral, l'État désigne la société politiquement organisée. Dans sa seconde perspective, perspective organique, L'État désigne le pouvoir qui s'exerce au sein de cette organisation à partir d'un centre[118]. Il « s'agit aussi d'un terme investi de connotations parfaitement contradictoires, les unes discrètement positives ou réservées, les autres franchement idolâtres ou hostiles. État républicain, État jacobin, État bourgeois »[119] *;* cette contradiction a des répercussions du point de vue de la philosophie, et l'État y est tantôt déifié, tantôt condamné. Ainsi, HEGEL[120] y voyait le triomphe progressif de la raison dans l'histoire ; alors qu'à rebours de cette conception, le rêve révolutionnaire marxiste supposait son dépérissement. Les anarchistes l'assimilaient au plus froid de tous les monstres froids. Déjà que, du point de vue de sa socio genèse l'idée de l'État résulte d'une longue maturation dont on peut remonter les origines à la renaissance, à l'*Utopie* de Thomas MORE et au *Prince* de Machiavel[121]. Cette philosophie politique trouvera un regain d'intérêt notamment avec le

---

[118] Cf. BRAUD (Philippe), *Penser l'État*, Op. Cit., p. 7.

[119] Ibid.

[120] HEGEL, *Leçons sur la philosophie de l'histoire*, trad. De J. Gilbelin, éd. Vrin, 1987. Voir aussi, HEGEL (Georg Wilhelm Friedrich) et FRICK, (Jean Paul), *Principes de la philosophie du droit ou droit naturel et science de l'État en abrégé,* trad. Robert Éditeur scientifique Derathé, Paris, France, J. Vrin, 1982, 370 p.

[121] *Le Prince* de Nicolas Machiavel et *l'Utopie* de Thomas More sont les ouvrages politiques les plus achevés de la Renaissance. Ils comptent parmi les plus grands du patrimoine intellectuel de l'humanité. Machiavel (1469-1527) est un humaniste de la première génération, la plus critique envers Rome. More (1478-1535) appartient, quant à lui, à l'humanisme chrétien, tout comme son ami Erasme. La Florence de Machiavel, celle des Médicis mais aussi celle de Savonarole, a peu à voir avec l'Angleterre de More qui, sous la gouverne d'Henri VIII, vit le schisme anglican. L'utopie désigne de manière générale, à la fois une construction de l'esprit, et une idéologie. Cf. THOMAS (L. V.), *Les idéologies négro-africaines d'aujourd'hui*, Librairie A. G. Nizet, (non daté), Op. Cit., p. 9.

Léviathan[122] de Thomas HOBBES, le Contrat social de ROUSSEAU Jean Jacques ou mieux encore l'Essai sur le Gouvernement civil de LOCKE John[123]. De ce foisonnement de théories, il ressortira deux acceptions de l'État diamétralement opposées, l'une fondant le projet démocratique et l'autre le contrat autoritaire.

Au plan étymologique, la notion de république ou de « *Res Publica*[124] », c'est-à-dire tout ce dont la gestion participe du commun profit, n'est pas étrangère à la conception même de l'État. L'État est conçu ainsi comme « la situation des affaires publiques ». Par exemple, Thomas More a écrit son ouvrage politique majeur : l'*Utopie*. Or, d'après son titre, cette *Utopie* déclamée porte bien sur le « *De Optimo Rei Publicae Statu* » *(le meilleur état des affaires publiques*), en d'autres termes, l'État idéal et la société idéale.

---

122 Cf. OST (François) et VAN DE KERCHOVE (M)., De la pyramide au réseau ? Pour une théorie dialectique du droit, FUSL, Bruxelles, 2002, p. 7. L'auteur met en exergue la première des couvertures du Léviathan de Thomas HOBBES (1651) pour montrer les prétentions hégémoniques de l'État et de son droit. Le « frontispice de l'édition originale du Léviathan de Thomas HOBBES, ouvrage fondateur à la fois du positivisme juridique et de la théorie politique moderne. Un personnel allégorique mi – homme mi – dieu domine le pays : le Léviathan tout – puissant, ce personnage artificiel, dit HOBBES, qui symbolise la république. Les attributs des pouvoirs temporels (l'épée) et spirituel (la crosse) confèrent à sa couronne une assise solide, dessinant deux lignes convergentes, l'ébauche d'une pyramide. Et pour que personne ne se méprenne, une citation de l'écriture accrédite son pouvoir : non est protestas super terram quae comparetur ei (il n'est sur terre, aucune autorité qui surpasse la sienne). Pas de doute, voilà le souverain, titulaire d'un pouvoir sans partage, qui irradie jusqu'aux confins les plus reculés de l'État son pouvoir est absolu, non pas tant au sens de tyrannique ou de totalitaire, mais en cela qu'il présuppose une perspective unique, monologique, qui détermine toute perception possible ».

123 JOHN LOCKE donne une vision du contrat social fondamentalement distincte de celle de HOBBES, au moins sur trois points. Le premier point a trait à la conception de l'état de nature. Pour HOBBES, l'état de nature est un état a-juridique, un état de guerre de tous contre tous. Pour LOCKE, l'état de nature est un état de droit fragile mais un état où les hommes jouissent tout de même des prérogatives en termes de protection, mais seulement, cet état est précaire parce que régit par le droit naturel, d'où la seconde discorde. Pour LOCKE, le rôle de l'état social est de sauvegarder et de renforcer les droits des citoyens à l'état de nature, alors que pour HOBBES le Léviathan légifère ou crée le droit. Il s'agit d'un droit nouveau qui se substitue à la raison du plus fort. Le troisième point de distinction est lié aux effets produits par le droit ou les termes du contrat social : pour HOBBES, le Léviathan n'est pas parti à la convention et de ce seul fait, les termes de ladite convention ne lui sont pas opposables. Il n'a pour rôle que de protéger les administrés contre la tyrannie du plus fort. À rebours de cette conception, JOHN LOCKE postule que les droits primitifs de l'état de nature, ces droits naturels s'imposent à l'autorité issue du contrat et que les nouveaux droits issus de la convention sociale ne s'imposent pas moins.

124 Notamment dans l'antiquité tardive avec la Rome antique, on met alors en exergue le passage de la monarchie romaine à la république romaine, puis de la république à l'empire romain.

D'un point de vue anthropologique, l'État a une connotation toute particulière. Ceci, parce qu'il se présente comme une des multiples formes de gouvernement des sociétés humaines. La forme la plus achevée, notamment l'État démocratique[125]. Une forme fondamentalement semblable aux autres procédés de structuration des sociétés. Selon cette conception, l'État serait à première vue de par ses origines, un phénomène occidental. Phénomène issu du centralisme monarchique de type jacobin : c'est l'État jacobin, fruit de l'histoire de France[126] et de la révolution française d'août 1789. C'est du moins la thèse sur laquelle s'endosse indubitablement le présent travail.

Un autre courant anthropologique postule que l'Afrique traditionnelle n'ignorait pas le phénomène étatique, de république, « *Per AA*[127] », phénomène dont NARMER serait le précurseur[128]. Et que le tout premier État

---

[125] « Comme le note FUKUYAMA (Francis*), à la suite de HEGEL,* dans son ouvrage*, La fin de l'histoire et le dernier homme,* traduit de l'anglais par Denis- Armand Canal, Op. Cit.

[126] Cf. GASPARINI (Eric) et GOJOSSO (Eric), *Cour d'introduction historique au droit et d'histoire des institutions,* Licence 1, 9e édition, 2019-2020.

[127] La République dans son étymologie africaine (*Per AA*, ou *Fari* dans les langues du Soudan Occidental) est une expression en langue africaine pour désigner, le dépositaire de l'intérêt général, personnification de l'État, de la grande maison, de la fédération de tous les lignages (nomes) fédérés d'Égypte antique.

[128] BIYOGO (Grégoire), Dictionnaire des connaissances philosophiques de l'Égypte antique, contributions aux recherches sur les concepts majeurs de la philosophie, de l'égyptologie, de la théologie et du droit pharaoniques, pour bâtir un corps de sciences humaines et sociales nouvelles aujourd'hui. « Rek Nebou Kama : l'âge d'or de l'Afrique » ; Imhotep, 2017, pp. 276 et s.

« Il a régné pendant la période Thinite, trente-et-un siècles avant notre ère, son règne aurait duré 60 ans pour les uns, 30 ans pour les autres. On ne saurait être plus prudent sur la question. En revanche, les égyptologues s'accordent à peu près tous à le situer entre 3000 et 3100 avant notre ère pour ce qui est de la chronologie courte. Il paraît être le successeur du couple royal, le Fara SCORPION II / et la Farat SHESH IRE, de ce que MANETHON nomme "la dynastie égyptienne zéro". Sa grande Œuvre a été d'avoir unifié la Haute et la Basse-Égypte, et d'avoir porté les Deux couronnes (la Couronne Blanche est portée par les Faras de la Haute Egypte et la Rouge par ceux de la Basse-Egypte), il construit la Ville blanche, celle qui réconcilie pour la première fois dialectiquement la Haute et la Basse Egypte, sous le nom de MEN-NEFER traduit par Manéthon « Memphis », et a fondé la toute première dynastie. De fait, il est le souverain de l'Unification des "Deux Terres" de Kémèt, l'architecte de la SEMA TAOUI (s3ma T3wy).

II-Les informations sur ce pharaon procèdent de Manéthon et de la célèbre Palette de Narmer, palette de schiste qui représente la Fara victorieux contre un peuple que les égyptologues n'ont pas encore identifié. La fameuse palette du Fara Narmer, rappelons-le, a été découverte par James Edward Quibell en 1898 à Hiérakonpolis, qui montre bien Narmer portant les insignes des Haute et Basse-Égypte, qui confirme son rôle de bâtisseur de SEMA TAOUI.

III-Immense événement historique qui sera confirmé en 1993 par Günther Dreyer qui découvrira à Abydos une étiquette datant de Narmer et décrivant exactement le même événement que la Palette de Narmer, il s'agit donc de toute vraisemblance d'un événement attesté par l'histoire et par l'archéologie. Sur ce document de très grande valeur dont se servit savamment CHAMPOLLION pour déchiffrer les Hiéroglyphes, figurent en effet les premiers hiéroglyphes clairement définis, qui permettent de retrouver son nom Medu Netjer de NAR-

---

MER « silure - ciseau ». Le fait significatif est que, sur ladite palette, il est représenté alternativement portant la couronne du Sud (couronne blanche des Faras de la Haute-Égypte) et celle du Nord (couronne rouge des Faras de la Basse-Égypte ou du Delta). Pour tout cela, il est raisonnable de penser qu'il est originaire de Hiérakonpolis, la capitale du Royaume du Sud.Son épouse paraît être Neith-Hotep (Neith est apaisé), qui elle est une princesse du nord de Kémèt. Mais des inscriptions mentionnant aussi ce son nom ont été trouvées dans les tombes de Hor-Aha et de Djer, qui sont comme on le sait les successeurs immédiats de Narmer, qui laisseraient présumer qu'elle est la mère de Hor-Aha.
IV-Dans tous les cas, le successeur de Narmer, est bien Hor-Aha, peut-être un fils qu'il aurait eu avec Neith-Hotep. Surtout lorsqu'on sait que son nom est précisément AHA. Le nom d'Horus de NARMER - celui de sa titulature - s'écrit avec deux hiéroglyphes : NˁR, le poisson-chat (NAR) et MR, le ciseau (MR). Son nom pourrait signifier le poisson-chat qui frappe...Le nom de Méni est attesté dans les documents à partir de la XVIIIe dynastie (scarabée d'Hatchepsout et de Thoutmôsis III). Ce pourrait aussi être un titre, qui signifie « Celui qui établit », celui qui fonde, dont on sait qu'il a été porté par ceux que l'on tient traditionnellement pour les deux premiers souverains de la première dynastie, Narmer et Âha, mais qui sont en fait une seule et même personne. NARMER (nom d'Horus), AHA (nom ancien), MENI (nom pour signifier qu'il a bien été le "fondateur" de la première dynastie. Manéthon confirme ce fait. Narmer semble avoir été le successeur immédiat du roi Scorpion II, dont le nom a été trouvé sur une tête de massue découverte à Hiérakonpolis...Deux listes royales trouvées dans les tombes de Den et Qâ citent Narmer comme fondateur de la Ire dynastie, suivi par Hor-Aha. La liste de Qâ indique les huit rois de la première dynastie dans un ordre attesté par le classement des égyptologues, en commençant par Narmer. Ménès n'est mentionné sur aucune de ces listes, car c'est généralement le nom d'Horus qui est utilisé sur les monuments, alors que Ménès est un nom tardif comme nous l'avons dit plus haut.
V-Manéthon, prêtre sous le règne de Ptolémée II, écrit la première "Histoire de l'Égypte" (**Ægyptiaca**) au IIIe siècle avant notre ère. Perdue, cette œuvre n'est pas venue jusqu'à nous, bien que nous en ayons des bribes, recueillies à partir du texte de Flavius Josèphe. Et des citations fragmentaires d'historiens du IIIe et IVe siècles. Sextus Julius Africanus donne un règne de soixante ans à Narmer. La version d'Eusèbe de Césarée réduit son règne à trente ans... »

connût depuis la haute antiquité serait l'État pharaonique dans ses origines[129], son organisation et son fonctionnement[130]. Ainsi de l'avis même du prince DIKWA AKWA NYA BONAMBELA[131], dans l'histoire politique de l'Afrique traditionnelle, « l'État se révèle l'aboutissement logique de l'histoire d'une chefferie ». L'un et l'autre mettent en présence une typologie à quatre cycles : le Pré-Etat, l'État, le Supra-Etat et le Pan-Etat. L'auteur martèle que cette « pan structure de l'État est en relation directe avec les divers titres de la titulature complète du roi négro-africain »[132]. L'État est donc de ce point de vue une conséquence non du nomadisme, mais de la sédentarisation des peuples. Cette sédentarisation implique la mise en perspective d'une autorité centrale, et la mise en place d'un appareil administratif, et des institutions. C'est le cas notamment des villages et des royaumes africains

---

[129] « Les Anciens Égyptiens n'ont pas dans leur vocabulaire un terme traduisible par « État ». Malgré cette lacune, l'Égypte des pharaons (entre 3150 et 332 av. J.-C.) satisfait parfaitement à la définition moderne de ce qu'est un « l'État ». D'un point de vue sociologique, les Égyptiens vivent sur un territoire bien déterminé. Il s'agit de la vallée du Nil entre la première cataracte et le delta du Nil, bordée à l'ouest par le désert Libyque et à l'est par le désert Arabique, les habitants de cette contrée sont soumis à un gouvernement bien discernable ; celui des pharaons (une trentaine de dynasties successives). Faute de documents écrits, il est difficile d'avancer une estimation de la population totale ; autour des quatre millions de personnes à la période ramesside. D'une remarquable stabilité, malgré les vicissitudes de l'histoire, ce système monarchique a perduré sur près de 3 000 ans. D'un point de vue organisationnel, l'État pharaonique est un mode de gestion de la société égyptienne, en particulier de ses ressources agricoles dans le cadre d'une économie de redistribution (près de 20 000 km^2 de terres cultivables). Durant cette longue période historique, les Égyptiens acceptent le mode de gouvernement imposé par leurs rois. Il s'agit d'un système administratif complexe et hiérarchisé qui vise au bien-être collectif. Une multitude de scribes-fonctionnaires agissent par délégation de pouvoir au nom du pharaon dans tous les domaines de la société (économie, religion, armée). Sur le plan juridique, les pharaons détiennent leurs pouvoirs régaliens des dieux dont ils sont les successeurs. L'action royale est déterminée par deux maximes maintes fois énoncées dans les discours royaux. La première consiste à « amener la Maât », c'est-à-dire les aspects agréables de la vie comme la justice, la vérité ou la paix. La seconde revient à « chasser le chaos-isefet », c'est-à-dire les aspects négatifs de l'existence comme le tumulte, la maladie et toute forme de perturbation comme les invasions étrangères ou les guerres civiles ». In, https//:fr.Wikipédia.org/État pharaonique. Consulté le 18/10/2017 à 12h15. Lire aussi, Marie-Ange BONHEME et Annie FORGEAU, Pharaon : Les secrets du Pouvoir, Paris, Armand Colin, 1988, 349 p. ; BUTZER (Karl), Early Hydraulic Civilization in Egypt: A Study in Cultural Ecology, Chicago et Londres, Chicago University Press, 1976, 134 p. ; Les Pharaons, ouvrage collectif, Paris, Flammarion, 2002, 512 p. ; Sophie DESPLANCQUES, L'Institution du Trésor en Égypte : des origines à la fin du Moyen Empire, Paris, PUPS, col. « Passé/Présent », 2006 ; Michel DESSOUDEIX, Lettres égyptiennes II, Arles, Actes Sud, 2012, 538 p. ; Serena ESPOSITO, L'administration égyptienne du désert occidental de l'Ancien au Nouvel Empire, Paris, PUPS, col. « Passé/Présent », 2014, 174 p.

130 Cf. DURAND (Bernard), In Histoire comparative des institutions Op. Cit., pp.30-37.

131 Cf. DIKA-AKWA NYA BONAMBELA. (Prince), Les problèmes de l'anthropologie et de l'histoire africaine, Édit. CLE, Yaoundé 1982, pp. 219 et s.

[132] Ibid.

avant la colonisation, où l'on distingue les trois éléments constitutifs de l'État que sont cumulativement le territoire, la population et le pouvoir politique souverain.

Par ailleurs, plusieurs registres[133] interviennent comme des fonds baptismaux sur lesquels s'élève et se concrétise l'État-royaume. Il s'agit notamment du registre de parenté, le registre de la maitrise de l'espace, le registre des compétences et activités économiques, le registre judiciaire et politique assez complexe. Une telle approche, d'absence d'entité politique centralisée à l'extrême, en Europe, dans la haute antiquité, est corroborée par FUSTEL DE COULANGES. En affirmant de la Grèce antique que : « Chaque cité, par l'exigence de sa religion même, devait être absolument indépendante. Il fallait que chacune eût son socle particulier, puisque chacun avait sa religion et que c'était de la religion que la loi découlait. Chacun devait avoir sa justice souveraine et il ne pouvait y avoir aucune justice supérieure à celle de la cité. Chacune avait ses fêtes religieuses et son calendrier ; les mois et l'année ne pouvaient pas être les mêmes dans deux villes, puisque la série d'actes religieux était différente. Chacune avait sa monnaie particulière...on n'admettait pas qu'il dû y avoir rien de commun entre deux cités »[134]. Au professeur ANTA DIOP Cheikh de compléter et surtout de conclure ce propos notamment en affirmant que dans ces conditions : « L'annexion d'une cité, d'un territoire voisin était impensable : on ne pouvait pas gouverner une ville vaincue parce qu'on était un étranger à l'égard des dieux. On peut massacrer la population ou la déporter entièrement pour la vendre. On pille les villes, mais on retourne chez soi. Il n'est pas question d'installer les populations vaincues sur son propre territoire et leur donner droit de cité, comme le faisait Merneptah, pharaon de la XIXe dynastie et les autres pharaons d'Egypte »[135]. Le lien ici était donc purement religieux, et la cité d'Athènes n'exerçait pas de réelle influence politique sur les autres cités. Mieux encore, c'est sous « Philippe de Macédoine que les Amphictyons, comme on les appelait, se seraient préoccupés d'intérêts politiques[136] ».

Au plan juridique, et au sens du vocabulaire juridique Cornu, 2011, appréhende l'État comme une « entité juridique formée de la réunion de trois éléments constitutifs (population, territoire, autorité politique) et à laquelle est reconnue la qualité de sujet de droit international ». L'État est aussi perçu ici comme « un groupement d'individus fixés sur un territoire déterminé et

---

133 Ibid., pp. 226-227.
134 Cf. FUSTEL DE COULANGES, *La cité antique,* édit. Hachette, paris, 1930, p. 257. Cité par ANTA DIOP (Cheikh), *l'Afrique noire précoloniale*, col. Présence africain, p. 28.
135 Cf. ANTA DIOP (Cheikh), *L'Afrique noire précoloniale*, ibid., pp. 29 et s.
136 Ibid.

soumis à l'autorité d'un même gouvernement qui exerce ses compétences en toute indépendance en étant soumis directement au droit international ».

La compréhension de la définition de l'État passe indéniablement par une mise en filigrane de ses éléments constitutifs et de son insertion, par l'effet de sa volonté, dans l'ordre du droit international. Cette conception n'épuise pas la définition de l'État. L'État se conçoit aussi comme une personne morale de droit public jouissant de la pleine souveraineté. En tant que personne morale de droit public, l'État est aussi une institution, c'est son genre prochain, c'est-à-dire, un élément que l'État partage en commun avec les autres institutions, qu'elles soient de droit public ou de droit privé. Mais ce genre commun ne doit pas occulter la différence spécifique qui fait d'une institution, un État. Il s'agit nul doute de la souveraineté, conçue aux termes de l'école du droit historique allemande comme la compétence de la compétence. Dans la mesure où c'est celle-ci qui fait de cette personne morale de droit public un État. La définition juridique et sociologique de l'État s'imbrique donc aisément.

Sociologiquement, l'État désigne une population vivant sur un territoire et soumise à un gouvernement effectif. Sous cet angle, trois éléments permettent de saisir la réalité du phénomène étatique. Ce sont : l'élément humain, l'élément matériel et l'élément institutionnel. La population, élément humain de la définition de l'État, regroupe à la fois les nationaux et les étrangers. Les nationaux étant ceux qui sont liés à l'État par un lien juridique : la nationalité. Quant aux étrangers, il s'agit des personnes vivant sur le territoire de l'État, de manière temporaire ou permanente, mais sans aucun lien de nationalité les liant à l'État. Le territoire, élément matériel de la définition de l'État, est constitué du territoire terrestre, du territoire maritime et de la masse d'air qui surplombe les territoires terrestres et maritimes. Il est délimité par des frontières. La nature du lien qui lie un État à son territoire est très querellée en théorie du droit. Selon qu'on est partisan ou non du territoire, élément constitutif de l'État ou alors une propriété de l'État. Quelle que soit la réponse à cette question, pour être valablement constitué, un État doit aussi avoir un gouvernement effectif. Le gouvernement désigne le pouvoir politique sous l'emprise duquel est assujettie la population qui peuple le territoire d'un État. Non seulement ce gouvernement doit exister, mais il doit en outre être effectif.

Notons cependant qu'une théorie complète de l'État doit prendre en compte au moins cinq problématiques. Le problème de la nature de l'État, le problème de ses éléments constitutifs, le problème des pouvoirs ou fonctions de l'État, des formes de l'État, et enfin celui des unions d'États. Mais, la définition d'un sujet de recherche devant être restrictive, l'État sera ici envisagé comme la structure de l'ordre juridique, tant son émergence ou sa genèse avec les régimes coloniaux[137] que sa structuration effective avec l'accession à l'indépendance politique du Cameroun. La seule différence étant l'absence de souveraineté dans le premier cas. Il existe tout de même un territoire, une population et un pouvoir politique non souverain. Quoiqu'il en soit, c'est donc dans la consubstantialité établie par KELSEN entre État et ordre juridique, ou mieux de l'État ordre juridique, que s'inscrit la présente définition.

B. La notion de coutume

L'idée de coutume[138] a connu et poursuit son destin extraordinaire, intimement lié à celui de la culture juridique locale, dans son ensemble. « Peu d'autres concepts juridiques expriment aussi fort le sentiment complexe qui noue le droit à l'histoire des sociétés à leurs caractères distinctifs et à la vie concrète de leurs membres »[139]. Sans jamais se départir de son contenu technique de source de droit, source d'inspiration ou d'élaboration, la coutume reste encore un instrument majeur de qualification. Par sa possibilité polysémique, elle est la source d'appréhension et de compréhension de la diversité des manières d'être juridiques. En même temps, elle n'est qu'un outil, partagé par le droit et les autres sciences sociales, servant à décrire le droit vivant. Droit d'inspiration profane et donc populaire, tiré de l'humus social, des rapports concrets entre les hommes, par-delà les solennités institutionnelles[140].

De par ses origines, la coutume se dit au Moyen Âge[141] d'une redevance seigneuriale et d'une suite d'actions qui, répétées souvent, donnent l'habitude de les faire. L'usage[142] se dit d'une prestation due en vertu de la coutume et d'un droit d'user un bois ou un pâturage. « Jouissance concrète, droit de jouissance et prix à payer pour la jouissance d'une ressource, l'usage déploie une sémantique large où l'usager est tantôt celui qui use, tantôt celui qui a le droit d'user, et celui qui est soumis à la taxe qui conditionne le droit d'user ». L'idée de coutume connait aussi un regain de validité sur le terrain de la *« question sociale »*[143] où semble se poursuivre son destin densément paradoxal.

---

[137] Cf. DURAND (Bernard), *Introduction historique au droit colonial*, un ordre (au gré des vents », Op. Cit

[138] Dictionnaire de la culture juridique, sous la direction de Denis Alland et Stéphan Rials, 1ère édit, PUF, 2003, pp. 318 et s.

[139] Ibid., pp. 318 et s.

[140] Ibid.

[141] Ibid.

[142] Ibid.

[143]Cf. ANDRIEU (Louis Assier), « Penser le temps culturel du droit. Le destin anthropologique du concept de coutume », L'Homme 4/2001 (n° 160), p. 67-90.

Il est riche d'une pluralité de façons d'appréhender le temps et le droit, le temps du droit, de l'identité collective.

La coutume se distingue des autres sources du droit, notamment, de la loi et de la jurisprudence par son caractère « informulé ». Cela ne subodore pas que la coutume manque de forme, mais qu'elle n'est pas formulée par l'État, ou sous son contrôle. Elle résulte en réalité des temps mythiques. Empiriquement, elle provient à la fois de la volonté transcendantale des peuples et des institutions. En réalité, elle est fonction des cosmogonies et au-delà de la diversité de façade, dues à la reterritorialisation, en fonction des circonstances de temps et de lieu. De manière simplifiée, elle se confond avec le droit en vigueur. Dans cette optique, la règlementation et la jurisprudence pouvant lorsqu'elles sont répétées dans le temps, devenir coutume. Prise sous son aspect purement matériel, comment une norme juridique devient-elle coutume ? Il est à préciser qu'au départ, toute norme juridique est un acte juridique par essence unique par sa formulation. Comme le note avec pertinence JESTAZ Philippe[144] : « La naissance de la coutume reste un mystère : d'où vient qu'une pratique se transforme ou d'ailleurs ne se transforme pas- en usages ? » l'auteur renchérit « personne ne détient la réponse ». Une explication bien connue des juristes, que l'on attribue au doyen GENY, mais qui en réalité remonte à l'antiquité française, évoque l'importance de l'élément psychologique c'est-à-dire la conviction qu'il existe désormais une norme juridique dont l'obligation de s'y conformer pour le groupe est impérative. C'est « *l'Opinio Jure Necessitatis* ». Sauf qu'il faut le dire tout de suite, que toutes les règles juridiques produisent cet effet. C'est l'effet psychologique de la norme, sa dimension parapsychique. D'où l'urgence d'énoncer le second élément de la force obligatoire de la coutume : le consensus unanime autour de la règle concernée. Ce consensus résultant de l'impérieuse nécessité du maintien du lien social, dans les sociétés au pouvoir non suffisamment structuré dans l'abstrait, d'un point de vue de la hiérarchie verticale. D'aucuns rejettent cette explication et affirment à l'instar de JESTAZ[145] que : « L'idée de l'unanimité ne tient pas un seul instant : s'il fallait une pratique unanime pour constituer une coutume, le cas ne se produirait jamais, toute règle de droit ayant forcément ses contrevenants ». Si l'idée d'unanimité ne tient pas, comme semble le croire avec conviction JESTAZ, celle moins polémique et communément consacrée, celle de consensus tiendrait-elle, ce d'autant plus que la coutume a un caractère communautaire ? La véritable explication de la formation de la coutume réside, de l'avis même de l'auteur dans « la conjonction de deux éléments : L'adéquation aux besoins du groupe et, tout simplement, la pression

---

[144] Cf. JESTAZ (Philippe), Les sources du droit, Dalloz, col. Connaissance du droit, 2005, p.99.
[145] Ibid.

sociale »[146]. Adéquation aux mœurs, certes, surtout au regard de la mutation, de la permutation et de la reterritorialisation de la norme coutumière, au gré, et malgré des circonstances de temps et de lieu. Encore que, la relativité de la certitude[147] dans la quête de la vérité scientifique dicte par circonspection, d'être moins péremptoire, que l'auteur. Ceci parce qu'il nous semble pertinent de réaliser par instillation, l'adjonction de ces différents points de vue pour appréhender, du moins empiriquement, la notion de coutume.

Pour ASSIER ANDRIEU Louis, les juristes attachent à la coutume le prix *d'«* un ensemble de règles, à l'origine non écrites, qui, grâce à un usage constant et répété, acquièrent la force obligatoire *»*[148]. Mais la coutume est aussi, de par sa nature et de l'avis même de ANDRIEU, la « principale voie d'accès des profanes dans le domaine du droit, la coutume est en même temps, un droit l'horizon conceptuel d'une pensée antidogmatique et antipositiviste, reformulée aujourd'hui sous les traits postmodernes du pluralisme juridique ou du droit informel et in-officiel *»*[149]. Étrange destin, que celui que confère ANDRIEU, bien sûr de façon inévitablement subjective, à la coutume. Née à la périphérie de la rationalité scientifique et des temples savants du droit, la coutume n'en constitue pas moins, d'un point de vue prospectif, son horizon. Autrement dit, il ne faudrait surtout pas chercher la rationalité juridique du côté de la formulation de la règle coutumière, mais il conviendrait de se retourner vers la pratique, c'est-à-dire ce qu'en font les auteurs, pour que cette pratique informe le droit. Ne s'agit-il pas là de la relation quasi incestueuse que le droit noue et entretient rigoureusement avec le fait ? Une véritable dialectique d'essentialité et de causalité. Poussant plus loin sa réflexion, l'auteur affirme, du moins du point de vue génétique, que : « L'idée de la coutume désigne aussi bien l'essence du droit que l'essence de la culture, elle est alors universelle, elle traduit aussi bien la relativité ethnique et la diversité populaire qu'elle est le vecteur d'une unification nationale qui fait litière de

---

[146] Ibid.

[147] Cette relativité de la certitude, René DESCARTES (1596-1950) la traduisait déjà en ces mots dans sa Première méditation : « Je supposerai donc qu'il y a, non point un vrai Dieu, qui est la souveraine source de vérité, mais un certain mauvais génie, non moins rusé et trompeur que puissant qui a employé toute son industrie à me tromper. Je penserai que le ciel, l'air, la terre, les couleurs, les figures, les sons et toutes les choses extérieures que nous voyons, ne sont que des illusions et tromperies, dont il se sert pour surprendre ma crédulité. Je me considérerai moi-même comme n'ayant point de mains, point d'yeux, point de chair, point de sang, comme n'ayant aucun sens, mais croyant faussement avoir toutes ces choses. Je demeurerai obstinément attaché à cette pensée ; et si, par ce moyen, il n'est pas en mon pouvoir de parvenir à la connaissance d'aucune vérité, à tout le moins il est en ma puissance de suspendre mon jugement. »

[148] Cf. ANDRIEU (Louis Assier), « Penser le temps culturel du droit. Le destin anthropologique du concept de coutume », L'Homme 4/2001 (n° 160), Op. Cit.

[149] Ibid.

ces diversités »[150]. On comprend à la suite d'ANDRIEU que le problème de la coutume, du point de vue définitionnel, est lié à sa propension à déborder littéralement le champ juridique où elle trouve ses racines, pour se mouvoir vers d'autres horizons et emboiter ainsi le pas aux usages, à la morale[151] et aux mœurs ; tout en minimisant l'incidence réelle des diversités.

Au demeurant, la coutume est un élément d'adéquation à la réalité changeante des rapports humains, immédiatement déductible, d'un point de vue épistémologique, de l'observation empirique de la réalité sociale, des faits, dans leur rapport dialectique avec le droit, et un élément d'essentialité génétique, d'un point de vue ontologique, « inscrit dans une régularité indisponible et une permanence négatrice de toute historicité. Elle est le lieu vivant du changement et le rappel impérieux de l'obéissance aux origines ou, dirait-on à présent, à la structure, intemporelle et anhistorique par définition »[152]. Pour le Professeur POUGOUE Paul Gérard[153], par exemple, l'idée de coutume est liée à l'idée même de régulation des sociétés primitives, et, le « constat est que la société est bel et bien régulée ». Mais seulement, « le droit ne résulte pas d'un volontarisme étatique ; la norme du droit est orale et a un lien avec la culture du groupe social concerné »[154]. Poussant à l'extrême son analyse, l'auteur affirme que cinq points, au moins, caractérisent la coutume. Ce sont : « L'absence de professionnalisation du droit, la parfaite intégration du droit à la culture globale, l'importance du maintien de la paix, la primauté de la conciliation et la flexibilité des normes »[155]. À défaut de donner une définition de la coutume qui puisse faire « jurisprudence », ne convient-il pas, tout au moins, de la caractériser ainsi ?

---

150 Ibid.

151Cf. VERRIER (Eugène), *La morale dans l'Égypte ancienne*, Imprimerie topographique Pascal Lieutier, 1909.

152 Cf. ANDRIEU (Louis Assier), « Penser le temps culturel du droit. Le destin anthropologique du concept de coutume », L'Homme 4/2001 (n° 160), ibid.

153 Cf. POUGOUE (Paul-Gérard), Communication à la conférence du 24 août 2016, AfricAvenir International, Douala, thème : les colonnes philosophiques du droit, les enseignements du droit traditionnel africain, Op. Cit.

154 Ibid.

155 Cf. VANDERLINDEN (Jacques), *Les systèmes juridiques africains*, Paris, PUF, 1983. L'absence de professionnalisation du droit : La très faible différenciation des fonctions économiques, politiques et sociales a, comme corollaire sur le plan juridique, une absence de spécialisation de tous ceux qui contribuent à la mise œuvre du droit. Il n'y a pas de séparation des pouvoirs dans le chef de l'autorité politique, à la fois législateur, exécutif et juge.
La parfaite intégration du droit à la culture globale : Ce caractère découle en partie du précédent. Dans la mesure où les professionnels du droit n'existent pas, il n'est d'autre place pour le droit qu'au sein de la culture globale propre à chaque société. On vit le droit comme on vit la culture ambiante. L'essentiel est l'imprégnation progressive dès l'enfance… Ibid.

S'il est vrai que la coutume est une source[156] de droit, sa conception dans le cadre de cette analyse transcende littéralement le domaine purement métaphorique et originaire de source de droit. Elle recouvre ainsi une réalité complexe, au-delà des simplifications idéologiques abusives dictées par l'ethnohistoire, l'ethnologie et l'épistémologie coloniale[157].

Ainsi perçue, la coutume désigne dans le cadre de la présente thèse, le paradigme de régulation des sociétés d'Afrique noire. Ce paradigme fait de la connaissance de la norme, une connaissance absolue et totalisante. La coutume n'est pas un aérolithe spirituel. Elle transcende la seule dimension sociale. Elle traduit l'immanence, la permanence et la transcendance de l'ordre. C'est-à-dire l'ensemble des règles et mécanismes qui président à l'organisation et au fonctionnement de la société traditionnelle africaine, inséparables de la conception de l'ordre global de l'univers. L'homme n'étant qu'une partie de ce grand ensemble. Le domaine de la coutume épouse ainsi celui de l'harmonie universelle, et est compris entre le social, le cosmique, et l'ancestralité. Il n'y a pas de séparation rigide entre ces sous-ordres, de l'ordre

---

[156] Le terme « source » provient d'un mot français médiéval *Sorse*, du verbe « sourdre », qui signifie « jaillir » ou, plus rarement, « prendre sa source ». « Sourdre » vient du latin S*urgere* (Sub- Regere), « monter » « émerger ». L'anglais a emprunté ce mot au français. En revanche, en allemand on parle de *Quelle* ou de *Brunnen*, en néerlandais de B*ron*. Le mot latin désignant la source, *fons, fontis*, est le nom du fils de Janus et de la nymphe Juturne, et cet enfant, appelé également Fontus, est le dieu des sources. On attribue souvent à Cicéron (au début du 1er siècle avant notre ère) la paternité de la métaphore source du droit. Cicéron utilise en effet, l'expression fons *Legum et Juris*, « source des lois et du droit » ; il écrit également : *Visne Ergo Ipsius Juris Ortum a Fonte Repetamus* ? Mal définies, Les « sources » se révèlent indociles : on ne connait pas leur nombre et on ne s'entend guère sur leur définition. Les manuels notent « etc. » ou signalent par d'autres marqueurs le caractère illustratif des listes : « les sources comprennent notamment… », « parmi les sources, nous trouvons… », suivis d'une énumération souvent différente, mais où l'on retrouve le plus couramment : la loi, la jurisprudence, la coutume, la doctrine, le contrat, auxquels s'ajoutent parfois les principes généraux du droit, le règlement, la convention, la Constitution, et auxquels manquent le plus souvent (dans l'ordre alphabétique) l'alliance, les codes de conduite, Dieu ou le sens commun. La notion même n'est guère plus qu'une métaphore commode, qui permet de jeter une certaine lumière sur ce qui se passe en droit. Si nous n'oublions pas qu'il s'agit d'une métaphore datée (elle culmine au XXIe siècle) et localisée (dans l'université occidentale), nous ne courons pas le risque de la projeter indûment sur les autres cultures. Cf. GOLTZBERG (Stefan), Les sources du droit, Que sais-je ?, PUF, 2016, p. 5 et s.

[157] Leur point commun est de voir et lire les sociétés africaines sous le prisme du moyen âge européen ; de définir les institutions africaines toujours en état de manque. « Longtemps, mythes et préjugés de toutes sortes ont caché au monde l'histoire réelle de l'Afrique. Les sociétés africaines passaient pour des sociétés qui ne pouvaient avoir d'histoire … Le « Moyen Age » européen étant souvent pris comme point de référence, les modes de production, les rapports sociaux comme les institutions politiques n'étaient perçus que par référence au passé de l'Europe » Cf. MAHTAR M'BOW (Amadou), Préface de l'histoire générale de l'Afrique, Tome 1, Méthodologie et Préhistoire africaine. Sous la direction de Joseph KIZERBO, édition UNESCO.

global. Jusque-là, le droit officiel n'a appréhendé la coutume que dans son aspect social et a créé des cloisons artificielles. Sa sacralité fut exhibée par la doctrine africaniste avec plus ou moins d'emphase, mais sans en établir la filiation complète ou en tirer les conséquences de droit dans la tentative d'élaboration d'une épistémologie générale de l'ordre coutumier. Aussi, son aspect fondamental qui est la quête principielle de la rectitude a été dilué, minoré voire ignoré. Cette régulation se fait au moyen des instruments, des institutions et aussi des normes. La coutume, norme sociale, dans ses déclinaisons morales et politiques ; est avant tout une représentation de l'ordre cosmique originaire[158]. Sauf que ces deux registres d'ordres primordiaux font de la connaissance que l'on a de la coutume, une norme en friche, un lieu mémoriel. La première idée qui transparait de cette définition est que, d'un point de vue finaliste, point de vue qui sert généralement à baliser le domaine du droit, la coutume c'est l'incarnation de la rectitude cosmique, de la vérité axiologique[159]. Elle trouve sa source dans les principes « invisibles », posés comme postulat par les mythes. Ces principes mytho-ontologiques constituent un ensemble de règles fondatrices obéissant à une nécessité : la régulation[160]. La société traditionnelle africaine est comme toute autre société, une société politique. Or, il n'y a pas de politique sans règles. La seconde idée est que ce droit est propre aux sociétés traditionnelles africaines, héritage de leur rapport au réel, à l'existence. C'est le résultat scientifique et métaphorique de leur vision du monde. Et enfin, la troisième idée phare ici est que le domaine juridique de la coutume est encore en friche, du fait de sa connaissance approximative, du fait des limites de l'empirisme et du manque de neutralité. Surtout occultée par l'herméneutique des textes, des mythes, des préjugés scientifiques et d'autres attendus idéologiques hérités de la colonisation. De ce fait, sa connaissance est à la fois intuitive[161] et approximative. C'est un domaine qui ne demande qu'à être exploré au moyen d'une nouvelle épistémologie ; pour se faire, il faudrait au préalable faire sauter les vannes qui nous isolent doctrinalement de sa connaissance directe ; parfois au nom de la science et de la raison dans l'histoire des idées. Au besoin par l'invocation

---

[158] Cf. VERDIER (Raymond), KALNOKY (Nathalie) et KERNEIS (Soazick), *Les justices de l'invisible*, col. Droits et Cultures, L'Harmattan, 2010. En Égypte par exemple, « la religion pharaonique est une religion cosmique où tous les éléments sont des divinités ». Avant-propos Raymond VERDIER, p. 31.

[159] Ibid., pp. 15 et s.

[160] C'est le rapport du mythe à l'ontologie, on parle alors de l'onto-mythologie. Cf. MAMOUSSE (Diagne), *Critique de la raison orale, les pratiques discursives en Afrique noire*, Karthala, 2005.

[161] Cf. DUBUCS (Jacques-Paul), « L'Intuitionnisme, mathématique », in Dictionnaire des idées, Encyclopedia Universalis, Op. Cit. pp. 637-639.

des disciplines connexes par la pluridisciplinarité[162], sans pour autant renoncer à la formation du juriste, spécialistes du discours sur le juridique.

Ce changement de perspective dicté par la conception africaine de l'ordre social est capital. Il est de nature à entrainer non seulement l'ouverture de nouvelles perceptives scientifiques. Ceci en termes d'analyse, mais mieux encore, d'une meilleure compréhension de la dynamique globale des sociétés traditionnelles, dans l'optique de redéfinir un ordre juridique légitime et en adéquation avec la réalité culturelle. Mais aussi, elle permet le déplacement ou l'encadrement du centre d'intérêt déformé par les définitions empiriques[163].

C. La contribution

Selon le dictionnaire universel Hachette[164], la contribution est la « part payée par chacun dans une dépense, une charge commune ». La contribution véhicule ici, du moins implicitement, l'idée cadencée de la participation, de la répartition et de la proportion. Exemple, la contribution aux charges du ménage. Elle suppose l'existence d'une pluralité d'acteurs, les contributeurs. La contribution implique aussi une certaine visualisation ou anticipation, de l'ordre des finalités. Aussi la conçoit-on comme « le concours apporté à une œuvre ou de contribution à la rédaction d'un ouvrage collectif ». Mises au pluriel, les contributions introduisent à la fois l'idée de la pluralité, de la multitude, mais aussi l'idée d'une certaine indétermination. C'est l'idée même de la conception sérielle de l'ordre, de la vérité. L'idée selon laquelle, pour avoir sens et signification, une contribution ne doit pas devenir une opinion dogmatique, s'imposant comme une vérité éternelle. D'où la dés-essentialisation même des contributions et le postulat selon lequel, la réfutation fait science. La vérité scientifique est de l'ordre de la vraisemblance, de l'ordre de l'en-commun[165], de la véri-similarité.

D. La théorie pluraliste du droit

Le dictionnaire universel Hachette[166] donne une définition satisfaisante de la théorie. La théorie désigne dans sa première approximation, un « ensemble d'opinions, d'idées sur un sujet particulier ». On parle par exemple de théorie générale du droit, de théorie sociale, de théorie artistique. La théorie se conçoit

[162] Cf. CHASSAGNARD-PINET (Sandrine), LEMY (Pierre), REGULSKI (Céline) et SIMONNEAU (Dorothée), *Droit, Arts, Sciences humaines et sociales : (dé)passer les frontières disciplinaires*, Droit et Société, LGDJ, 2013, 292p.
[163] Cf. BARRAUD (Boris), *Le pragmatisme juridique*, Bibliothèques de droit, Harmattan, 2017, pp. 229 et s.
[164] Cf. Dictionnaire universel, Hachette Edicef, 5è édit.,p. 285.
[165] MBEMBE (Achille), *Critique de la raison nègre,* Op. Cit., p. 262.
[166] Cf. Dictionnaire universel, Hachette Op. Cit., pp. 1237-1238.

aussi comme une « *connaissance abstraite et spéculative* ». Dans une telle acception, la théorie s'oppose à la pratique. Elle est ainsi conçue comme une activité idéelle, de cognition, d'où la prééminence de sa dimension spéculative et théorétique, le cas échéant. Elle est donc de nature abstraite. La théorie désigne, en dernière approximation, un « système conceptuel organisé sur lequel est fondée l'explication d'un ordre de phénomènes ». Vue sous cet angle, la théorie rompt avec l'abstraction spéculative et devient un logos. Un discours fondé sur les faits. Les faits dont elle est le pendant discursif et idéel. Elle revêt ainsi, à la fois, une dimension explicative fondée sur des procédés d'un savoir analytique. La théorie se conçoit ainsi comme un savoir aux dimensions et aux fonctions à la fois explicative, spéculative et heuristique.

Ainsi perçue, la théorie pluraliste du droit désigne une description prospective des manifestations plurielles du droit, tel qu'il est conçu et vécu en Afrique noire, dans les sociétés plurielles. Le but étant de ressortir ses différentes déclinaisons, et aussi les logiques et dynamiques qui le sous-tendent. Cette théorie est donc, en soi, une méthodologie.

E. Méthodologie et problématisation

Le Petit Robert définit la méthode comme un : « ensemble de connaissances, d'études d'une valeur universelle, caractérisées par un objet et une méthode déterminés, et fondés sur des relations objectives vérifiables. » Selon le dictionnaire Larousse, la science serait un « ensemble cohérent de connaissances relatives à une certaine catégorie de faits, d'objets ou de phénomènes. » Il s'en suit de là que la science s'intéresse aux faits, aux objets et aux phénomènes. L'on en déduit aussi que la science nécessite à la fois un objet, une méthode et de l'objectivité. La méthode, gage de cette objectivité, est définie par le dictionnaire Larousse comme : « une démarche ordonnée, raisonnée ; une technique employée pour obtenir un résultat ». De par son étymologie, la méthode, vient du Grec *Méta*, qui signifie vers, et H*odos*, qui signifie route. La méthode est donc la voie, la technique, la route qui mène vers une connaissance précise. Elle sous-tend la perspective d'arriver par un moyen conçu comme rationnel. Ceci, pour parvenir à un but, sans commettre d'erreur, ou du moins en limiter, le cas échéant. Aussi, BACON Francis[167] (1561-1626), écrit dans Novum Organum, que : « L'expérience vague et qui n'a d'autre guide qu'elle-même n'est qu'un pur tâtonnement et sert plutôt à étonner les hommes qu'à les éclairer ; mais lorsqu'elle ne marchera plus qu'à la lumière d'une méthode sûre et fixe, lorsqu'elle n'avancera que par degrés et ira pour ainsi dire pas à pas, ce sera alors véritablement qu'on pourra espérer

---

[167] Cité par Pierre SAGAUT, Institut Jean Le Rond d'Alembert, Université Pierre et Marie Curie – Paris 6, Cours de culture générale, Licence, Année 2008-2009, ibid.

faire d'utiles découvertes. » Il est important de noter que c'est sur le gage de sérieux qu'apportent ces méthodes que se fonde le consensus autour de la valeur de la science. La science, dans l'esprit commun, est synonyme de rigueur. L'emploi de la méthode est un gage sérieux de rigueur et une caution de scientificité. Elle permet, à partir d'une matrice disciplinaire et donc du principe de l'intersubjectivité, de fédérer la communauté scientifique ; et évite au chercheur la mésinterprétation et la surinterprétation.

La méthode de travail utilisée ici est duale. Cette thèse va au-delà de la mono-méthodologie pour intégrer la transdisciplinarité[168] : d'où la conjonction de la méthode dogmatique, et la méthode historique.

La dogmatique juridique consiste à faire le travail d'interprétation[169] en vue de déterminer ou de rechercher la signification des énoncées juridiques, et d'analyser la portée des écrits des auteurs sur le droit. Autrement dit, il s'agit de déterminer le sens des dispositions des actes juridiques ; Constitution, loi, traité, acte administratif et d'interpréter la doctrine juridique en la matière pour une meilleure compréhension de la notion ou de l'institution étudiée. Elle embrasse aussi l'étude de l'exégèse, et de la jurisprudence ou casuistique.

La méthode casuistique implique l'étude des cas[170] ou des décisions de justice et donc des jugements et des arrêts, de différents ordres de juridiction. Elle implique l'étude de la signification et de la portée des actes judiciaires ayant force exécutoire. Elle implique aussi l'étude à la fois de l'*Impérium* et de la *Juridictio*, des précédents et leur force d'imposition selon les espaces juridiques concernés. Quoi qu'il en soit, la casuistique implique la nécessaire distinction dans chaque acte juridictionnel de ce qui est *Ratio Decidendi*, et *Obiter Dictum*.

En dehors des méthodes juridiques, la méthode historique semble utile dans le traitement du présent thème. Aussi, l'histoire exerce-t-elle sur les hommes, de l'avis de GRAWITZ Madeleine, « une indiscutable fascination, semblable à celle de leur enfance, qui suscite tant d'autobiographies »[171]. Poussant plus loin sa réflexion l'auteur affirme avec conviction que, « il semble qu'à travers l'une et l'autre, l'individu cherche à la fois la justification et l'explication de son être et de son destin. La méthode historique, en tant que méthode d'investigation, se veut à la fois une technique, c'est-à-dire une critique des documents et l'autre philosophique et renvoyant à la recherche

---

[168] Cf. CHASSAGNARD-PINET (Sandrine), LEMY (Pierre), REGULSKI (Céline) et SIMONNEAU (Dorothée), *Droit, Arts, Sciences humaines et sociales : (dé)passer les frontières disciplinaires*, Op. Cit.

[169] Cf. GRAWITZ Madeleine, *Méthodes des sciences sociales*, Dalloz, 2001, 11e édition, 101.

[170] Ibid.

[171] Ibid., p. 237.

des grandes lois[172]. » S'inscrivant dans le même sillage, THIERRY Auguste notait déjà en 1820 que, « peut-être est-il dans l'ordre de la civilisation qu'après un siècle qui a remué fortement les idées, il en vienne un qui remue des faits »[173]. Pour FUSTEL DE COULANGES, « plusieurs pensent qu'il est utile et bon pour l'historien d'avoir des préférences, « des idées maitresses », des conceptions supérieures. Penser ainsi, c'est se tromper beaucoup sur la nature même de l'histoire. Elle n'est pas un art, elle est une science pure, elle consiste comme toute science à constater des faits, à les analyser, à les rapprocher, à en marquer les liens »[174]. Et la mise en évidence de ces liens laisse transparaitre en filigrane une causalité historique, élément essentiel de la lisibilité de l'enchainement des faits. À GRAWITZ Madeleine de conclure que : « L'histoire ainsi conçue, s'oppose à la littérature d'imagination, à la philosophie et s'appuie uniquement sur la documentation. » Pour KIZERBO Joseph, « l'histoire est maitresse de vie *(historia magistra vitae).* C'est une discipline formatrice de l'esprit, parce qu'elle vous apprend à raisonner dans la logique et au-delà de la science par la conscience »[175]. Mieux encore, et de manière plus explicite, « le document même authentique n'est qu'un aspect du fait, il ne coïncide pas exactement avec lui. De plus, il est souvent lui-même subjectif. Enfin, le choix des documents et leur interprétation mettent en cause la personnalité même de l'historien »[176]. Pour SEIGNOBOS, l'histoire souffre d'une insuffisance ou malformation au regard du fait que la matière à observer est inobservable en réalité, du moins pas directement. Aussi, « il n'y a pas de science qui soit dans des conditions aussi défectueuses que l'histoire. Jamais d'observation directe, toujours des faits disparus, et même jamais des faits complets, toujours des fragments dispersés, conservés au hasard, des détritus du passé, l'historien fait un métier de chiffonnier »[177].

Au-delà de ce constat fait par l'éminent auteur, une justification doit légitimer la conjonction de la méthode juridique avec la démarche historique, la diachronie. La diachronie étant l'étude du fait historique à travers le double regroupement thématique et périodique. En ce sens, il convient de préciser que, bien que cette thèse de par son libellé et sa filiation scientifique, relève de l'histoire du droit et des institutions, la conjonction de l'histoire au droit pourrait sommairement être une première justification. Comme le note REVILLOUT Eugène : « Le droit est intimement lié à l'histoire générale. Il se ressent de toutes ses révolutions. Il est, pour ainsi dire, l'écho séculaire. Je

[172] Ibid.
[173] Ibid.
[174] Ibid., p. 238.
[175] Cf. KI-ZERBO (Joseph), *A quand l'Afrique? Entretien avec HOLENSTEIN René*, édit. De l'aube, 2003, p. 11.
[176] Ibid.
[177] Cité par GRAWITZ (Madeleine), *Méthodes des sciences sociales*, Op. Cit.

n'ai pas besoin de démontrer la chose[178] ». Ce lien induit en outre que « pour comprendre cette histoire, il faut avoir vraiment l'esprit juridique, tout autant que les méthodes historiques »[179]. Mieux encore, le « progrès ne pourra donc sérieusement s'effectuer, dans les deux domaines, que par une compréhension mutuelle »[180]. Ce faisant, l'adjonction à la casuistique de la méthode historique est aussi liée à l'impératif de traitement efficient du présent thème. Traitement dans un esprit juridique, sous fond d'une démarche historique. Le thème plonge ses racines dans le droit certes, mais le droit déjà entré dans l'histoire. Un droit qu'il convient de restituer au moyen des détritus juridiques du passé, selon une démarche historique. Et comme il s'agit du droit tout de même on ne saurait, sans perdre la face, ne pas faire appel à la démarche juridique.

La problématique est l'art de poser le problème. Elle véhicule une fausse idée de certitude, d'essentialisation et de précision. L'idée sous-entendue étant qu'il n'y a qu'une seule manière de poser le problème par rapport à un sujet donné. La problématique a la prétention et la présomption de fournir une interrogation achevée. À l'inverse, la problématisation c'est la multiplicité qu'il y'a de tourner, de retourner le problème ; la faculté, face à la complexité d'un sujet, de jouer, de rejouer, de déjouer et de sur-jouer la formulation de la question. La problématisation, au sens qu'en donnent FOUCAULT, puis MEYER[181], outrepasse cette idée de certitude, de fixation, et se conçoit comme un processus de questionnement, l'une des manières de poser le problème et non la seule manière en soi.

En matière scientifique, le problème émerge toujours à la suite d'une comparaison implicite et mentale. Comparaison entre la situation d'avant et la situation d'après. La problématisation est, pour ainsi dire, une dialectique d'intellection. De manière pratique, la problématique désigne la formulation du problème. C'est-à-dire la question principale qui structure le traitement d'un sujet de recherche. Comme le note Madeleine GRAWITZ, « La science ne commence pas avec des faits et hypothèses, mais avec un problème spécifique »[182].

Le problème constitue en même temps la boussole et le ciment qui cristallise les démarches. C'est la conjecture à résoudre. En ce sens, c'est aussi la toile de fond sur laquelle repose tout travail de recherche. Pour CHENIER Jacques en effet, par l'expression problématique de recherche, on se réfère

---

178 Cf. REVILLOUT (Eugène), *Précis de droit égyptiens, comparé aux autres droits de l'antiquité*, second tome, Paris, Libraires éditeurs, tome I, 1903, p. XVI.
179 Ibid., p. XVII.
180 Ibid.
181 Cf. MEYER (Michel), *La problématologie*, PUF, 1er édit., collection Que sais-je ?, 2010, 128p.
182 Cf. GRAWITZ (Madeleine), *Méthodes des sciences sociales*, op.cit., p. 384.

généralement à l'ensemble des éléments formant le problème. La structure d'information dont la mise en relation engendre chez le chercheur un écart se traduisant par un effet de surprise ou de questionnement. Cela doit être assez stimulant pour le motiver à faire une recherche. L'auteur ressort par là, la relation de cause à effet qui existe entre la problématisation et la revue de la littérature. En fait, on peut sans aucune exagération de style ou de langage, affirmer que la problématique est fille de l'état de la question. Dans la mesure où sa formulation dépend, en dernière analyse, à la fois des investigations et du contexte. Elle dépend de l'investigation parce qu'il faut éviter les redites et les non-dits. Elle dépend du contexte parce que c'est le contexte qui détermine son intérêt à un moment donné. Quoiqu'il en soit, c'est la problématique qui guide et encadre le chercheur dans le labyrinthe de sa pensée, pour éviter qu'il aille dans tous les sens.

Ceci étant précisé, la question qui structure le présent travail s'énonce de manière simple : les politiques législatives de l'État sont-elles compatibles avec les coutumes locales ? Cette question peut, selon toute vraisemblance, se subdiviser en deux questions subsidiaires. Quelle est l'incidence réelle des politiques législatives de l'État sur les coutumes ? Mais aussi, que peut-on faire le cas échéant pour une cohabitation efficiente de l'État et des coutumes ?

Il sied de démontrer que la construction de l'État est restée jusque-là incompatible aux coutumes locales (**Première partie**). Elle a eu un impact significatif sur les coutumes. Pour se faire, le point d'ancrage est un préalable, il se décline en termes d'un présupposé idéel. Le présupposé selon lequel à la base de la fondation de l'État se trouve une construction « idéologique ». L'idéologie qui sert à la fois d'élément de légitimation de l'impérium étatique et de disqualification des coutumes. D'où la rupture et le caractère inadapté de l'État et de ses politiques législatives. Ceci sera démontré à travers une kyrielle d'exemples et/ou d'études de cas résultant des divers domaines des politiques législatives.

Partant de la démonstration précédente, un moment d'analyse critique dont le but est de construire une théorie pluraliste sera envisagé. Cette théorie, en dépassant les bases restrictives du paradigme positif, se propose de tirer les enseignements du droit coutumier traditionnel pour adapter les politiques législatives aux coutumes (**Deuxième partie**). Ceci, dans une sorte de dialectique inconditionnée par les présupposés idéologiques et l'épistémè des modernes. Il est, pour ainsi dire, question d'éviter les enfermements à la fois théoriques, méthodologiques et épistémologiques, réducteurs. Le moyen ultime étant de favoriser la connaissance directe de la coutume. C'est la condition même pour un renouvellement souhaitable de la pensée juridique locale.

PREMIÈRE PARTIE

DES POLITIQUES LÉGISLATIVES INADAPTÉES AUX COUTUMES LOCALES : LA CONSTRUCTION DU MONOPOLE D'ÉTAT PAR LA MISE EN PLACE DES INSTITUTIONS EXCLUSIVES

Cette première partie est pour l'essentiel consacrée au discours prescriptif, sur la construction du monopole[183] d'État. Ce discours se structure en deux moments que sont d'une part le dessaisissement institutionnel (titre 1) et le dessaisissement normatif (titre 2).

---

[183] Cf. OST (François) et VAN DE KERCHOVE (M), *De la pyramide au réseau ? Pour une théorie dialectique du droit*, Op. Cit. L'on note que la connaissance du droit, les interférences du monisme et du pluralisme, la complexification des sociétés contemporaines constituent à divers degrés, la fin du monopole juridique de l'État. Pp. 449-540.

TITRE 1

LE DESSAISISSEMENT INSTITUTIONNEL : LE PROCESSUS DE DÉCONSTRUCTION ET DE REMODELAGE DES INSTITUTIONS COUTUMIÈRES

Le dessaisissement institutionnel désigne l'assujettissement des institutions coutumières à la logique de l'État-colonial en gestation à la logique de l'État colonial en gestation (chapitre 1), et la poursuite de ces politiques juridiques de domination[184] des institutions coutumières par les institutions du nouvel État indépendant (chapitre 2).

[184] Cf. PASHUKANIS (Eugeny), *La théorie générale du droit et le marxisme*, Traduction Jean-Marie BROHM, éditions de l'Atelier, 2018.

CHAPITRE 1

L'ÉTAT COLONIAL[185] ET L'ASSUJETTISSEMENT DES INSTITUTIONS TRADITIONNELLES

La genèse de l'État au Cameroun[186] est liée au fait colonial. C'est une exportation d'un phénomène qui a connu sa maturation en Europe continentale avant son imposition en Afrique et au Cameroun. Avant la colonisation occidentale[187], le Cameroun n'existait pas en tant qu'État. Le territoire qui prendra par la suite cette domination est un espace morcelé et occupé par une multitude de micro-nationalités[188]. Les unes structurées, à l'instar des Bamiléké[189], des Bamoun[190], et des sociétés féodales et islamisées

---

[185] Si l'expression État colonial semble querellée et peut prêter à équivoque, elle est utilement utilisée ici pour traduire une réalité tangible de l'émergence de l'État au Cameroun pendant la colonisation. Même s'il faut le reconnaitre, il s'agit encore des bribes du phénomène étatique, tel que conçu en droit constitutionnel. Déjà que le décret n°57-501 du 16 avril 1957 portant statut du Cameroun, traite déjà de la question de la citoyenneté et parle même déjà en son article 8, de l'État sous tutelle. Cf. J.O.C. 6 mai 1957, p. 655-660.

[186] Cf. NGANDO (Blaise Alfred), Genèse de l'État et du droit au Cameroun (1472-1961). Les racines d'une Nation en construction, Paris, L'Harmattan, 2020.

[187] Cf. GONIDEC (Pierre Françoise), *Droit d'Outre-Mer, de l'empire colonial de la France à la communauté*, Tome 1, Op. Cit.; du même auteur, Les droits africains Evolution et sources, Tome 1, 2e édition, Op. Cit.; EVANS (Lewin), Le Régime Allemand en Afrique, Op. Cit. ; BRUNSCHWIG (Henri), L'Expansion Allemande d'Outre-Mer, du XVe siècle à nos jours, Op. Cit; COUGET (Bertrand), *Colonies allemandes, avant et pendant la guerre*, Op. Cit. ; RAMZY (Osman), De l'organisation politique et l'évolution des colonies anglaises, Op. Cit. ; BARLAUD (Emile), *La politique indigène de l'Angleterre en Afrique Occidentale*, Op. Cit. ; DE BROSSCHERE (Guy), *Les deux versants de l'histoire, Autopsie de la colonisation*, pp. 26 et s. l'auteur remarque avec pertinence que « une étude, même superficielle, de l'histoire de la colonisation nous oblige à constater que l'Europe est, au cours des siècles, le seul continent à avoir sécrété cette forme d'expansion. » les exceptions de la Phénicie et du Japon sont celles-là qui confirment la règle. p. 26.

[188] Cf. Dugast (Idelette), *Inventaire ethnique su Sud Cameroun*, Op. Cit. ; TARDIS (Claude), Contribution de la recherche ethnologique à l'histoire des civilisations du Cameroun, volume 2, Paris, CNRS, 1981.

[189] Cf. Kanga (Victor Jean-Claude), *Le droit coutumier Bamiléké au contact des droits européens,* Thèse pour le Doctorat, Faculté de droit, Université de Paris, 1957 256p ; Kwayeb (Enock Katté), *Les institutions de droit public du pays Bamiléké (Cameroun). Evolution et régime actuel*, Paris, L.G.D.J., 1960 280p.

[190] Cf. Njoya (Sultan), *Histoire et coutumes des Bamoun, Mémoire de l'institut français d'Afrique Noire,* 1952 ; Tardits (Claude), « Le Royaume Bamoun : un État africain qui a traversé toute l'histoire », In Comptes rendus trimestriels des séances de l'Académie des Sciences d'outre-mer, Séance du 20 juin 1975, Tome LII – 1 – 1992.

du nord Cameroun[191] ; et d'autres, moins structurées, notamment : les Douala[192], les Bassa[193], les Beti[194], et les populations animistes du nord Cameroun[195]. Il s'agit pour ce dernier groupe, des sociétés au pouvoir très diffus, caractérisées par une absence de hiérarchie politique hégémonique capable d'amalgamer le reste des notabilités traditionnelles. La naissance de l'État résulte du contact avec l'Occident, au moyen du fait et du droit. C'est de ces rencontres historiques que vont émerger petit à petit les rivalités et le jeu des alliances. Les alliances vont se nouer, et se dénouer au gré des intérêts et des enjeux entre peuples de la côte et populations européennes, vivant ou en transit sur les côtes camerounaises, les embouchures du Wouri, et de la Sanaga. De ces rencontres vont naitre les contrats et les traités, base juridique ou prétexte pour la colonisation pacifique du Cameroun. C'est notamment le cas du traité germano-camerounais du 12 juillet 1884. Traité qui consacrera au plan juridique l'occupation allemande. Une fois la côte acquise par les Allemands, et conformément à la doctrine dite de *l'hinterland*, la conquête de l'intérieur sera engagée. Elle se fera sous le double prisme de la négociation et de la guerre, comme l'attestent les ententes et résistances. Il en va de même pour les accords et traités de paix qui précèdent la naissance de « l'État colonial ». Le dénominateur commun de l'instauration de l'État sera le souci d'asseoir une souveraineté ubuesque sur les notabilités traditionnelles dessaisies. Mais aussi, l'affirmation du monopôle, et l'exclusivité de la

[191] Cf. HEPP (Bernard), Coutumes des Peuls de l'Adamaoua, Thèse en droit, Université de Paris, 1948 ; Hurault (J.), « Histoire du Lamidat peul de Banyo (Cameroun) », dans Compte rendus trimestriels des séances de l'Académie des Sciences d'outre-mer [séance du 20 juin 1975], Tome XXXV – 1 – 1975, pp. 421- 463 ; HAGENBUCHER – SACRIPANTI (Frank), « Les arabes dits "Suwa" du Nord Cameroun », dans Cahiers de l'Orstom, Vol. XIV, n° 3, Paris, Orstom, 1977 ; NOUHOU BARRYWA (HAMIDOU), *Le Lamidat de Tibati, Adamaoua-Cameroun, Histoire d'une résistance anticoloniale et organisation socio-administrative*, édit. AfricAvenir, 2016.

[192] Cf. Dika Akwa, Eléments de corpus Douala : le mariage, Paris, Laboratoire d'anthropologie juridique, 1966 ; Duby (R.), Coutumier civil des Douala, Circonscription de Douala, Wouri, Bibliothèque académie de sciences d'outre-mer, Paris, non daté, 20p.

[193] Cf. TONYE-MBUA, Le Serment chez les Bassa du Cameroun (un exemple du serment dans la pensée juridique africaine), Thèse pour le Doctorat en droit (3e cycle), Spécialité: droit et économie des pays d'Afrique, Université de Paris 1, 1973, 299p ; NDEBI BIYA, Être, Pouvoir et Génération. Le système Mbok chez les Bassa du Sud Cameroun, Paris, L'Harmattan, 1987 ; NDOUMBOUK, Du droit dans les proverbes bassa du Cameroun, Mémoire pour le Diplôme d'Études Approfondies de philosophie du droit, Université Panthéon-Assas, Paris 2, 1995.

[194] Cf. ALEXANDRE (P.) et BINET (J.), *Le groupe dit Pahouin*, PUF, 1958 ; BERTAUT (Maurice), *Le droit coutumier des Bulu – monographie d'une tribu du Sud Cameroun,* Editions Doumat – Montchrétien. F. Loviton et Co, Paris, 1935, 308p ; LABURTHE-TOLRA (Philippe), Vers la lumière ? ou le désir d'Ariel : A propos des Béti du Cameroun, Sociologie de la conversion, Paris, Karthala, 1999.

[195] Cf. BENOIT (Jean-Pascal), *Kirdi au bord du monde, un médecin lyonnais au Cameroun*, Paris, René Julliard, 1957 ; LEMBEZAT (B.), Les populations païennes du Nord Cameroun, Paris, Mémoire de l'Institut français d'Afrique Noire, Centre du Cameroun, 1958.

puissance publique[196] alors en gestation sur l'ensemble du territoire. L'affermissement de la souveraineté se traduit au plan institutionnel par une cooptation de l'élite coloniale. Et mieux encore, un dessaisissement des institutions traditionnelles au profit des institutions coloniales. Ce processus est idéologiquement sous-tendu et motivé par l'idéologie depuis au moins la conférence coloniale de Berlin. Et c'est dans ce sillage qu'il faut comprendre le double processus de remodelage des institutions politiques traditionnelles (section 1), mais aussi des institutions sociales (section 2).

Section 1 : Le dessaisissement des institutions politiques

Ce dessaisissement se fait au moyen de la déconstruction des institutions politiques traditionnelles (I), gage de savoir-faire ancestral, de stabilité multiséculaire ; et aussi par le dessaisissement des coutumes matérielles. D'où le recours au processus de déconstruction-reconstruction (II).

I. La déconstruction-reconstruction des institutions politiques traditionnelles.

La déconstruction des institutions coutumières est une réalité perceptible chez les Bantou, les peuples soudanais. Cette réalité témoigne de l'arrogance de la colonisation européenne. Selon les termes de HARDY Georges : « L'Europe a, pour sa part, évincé bien des représentants des vieilles dynasties locales ; ceux qu'elle a daigné conserver sont devenus ses associés, et c'est en dehors d'eux que se poursuit jusqu'à nouvel ordre l'émancipation de l'Afrique »[197]. De ce fait, la colonisation, en tant que système de domination, se fonde sur une métaphysique de la race, et ignore l'altérité[198]. Comme le note le professeur KI-ZERBO Joseph « Les Africains étaient purement et simplement condamnés à endosser l'histoire du colonisateur »[199]. D'où le recours à la reconstruction sous la bannière de la mission civilisatrice. Il est donc tout à fait logique que la conjonction de l'œuvre missionnaire (A) et de

---

[196] Cf. ROULAND (Norbert), Aux confins du droit. Anthropologie juridique de la modernité, Op. Cit., pp. 72-107.

[197] Cf. HARDY (Georges), *Vue Générale de l'Histoire de l'Afrique*, Op. Cit. P. 176.

[198] Selon Achille MBEMBE, le nègre et la race constitue ensemble le sous-sol inavoué et souvent nié à partir duquel le projet moderne de connaissance –mais aussi de gouvernement-s'est déployé. In *Critique de la raison nègre*, p. 10.

[199] Cf. KI-ZERBO (Joseph), *A quand l'Afrique ? Entretien avec HOLENSTEIN René*, édit. De l'Aube, p. 12.

la conquête armée soit un préalable à l'implémentation de l'idéologie coloniale (B).

A. Le préalable de désacralisation par l'œuvre des missionnaires et par l'idéologie : une stratégie coloniale

Le recours aux missionnaires est une stratégie, une arme[200] de la colonisation. Un moyen de désacralisation partagé par les différents régimes coloniaux qui se succèdent au Cameroun. Il s'agit de rompre l'épine dorsale de la civilisation africaine, notamment le recours au sacré. Cette stratégie commence par l'encadrement global des schèmes de pensée et des références culturelles (2), tout cela est sous-tendu au fond par une idéologie de conditionnement global, la mission civilisatrice (1).

1- L'idéologie de la mission civilisatrice et le conditionnement global

Il serait intéressant de définir en amont ce qu'est une idéologie, d'analyser les fondements et en aval, de mesurer les implications de ladite idéologie.

La notion même d'idéologie[201] appliquée à la mission civilisatrice[202] semble querellée. Querellée parce qu'entre idéologie et utopie[203], la frontière est très mince. Au sens littéral, une idéologie est un ensemble d'idées constituant une doctrine politique ou philosophique. Selon MARX Karl, l'idéologie est un système d'idées produit par la classe dominante afin de lui permettre de justifier et de conserver son pouvoir. Il ressort de là que l'idéologie émane des cercles de pouvoir. L'idéologie est fédératrice à la fois des énergies, des actions et des pensées. Elle poursuit un but, un objectif avoué ou moins avouable. La logique d'une idéologie est une logique explicative de l'histoire. Sa construction est à la fois rétroactive et prospective. C'est la logique d'une idée. L'idée qui explique et imbrique les évènements comme s'ils obéissaient à une même dynamique, une même loi fondamentale. En termes juridiques, l'idéologie est selon toute vraisemblance, ce postulat à partir duquel l'on déduit des constructions, des explications. C'est aussi cet

---

[200] « Dans la lutte pour la vie, les idées religieuses sont une arme au même titre qu'un arc et une flèche, ou une nasse à poisson ». Cf. HOWELLS (WILLAM), *Les païens,* Traduction de R. de Saint- Seine, Payot, Paris, 1950, p. 5

[201] Cf. MARX (Karl), *L'Idéologie allemande*, trad. De Gilbert BADIA, édit. Sociales, 1968.

[202] Cf. NGANDO (Blaise Alfred), La présence française au Cameroun (1916-1959) colonialisme ou mission civilisatrice, PUAM, 2009.

[203] Cf. RICOEUR (Paul), *L'idéologie et l'utopie,* Essais, Seuil, 2016

axiome à partir duquel on subsume de manière quasi mathématique des politiques publiques à mener. Cette complexité de l'idéologie et sa prétention à la complétude font dire à la philosophe ARENDT Hannah que : « Le mot d' « idéologie » semble impliquer qu'une idée peut devenir l'objet d'une science au même titre que les animaux sont l'objet de la zoologie »[204].

En effet d'après l'auteur, « l'idéologie traite l'enchainement des évènements comme s'il obéissait à une même loi que l'expression de son idée. Si les idéologies prétendent connaitre les mystères du procès historique tout entier, les secrets du passé, les dédales du présent, les incertitudes de l'avenir – c'est à cause de la logique inhérente à leurs idées respectives »[205]. Cette idée ou logique inhérente fait que, pour atteindre la perspective, du fait même que l'idéologie est un horizon de sens, elle déduit tout à partir d'une prémisse unique. Cette prémisse résulte d'un choix politique et qui de ce fait a un dessein. Du fait de cette finalité, l'idéologie a un caractère totalitaire dans la mesure où elle s'impose parfois contre l'évidence du fait historique. Pour expliquer l'histoire, l'idéologie s'affranchit ainsi de toute réalité, de toute expérience concrète. Elle s'écarte de l'emprise exercée sur le réel par nos sens, pour s'embrigader dans une rationalité idéelle comme moyen mobilisé pour une finalité. D'où le recours, pour l'imposer, à l'endoctrinement idéologique, au conditionnement par le biais des instruments de socialisation[206]. C'est aussi le cas de sa traduction en matière de programmation des politiques publiques au moyen des instruments juridiques. Il s'agit de son inscription sur agenda. Ainsi encadré, aucun fait ne peut réfuter l'idéologie. Ceci parce que la force de l'idéologie ne réside pas en son sein propre ni dans sa matrice et son contenu. Elle est seulement dans le processus même que l'idéologie met en marche. Pour ARENDT Hannah: « La tyrannie de la logique commence avec la soumission de l'esprit à la logique comme processus sans fin, sur lequel l'homme compte pour engendrer ses pensées. Par cette soumission il renonce à sa liberté intérieure »[207].

À la suite de cet auteur, on comprend mieux pourquoi l'instauration de l'État colonial avait besoin d'un soubassement idéologique, comme justificatif

---

[204] Cf. ARENDT (Hannah), *Le système totalitaire*, traduction J.-L. Bourget, in Gérard Chomienne, Lire les philosophes, nouvelle édition, Hachette, 2010, 575p.

[205] Ibid., p. 547.

[206] Cf. KUM'A NDUMBE III, Quand les anciens parlent, Les Bassa dans le Njogmasi colonial. Témoignages du vieux Papa PAGHA André sur la colonisation, édit. AfricAvenir 2018, 254p. « Mais je t'ai déjà dit que les Allemands étaient ici par dictature. Eux, les NDOG – HEM s'étaient farouchement opposés à leur force pour instaurer l'enseignement scolaire. Tu m'as bien compris ? Pour eux, l'école c'était juste contraint et forcé. Moi-même j'y suis allé par contrainte. Personne n'y allait de bon gré » Note illustrative, 4e des couvertures

[207] Cf. ARENDT (Hannah), Le système totalitaire, traduction J.-L. Bourget, Op. Cit., pp. 551-552.

théorique et élément de légitimation de l'ordre colonial. C'est la composante essentielle de la mission prométhéenne de civilisation.

MBEMBE Achille fait ainsi observer qu'au fondement de tout projet colonial, il y a toujours eu, une « métaphysique de la race »[208]. Aussi, « se situant dans la perspective de l'évolutionnisme social, les historiens coloniaux tirent de cette approche l'idée qu'il existe d'une part, des sociétés civilisées et des sociétés non civilisées, et d'autre part, l'idée qu'il existe une supériorité congénitale de la race blanche sur les autres »[209]. La mission civilisatrice[210] participe de cette réalité de hiérarchisation de la raison[211].

Si l'on remonte le temps, on retrouve comme fondement textuel à la mission civilisatrice. Il s'agit d'un décret de droit divin, d'une bulle papale. Notamment la bulle du pape NICOLAS V[212] « *Divino Amore Communiti* » de 1454 autorisant l'esclavage, de la bulle papale d'ALEXANDRE IV, « *Inter Coetera* », cette bulle qui donne mandat au Portugal, à l'Espagne et après, aux autres nations européennes de convertir les peuples infidèles, ces « *ennemis du Christ* ». Mais il ne s'agit là que d'un alibi, car il est plus question de sauver

---

208 Cf. MBEMBE (Achille), *De la postcolonie : essai sur l'imagination politique contemporaine*, Karthala, 2005.

209 Cf. DIKA-AKWA NYA BONAMBELA (Prince). *Les problèmes de l'anthropologie et de l'histoire africaine*, Op. Cit., p. 15.

210Cf. NGANDO (Blaise Alfred), La présence française au Cameroun (1916-1959) colonialisme ou mission civilisatrice, Op. Cit. ; KENTEY PINI-PINI, *Croisade de l'Europe christianisée contre l'Afrique ancestrale*, Tome I, pour comprendre l'effroyable, interminable et cruelle mise à mort du peuple Kongo-Katiopa (RDC), procès du christianisme, édit. AfricAvenir, 2017 ; du même auteur, KENTEY PINI-PINI NSASAY, La mission civilisatrice au Congo, Réduire des espaces de vie en prisons et en enfer, A&A., 2013, 340p.

211 Cf. MBEMBE (Achille), *Critique de la raison nègre*, Op. Cit.

212 Cf. DUCHAINE (Michel), Réécrire l'histoire : Le 8 janvier 1454 : le jour où l'église catholique déclara et sanctifia l'extinction de la race noire. La bulle pontificale d'appel à la « guerre sainte » contre les nègres, datée du 1452 et rédigée par le pape NICOLAS V (de son vrai nom TOMASO PARETUCELLI) a eu des conséquences désastreuses pour l'Afrique noire. En voici un extrait : « Nous avions jadis, par de précédentes lettres, concédé au roi ALPHONSE, entre autres choses, la faculté pleine et entière d'ATTAQUER, de CONQUERIR, de VAINCRE, de REDUIRE et de SOUMETTRE tous les nègres, païens et autres ennemis du Christ où qu'ils soient, avec leurs royaumes, duchés, principautés, domaines, propriétés, meubles et immeubles, tous les biens par eux détenus et possédés, de réduire leurs personnes en servitude perpétuelle (…) de s'attribuer et faire servir et utiliser ces dits royaumes, duchés, contrés, principautés, propriétés, possessions et biens de ces infidèles nègres et païens ». https://michelduchaine.com. Consulté le 6 juin 2017 à 12h 46. « Dieu offre l'Afrique à l'Europe. Prenez-la, dit Victor HUGO. Versez votre trop-plein dans cette Afrique, et du même coup, résolvez vos questions sociales, changez vos prolétaires en propriétaires. Allez, faites. Faites des routes, faites des ports, faites des villes, croisez, cultivez, colonisez, multipliez ». HUGO (Victor), in Discours prononcé lors d'un banquet commémorant l'abolition de l'esclavage, 18 mai 1879, cité par EVARISTE PINI, in *Croisade de l'Europe christianisée contre l'Afrique ancestrale*, Op. Cit., p. 65.

l'Europe de « *la conjoncture de la mort* », comme l'écrit GUENEE Bernard [213] en autorisant la colonisation[214]. Par la suite, l'idéologie de la mission civilisatrice va se traduire par l'envoi dans les territoires sous domination, à l'instar du Cameroun, des missions religieuses[215] en prélude à la domination politique future[216]. On peut donc noter sans exagération qu'au départ la mission civilisatrice est une « mission divine » et une nécessité sociale pour sortir l'Europe de la conjecture de la mort.

Cette connotation de la consécration de la mission civilisatrice européenne ressort aussi de la conférence coloniale de Berlin. Conférence où, les pays invités reconnaissent, par une décision historiographique, l'acte de Berlin, être réunis « au nom du Dieu tout puissant[217] » pour une cause de civilisation. Cette

---

[213] Cf. GUENEE (Bernard), L'occident aux XIVe et XVe siècles, PUF, 1981, p. 61. « À la fin du moyen âge, la violence est quotidienne, le désordre est chronique. En marge de la société, vit tout un monde de vagabonds de brigands, de hors- la-loi contre lesquels le gouvernement ne peut rien. De leur côté, les travailleurs des villes et des campagnes étaient prompts à s'émouvoir et à s'agiter. De-ci de-là, il y avait des troubles, les hommes étaient molestés, les maisons brulées. Mais même sur ce fond familier, les séditions éclataient, les ondes de révolte se propageaient ». Cité par Fabien KANGUE EWANE, in, *Geste colonisatrice et mystiques ésotérique judéo-chrétienne en Afrique, la problématique essentielle de la décolonisation*, édition AfricAvenir, 2016, p. 20.

[214] « *Inter Coetera* est une bulle pontificale émise par le pape Alexandre VI, le 4 mai 1493. Cette bulle donnait à l'Espagne toutes les terres à l'ouest et au sud d'un méridien à 100 lieues (418 km) à l'ouest ou au sud de toutes les îles des Açores et du Cap-Vert, (soit à 36°8'W). Déjà dans la bulle Aeterni regis le pape avait donné au Portugal tous les territoires de l'Afrique. Le Traité de Tordesillas entre l'Espagne et le Portugal en 1494 changea un peu la ligne de démarcation, à 39°53'W.

En 1533, le roi de France François Ier demanda au pape Clément VII de changer la bulle en faveur de la France. Le pape précisa donc que la bulle n'affecte que les territoires occupés par l'Espagne ou le Portugal, toutes les terres nouvelles non occupées pouvant être réclamées par d'autres monarques chrétiens.

Ceci est un extrait de l'article Bulle Inter Coetera de l'encyclopédie libre Wikipedia, in : http://fr.cyclopaedia.net/wiki/Bulle-Inter-Coetera ».

[215] Cf. SALVAING (Bernard), Les missionnaires à la rencontre de l'Afrique au XIXe siècle, L'Harmattan, 1994, pp. 31-62.

[216] Cette domination peut être retracée, par le témoignage des acteurs de cette époque, témoignages qui nous sont parvenus grâce au travail du Prince KUM'A NDUMBE. Cf. KUM'A NDUMBE III, *Quand les anciens parlent, les Bassa dans le Njokmasi colonial. Témoignages du vieux Papa PAGHA André sur la colonisation*, édit. AfricAvenir 2018, 254p. KUM'A NDUMBE III, *Quand les anciens parlent. J'accepte les sorciers ? Témoignage du patriarche NJI FIFEN KUENDAP sur la colonisation, édit. AfricAvenir, 2018, 264p.*

[217] Au nom de Dieu Tout-Puissant,

Sa Majesté l'Empereur d'Allemagne, Roi de Prusse, Sa Majesté l'Empereur d'Autriche, Roi de Bohème, etc., et Roi apostolique de Hongrie, Sa Majesté le Roi des Belges, Sa Majesté le Roi de Danemark, Sa Majesté le Roi d'Espagne, le Président des États-Unis d'Amérique, le Président de la République Française, Sa Majesté la Reine du Royaume-Uni de la Grande-Bretagne et d'Irlande, Impératrice des Indes, Sa Majesté le Roi d'Italie, Sa Majesté le Roi des Pays-Bas, Grand-Duc de Luxembourg, etc., Sa Majesté le Roi de Portugal et des Algarves, etc.,

conception ne sera pas absente du mandat de la Société des Nations (la SDN), et plus tard de la tutelle internationale[218] de l'Organisation des Nations Unies (ONU) sur le Cameroun. Sauf qu'au-delà de cette consécration de l'idéologie de la mission civilisatrice, ces textes et autres instruments du droit international ne sont pas prolixes en définition. Ils ne disent guère en quoi consiste ladite mission civilisatrice.

C'est pour cette raison qu'il convient de questionner un autre champ d'investigation, notamment la philosophie dite des lumières[219]. En effet, qu'il s'agisse de VOLTAIRE, de GOBINEAU ou mieux encore de HEGEL[220], la tendance est à la négation de la pleine humanité aux Africains[221]. Ceux-ci sont considérés comme des « sous-hommes », c'est-à-dire, des hommes qui n'ont pas atteint la pleine humanité. D'où le retard observable de leurs institutions, de leur civilisation. Ceci, comparativement à ce qui se passe en Europe en ce début de ce 18e siècle. La mission civilisatrice aura pour but de mettre fin à leur « inhumanité », à apporter la civilisation par la conquête.

Sa Majesté l'Empereur de toutes les Russies, Sa Majesté le Roi de Suède et Norvège, etc., et Sa Majesté l'Empereur des Ottomans. Voulant régler, dans un esprit de bonne entente mutuelle, les conditions les plus favorables au développement du commerce et de la civilisation dans certaines régions de l'Afrique, et assurer à tous les peuples les avantages de la libre navigation sur les deux principaux fleuves africains qui se déversent dans l'océan Atlantique; désireux, d'autre part, de prévenir les malentendus et les contestations que pourraient soulever à l'avenir les prises de possession nouvelles sur les côtes de l'Afrique, et préoccupés en même temps des moyens d'accroître le bien-être moral et matériel des populations indigènes, ont résolu, sur l'invitation qui leur a été adressée par le gouvernement impérial d'Allemagne, d'accord avec le Gouvernement de la République Française, de réunir à cette fin une Conférence à Berlin, et ont nommé pour leurs plénipotentiaires, savoir :Acte général de la conférence de Berlin de 1885, Grands traités politiques, http://,jp.univ-perp.fr/traites/1885berlin.htm

218 Cf. ROLLAND (Louis), LAMPUE (Pierre), *Droit d'Outre-Mer*, Op. Cit., pp. 81-86.

219 Cf. CASTILLO (Monique), La responsabilité des modernes : Essai sur l'universalisme kantien, édit. Kimé, 2007. « Conçues comme un projet et comme une tâche, les lumières sont tout à la fois une éthique, oser penser par soi-même, une doctrine, sortir de la superstition, un projet politique, fonder une société d'hommes libres, une passion, affirmer l'égale dignité de tous les hommes, un mouvement culturel, fondé sur l'esprit éclairé par les valeurs de la modernité, une philosophie à l'usage de la philosophie, développer l'esprit de tolérance, et elles contiennent aussi un défi, faire la preuve que le développement des sciences peut coïncider avec celui de la liberté ». Op. Cit., P. 12.

220 « L'Afrique n'est pas une partie historique du monde, elle n'a ni mouvement ni développement à montrer… Ce que nous entendons en réalité par l'Afrique, c'est l'histoire sans développement et qui est encore complètement prise dans l'esprit naturel, et cela ici seulement au seuil de l'histoire du monde. - devait être conduit » Cf. HEGEL Georg Wilhelm Friedrich: Conférences sur la philosophie de l'histoire - Chapitre 2, Base géographique de l'histoire mondiale, Reclam Jun. Verlag, Leipzig, 1924

221 Cf. KENTEY PINI-PINI, *Croisade de l'Europe christianisée contre l'Afrique ancestrale*, Tome I, pour comprendre l'effroyable, interminable et cruelle mise à mort du peuple Kongo-Katiopa (RDC), procès du christianisme.

Il convient aussi d'interroger la philosophie positive. Notamment celle d'Auguste COMTE[222], qui présente l'évolution de l'esprit humain en palier. Formulant ainsi sa loi dite des trois états. L'auteur affirme que l'évolution de l'esprit humain passe successivement de l'état théologique à l'état positif, en passant par l'état métaphysique, qui est sa phase transitoire. Dès lors, coloniser ce continent revient à sortir les Africains de leur état de léthargie, de « sous-civilisés ».

Comme le notera fort à propos le professeur MOFELI KETE ASSANTE[223] : « L'occident s'est institué comme la source d'où tout est parti et continue de partir, fournissant au reste du monde les critères universels, nous a-t-on dit, d'après lesquels mesurer notre inhumanité, et les progrès qu'il nous reste à faire afin d'y mettre un terme ». Il soutient par la suite que : « L'on sait bien maintenant que ce soi-disant universalisme, et l'on ne pourrait trop insister là-dessus, n'a jamais été en fin de compte qu'une vision particulière du monde, une façon de faire et d'être particulière, celle des Occidentaux. En outre, pour pouvoir s'imposer au monde, il a fallu que l'occident disqualifie les visions du monde forgées par d'autres peuples, d'où toute sorte de fables sur notre infériorité, et l'assertion du savoir occidental de nous sauver de nous-mêmes »[224]. Pour le Professeur COMELIAU Christian[225], cette référence à l'universalisme ou à la civilisation est en soi, pure méprise. « La référence à la mission civilisatrice (...) est une provocation ; mais il est indéniable que les coloniaux l'avaient proclamée eux-mêmes et avaient fait semblant d'y croire ». L'auteur renchérit par la suite que : « De plus, nous avons été abreuvés pendant les décennies, en Europe comme en Afrique, d'écrits et de discours de propagande à propos de cette mission civilisatrice : pire, nous avons été enfermés par les institutions politiques, la structure sociale, les idéologies et la majorité de l'opinion publique dans une conception de l'histoire qui nous empêchaient de comprendre pourquoi ce système colonial était et a toujours été éthiquement inacceptable dans son principe »[226].

---

222 Cf. COMTE (Auguste), cours de philosophie positive, l'évolution de l'esprit humain et la loi des trois états, textes 1 et 2. Selon l'auteur, cette *« loi consiste en ce que chacune de nos conceptions principales, chaque branche de nos connaissances, passe successivement par trois états théoriquement différents : l'état théologique ou fictif, l'état métaphysique ou abstrait, l'état scientifique ou positif»*. Lire aussi, La synthèse positive telle que conçue par COMTE, in, La Grande Encyclopédie, Librerie Larousse, volume 6, 1973, pp.3162-3163.

222 Cf. TROPER (Michel), *Pour une théorie juridique de l'État*, col. Léviathan, PUF, 1997, pp. 23-44

223Cf. MOFELI KETE ASSANTE, *L'afrocentricité*, traduction MAGAMA, 2014, Philadelphia Pa. 1914, USQ, pp. 1 et s.

224 Ibid.

225 Cf. COMELIAU, préface de l'ouvrage de KENTEY PINI-PINI NSASAY, La mission civilisatrice au Congo, Réduire des espaces de vie en prisons et en enfer, Op. Cit., p. 9.

226 Ibid.

L'idéologie de la mission civilisatrice était une construction théorique et idéelle qui visait, par l'entremise de la mobilisation des moyens idéels et matériels, un but bien précis. Au-delà des déclarations officielles, il s'agit de l'inféodation de la société traditionnelle africaine[227] à l'autorité incontestée de l'église et des colons. Tout ceci se fera au nom de la mission civilisatrice et de l'universalité[228]. Il n'est guère étonnant que, suivant la logique propre à toute idéologie et la logique particulière d'inféodation et d'assujettissement de celle dite de la mission civilisatrice, l'on aboutisse au dessaisissement global des peuples colonisés et leur assujettissement total à l'État colonial. Dès après, au nouvel État indépendant emboitera le pas, « l'universalisme de conquête »[229]. Cet assujettissement crée à son tour une situation de crise, une crise globale pour la société colonisée. La colonisation étant par essence un acte de violence, de domination. D'aucuns, à l'instar de ONFRAY Michel, la qualifient de la logique de la décadence d'une civilisation[230].

Mais en Afrique, ce mouvement n'est pas irréversible. Ceci est dû au fait que, non seulement le paradigme nouveau n'a pas pu donner satisfaction, du fait même de son imposition, mais aussi il y a comme une éclosion et une renaissance du paradigme traditionnel déchu. C'est du moins ce qui fait dire au Professeur COMELIAU Christian que : « Nous avons donc grand besoin de comprendre pourquoi ce système a pu soulever de telles violences et laissé jusqu'aujourd'hui un héritage aussi chaotique ; nous avons besoin de comprendre, en d'autres termes, pourquoi l'histoire telle qu'elle nous a été enseignée était tellement insultante pour les peuples entiers, qui n'avaient jamais demandé de se trouver associés à une telle histoire »[231]. C'est donc en toute logique que la mission civilisatrice va entamer la désacralisation du pouvoir traditionnel par l'entremise de l'œuvre des missionnaires. Elle apparait ainsi comme une « mission de déshumanisation et de destruction »[232].

---

[227] Cf. KANGUE EWANE, *Geste colonisatrice et mystique ésotérique judéo-chrétienne en Afrique*, édit. AfricAvenir 2016.

[228] Cf. GOUHUENHEIN (Sylvain), *La Réforme grégorienne. De la lutte pour le sacré à la sécularisation du monde,* Paris, Temps Présents, 2010, pp. 103-105. L'auteur note ainsi que l'art. 2 de la réforme grégorienne énonçait le principe d'universalisme de la papauté romaine. C'est sur la base de cet universalisme que va se construire la prétention à l'universalité de l'Europe et de l'occident. Ainsi, aux termes de cet article : « seul le pontife romain peut en droit être qualifié d'universel ». Et à l'auteur de conclure qu'il s'agit d'un universalisme de conquête. P.167.

[229] Ibid.

[230] Cf. ONFRAY (Michel), *La décadence*, Flammarion, 2017, 656p.

[231] Cf. Christian COMELIAU, préface de l'ouvrage de KENTEY PINI-PINI NSASAY, *La mission civilisatrice au Congo, Réduire des espaces de vie en prisons et en enfer,* Op. Cit., pp. 9-10.

[232] Cf. KENTEY PINI-PINI NSASAY, *La mission civilisatrice au Congo, Réduire des espaces de vie en prisons et en enfer*, Op. Cit., p. 13.

2- La désacralisation par le concours des missionnaires

Il faut le dire tout de suite, dans les ethnies Bulu ou le Béti en général[233], Bassa[234], Bamiléké[235] ; et même dans les sociétés animistes du Nord Cameroun, à l'instar des Kirdi[236], le sacrée est au cœur de la vie sociale et du pouvoir politique. En effet, dans la cosmogonie négro-africaine, le monde n'est pas héritier de lui-même, il est le reflet d'un monde incréé et transcendantal. Ce monde donne toute la signification à la vie dans sa dimension matérielle et immatérielle. La conception du commandement chez le Bassa [237] à travers la figure du Mbombok cumulant à la fois le pouvoir spirituel, le pouvoir politique, le pouvoir normatif et symbolique ; le témoigne bien. : Aussi, la pratique du Ngué ou initiation, de la purification ou Saï, et des ordalies ou Ndjek donne au Mbombok, simple mortel, toute la posture d'un pouvoir intemporel[238]. Aussi, la doctrine chrétienne va-t-elle chercher à ruiner ce pouvoir. Comment ne pas le dire, cette doctrine est une idéologie politique enrobée de religiosité [239]qui va chercher à déconstruire cette réalité. Il faut donc commencer par faire l'inventaire des missions chrétiennes au Cameroun,

---

[233] Cf. Bertaut (Maurice), Le droit coutumier des Bulu – monographie d'une tribu du Sud Cameroun, Op. Cit. pp. 161 et s.

[234] Cf. BAMA NJOCK (Philippe Robert), Droit religieux et droit humain dans la tradition Bassa du Cameroun, Mémoire du diplôme d'études approfondies d'histoire du droit, de l'économie et de la société, Université de Paris, 1988 ; NDEBI BIYA, *Etre, Pouvoir et Génération. Le système Mbok chez les Bassa du Sud Cameroun*, Paris, L'Harmattan, 1987 ; TONYE-MBUA, *Le Serment chez les Basa du Cameroun (un exemple du serment dans la pensée juridique africaine), Thèse pour le Doctorat en droit (3e cycle), Spécialité: droit et économie des pays d'Afrique, Op. Cit., pp.35 et* s ; NDOUMBOUK, Du droit dans les proverbes bassa du Cameroun, Op. Cit.

[235] Cf. HURAULT (Jean), La structure sociale des Bamiléké, Le Monde d'Outre-mer, Passé et présent, Deuxième série, Documents I, Paris, Mouton & Co, La Haye. KANGA (Victor Jean-Claude), Le droit coutumier Bamiléké au contact des droits européens, Thèse pour le Doctorat, Faculté de droit, Université de Paris, 1957 256p.KWAYEB (Enock Katté), Les institutions de droit public du pays Bamiléké (Cameroun). Evolution et régime actuel, Paris, L.G.D.J., 1960

[236] cf. Benoit (Jean-Pascal), Kirdi au bord du monde, un médecin lyonnais au Cameroun, Op. Cit. pp. 14-18.

[237] BAMA NJOCK (Philippe Robert), *Droit religieux et droit humain dans la tradition Bassa du Cameroun*, Op. Cit., pp. 27-52 et pp. 65 -72

[238] Ibid. Lire aussi les rites initiatiques du Tso, du Ngui, du Ngondo, du Sso chez le Bulu ; in, « rites et cérémonies initiatiques », Cf. Bertaut (Maurice), *Le droit coutumier des Bulu – monographie d'une tribu du Sud Cameroun,* Op. Cit. pp. 76 et 105.

[239] Cf. SMARTH (William), *Histoire de l'église catholique d'Haïti*, 1492-2003, volume 1 et 2, éditions CIFOR, 2015 ; LABAT (Jean-Batiste), *Nouveau voyage aux iles françaises d'Amérique,* édition Forgotten Books, 2018 ; LOHSE (Edward), « Le Milieu du nouveau testament », archives de sciences sociales, 1975, 39, pp. 239-240 ; ARISTIDE (Jean-Bertrand), *Névrose vétérotestamentaires*, collection thèses et mémoires, édition Cediliv, 1994.

et par la suite voir le double processus de désacralisation et substitution des autorités.

L'histoire des missions chrétiennes est d'abord une histoire de « pacification spirituelle » de la société traditionnelle. Ces missions sont une œuvre de préparation de l'implémentation de l'administration coloniale. La correspondance[240] du roi belge Léopold II est explicitée à ce sujet. Les missionnaires n'ont pas vocation à enseigner aux peuples africains l'existence et la connaissance de Dieu. C'est un fait, un truisme que tous les peuples connaissent et servent Dieu. C'est aussi ce que témoignent les différents noms Bantu[241] et titres[242] que l'on lui attribue. Cette titulature est en soi un fait suffisamment éloquent. Un fait attestant l'appropriation de la divinité par ces peuples[243]. Mais, la colonisation, en tant que fait de domination, a besoin d'une caution morale. Ceci, non pour se convaincre, mais pour légitimer l'implémentation de son ordre, et du moins tenter d'y croire. Il devient opportun de faire recours au subterfuge des missions chrétiennes pour irriguer l'idéologie de la mission civilisatrice. Ainsi, c'est dans cette mouvance que les côtes camerounaises vont accueillir trois missions distinctes. Il s'agit tour à tour de la mission baptiste, de la mission presbytérienne américaine et les missions Bâle et catholique.

La mission baptiste est d'origine protestante. Établie depuis 1844 à Fernando Pô, cette mission dirigée par MERRICK Joseph [244] et FULLER

---

[240] « La tâche qui vous est confiée à remplir est très bien délicate et demande beaucoup de tact. Prêtres et pasteurs, vous venez certes pour évangéliser, mais votre évangélisation doit s'inspirer de notre grand principe: avant tous, les intérêts de la Métropole. Le but principal de votre mission au Congo n'est donc point d'apprendre aux nègres à connaitre Dieu, ils le connaissent déjà depuis leurs ancêtres; Ils parlent et se soumettent à MUNGU, NZAMBI, NZAKOMBAMOUKOULO etc… et que sais-je encore. Ils savent que tuer, voler, coucher avec la femme d'autrui, calomnier et insulter sont des actes mauvais ». Voir, le discours du roi des Belges Léopold II aux missionnaires du Congo, le 12 janvier 1883. Consulté le 01/07/2017.

[241] Cf. N'ZENGUET LOLO, Au cœur des mons Bantu, la dénomination chez les Pov. Harmattan, Gabon, 2009.

[242] Au Cameroun, *Nyambe* chez les Douala, *Bell* chez les Bafia, *Zambe* chez les Bulu ; au Mali : *Amma* pour les Bambara et les Dogo, au Soudan ; *Amani* ; chez les Akan du Ghana et de Cote D'Ivoire ; chez les Fang du Gabon, *Nzamb*i ; chez les Baya de Centrafrique, *Zamb*i ; Zabi chez les Samgama d'Ethiopie, *Njamb*i chez les Heroro de Namibi ; *Nzamb*i chez les Kicongo d'Angola et du Congo etc…

[243] Il s'agit pour l'essentiel des peuples Bantou, abusivement qualifiés d'animistes par les monographies tribales africanistes, monographies endossées sur la thèse du créationnisme. En réalité il n'en est rien parce que dans la cosmogonie africaine, le monde est increé. Et de ce simple fait le divin est consubstantiel à toute chose ou mieux à tout être vivant. De la lecture des classiques africains, Dieu est à la fois la source et le moyen par lequel chaque entité parvient à l'existence et vit cette existence. C'est la thèse dite de l'émanationniste.

[244] « Le 1er août 1834, l'esclavage fut aboli dans tout l'Empire Britannique, donc aussi en Jamaïque. 4 ans plus tard, le 14 janvier 1938, Joseph Merrick se fait baptiser, le mois qui suit,

John[245] entame l'œuvre d'évangélisation du Cameroun. En 1849 SAKER Alfred[246] remplace MERRICK, et en fin 1872, il traduit la bible en langue Douala.

Les presbytériens américains arrivent au Cameroun en 1879 et s'installent dans le sud du pays à Grand Batanga. Selon BUREAU René, ces derniers furent impressionnés « par les qualités d'honnêteté et de pacifisme de cette race aimable »[247]. Conséquence logique de cet accueil, les presbytériens laissèrent quelques comptoirs sur la côte. Puis ils engagèrent l'évangélisation de l'intérieur du sud Cameroun. Après l'arrivée des presbytériens viennent les missions Bâle et catholique.

Dès après 1880, les missions Bâle et catholique écument les côtes camerounaises sous le drapeau allemand, après le retrait des missionnaires britanniques conformément au principe selon lequel « l'évangélisation suit le drapeau ». C'est ainsi qu'en « 1884, MM. ROGOWINSKI et JANIKOWSKI, Polonais établis sur la côte camerounaise, à Mgr LE BERRE, vicaire apostolique des deux Guinée, l'envoi de missionnaires[248] ». En 1890, la « préfecture du Cameroun est confiée aux pères Pallotins allemands. Marienberg est fondée sur la Sanaga. Les fondations se poursuivent sur la côte : Edéa en 1891, Douala en 1898, Grand-Batanga en 1900 »[249].

---

le 16 février 1838, il est consacré au ministère pastoral à Jéricho au sein de la Baptist Missionary Society et 9 ans plus tard, le 6 novembre 1843, il débarque comme pionnier des missionnaires chrétiens au Cameroun. Théologien, journaliste, imprimeur, sténographe et linguiste - il parlait le grec, l'hébreu, le latin, le français, l'anglais, l'espagnol, plus tard le douala cf. Prince KUMA NDUMBE III, Le contexte historique dans lequel arrive l'évangélisation à Cameroons Towns, Discours prononcé à l'Université catholique de Douala le 03 janvier 2014.

[245] « La Native Baptist Church sera créé à Akwa en novembre 1849 par Tobbo Deido, Josué Dibundu, Adolphe Lotin à Samé et Alfred Saker. À Hickory Town (Bonabéri), le roi Priso Bell (Mbap'a Bedi ba Doo) cédera du terrain aux Baptistes pour la construction d'une église en 1864, érigée sous l'impulsion du Noir de Jamaique J. Fuller, des missionnaires Joseph Dybol, Robert Smith et des anciens de l'église George Nkwe et Angwa.» cf. Prince KUMA NDUMBE III, Le contexte historique dans lequel arrive l'évangélisation à Cameroons Towns, Ibid.

[246] « Merrick décède cependant le 22 octobre 1849, après une mission d'évangélisation d'à peine six ans, à Douala, Bonabéri et Bimbia. Le mécanicien et conducteur de bateau Alfred Saker devenu aide missionnaire jusqu'en 1848, rejoindra l'équipe des Jamaïcains noirs pour continuer l'œuvre d'évangélisation de Joseph Merrick. Trois ans après ce décès, deux traités du même contenu sur la protection des missionnaires, des chrétiens et le droit à la diffusion de l'Evangile seront signés par le consul anglais John Beecroft et le Roi Akwa (29 avril 1852) d'une part, et le Roi Bell (1er mai 1852) ». Cf. Prince KUMA NDUMBE III, Le contexte historique dans lequel arrive l'évangélisation à Cameroons Towns, Ibid.

[247] Cf. BUREAU (René), *Le peuple du fleuve, sociologie de la conversion chez les Douala*, Karthala, 1996, p. 219.

[248] Ibid.

[249] Ibid., p. 220.

Les sociétés traditionnelles, étant par essence des sociétés où le sacré est au fondement même du cycle de vie et du pouvoir[250], seront fondamentalement affaiblies. Aussi, le dessaisissement de ce pouvoir aurait été vain sans le préalable de disqualification et de désacralisation de ses fondements. C'est ce à quoi vont s'atteler les missions chrétiennes. Comme l'écrit Philippe LABURTHE-TOLRA : « Au Cameroun, le souci premier fut l'isolement de la sphère païenne, ce qui obligea les missions, fondées en retrait des centres, à se charger d'internats pour leurs écoles et sixa, puis à demander aux chrétiens de se regrouper en villages distincts ou, comme dans les campagnes européennes, le travail serait rythmé par la cloche de l'église ou de la chapelle appelant au moins trois fois par jour à la prière de l'Angélus, quand ce ne serait pas au culte ou aux instructions du catéchiste »[251]. Ainsi comme le résume fort à propos René BUREAU[252], « la plupart des chefs sont des féticheurs, les missions ont condamné le fétiche ; tous les chefs devaient leur autorité à leurs richesses, c'est-à-dire au grand nombre de leurs femmes, les missions ont condamné la polygamie ; les chefs usaient de ceux qui ne pouvaient se soustraire leur autorité, comme d'esclaves, les missions ont introduit la notion de dignité et d'indépendance de la personne humaine ; les chefs disposaient à leur gré de leurs femmes pour répandre et affermir leur influence, les missions ont introduit la morale sexuelle et le droit de la femme de se refuser à qui ne lui plait pas. À côté du chef, la mission a placé le catéchiste dont l'autorité morale est appuyée sur l'autorité du blanc et qui ne peut qu'enseigner le mépris du chef féticheur, polygame, esclavagiste et immoral ». La mission civilisatrice va entamer ainsi le pouvoir traditionnel en s'attaquant à ses attributs[253] et en le désacralisant. Cette désacralisation procède parfois d'un simple jeu de qualification et de substitution des autorités. Il en est ainsi du catéchiste[254] par exemple. Ainsi, condamnant l'idolâtrie indigène, fondée sur « les fétiches », la mission ne va pas moins introduire une autre forme d'idolâtrie fondée sur le symbole de la croix, de l'eau et du sel bénis. Bref, on assiste ainsi, pour ce qui est du chef indigène, au dessaisissement matériel et à la disqualification ontologique.

---

[250] Cf. KAMTO (Maurice), Pouvoir et droit en Afrique noire, Essai sur les fondements du constitutionnalisme dans les États d'Afrique noire francophone, Op. Cit.

[251] Cf. LABRTHE-TORA Philippe, *vers la lumière ? Ou le désir d'Ariel*, A propos des Béti du Cameroun, Sociologie de la conversion, Karthala, 1999, p. 158.

[252] Cf. BUREAU (René), Le peuple du fleuve, sociologie de la conversion chez les Douala, Op. Cit., pp. 220-221.

[253] L'auteur note que « dans le chapitre VI des décisions du Synode, qui traite de la confession, le point spécifique à l'Afrique est l'obligation d'interroger le pénitent sur l'usage des fétiches : il doit restituer ce qu'il possède sous peine de se voir refuser l'absolution ». BUREAU (René), Ibid. p. 187 et s.

[254] Ibid., pp. 562-564.

B. Le remodelage des institutions politiques : les fondements juridiques (le traité germano-camerounais)

Du point de vue du fondement du remodelage de la société coutumière, on le retrouve de manière tangible dans le droit et le fait (1). Ce qui ne manque pas d'avoir une réelle incidence sur la conquête de l'hinterland (2).

1- Les fondements du remodelage : le droit et le fait

Pendant longtemps, des relations entre puissances européennes et populations autochtones se sont nouées sur la côte camerounaise. Au plan de la réglementation, les Anglais étaient les précurseurs, pour la période allant de 1800 à 1884[255]. Avec dès 1840[256] la signature du plus ancien traité connu entre les rois douala, AKWA et BELL, et les Anglais, pour mettre fin à la pratique de l'esclavage, moyennant rémunération. Il en va de même de la création de la Cour d'équité en 1856 pour la règlementation du commerce[257]. Mais, les premiers contacts historiques se feront avec des Européens ni missionnaires ni colonisateurs, mais avec les marchands d'esclaves. Le deuxième contact se fera avec les missionnaires et les commerçants. La troisième rencontre est celle avec les missionnaires coloniaux. Tout compte fait, le commerce est au cœur de la collaboration entre diverses nationalités sur la côte camerounaise en cette seconde moitié du 19e siècle. Avant la phase de colonisation, la régulation de ce commerce poussa les Britanniques à la mise en place d'une juridiction commerciale : la cour d'équité[258]. L'intensification des échanges entre peuple de la côte et population européenne va conduire peu à peu les souverains locaux à solliciter la protection de leur territoire par les puissances européennes, comme l'atteste l'activité missive des rois Douala[259] jusqu'en

---

255Cf. NGANDO (Blaise Alfred), Genèse de l'État et du droit au Cameroun (1472-1961). Les racines d'une Nation en construction, Op. Cit., pp. 176-185.

256 Ibid., la formalisation des rapports juridiques dans un contexte de la lutte contre la traite esclavagiste : la signature des traités, une garantie contre la violation des engagements. pp. 177-181

257 Ibid. La création de la Cour d'Équité en 1856 : un tribunal de commerce, précurseur d'une justice occidentale sur la côte camerounaise avant l'ère coloniale. pp.181-185.

258 Cf. NGANDO (Blaise Alfred), *Genèse de l'État et du droit au Cameroun (1472-1961). Les racines d'une Nation en construction*, Op. Cit., pp. 181-185.

259 Dans l'ensemble des lettres auxquelles nous avons eu accès, il se dégage un constat simple. Ce constat est celui d'une autorité politique qui est admiratif du modèle administratif britannique tel qu'appliqué au Nigeria et qui voudrais bénéficier des bienfaits de ce modèle. Il

1884 en faveur d'une tutelle britannique. À titre d'exemple, la lettre des rois AKWA et BELL au consul Hewett en 1881. L'on notera aussi la pétition du mois de novembre de la même année, ou de manière plus expressive, la lettre du 07 août 1879 adressée à la reine de Grande-Bretagne et stipulant ce qui suit :

« Bien chère Madame,

Nous, vos serviteurs, nous nous sommes réunis et avons pensé qu'il était préférable de vous écrire une bonne lettre affectueuse qui vous exposera tous nos désirs. Nous désirons que nos villes soient régies par vos lois. Nous voulons que tout change et nous agissions conformément aux instructions de votre consul. Notre pays est tourmenté par des guerres. Il est rempli de meurtriers et d'admirateurs d'idoles. Peut-être ces lignes vous paraîtront-elles futiles…

Nous avons bien des fois parlé au consul anglais au sujet d'un gouvernement anglais ici. Nous n'avons jamais reçu de réponse de votre part ; c'est pourquoi nous voulons vous adresser cette lettre à vous personnellement.

Nous avons entendu parler de la rivière Calabar, de la façon dont leurs villes sont régies par les lois anglaises et dont ils se sont débarrassés de toutes leurs superstitions.

Oh ! Nous serions tellement heureux d'être comme Calabar maintenant »[260].

L'on comprend alors que le besoin de restauration de la paix et de la concorde est au fondement des rapports entre Européens et peuple de la côte. Ne s'agit-il pas là d'un énorme malentendu ? Ceci se justifie au regard de la divergence des intérêts entre les chefs de la côte vivant une période d'épuisement et de convalescence politique, et les gouvernements coloniaux.

Dès 1884, la situation va beaucoup évoluer, avec en prime la signature d'importants instruments juridiques. Ils viendront pour la plupart répondre à la volonté manifeste des autorités traditionnelles de la côte, et aussi satisfaire les ambitions des gouvernements coloniaux avant la tenue des assises de Berlin. Ce sont, d'une part, les contrats de vente, et d'autre part les traités. Le plus emblématique est le traité germano-camerounais, signé le 12 juillet 1884.

---

se dégage aussi une certaine lassitude des autorités Douala qui du fait de profondes mutations consécutives au commerce avec les européens, n'arrivent plus à maintenir la paix sociale.

[260] Cf. ONDOA (Magloire), Droit constitutionnel et institutions politiques du Cameroun, livre 1er, la construction de l'État du Cameroun, sous-livre 1er, la création d'entités étatiques camerounaises, Tome I, la formation des entités territoriales camerounaises, Op. Cit., pp. 110 – 111.

S'agissant d'abord des contrats de vente[261], il convient de citer entre autres : le contrat de vente de King Bell. Ce dernier vend l'ile Nicolo à la firme C. WOERMANM, le 11 juillet 1884. Le contrat de vente du Cap St John à Bapuko du 17 juillet 1884, le contrat de vent de Benita du 23 juillet 1884, dont l'objet est la disposition des pans du territoire en faveur des commerçants allemands. Il est à noter que, bien que le Cameroun ne soit pas encore un État à ce moment, la disposition du territoire est une curiosité. Surtout au regard des règles qui régissent la propriété foncière coutumière, notamment la sacralité l'inaliénabilité. Parce que sacrée, la terre n'appartient privativement à personne, fut-elle roi. Elle est la mamelle nourricière de la communauté tout entière. Elle appartient de ce fait tant aux personnes vivantes qu'à leurs descendants. Dans cette perspective toute vente est nulle parce que nul ne peut céder plus de droits qu'il n'en possède.

Parlant les traités, signés[262] entre l'Allemagne et les autorités coutumières, il est question de distinguer entre d'une part les traités d'alliance et d'autre part les traités de paix.

Les traités d'alliance regroupent : le traité germano-Bimbia du 11 juillet 1884, le traité germano-Dido du 11 juillet 1884, le traité germano-camerounais (Kamerun) du 12 juillet 1884, le traité germano- Awouni du 12 juillet 1884, le traité germano-Batanga du 18 juillet 1884, le traité germano-Plantation du 18 juillet 1884, le traité germano-Cribi du 18 juillet 1884, le traité germano-Malimba du 20 juillet 1884, le traité germano-Bata du 21 Avril 1884, le traité germano- Lulaby à Campo du 30 juillet 1884. De la lecture de ces traités, il ressort une similitude étonnante tant au niveau du corpus qu'au niveau des réserves. Ce qui fait dire que le texte fut unilatéralement rédigé par une partie, notamment la partie allemande et soumis tour à tour à la signature des autorités traditionnelles de la côte camerounaise. La seconde remarque est relative au temps. La plupart de ces textes sont signés dans un intervalle de temps très court. Ce qui laisse supposer un agenda caché, comme le confirmera par la suite la tenue de la conférence coloniale de Berlin.

Pour ce qui est des traités de paix, ce sont les traités qui résultent de la conquête militaire du territoire. Ceci se passe conformément aux assises de Berlin sur le partage de l'Afrique[263]. Comme le notera dans son allocution le Professeur KUM'A NDUMBE III : « Avec l'acte de la conférence de Berlin, les Européens s'étaient partagé l'Afrique entre eux. Cela ne signifiait pas pour autant que les territoires délimités sur la carte qu'ils avaient tracée étaient

---

[261] Cf. OWONA (Adalbert), *La naissance du Cameroun (1884-2010)*, édit. L'Harmattan, Paris, 1996, pp. 220-221. Voir aussi p. 206.

[262] Ibid. pp. 197-221.

[263] Cf. HARDY (Georges), *Vue Générale de l'Histoire de l'Afrique*, Op. Cit., P. 126 et s.

effectivement tombés sous leur autorité »[264]. Pour ce faire, face à la réticence des notabilités traditionnelles due à l'impératif de sauvegarde de leur indépendance, la guerre de conquête était devenue inéluctable. Ce, parce qu'en 1884 et 1885 la souveraineté allemande était réduite à peu de chose dans la réalité du terrain. Inéluctable aussi était la défaite des autorités locales, devant la puissance de feu des régimes coloniaux. Ceci sera attesté par la suite des évènements. Ainsi, les traités de paix signés au Cameroun à cette période sont : « Kamerun-Hickorytown (Bonaberi) le 19 janvier 1885 ; Victoria le 25 mars 1895 ; Ngulemakong le 18 décembre 1897 : Essumba (Mbombo) le 1er janvier 1898 ; Banyo le 7 mai 1899 ; Tibati le 7 juillet 1899 ; Ngila le 11 novembre 1899 ; Ngaoundéré le 20 septembre 1901 ; Garoua les 5 et 28 décembre 1901 ; Mubi le 8 septembre 1902 ; Holma le 5 janvier 1902 et Ssaran Fellani le 5 janvier 1907 »[265]. La conquête allemande en vue de la Constitution du territoire du protectorat camerounais va ainsi s'étaler de 1884 à 1907.

Parlant du contenu des traités de paix, ses termes frisaient l'exorbitance. Ainsi, la lettre du traité de Ngaoundéré du 20 septembre 1901 stipulait que « le Lamido Maï du royaume de Ngaoundéré promet de toujours se soumettre au gouvernement allemand et d'exécuter sans faute les directives de ce dernier ». La soumission est totale et inconditionnée. Les traités de paix contenaient aussi des clauses militaires. Aux termes du traité de Garoua, on peut lire « le Lamido Bouba de Leinde Garuas (...) s'engage en outre à ne pas mener indépendamment une guerre »[266]; il s'engage cependant à « assurer la sécurité des routes commerciales » dans sa zone de compétence. L'incidence de la conquête militaire par les coloniaux sur les autorités traditionnelles est donc réelle.

2- L'incidence de la conquête de l'hinterland sur les structures traditionnelles

L'activité juridique de la côte camerounaise est en contraste avec la suite de la conquête de l'hinterland. Certes, certaines autorités traditionnelles à

---

[264]Cf. Professeur KUM'A NDUMBE III, les traités Camerouno-germaniques : 1884-1907, in actes du colloque international « *Cent ans de relations entre l'Afrique et les Allemagnes 1884-1984 : le cas du Cameroun* » du 8 au 14 Avril 1985, 24p.Texte disponible à la bibliothèque Chiek Anta Diop, Fondation AfricAvenir, douala-Bonaberi.

[265] Cf. KUM'A NDUMBE III, les traités Camerouno-germaniques : 1884-1907, in actes du colloque international « *Cent ans de relations entre l'Afrique et les Allemagnes 1884-1984 : le cas du Cameroun* » du 8 au 14 Avril 1985, ibid., pp. 19 et s., voir aussi, la traduction des textes allemands sur le Cameroun, fond documentaire de la bibliothèque Cheik ANTA DIOP, Fandation AfricAvenir internationale.

[266] Ibid., p. 2.

l'instar du roi Njoya, roi des Bamoun, choisiront la collaboration pour éviter la guerre. Mais dans la majorité des cas, la conquête de l'hinterland sera violente. Ce sera l'objet d'âpres rivalités et de guerres sanglantes. Ainsi du côté de l'Est Cameroun citons le cas des évènements de 1900 et 1902 chez les Baya de Bertoua. À ce propos le professeur ELOUNDOU, dans sa communication lors de la célébration des résistances à la colonisation, marquant le centenaire de LOCK PRISO, le 28 août 2016, expose les faits[267] :

« C'est à partir de l'année 1900 que les premiers affrontements armés d'envergure sont signalés entre les populations de l'est du protectorat et l'armée coloniale allemande.

Au cours d'une nouvelle expédition qu'il entreprend en 1900, le docteur Plehn et la colonne militaire qui l'accompagne, tombent dans une embuscade tendue par les combattants du chef des Baya, Mbartoua au lieu appelé Doschié[268]. La cause principale de cet accrochage est le refus du chef Mbartoua de cesser les transactions commerciales avec les Français comme veulent le lui imposer les autorités coloniales allemandes. En outre, Mbartoua ne voulait plus tolérer que son territoire soit parcouru par des colonnes d'explorateurs hostiles qui voulaient le ruiner[269]. Les combats en eux-mêmes sont très meurtriers. Le docteur Plehn est mortellement atteint par une flèche, et le bilan officiel fait état de 200 morts parmi le millier de combattants baya que Mbartoua a pu rassembler »[270].

Aussi l'auteur poursuit : « après ce premier accrochage, les autorités coloniales allemandes ne semblent pas être satisfaites de l'issue des combats. En juillet 1902, Von Stein qui a passé pratiquement toute l'année 1901 à l'Est est envoyé en mission militaire contre le chef Mbartoua. Il lui est donné l'ordre de punir sévèrement le rebelle, responsable de la mort de Plehn et aussi de tout mettre en œuvre pour briser une fois pour toutes, le commerce intense qui se déroule toujours avec les Français. Von Stein atteint sa destination en août 1902 et engage de nouveaux affrontements contre Mbartoua. Au terme de ceux-ci, le chef est vaincu et est déposé.

Les événements de Bertoua donnent le signal d'une série d'affrontements qui s'étendront jusqu'au déclenchement de la Première Guerre mondiale. Le secteur le plus chaud est l'axe Lomié – Abong-Mbang – Nguélémendouga – Doumé, auquel il faut ajouter la zone comprise entre Lomié et Moloundou ».

---

[267] Lire aussi à cet effet, la traduction des textes allemands sur le Cameroun, fond documentaire de la bibliothèque Cheik ANTA DIOP, Fandation AfricAvenir internationale.
[268] Cf. ELOUNDOU (Eugène Désiré), citant J. von Puttkamer, *Gouverneursjahre...*, p. 220.
[269] Ibid., p. 221.
[270] Ibid., p. 221.

C'est aussi le cas de la révolte des Djem. Les Djem comme d'autres souverains de l'hinterland contestent le fondement même de la prétention de l'empire germanique à établir un protectorat d'autorité sur leur domaine. Leur souveraineté n'est pas négociable. La question est simple : qu'est-ce qui fonde la prétention du protectorat ? Une telle autorité, une fois établie, serait-elle légitime, c'est-à-dire justifiée ou fondée en droit ? Ainsi, le désamour était réel et la rupture consommée. Pour le Professeur ELOUNDOU :

« En pays djem, les relations entre les populations et les représentants des firmes commerciales vont se dégrader régulièrement. Le point de rupture est atteint au cours de l'année 1903. En janvier 1903, un agent de la Gesellschaft Süd-Kamerun du nom de Monier est tué à Kunabembe[271] ; en début d'année 1904, les représentants de ladite société signalent également que 200 porteurs chargés de caoutchouc ont été abattus et mangés par les Djem dans la région de Lomié[272]. Le climat d'instabilité ainsi créé amène les autorités coloniales allemandes à engager une opération militaire d'envergure dont la conduite est confiée au capitaine Scheunemann auquel sont adjoints 8 sous-officiers allemands et 180 soldats de la Schutztruppe. L'armement de cette colonne est renforcé par la présence de deux canons de campagne[273].

L'objectif majeur de Scheunemann est la réduction de 5 foyers de révolte.

- Le foyer de Kul du chef Kul ;
- Le foyer de Tinidi du chef supérieur Tinidi ;
- Le foyer de Lomié ;
- Le foyer d'Assobam du chef supérieur Ajébama ;
- Les foyers de Bidjum et Bidja des chefs supérieurs Bidjum et Bidja.

Les affrontements durent plus de 4 mois, de janvier 1904 à mai 1904. Ils sont également très meurtriers. D'après Oskar Zimmermann, cette campagne militaire se solde par la mort de 2 Européens et de 103 soldats de la Schutztruppe. Il affirme également que sans l'appui des combattants Ewondo, Eton et Boulou qui connaissaient mieux les techniques de combat en milieu forestier, la colonne de Scheunemann n'aurait pas pu s'en sortir[274].

Un autre point important de cette campagne militaire de Scheunemann est la découverte de la bourgade de Bakomene-Bakomene. Celle-ci se situait à la frontière entre le Kamerun et le Congo sur le bord du fleuve Dja. Bakomene-Bakomene était une espèce de petite ville de plus de 1000 habitants, constitué pour la plupart des ressortissants du protectorat, du Congo, auxquels s'étaient

---

271 *D.K.B.* 1903. p. 64.
272 O. Zimmermann, *Unsere Kolonien...*, p. 330.
273 J. von Puttkamer, *Gouverneursjahre...*, p. 220.
274 O. Zimmermann, *unsere Kolonien...*, p. 331.

joints des ressortissants du Sénégal et des gens de Monrovia. D'emblée, Scheunemann assimile ces populations à une association de malfaiteurs, de bandits de grand chemin, sûrement responsables de toute l'instabilité et les assassinats d'Européens qui s'étaient produits dans ce secteur.[275] L'officier allemand arrive alors à la conclusion qu'il fallait tout mettre en œuvre pour anéantir cette menace qui pesait directement sur la station de Moloundou.

Au mois de février 1905, Sheunemann lance l'attaque contre Bakomene. Les combats qui se déroulent entre la Schutztruppe et les combattants du chef Banjo sont très meurtriers, surtout que les gens de Bakomene avaient aussi des armes à feu. À la fin de l'année 1905, le bilan établi par l'officier allemand Mueler fait état de 80% de pertes de la compagnie engagée dans les combats, et dont l'effectif initial était de 120 soldats[276]. Il ajoute également que la région de l'Est, même après la destruction de Bakomene, ne pourra être déclarée « pacifiée » que lorsque la Schutztruppe aura brisé un autre foyer de résistance qui prenait de l'ampleur en territoire Maka[277]. À l'issue des combats dans le secteur des Djem, les autorités coloniales allemandes décident de l'ouverture des stations militaires de Lomié et de Dja ». Cette étude de cas est assez révélatrice de la résistance[278] de l'Est du Cameroun face à la conquête allemande, et le processus de soumission des autorités coutumières, par la force. Pour le reste l'évolution du territoire fera l'objet des arrangements entre par les puissances coloniales[279]. Il en est ainsi du protocole signé à Berlin le 04 février 1908 entre la France et l'Allemagne concernant la délimitation de la frontière entre le Congo français et le Cameroun ; et de l'arrangement entre la Grande-Bretagne et l'Allemagne, du 15 novembre 1895 fixant la frontière occidentale du Cameroun, de Yola au Lac Tchad.

C'est une autorité traditionnelle déjà amoindrie par l'action des missions chrétiennes[280] et donc dépouillée de sa texture sacrée, que la conquête militaire viendra par la suite, et à la lumière de ces quelques exemples anéantir. Dès ce moment, la domination politique du territoire sera totale. Cette domination va

---

275 Ce point de vue est repris par ETOGA Eily Florent (Ibid., p. 177). Celui-ci_écrit à ce sujet : « Ces conditions tout à fait favorables avaient aussi donné origine au rassemblement à Bokamomene, en une sorte de république, de toute la racaille de pillards et d'assassins venus de tous les horizons ». De par leur fixation sur le bief navigable du Dja, on pourrait également penser qu'à Bakomene, les habitants pouvaient aussi être des commerçants intermédiaires, entre les populations de Lomié et les Français, ce qui pourrait aussi mieux expliquer l'absence signalée de conflit entre cette république et les populations autochtones.

276 Source: *R.K.A.* N° 4290.p. 118 « Bericht Muellers vom 6.5.1906 ».

277 Source: *R.K.A.* N° 4291 p. 64 « Bericht Muellers vom 15.08.19063 ».

278 Cf. ELOUNDOU (Eugène Désiré), Le Sud-Cameroun face à l'hégémonie allemande 1884-1916, L'Harmattan, 2016, pp. 187-206.

279 Cf. OWONA (Adalbert), *La naissance du Cameroun*, Op. Cit., 1884-1914, pp. 41-57.

280 Cf. BUREAU (René), Le peuple du fleuve, sociologie de la conversion chez les Douala, Op. Cit., pp. 220-s.

se construire tant sur le statut que sur les fonctions désormais assignées à l'autorité traditionnelle déchue et dépolitisée. Ce changement est aussi d'ordre conceptuel. La mutation sémantique se fait par le passage de la notion de roi, dépositaire en chef des coutumes, à celui de chef, fût-il supérieur. Notons que s'il n'y a personne au-dessus du roi, la différence réside dans le fait que le chef peut être nommé, comme le confirmera par la suite l'historiographie coloniale à travers un examen attentif de la pratique administrative[281]. On assiste à une véritable déstructuration de l'autorité traditionnelle[282]. Ce dessaisissement est à la fois d'ordre politique, administratif et d'ordre transcendantal avec en prime, la contestation de la sacralité de son pouvoir ancestral établit[283]. Au plan politique en effet, on assiste à la dépolitisation et à l'inféodation du pouvoir traditionnel au pouvoir colonial, et donc à un déplacement de l'épicentre de la souveraineté. Ce glissement de la souveraineté est en soi un haut fait. C'est le résultat du fait, et celui du droit. Le fait dont il est question ici est un fait d'armes, et donc de guerre ouverte entre les chefs locaux et le gouvernement allemand.

Quant au droit, il résulte de la signature des traités. Ces faits recevront par la suite une consécration juridique à travers des traités d'alliance et des contrats. Dans tous les cas, on assiste à une réelle restructuration en termes de déconstruction des structures politiques locales et leur mise sous tutelle. Cette mise sous tutelle fait du chef un simple auxiliaire de l'administration. Le chef n'est plus souverain, il est au service d'autres souverains, à qui il doit obéissance et fidélité. Cette inféodation politique aura des répercussions sur le domaine judiciaire. La justice étant la première dette de souveraineté, il était dès lors manifeste qu'elle ne pouvait que subir l'incidence de cette dépolitisation de la société traditionnelle.

---

[281] L'exile de DIKA NPONDO AKWA, signataire du traité du 12/07/1884, à Campo où il meurt le 06/12/1916, est un cas révélateur, à la fois de l'hégémonie du pouvoir colonial et de la déliquescence du pouvoir traditionnel originaire africain.

[282] La clause générale du traité du 12/07/1884 annonçait déjà l'abandon, de la part des chefs traditionnels, des « *droits de la souveraineté, la législation et l'administration du territoire* ». Et la doctrine dite de l'hinterland rendait inéluctable la déchéance de ces droits, concernant les autorités politiques situées à l'intérieur du territoire.

[283] Cf. CAMARA (Fatou Kiné), Pouvoir et justice dans la tradition des peuples noirs, L'Harmattan, 2004.

II. La déconstruction-reconstruction de la justice traditionnelle

La présentation de la nouvelle nomenclature de la justice coutumière sous l'État colonial sera précédée par une démonstration de son remodelage préalable, pour le rendre compatible au nouveau programme de société en gestation.

A. La déconstruction de la nomenclature de la justice précoloniale

Pour mieux cerner les contours de ce processus de déconstruction de la société coutumière, il convient de présenter tour à tour la conception traditionnelle de la justice (1), et la nouvelle forme que revêt ladite justice au contact des régimes coloniaux successifs (2), c'est-à-dire le processus de déconstruction proprement dit.

1- De la conception traditionnelle de la justice en Afrique noire

L'idée de justice et inhérente à toutes les sociétés qu'elles soient traditionnelles ou non. Elle est aussi présente chez les Bulu[284], les Bassa[285], les Bamileke[286] et les Bamoun[287]. Les théoriciens du contrat social enseignent que la sûreté, c'est-à-dire la protection globale du citoyen, tant dans son intégrité physique que morale, est au cœur du contrat social. La justice, parce qu'elle se propose d'offrir au citoyen la sanction[288] de leurs droits subjectifs, est un élément fondamental de cohésion sociale. Le rôle de la justice est donc de

[284] Cf. BERTAUT (Maurice), Le droit coutumier des Bulu – monographie d'une tribu du Sud Cameroun, Op. Cit. pp. 259-268.

[285] Cf. TONYE-MBUA, Le Serment chez les Basa du Cameroun (un exemple du serment dans la pensée juridique africaine), Op. Cit. NDOUMBOUK, Du droit dans les proverbes bassa du Cameroun, pp. 50-62.

[286] Cf. KWAYEB (Enock Katté), *Les institutions de droit public du pays Bamiléké (Cameroun). Evolution et régime actuel*, Op. Cit. pp. 118-124.

[287] Cf. NJOYA (Sultan), *Histoire et coutumes des Bamoun, Mémoire de l'institut français d'Afrique Noire,* Op. Cit., pp. 50-136

[288] Cf. OST (François) et VAN DE KERCHOVE (M), *De la pyramide au réseau ? Pour une théorie dialectique du droit,* Op. Cit., Selon l'auteur, « quelle que soit la forme que puisse revêtir la sanction d'un point de vue juridique, il est évident que cette notion déborde le domaine du droit, et cela à un double titre.
D'une part, parce que la problématique des sanctions concerne d'autres ordres normatifs que l'ordre juridique…d'autre part, il convient d'apercevoir que la sanction d'une règle de droit ne se réduit pas à l'institution des sanctions proprement juridiques ». pp. 22 – 263.

réalisation de la sûreté. Au sein de l'État, la justice est restée tributaire de l'application prédictible de la règle de droit, selon la logique formelle ; du moins le croit-on.

À rebours de cette logique, une conception de la justice dans les sociétés traditionnelles camerounaises transparait. Ici, en effet rendre justice, c'est trancher les litiges, certes. Mais c'est plus rétablir l'harmonie sociale par l'entremise de la discussion, de l'échange et de la parole. Ici, la vérité juridictionnelle est d'abord une affaire de rectitude, de répartition, de mesure et de compromis, avant d'être une pratique.

Les systèmes politiques traditionnels africains avaient leur propre technique d'organisation du pouvoir. Ils étaient à proprement parler, « *des États en miniatures*[289] », au sens de l'organisation sociale. Cette organisation qui englobait aussi la fonction de juger est fondée sur le compromis social par le moyen de la parole, la pratique de la palabre[290].

Statutairement parlant, les membres chargés de composer cette juridiction sont triés sur le volet. Il S'agit le plus souvent du chef du groupement, de la tribu ou clan, des chefs de famille parmi les plus importantes de la contrée. Mais aussi de toute autre personne ayant fait le choix d'assister à la discussion. Ce choix est aussi accompagné d'une participation active au débat. Dans le « canton » Beké[291] par exemple, la palabre traditionnelle malgré la pluralité des participants est toujours présidée par le chef de la communauté. Mais il arrive que pour des raisons pratiques, le représentant de la communauté désigne un modérateur chargé de la conduite des débats.

De manière schématique, la structuration de la justice traditionnelle se présente comme suit : la juridiction familiale, la juridiction lignagère, la juridiction clanique. Selon qu'il s'agit de la famille, du lignage ou du clan. À ces juridictions permanentes, il faut y joindre la juridiction de crise. Une

---

[289] Cf. Entretien du chef Bamendjou, S.M. RAMEAU SOKOUDJOU (Jean-Philippe). Diffusé par la chaine de télévision VoixAfrica le 27 janvier 2016. Entretien réalisé à Paris par le journaliste ENOGO (Olivier).

[290]Cf. SINDJOUN (Luc), « Les pratiques sociales dans les régimes politiques africains en vue de la démocratisation : hypothèse théorique et empirique sur le para constitution », *Revue Canadienne des sciences politiques*, vol 40, n°2, 2007, pp 465-485.

[291] Le canton Beké est situé dans le département du Mbam et Inoubou, arrondissement de Kiiki. Il est constitué de trois villages autonomes : le village Bitang, le village Mouko, le village Kiiki (chef-lieu de l'arrondissement du même nom). Le processus de palabre décrit ici résulte de nos observations directes au village Bitang. Ce village est principalement constitué de neuf familles. Chaque famille dispose d'une juridiction subsidiaire chargée des affaires internes et d'une moindre gravité. Et la juridiction présidée par le chef du village s'occupe des affaires concernant au moins deux familles ou encore, des affaires internes, mais d'une gravité exceptionnelle. De sources sûres, avant l'arrivée des Allemands vers 1899, la fonction était inconnue. Les Beké privilégiant le système de patriarche.

juridiction à caractère exceptionnel. Le critère de compétence étant la présence ou l'absence d'un élément d'extranéité par rapport au groupe primaire.

D'un point de vue processuel, la procédure est relativement simplifiée. Lorsqu'un membre de la communauté se sent lésé dans ses droits, il saisit le chef de la famille pour exposer ses prétentions et autres arguments. Le chef identifie formellement le grief, puis il juge de l'opportunité de convoquer ou non une assise. S'il décide de ne pas convoquer une assise, il peut soit conseiller le plaignant, en lui demandant de laisser et de pardonner à son frère. Si cela nécessite la présence de ce dernier, le chef le fait venir et le problème est résolu à huis clos. Très souvent, le chef ou la communauté ont recours à la théorie du bouc émissaire, notamment un mauvais génie. Ceci, pour justifier le problème objet du litige et libérer les parties du poids étouffant de la culpabilité. Lorsqu'il s'avère impératif de juger les parties, c'est-à-dire lorsque le litige est d'un enjeu considérable, une date pour les débats est arrêtée, et la communauté informée[292]. Au jour dit et à l'heure convenue, l'ouverture de la palabre proprement dite s'effectue. Le chef de la communauté ou le modérateur prend la parole pour présenter les parties et l'objet des assises. La parole est d'abord donnée au plaignant pour l'exposé succinct des faits et le lien entre ses faits et l'accusé. Par la suite la parole est donnée à l'accusée pour se justifier. S'il reconnait ses torts, les débats sont abrégés, et un consensus est rapidement trouvé. Généralement, ce compromis se décline en une petite compensation. La bonne foi ne se présume pas ici parce qu'elle est la règle. Le manque manifeste de bonne foi jette un discrédit sur la personne que la communauté tente toujours de justifier.

Au contraire, lorsque l'accusé nie les faits, on fait recours aux modes de preuve. Parmi les plus usités, on peut citer l'aveu, le témoignage, et les ordalies[293]. S'il est nécessaire, on fait appeler les témoins séance tenante et les débats se poursuivent dans la stricte convivialité et le respect mutuel. Lorsque cela s'avère nécessaire, les débats sont ajournés. Mais dans tous les cas, une solution consensuelle, parce que toujours acceptée par les deux parties, est arrêtée : c'est la décision de justice. On retrouve le fondement de cette pratique procédurale dans les mythes anciens, notamment le mythe d'Isis et d'Osiris, à propos de la succession d'Horus. Ce mythe est le fondement de la justice

[292] Cf. BIDIMA (Jean Godefroy), *La palabre une juridiction de la parole*, édit. Michalon, Op. Cit. L'auteur note que la compétence des juridictions dépend, selon les cas, de critères géographiques (qui va d'un seul village à une contrée) ou anthropologiques.

[293] On parle « *des épreuves élémentaires de vérité dans le temps et l'espace* ». On les retrouve tour à tour, dans la civilisation grecque, romaine, africaine, indienne… Cf. VERDIER (Raymond), KALNOKY (Nathalie) et KERNEIS (Soazick), *Les justices de l'invisible*, Op. Cit., pp. 29-30.

procédurale, le refus de la vengeance privée, le recours aux ordalies et au témoignage[294].

Comme le note bien le professeur FWELEY DIANGITUKWA, *le but initial de la palabre est de parvenir à une solution concertée et consensuelle. Ceci, pour le bien de la communauté sans pénaliser l'une ou l'autre partie. C'est une institution qui possède un règlement non écrit qui doit être observé par tous. Elle sert à traiter les litiges de manière traditionnelle en s'imprégnant de l'éthique sociale.*

La décision résultant de la palabre est moins l'application mathématisée d'une règle de droit, que le fruit de la dialectique des débats de la cause. De là, la palabre se situe aux confins de deux théologies que sont d'une part la communauté et l'éthique, et d'autre part la réparation et le compromis. Et la pratique coutumière s'abstient bien d'opposer ces deux abstractions. Elle les conjugue plutôt au moyen d'une dialectique du sacré, de la parole. Il n'est donc pas exagéré de dire que la coutume, en tant que norme sociale, n'existe qu'à l'État potentiel. Dans le paradigme global de la rectitude. Dès lors, c'est lorsqu'elle est concrètement appliquée aux faits qu'elle cristallise et prend corps. La coutume est souvent formulée, mais très souvent informulée, jusqu'à ce qu'un fait concret pousse à sa matérialisation. La coutume apparait ainsi plus comme une manière de faire, que comme une règle posée de manière quasi pontificale. « La coutume est donc à la fois le lieu et le temps de la médiation[295] ». Dans cette optique, « chaque médiation débouche sur une autre médiation [296]» conclut BIDIMA.

2- De la déconstruction proprement dite : éclatement des compétences, restriction des domaines, désacralisation de la figure du chef

Le premier fait marquant ici est la déconstruction de la dynamique interne d'articulation de la normativité. Aussi, les premières traces de la culture juridique allemande se font sentir, à travers la production normative sous le mandat pyramidal de l'empereur d'Allemagne[297] ; la réorganisation des

---

[294] Cf. DOUMBI –FAKOLY, Horus, fils d'Isis, le mythe Osiris expliqué, Op. Cit.

[295] Cf. BIDIMA (Jean Godefroy), *La palabre une juridiction de la parole*, Op. Cit., p.13 et s.

[296] Ibid., p. 14.

[297] Aussi, l'article 1er de la loi du 17 avril 1886 dispose que le pouvoir du protectorat et exercé dans les territoires de protection par l'empereur au nom de l'empire. De même « les paragraphes 2 et 4 de la loi du 17 avril 1886 décident que le pouvoir législatif est retiré à l'empereur en matière de droit civil, de droit criminel et de procédure judiciaire et que ce pouvoir et réservé au législateur ordinaire de l'empire c'est-à-dire au Reichstag ». Cf. NGANDO (Blaise Alfred), *Genèse de l'État et du droit au Cameroun (1472-1961). Les racines d'une Nation en construction,* Op. Cit., pp. 216-224.

structures juridictionnelles[298], la place prépondérante de l'acte administratif[299] dans le territoire du protectorat. Il y'aura donc introduction des magistrats professionnels. Or, dans les sociétés traditionnelles en effet, la justice est rendue par collège de juges. Ce « jury » peut selon les cas être soit populaire, soit incarné dans un organe constitué et donc permanent. C'est le cas du conseil de notables. Cette collégialité peut aussi être représentée par une entité ad hoc. C'est l'hypothèse des litiges présentant un élément d'extranéité. Quoi qu'il en soit, le juge traditionnel n'est pas un tiers, inconnu des parties. Cette qualité requiert, en dehors de l'exigence de l'ancienneté pour celui qui préside « le tribunal », une intégrité en termes de morale individuelle et de morale civique. Il faut donc une certaine mesure. Cette logique interne du fonctionnement de la justice collégiale[300] sera mise en marge, pour la promotion du juge impartial. Une justice fondée sur la méconnaissance du tiers juge par les parties sous peine dessaisissement ou mieux encore de sa récusation.

La juridiction traditionnelle connaissait de la plénitude des compétences, et des litiges. L'éclatement des compétences résulte de deux faits au moins : l'introduction des catégories juridiques de la tradition romano-germanique et une conception ubuesque de la souveraineté de l'État colonial. Parlant des « catégories juridiques importées », leur introduction en la faveur de la colonisation a eu pour conséquence logique, le fait de lire les us et coutumes à partir de la philosophie matérialiste et empirique. C'est ainsi qu'on parle d'un droit civil coutumier, d'un droit pénal coutumier ou du droit coutumier des obligations. Inconsciemment, on établit une comparaison tacite entre les deux systèmes, et on présume au mieux la supériorité des droits importés sur les droits locaux. Au pire, on condamne la coutume, sans même avoir à interroger et à cerner sa dynamique intrinsèque, à l'anéantissement préalable du renoncement.

En ce qui concerne l'État moderne, à côté de la systématisation des coutumes sur la base des catégories juridiques étrangères, l'affirmation de la souveraineté de l'État contribue aussi à la dynamique de l'érosion. Le projet colonial est un projet de subordination des sociétés traditionnelles à l'État. Cette inféodation se fait au moyen du dessaisissement global de ladite société. Et pourtant comme affirme le Professeur Victor BOKALLI Emmanuel : « La coutume (…) a l'avantage d'être souple, malléable et de correspondre à tout instant à la volonté populaire, aux idées, aux mœurs du groupe social ou

[298] Ibid., pp. 224-236.
[299] C'est notamment le cas des décrets de 1902, 1909 et 1913 règlementant le recrutement et le travail dans le territoire du protectorat. Ibid., p. 222.
[300] Cf. TATSITSA (Théophile), *Le système collégial et la démocratie traditionnelle africaine*, Cognito, 2009, 94p.

ethnique qui la génère. C'est pour cette raison qu'elle est ici aussi respectée qu'elle est solidement implantée. Mais cet attachement de la coutume à un groupe donné peut constituer aussi malheureusement, dans certains cas, un handicap. En effet, dans un pays comme le Cameroun, l'on dénombre plusieurs dizaines de groupes ethniques. Et à chaque groupe correspondent des coutumes particulières, pas toujours semblables à celles des autres groupes. Cette diversité des coutumes rend particulièrement difficile la tâche du législateur qui veut imposer à tous la même règle. Est-ce l'une des raisons pour lesquelles l'autorité coloniale, lorsqu'elle a débarqué en Afrique en général et au Cameroun en particulier, a tout simplement voulu imposer sa loi? L'on serait tenté d'y souscrire »[301]. Face à la multiplicité des coutumes, on se serait attendu que le législateur, formule sinon la synthèse des coutumes, version de codes matérialistes ; du moins à travers la rédaction non pas des coutumiers, mais des principes directeurs de la coutume, au-delà des divergences territoriales. Mais la trajectoire législative montre qu'on a voulu imposer l'ordre d'exception par le haut en définissant, la chasse gardée de la compétence de l'État. Les matières que l'État veut bien s'arroger pour affirmer sa toute-puissance, deviennent des matières de souveraineté. Tel est le cas par exemple du droit pénal, avec la restriction puis l'interdiction formelle du droit pénal traditionnel[302] par décret dès 1946.

Enfin, il convient de mentionner que l'État colonial a participé à la désacralisation de la justice traditionnelle. Non seulement la figure du roi, du chef, et du patriarche était sacrée, mais mieux encore les décisions émanant des structures jouissaient de cette présomption de sacralité. Surtout au regard de l'indistinction et de l'interconnexion des mondes dans la vision du monde bantu[303]. L'applicabilité de la norme était garantie. Ceci parce que le justiciable sait intérieurement qu'en tant que de besoin, le chef de la communauté peut faire recours aux moyens de contrainte matériels et immatériels. En saisissant par exemple les sociétés secrètes et les prêtres qui les président[304]. Ceci dans l'optique de faire rétablir l'ordre cosmique et social. Il y avait donc comme une contrainte psychologique que la sanction faisait respecter. Mais à travers l'œuvre des missionnaires, la présence des

---

[301] Cf. BOKALLI (Emmanuel Victor), « La coutume source de droit au Cameroun » (1997), Op. Cit., p. 39.

[302] Cf. EKOBENA (Marie-Joseph), La régulation du trouble social dans les sociétés traditionnelles du Cameroun avant l'ère coloniale : contribution à une théorie africaine du droit pénal, mémoire de master 2, Univ. Ydé II-Soa, 2015.

[303] Cf. OBENGA (Théophile), *Les Bantu, Langues-peuples Civilisation*, Présence Africaine, 1985, pp. 219-249.

[304] Cf. SEWANE (Dominique), « Le voyant, le devin et le maitre du savoir chez les Batammariba », in VERDIER (Raymond), KALNOKY (Nathalie) et KERNEIS (Soazick), *Les justices de l'invisible*, Op. Cit., pp. 145-176.

catéchistes, et par-dessus toute la disqualification de la sacralité du chef local, les décisions de justice restent lettre morte.

B. La nouvelle configuration de la justice sous l'État colonial

La nouvelle configuration de la justice sous l'État colonial se décline dans le processus d'inféodation structurelle (1), et aussi dans la connaissance approximative de la rationalité des institutions coutumières (2).

1- L'inféodation structurelle

MVENG Engelbert fait observer que « la prétention de l'Europe et de l'homme blanc de dominer le reste du monde et de lui dicter sa loi, de représenter une humanité supérieure, arbitre, juge, bourreau et maitre absolu des hommes, tient, littéralement, de la démence. Que les hommes refusent aux autres hommes le droit d'être eux-mêmes, libres, souverains, et créateurs de leur destin, au nom du droit du plus fort, voilà qui est pure barbarie. C'est la loi de la jungle ; ce n'est pas la civilisation »[305]. L'auteur précise avec plus d'emphase que « le destin des peuples noirs, sous l'ère coloniale, perpétue leur anéantissement anthropologique »[306]. C'est donc au nom du droit du plus fort que les structures coutumières se retrouvent subordonnées à l'État colonial. En effet, le Cameroun ayant connu une triple colonisation occidentale, chaque régime colonial va organiser à sa manière les institutions juridictionnelles locales, en tenant plus ou moins en compte les réalités autochtones.

Pour ce qui est de l'empire colonial allemand, c'est la loi du 17 avril 1886 « loi sur l'administration de la justice dans les territoires protégés allemands », qui fixe les bases de l'organisation judiciaire en conformité avec la loi sur l'organisation judiciaire du 10 juillet 1879. À la suite de cette loi, le décret du gouverneur ZIMMERER du 16 mai 1892 institue le tribunal indigène pour les habitants de Douala. « Ce texte décide que les contestations entre indigènes des tribus douala sont réglées par le chef indigène du défendeur si, en matière civile, l'objet de la contestation n'a pas une valeur supérieure à 100Marks, et si en matière criminelle, la peine à prononcer ne dépasse pas 300 Marks ou 6 mois de prison[307] ». L'appel contre les décisions du chef est recevable devant le tribunal arbitral. Bien plus les crimes de meurtre et les coups mortels restent

---

[305] Cf. MVENG (Engelbert), *L'Afrique dans l'église, Paroles d'un croyant*, L'Harmattan, 1985, p. 206.

[306] Ibid.

[307] Cf. NGANDO (Blaise Alfred), Genèse de l'État et du droit au Cameroun (1472-1961). Les racines d'une Nation en construction, Op. Cit., P. 226.

en dehors de la dévolution de la compétence du tribunal arbitral. Les « membres du tribunal arbitral indigène ainsi que leurs suppléants sont nommés par le gouverneur impérial ». Le décret impérial du 25 février 1896 précise que « dans les territoires de la côte, la juridiction pénale et la procédure pénale sur les populations indigènes sont exercées par le gouverneur (chef du territoire), dans les circonscriptions, le chef de circonscription (chef de service)[308] ». L'article 4 du décret du 2 juillet 1888 sur la justice au Cameroun et au Togo institue une Cour d'Appel unique au Cameroun, pour les deux pays. Et les seuls fonctionnaires capables de connaitre les affaires, près ladite Cour, sont le chancelier et le gouverneur du Cameroun. Le gouverneur des colonies par un acte de mai 1902 se réserve le droit d'ériger en langue locale les faits punissables et les peines y afférentes. L'ordonnance du gouverneur du 28 juin 1902 ordonne que les pénalités admises par un acte du chancelier d'empire, du 22 avril 1896, selon l'importance du cas, soient également applicables. Une circulaire du 5 janvier 1906[309] vient clarifier la compétence des juridictions pénales et disciplinaires pour les populations locales.

Sous l'administration française, on note une influence législative certaine, favorisée par l'occupation de fait, 1916-1919, le mandat de la SDN, 1919-1945 ; et la tutelle internationale, 1945-1960. La participation du chef traditionnel dans la nouvelle configuration de la justice sur le territoire est minorée. L'aménagement du territoire colonial [310]instaure une autorité parallèle avec des pouvoirs plus importants. L'esprit de la justice traditionnelle en temps de crise comme en temps de paix a disparu, du fait de l'application de la politique de l'assimilation. Par exemple, l'Arrêté du 21 avril 1917 réorganise la justice indigène. En instituant des tribunaux indigènes, présidées par les fonctionnaires, auprès des chefs-lieux de circonscriptions et des subdivisions. « Le 5 mai 1917, le Commissaire de la République insiste pour qu'aucun tribunal purement indigène autre que ceux existants ne puisse être autorisé. Le 18 avril 1918, le droit applicable dans l'AEF devient applicable au Cameroun par un acte administratif du Commissaire de la République. Le décret du 13 avril 1921 supprime les tribunaux du village et institue les tribunaux d'homologation, présidés par un magistrat de carrière, en Appel. Cette juridiction semble, toute proportion gardée, bénéficier de la plénitude de compétence en Appel. Aussi, dans

---

[308] Ibid.

[309] Circulaire du gouverneur concernant la juridiction pénale et disciplinaire sur les indigènes du 5 janvier 1906.

[310] Cf. Arrêté du 19 septembre 1953 portant ouverture d'une justice de paix à compétence ordinaire à Mbouda (J.O.C. 1953, p. 1577). Arrêté du 21 août 1952 instituant au Cameroun, dans les subdivisions de Djounngolo, Mfou, Essé, Okola, Saa, Nanga-Eboko, Akonolinga, Mbalmayo, Ebolowa, Ambam, Sangmélima, et Djoum, des communes rurales (J.O.C. 1952, 1376).

l'affaire ministère public contre NJOCKTET il ressort que « *la répression du même fait, ou de fait indivisible, par la juridiction exceptionnelle de l'indigénat et par la juridiction de droit commun constitue un vice de forme permettant à la chambre d'homologation d'évoquer et de statuer an renvoi*[311] ». La justice française au Cameroun est « réorganisée par un décret du 29 décembre 1922 qui supprime le rattachement du tribunal de première instance de Douala à Brazzaville[312] ». Le régime des peines corporelles d'origine allemande disparait avec l'Arrêté du 18 août 1917. Le Décret du 22 mai 1924 au Cameroun le Décret du 7 février 1897 relatif à l'application des articles 8 du Code civil de 1884, relatif au statut des personnes, notamment le statut des enfants applicable devant les tribunaux. En ce sens, le Tribunal de Première Instance de Douala nouvellement créé, en son audience du 25 juin 1931, s'approprie cette législation[313].

Les premiers à être dessaisies sont les structures de crise, du fait même de l'occupation du territoire. Cette juridiction était présente dans les royaumes, les sociétés à chefferies ou encore les sociétés lignagères. Son existence à cette période se justifie principalement par le fait du vide sécuritaire pour les litiges présentant un élément d'extranéité. Avec l'institution de l'État colonial, il revenait tout naturellement à ce dernier, au vu de l'affirmation de son monopole, de s'affirmer. C'est du moins ce que firent respectivement les Allemands, les Britanniques et les Français ; dès après leur installation au Cameroun. L'existence de cette juridiction devenant superfétatoire, et du fait de la présence de l'administration coloniale, sa disparition devenait inéluctable.

Cette juridiction a cependant un équivalent dans la société moderne d'aujourd'hui : il s'agit de la justice transitoire. Cette justice, dite transitoire, est mise en exergue dans bon nombre de pays d'Afrique noire. C'est surtout le cas, en situation de postconflit. Tel est l'exemple des Gacaca au Rwanda, après le génocide de 1994 ; des commissions-vérité – réconciliation en Afrique du Sud, postapartheid ; de Côte d'Ivoire, postguerre civile ; ou encore du dialogue national au Cameroun[314]. Témoignant ainsi que tradition et modernité ne s'opposent pas, ou encore, que les institutions coutumières

[311] Arrêt du 20 août 1932 de la Chambre d'homologation du Cameroun en date du 28 septembre 1933 (Penant 1934, p. 39-42).

[312] Cf. NGANDO (Blaise Alfred), *Genèse de l'État et du droit au Cameroun (1472-1961). Les racines d'une Nation en construction*, Op. Cit., P. 278.

[313] Cf. Tribunal de Première instance de Douala, Audience du 25 juin 1934, Recueil Général de Jurisprudence, de Doctrine et de Législation Coloniale, 1932, pp.30-34.

[314] Dialogue convoqué, du 30/09/2019 au 04/10/2019, par le Président de la république, Paul BAIYA, dans son allocution à la nation du 10 septembre 2019, pour mettre un terme à la crise dite anglophone qui secoue le Cameroun depuis 2016.

peuvent aider à résoudre bon nombre de contradictions de la société dite moderne, de l'État.

Parlant des juridictions coutumières permanentes, leur structuration laisse entrevoir, du point de vue de leur composition, les membres de droit et les membres occasionnels. Les membres de droit varient aussi en fonction de la compétence géographique ou anthropologique[315]. Ainsi, dans les sociétés de chefferies, cette juridiction est composée principalement du chef et du conseil des notables. Dans les sociétés à bande ou société à patriarche, cette juridiction est composée du chef du clan et assistée par les chefs des différentes familles représentant la composition sociologique dudit clan. Dans les royaumes musulmans du Nord-Cameroun, comme dans les Lamibé de Mokolo, de Garoua ou du Logone-Birni, de Tibati, le Lamido est assisté d'un conseil de sage, issu des sous-notabilités du royaume[316]. En plus de ces membres de droit, sa composition peut être élargie aux autres membres du groupe souhaitant y prendre part. Sauf hypothèse de huis clos, pour les affaires d'une ampleur et d'une gravité exceptionnelle.

Quoi qu'il en soit, ces institutions n'ont plus, et ce depuis 1884, la plénitude de la compétence. Le dessaisissement s'est fait certes progressivement, mais de manière indéniable. Ainsi, pour ce qui est des peuples de la côte, la mise sur pied de la cour d'équité[317] dès 1856, ancêtre des juridictions occidentales, vient réduire significativement la compétence

---

[315] Selon cette compétence on distingue, au Sud Cameroun, le conseil de famille, le conseil de village, le conseil de canton ou de groupement, et le conseil de tribu. Cf. DOUMBE MOULONGO (Maurice), *Les coutumes et les droits au Cameroun*, Op. Cit., pp.23-30.

[316] Cf. NOUHOU BARRYWA (Hamidou), Le Lamidat de Tibati, Adamaoua-Cameroun, Histoire d'une résistance anticoloniale et organisation socio-administrative, édit. AfricAvenir, 2016, 546p.

[317] La création de la cour d'équité résulte des dispositions du traité du 14 janvier 1856. Il s'agit au départ d'un tribunal de commerce, composé d'Anglais, de commerçants indigènes et de rois autochtones. Son acte constitutif est un traité, signé entre le consul anglais Hutchingson et les représentants des tribus douala : les rois Bell et Akwa. Il résulte d'un compromis entre les commerçants allemands et britanniques d'une part, et de l'autre, les chefs locaux. L'on sait aussi que, les relations entre les autochtones et les commerçants européens étaient tellement tendues, que la solution s'imposa de créer un organe juridictionnel approprié. Sa vocation initiale est de connaitre de toutes les affaires commerciales, survenues après la date de signature du traité. En son article 12, le traité du 14 janvier 1856 décidait en effet que : « toutes les palabres antérieures sont désormais considérées réglées et ne pourront être remises en question au détriment du commerce ». Cette clause instituait une sorte d'amnistie pour tous les litiges antérieurs à la création de la cour d'équité. » ONDOA (Magloire), *Droit constitutionnel et institutions politiques du Cameroun, livre 1er, la construction de l'État du Cameroun, sous-livre 1er, la création d'entités étatiques camerounaise, Tome I, la formation des entités territoriales camerounaises*, Op. Cit., p. 106.

juridictionnelle des chefs Douala, et du Ngondo. Selon Samuel NGOYE MUKURI, le Ngondo, assemblée traditionnelle du peuple Sawa, aurait été initié par MASE MA MULOB'EWALA en 1678 et baptisée « Ngondo » en 1830 sous l'égide de King AKWA NGANDO'AKWA[318]. Ainsi, l'institution d'une administration coloniale va conduire, indépendamment des régimes coloniaux en place, à la mise sur pied d'un dualisme juridictionnel. Avec en prime la cohabitation des juridictions de droit écrit aux côtés des juridictions de droit traditionnel. Sauf qu'il convient de le dire, ce dualisme est un dualisme de façade. Car si l'autonomie des tribunaux de droit écrit ne fait l'ombre d'aucun doute, il en est autrement des tribunaux dits indigènes. Les tribunaux indigènes ont une relative autonomie en instance[319]. Et en appel, la chambre spéciale d'homologation[320] n'a rien d'une juridiction indigène, tant du point de vue de sa composition[321] hétéroclite que de son fonctionnement, sujet à caution pour le respect des coutumes[322] dans un contexte d'hégémonie coloniale.

2- L'inféodation fonctionnelle: confusion de la coutume à une simple norme empirique

L'inféodation fonctionnelle désigne en effet la mise sous tutelle du fonctionnement de la justice indigène. Il s'agit là, de l'une des exigences de la mission civilisatrice. Il s'agit aussi, selon toute vraisemblance, d'une fuite en

---

318 Cf. NGOYE MUKURI (Samuel), Le Ngondo, assemblée traditionnelle du peuple Sawa, non daté, fondation AfricAvenir, 2016. Au-delà de son aspect culturel, la mission première du Ngondo est donc de pacifier le pays. Sa méthode est de juger les litiges en mobilisant la communauté, à travers des rois et chefs. Cette institution joue à la fois le rôle d'une juridiction suprême et du parlement du peuple. En son sein se trouve une société secrète, le Mungi, sorte de police politique ayant des fonctions d'intermédiation. Le Ngondo s'est renforcé en se dotant d'un tribunal coutumier samedi 15 septembre 2012. C'était à l'occasion de sa deuxième assemblée générale ordinaire tenue à Douala. Cette nouvelle « commission » présidée par Walter Ngallè, le chef des Bodiman, sera chargée de gérer tout litige au sein de l'assemblée traditionnelle et culturelle du peuple Sawa. « Cette commission existait déjà dans le temps, mais n'avait pas de membre. Elle sera aussi chargée de gérer tout problème qui implique la communauté Sawa », relève un membre du comité d'organisation du Ngondo. Voir aussi, DJACHE NZEFA (Sylvain), *Les civilisations du Cameroun, Histoire, Art, Architecture et Sociétés Traditionnelles,* éditions les Routes des Chefferies, 2012, pp. 116-119

319 Il s'agit pour l'essentiel des tribunaux de conciliation (, des tribunaux du premier degré, des tribunaux coutumiers indigènes, des tribunaux de deuxième degré. Cf. DOUMBE MOULONGO (Maurice), *Les coutumes et les droits au Cameroun,* Yaoundé, édit. Clé, 1972, pp.20-21.

320 Exemple de l'Arrêt de la Chambre d'homologation du Cameroun en date du 28 septembre 1933, Penant ,1934.

321 Cf. Article 36 décret du 31 juillet 1936.

322 Surtout du fait de la prééminence de l'ordre public colonial assurée par le ministère public. Cf. article 36 décret du 31 juillet 1927, deuxièmement.

avant et d'une méprise. Une fuite en avant parce que la justice est rendue par des fonctionnaires, militaires ou civils, au service de l'administration coloniale alors en gestation. Même si, pour l'essentiel, ces fonctionnaires ignorent tout de la coutume. Pour pallier un tant soit peu à cet état des choses, il a fallu les faire assister par des assesseurs, collaborateurs indigènes. Il s'agit surtout d'une méprise parce que la logique juridictionnelle n'est pas la même que la logique administrative. À l'intérieur même des structures juridictionnelles, selon qu'on est devant la coutume ou le droit écrit, les logiques diffèrent aussi. Encore que selon le droit occidental, rendre justice c'est trancher les litiges au moyen de l'application du droit. Un droit préalablement codifié, soit par les soins du législateur,[323] soit par l'entremise du juge[324]. Ceci conformément au besoin de la sécurité juridique tel que prescrit par la philosophie positive de droit. Autre est la conception de la logique coutumière. Rendre justice ici c'est certes trancher les litiges, mais pas toujours au mois d'application mathématique de la norme coutumière. Encore que la coutume n'existe qu'à l'état potentiel, et donc sa formulation n'est jamais définitive. Seul est immuable son principe de référence, la vérité. Au mieux des cas, sa dureté peut même être neutralisée par le moyen de la théorie du recours à un bouc émissaire. Son application n'est que le résultat des délibérations coutumières. Délibération fondée sur la théorie de la vérité telle que développée par AMPÂTEE BA'A Amadou en ces termes : en Afrique, il y a trois vérités. Ma vérité, ta vérité et la vérité.

L'inféodation fonctionnelle était, certes, impossible au regard de la dissonance des logiques juridictionnelles. Mais elle fut une réalité parce que la logique juridictionnelle coloniale ne pouvait-elle aussi échapper à la mission civilisatrice et au monopole de l'État. À titre d'exemple, l'institution depuis la colonisation française, d'un contrôle de la conformité de la coutume à l'ordre public[325]. Si la notion d'ordre public est une notion souple en droit, son contenu est par essence fugace. Au-delà de cette fugacité, l'ordre public ici désigne moins l'ordre social que l'ordre de l'État. Il s'agit nul doute de la conformité de la coutume aux lois et règlements de la république. Sauf que ses lois dites de la république étaient pour la majorité des cas, des lois taillées sur mesure pour les colonies. Comme le confirme le cas français avec l'habilitation du Président de la République par le *Senatus Consulte*[326]. Voir à

[323] À l'instar du droit romano-germanique et de la codification napoléonienne.

[324] Au regard du rôle central du juge dans la matérialisation des droits de la Common Law et de la force probante du précédent. Cette force elle-même fondée sur la distinction logique de la *Ration Decidendi* et de *l'Obiter Dictum.*

[325] Tribunal de Première Instance de douala, audience du 12 mai 1948, Recueil Général de Jurisprudence, de Doctrine et de Législation d'Outre-Mer, Penant, 1951.

[326] Nous parlons là de l'extension au territoire occupé du Cameroun de l'article 18 du *Sénatus Consulte* du 3 mai 1854.

cet effet le cas allemand avec le transfert au Cameroun de la législation foncière britannique applicable en Australie. Voir aussi encore de la spécificité propre du droit public allemand, tel que présenté par LABAND Paul[327].

Section 2 : Le dessaisissement des institutions sociales

Par dessaisissement des institutions sociales, il faut comprendre, le processus par lequel l'État colonial apprivoise à la fois les règles relatives au mariage traditionnel (I), et le régime juridique des biens, notamment la terre ancestrale (II).

I. Le remodelage du mariage traditionnel

On ne saurait valablement parler du remodelage du mariage traditionnel (1), sans au préalable le présenter dans son essence et sa singularité (2).

A. Le mariage traditionnel

L'expression mariage traditionnel regroupe des réalités multiples, multiplicité qu'il est loisible de démêler (1), pour enfin questionner le processus de constitution du mariage et sa portée contemporaine (2).

1- Typologie : union sans dot et union légitime

Le « mariage indigène est un contrat par lequel une famille se procure, pour l'un de ses membres, auprès d'une autre famille, un droit d'user d'une femme[328] ». Il s'agit d'une institution capitale parce que « toute la société indigène repose sur le mariage[329] ». De par sa validité on distingue deux conditions: la différence de clans ou l'absence d'un lien de parenté ; et le paiement de la dot. Pour le groupe le mariage est d'abord un processus au moyen duquel se construisent, se développent et se déconstruisent les alliances, le renforcement du lien familial. Comme chez le Bulu, « le mariage ne crée pas le foyer séparé comme chez nous, mais agrandit et renforce la famille étendue[330] ». Mieux encore « les deux conjoints doivent être de clans

[327] Cf. LABAND (Paul), *Le droit public de l'empire allemand*, tome I et II, libraires-éditeurs, Paris 1901.

[328] . BERTAUT (Maurice), Le droit coutumier des Bulu – monographie d'une tribu du Sud Cameroun, Op. Cit., pp. 169.

[329] Ibid.

[330] Ibid., pp. 167 et S.

différents et ne pas être liés par un lien de sang à un degré quelconque, à l'infini[331] » ; c'est un moyen de protection de la famille lignagère et même des communautés indigènes. Et pour se faire, la femme bénéficie d'un statut particulier[332]. Plus qu'une affaire d'individus, le mariage est un moment important dans la vie communautaire tout entière[333]. Dans une étude sommaire des structures sociales d'une exemplaire clarté, une monographie des Sawa[334], René Bureau écrit : « le mariage est un processus de par lequel s'effectue un remaniement de la structure sociale »[335]. Le processus de légitimation du mariage se fait par le moyen du paiement de la dot. On distingue ainsi selon

---

[331] Ibid. p. 175.

[332] Ibid. pp. 168-173.

[333] Ibid. p. 167.

[334] Le peuple DUALA fait partis du grand groupe ethnique « BANTOU ». Partit de l'Égypte, les Douala longèrent le continent et s'installèrent dans un premier temps dans l'ex ZAÏRE et y fonda une tribu appelée « BAKOTA », à la fin du 12ème siècle une rixe éclata et le groupe se divisa une partie prit le large et remonta l'estuaire, une partie du groupe s'arrêta dans l'actuel Gabon et l'autre continua. L'histoire légendaire nous dit qu'ils ont dû chavirée et ont été accueillis à « PITI » dans le département de la Sanaga-Maritime. Leur chef était appelé « MBEDI MBONGO » ils y rencontrèrent leurs frères arrivés avant eux du nom de « NGASSE MBONGO » qui les accueilli et ils cohabitèrent avec les « MPO'O » (qu'ils surnommèrent « BAKOKO » qui est la forme contractée de « BATO BA MUKOKO » qui signifie « les gens du sable », car ils étaient nombreux comme des grains de sable) et les BASSA. Pitti était un grand marché où MBEDI et sa troupe fournissait le poisson (ils étaient des pêcheurs) les BASSA et les MPO'O apportèrent du gibier et les produits de l'agriculture. Un jour lors d'une expédition de pêche deux fils de MBEDI vouèrent dans le fleuve des peaux de bananes qui venaient du haut alors ils y sont allés et rencontrèrent d'autres clans MPOO et BASSA plus loin. Après la mort de MBEDI MBONGO, le groupe conduit par EWALA MBEDI fils cadet de MBEDI MBONGO alla s'installez à l'actuelle « LONGASSE » chez leur oncle NGASSE MBONGO, le problème d'espace se posa. Alors, les fils de MBEDI s'éparpillèrent et allèrent occuper des terres dans l'actuel LITTORAL ils y formèrent des clans autonomes. EWALE et son grand frère JONGO allèrent s'installer dans l'actuel plateau JOSS et dans les zones de YOUPWE. Ils y trouvèrent les MPO'O qui leur cédèrent quelques terres, car leurs mères étaient elles-mêmes MPO'O. Les livres d'histoires scolaires nous disent qu'il eut une guerre entre ces deux peuples, mais cette version des faits est fausse, car un petit groupe de 10 à 20 personnes ne pouvait pas faire la guerre à plus d'un millier de personnes. Les DUALA ont entrepris une série d'alliances et de mariages avec des filles MPO'O et BASSA Ils prirent le contrôle économique, car ils étaient d'excellents commerçants. Ils traitaient avec les européens depuis leur départ du ZAÏRE, ils imposèrent leur religion et leur culte. C'est ainsi qu'ils prirent le contrôle des territoires et obligèrent les deux autres peuples à aller chercher leur autonomie ailleurs. Le nom DUALA est la forme contractée de « DOUL EWALA » qui signifie la rive ou l'embouchure d'EWALA MBEDI. Cf. EWANE (Alexandre), « Le peuple Douala, Dibiye Le Nde Njangi », in, Peuple Sawa.com 2007.

[335] Cf. BUREAU (René), *Le peuple du fleuve, sociologie de la conversion chez les Douala, Op. Cit., p. 132.* Selon l'auteur, chez les Douala, Le mot mariage *Ba,* verbe actif, signifie se marier pour un homme. *Babè,* verbe sens passif, est employé pour le mariage de la femme. L'état du mariage se dit : *Diba.* Le *Diba* est le mariage coutumier, conforme aux normes souhaitées par la communauté.

la législation coutumière à côté des mariages par échange de femmes[336] (pratiqués naguère par les communautés traditionnelles, et aujourd'hui disparus), les mariages avec ou sans dot.

Le paiement de la dot est un élément de socialisation du mariage. L'exigence de la dot peut s'expliquer de plusieurs manières. La dot permet la circulation des richesses entre les communautés. De ce point de vue, c'est un moyen d'institution ou de restitution de l'équilibre et de la solidarité sociale entre les familles, les communautés, voire les individus. Sans être ponctuelle, la dot n'est non plus une simple transaction unilatérale. C'est un moyen d'entretenir le lien et d'établir les rapports durables ainsi que des relations pérennes. Vue sous cet angle, la dot parait revêtir un symbole purement économique. Mais il ne faudrait pas s'y méprendre, parce que, les rapports coutumiers sont bien plus complexes que ça. Les rapports sociaux sont, par essence même, des rapports globaux. Le versement de la dot est la preuve parfaite du mariage selon la coutume. Le mariage étant plus qu'une simple affaire d'individu, le versement de la dot rassemble généralement la majorité des membres des deux familles impliquées. Il met en lien les chefs des deux communautés. Ce faisant, la dot participe de la publicité du mariage. René Bureau l'illustre fort bien lorsqu'il déclare : « la dot apparait comme l'instrument indispensable de la preuve. La dot et les cadeaux offerts et reçus par l'ensemble des membres des deux familles, consommés au besoin au cours de repas communs, constituent bien un facteur décisif du mariage »[337].

Mais l'incidence de la dot ne saurait rester tributaire de la seule légitimation du mariage. En effet, sans versement de la dot, même les enfants ne seraient pas légitimes[338] selon la coutume. Tant que la dot n'a pas été versée, l'union reste un simple fait, assimilable de plein droit au rapt. « C'est la dot qui vient de ce fait prouver le transfert de droit sur la femme et les enfants, du père de cette femme au mari ; elle prouve donc le passage d'un droit maternel au droit paternel »[339]. Élément de consolidation des alliances et des ententes locales, la dot joue aussi une fonction compensatrice au sein des communautés concernées. Il s'agit à la fois d'une compensation sociale et économique. Mais par-dessus toutes les considérations, la dot est aussi le

---

[336] De telles pratiques nous ont été signalés tant chez les Béti que chez les Bamilékés et les Douala. Selon la théorie du don telle que systématisée par le sociologue MAUSS, étant donné que celui qui donne, manifeste par son geste sa supériorité par rapport à celui qui reçoit, l'échange des filles au moment du mariage parait rétablir l'équilibre parfait entre les communautés.

[337] Cf. BUREAU (René), *Le peuple du fleuve, sociologie de la conversion chez les Douala*, Op. Cit., p. 156.

[338] Cf. Duby (R.), *Coutumier civil des Douala, Circonscription de Douala*, Op. Cit., pp. 8-9.

[339] Cf. BUREAU (René), Le peuple du fleuve, sociologie de la conversion chez les Douala, Op. Cit., p. 157.

témoignage de la disponibilité du futur époux. Il doit être capable de mobiliser de manière pertinente les moyens de subsistance et donc de bien prendre soin de sa future épouse. Il ne s'agit nullement du prix d'achat de la femme[340], comme on le pense très souvent avec l'ethnologie coloniale[341]. Ou encore, au regard de la surenchère contemporaine et de la méconnaissance des réalités coutumières parfois condamnées sans avoir pris le soin de bien les étudier. Ceci dans la perspective de mieux cerner la quintessence.

In fine, la dot est un élément de consentement, à la fois des époux et des familles. La dot sert, le cas échéant, aussi de caution pour la communauté qui s'engage au pire des cas, en cas de rupture de l'alliance notamment, à restituer l'indu.

2- **Processus de Constitution du mariage, portée contemporaine**

La règle de constitution du mariage varie d'un groupe à un autre. Mais cependant, il existe un fond commun lié à la culture et la vision du monde des peuples[342]. Parlant du processus de constitution du mariage traditionnel, présentons ici les standards de formation dans deux sociétés distinctes. Il est ici question des sociétés coutumières à patriarches et des sociétés coutumières à chefferies. Dans ces deux types de sociétés, il existe une pratique commune, le rapt et une forme empreinte de déférence, de légitimité et donc de solennité. Tout comme le mariage coutumier solennel, le rapt en tant que, élément atypique et donc anormal, n'a pas disparu. La Constitution des mariages par la pratique du rapt résultait, à dire d'experts, très souvent des guerres claniques ou encore des rencontres lors des marchés périodiques. Aujourd'hui, toute proportion gardée, le rapt résulte plus, de l'inconfort financier de futurs époux inhérent à la crise sociétale actuelle, de l'influence des missions chrétiennes et donc aussi de la contestation des valeurs de l'Afrique traditionnelle.

Chez les Bafia par exemple, notamment selon la pratique en cours dans le canton Beké, tout gendre suspecté ou coupable de rapt, devait, le jour de « légalisation et d'officialisation de son statut » par le versement de la dot, payer son inconduite. Ceci par la remise à sa belle-famille, d'un mouton. Littéralement il s'agit du « mouton de son arrogance » ou en langue locale

---

[340] Cf. DELAFOSSE (Maurice), Les noirs de l'Afrique, Payot, paris, 1922, pp. 140-141. Cité par ANTA DIOP (Cheikh), *in, L'unité culturelle de l'Afrique Noire*, présence Africaine, Seconde édition, 1982, pp. 35-36.

[341] Cf. MUDIMBE (Valentin-Yves), *The Invention of Africa*, Indiana University Press, 1988; MUDIMBE (Valentin-Yves), *The Idea of Africa*, Indiana University Press, 1994.

[342] Cf. DUGAST (Idelette), « monographie de la tribu des Ndiki », t. II, Vie sociale et familiale, Op. Cit., pp. 125-126.

« *djor i mtchang'ha* »[343]. Avec le paiement de cette amende due à l'inconduite habituelle du garçon, ce dernier et plus particulièrement sa famille, devront suivre à la lettre la tradition, en matière de dot. Ceci dans la stricte et méthodique orthodoxie ancestrale, en la matière. Mieux encore, leur inconduite témoigne déjà, à suffisance, de leur manque de bonne foi. Ce faisant, ils ne pourront, le cas échéant, sauf magnanimité de la belle-famille, solliciter de la part de celle-ci, comme cela est de coutume, un allègement substantiel de la procédure ou du coût de la prestation, normalement due.

Pour ce qui est de la procédure normale du mariage traditionnel, celle-ci se déroule au moins en quatre phases. Il s'agit entre autres : du « *Tokii* », du « *Merock me nrang* », du « *Felam* » et des « *Meyin* ». Le « Tokii » désigne le premier contact des deux familles, les présentations officielles, et l'objet de la visite. Généralement, il commence par la prise de parole du chef de famille de la fille sollicitée, invitant ses hôtes du jour à clarifier, après les civilités d'usages, l'objet de leur présence. Ces invités de circonstance prennent la parole et disent être à la recherche d'une « petite poule que le petit coq a vue sur la cour en passant ». En fonction de l'attitude de la belle famille, les débats peuvent être abrégés ou se prolonger en cas de pratique dilatoire, destinée à agrémenter les assises. Dans tous les cas, à la fin de la conversation, le père de la fille demande à cette dernière s'il peut convenablement et en toute quiétude prendre le vin et le boire. Si la réponse est oui, il demande à son gendre de gouter le vin et de passer la petite calebasse à sa fille. Lorsque celle-ci goûte à son tour le vin et le passe à son père, ce dernier dit alors à sa fille que désormais elle est destinée à ce jeune monsieur. De ce fait, toute inconduite est proscrite. Bien plus il est précisé que toute autre sollicitation est caduque et non avenue. Ainsi la cérémonie prend fin par le partage du premier vin. Traditionnellement, il s'agit de cinq à dix litres de vin de palme (cueilli alors même que le palmier est debout) et d'un petit plat contenant une vingtaine de colas.

Le « *Merock me nrang* » et le « Felam » peuvent être concomitamment apportés au prochain rendez-vous fixé d'accord parties. Tout comme les deux parties peuvent décider délibérément de mener les deux cérémonies de manière disjointe. Le terme « *Merock* », en Bafia, désigne le vin. Les « *Merock me nrang* » désignent le vin que la belle-famille apporte pour la rencontre avec la famille de la mère de la fille et de la famille du père de la fille, réunies en assemblée, pour une occasion heureuse. Le « *Felam* » désigne la nourriture apportée en adition par la famille du gendre pour les deux familles. Dans tous les cas, les débats ne tournent plus sur l'acceptation ou

---

343 Propos recueilli lors de l'entretien avec le chef de famille ou du clan « Rebekikik », l'une des neuf familles du village autonome Bitang, canton Beké, arrondissement de kiiki, département du Mbam Inoubou.

non de ces présents, mais, au contraire, sur la suffisance ou pas des quantités, et les amendes éventuelles. À la fin de cette cérémonie, une liste est alors dressée pour la dot : c'est le « *Carta a meyin* ». Ici la dot n'a pas un contenu particulier. Tout dépend des moyens du futur gendre et de sa famille. La liste est toujours dressée en tenant compte de cet aspect. Pour être exacte, la belle famille se fonde généralement sur les quantités de vin et de nourriture apportées pendant les précédentes phases. Mieux encore, lorsqu'il est manifeste que la famille du gendre n'a pas assez de moyens, toute la procédure est simplifiée et la liste de la dot réduite. Le cas échant lorsque les circonstances l'exigent, la fille peut déjà aller en mariage. Un adage Bafia dit que « la dot ne finit jamais », parce que chaque fois que le beau-fils donne un bien ou de l'argent à un quelconque, des membres de sa belle-famille, c'est toujours la dot.

B. La désacralisation du mariage traditionnel

Traditionnellement, le mariage est une institution sacrée. Du fait de cette sacralité, il a fallu le désacraliser par l'entremise des missionnaires (1) et des administrations (2).

1- Le rôle des missionnaires

La désacralisation du mariage traditionnel est au plan du droit résulte de la condition générale des personnes[344] et du régime des biens sous la colonisation. Mais parler de la désacralisation du mariage traditionnel par les missionnaires est un autre fait, une pure hérésie, un blasphème en somme. Toutefois, les choses sont moins évidentes qu'elles paraissent *a priori*. Le sacré est au cœur même du fonctionnement des sociétés africaines. Le Professeur KAMTO Maurice [345], en fait une démonstration assez aisée en démontrant que le sacré est au fondement même de notre société, de son droit et de son pouvoir. L'immanence du sacré dans la cosmogonie africaine fait qu'aucun domaine de la vie n'échappe à cette réalité. Pour cela, le mariage en tant que moyen de perpétuation et de poursuite de l'œuvre des anciens par les vivants et leurs descendants, était revêtu d'une sacralité ritualisée et encadrée par l'union des deux familles. Sacralité dont le creuset était d'une part la pratique du formalisme des ancêtres ; et d'autre part la référence à l'ordre sacré fondamental, à Dieu. Or, le christianisme en condamnant les pratiques

---

[344] Sur cette question voir, ROLLAND (Louis), LAMPUE (Pierre), *Droit d'Outre-Mer*, Op. Cit., pp. 176-447.

[345] Cf. KAMTO (Maurice), Pouvoir et droit en Afrique noire, Essai sur les fondements du Constitutionnalisme dans les États d'Afrique noire francophone, Op. Cit.

dites occultes et aussi étant traditionnellement opposé à la polygamie, a significativement contribué à la dégénérescence du mariage traditionnel.

Pour combler ce vide, il a été institué un mariage religieux comme substitut au mariage traditionnel. La sacralité du mariage n'a donc en principe pas disparu. Au mieux des cas, il y a simplement eu substitution des registres du sacré dans l'ordre matrimonial. Cette substitution relève pour l'essentiel d'un jeu de qualification et disqualification, une stratégie de la mission civilisatrice. La conséquence logique aurait donc été, l'abandon, puisque le projet colonial était dans ces prétentions que les populations locales abandonnent le mariage coutumier pour le mariage religieux. Cette situation est d'ailleurs perceptible, dans bien des cas. Mais l'on assiste aussi à un tiraillement entre le traditionnel, le désacralisé, et le religieux. À titre d'exemple, les couples au Cameroun se soumettent bien volontiers à la fois au mariage traditionnel, au mariage religieux et au mariage civil. Il s'agit là d'une situation de crise résultant des prétentions hégémoniques de l'État centralisateur dans la dynamique de la construction de sa souveraineté et de son monopôle juridique. De ce concours des trois légitimités, la légitimité traditionnelle et ancestrale, la légitimité spirituelle, la légitimité légale rationnelle ; laquelle devait fonder l'autorité du mariage ? La crise du mariage est donc à la fois une crise sociale, une crise d'autorité et une crise de légitimité. L'homme ayant naturellement une haute idée de lui-même, parce que né libre, il se trouve à la croisée des chemins. Il se demande simplement à quelle autorité obéir sans renoncer à lui-même. Pour reprendre un questionnement devenu familier, mais dont on doit la paternité à ADJETE KOUASSINGAN Guy [346], africain, quelle est ma loi ?

2- Le rôle des administrations

Le rôle des administrations face au mariage traditionnel est un rôle trouble[347]du moins depuis la colonisation. Le « Décret du 15 juin 1939, modifié et complété par le Décret du 20 février 1946 et concernant le mariage des personnes de statut local en Afrique équatoriale, exige le consentement des futurs époux pour la validité de tout mariage[348] ». Trouble aussi avec l'avènement de l'État indépendant, parce que manquant de lisibilité dans un environnement à dominance coutumière. Selon que l'on étudie le comportement du législateur ou du juge, une constance se dégage cependant, malgré les atermoiements législatifs et jurisprudentiels, le constat est celui de

[346] Cf. KOUASSIGAN (GUY ADJETE.), *Quelle est ma loi ? Tradition et modernisme dans le droit privé de la famille en Afrique Noire Francophone*, Pédone, 1974. KOUASSIGAN (GUY ADJETE.), *L'homme et la terre*, paris, Berger-Levraut, 1966.

[347] Cf. ANOUKAHA (François), *Les grandes décisions de la jurisprudence civile camerounaise,* col. Les grandes décisions, LERDA, 2008, pp. 40 et s.

[348] Cf. ROLLAND (Louis), LAMPUE (Pierre), *Droit d'Outre-Mer*, Op. Cit. p. 202.

la volonté d'établir un véritable contrôle du droit coutumier. Ce contrôle se fait au nom de la primauté de l'ordre public, de l'État[349]. Déjà pendant la période coloniale, l'endiguement du lien traditionnel du mariage était une priorité. Et comme l'écrit BERTAUT Maurice : « la réforme la plus facilement réalisable présentement et le plus importante, consiste à imposer le fonctionnement de l'état civil indigène, et, pour arriver à de résultat rapide partir du seul principe admissible que seul le chef de la division a qualité pour célébrer un mariage[350] ». L'objectif est de démontrer que d'un point de vue de l'englobement, « L'État-nation prime sur, dans l'ordre, le peuple, les ethnies, les tribus, les clans, les familles »[351].

La législation sur le mariage traditionnel prend ainsi les allures d'une exception juridique[352] comme le confirme l'Arrêté du 11 février 1935 complétant celui du 26 mai 1934 portant réglementation du mariage indigène au Cameroun[353]. Une exception endossée à la dimension stratégique de la construction des institutions coloniales et postcoloniales. Ce qui explique l'adhésion de l'État et des différentes administrations publiques au paradigme dominant, celui de la certitude des énoncés. Ce paradigme est aussi celui du colonisateur, dans sa prétention à sauver les communautés traditionnelles des pratiques dites barbares. L'argument décisif généralement avancé étant le non-respect des droits de l'homme dans les systèmes matrimoniaux traditionnels. Mais c'est justement au nom des droits fondamentaux que le maintien du mariage traditionnel dans la législation camerounaise se fera

---

[349] « Cette primauté participe de la hiérarchisation des cultures, des civilisations, des peuples ». Cf. OLINGA (Alain Didier), préface de l'ouvrage de Célestin TAGOU, *Démocratie rotative, Transcendance et transformation politique des identités ethno-régionales dans l'État-Nation du XXIe siècle*, Op. Cit., p. 10.

[350] Cf. BERTAUT (Maurice), *Le droit coutumier des Bulu – monographie d'une tribu du Sud Cameroun*, Op. Cit., p. 167.

[351] Cf. OLINGA (Alain Didier), préface de l'ouvrage de Célestin TAGOU, *Démocratie rotative, Transcendance et transformation politique des identités ethno-régionales dans l'État-Nation du XXIe siècle*, ibid.

[352] Lire à cet effet l'Arrêt du 23 septembre 1953, Cour d'appel du Cameroun, affaire Dame w.c./Sieur P. (Inédit). L'Arrêt n°48 du 10 janvier 1967, C.S.C.O. affaire BITENG Jean/NGO NATI Frieda. Cf. ANOUKAHA (François), *Les grandes décisions de la jurisprudence civile camerounaise, ibid.*

[353] Cf. Arrêté du 11 février 1935 complétant celui du 26 mai 1934 portant réglementation du mariage indigène au Cameroun (J.O.C. 1935, p. 203). *Lire aussi à cet effet l'*Arrêté du 11 janvier 1936 modifiant l'arrêté du 26 mai 1934 sur le mariage indigène au Cameroun. Arrêté du 11 octobre 1928 modifiant l'arrêté du 26 décembre 1922 sur les mariages fétichistes 9. Arrêté du 15 juillet 1930 organisant au Cameroun un état civil indigène obligatoire et en réglementant le fonctionnement (J.O.C., p. 508), Arrêté du 26 décembre 1922 règlementant le mariage des indigènes (J.O.C., 1923).

aussi. Il s'agit ici du droit des peuples à disposer d'eux-mêmes, et à se gouverner selon les règles de leur choix.

II. Le dessaisissement de la communauté coutumière : la sclérose du lien social et la promotion d'une société individualiste

La sclérose du lien social est bien pensée, et surtout savamment mise en œuvre tour à tour par l'individualisation des rapports de la communauté entière au foncier (A), et la ré-conceptualisation du lien d'obligation (B).

A. L'individualisation en matière immobilière

Pour être comprise, cette individualisation est liée à la rupture entre deux visions du monde. D'une part, la conception traditionnelle de la propriété des terres coutumières (1), d'autre part, l'instauration des titres d'individualisation (2).

1- De la conception classique de la propriété immobilière

La conception classique de la propriété immobilière est mise de côté par la logique binaire, qui fonde la pensée moderne[354]. Le caractère communautaire et le caractère sacré[355] de la terre coutumière[356] sont ainsi occultés. Chez le Bulu par exemple : « ce bien collectif comprend, en particulier, le droit de chasse et de pêche. Tout ce qui y jaillit spontanément de la nature et à tous (...) les travaux agricoles ont fait en commun ou la direction du chef de famille[357] ». Le caractère laïc de la propriété foncière, et l'individualisation du lien foncier selon le droit colonial s'opposaient à la sacralité de la propriété immobilière traditionnelle[358]. Ceci est sans doute dû à la conception même du monde par les peuples négro-africains. Ici, « les divinités interviennent dans

[354] Comme le note BIDIMA, « le refus global de ce qu'on pourrait appeler l'envahissement de l'animisme dans les explications du fait juridique traduit ce vieux préjugé de la coupure radicale entre nature et culture ». Cf. BIDIMA (Jean Godefroy), « Justice de/par la Nature : l'ordalie à la lumière de la distinction Nature/Culture à partir de Descola », in VERDIER (Raymond), KALNOKY (Nathalie) et KERNEIS (Soazick), *Les justices de l'invisible*, pp. 45 -58.

[355] Cf. BAMA NJOCK (Philippe Robert), Droit religieux et droit humain dans la tradition Bassa du Cameroun, Op. Cit., pp. 65 -72.

[356] Cf. BERTAUT (Maurice), *Le droit coutumier des Bulu – monographie d'une tribu du Sud Cameroun*, Op. Cit., pp 227-229.

[357] Ibid. p. 228.

[358] Cf. DURAND (Bernard), fait ainsi observer « qu'au caractère sacré très prononcé des coutumes africaines s'ajoutent des tendances communautaires », in *Histoire comparative des institutions*, p. 374.

les affaires terrestres, s'informent et agissent comme la police invisible des familles et des communautés », fait observer le Professeur NGANDO Blaise Alfred[359]. Dans la conception traditionnelle de l'univers, dans la cosmogonie africaine, les esprits sont au centre des pratiques religieuses[360] ; on parle alors des sociétés animistes. Au-delà des esprits, les vivants vivent en harmonie avec les morts. Le sacré est au centre même de la vie de la communauté. Cette vision du monde fait que la terre coutumière soit au centre des sollicitudes diverses, et soit le lieu par excellence où dorment les esprits. Ainsi, les morts, les esprits hantent la terre et la protègent du même coup les hommes[361]. Ainsi comme l'atteste avec emphase BIRAGO DIOP[362] parlant des morts, de l'avis même de l'auteur : « Ceux qui sont morts ne sont jamais partis, ils sont l'ombre qui s'éclaire, et dans l'ombre qui s'épaissit, les morts ne sont pas sous la terre, ils sont dans l'arbre qui frémit, ils sont dans le bois qui gémit, ils sont dans la case, ils sont dans la foule, les morts ne sont pas morts ».

À la suite de l'auteur, force est de constater que le sacré est au cœur même de la civilisation africaine et la terre coutumière n'échappe pas à cette réalité notamment à la sacralité. « La terre est une divinité génitrice dont la mission est de pourvoir aux besoins des hommes ; elle est source de vie, elle se prête, mais ne se soumet pas aux hommes », affirme OURLIAC Paul dans sa préface à l'ouvrage de ADJETE KOUASSIGAN Guy[363]. Poussant à bout sa réflexion, l'auteur renchérit : « la terre dans laquelle nous ne voyons qu'un objet de propriété est, en Afrique, un bien sacré »[364]. La sacralité de la terre est aussi fonction de l'importance de son rôle social, car à vrai dire, la terre est « *une divinité génitrice* [365]» dont la mission est de pourvoir aux besoins des hommes. À côté de la sacralité, la terre coutumière est aussi communautaire. Le système lignager en vigueur dans les sociétés précoloniales se fonde sur un fait d'ordre biologique : la conjonction de sexe et ses conséquences, notamment la descendance d'un ancêtre commun. Pour DURAND Bernard[366] par exemple, « la société africaine est une société dans laquelle les droits d'une communauté (tribu, clan, famille) l'emportent sur les droits de l'individu. Ce

---

[359] Cf. NGANDO (Blaise Alfred), Op. Cit., La présence française au Cameroun 1916 – 1959, colonialisme ou mission civilisatrice, p. 135.

[360] AMADOU HAMPATE BA insiste sur le fait « qu'essayer de comprendre l'Afrique et l'africain sans l'apport des religions traditionnelles serait ouvrir une gigantesque armoire vidée de son contenu le plus précieux », Op. Cit., SAMBA THIAM, Introduction historique au droit en Afrique, P. 118.

[361] Cf. DJACHE NZEFA (Sylvain), *Les civilisations du Cameroun, Histoire, Art, Architecture et Sociétés Traditionnelles*, Op. Cit. pp. 68-96 ; 114-115, 178 et s.

[362]Cf. BIRABGO DIOP, « Le souffle des ancêtres » Op. Cit., p.1.

[363]Cf. ADJETE KOUASSIGAN (Guy), *L'homme et la terre*, op.cit., p. 5.

[364] Ibid., p. 2.

[365] Ibid.

[366] Cf. DURAND (Bernard), *Histoire comparative des institutions* Op. Cit., p. 378.

n'est pas celui-ci qui est titulaire des droits, mais la communauté à laquelle il appartient ». Cette structuration sociale et la hiérarchisation communautaire qui en résulte ont des répercussions sur la conception de la propriété. Dans la conception africaine de la terre, cette dernière bien qu'étant une propriété de la communauté, la terre est une propriété collective.

En effet, l'acquisition de la propriété coutumière résulte du droit d'occupation et ce droit est érigé en principe, ou du moins en théorie : le principe ou la théorie du premier occupant. Cette théorie postule que la terre appartient au titulaire de la première mise en valeur effective et à sa descendance. La terre entre donc dans le cercle familial, clanique ou tribal par le fait de la première occupation et à partir de cet instant devient la propriété indivise et donc collective. Parlant de l'indivision, c'est le lieu de rappeler ici que rarement l'héritage foncier faisait l'objet d'un partage. Même le prétendu héritier unique, notamment ou plus généralement le premier fils, ne pouvait, quelque fût la raison s'accaparer privativement des terres. La terre était, pour le dire sans détour, le bien le plus important de la communauté toute entière d'où sa gestion communautaire et concertée en vue du bien commun. D'ailleurs ne disait-on pas qu'elle appartenait à une communauté dont certains membres sont morts, quelques-uns vivent et le plus grand nombre est à venir[367] ? Encore qu'à proprement parler la communauté elle-même n'était pas, le légitime propriétaire, car la terre appartient en même temps aux vivants qu'aux morts, les morts transmettent la terre aux vivants à charge pour eux de la léguer aux descendants de la communauté.

Si l'on conçoit la propriété au sens de l'article 544[368] du Code civil, comme étant le droit d'user, de jouir et de disposer des choses de la manière la plus absolue ; l'on se rend très vite à l'évidence que la terre coutumière et ancestrale n'obéit pas à cette logique. Elle n'obéit pas à cette logique pour plusieurs raisons.

Premièrement, la terre n'appartient pas seulement à la communauté des vivants. Elle appartient à une communauté abstraite dont certains membres sont morts, quelques-uns sont vivants et le plus grand nombre est à naitre. Dans cette logique la communauté des vivants n'a que la simple jouissance et le simple usage de la propriété coutumière. Elle ne peut en disposer en aucun cas, puisqu'elle n'en est pas la légitime propriétaire.

Deuxièmement, la communauté villageoise semble n'exercer qu'un droit d'usufruit, droit plus précaire et moins complet que le droit de propriété. En réalité, il serait plus juste de dire que la communauté exerce un droit de

---

[367] Cf. MENDOUGA (O. P.) conférence sur le foncier, Op. Cit., p. 99.
[368]Cf. Article 544 du code civil de 1804.

propriété démembré. Donc à vrai dire, la communauté des vivants, pas plus que l'individu, n'était propriétaire légitime de la terre coutumière ancestrale. La terre a une fonction strictement nourricière et « de ce fait, elle n'est pas plus le bien de la collectivité que celui d'un individu ; s'appartenant à elle-même, personne ne peut en disposer. N'étant pas alors un bien matériel, son aliénation parait être inconcevable. Il existe entre elle et le groupe social qui l'occupe un lien qui ne s'analyse pas en un simple lien juridique ; c'est une véritable participation. Et le droit qui s'exerce sur elle, étant plus fort que le simple droit de jouissance n'est pas pour autant un droit de propriété. C'est là l'originalité du statut juridique de la terre en Afrique noire »[369].

Ni la propriété au sens absolu du terme ni ses démembrements ne rendent compte fidèlement de la nature des droits que les populations africaines exercent sur la terre coutumière. Il s'agit en somme des droits d'une nature atypique, droits que d'aucuns qualifient de « véritable participation[370] ». Encore que pour certains[371], le caractère inaliénable de la terre coutumière est dû au fait que la terre a une fonction extrapatrimoniale. Cette difficulté à qualifier les réalités juridiques africaines à partir des catégories juridiques occidentales témoigne, s'il en était encore besoin, de la difficulté de compréhension des institutions africaines traditionnelles par les législateurs coloniaux successifs. La gestion de la terre coutumière reste tributaire de la hiérarchisation des rapports sociaux telle qu'elle se présente au sein du lignage, du village ou de la tribu. En fait dans les sociétés traditionnelles précoloniales les rapports entre individus sont hiérarchisés notamment dans les sociétés centralisées, les chefferies Bamilékés[372], les sultanats Bamoun[373] et les Lamidats islamiques du Nord-Cameroun[374]. Ici la répartition et la gestion de la terre relèvent, principalement de la compétence des autorités traditionnelles. C'est le chef, le Sultan, le Lamido selon les cas, qui sont au premier plan chargés de la répartition[375] des terres entre les différentes familles

---

[369]Cf. ADJETE KOUASSIGAN (Guy), *L'homme et la terre,* op.cit., p. 10.

[370] Ibid.

[371]Cf. MELONE (Stanislas), *La parenté et la terre dans la stratégie de développement,* Klincksieck, Paris 1972, Op. Cit., p. 131.

[372] Cf. « A la découverte du peuple Bamiléké »' traditions et expression, in Camaroes, culture et sport, n°003/20 novembre 2003, pp. 3 et 4.

[373] Cf. TARDITS (C.), *Le Royaume Bamoun*, Armand Colin, EDISEM Publication de la Sorbonne, Série N.S. Recherches, 1980 ; BINET(Jacques), « Le commandement chez les Bamoun : processus d'unification d'un peuple », in Le Monde non chrétien, n° 24, Paris, octobre-décembre 1952.

[374] Cf. NOUHOU BARRYWA (HAMIDOU), Le Lamidat de Tibati, Adamaoua-Cameroun, Histoire d'une résistance anticoloniale et organisation socio-administrative, Op. Cit., p. 29 et s.

[375]« La terre est un bien de la communauté, elle appartient à un village, à la tribu, au clan ou à la famille… Le droit réel est détenu par le chef du clan ou du village » Op. Cit., SAMBA THIAM, introduction historique au droit en Afrique, p. 154.

qui peuplent le village. Accessoirement, la répartition de la terre incombe au chef du clan et/ou du lignage.

Toute proportion gardée, que la répartition émane du chef du village ou du lignage, une constante demeure : la communauté villageoise exerce sur ses membres une emprise réelle. De ce fait, la terre est la propriété de la communauté entière et non d'un individu quelconque. Cela se vérifie même dans les sociétés segmentaires où les rapports sont de types égalitaires. Ici, la terre est, la propriété de toute la communauté en général et de personne en particulier. Toutefois, tous les membres de la communauté concourent à sa gestion et à sa protection. La gestion de la propriété communautaire est exacerbée par le processus de dévolution successorale qui consacre l'indivision comme principe de gestion des biens successoraux. La primauté supposée ou consacrée de la succession aux garçons est en effet sans effet sur la terre coutumière dans la mesure où elle reste la propriété de la communauté villageoise. Toute aliénation de la terre coutumière est proscrite. « Seuls les biens mobiliers de moindre importance peuvent faire l'objet d'une appropriation privative[376] ».

Même la donation est bien encadrée dans le temps, car comme le souligne si bien un contemporain lorsqu'il note avec emphase que dans les sociétés traditionnelles africaines : « Les rapports juridiques relatifs à la terre s'établissent de groupe à groupe...la propriété est collective ; la terre appartient au village ou à la famille, étendue ou restreinte ; elle est exploitée en commun et elle ne peut jamais être aliénée : le chef lui-même n'est pas un propriétaire, mais un administrateur »[377]. Il est établi que la vente immobilière est absente et que c'est pendant la colonisation, sous l'impulsion de l'appropriation privative, que l'on assiste à la vente des terres coutumières. Dans l'Afrique noire précoloniale, la noblesse a ceci de particulier, selon ANTA DIOP Cheikh, qu'« elle n'est pas terrienne au sens où l'on entend cette expression lorsqu'il s'agit du moyen âge occidental[378] ». Mieux encore, l'auteur affirme que « le sol, en Afrique, n'appartient pas aux conquérants ; l'esprit de la chasse nobiliaire n'est pas tourné vers le sol, vers la possession de grands domaines fonciers que l'on fait cultiver par des serfs rivés à la glèbe ; en ce sens, il n'y a pas eu de féodalité en Afrique »[379]. Au Professeur DIOP de conclure, « la terre est une divinité : ce serait un sacrilège que de s'approprier, au sens propre du terme, une partie d'elle ; elle se prête seulement à notre activité agricole pour nous permettre de vivre »[380].

---

[376]Ibid., p. 156.
[377]Cf. ADJETE KOUASSIGAN (Guy), *L'homme et la terre*, op.cit.
[378] Cf. ANTA DIOP (Cheikh), *L'Afrique noire précoloniale*, col. Présence africain, p. 20.
[379] Ibid.
[380] Ibid.

2- L'instauration des titres d'individualisation

Cette instauration et fille de la colonisation,[381] elle a été expérimentée en Indochine, en Algérie et en Afrique du nord [382]pour ce qui concerne la France, et au Nigéria[383], pour ce qui est de la Grande-Bretagne. De par se origines, l'individualisation de la propriété foncière résulte du système féodal d'essence indo-européenne. Pour le Professeur ANTA DIOP Cheikh, le système féodal est d'origine aryenne. Il a conduit dans une certaine mesure, pour ce qui est du cas de l'Inde, à la reconstitution des castes, institution d'origine africaine, du fait de la rencontre avec les populations locales[384]. Pour LENORMANTT : « Ce régime (régime des castes) est essentiellement Kouschite et partout où nous le trouvons, il est facile de constater qu'il procède originairement de cette race. Nous l'avons florissant à Babylone. Les Aryas de l'Inde, qui l'adoptèrent, l'avaient emprunté aux populations de Kousch qui les avaient précédés dans les bassins de l'Indus et du Gange »[385]. Ce régime des castes dit « *Kouschiste* », fonde la division du travail et la spécialisation des différentes composantes de la société traditionnelle nilotique. Mais, la divination de la propriété privée est, selon toute vraisemblance et de l'avis même du Professeur DIOP, une coutume aryenne. De ce fait, « elle a conduit à Rome, en Grèce et en Inde à l'isolement de la société de toute une catégorie d'individus sans famille, sans feu ni lieu, n'ayant pas le droit de posséder. Ils constitueront partout la classe des misérables qui ne pourront s'enrichir qu'avec l'avènement de la monnaie, richesse profane qui n'était pas prévue par les lois traditionnelles et sacrées, réglementant la possession et qu'avaient inventés les ancêtres des Aryens »[386]. Cette divination de la propriété foncière d'origine aryenne, des steppes eurasiennes, se prononce avec plus d'emphase dans la situation politico-sociale des cités indo-européennes antiques. Selon le Professeur DIOP, dans la société gréco-romaine, il y a deux types de classes sociales. « À Athènes : Eupatrides et Thètes ; à Sparte ; égaux et inférieurs ; à Rome : Patriciens et Plébéiens »[387]. Les Eupatrides, les égaux, et les Plébéiens, sont, selon que l'on est à Athènes, Spartes ou à Rome, les seuls détenteurs des terres, dans la haute antiquité. Ce système dure en Grèce pratiquement jusqu'à

---

381 Cf. ROLLAND (Louis), LAMPUE (Pierre), *Droit d'Outre-Mer*, Op. Cit., pp. 307-313. Voir aussi, BARLAUD (Emile), *La politique indigène de l'Angleterre en Afrique* Occidentale, pari, Toulouse, 1912, pp. 187-216 ; parlant du cas du Nigéria.

382 Cf. ROLLAND (Louis), LAMPUE (Pierre), *Droit d'Outre-Mer*, Op. Cit.

383 Cf. BARLAUD (Emile), La politique indigène de l'Angleterre en Afrique, Op. Cit.

384Cf. ANTA DIOP (Cheikh), *L'Afrique noire précoloniale* Op. Cit., pp. 20-24.

385Cf. LENORMANT, *Histoire ancienne des phéniciens*, édit. Lévy, Paris, 1890, p. 384, Cité par ANTA DIOP (Cheikh), in *l'Afrique noire précoloniale*, col. Présence africain, ibid., p. 21.

386 Cf. ANTA DIOP (Cheikh), *L'Afrique noire précoloniale*, Op. Cit.

387 Ibid., p. 25.

la révolution aristocratique, les réformes politiques de SOLON[388], et la réforme religieuse de CLISTHENE. Ces réformes consécutives à l'invention de la monnaie par les Lydiens, au début du VIe siècle avant notre ère. C'est de ce système que vont hériter Rome et plus tard l'empire de Charlemagne. Les États modernes en gestation en Europe souffrant du fait des successions ratées, d'un déficit d'autorité, les rois, de plus en plus émiettés devant s'appuyer sur les seigneurs locaux pour gouverner. Et ce fut les prémices de la naissance de la noblesse en Europe de l'Ouest[389]. Les révolutions qui vont se succéder en occident sous l'influence de la philosophie dite de lumière font non seulement atténuer l'emprise du religieux et de la noblesse sur le pouvoir politique, mais aussi l'on assiste à l'essor de l'individu et un regain de la sacralité de la propriété, toujours « divinisée ». Cette conception, étrangère à l'Afrique, va s'y installer à la suite de la conférence coloniale de Berlin.

L'aliénation de la propriété foncière traditionnelle en Afrique est donc fille de la colonisation. Certes, les bribes de l'appropriation de la terre coutumière remontent aux concessions consenties par les signataires du traité germano-camerounais, notamment l'autorité traditionnelle, mais toujours est-il que la consécration normative se fera pendant la colonisation. Le traité germano-camerounais a consacré le principe d'aliénation de la propriété coutumière. Toutefois, il faut sous-distinguer les terrains concernés et les terrains exclus de cette aliénation.

La signature du traité germano-camerounais le 12 juillet 1884 est un fait majeur de l'histoire diplomatique et récente du Cameroun. En effet, en tant qu'acte fondateur de la colonisation[390]. Sur un tout autre plan, et du point de vue des rapports réels, le traité germano-camerounais consacre le principe de l'aliénation des terres coutumières autre que celles sur lesquelles les communautés villageoises exercent des droits réels. Cette situation suscite quelques interrogations qui, bien que d'ordre philosophique, ne manquent pas de pertinence. Les chefs douala avaient-ils qualité pour aliéner les terres

388 SOLON est un législateur et réformateur Grec. « La tradition contemporaine et ultérieure aux Dialogues mentionne toute une série de noms illustres de grands personnages grecs ayant voyagé en Égypte : Anaximène, Anaximandre, Thalès, Pythagore, Solon, Hérodote, Eudoxe, Démocrite, Héraclite, Archytas de Tarente, Œnophile et bien évidemment Platon, tous sont de la partie ; Aristote lui-même devait poursuivre dans cette voie. Il n'y a guère de philosophes importants auxquels on n'ait attribué un voyage d'études en Égypte ». Note FREDERIC (Mathieu), in, PLATON, l'Égypte et la question de l'âme, 2013(livre numérique), p. 53.

389 Cf. CHEIKH ANTA DIOP, *L'Afrique noire précoloniale*, Op. Cit., pp. 41-45.

390 Cf. NGUIFFO (S.), KENFACK (P.E.), MBALLA (N.), « Les droits fonciers et les peuples de forêts d'Afrique, perspectives historiques et anthropologiques », www. Forestpoeples.org, 2009. Il est dit dans cet article que « la colonisation s'est traduite au Cameroun par un bouleversement des modes de vie et de régulation des rapports des populations à la terre et aux ressources ». p. 3 et s.

coutumières ? Les chefs Douala avaient-ils mandat exprès du peuple, si tant il est vrai que la terre coutumière appartient à la communauté tout entière ? On serait tenté de répondre par l'affirmative au regard de la suite des événements, notamment de la requête du 31 janvier 1930 en annulation des arrêtés : « 10 mai numéro 1929 sur le lotissement de Bali ; du 25 octobre 1929 (numéros 404 et 415) faisant attributions de concession à des tiers ; de la même date numéro 416 rejetant l'opposition faite par les collectivités indigènes du 10 mai 1929[391] ».

Quoi qu'il en soit, la terre coutumière fut consacrée sur l'aune de la protection tant recherchée[392] par les chefferies Douala. Ainsi, les terrains autres que ceux sur lesquels les collectivités villageoises exercent leur droit, et les terrains abritant les emplacements des villages font partie intégrante du domaine de la couronne. Conformément à la troisième réserve qui énonce que « les terrains cultivés par nous, et les emplacements sur lesquels se trouvent les villages doivent rester la propriété des possesseurs actuels et de leurs descendants »[393]. Mais la lecture combinée de cette clause et les termes de la première clause qui énonce en substance que « le territoire ne peut être cédé à une tierce personne » sème une incompréhension fondée sur les contradictions inhérentes à ces deux dispositions.

Les terrains, objets du transfert sont donc pour l'essentiel, les terrains sur lesquels la population autochtone n'exerce aucune emprise matérielle en matière de culture, d'habitation ou de toute autre exploitation. Mais cette répartition de la terre coutumière, entre les terres concernées et les terres exclues, parait un peu pernicieuse dans la mesure où, même dans l'hypothèse dite des terres libres de toute occupation effective, les populations autochtones exercent leurs activités de chasse ou de cueillette.

Le traité germano-camerounais n'a pas transféré à l'autorité coloniale, notamment à la couronne allemande la propriété de toutes les terres indigènes. Etaient donc exclus de l'assiette même du transfert, les terrains occupés et exploités par les autochtones. Il s'agit des terres sur lesquelles la population pratique l'agriculture, des terres abritant l'emplacement des villages et des

---

391 Cf. Mémoire sur l'expropriation des biens fonciers des indigènes (de Bonanjo, Bonamadouma et de Bonaprio) de Douala (représentées par le chef supérieurs LOBE BELL Théodore et consorts ; assisté de Jean-Louis Henri, ancien magistrat et avocat à la Cour d'appel de Brazzaville), présenté au conseil du contentieux du Cameroun, fait à Paris le 30 juillet 1930, p. 3.

392 Voir à cet effet les différentes lettres que les autorités traditionnelles douala écrivent à la reine d'Angleterre pour solliciter sa protection. Entre autre nous pouvons citer la lettre du 07 août 1879 adressée à Honorée MADAME, la lettre du 08 mars 1881 adressée au consul HEWETT, et la lettre du 06 novembre 1881.

393 Lire à cet effet la troisième réserve au traité germano douala.

terres sacrées, parce que protégées par les esprits. C'est d'ailleurs la violation de cette clause par les Allemands qui poussera DOUALA MANGA BELL à la révolte, révolte qui aboutira à sa pendaison le 08 août 1914[394]. La violation des réserves au traité germano-camerounais traduit sur les faits, le fait que la puissance coloniale n'avait pas pour vocation de respecter les règles contraires à la civilisation et aux impératifs du développement économique de la colonie. Par la suite, la systématisation de l'appropriation privative des terres sera entérinée par le gouvernement impérial allemand avec l'inscription des terres apprivoisées au « GRUNDBOOK ». Après le départ des Allemands du Cameroun, notamment en février[395] 1916, les Français vont introduire au Cameroun, le régime de la transcription et par la suite le régime dualiste de 1932 va se substituer au régime de la transcription.

Au demeurant, la transaction foncière opérée par le traité germano-camerounais vient rompre radicalement avec le principe de l'inviolabilité de la terre traditionnelle. Terre qui n'appartient en principe qu'à la communauté tout entière, et à personne en particulier. Et vu sous cet angle, l'on est fondé de croire que les chefs Douala n'avaient ni la qualité ni la compétence nécessaire pour procéder au transfert de la terre coutumière. Terre qui sera par la suite objet de dénaturation, puisque désormais objet du commerce juridique et même d'expropriation. En témoignent les deux pétitions des chefs douala en date du 25 juin 1929 et du 11 août de la même année, contre la politique d'expropriation de la France, puissance mandataire. « Relativement à notre pétition du 18 août 1919, écrivent les chefs douala, honneur vous solliciter rétrogradation expropriation terrain Douala et Bonaberi environ ou tenue mandataire. Stop supplions expropriation durable et sécurité naturelle conformément traité droit de propriété indigène en bien fond contrat allemand Cameroun 1884[396] ». Quant à la pétition du 11 août 1929, elle réitère cette exigence des chefs douala du respect des clauses du traité du 12 juillet 1884, par la puissance mandataire et rejetant la prétention de cette dernière à considérer les terres indigènes comme un butin de guerre. De la lettre même de ce texte, on peut lire : « l'administration mandataire semble partir du point de vue d'avoir acquis le droit, par suite de la guerre franco-allemande au Cameroun, et de sa nomination comme puissance mandataire dans cette

---

394 Cf. NSAME MBONGO : « Le contentieux Germano-Duala, réalités et enseignements, (la rationalité juridique et philosophique des événements de 1884-1914), in, Camaroes, Histoire, n°008/06 aout 2004, pp.2 et 3.

395 Selon les sources concordantes, le dernier allemand part du Cameroun le 20 février 1916.

396 Cf. télégramme du 25 juin 1929, rappelant le fond de la demande de la pétition du 18 août 1919. In, pétition du 11 août 1929, p. 1, in, Fonds Ministériels/affaires Politiques/615/1.

colonie, de s'emparer et d'aliéner au titre de butin de guerre, les terres cultivées et non cultivées de Douala[397] ».

Plus fondamentalement, du point de vue des rapports privés, la matérialisation de l'appropriation privative est fille de deux procédés que sont respectivement, le processus d'immatriculation et la théorie dite de la première occupation.

L'appropriation privative sous la colonisation est le reflet d'une vision individualiste, vision qui est partagée par les différents régimes coloniaux. Si la Révolution française du 26 août 1789 témoigne de la naissance du libéralisme en France, toujours est–il que l'Angleterre en est le précurseur.

En Angleterre, depuis la grande charte de 1215, les pouvoirs de la couronne sont limités et l'autonomie du parlement proclamée. Comme conséquence logique de cette évolution, l'on assiste à une émancipation des droits individuels, notamment la liberté et la propriété.

Cette tradition libérale britannique sera reprise en Europe continentale, et France en la faveur de la Révolution française qui viendra à son tour consacrer l'absolutisme de la propriété individuelle face aux velléités royalistes et seigneuriales. Par la suite, le Code civil de 1804 fera de la propriété un droit quasi souverain qui oscille entre relativisme et absolutisme[398].

Ainsi consacrée, la propriété privée s'appliquera tant aux biens meubles qu'aux immeubles. Et du fait même de la colonisation, cette conception individualiste va s'exporter en Afrique et particulièrement au Cameroun comme le témoigne le régime foncier colonial.

L'incidence de la colonisation sur la gestion des terres coutumières pourrait être analysée, à partir de deux prismes, notamment la colonisation allemande et française avec en prime quelques éléments de la colonisation britannique.

Ainsi, parlant de la période allemande, la base juridique est le traité du 12 juillet 1884. Cependant, deux autres textes majeurs constituent l'ossature de la législation foncière allemande. Ce sont d'une part, le décret du 15 juin 1896 sur la création, la prise de possession et l'aliénation des terres au Cameroun, et d'autre part, le décret impérial du 21 novembre 1902 relatif au droit foncier dans les colonies allemandes[399]. Le décret du 15 juin 1896 se présente comme un vestige de la loi du 17 avril 1886 relative à la situation juridique des

---

[397] Cf. Pétition du 11 août 1929, p. 2.
[398] Voir à cet effet l'article 544 du code civil de 1804.
[399] Cf. NYAMA (Jean-Marie), *Régime foncier et domanialité publique au Cameroun*, presses de l'UCAC, édit. 2012, pp. 25-34.

colonies allemandes. Cette loi énonçait déjà que les terres sans maitre faisaient partie intégrante du domaine de la couronne. C'est le décret du 21 novembre 1902 qui va instaurer au Cameroun le régime d'inscription au livre foncier ou au « GROUNDBOOK ». Le livre foncier avait été ouvert à Douala dès 1903 et son ressort couvrait toute la colonie. Ce décret fait une distinction entre les terrains indigènes et les terrains détenus par les Allemands. Ainsi, lorsqu'ils sont inscrits au livre foncier, les terrains indigènes sont soumis au droit métropolitain en la matière. Les terrains des non-indigènes sont régis par des règles particulières, et en principe, ces terrains ne peuvent faire l'objet de convention qu'entre les populations locales selon les modalités librement consenties et l'arrêté du 27 décembre 1910 instituent les registres des terres pour cette catégorie.

S'agissant du cas de la France, elle introduit au Cameroun le régime de la transcription du 23 mars 1855. Ce régime est similaire au régime allemand de l'inscription au livre foncier. Et dès 1932 le régime dualiste est institué par décret. Ainsi, le décret du 21 juin 1932 instaure le régime de l'immatriculation, et le deuxième décret du même jour instaure le régime de transcription des livrets fonciers. Ce qu'il faut préciser pour la bonne compréhension de ce régime dit dualiste est que pour l'essentiel le régime de l'immatriculation vient renforcer la propriété des terres détenues privativement et consignées dans les livres fonciers ; alors que le régime de la transcription des livrets fonciers cherche à faire l'inventaire des terres coutumières détenues privativement ou collectivement par les indigènes. Tout compte fait, et, quelle que soit l'hypothèse retenue, les régimes fonciers coloniaux consacrent l'emprise de la prescription sur la pratique[400] coutumière et par voie de conséquence, la primauté de la propriété privée et entraine la « réduction des droits des communautés locales par les lois »[401].

Stricto sensu, le mode privilégié d'acquisition de la propriété coutumière était l'occupation. L*ato sensu,* à côté de l'occupation, la terre coutumière pouvait être apprivoisée, c'est notamment le cas après un conflit armé. Du point de vue du droit colonial, la propriété foncière se constate par un titre solennel délivré pour l'essentiel par une autorité administrative, titre provenant de la constatation des droits réels fonciers sur un livre foncier, quel que soit le nom retenu. D'ailleurs, même pour la terre coutumière, le régime

400 René ROLAND note ainsi qu'il existe une « recherche de cet éternel problème de la conciliation du droit de l'État et du droit du citoyen ». Cf. ROLAND (René), *De l'esprit du droit criminel, aux différentes époques dans l'antiquité, dans les temps modernes, et d'après Les nouveaux principes de la science pénitentiaire*, Paris, Arthur ROUSSEA, éditeur, 1880, p. II.

401 Cf. NGUIFFO (S.), KENFACK (P.E.), MBALLA (N.), Op. Cit., p. 5. Il est mentionné ici que l'étendue matérielle des droits des communautés a été affectée tout comme il y a eu réduction de l'étendue de ces droits, pendant la période coloniale.

dualiste instauré par la France en 1932 institue les livrets fonciers comme instrument privilégié de constatation de la propriété foncière coutumière et donc des terrains détenus privativement par les autochtones. Mais au-delà même de ce constat, ce qu'il convient de préciser c'est que, de manière traditionnelle, la propriété coutumière s'acquière par l'occupation conformément à l'adage devenu populaire « la terre appartient aux premiers occupants ». L'occupation est donc à l'opposé du titre, le mode d'accession à la propriété coutumière. Encore que, pour s'en convaincre, il convient de noter que « l'occupation, d'après les traditions, semble avoir été en Afrique occidentale le mode originaire dont les diverses populations ont le plus usé pour s'attribuer des droits sur les terres qu'elles occupent »[402]. Ce mode d'appropriation, loin de privilégier le titre de propriété, s'accommode mieux avec l'emprise matérielle sur la terre, objet de la possession.

Il convient de rappeler que l'acquisition de la propriété immobilière traditionnelle n'était pas exclusivement tributaire de l'occupation. La terre coutumière pouvait aussi, le cas échéant, provenir d'une dépossession. Car les sociétés traditionnelles étaient aussi comme toutes les sociétés humaines traversées par les guerres. Dans la plupart des cas, la dépossession[403] résultait d'une guerre ou alors était le résultat d'une simple tolérance ou de l'inaction du possesseur légitime. Peu importe l'hypothèse retenue, toujours est-il que la dépossession constituait un mode dérivé d'accès la propriété foncière traditionnelle surtout en période de guerres inter claniques ou dans l'hypothèse de conquêtes de nouveaux territoires de suite des migrations successives[404].

Quoi qu'il en soit, avec la colonisation, ces modes d'acquisitions de la terre, notamment la théorie du premier occupant, ont sinon perdu de leur substance, mais du moins sont tombés en désuétude, du fait même de la non-consécration de la pratique coutumière et multiséculaire des populations autochtones, et en violation flagrante des accords de tutelle[405]. Ce, d'autant plus que la propriété coutumière ne préjudiciait pas au fond l'implémentation de la politique coloniale. Mais était seulement contraire à la philosophie libérale et individualiste en vigueur dans les métropoles depuis au moins la période dite des lumières.

---

[402]Cf. ADJETE KOUASSIGAN (Guy), *L'homme et la terre,* Op. Cit., p. 42.

[403] Ibid.

[404] Cf. Sous la direction de OBENGA Théophile, Les Peuples Bantu migrations, expansion et identité culturelle, Tome 1, Harmattan, Libreville, 1984.

[405]L'article 7 alinéa 1 des accords de tutelle énonce que : « L'autorité chargée de l'administration du territoire devra, dans l'établissement des règles relatives à la tenue du sol du transfert de la propriété foncière, et en vue de favoriser le progrès économique et social des populations autochtones, prendre en considération les lois et coutumes locales ».

En somme, la terre coutumière autrefois collective et sacrée sera l'objet d'un intérêt particulier de la part des régimes coloniaux. C'est ainsi que du fait de la colonisation et sa logique absolutiste et individualiste, la terre, naguère coutumière, communautaire et sacrée, sera domestiquée et elle acquière du fait de cette domestication une nouvelle fonction : la fonction économique. Et du fait même de cette nouvelle fonction, l'on note la multiplication des transactions foncières et des conflits fonciers. La situation ne sera guère différente après les indépendances. En effet, dès après les indépendances, la ruée vers la terre dans nos villes et campagnes mobilise les énergies, tant les enjeux sont non seulement primordiaux, dans le devenir de nos nations, en termes de politiques de développement. Mais aussi, égoïstes et individualistes avec le phénomène contemporain de l'accaparement des terres par la nouvelle élite au détriment des masses populaires. Encore que la politique foncière de l'État en la matière participe pour beaucoup à ce phénomène nouveau, au regard des coûts exorbitants que la procédure complexe et tumultueuse de l'obtention du titre foncier, preuve par excellence de la propriété immobilière en droit camerounais.

B. En matière mobilière et contractuelle

Parler de la matière mobilière et contractuelle ici revient simplement à analyser successivement la propriété privée mobilière (1), et le renouveau du lien contractuel (2).

1- La propriété privée mobilière

Chez les Bassa du Cameroun, les biens meubles sont destinés à l'usage de tous, même en cas de possession privative[406]. Il en va de même de la terre à cause de la sacralité et du fait communautaire ; les populations ne peuvent que prétendre à la simple tenure ou mieux encore à la possession des dites terres. Pour revenir à la propriété mobilière, deux proverbes Bassa résument bien on caractère communautaire : « Manyum i ngi sa djè bé ngès todo[407] : si ton frère monte sur un prunier n'es-tu pas sûr d'en manger les fruits» ; « Manyum a kos, wè yak wè u nkos[408] : si ton frère vient à posséder un bien, c'est que tu en bénéficieras aussi ».

---

406 TONYE-MBUA, *Le Serment chez les Bassa du Cameroun* (un exemple du serment dans la pensée juridique africaine), Op. Cit. ; NDEBI BIYA, Etre, Pouvoir et Génération. Le système Mbok chez les Bassa du Sud Cameroun, Op. Cit.; NDOUMBOUK, *Du droit dans les proverbes bassa du Cameroun*, Op. Cit., pp. 80-83.
407 NDOUMBOUK, *Du droit dans les proverbes bassa du Cameroun*, Op. Cit., p. 81.
408 Ibid. p. 81.

Mais le fait colonial apporte un changement social radical dans la culture même des populations colonisées. L'un des faits majeurs de ce changement est nul doute la valorisation de la propriété mobilière et voire, de subordination de la propriété foncière à la propriété mobilière avec le développement du commerce et du crédit. Le développement de la pratique usuraire est consubstantiel au développement du commerce avec les firmes européennes et du fait même du développement des centres administratifs en centres urbains. L'établissement des relations commerciales était de nature à introduire des litiges et aussi à assurer le développement du prêt. Pour ce qui est des litiges, la mise sur pied de la cour d'équité avait permis une connaissance assez conséquente des différends commerciaux. Mise en place par les Anglais, son importance s'imposa aux Allemands qui jugèrent bon de ne pas la dissoudre au lendemain de la signature du traité germano-camerounais. Comme l'atteste le rapport du Dr NACHTIGAL au chancelier de l'empire sur ses activités dans la Baie de Biafra : « Vu la diversité des intérêts commerciaux et la situation politique à Kamerun, il nous a paru indispensable de nous occuper du problème des différends entre étrangers et indigènes. C'est à cette fin que fonctionne depuis quelques années la « Court of Equity », qui siège sous la présidence du consul d'Angleterre. Je crus donc devoir adresser une deuxième circulaire aux agents des firmes anglaises installés sur la place et qui constituent, avec les délégués de C. WOERMANN et de Jantzen et Thormählen et avec les chefs indigènes, ladite Court of Equity. Par cette circulaire, je demandai leur collaboration à la création d'une Cour d'Arbitrage qui fonctionnerait exactement comme la Court of Equity, mais sous protectorat allemand »[409].

Le changement est aussi marqué pendant la colonisation française par la pratique usuraire. Et comme le note avec pertinence le Professeur NGANDO Blaise Alfred[410], « devant la prolifération de ces pratiques usuraires, l'administration règlemente, par décret du 23 novembre 1933[411], le prêt et édicte des règles contre l'usure ». Ce décret règlementait la nature et la forme de l'acte du prêt à l'usage. Ainsi peut-on lire des dispositions de ce texte que

[409] Cf. Rapport du Dr NACHTIGAL au chancelier de l'empire sur ses activités dans la Baie de Biafra. In OWONA (Adalbert), *La naissance du Cameroun (1884-2010)*, édit. L'Harmattan, Paris, 1996, pp. 173 et s.

[410] Cf. NGANDO (Blaise-Alfred), « L'exécution forcée des obligations contractuelles entre indigènes et européens au Cameroun sous mandat français (1922-1946), in ANOUKAHA (François), OLINGA (Alain Didier), *L'obligation, Études offertes au Professeur Paul Gérard POUGOUE*, Harmattan Cameroun, 2015, pp. 589-612. Lire aussi, SAMBA THIAM, les indigènes paysans entre maisons de commerce et administration coloniale-pratique et institutions de crédit au Sénégal (1840-1940), thèse en droit, Univ. Montpellier, 2001, pp. 203 et s.

[411] Cf. Décret du 23 novembre 1933 règlementant le prêt dans les territoires du Cameroun sous mandat français et édictant les règles contre l'usure (J.O.C. 1933 p. 43).

les prêts et les avances de quelque nature qu'ils soient, intéressant les indigènes ou un indigène et une personne jouissant du statut européen aux assimilés, sont, à peine de nullité, constatée par écrit. L'exigence de l'écrit est indubitablement liée à sa fonction probatoire selon la logique occidentale. Mais le développement de la propriété immobilière nécessitait des garanties en termes de sûreté. La terre étant un bien collectif, elle ne pouvait être mise en gage, du fait même de son caractère communautaire et de sa sacralité. Il a donc fallu trouver un substitut à cette « propriété en défaillance ». D'où la mise au pas des coopératives et des sociétés de prévoyance « *comme caution morale aux demandes de prêts indigènes »*[412]. Le but étant, nul doute la promotion de la propriété privée et de l'individualisme. Il s'agit aussi de familiariser les autochtones avec la pratique du prêt et en même temps de les protéger des abus de cette pratique, surtout lorsqu'ils se retrouvent dans une relation d'obligation avec les Européens, habitués à cette pratique. Il s'agit en outre pour l'administration coloniale, « *à apprendre aux indigènes à être prévoyants, à épargner et à avoir le souci d'acquérir la propriété du sol qu'ils cultivent, afin de bénéficier, comme le paysan européen, du soutien des grandes institutions modernes de crédit »*[413]. Cela marque bien, à proprement parler, la naissance d'une société libérale et individualiste.

2- Le renouveau du lien contractuel et des obligations

Pour Maurice BERTAUT, le contrat et les obligations en pays Bulu obéissent aux caractères généraux des contrats, et il en résulte une typologie particulière. Parlant des caractères généraux : « les conditions de validité des contrats sont les mêmes en coutume indigène qu'en droit français[414] ». Il s'agit entre autres de « la capacité de cocontractants ; du concourt de la volonté (consentement) ; de la certitude de l'objet et de la licéité de la cause[415].

Sauf que dans la définition du contrat, le chemin bifurque. Il faut donc « la rédaction de l'article 1101 du Code civil : « le contrat et une convention par laquelle, dans tous les cas, une personne s'oblige, sa famille et envers une ou plusieurs autres personnes et les membres de leurs familles, à donner, à faire, ou à ne pas faire quelque chose[416] ». Le rapport d'obligation, avant la

412 Cf. NGANDO (Blaise-Alfred), « L'exécution forcée des obligations contractuelles entre indigènes et européens au Cameroun sous mandat français (1922-1946), in ANOUKAHA (François), OLINGA (Alain Didier), *L'obligation, Études offertes au Professeur Paul Gérard POUGOUE*, Op. Cit., pp. 610-612.
413 Ibid.
414 Cf. Cf. BERTAUT (Maurice), *Le droit coutumier des Bulu – monographie d'une tribu du Sud Cameroun*, Op. Cit. p. 242.
415 Ibid.
416 Ibid.

colonisation, dans les sociétés traditionnelles était fondé sur le respect de la parole donnée et donc sur des conventions non écrites. La matérialisation de ces obligations ce faisant soit par le troc, cas de contrat de vente, soit par des prestations réciproques de même nature, hypothèse des contrats de travail.

L'oralité étant la règle, l'écriture des contrats est à la fois contemporaine à la colonisation[417]. BERTAUT Maurice fait observer que, « les contrats n'étant pas solennels…on y remarque presque toujours la présence de nombreux témoins[418] ». Et contrairement à l'acception communément rependue, cette oralité ne signifie pas l'absence d'écriture[419]. En effet, elle est antérieure, consubstantielle et transcendantale à l'écriture. À ce propos, écoutons ce qu'en pense HAMPATE BA Amadou: « L'oralité n'est-elle pas mère de l'écrit, à travers les siècles comme dans l'individu lui-même ? Les premières archives ou bibliothèques du monde furent les cervelles des hommes. Par ailleurs, avant de coucher sur le papier les pensées qu'il conçoit, l'écrivain ou le savant se livre à un dialogue secret avec lui-même. Avant de rédiger un récit, l'homme se remémore les faits tels qu'ils lui ont été rapportés ou bien, s'il les a vécus, tels qu'il se les raconte à lui-même[420] ». En fait, la parole est sacrée[421]. Cette sacralité de la parole, on la retrouve déjà dans les paroles d'AMENEMOPE[422]. C'est le modèle de la parole comme « pensée créatrice[423] ». Sacrée parce qu'elle est au fondement de la vie, sacré aussi parce qu'elle fait ou défait la crédibilité de l'homme[424]. Pour ce qui est de la définition de la tradition orale ou de l'oralité, VANSINA dans « La tradition orale et sa méthodologie » la conçoit ainsi : « La tradition orale est définie comme un témoignage transmis

[417] Tribunal de Première Instance de douala, audience du 13 novembre 1936, Penant, 1938, pp. 26-28.

[418] Cf. BERTAUT (Maurice), *Le droit coutumier des Bulu – monographie d'une tribu du Sud Cameroun*, Op. Cit. p. 242.

[419] Cf. OBENGA (THEOPHILE), « L'Afrique berceau de l'écriture » in, ouvrage Collectif, sous la direction de HABIB SY (Jacques), *L'Afrique, berceau de l'écriture, et ses manuscrites en péril, volume 1, des origines de l'écriture aux manuscrits anciens (Égypte pharaoniques, Sahara, Sénégal, Ghana, Niger)*, L'Harmattan, 2014, pp. 80 et s.

[420] Cf. HAMPATE BA (A.) « La tradition vivante » pp. 192 et 230. In KIZERBO (J.), *Histoire Générale de l'Afrique, tome I, Méthodologie et Préhistoire africaine,* édit. Unesco.

[421] Ibid., pp193-194.

[422] Aussi, peut-on lire au chapitre X : *« Ne salue pas le bouillant que tu rencontres entre forçant, Ni ne fait violence à ton propre sentiment/raison (Ib). Ne lui dit pas faussement : « soit loué ! », Alors qu'il y a du calcul au fond de [ton âme passionnelle] (Khet). Ne parle pas mensongèrement avec un homme c'est l'abomination du Dieu, ne dissocie pas ton cœur (Katy) de ta langue [...] Dieu déteste qu'on fausse une parole...* » p. 287. Papyrus princes, conservé au British Museum, Ref. 10474. Cité par FREDERIC (Mathieu), PLATON, l'Égypte et la question de l'âme, 2013(livre numérique), p. 284.

[423] Cf. BILOLO M., Les cosmo-théologies philosophiques de l'Égypte antique. Problématique-prémices herméneutiques et-postulats majeurs. Op. Cit, pp. 184-186.

[424] Cf. HAMPATE BA (A.) « La tradition vivante » pp. 192 et 230. In, KIZERBO. Op. Cit., pp. 195-196.

oralement d'une génération à une des suivantes. Ses caractères propres sont la verbalité et la transmission qui diffère des sources écrites. La verbalité est très difficile à définir. Un document écrit est un objet : un manuscrit. Mais un document verbal peut être défini de plusieurs façons, puisqu'un témoin peut interrompre son témoignage, se corriger, se reprendre, etc. Aussi faut-il user d'un certain arbitraire pour définir le témoignage comme l'ensemble de toutes les déclarations d'une personne concernant une même séquence d'événements passés, pourvu que le témoin n'ait pas acquis de nouvelles connaissances entre les différentes déclarations. Car dans ce dernier cas, la transmission serait altérée et on se trouverait devant une nouvelle tradition »[425]. C'est donc un truisme que de dire que la tradition orale se transmet verbalement de génération en génération. Des anciens aux vivants, et des vivants à leurs descendants. Cette transmission elle-même se fondant sur la force mystérieuse du verbe. Car, « dans l'ancienne Égypte, le démiurge a créé le monde en prononçant le nom des choses et des êtres. La parole souveraine suffit à constituer toute la réalité par le seul énoncé du nom »[426]. « La création est une « automanifestation », une « auto-émergence » ou « autorévélation » et une « auto-exposition » ou « autoproduction » de l'Un hors de lui-même »[427]. C'est aussi l'image qui ressort de la lecture des mythes[428] Dogon[429], notamment le mythe du renard pâle[430]. Pour OBENGA Théophile: « Avant la bible et le coran, avant les philosophes grecs eux-mêmes, l'Égypte ancienne avait clairement conçu une doctrine du verbe, du logos dans l'institution du

[425] Cf. VANSINA (J.) « La tradition orale et sa méthodologie » pp. 168 et s. in KIZERBO (J.), *Histoire Générale de l'Afrique, tome I, Méthodologie et Préhistoire africaine,* édit. Unesco.

[426] Cf. GUSDORF (Georges), La parole, Paris, PUF, 1977, p. 16 ; 1er édit., 1952. Cité par, *OBENGA THEOPHILE La philosophie africaine de la période Pharaonique 2780-330 avant notre ère* L'Harmattan, 1990, p. 74.

[427] Cf. BILOLO M., Les cosmo-théologies philosophiques de l'Égypte antique. Problématique-prémices herméneutiques et-postulats majeurs. L'auteur renchérit que « ces expressions mises entre guillemets ne sont pas des synonymes ; elles représentent des variantes ou de différentes tendances au sein de la thèse de l'auto-extériorisation ». C'est la thèse de « l'unopolarité » et de la « théocentricité » de la création. Op. cit, pp. 187 et s.

[428] Cf. « Le mythe apparait comme ce discours par lequel est communiqué tout ce qu'une collectivité donnée conserve en mémoire et transmet oralement de génération en génération, par l'intermédiaire de professionnels ou non, que ce discours ait été élaboré ou non par ce technicien de la communication orale ». Cf. BRISSON (L.), cité par BILOLO M. in, Les cosmo-théologies philosophiques de l'Égypte antique. Problématique-prémices herméneutiques et-postulats majeurs, Op. Cit., P. 11.

[429] Cf. AMBAERE TEMBELY (André), *Les dogon : procès pénal traditionnel et justice réparatrice*, L'Harmattan, 2009

[430] Cf. GRIAULE DE (Marcel), DIETERLEN (Germaine), *Le renard pâle, Religion ancienne d'Afrique de l'Ouest : histoire de la création de l'univers par le peuple Dogon*, édit. Ante-Matière, 2015, 616p.

réel[431] ». D'aucuns renchérissent en affirmant comme VANSINA que : « Transmis verbalement d'une génération à l'autre. Presque partout le « verbe » possède une puissance mystérieuse parce que les mots créent les choses. Du moins, c'est l'attitude qui prévaut dans la plupart des civilisations africaines »[432].

Appliquée au contrat, l'oralité s'entend au sens restreint comme absence de l'écrit. Cette conception va survivre à la colonisation sous le prisme du principe du consensualisme. Principe qui, laisse libre cours aux parties, d'établir les contrats selon les modalités librement consenties d'accord parties. Toutefois, il faudra par la suite noter que, bien qu'étant la règle, le consensualisme ne souffre pas moins de dérogations avec le renouveau du formalisme dans certains contrats. La solennité desdits contrats étant, en n'en point douter, une remise en cause radicale de la tradition orale des contrats dans les sociétés africaines. Ce sera notamment le cas avec l'instauration du Code civil français de 1804.

Du point de vue des relations de travail, la main-d'œuvre précoloniale pratiquait principalement : l'agriculture, la chasse, la cueillette, l'artisanat et l'élevage. Pour ce qui est de l'agriculture, la réciprocité des prestations, en l'absence de toute convention écrite, était la règle. Le contrat écrit et le salariat sont donc contemporains à la colonisation. À ce titre, l'arrêté du 20 mars 1940 fixant le minimum des manœuvres indigènes stipulait en son article que : « Le salaire est dû par journée de travail. En cas de salaire à la tâche, celle-ci doit être obligatoirement agréée par l'inspecteur régional du travail, sauf recours l'arbitrage de l'office du travail en cas de contestation »[433]. Il s'agit à la fois du salaire proprement dit et de la ration alimentaire. L'article 3 de cet arrêté donne une idée :

[431] Cf. OBENGA THEOPHILE, *La philosophie africaine de la période Pharaonique 2780-330 avant notre ère*, ibid. Sur cette question, lire, La naissance du monde selon les philosophes de Memphis (inscription de SHAKABA). Textes de l'ancien empire (2780-2260 av. notre ère) recopiés sur une grande stèle de granite (par ordre du pharaon SHAKABA (vers 710 av. notre ère). Op. Cit., Pp. 65-70.

[432] Cf. VANSINA (J.) « La tradition orale et sa méthodologie » pp. 168 et s. in KIZERBO, Op. Cit.

[433] Cf. l'arrêté du 20 mars 1940 fixant le minimum des manœuvres indigènes, J. O. C DU 1er avril 1940, p.295.

« Le salaire minimum journalier des manœuvres indigènes est fixé comme suit :

Régions	***Salaire global (ration comprise)***	***Valeur de la ration***	***Observations***
	Fr.	*Fr.*	
Adamaoua.			
Chantiers miniers	*3.00*	*1.50*	*Ration fournie en nature.*
Autres entreprises	*1.75*	*0.75*	
Bamiléké	*2.50*	*0.50*	
Bamoun	*2.50*	*0.50*	
Benoué			
Garoua	2.00	1.00	
Intérieur	1.50	0.50	
Boumba-Ngoko	2.50	1.00	
Haut-Nyong	2.00	0.75	Ration fournie en nature.
Kribi	3.00	1.00	
Lom et Kadéï.			
Chantiers miniers	3.00	1.50	Ration fournie en nature.
Autres entreprises	2.50	1.00	
Mbam			
Bafia	2.50	0.75	
Ndikiniméki	2.00	0.50	
Yoko	1.75	0.50	
Mungo	3.00	0.50	

Nkam	3.00	1.50	
Nord-Cameroun			
Maroua	2.00	1.00	
Intérieur	1.50	0.50	
N'Tem.	2.75	0.75	
Nyong-et-Sanaga			
Yaoundé	3.00	1.50	
M'Balmayo	3.00	1.00	
Intérieur	2.50	1.00	
Sanaga-Maritime			
Sud. D'Eséka et Manjap	3.00	1.25	
Subd. d'Edéa l'exception de Manjap	3.50	1.50	
Wouri	3.50	2.00	

La ration, quand elle est donnée en nature, est fixée comme suit :

Macabo ou manioc.	*3 kg.*
ou farine de manioc	*1 kg à 1 kg 500*
ou bananes	*2 kg.*
ou mil	*1 kg.*
ou riz	*0 kg. 650*
Viande fraiche	*0 kg. 200*
Sel	*0 kg. 020*
Huile	*0 kg. 050.*

Il est vrai que le travail salarié, bien que précaire, est préférable aux travaux forcés[434]. Comme l'écrit fort à propos AKUA O. BRITWUM[435] « Le travail forcé, qui a été comparé à l'esclavage, n'était pas l'apanage des Français[436] et ne se limitait pas aux hommes. Le travail forcé était la marque de toutes les puissances colonisatrices en Afrique, à savoir les Belges, les Anglais, les Allemands et les Portugais. Le travail forcé dénommé avec euphémisme « travail politique » par les Britanniques était nécessaire en raison des bas salaires qui ne cessaient de diminuer et des conditions de travail ». La colonisation et l'avènement de l'État colonial marquent donc une contractualisation[437] du lien de travail, l'individualisation de ce lien et la prolétarisation du tissu social. Cette prolétarisation[438] à double visage a pour noms : la sous-salarisation et l'éclosion du travail informel avec le

---

[434] Pour ce qui est de la pratique des travaux forcés par les allemands, lire les témoignages des Bassa sur la colonisation allemande. Cf. KUM'A NDUMBE III, *Quand les anciens parlent, Les Bassa dans le Njokmasi colonial. Témoignages du vieux Papa PAGHA André sur la colonisation*, Op. Cit., pp. 135-254. « Tous les prisonniers étaient destinés aux travaux forcés, et les chantiers de NJOCK étaient le plus grand foyer de maltraitance. Lorsqu'on t'y envoyait, il n'y avait pas pire punition…les travaux forcés de NJOCK étaient menés de mains de fer par les blancs. » Ibid. Comme l'écrit l'auteur, en préface de cet ouvrage, « Quelle hécatombe fut donc Njockmasi pour que cette chanson devienne une chanson populaire de moquerie à l'endroit des Ewodi qui acceptaient d'aller travailler à Njockmasi sans savoir qu'ils se livraient ainsi à la mort certaine par les travaux forcés ». pp. 6 et s. Pour papa PACHA, Nous étions traités « comme des bêtes de somme. Cela signifiait valablement que de multiples décès y survenaient (…). Ces hommes ne valaient que pour les travaux à effectuer sans aucune considération de la dignité (…). Nous étions sans voix, les chefs de l'époque n'avaient pas non plus de réelle considération », pp. 211-212 et s. ; lire aussi, KUM'A NDUMBE III, *Quand les anciens parlent*, Témoignage de papa LAMBE Robinson de Buéa, édit. AfricAvenir, 2006, pp. 94-95 ; et pp. 108 et s.

[435] Cf. AKUA O BRITWUM, Institute for Development Studies, Université de Cape Coast (Ghana), Deuxième Forum de la rentrée de la CSI-Afrique Kisumu, Kenya 22-27 janvier 2012. P. 12.

[436] Cf. régime de l'indigénat. Voir à cet effet Les dispositions du décret du 8 août 1924 relatives à l'indigénat.

[437] Cf. article 1er Décret du 25 avril 1938 tendant à règlementer le travail indigène au Cameroun. « Dans toute l'étendue du Cameroun, le travail est libre. Les indigènes peuvent s'engager soit par conventions verbales ou écrites, soit par contrats de travail soumis au visa administratif », J.O.C DU 1ER octobre 1938, p.834.

[438] « Toutes les formes de travail salarié n'étaient pas permanentes ou volontaires. Les conditions de travail et la nature du marché du travail dépendaient considérablement de la nature du capital colonial qui entraînait dans son sillage le système de travail forcé. Les politiques d'emploi du capitalisme colonial, quelque soient leurs origines nationales, avaient des caractéristiques communes identifiées par Gutkind, telles que l'utilisation généralisée du travail forcé dans les secteurs ferroviaire et routier, dans la construction des ports et dans les exploitations minières dans toutes les colonies ». Cf. Akua O Britwum, Institute for Development Studies, University Cape Coast (Ghana). Deuxième Forum de la rentrée de la CSI-Afrique Kisumu, Kenya 22-27 janvier 2012. Op. Cit.

développement des centres urbains, la naissance des bidonvilles et la création des plantations industrielles dans la logique impérialiste[439].

Conclusion : l'objectif de ce chapitre était, non pas de démontrer l'incidence réelle de l'État colonial sur les coutumes locales, ce qui a déjà été fait dans les travaux antérieurs[440]. Mais, bien plus, de reconstruire la logique même qui préside à l'instauration de l'État colonial au Cameroun. Des analyses, il ressort qu'il s'agit d'une logique impérative de conquête, fondée sur une idéologie dénégatrice d'altérité, d'où la prétention à la mission civilisatrice. Une logique fondée sur une ontologie évolutionniste[441] de dessaisissement des institutions coutumières, institutions politiques et sociales, et de monopolisation de la force, par les conquêtes armées. Il en va de même du droit, de transfert de souveraineté, de la législation et de l'administration, conclusion des contrats d'aliénation, et des traités de paix inégaux. Il va donc sans dire que l'État colonial s'est construit sur les cendres de la société coutumière constamment dessaisie et réduite à sa plus simple expression, une expression quasi symbolique, voir folklorique. Comme le note Guy DE BOSSCHERE, « la colonisation aura représenté simultanément la promotion du colonisateur et la déchéance du colonisé[442]. »

[439] Cf. BAUMONT (Maurice), *L'essor industrielle et impérialisme coloniale (1878-1904)*, PUF, 1965.

[440] Cf. MOUBEKE A MBOUSSI (Philémon), l'État colonial et les coutumes au Cameroun, approche comparative des régimes coloniaux allemand, français et britannique au Cameroun, Mémoire en vue de l'obtention du Master II, Univ. Ydé II- Soa, 2015.

[441] Cf. DE RICQLES (Armand), CAYON (Jean), Dictionnaire des idées, Encyclopedia Universalis, SA France, 2012, Op. cit0, pp. 400-405.

[442] DE BROSSCHERE (Guy), Les deux versants de l'histoire, Autopsie de la colonisation, Op. Cit., p. 9.

CHAPITRE 2

LA DYNAMIQUE DE LA RECONSTRUCTION DU NOUVEL ÉTAT INDÉPENDANT

Le 1er janvier 1960, le Cameroun oriental accède à l'indépendance. Le 11 février 1961, le plébiscite organisé sous l'égide des Nations Unies donne lieu à la partition du Cameroun occidental : le Nord vote à 145 296 voix pour le rattachement à la fédération du Nigeria, contre 97 659 pour le Cameroun[443] ; le Sud Cameroun vote en faveur de la réunification. Les deux entités territoriales sous l'impulsion respective de leurs leaders politiques font entamer le processus de rapprochement politique. Le ton est donné à la conférence de Foumban du 09 juillet 1961, et ses ententes subséquentes[444] qui jettent les bases du fédéralisme. Ceci passe par le compromis politique des leaders des deux rives du Moungo[445]. À la fédération d'État, 1961-1972, va succéder l'État unitaire, la République unie du Cameroun, consécutivement au référendum du 20 mai 1972. Bien après, viendra la République du Cameroun, avec la réforme constitutionnelle de 1984. L'histoire de l'évolution du territoire[446] du Cameroun laisse entrevoir ainsi une certaine continuité dans la dynamique de la construction de l'État. Ce qui transparait à travers le processus des réformes. Il s'agit d'abord d'une continuité d'ordre théorique et idéel. Elle se cristallise autour de l'idéologie de la construction nationale. Cette continuité est aussi d'ordre juridique. Elle se traduit par le processus de validation de la structure néocoloniale de l'État ; la pensée dominante étant restée tributaire du dessaisissement des institutions traditionnelles au profit de l'État et de son l'élite. Même si l'on note une certaine inflexion dans la rationalisation de l'appareil de l'État après le début des années 1990, le nouvel État indépendant reste dans une dynamique globale d'endo-colonisation ou colonisation endogène.

---

443 Cf. ONDOA (Magloire), Traité de Droit constitutionnel et institutions politiques du Cameroun, livre 1er, la construction de l'État du Cameroun, sous-livre 1er, la création d'entités étatiques camerounaises, Tome I, la formation des entités territoriales camerounaises, Op. Cit.

444 Notamment les conférences de Tiko, Eséka, Bamenda, Mamfe, Kumba et Yaoundé. Ibid., pp. 50 et s. Voir aussi, pp. 88-104.

445 Ibid., pp. 52 et s

446 Cf. NGANDO (Blaise Alfred), *La Genèse de l'État et du Droit au Cameroun*, Op. Cit., pp. 207-209.

Aussi l'analyse des fondements de la dynamique normative de l'État-nation (section I) commande de manière incidente, l'examen de son impact sur les politiques législatives de l'État indépendant du Cameroun (section II).

Section I : Le fondement de l'État-nation : l'idéologie de la construction nationale

Le fondement de la dynamique normative du nouvel État indépendant se structure autour de deux paradigmes majeurs. Il s'agit d'une part de la promotion de l'unité nationale (I), et d'autre part de la programmation des objectifs de développement économique (II).

I. La primeur construction de l'unité nationale

Cette primeur de la construction de la nation (A) se réalise sous la conduite de l'État. Ce qui a pour conséquence de l'embrigader dans une logique unitaire. Elle est caractéristique de la validation de la culture dite républicaine, dans son acception jacobine héritée de la colonisation française[447]. Conception qui fait de l'État, le seul acteur du développement économique, au plan interne (B).

A. La promotion de l'idée de nation

La problématique de l'unité nationale au Cameroun s'est imposée dès les premières heures de l'indépendance politique[448]. La construction de cette unité prendra très tôt les allures de l'imposition d'une culture unique, la culture républicaine mono rationnelle. C'est ce qui explique que l'idéologie de la construction de la nation soit déjà latente dans les différentes lois constitutionnelles du Cameroun. Il en va ainsi de la loi du 4 mars 1960; de la loi n 61/24 du 1er septembre 1961 portant révision constitutionnelle et tendant à adapter la Constitution actuelle aux nécessités du Cameroun réunifié. C'est aussi le cas de la loi constitutionnelle du 02 juin 1972 et de ses révisions subséquentes, notamment loi n° 96-06 du 18 janvier 1996 portant révision de la Constitution du 02 juin 1972. Aussi convient-il alors de la présenter

[447] C'est du moins ce que note DE BOSSCHERE (Guy) lorsqu'il affirme que : « La décolonisation est soumise –comment le nier- à la lourde hypothèque de la colonisation. Et la destruction engendrera-t-elle jamais la prospérité ? Certains s'étonnent de l'actuelle instabilité de l'Afrique. ». cf. DE BROSSCHERE (Guy), *Les deux versants de l'histoire, Autopsie de la colonisation,* Op. Cit, p. 10.

[448] Cf. KENGNE POKAM (Emmanuel), La problématique de l'unité nationale au Cameroun, L'Harmattan, Paris, 1986,166p.

succinctement l'idée d'unité (1), avant de tirer les conséquences qui s'y rattachent (2).

1- Présentation de l'idéologie de la construction nationale

Avant l'accession à l'indépendance politique, l'unité nationale est posée comme postulat du jeune État à naître. Comme le note OSSITO MIDIOHOUAN Guy, « sous le régime AHIDJO l'unité nationale est apparue très tôt comme un thème dominant du discours politique. C'est d'ailleurs au nom de ce « programme » qu'a été mis en place un système « adapté », présenté comme le seul permettant de faire de l'homme camerounais l'agent et la fin suprême du développement national »[449]. L'unité nationale constitue ainsi, le carcan dans lequel se noue et se dénoue le devenir de l'État, le lieu où se forge l'impératif dicté par la nouvelle citoyenneté. Elle est la perspective unique de l'avenir de l'État, et du devenir citoyen. À l'instar de l'idéologie de la mission civilisatrice, qui sous-tend les politiques législatives de l'État colonial, la construction nationale jouit d'un effet mobilisateur des masses. C'est aussi un postulat normatif en ce sens qu'elle irrigue de bout en bout, toute la construction juridique de l'État. C'est à proprement parler, l'un de ses fonds baptismaux. Certes au plan théorique, le concept de nation a été discuté par les écoles française[450] et allemande[451]. Mais, cette conception analytique de la nation ne pouvait prendre corps dans le contexte camerounais sans son inscription préalable sur agenda. C'est ce que feront du moins les leaders politiques. Comme on peut le retracer de la relecture du discours politique, mais aussi, des prescriptions constitutionnelles.

Parlant d'abord du discours politique, bien avant l'accession au pouvoir du président BIYA le 06 novembre 1982, avant même l'implémentation du discours dit du renouveau[452], la rhétorique politique du président AHIDJO laissait déjà présager le chemin à parcourir. Ainsi, peut-on lire : « Il ne faut

---

[449] Cf. OSSITO MIDIOHOUAN (Guy), « Emmanuel KENGNE POKAM, La problématique de l'unité nationale au Cameroun », in *Peuples Noirs Peuples Africains*, n° 53/54 septembre-octobre-novembre décembre 1986, pp. 135 et 136. « Car la politique de l'unité nationale prônée par AHIDJO a abouti exactement à son contraire. Ainsi E. KEGNE POKAM démontre que les dispositions légales consacrent la primauté de l'intérêt particulier sur l'intérêt général, ce qui a encouragé l'incivisme, l'inconscience professionnelle, la corruption, la concussion, la prévarication, la dilapidation de la fortune publique ». p. 136.

[450] Pour l'école française, la nation est conçue comme une communauté de rêves, de destin, un vouloir vivre ensemble. Des hauteurs comme MICHELET, RENAN illustre fort bien ce propos.

[451] Pour l'école allemande, la nation se fonde sur le partage d'une même race, de la même langue, de la même histoire, des mêmes origines. Il s'agit d'une conception objective de la nation.

[452] Le message du renouveau, discours et interviews du président Paul BIYA, Tome II (décembre 1983-novembre 1988, édit. SOPECAM, Yaoundé, 1988, 592p.

pas se le dissimuler : si chacun de nous se reconnait camerounais, les collectivités tribales conservent néanmoins- et ce malgré l'affaiblissement constant de leurs structures- une réalité affective et spirituelle qui s'exprime »[453]. Il ressort de cette pensée du président AHIDJO un double constat. Il s'agit de l'existence des collectivités tribales, et de leur survie, malgré l'affaiblissement de leur structure. Il transparait aussi delà, l'idée selon laquelle l'État doit son hégémonie à l'effacement desdites collectivités. L'exigence des communautés tribales en soit ne constitue pas une menace à l'existence de la nation. Ce qui est mis en exergue ici c'est le dépassement des identités locales pour construire impérativement une véritable identité nationale. Elle se veut fédératrice des aspirations républicaines. À bien des égards, l'identité sectorielle ou ethnique n'est pas répréhensible. Puisqu'enracinée sur la culture locale, elle apparait comme un vecteur culturel valorisant dans les rapports avec l'extérieur, dans le cadre des processus d'amalgamation. Comme l'affirme à ce propos le président AHIDJO dans son message, en sa qualité de chef de l'État, à l'occasion de la fête de la jeunesse 11/02/1969. « La redécouverte de notre culture traditionnelle est désormais une nécessité impérative. C'est dire aussi que c'est une tâche exaltante qui se propose à notre jeunesse. La culture d'un peuple est la marque distinctive de sa personnalité, sa carte d'identité au forum des nations »[454]. On parle de la redécouverte, parce qu'il y a eu un « affaiblissement constant ». Cet affaiblissement est dû à l'œuvre civilisatrice des missions chrétiennes, et à la dynamique de l'État colonial dans sa globalité.

En plus d'être un vecteur d'équité dans le processus actuel de la globalisation, la culture traditionnelle ou la redécouverte de ladite culture est un élément d'identité. Elle est aussi le substrat de l'unité déclamée ; ceci, dans un monde organisé sur un modèle autre du centre et de la périphérie[455].

Toutefois, cette identité ne se suffit pas à elle-même, pour être un élément mobilisateur et fédérateur des efforts et des énergies. Il est établi que de la nation, dans la conception jacobine est assez contraignante. Elle véhicule l'idée d'unité dans son essence même. Elle est en outre mobilisatrice dans sa dynamique d'implémentation concrète. Mais, il est tout aussi établi que, pour être un réel leitmotiv, la nation doit faciliter l'épanouissement personnel et collectif. La « nation, en effet, n'est réellement considérée comme objet digne d'attachement que si elle est vécue comme cadre privilégié

---

[453] Cf. Recueil des discours Présidentiels : 1968-1973 rapport de la politique générale du premier congrès national de l'UNC. A.C.A.P. n102 du 10/03/1969, p. 46.

[454] Cf. Recueil des discours Présidentiels. Message du chef de l'État à l'occasion de la fête de la jeunesse 11/02/1969, p. 43.

[455] Cf. MBEMBE (Achille), *De la postcolonie : essai sur l'imagination politique contemporaine*, Karthala, Op. Cit.

d'accomplissement de la vocation collective de ses membres et si elle offre, à chacun d'eux, la possibilité de s'accomplir pleinement, c'est-à-dire de satisfaire ses besoins fondamentaux, matériels et spirituels »[456]. Autrement dit, il n'y a pas de nation sans équité. Tout comme « il n'y a pas de nation unie et forte sans justice[457] ». La justice ici étant sans doute entendue au sens que lui confère *RAWLS* John [458]lorsqu'il affirme que : « La justice est la première vertu des institutions sociales comme la vérité est celle des systèmes de pensées »[459].

Pour ce qui est de la place de la nation dans les prescriptions constitutionnelles, le constat est simple. La nation occupe une place centrale dans les théories constitutionnelles qui irriguent la construction de l'État. Ainsi, qu'il s'agisse de la Constitution du 04 mars 1960, la Constitution du 1er septembre 1961, la Constitution du 02 juin 1972, et la Constitution du 18 janvier 1996, cette idée transparait.

Aux termes du préambule de la Constitution du 04 mars 1960[460], on peut lire : « Fier de sa diversité linguistique et culturelle, élément de sa personnalité nationale qu'elle contribue à enrichir, mais profondément conscient de la nécessité impérieuse de parfaire son unité, proclame solennellement qu'il constitue une seule et même nation, engagée dans le même destin et affirme sa volonté inébranlable de construire la patrie camerounaise sur la base de l'idéal de fraternité, de justice et de progrès ». Par ces dispositions constitutionnelles, la diversité linguistique et culturelle est proclamée. La

---

456 Cf. Rapport de la politique générale du premier congrès national de l'UNC. A.C.A.P. Op. Cit., p. 47.

457 Cf. Recueil des discours Présidentiels : 1968-1973 Message du président de la république à l'assemblée nationale fédérale : du 14/04/1968, p. 17.

458 Cf. RAWLS (John), *Théorie de la justice*, PUF, 1997.

459 Poursuivant sa réflexion, l'auteur mentionne que : « L'objectif premier de la justice, c'est la structure de base de la société ou, plus exactement, la façon dont les institutions sociales les plus importantes répartissent les droits et les devoirs fondamentaux et déterminent la répartition des avantages tirés de la coopération sociale ». p. 33. Mieux encore, « Les principes de la justice valables pour la structure de base de la société sont l'objet d'un accord originel (...) Ce sont les principes mêmes que les personnes libres et rationnelles, désireuses de favoriser leurs propres intérêts, et placées dans une position initiale d'égalité, accepteraient et qui selon elles, les formes fondamentales de leur association ». p. 37. Poussant jusqu'au bout son raisonnement, il affirme, « Ces principes doivent servir de règles pour tous les accords ultérieurs ; ils spécifient les formes de la coopération sociale dans laquelle on peut s'engager et les formes de gouvernement qui peuvent être établies. C'est cette façon de considérer les principes de la justice que j'appellerai la théorie de la justice comme équité ». p. 38. Pour ce qui est du choix de ces principes, « Les principes de la justice sont choisis derrière le voile d'ignorance, ceci garantit que personne n'est avantagée ou désavantagé dans le choix des principes par le hasard naturel la contingence des circonstances sociales », ibid., p. 29.

460 Cf. Loi n.96-06 du 18 janvier 1996 portant révision de la Constitution du 02 juin 1972 (JOC DE JANVIER 2001, P. 3-26.

nation est « décrétée » d'autorité par le texte juridique de référence. Mais, le constituant du 04 mars 1960 fait de la nation ainsi « décrétée », une entité fondée sur le socle du multiculturalisme. C'est sa base. Elle s'inscrit dans la quête des éléments à fédérer. Il semble donc évident que la construction de la nation est un impératif d'amalgamation de la citoyenneté naissante. Pour ce faire il faut sortir des micro-nationalités. Ce caractère impératif pousse le constituant de 96 à trancher et à clôturer le débat par une prescription. Ce faisant, pour que nul n'en ignore, il est clairement affirmé que le préambule fait partie intégrante de la Constitution[461].

Au sens du droit, l'existence de la nation est une réalité consacrée par les textes. Mais une réalité qui se construit ou se déconstruit tous les jours. C'est-à-dire, elle doit se traduire dans les faits au quotidien. L'idéologie de la construction nationale acquiert par sa consécration normative une existence légale. Mieux encore, il est défini, les principes de la construction de cet édifice. Ces principes sont entre autres, la fraternité, la justice, et le progrès. Le constituant rappelle le but de cette consécration. Il s'agit de « la nécessité impérieuse de parfaire son unité ». La nation n'est pas une fin en soi, mais un moyen au service de l'unité. L'existence des micros-nationalités est aussi minorée parce que susceptible de saper l'effort collectif pour des revendications identitaires locales. Minorée aussi parce que le peuple lui-même proclame « solennellement qu'il constitue une seule et même nation, engagée dans le même destin et affirme sa volonté inébranlable de construire la patrie »[462].

2- Implication matérielle de l'idéologie de la construction de la nation : Interaction unité nationale et réunification unification

L'idée de la nation camerounaise est pratiquement inséparable de l'historicité de l'État. Ceci est perceptible aussi bien en termes de la datation que de l'évolution du statut du Cameroun, depuis la fin du protectorat allemand jusqu'à l'unification du pays. C'est-à-dire le 20 mai 1972. Cette idée se structure avec plus d'emphase après du condominium franco-britannique (1916-1918). L'action des syndicats et la dynamique des partis politiques vont de concert pousser aux concertations en vue de la réunification. L'aboutissement logique de cette idée est, le changement consonantique de la dénomination de l'État. Il en va ainsi du passage de la République Unie du Cameroun en 1972 à la République du Cameroun en 1984. De même, en vertu

461 Cf. art. 65 de la Loi n.96-06 du 18 janvier 1996, ibid.

462 Préambule de la Constitution du 18 janvier 1998, ibid.

du manque manifeste des implications juridiques probantes, au plan du droit privé, des rapports subjectifs, ce phénomène a des effets limités.

La division du Cameroun par les vainqueurs de la Seconde Guerre mondiale, février 1916- octobre 1961 constitue la base d'une nouvelle donne. Les difficultés liées à la liberté du mouvement, du fait de l'établissement des frontières de part et d'autre du Moungo, en sont les éléments canalisateurs des revendications inhérentes à la construction de l'unité nationale. Ceci est observable de la part des Camerounais des deux bords. Il est certes vrai que le Cameroun n'a jamais recouvré la plénitude de son territoire, en l'état où il était en février 1916. Du fait du rattachement du *Northern Cameroon* à la fédération du Nigeria. Mais aussi consécutivement au référendum des 11 et 12 février 1961, et un peu plus tard, du fait de l'amputation d'une partie non moins significative de ce territoire par la France, qui va le rattacher à l'AOF. Il ressort de là que jusqu'à l'accession à la souveraineté internationale, les revendications de l'unité nationale se fondent sur des problèmes réels. Il s'agit des problèmes de continuité territoriale. Au départ donc, l'unité nationale est la revendication d'une unité territoriale. Ce n'est qu'avec l'accession à l'indépendance qu'elle devient une réelle idéologie.

Mais la datation même des débuts exacts des revendications de l'unité territoriale demeure indécise. D'aucuns à l'instar du Professeur ONDOA[463] attribuent l'idée de la réunification à Alexandre DOUALA MANGA BELL. Ainsi peut-on lire « Une chose est cependant certaine : Alexandre Manga Bell en est l'un des plus anciens précurseurs. À la suite d'un voyage effectué à Londres, Paris et New York, le fils de Rudolf Douala Manga Bell avait, en effet, émis en 1920, soit quatre années seulement après leur séparation, l'idée d'une action conjointe des deux Cameroun, favorable à l'indépendance du Cameroun, contre les administrations britannique et française. Sans le mot, mais avec la conscience de ses objectifs et résultats, l'idée de réunification des deux territoires du Cameroun apparaissait ainsi. Les chefs Kumba, auxquels Alexandre Manga Bell fit la proposition, lui opposèrent un refus catégorique et même, à certains égards dédaigneux : « Faites ce que vous voulez avec votre français, lui avaient-ils répondu ». L'idée de la réunification sera par la suite reprise par la jeunesse estudiantine[464] et les partis politiques.

Ainsi Dr Emmanuel ENDELEY crée la Cameroon's National Fédération en 1949. En 1948 Ernest OUANDIE et Abel KINGUE fondent l'Union des Populations du Cameroun. En 1951 a lieu la conférence de Kumba. Dès 1952

---

[463] Cf. ONDOA (Magloire), *Droit constitutionnel et institutions politiques du Cameroun, livre 1er, la construction de l'État du Cameroun, sous-livre 1er, la création d'entités étatiques camerounaise, Tome III, la création concertée de l'État fédérale du Cameroun,* Op. Cit., p.46.
[464] Cf. Création de la Cameroons Youth League le 27 mai 1940, la Jeunesse Camerounaise et française.

JABEA DIKONQUE et UM NYOBE assistent à la conférence de Tiko. Ils « décident d'organiser une réunion à Eséka. À la suite de celle-ci, fut rendue publique une résolution dite résolution d'Eséka[465] ». En 1949 ENDELEY et NERUIS MBILE fondent le Kamerun United National Congress (KUNDP). En 1953 est fondé le Kamerun Nation Congress (KNC). Selon le Doyen ONDOA[466], le 22 août 1951, l'UPC et le KUNC manifestaient le vœu de créer un organisme de coordination de leurs activités liées à l'« *unification* », appelé « *Comité de l'Union Kamerunaise* », soit en anglais, « *Kamerun United Committee* ». Le Bloc Démocratique Camerounais est créé par le docteur AUJOULAT Louis Paul en 1951.

De tous ces partis politiques, deux tendances se dégagent sur la question de la réunification. Ceci, indépendamment du fait qu'on soit ou non dans le Cameroun occidental ou oriental. Dans le Cameroun occidental en effet, la question de la réunification divise l'UPC et le BDC. Le BDC pense qu'il est prématuré de prétendre à l'indépendance politique selon le chronogramme de 1952 établi par l'UPC. Ainsi, à l'indépendance, il préfère la notion relativement concevable de l'autonomie. C'est-à-dire, « non une indépendance trompeuse parce qu'elle risque d'être vide, mais une indépendance plus sûre : l'autonomie qui est une situation politique précise, dans laquelle un pays a la possibilité de s'administrer lui-même avec son parlement, avec son gouvernement, avec son administration, mais aussi avec le maintien d'un lien et d'une association à des pays développés, plus riches, qui puissent continuer à lui venir en aide. C'est là ce qu'on appelle l'indépendance »[467]. Pour l'UPC, la question de la réunification était un impératif catégorique[468]. La preuve est

---

[465] Cf. ONDOA (Magloire), Droit constitutionnel et institutions politiques du Cameroun, livre 1er, la construction de l'État du Cameroun, sous-livre 1er, la création d'entités étatiques camerounaises, Tome III, Op. Cit. Elle stipule « la réunification immédiate des deux Cameroun, la formation d'un gouvernement mixte qui serait camerounais à 80% et enfin l'élaboration d'un programme quinquennal pour l'accession à l'indépendance, à compter du 1er janvier 1952 ». Ibid., p. 50.

[466] « La réunification immédiate des deux Cameroun, la formation d'un gouvernement mixte qui serait camerounais à 80% et enfin l'élaboration d'un programme quinquennal pour l'accession à l'indépendance, à compter du 1er janvier 1952 ». Ibid., p. 52.

[467] Ibi., p.55.

Comme l'atteste la lettre de démission de M. EBO SAMSON : « Cher camarade pierre EMA OTOU, j'ai la pénible obligation de t'informer que je démissionne volontairement de l'UPC. Face à la conjoncture politique actuelle dans notre pays, la tâche la plus pressante qui nous sollicite est la création, pour tous et par tous, d'un climat de concorde, de confiance et de sécurité dans le respect de la dignité humaine, de la primauté des intérêts supérieurs de notre jeune nation et de ses rapports avec les autres États. Ce climat doit être celui de l'oublie des fautes et des erreurs passées et de la réconciliation générale au profit de l'unité et de la solidarité après l'indépendance et la réunification acquises le 1er janvier 1960 et le 1er octobre 1961 L'unité, tu l'as très bien définie en combinaison avec le message de nouvel an de son excellence, M. le président de la République : car l'UPC est convaincue que sans unité, les camerounais ne

le reproche[469] adressé par UM NYOBE à Alexandre MANGA BELL et AUJOULAT Louis Paul, devant le fait, de n'avoir pas su imposer la réunification du Cameroun comme un postulat pendant la conclusion des accords de tutelle.

Dans le Cameroun occidental, la question du statut du Cameroun divise au plus haut point le KNC[470] d'ENDELEY Emmanuel et le Kamerun National Democratic Party (KNDP) de NGU FONCHA John. En effet, le premier est favorable à l'insertion du Cameroun britannique dans la grande fédération du Nigeria. Alors que le second milite en faveur de la réunification des deux Cameroun. Mais la création du *One Cameroon* (OK), consécutivement à l'interdiction de l'UPC dans la zone française fera pencher la balance en faveur de N. FONCHA John. D'où l'accession au pouvoir[471] de l'alliance coalisée KNDP-OK aux élections de 1959, contre l'alliance KNC-KPP de ENDELEY E., NERIUS MBILE et KALLE E. Comme le note à propos le Doyen ONDOA, « cette défaite repose sur le mécontentement profond qu'avait provoqué au sein des populations, la politique agricole du gouvernement d'Emmanuel Endeley. Sa position de pouvoir et le renforcement présumé de sa majorité, consécutive à son alliance avec le KPP, avaient, par ailleurs, accru l'arrogance naturelle du Premier Ministre du Cameroun méridional. Il lui était reproché de mépriser et d'offenser les chefs traditionnels »[472].

Avec l'arrivée du Premier ministre AHIDJO Ahmadou le 18 février 1958, en remplacement de MBIDA André Marie, la réunification des deux Cameroun va s'accélérer. Ceci est dû au fait que les deux leaders partagent la même vision de l'avenir du Cameroun et donc de sa réunification. Mais avant la réunification proprement dite auront lieu les concertations[473] de Buea, 11 mai 1961, puis le 14 juin 1961. Après viendront les conférences de Bamenda,

peuvent rien de bon ni de viable. J'ajoute que la solidarité voulue est un esprit communautaire intellectualisé. Elle procède de lui par la culture, le travail de l'esprit, l'effort volontaire… » Cf. ZANG-ATANGANA (Joseph-Marie), Les forces politiques au Cameroun Réunifié, Tome 2, l'expérience de l'UC et du KNDP, L'Harmattan Paris, 1989, pp. 110-112

[469] Cf. ONDOA (Magloire), Droit constitutionnel et institutions politiques du Cameroun, livre 1er, la construction de l'État du Cameroun, sous-livre 1er, la création d'entités étatiques camerounaises, Tome III, Ibid. p.53.

[470] Cf. ZANG-ATANGANA (Joseph-Marie), Les forces politiques au Cameroun Réunifié, Tome 2, l'expérience de l'UC et du KNDP, Op. Cit., pp. 125 - 146.

[471] « Les résultats des élections de 1959 consacrèrent la victoire de la coalition KNDP-OK. Elle avait obtenu 73 326 voix, contre 51 384 pour l'alliance KNC-KPP. Et naturellement, John Ngu Foncha remplaça Emmanuel Endeley au poste de Premier Ministre du Cameroun Méridional. Pour autant, la question de réunification n'avait guère été tranchée, tant l'avance de John Ngu Foncha était faible et l'interprétation de sa victoire sujette à discussion ». Ibid., pp. 63-64.

[472] Ibid., p. 63.

[473] Ibid., pp. 88-104.

du 26 au 28 juin 1961, de Yaoundé les 11 et 12 juillet 1961 et enfin, la conférence constitutionnelle de Foumban. C'est cette dernière conférence qui consacrera la réunification, sous fond d'un consensus politique des leaders nationalistes. Il ne reste plus alors à l'État qu'à implémenter et consolider la construction de l'unité nationale.

B. Le rôle majeur de l'État, acteur prépondérant de la construction de l'unité nationale

Du fait que l'État joue désormais un rôle majeur dans la construction de l'unité nationale, l'on assiste à la mobilisation des moyens juridiques (1), et administratifs (2).

1- La mobilisation des moyens juridiques

Cette mobilisation est totale du point de vue de la dynamique normative. Bien que perçue dans sa globalité, il faut lui donner du sens et surtout une signification. Pour le professeur Adolphe MINKOA SHE[474], reprenant les résolutions du congrès de Dakar de 1962, le droit en Afrique est perçu comme un instrument de cohérence et de stabilité politique des États africains. C'est dans ce contexte que pour jauger de l'ampleur de cette orientation nouvelle, il convient d'abord de se remémorer que l'État s'est construit conformément à la loi du monopôle. Cette construction s'énonce en termes de musèlement des institutions traditionnelles et un recadrage des normes coutumières dans la perspective de la légalité dite républicaine. Ceci parfois au nom de l'intérêt général, si ce n'est tout simplement du fait du conflit entre prescription légale-rationnelle et pratique coutumière sur le terrain.

Au titre des institutions coutumières et notamment sociales, deux exemples sont parlant sur l'attitude des pouvoirs publics envers la société coutumière.

Le premier cas parait un peu insolite. Il s'agit du mariage coutumier. La société traditionnelle africaine est par essence une société de circulation, de multiplication et de foisonnement des modèles[475]. La reconnaissance de la polygamie[476] et de la monogamie par le législateur ne devrait pas faire oublier

[474] Cf. MINKOA SHE (Adolphe), *Droits de l'homme et droit pénal au Cameroun*, Paris, Economica, coll. « la vie du droit en Afrique », 1999, pp. 7 et s.

[475] Modèles d'organisation politique à profusion, modèle de mariage à profusion, modèle d'organisation juridictionnelle à profusion.

[476] À notre sens la question de la reconnaissance de la polygamie est d'une importance subsidiaire par rapport à la logique coutumière. Comme nous l'établirons par la suite, l'ordre social dans les sociétés traditionnelles se fonde sur un équilibre, un compromis entre l'ordre social et l'ordre primordial. Ce qui nous fait dire que mis appart la règle de la triple référence, rien d'autre n'est immuable dans le système coutumier. Les compromis sont trouvés en fonction

que le mariage coutumier non transcrit est nul. La seule forme de mariage reconnu, au-delà des tournures de rhétorique, est le mariage civil. C'est-à-dire le mariage sanctionné par l'établissement d'un acte de mariage par un officier d'état civil. Certes, comme justificatif, il s'agit de contrôler l'état civil et d'unifier le statut personnel. Ce qui est une finalité somme toute louable.

Mais ce qui est non écrit ici, c'est que l'État n'a pas su profiter des avantages qu'offre le mariage coutumier dans la société traditionnelle. Ils s'énoncent en termes de conclusion des alliances, de rapprochement des familles, encadrement des époux par les responsables des deux communautés, mais aussi de la consolidation du vivre ensemble avec des assises matrimoniales riches d'enseignements[477]. La valorisation de ces avantages aurait été bénéfique dans le processus de construction de l'unité et de la pérennité du ménage[478]. Mais aussi, l'éclosion de l'unité nationale à travers le rapprochement des communautés par le bas, surtout avec l'apparition des mariages inter ou trans-ethniques. Si du moins le projet de construction de l'unité nationale devait passer par la base et non par son imposition par le haut. Il ressort donc de là que réduire le mariage coutumier à une simple affaire d'état civil parait vraiment surprenant, d'une pure folie. Surprenant peut-être, mais surtout déconnecté de la logique qui est au fondement même de la coutume. Cela arrive bien souvent lorsque l'on ne prend pas le recul nécessaire à la compréhension des logiques autres que celles qui animent l'élite politique et la communauté scientifique, dans un monde dominé par le rationalisme. Ce manque d'écart est aussi exacerbé par la lecture de la coutume avec les catégories juridiques du droit moderne.

La deuxième hypothèse d'école est voisine au mariage et relative au cas de la dot. Aussi, le conflit entre prescription légale, rationnelle et pratique profane

---

des circonstances de temps et de lieu. Seule la dynamique d'ensemble, la vision du monde, compte. La monogamie est le régime qui épouse les contours de cet ordre primordial, parce que conforme à l'androgénie de dieu. De ce point de vue, la polygamie est une structure ad hoc, de régulation social des distorsions et des impératifs catégoriques indispensables au maintien du groupe. Aussi, a-t-elle pour fonctions entre autres : de pallier à l'infertilité de la première femme, de nouer les alliances, de consoler les veuves. Elle est dans la majeure partie des cas, du moins dans ses origines, pratiquée par une certaine élite.

[477] Comme le note l'historien MBEMBE (Achille) : « Il nous faut réapprendre à nous faire, du savoir et de la connaissance, une conception élargie. La personne humaine n'est pas un ventre qu'il faut nourrir, un corps qu'il faut habiller, une chair qu'il faut soigner. Elle est également créatrice de symboles et de significations ». Cf. MBEMBE (Achille), « L'insurrection se fera par l'éducation », in Nouvelle Expression, n°4713 du 07/05/2018, p. 12.

[478] Aussi, selon les statistiques du greffe du Tribunal de Grande Instance du Wouri, de décembre 2017, 46 demandes de divorce sont reçus chaque mois par le tribunal. Soit une moyenne annuelle de 552 demandes. Pour un total de 360 divorces prononcés par an.

délibérative est ici acerbe[479]. Bien que la dot fédère de manière quasi certaine, au regard de sa pratique par les Camerounais désireux de se marier, le législateur de 1981 n'a pas jugé utile de l'inscrire parmi les conditions de Constitution du mariage[480]. Au mieux des cas, il tolère la pratique, et au pire des cas il sanctionne les abus. Ses abus sont réprimés par les lois d'incrimination. Cet état de lieux est dû, d'une part à la méconnaissance de la place de la dot[481] dans la société dite de tradition et plus récemment à la surenchère concomitante à l'individualisme exacerbé. À eux seuls, la dot et le mariage étaient des prémisses sociales pouvant constituer le socle d'une intégration des communautés et des groupes ethniques, par le bas. Sauf que la logique des monopoles d'État s'accommode mal d'une intégration par le bas. C'est-à-dire par le truchement des dynamiques internes et locales. Il a donc fallu pour cela la dépossession des communautés de base et l'imposition du droit écrit à la manière des pontifes romains. Même si, *in fine* l'intention peut être noble et donc justifiable du point de vue de l'élite néocoloniale.

Pour ce qui concerne la mobilisation des moyens matériels, l'hypothèse d'école est celle de la réforme foncière et domaniale. Les communautés coutumières sont des entités territorialisées. La terre y occupe une place centrale, d'où sa sacralisation déclamée. Le démantèlement de la propriété collective coutumière par la réforme foncière et domaniale opérée par le législateur de 1974 en dit long. Ces ordonnances sonnent le glas de la vision communautaire de la terre au profit de la consécration d'une société individualiste de type capitaliste avec en prime, la promotion de la propriété privée. Il s'agit là d'une reprise des régimes impériaux et coloniaux après les

---

479 Avant d'être matériel, empirique, et perceptible par nos sens, ce conflit est d'abord d'ordre idéel, heuristique et épistémologique. D'ordre idéel, il témoigne de l'emprise de l'idée sur la réalité palpable et les faits requérant l'opérationnalisation en termes de rationalisation à un double degré. D'ordre heuristique, il est la manifestation de l'emprise de l'heuristique de l'être sur le non-être et donc de la symétrie de la vérité scientifique, l'essentialisation et la disqualification du tiers, dans la perspective cartésienne et aristotélicienne de la logique. D'ordre épistémologique, il se traduit par la nécessaire dés-essentialisation, l'introduction de la mesure et de l'asymétrie et la perception de la vérité scientifique comme un horizon de sens.

480 Ainsi par exemple, le législateur ivoirien réprime la pratique de la dot dans la loi n°64-381du 07 octobre 1964. En principe la dot est ici interdite et acquiert de ce fait, un caractère illicite. Au Cameroun par contre, c'est l'exigence abusive de la dot qui est réprimée par l'article 357 du code pénal. Au Cameroun, le législateur colonial français avait la même exigence. Cf. Chambre d'homologation du Cameroun, 13 octobre 1956. Cité, Basse (Jacques), Les délits relatifs au mariage dans le Sud-Cameroun : L'abandon du domicile conjugal et l'escroquerie de la dot, Thèse de doctorat en droit, Paris, 1957.

481 En tant qu'élément de légitimation des enfants, condition de validité du mariage, capacité de l'époux à mobiliser les moyens pour s'occuper de son épouse, rapprochement et discussion concertées des deux familles, caution morale pour la conduite du genre, certitude d'un mariage accepté par le groupe et de l'insertion certaine de la future épouse, garanti du gendre de la parole donnée par son beau-père etc…

indépendances par le nouvel État souverain. Était-il nécessaire de faire table rase du passé pour la construction de la société dite moderne ? Le progrès et la modernité étaient ainsi conçus comme l'opposé de la tradition. Pris sous cet angle, l'État ne pouvait valablement naitre que des cendres des sociétés coutumières. Cela reste perceptible au plan administratif.

2- La mobilisation des moyens administratifs : la dialectique du centralisme et de la décentralisation

Au plan administratif en effet, la construction de l'État de droit libéral suppose la construction d'un espace juridique pacifié[482]. Mais au fond, pour ce qui est de l'Afrique, il existe un malentendu historique entre les citoyens et les gouvernants dans la mise en forme de cet État dit républicain. Ainsi comme le note fort à propos DO-NASCIMIENTO José : « Là où par État de droit les citoyens font référence à un État dont la volonté de la puissance est limitée par le droit, les gouvernements africains de leur côté font référence à toute autre chose. Par État de droit, ils font référence à un État de police »[483]. La construction de l'État prend ainsi la forme d'une exception juridique[484].

Toujours au plan administratif, à la sortie de l'indépendance et de la réunification, l'État va valider la pratique administrative coloniale. Les structures administratives héritées de la colonisation seront ainsi consacrées. Et l'administration traditionnelle fondée sur la famille lignagère, « *Toumba-La-Mboa*[485] » en douala et l'assemblée de collectivité[486] ; maintenue à sa place subordonnée. Il s'agit d'une administration purement locale et n'ayant aucun rôle national. Sauf que, de plus en plus, la contestation de l'ordre colonial se fait jour[487]. C'est ainsi qu'apparaissent au grand jour « des sociétés habitées par une logique de déconstruction de l'ordre politique hérité de la colonisation de la guerre froide »[488]. Cette contestation se fonde sur la recherche des repères historiques. On aboutit à des situations de crise entre l'élite traditionnelle et la nouvelle élite politique et administrative. Cette crise est porteuse d'une charge

---

[482] Cf. DO-NASCIMENTO (José), *Les chemins de la modernité en Afrique, pour changer l'Afrique, changeons le paradigme*, Op. Cit. p.166.

[483] Ibid. p. 166.

[484] Cf. AGAMBEN (Giorgio), *État d'exception, trad. Joël Gayraud*, Paris, Éditions du Seuil, 2003, 151 p.

[485] Cf. DUBY (R.), *Coutumier civil des Douala, Circonscription de Douala, Wouri*, Bibliothèque académie de sciences d'outre-mer, Paris, non daté, pp. 1-6.

[486] Ibid. Les chefs de collectivité sont les chefs des Mbia et les chefs des Toumba-la-Mboa. p. 5.

[487] À titre d'exemple l'on peut noter l'entretien du chef Bamendjou, S.M. Jean-Philippe RAMEAU SOKOUDJOU. Diffusé par la chaine de télévision VoixAfrica le 27 janvier 2016. Entretien réalisé à Paris par le journaliste Olivier ENOGO.

[488] Cf. DO-NASCIMENTO (José), Les chemins de la modernité en Afrique, pour changer l'Afrique, changeons le paradigme, Op. Cit., p.196.

historique de changement. Tel est le cas de la crise qui secoue les régions dites anglophones du Cameroun, depuis octobre 2016. Du fait de la contestation du pouvoir central, trop éloigné de la réalité locale. Mais, faute d'« un agent historique organisé et alternatif »[489], la recomposition de la société se trouve handicapée. C'est dans les processus historiques qu'il convient en effet de le chercher. Et par « ressorts de l'historicité il faut entendre ici les facteurs qui confèrent à un peuple la capacité de produire par lui-même les conditions matérielles et immatérielles de sa propre existence, quels que soient le temps ou l'espace. C'est la maitrise de ces facteurs qui fait aujourd'hui défaut en Afrique »[490]. Aujourd'hui seulement, car, historiquement l'Afrique avait déjà résolu la question du pouvoir politique et même du pouvoir administratif à travers la succession dynastique. Rappelons d'ores et déjà avec le Professeur ANTA DIOP Cheikh l'organisation sommaire et simplifiée des sociétés politiques africaines avant la perte des souverainetés locales: « l'organisation de la vie africaine épouse exactement celle de l'Égypte.

En Égypte on a la stratification suivante :

- Les paysans,
- Les ouvriers spécialisés,
- Les prêtres,
- Le roi.

Dans le reste de l'Afrique Noire, on a :

- Les paysans,
- Les artisans ou ouvriers spécialisés en castes,
- Les guerriers, les prêtres ou dôma, en valaf,
- le roi »[491].

Comme on peut le noter, avant la colonisation, le roi est l'autorité suprême du moins dans le côté matériel de la hiérarchie de l'ordre traditionnel depuis la haute antiquité[492]. Pour DIBOMBARI MBOCK, le sens métaphorique des objets dessinés par les hiéroglyphes est nécessairement basé sur les langues africaines. Ainsi, à titre illustratif, le terme égyptien « *Ni-Swt* », qui désigne le roi de la haute Égypte, roi du sud, se retrouve de nos jours dans la langue Bassa « *sut* », ou encore dans l'Eton « *sud* ». L'auteur écrit en outre que ces termes ont vraisemblablement mené à l'anglais South, au français Sud.

---

489 Ibid., p.204.
490 Ibid., p. 488.
491 Cf. CHEIKH ANTA DIOP, *Nations Nègres et Culture, De l'antiquité nègre égyptienne aux problèmes culturels de l'Afrique Noir d'aujourd'hui, troisième édition, Tome I,* Paris, Présence africaine, 1979, p. 214.
492 Cf. DIBOMBARI MBOCK, *Les Hiéroglyphes Egyptiens, La méthode illustrée*, Tome I, édit. Angeli, 2016, 548p.

CHAMPOLLION ayant traduit l'expression « *Ni-Swt* » par « *Souten* ». Il s'agit du mot devenu Soudan en français, le nom donné au sultan, particulièrement à celui de l'Égypte. Les dictionnaires étymologiques donneront au mot « soudan » d'être issu de l'arabe sultan « pouvoir », « autorité ». Le même terme conduit à l'arabe « *sudani* » « noir » (ex : « *Blad es-sudan* » « pays des Noirs »), pour désigner les habitants de la région qui s'étend de l'équateur au Sahara[493] . Aussi, il n'est pas exagéré de dire que le lignage, le clan, la tribu, le royaume, et l'empire, sont le cadre d'amalgamation de la citoyenneté, de la formation citoyenne du *Bantu*[494]. Par cette structuration, l'Afrique avait déjà réglé depuis des siècles la question du pouvoir et de l'organisation du pouvoir. C'est cette organisation que la colonisation va s'atteler à endiguer peu à peu par la conquête militaire, les missions chrétiennes et l'idéologie de la colonisation, ne survivra pas à la domination étrangère.

Ainsi, après avoir dépouillé le pouvoir politique local de ses attributs et partant de sa sacralité, pendant immatériel du pouvoir politique, l'État colonial va s'attaquer de manière frontale à ce qui restait encore de l'autorité du chef indigène. Ceci passera par la mise sur pied d'autorités concurrentes que sont d'une part les catéchistes et les autorités administratives, pour neutraliser le pouvoir temporel et l'intemporel, ces deux éléments de la hiérarchie de l'ordre traditionnel.

À l'accession du Cameroun à la pleine souveraineté internationale, on se serait attendu à ce que l'autorité locale retrouve ne fut-ce qu'en partie ses, pouvoirs. Mais c'était sans doute aller trop vite en besogne. C'était surtout sous-estimer la concurrence que les élites intellectuelles et bureaucratiques entendaient bien jouer. C'était aussi ignorer la dynamique implacable de ce jeune État, qui avait malheureusement conçu le droit sous l'angle purement révolutionnaire. Ce faisant, le pouvoir traditionnel va jouir d'une simple reconnaissance, en lieu et place d'une restauration. Et parce que ce droit était perçu comme tel, il va introduire avec plus d'emphase des partis politiques, qu'il s'agisse du multipartisme constitutionnellement consacré, ou du parti unique de fait. Et l'imposition du parti unique[495]participe de cette réalité. Le Dr ZANG-ATANGANA note ainsi que « s'il est vrai que le chef de l'État est le leader incontesté et incontestable de l'union camerounaise, il n'est pas moins vrai qu'il est entouré d'un état-major qui, comme à l'armée, est responsable de toutes les opérations du parti »[496]. Cet état-major du parti

---

[493] Ibid.

[494] Cf. DIBOMBARI MBOCK, *Bantu*, édition Lulu, 2015.

[495] Cf. ZANG-ATANGANA (Joseph-Marie), *Les forces politiques au Cameroun Réunifié*, Tome 2, l'expérience de l'UC et du KNDP, Op. Cit., pp. 147-150.

[496] Ibid., p. 151.

unique au Cameroun est pour l'essentiel constitué de : « MM. AHMADOU AHIDJO, chef de l'État, président général du parti ; NJOYA AROUNA, ministre d'État chargé de la Justice, garde des Sceaux, premier vice-président du parti ; Charles ASSALE, Premier ministre du Cameroun oriental, deuxième vice-président ; MOUSSA YAYA, secrétaire politique du parti »[497].

Formée à l'école occidentale[498], la nouvelle élite[499] après le départ des Européens entendait bien se substituer à eux dans un processus d'endo-colonisation ou de colonisation interne. Accéder à l'indépendance signifiait alors, remplacer l'élite blanche par une élite africaine, dans la logique de la verticalité, et poursuivre ainsi la logique d'endiguement des pouvoirs locaux et leur savoir-faire. Nul doute, cela participait de la rhétorique de la fabulation de la mission civilisatrice. L'anéantissement du pouvoir local avec les conquêtes militaires et les destitutions des chefs récalcitrants avaient eu raison de la résistance des chefs. La perte du pouvoir s'accompagnait aussi de la disqualification de tous ceux qui ne parlaient pas la langue du colonisateur des sphères de prise de décision. Ils étaient ainsi considérés comme illettrés et exclus à la fois des cercles de réflexion et des instances de prise de décision. La nature et la forme du pouvoir avaient changé. Les anciens dignitaires étaient de ce fait, condamnés à la clochardisation dans cette nouvelle société individualiste, caractérisée par la promotion de l'élite et le culte de la personne. La jeune élite administrative, nouvellement sortie des écoles et sans aucune expérience enracinée dans le temps, était donc appelée à gérer seule les affaires publiques d'un continent berceau de l'humanité[500]. Que connaissait-elle de la pratique administrative et de la science politique africaine telle que pratiquée dans les sociétés précoloniales, et enseignée par les entités variées ? L'Afrique ayant déjà connu des empires[501] et des civilisations brillantes[502].

Deux grands moments sont à observer dans le déploiement de l'administration de l'État au Cameroun. Le premier moment va de 1960 aux années 90. Durant cette période, l'État s'efforce à assurer l'emprise de son pouvoir centralisé, à travers le maillage de son territoire par les

---

497 Ibid., p. 152.

498 Cf. NDIAYE (Jean Pierre), *La jeunesse africaine face à l'impérialisme*, édit. François Maspero, Paris 1971.

499 Cf. ZANG-ATANGANA (Joseph-Marie), *Les forces politiques au Cameroun Réunifié*, Tome 2, l'expérience de l'UC et du KNDP, Op. Cit., pp. 150-185.

500 Lire à cet effet la théorie mono génétique sur l'origine de l'homme. En effet, le 30 novembre 1974, le squelette de LUCY est découvert en Ethiopie. www.jeuneafrique.com/376964/société/jour-30-nomembre-1974-squelette-de-lucy-decouvert-ethiopie. consulté le 01/02/2018 à 11h24.

501 Cf. HARDY (Georges), *Vue Générale de l'Histoire de l'Afrique*, Op. Cit., P. 4 et s.

502 Cf. les royaumes Égypte, koush, Ethiopie, Ghana, Mali, Zimbabwe, Congo, et c.

circonscriptions administratives. On voit apparaitre en même temps l'ébauche d'une politique de la décentralisation. Mais il ne s'agit pas encore de la réelle décentralisation, mais d'une décentralisation autoritaire avec en filigrane la nomination des sous-préfets-maires. La seconde période qui va pratiquement de 1996 à nos jours correspond à la rationalisation de la pratique administrative avec en prime l'ouverture dite démocratique et l'expérimentation de la gouvernance locale[503]. Même si, les dispositions constitutionnelles font désormais une place au respect des coutumes[504] et au rôle des autorités traditionnelles dans l'élection des sénateurs. Il en va de même de la Constitution des exécutifs régionaux. Quoi que la place administrative du chef n'ait pas significativement changé. Il demeure un subordonné statutaire et un obligé fonctionnel. C'est en cela qu'il est à la fois auxiliaire[505] et ancillaire[506] de l'administration-puissance publique. Cette situation « d'ancillaire » est aussi celle des chefferies traditionnelles[507] indépendamment des degrés[508].

---

[503] Cf. Titre X de la loi constitutionnelle de du 18 janvier 1996 : des collectivités territoriales décentralisées.

[504] Cf. préambule de la loi constitutionnelle du 18 janvier 1996 : « L'État assure la protection des minorités et préserve les droits des populations autochtones conformément à la loi ».

[505] Cf. Décret n°77-245 du 15 juillet 1977 portant organisation des chefferies traditionnelles (JOC du 1er août 1977). « Auxiliaires de l'administration, les chefs traditionnels sont notamment chargés :

1° De transmettre à la population les directives des autorités -administratives et d'en assurer l'exécution ;

2° De concourir, sous la direction des autorités administratives compétentes au maintien de l'ordre public et au développement économique, social et culturel de leurs unités de commandement ;

3° De recouvrer les impôts et les taxes de l'État et des autres collectivités publiques, dans les conditions fixées par la réglementation.

Indépendamment des tâches qui précèdent, les chefs traditionnels doivent accomplir toute autre mission' qui peut leur être confiée par l'autorité administrative locale ». *Art. 20.*

[506] Cf. Décret n°77-245 du 15 juillet 1977, « La chefferie traditionnelle est organisée sur une base territoriale », art.2, premièrement.

[507] Cf. Décret n°77-245 du 15 juillet 1977 portant organisation des chefferies traditionnelles (JOC du 1er août 1977). Il énonce en son art. 1er que : « Les collectivités traditionnelles sont organisées en chefferies conformément aux dispositions du présent décret ».

[508] Cf. Décret n°77-245 du 15 juillet 1977, « La chefferie traditionnelle est organisée sur une base territoriale. Elle comporte trois degrés hiérarchisés suivants : chefferie de 1er degré ; chefferie de 2e degré ; chefferie de 3e degré », énonce l'art. 2. Au mois d'Avril 2018, les statistiques du Ministre de l'administration territoriale dénombrent 79 chefferies de 1er degré, 875 chefferies de 2e degré et 12582 chefferies de 3e degré. Cf. Cameroon Tribune n° 11587/7786 du 27 Avril 2018, p.5.

II. La logique développementaliste du jeune État-nation nouvellement indépendant

Il est difficile d'échapper aux tenants et aboutissants du paradigme de développement en Afrique[509]. La logique développementaliste du jeune État-nation camerounais se conçoit à partir d'une prémisse discutable. Il s'agit de l'incapacité structurelle proclamée des coutumes à conduire de manière efficiente au développement économique (A). Ceci étant considéré comme une donnée naturelle, non démontrable, il est donc apparu nécessaire de substituer à la communauté coutumière défaillante, l'impérium étatique ; d'où l'inscription sur agenda (B).

A. L'incapacité structurelle proclamée des coutumes à conduire au développement

Il s'agit d'une sentence absconse. Le développement apparait de plus en plus comme la perspective du devenir moderne des sociétés[510]. L'incapacité proclamée des coutumes à conduire au développement est déclamée, et se structure juridiquement sur les domaines normatifs (1) et matériels (2). Même si, il semble que pour ce qui est de l'Afrique, le développement est un paradigme à reconstruire[511].

1- Du point de vue normatif : le caractère traditionnel de la coutume, anachronisme par rapport à la société capitaliste et individualiste

L'anachronisme des coutumes par rapport à la société nouvelle en Constitution s'analyse en termes d'incompatibilité et de contrariété des normes coutumières à la « civilisation ». Dans une moindre mesure même, les institutions coutumières, qu'elles soient politiques, juridictionnelles, correspondaient selon toute vraisemblance à une société fonctionnant sur une vision du monde autre que la société néolibérale. Sur une interaction autre que les rapports individuels qui prédominent aujourd'hui. Cela transparait, moins

509 Cf. DO-NASCIMENTO (José), *Les chemins de la modernité en Afrique, pour changer l'Afrique, changeons le paradigme*, L'Harmattan, 2017, pp. 347-357.
510 Ibid. pp. 331-343.
511 Ibid. p. 359.

de la lecture des monographies ethniques[512] déformantes[513] que des humanités classiques africaines[514]. En effet, la plupart des monographies ethniques font une analyse qui bien que de bonne foi, et même logique selon la perspective européocentrique, n'obéit pas à la logique de la société coutumière africaine.

Un seul exemple suffit pour le prouver. Il s'agit de la place de la terre dans les deux systèmes de pensée. Les uns considèrent la terre comme un bien pouvant être objet d'appropriation privative, par une personne physique ou morale. La terre est donc ici un élément entrant dans la catégorie juridique de la propriété. C'est la conception européenne, conception reprise par les catégories juridiques, du droit romain[515]. À rebours, de cette conception, la cosmogonie africaine fonctionnant selon ses principes propres[516], à l'instar du principe de la circulation ou de la mobilité, du principe d'indivisibilité de l'ordre de l'univers et du principe de la multiplicité. Ces principes traduisent la thèse de « l'unopolarité » et la « théocentricité » de la création[517]. Thèse que l'on retrouve par exemple dans les mythes Dogon de la création, avec en exergue la métaphore de « l'œuf primordial » représentant l'Un. Le

---

[512] Cf. TARDITS (Claude), *Le royaume Bamoum*, Armand Colin, 1980 ; TARDITS (Claude), *contribution à l'étude des populations bamiléké de l'Ouest-Cameroun*, Berger-Levrault Nancy, 1960 ; MOUNYEMB TENWO (Simon-Florent), *Une Belle Page de l'Histoire des Log Bakop du Cameroun, Psychanalyse d'un peuple*, l'Harmattan, 2012 ; LABURTHE- TOLRA (Philippe), *Initiations et sociétés secrètes au Cameroun : essai sur la religion Béti*, Paris, Karthala, Collection « hommes et sociétés », 1985 ; BUREAU (René), *Le peuple du fleuve, sociologie de la conversion chez les Douala*, Karthala, 1996 ; NGAKO DAKAYI (J.B.), *Histoire et tradition des chefferies du pays Fé'éfé'é*, édit. Le prince, 2012.

[513] Déformantes de par leur grille de lecture analytique et donc par définition qui décompose la complexité. Déformant aussi, de par l'usage des catégories analytiques externes à leur objet d'étude.

[514] Cf. ANTA DIOP (Cheikh), *L'unité culturelle de l'Afrique Noire*, présence Africaine, Seconde édition, 1982 ; CHEIKH ANTA DIOP, L'Afrique noire précoloniale, Op. Cit. ; OBENGA THEOPHILE La philosophie africaine de la période Pharaonique 2780-330 avant notre ère L'Harmattan, 1990 ; BIMWENYI-KWESHI (O.), Discours Théologique Negro-Africain, Problème des Fondements, Présence Africaine, 1981 ; BIYOGO (Grégoire), Aux sources égyptiennes du savoir, vol. II, système et antisystème, CHEIKH ANTA DIOP et la destruction du Logos classique, édit. MENAIBUC, 2002 ; BOOH BATENG (Eugène), Eléments d'Epistémologie de la Communication africaine, édit. Clé, 2014 ; ELIKIA MBOKOLO, Afrique noire, histoire et civilisation, tome 2, XIXe-XXe siècle, Paris, Hatier, 1992.

[515] Cette affirmation de la tradition académique est désormais querellée. En effet comme le note Eugène REVILLOUT : « Tout le monde sait que les Papyri récemment trouvés en Égypte ont été, à ce point de vue, une révélation dans certaines branches très divers de l'histoire du droit ». Cf. REVILLOUT (Eugène), Précis de droit égyptiens, comparé aux autres droits de l'antiquité, second tome, Paris, Libraires éditeurs, tome I, Op. Cit., XVI.

[516] Cf. VERDIER (Raymond), KALNOKY (Nathalie) et KERNEIS (Soazick), *Les justices de l'invisible*, Op. Cit. pp. 17-21.

[517] Cf. BILOLO M., Les cosmo-théologies philosophiques de l'Égypte antique. Problématique-prémices herméneutiques et-postulats majeurs. Op. Cit. pp. 187 et s.

commencement de tout qui est à venir, de tout ce qui existe. Ainsi, l'Un a de multiples traductions en Afrique noire[518]. Pour le professeur BILOLO[519], « l'Un est à la fois le rien, l'ineffable et à la fois le multiple. Il est Ka, Ba, Maat, Sia, Sagesse, Parole, Vie, Amour, puissance, souffle vivifiant, etc. les composantes de l'un sont pensées/voulues/créées par l'Un pour être ses adjuvants, pour la réalisation de son œuvre de création, d'organisation et d'administration de tout ce qui est ». On retrouve cette même conception chez les Bambara[520], les Douala dans une déclamation devenue populaire : « Njé Tusè ? Nyambé ». L'expression désigne ainsi l'infiniment petit et l'infiniment grand comme étant la manifestation d'une méta ontologie première : l'énergie fondamentale, *Nyambé*. Aussi, l'unité donne le multiple, et la multiplicité traduit les linéaments de l'unité. Tout est lié, d'où la logique de circulation et de l'interconnexion.

Conformément au principe de la circulation, la terre circule des ancêtres vers les vivants, et des vivants vers les descendants. L'avant-vie, la vie et l'après-vie sont ainsi réconciliées. De ce fait, la terre est inscrite dans un lignage, et ne se laisse pas apprivoisée. Elle est aussi inscrite dans une cosmologie régie par le principe vital de rectitude cosmique, force motrice de la vie et du mouvement. À l'intérieur du même groupe ; elle circule aussi entre les différents membres de ladite communauté. Elle est insusceptible d'être cédée, par une personne et même par la communauté. Elle peut le cas échéant circuler d'une communauté à une autre, selon les rapports de filiation, les alliances ou tout au moins à la suite d'une guerre. Elle n'est pas une richesse, mais une source de richesse et de vie. La non-maitrise de cette logique propre de la terre coutumière conduit à une impasse conceptuelle, impasse quant à la véritable nature de la propriété coutumière. On parle soit de la tenure, soit de la quasi-propriété, soit de l'usufruit, soit de la propriété, soit encore propriété

---

[518] Cf. l'Okandé dira *Poko*, le Gévové *Poko*, le lingala *Moko*, le fan *Mbog* ou *Fog* ou *Fo*, le bassa *Mbok* c'est-à-dire l'unité, l'éton *M'mok*, l'éwondo *M'bok*, le Yasa *Evo'oko*, le douala E*wô*, le somali *Kow*, le Mbochi *Poo*, l'Ambdang W*ôk* l'Aulua *Mboxo*l, pour désigner l'Un. L'Un désigne ainsi, l'ordre unique, l'ordre universel, l'immanence et la permanence, le Grec cosmos, le Bamana *Komo*, équivalent du Bassa *Mbok*. Pour se convaincre, il convient de rappeler que pour l'essentiel, les lieux de vie, d'habitation s'infèrent de la dénomination de cet ordre universel. Exemple : le Yambassa *Mboka* désigne le pays, l'étendue ; le lingala *Mboka* désigne le village, le pays. Il en va de même de l'Eleku *Mboka*, du Mbenga *Mboka*, village pays. Tout comme le Wolof B*okk* désigne la famille, la parenté. Le bassa *Boga* désigne le village, le campement. Le douala M*'boko* désigne le campement ; l'Ewondo M*vogo* désigne le pays, le lignage ; le Fang *Mvo* désigne le pays, le lignage, la descendance ; le Koyo *Mboga* désigne le village, le pays ; le Douala *Mboa* et le Bakweri *Bamboko* désignent le pays. DIBOMBARI MBOCK, *Bantu*, Op. Cit.

[519] Cf. BILOLO M., Les cosmo-théologies philosophiques de l'Égypte antique. Problématique-prémices herméneutiques et-postulats majeurs, op cit., p.171.

[520] « Les personnes de la personne sont multiples », nous dit Amadoua HAMPATE BA, dans *Aspects de la civilisation africaine : personne, culture et religion*, Présence africaine, 1998.

collective, ou même de la possession. Bref, on parle de tout sauf de sa vraie nature. Ne pouvant être cernée par les concepts et les catégories exogènes. Or, c'est cette lecture exogène qui demeure la norme. La dynamique propre des communautés locales reste mal connue.

Aussi, pour NKOMBE OLEKO, « l'Afrique doit chercher à dialoguer avec son passé, à interpréter l'histoire à la lumière de ses propres catégories »[521]. Sans ces connaissances, la rationalité traditionnelle est discréditée. C'est là, la manifestation des clichés et autres pseudo certitudes. La conséquence même du défaut de rationalisation, de la logique coutumière, comme une logique à part entière. Une logique ayant une essence et une existence propre. Cette absence de rationalisation conduit à vouloir à tout prix lire les coutumes sous le seul prisme déformant des catégories normatives romaines. Ou encore, l'envisager dans la perspective de comparaison implicite. N'y parvenant pas, ou y parvenant tant bien que mal, la coutume plonge ainsi la rationalité scientifique dans un certain inconfort intellectuel. Cette incertitude et cet inconfort conduisant, à défaut d'un travail de fond souhaitable, à sa disqualification inéluctable.

Cette disqualification prend très vite la tonalité de la contrariété. Sauf que cette contrariété proclamée est ontologiquement, voire tautologique. Ontologique parce que les visions du monde ne sont pas les mêmes. Tautologique parce qu'elle relève de l'essence même de ces deux systèmes de droit. C'est-à-dire, de la différence des cosmogonies qui les ont engendrées[522]. La disqualification de la conception coutumière de la terre comme contraire au développement signifie tout simplement, le choix d'un modèle de société extérieur à cette vision du monde. Même en matière de bien-être, tel qu'énoncé par le préambule de la Constitution, il est hasardeux de prétendre la supériorité, sans prénotions, d'un système de valeur sur l'autre. En matière de valeurs, le principe étant l'incommensurabilité. Ceci, du fait même du désenchantement des valeurs et des dieux[523].

Face à une telle vision, n'est-il pas mieux de recommencer à penser ? La coutume ne peut-elle pas prétendre à un meilleur destin que celui de courir à la remorque du juridique ? Cette interrogation laisse transparaitre un certain paternalisme des définitions institutionnelles. Sous l'influence de la rationalité

---

[521] Cf. Dr NKOMBE OLEKO, professeur ordinaire au département de philosophie et religions africaines de la faculté de théologie catholique de Kinshasa/Zaïre. In préface à l'ouvrage de BILOLO M., *Métaphysique pharaonique IIIe millénaire av. J.C. Prolégomènes et postulats majeurs*, Op. Cit. p. v.

[522] Le monothéisme politique et le cosmo-monothéisme ou encore « Universisme philosophique ».

[523] Cf. VERDIER (Raymond), KALNOKY (Nathalie) et KERNEIS (Soazick), Les justices de l'invisible col. Droits et Cultures, L'Harmattan, 2010.

empirique, de la conscience matérialiste, combinée à la logique dite binaire. Il s'agit de la construction du monde selon un pôle de la conquête, de la référence unique. Or, il n'existe pas une seule perception du monde. Les mondes sont pluriels. Devant la pluralité des ordres et des systèmes juridiques, une telle entreprise ne serait-elle pas, parce qu'elle est réductionniste, condamnée dans le temps à produire l'aporie ? Penser la dynamique propre des sociétés coutumières dans leur rapport au monde et donc au réel, est un impératif scientifique pour résoudre cette conjecture. C'est l'impératif de l'arrachement à la pensée du fondement et sa fameuse neutralité axiologique pour avoir une connaissance large du phénomène juridique. De même, il est impératif de passer à la déconstruction de la lecture coloniale et au paternaliste exercé sur les institutions coutumières. C'est là, la traduction même de la souveraineté du peuple et notamment le droit des peuples à être ce qu'ils sont. Leur droit à disposer d'eux-mêmes. Parce que jusque-là, la coutume a été pensée sous l'angle de la comparaison, et non de sa connaissance historique. La comparaison par rapport à l'idée de ce que l'on se fait du droit, ou du juridique selon le modèle européen. La définition de la coutume est là pour nous rappeler cette réalité de l'orientation préalable de l'entendement.

Ainsi, on définit souvent la coutume comme une pratique ayant acquis avec le temps, la force de droit. Cette définition à elle seule suffit pour nourrir le soupçon de la construction des hiérarchies comparatives, non avouées, des définitions orientées. Mais aussi la prise en compte de l'échelle stratégique de disqualification, le cas échéant. Selon que l'on jugerait ces pratiques pro ou prou-juridique. Il en résulte de là que le juridique connait un déplacement, sans précédent, d'épicentre. Déplacement d'épicentre parce qu'il ne résulte plus de la régulation sociale, qui est sa finalité première et fondatrice. Il est érigé en un référentiel autonome ayant une existence incarnée ailleurs. Or, avant d'être objet du discours, le droit est un art. Il désigne la manière dont chaque société se structure. Le juridique qui résulte du seul discours de légitimation se laisse ainsi penser par la ruse de l'idéologie et l'exil de l'arrachement à sa propre culture, pour pouvoir y accéder c'est-à-dire pour accéder ainsi à sa définition même ou mieux encore à son *pensum*.

2- Du point de vue structurel : caractère ancestral des structures, et l'inadéquation avec les exigences d'une société capitaliste

S'il est un cliché qui marque un étudiant en faculté de droit dans les universités camerounaises, c'est l'affirmation de l'anachronisme des coutumes par rapport au droit légiféré. D'ailleurs, les techniques législatives et jurisprudentielles d'abrogation des coutumes sont là pour en témoigner. Les normes coutumières et les institutions ancestrales sont présentées comme correspondant à une époque dépassée, et pour faire moderne, il faut intégrer la normativité de l'État révolutionnaire[524]. Les institutions coutumières, de la société précoloniale, étaient consubstantiellement conçues comme obéissant à la logique de la juxtaposition, de la superposition, et de la totalisation du vécu des peuples. Ceci à un moment donné de l'histoire de leur civilisation. Cette multiplicité se conçoit tant du point de vue fonctionnel que du point de vue statutaire.

D'un point de vue statutaire, il existe une kyrielle d'institutions. Selon une tentative de catégorisation, il faut distinguer les institutions politiques, chefferies[525], royaumes[526], et les Lamibé[527] ; des institutions sociales, la famille, le mariage et la dot entre autres. Dans cette dernière catégorie, la famille est une institution fondamentale pour la société traditionnelle, du fait qu'elle constitue la base de toute organisation sociale en négroculture. En Afrique, depuis la très haute antiquité égypto-nubien, la famille africaine fondée sur le couple primordial d'Isis et d'Osiris est essentiellement

---

[524] L'État est perçu comme révolutionnaire parce qu'il ne vient pas pour fédérer le droit et les institutions locales, mais pour imposer sa propre rationalité. Il cesse ainsi d'être le cadre d'amalgamation des institutions locales pour devenir le cadre d'imposition de ses propres institutions. Il est de ce fait pensé sous l'angle de l'arrachement, du dessaisissement et de l'exile.

[525] Cf. MAYI MATIP (Théodore), L'univers de la parole, Yaoundé, édit. Clé, 1983. « *Dans la société Bassa précoloniale, le Mbog était le pouvoir suprême auquel on accédait après une longue initiation* » p. 14. « *Chef de clan des descendants du même ancêtre, le Mbombog légiférait et rendait justice au sein du clan et même en dehors de celui-ci dans un collège de Ba Mbombog lorsque le litige impliquait d'autres clans » p.14.* Le MVAMBA chef des Ayôn à la sacralité légendaire p. 15. Le Mbi Ntum chef des Ekang en général et des Boulou en particulier p. 14. Lorsqu'il prenait la parole, ses propos étaient dominés par les proverbes, parabole, devinette, chantefables, contes, légende et mythes. P14. Le Mintôl était le vrai chef des Ekang p. 15. Le Lam-Lam chez les Bafia était le dépositaire d'un pouvoir initiatique transmis par les membres de la société secrète, le Iroumé. P. 15. Voir aussi la différence entre chef traditionnel et chef administratif p. 22. « Depuis l'institution de l'ordre colonial dans les sociétés de la zone forestière du Sud Cameroun, la notion de chef a été totalement dénaturée » p. 23. Le chef traditionnel n'a pas disparu. Il est au contraire « simplement occulté par l'action folklorique de ceux qui occupent une position a-traditionnelle et qui, aujourd'hui, alimente le folklore républicain en se faisant passer pour des chefs traditionnels ». p. 24.

[526] Cf. NJOYA (Rabiatou), *Le sacre des dignitaires au Palais,* A&A, 2016 ; TARDITS (Claude), *Le royaume Bamoum*, Armand Colin, 1980 ; TARDITS (Claude), *contribution à l'étude des populations bamiléké de l'Ouest-Cameroun,* Op. Cit.

[527] Cf. Les Lamibé du Nord-Cameroun sont les royaumes islamiques construits pour la plupart dans la première moitié du XIX siècle par les Peuls en réaction à l'appelle de SHELUR USMAN DAN FODIO. Pour l'essentiel ces Lamibé font partir du Kalifa de SOKOTO. Lire à cet effet YOSHIHITO SHIMADA, *« Dynamique politique des États traditionnels sous l'INDIRECT RULE »*, du pouvoir à l'autorité, étude de cas du Lamidat de REY BOUBA, SENRI ETHNOLOGICAL STUDIES 15 1984.

matrilinéaire : c'est le matriarcat[528]. Le professeur ANTA DIOP Cheikh fait ainsi observer que : « Les cosmogonies nègres, africaines et égyptiennes, sont si proches les unes des autres qu'elles se complètent fréquemment »[529]. Mieux encore, « la parenté des mœurs, des coutumes, des traditions, du système de la pensée a déjà été suffisamment soulignée par différents auteurs qui font autorité pour qu'il ne soit plus nécessaire d'insister ici sur ces détails. Peut-être qu'une vie humaine entière ne suffirait pas pour rapporter tous les traits de parenté qui existent entre l'Égypte et le monde noir tant il est vrai qu'il s'agit d'une seule et même chose »[530].

Cette parenté se vérifie aussi du point de vue de la dévolution des droits successoraux et de la structuration des sociétés secrètes. Il faut toutefois distinguer, les institutions spécialisées, comme les sociétés secrètes et les institutions publiques à visée plus globale l'instar du conseil des notables[531]. Une dernière classification distingue les institutions hiérarchisées, roi, conseil des notables[532] dans les sociétés dites hiérarchisées ; des institutions « *hétérarchiques* », notamment dans les sociétés à bande : les classes d'âges, le Conseil des Anciens. Déjà que du point de vue du professeur ANTA DIOP Cheikh, cette classification est trompeuse, en ce sens qu'elle masque l'organisation sociale communément partagée en Afrique noire[533]. Le point

---

[528] Sur cette question lire *domaine du patriarcat et du matriarcat dans l'antiquité classique*, in ANTA DIOP (Cheikh), *L'unité culturelle de l'Afrique Noire*, Op. Cit. 1982, pp. 53 et s. pp. Lire aussi, FUSTEL DE COULANGES, *La cité antique*, Hachette, 1930.

[529] Cf. ANTA DIOP (Cheikh), *Nations Nègres et Culture, De l'antiquité nègre égyptienne aux problèmes culturels de l'Afrique Noire d'aujourd'hui*, Op. Cit. p. 211.

[530] Ibid.

[531] Cf. NGAKO DAKAYI (J. B.), Histoire et traditions des chefferies du Pays FE'EFE'E, édit. Le prince, 2012. Le conseil de notables chez les Bamiléké, le Nkam-Veuh. « Ce conseil comprend pratiquement plus de neuf membres. La désignation ainsi consacrée tient Au fait qu'au sein de ce conseil, seuls neuf notables (cooptation par année d'âge) ont une voix délibérative, les autres jouant un rôle consultatif, et plus exactement de caution morale ». P. 23. « Le chiffre 9 traduit à l'origine le pouvoir divin dans la cosmogonie Bamiléké. Ibid. rituel d'intronisation du chef ». pp. 29 et s.

[532] « Ce conseil comprend pratiquement plus de neuf membres. La désignation ainsi consacrée tient Au fait qu'au sein de ce conseil, seuls neuf notables (cooptation par année d'âge) ont une voix délibérative, les autres jouant un rôle consultatif, et plus exactement de caution morale ». P. 23. « Le chiffre 9 traduit à l'origine le pouvoir divin dans la cosmogonie Bamiléké. Ibid. rituel d'intronisation du chef ». Ibid.

[533] Cf. ANTA DIOP (Cheikh), *Nations Nègres et Culture, De l'antiquité nègre égyptienne aux problèmes culturels de l'Afrique Noire d'aujourd'hui*, « l'organisation de la vie africaine épouse exactement celle de l'Égypte.
En Égypte on a la stratification suivante :
Les paysans,
Les ouvriers spécialisés,
Les prêtres,
Le roi.

commun de ces institutions est leur dimension territoriale et donc par définition localisable du point de vue de leur compétence.

Quant aux fonctions assurées par lesdites institutions de la structuration de l'ordre global, elles obéissent aussi au principe de la multiplicité. De ce fait, aucune institution ne remplit une seule fonction. Ici, tout est lié. Le principe étant la multi traductibilité de l'Un. Vue sous cet angle, une même institution peut jouer plusieurs rôles. Ainsi, en est-il de l'institution de la chefferie traditionnelle. Elle joue tour à tour un rôle politique, juridictionnel, social, spirituel et culturel.

Quant à l'institution de la dot[534], son rôle était fondamental. Ainsi la dot est tour à tour : un élément de validation du mariage, un moyen d'expression du consentement des époux et des familles, la preuve de la filiation, la preuve de la maturité et du respect du futur gendre et voire, un instrument de concertation et d'échange de la parole.

Quoi qu'il en soit, et au-delà de toute autre conception, il est à noter que ce fonctionnement est intimement lié à la nature même de la société qui sécrète ses propres règles. En occurrence ici une société de type communautaire. Le passage de la communauté à l'individu a entrainé une convalescence de ses pratiques. Les logiques étant différentes, il existe un certain discrédit des institutions traditionnelles qui les sécrètent. Mieux encore, leur caractère localisable sur des pans indépendants du territoire et sans aucune corrélation, en matière de synergie globale de type nationale était de nature à entamer leur existence. Ce qui participe à légitimer l'harmonisation par voie d'autorité par l'administration puissance publique. C'est ce qui va se faire au lendemain des indépendances, indépendamment du fait que l'État colonial, avec son « idéologie » de la mission civilisatrice, les avait préalablement dessaisies.

B. L'inscription sur agenda de la logique développementaliste

L'inscription sur agenda de la logique développementaliste au plan international se fait de 1949 à 1950. C'est une construction de la philosophie

Dans le reste de l'Afrique Noire, on a :
Les paysans,
Les artisans ou ouvriers spécialisés en castes,
Les guerriers, les prêtres ou dôma, en valaf,
Le roi ». cf. ANTA DIOP (Cheikh), *L'Afrique Noire précoloniale, Op. Cit., p. 214.*

[534] Cf. BUREAU (René), Le peuple du fleuve, sociologie de la conversion chez les Douala, Op. Cit., pp. 150-170.

politique américaine[535] . Elle se traduit par l'imposition d'un agenda économique aux peuples encore colonisés par le biais du système des Nations Unies[536]. En Afrique, et au Cameroun en particulier, sa trajectoire suit celle de la construction de l'État. Ceci au moyen de la mobilisation du discours politique (1), et de l'activité législative, pour donner du tonus à l'administration du territoire (2).

1- La convergence des discours politiques

La convergence des discours politiques sur la question du développement semble même querellée. Cette querelle s'exprime avec plus d'emphase au niveau local. Comme le note NJOYA MAMA Mohamed, « le rôle des élites dans la problématique du développement local est plus complexe qu'il ne parait. Car loin de s'imposer comme des personnes qui se chargent d'actionner la dynamique de changement dans leur village, ils ont largement détourné la norme prescrite par la politique d'auto-développement en démarche de (auto) promotion sociale »[537].

Malgré tout, l'inscription sur agenda de la logique développementaliste passera nécessairement par la logorrhée politique. Après des indépendances en effet, à côté de la construction de la nation, le développement économique est un objectif que s'assigne l'élite politique, comme moyen pour se légitimer. Ainsi, lors du séjour du Président de la République fédérale du Cameroun dans le département du Nkam, ce dernier déclarait : « à plusieurs reprises, j'ai eu l'occasion de dire à mes compatriotes que le développement, le progrès auquel nous aspirons ne peut être que le résultat de notre effort collectif et persévérant, le résultat de notre travail dans l'unité[538] ». Le développement est clairement identifié comme l'objet de l'aspiration partagé entre le peuple et ses dirigeants. Ce partage transcende l'aspect purement prospectif du devenir de la nation, pour embrasser, comme moyen, la mobilisation des énergies, la conjugaison des efforts et l'ardeur au travail. Comment pouvait-on dès lors s'étonner de la place que devait occuper le travail dans l'entreprise de construction de la jeune nation ? Pour baliser cette entreprise, il a donc fallu inscrire le travail en bonne et due forme dans la devise de la jeune nation en corrélation avec la paix, la construction de la patrie. C'est du moins ce qu'allait consacrer la loi n°57-48 du 5 novembre 1957 portant création d'une

---

[535] Cf. DO-NASCIMENTO (José), Les chemins de la modernité en Afrique, pour changer l'Afrique, changeons le paradigme, Op. Cit. pp. 254 et s.

[536] Ibid.

[537] NJOYA MAMA (Mohamed) et al, « Les élites urbaines et le développement local au Cameroun », *GEOINOVA* 12, 2006, Pp. 107-127.

[538] Cf. Recueil des discours Présidentiels : 1968-1973, discours du Président de la République fédérale dans le Nkam, 14/04/1968, p. 5.

devise de l'État du Cameroun[539]. Au terme de son unique article, on peut lire en substance: « La devise officielle de l'État sous tutelle du Cameroun est : Paix-Travail-Patrie ». Il semblait donc manifeste que le développement de la patrie était conditionné par la paix et le travail.

La rhétorique politique va plus loin, et conçoit le développement comme une véritable lutte. Ainsi peut-on lire : « *La lutte que nous menons pour le développement de la nation »*[540]. Cette lutte implique aussi de transcender les entraves au développement. Mais il convient de noter qu'il s'agit de l'instauration d'une philosophie purement capitaliste, au sens de logique d'accumulation des richesses. Il s'agit aussi de l'emprise de l'individualisation sur la collectivité. Cette logique du développement s'annonce officiellement sur le plan de lutte contre la pauvreté et de relèvement substantiel du niveau de vie des populations. C'est au nom de cette logique développementaliste que va éclore le sentiment que certaines pratiques coutumières sont incompatibles avec la logique développementaliste. Cette logique nécessite, dans ses effets, la mobilisation des composantes de l'État et de la société dans sa globalité. Elle implique une répartition des tâches, des responsabilités et la collaboration entre les acteurs publics et privés. Cette coopération se traduit par un volontarisme, au moins d'un point de vue du discours politique. « Je suis venu vous dire que, aujourd'hui comme hier, que demain comme aujourd'hui, vous pouvez compter sur l'aide nécessaire et possible des pouvoirs publics pour votre œuvre de développement économique »[541].

Toutefois, il semble avoir une certaine bifurcation des logiques entre le Président AHIDJO et le Premier ministre NGU FONCHA John. Dans le discours prononcé par ce dernier, lors de la réunification, on peut lire en substance : « J'ai choisi le village comme base du bon gouvernement. L'organisation d'un village doit être telle que chaque villageois sache ses responsabilités[542] ». Bien plus, « Les chefs et le conseil des notables sont responsables de l'ordre dans le village »[543]. On le voit bien, la conception de la construction de l'État par Monsieur FONCHA est communautaire. Pour le Premier ministre, le développement se construit dès la base, par la base, sous l'impulsion des pouvoirs publics.

---

539 Cf. loi n°57-48 du 5 novembre 1957 portant création d'une devise de l'État du Cameroun, JOC du 20 novembre 1957.
540 Cf. Recueil des discours Présidentiels : 1968-1973, discours du Président de la République fédérale dans le Nkam, Op. Cit., p. 7.
541 Cf. Recueil des discours Présidentiels : 1968-1973, Op. Cit., p. 36.
542 ZANG-ATANGANA (Joseph-Marie), Les forces politiques au Cameroun Réunifié, Tome 2, l'expérience de l'UC et du KNDP, ibid., p. 155. Lire l'intégralité dudit discours, pp.153-161.
543 Ibid.

De manière plus récente, la logique développementaliste se définit au sommet de l'État, et prend le visage de la lutte contre la pauvreté et la mise sur pied des Documents de Réduction de la Pauvreté et des Documents de Stratégies pour la Croissance et l'Emploi (DSCE). La construction des infrastructures pour la modernisation des outils de production. Sans oublier l'amélioration du climat des affaires, conçue comme condition *sine qua non* pour l'émergence du Cameroun.

Plus fondamentalement, le développement devient une idéologie au même titre que la construction de la nation. Mieux encore, elle commande tel un postulat, toutes les actions, dans une logique déductive, mais aussi, contraignante. Elle annihile à travers son postulat et son pendant utilitariste, même la recherche fondamentale et met un accent particulier sur la professionnalisation. Cette idéologie est totalitaire dans la mesure où tout ce qui lui oppose une résistance est disqualifié. Il semble donc que la logique développementaliste introduit l'ère des opinions et des idées toutes faites qui échappent à la critique et donc à la science. La seule référence étant l'idéologie néolibérale et les institutions de Breton Woods. D'où la disqualification et le dessaisissement de la société traditionnelle. Notamment la pratique qui en résulte, la pratique coutumière. Elle participe aussi à la canalisation des politiques juridiques et de la construction du monopole d'État dans sa contexture rentière.

2- La logique développementaliste et la convergence des politiques législatives

La première traduction juridique de la logique développementaliste est d'abord d'ordre constitutionnel. Il s'agit de l'affirmation plusieurs fois martelée, au gré des Constitutions, du droit au développement. Ainsi aux termes du préambule de la Constitution du 18 janvier 1996, qui reprend celui de la Constitution de 1972, on peut lire, parlant du peuple camerounais, qu'il est :« résolu à exploiter ses richesses naturelles afin d'assurer le bien-être de tous en relevant le niveau de vie des populations sans aucune discrimination, affirme son droit au développement ainsi que sa volonté de consacrer tous ses efforts pour le réaliser et se déclare prêt à coopérer avec tous les États désireux de participer à cette entreprise nationale dans le respect de sa souveraineté et de l'indépendance de l'État camerounais ». Le développement est ainsi subordonné, dans la conception constitutionnelle, comme un outil de réalisation du bien-être de tous. La mise en œuvre de ce bien-être est subordonnée à l'exploitation à l'exploitation des richesses naturelles. Mais, le constituant va plus loin, en faisant du développement un droit, non seulement du citoyen, mais du peuple dans son entièreté. L'expression de ce droit résultant, selon la tonalité constitutionnelle, d'un monologue du peuple qui se parle à lui-même comme pour se convaincre. Il s'agit aussi du constituant qui parle comme pour convaincre le peuple de l'assignation que se donne l'État.

Les implications de cet état des choses se lisent d'abord à travers la place qu'occupe le texte constitutionnel dans le dispositif normatif, et l'ordonnancement juridique de l'État. Placée au sommet de la hiérarchie des normes, la Constitution jouit naturellement dans la construction de l'ordre juridique par degré, d'une force probante vis-à-vis des textes inférieurs. Il n'est donc pas étonnant qu'à travers des lois organiques le législateur tente de s'approprier et de traduire cette volonté première du pouvoir constituant. C'est ainsi que de manière plus récente, elle est apparue, au cœur même de l'activité législative, de l'élaboration des lois d'orientations. Notamment, de la loi d'orientation sur la décentralisation, loi qui fait de la décentralisation, à la fois, une école de la démocratie, de la gouvernance locale et du développement[544]. C'est aussi le cas des lois-programmes, à l'instar de la loi des finances et des budgets programmes indispensables à la poursuite des objectifs macroéconomiques à long terme. C'est aussi le cas des lois de facilitation et de promotion des investissements[545]. On entre ainsi dans l'ère de prospective et de la perspective du droit du développement. Droit qui a, de manière incidente, des implications multiples.

Ces implications se lisent aussi dans la priorisation des objectifs macroéconomiques. Et mieux encore, dans la place qu'occupe le citoyen en tant que membre de la communauté politique dans l'ordre de priorisation. Pour mieux comprendre cette démarche, il sied de se rappeler un fait. La colonisation occidentale a conduit au dépérissement de la société traditionnelle ; cette société où l'homme occupait la première place, en tant que membre de la communauté et non comme individu. Dans la nouvelle société, en occurrence la société néolibérale, l'économie du marché est devenue en soi, une logique autonome. Logique qui dicte sa loi : c'est la loi dite du marché. La déliquescence du tissu social et l'introduction de la propriété privée ayant abouti en somme à une mutation d'essence génétique de la société. C'est la mutation de la communauté à l'individu. Dans ce contexte, les institutions traditionnelles perdent peu à peu de leur quintessence et l'État qui les a préalablement endiguées se substitue tant bien que mal à ce grand vide, tout en se soumettant à la logique du marché. Il se trouve de ce fait ligoté.

---

544 Cf. art. 2 al. 2 de la loi n°2004/017du 22 juillet 2004 portant Orientation de la décentralisation : « La décentralisation constitue l'axe fondamental de promotion du développement, de la démocratie et de la bonne gouvernance au niveau local ».

545 Cf. loi n° 2013/004 du 18 avril 2013 fixant les incitations à l'investissement privé en République du Cameroun ; loi n° 2017/015 du 12 juillet 2017 modifiant et complétant certaines dispositions de la loi n° 2013/004.

Au plan normatif, les règles coutumières, d'essence communautariste, sont vite évincées. Les institutions traditionnelles sont aussi remplacées sans un effort préalable de rationalisation et sans une retenue prudentielle au regard de leur caractère multiséculaire. Indépendamment même de leur adéquation aux mœurs des peuples locaux qu'elles régissent. Ainsi, à titre d'exemple, la propriété foncière coutumière, conçue pour une société à solidarité mécanique et communautaire a été évincée au nom du progrès au profit de la propriété individuelle avec la réforme foncière de 1974[546]. Tout se passe alors comme si, seule la conception moderne du développement, en termes de bien-être tel qu'énoncé par la Constitution, était, sans le prouver supérieure à la conception traditionnelle et coutumière des relations interpersonnelles. On présuppose ainsi, sur la base de son entendement, de ses prénotions et de sa propre précompréhension, une supériorité des valeurs dites modernes sur des valeurs traditionnelles. Ce qui conduit à une hiérarchisation des civilisations. Or, la civilisation n'est rien de plus prétentieux que la réponse d'un peuple donne à son espace de vie. Pour ce qui est des valeurs, et de l'avis même de FEYERABEND Paul [547], elles sont incommensurables. En tant que telle, l'observation ne saurait se faire du dedans, d'où l'urgence d'établir une ligne de crête, un point culminant d'observation. Ligne susceptible de faire tomber le voile. De ce point de vue, toute hiérarchisation parait donc non seulement illusoire, mais aussi superfétatoire. Pourtant, les conséquences de la réarticulation de l'arrière-monde colonial sont encore perceptibles.

Section II : La conséquence logique : la poursuite des politiques coloniales, et l'inféodation des structures traditionnelles à l'administration de l'État

Une fois l'agenda établi, il ne restait plus à l'État qu'à matérialiser son idéologie par les politiques législatives révolutionnaires et la promotion d'un nouveau paradigme, ou du nouveau droit ayant vocation à la civilisation (I). On passe ainsi, du droit, norme de régulation sociale, au droit instrument révolutionnaire. D'où l'emprunt à la fois des normes, des institutions, des logiques et des épistémès (II).

[546] Cf. Ordonnance n°74/1 du 6juillet 1974 modifiée et complétée par l'ordonnance n°77/1 du 10 janvier 1977 et los n° 80/21 du 14 juillet 1980 et 83/19 du 26 novembre 1983 fixant le régime foncier ; et Ordonnance n°74/2 du 6juillet 1974 modifiée et complétée par l'ordonnance n°77/2 du 10 janvier 1977 fixant le régime domanial.
[547] Cf. FEYERABEND (Paul), *Philosophie de la nature*, seuil, 2014.

I. La matérialisation idéologique

La matérialisation de la poursuite des politiques coloniales d'inféodation des structures traditionnelles à l'administration d'État se fait par la proclamation de la prétention à l'universalité (A), et la consolidation progressive de cet ordre pour fonder le nouveau paradigme en lieu et place de l'ancien socle traditionnel (B).

A. La prétention à l'universalité de l'ordre étatique

L'État revendique l'universalité comme attribut des principes qu'il charrie (1), au nombre desquels, les idéaux républicains (2).

1- L'État et la revendication de l'universalité

Le moins qu'on puisse dire est que la prétention à l'universalité[548] est au cœur du projet colonial. C'est à la fois l'essence et le sens même de la mission civilisatrice. C'est aussi le sens de la construction de l'État africain. Ainsi peut-on constater que l'ordre dit républicain revendique cette universalité. Dire donc que la république prône des valeurs universelles est une théologie[549]. « L'ordre est le premier commandement de Dieu », affirme pour sa part, NGU FONCHA John[550]. Cette universalité est fondée sur le divin[551] et plus proche de nous, sur les idéaux républicains. L'universalité est ainsi perçue comme le caractère de ce qui est universel. Ce qui relève à la fois du bon sens et des valeurs. Il s'agit des valeurs à prétention universelle. D'un point de vue théorique, cette revendication s'est construite pour ce qui est de

---

[548] Or, « L'universel, c'est ce qu'il y a de plus précieux dans tous les particuliers qui doivent se rencontrer comme des plans latéraux d'une pyramide. L'universel, ce n'est pas les particuliers des uns imposés aux autres. Ce n'est pas la juxtaposition stérile de tous les particuliers. C'est l'agrégation par l'inter fécondation de ce qu'il y a de meilleur, de plus succulent et de plus grand dans tous les particuliers afin de faire une raison de vivre suffisamment puissante ». Cf. SOBZE (Serge François), « De la création du droit en Afrique à comment fabrique-t-on le droit en Afrique ? Quelles innovations pour la sécurité juridique en Afrique » ? Op. Cit., p. 78.

[549] Cf. ZANG-ATANGANA (Joseph-Marie), *Les forces politiques au Cameroun Réunifié*, Tome 2, l'expérience de l'UC et du KNDP, Op. Cit., p. 151.

[550] In, discours de proclamation de l'indépendance du Cameroun occidental, Cité par ZANG-ATANGANA (Joseph-Marie), Les forces politiques au Cameroun Réunifié, Tome 2, l'expérience de l'UC et du KNDP, ibid., p. 155.

[551] cf. ROLAND (René), *De l'esprit du droit criminel, aux différentes époques dans l'antiquité, dans les temps modernes, et d'après les nouveaux principes de la science pénitentiaire*, Op. Cit., dans la vallée du Nil, « Thoth reprend alors son premier rôle de législateur : il s'incarne et devient le précepteur et l'associé fidèle d'Isis et d'Osiris dans toutes leurs tentatives de régénérations. Isis, la reine déesse, se vante d'avoir mis ainsi, par la crainte des châtiments, un terme à l'injure et à l'abus de la force qui ne connait aucune loi ». P.2.

l'Europe pendant la période dite scolastique. Sous cet angle, l'universalité serait liée au créationnisme et dont à la philosophie politique du monothéisme. C'est l'idée même d'un Dieu universel, pourvoyeur de la vie, d'une volonté unique et créateur de l'homme à son image. C'est aussi l'idée qui domine dans la philosophie politique. Philosophie où l'État apparait en dernière analyse comme l'incarnation du divin, le terrestre divin au sens de HEGEL. L'on retrouve la même conception chez les ténors du contrat social notamment chez HOBBES avec l'idée du Léviathan. Le Léviathan qui irradie sa lumière et distribue tel « dieu le père » l'ordre et la justice universelle selon son bon vouloir. Sous cet angle, l'universalité de l'État a incontestablement une dimension théologique, voire messianique. Conception analogue à une vision plus récente des philosophies moralistes[552].

Parlant de la philosophie moraliste, l'un des grands ténors est KANT Emmanuel[553]. Pour la première fois de l'histoire de la philosophie occidentale, KANT postule l'idée de l'existence du bien en soi, et c'est cette métaphysique du bien qui fonde le champ tout nouveau de la morale. Vu sous cet angle, l'État serait donc l'incarnation du bien collectif et le fondement même de la morale civique. Cette conception cadre aussi avec la vision de l'État que se fait Francis FUKUYAMA[554] à propos de l'État démocratique, lorsqu'il parle ouvertement de la fin de l'Histoire. Non pas, parce que l'histoire arrive à sa phase ultime, mais parce que l'avenir est devenu, du fait de l'essor de la démocratie libérale, tout simplement prévisible. Cet avenir se lit selon l'auteur, dans la démocratisation, principe universel de rationalisation du pouvoir des États Nations et du reste du monde. La démocratie fonde de ce fait, à elle seule, et aussi par l'entremise des principes connexes qu'elle charrie, l'universalisme de l'État contemporain. L'universalité de l'État serait ainsi perçue comme une promotion des valeurs occidentales[555], à l'instar de la « théologie » démocratique et républicaine.

---

[552] Cf. MARIN (Soudabeh), « Le mal et la maladie de l'âme chez les moralistes persans : la justice de l'invisible, une thérapie ? », in VERDIER (Raymond), KALNOKY (Nathalie) et KERNEIS (Soazick), *Les justices de l'invisible,* op.cit., pp.107-144.

[553] Cf. KANT (Emmanuel), *Les fondements de la métaphysique pure* ; voir aussi du même auteur, Critique de la raison pure.

[554] Cf. FUKUYAMA (Francis), *La fin de l'histoire et le dernier homme*, traduit de l'anglais par Denis- Armand Canal, Op. Cit.

[555] « Dans son avide besoin de mythes destinés à fonder sa puissance, l'hémisphère occidental se considérait comme le centre du globe, le pays natal de la raison, de la vie universelle et de la vérité de l'humanité. Quartier le plus civilisé du monde, l'occident seul avait inventé un droit des gens. Seul, il était parvenu à constituer une société civile des nations comprise comme un espace public de réciprocité du droit…seul, il avait codifié une gamme de coutumes acceptées par les différents peuples et comprenant les rituels diplomatiques, les lois de la guerre, les droits de conquête, la morale publique et les bonnes manières, les techniques du commerce, de la

2- L'État et les idéaux républicains

Il n'existe pas de séparation nette entre ces idéaux et l'universalité scandée. Les deux réalités s'imbriquent. Au nombre des idéaux républicains figurent en bonne place la démocratie[556], et les libertés individuelles et collectives[557].

De manière basique, la liberté[558] et la démocratie sont liées. La liberté se conçoit dans le rapport à l'autorité, comme le droit à la contestation. Et du point de vue des rapports intersubjectifs, elle se décline en principe de non-outrage. Dans l'État moderne, cette liberté suit une trajectoire qui se divise en deux moments. Le premier moment est celui de la liberté individuelle. Plus prosaïquement, cette forme de liberté est à l'origine du libéralisme économique, et donc de la gouvernance par la seule loi du marché. Sa forme contemporaine est le néolibéralisme et sa manifestation la plus éclatante, le phénomène dit de la mondialisation.

Le second moment a trait à la liberté du groupe, la liberté politique. C'est elle qui fonde ou constitue à proprement parler le nœud la démocratie. C'est-à-dire le droit du peuple de s'autogouverner ou de se faire gouverner par les dirigeants et selon les principes de son choix. C'est le pendant politique de la liberté et sa conséquence logique, la philosophie des droits de l'homme qui en

religion et du gouvernement ». Cf. MBEMBE Achille, *Critique de la raison nègre,* Op. Cit., p. 25.

556 Selon l'article 1er al.2 de la Constitution du 18 janvier 1996 : « La République du Cameroun est un État unitaire décentralisé. Elle est une et indivisible, laïque, démocratique et sociale. Elle reconnait et protège les valeurs traditionnelles conformes aux principes démocratiques, aux droits de l'homme et à la loi ».

557 Aussi, au terme du préambule de la Constitution du 18 janvier 1996, « Le peuple camerounais proclame que l'être humain, sans distinction de race, de religion, de sexe, de croyance, possède des droits inaliénables et sacrés. Affirme son attachement aux libertés fondamentales inscrites dans la déclaration universelle des droits de l'homme, la charte des Nations-Unies, la charte africaine des droits de l'homme et des peuples et toutes les conventions internationales y relatives et dûment ratifiées, notamment aux principes suivants : tous les hommes sont égaux en droits et en devoirs. L'État assure à tous les citoyens les conditions nécessaires à leur développement ; l'État assure la protection des minorités et préserve les droits des populations autochtones conformément à la loi ; la liberté et la sécurité sont garanties à chaque individu dans le respect des droits d'autrui et de l'intérêt supérieur de l'État… »

558 Pour Hans KELSEN, la liberté constitue la « racine de l'idée démocratique », elle se conçoit dans son acception comme, « d'abord la réaction contre la contrainte qui résulte de l'état de société, la protestation contre la volonté étrangère devant laquelle il faut plier, contre le tournant de l'hétéronomie. C'est la nature elle-même qui, dans la revendication de la liberté, se rebelle contre la société. Mais ce fardeau de la volonté étrangère qu'impose la vie en société paraît d'autant plus que le sentiment inné que l'individu a de sa propre valeur s'exprime plus directement dans la négation de toute supériorité de valeur d'autrui, que celui qui est contraint éprouve plus irrésistiblement à l'égard du maitre, du chef, ce sentiment qu'il n'est qu'un homme comme lui, qu'ils sont semblables et se demande alors quel droit il a donc de lui commander ». Hans KELSEN, La démocratie, sa nature-sa valeur, Dalloz 2004, note de le 4e des couvertures.

découle. Cette philosophie dite des droits de l'Homme va se manifester à l'international par la Déclaration universelle des droits de l'Homme, la charte africaine des droits de l'Homme et des peuples. Par la suite, ses différents instruments de la protection des libertés recevront une consécration textuelle, constitutionnelle et infra constitutionnelle, au plan interne. Pour rendre ces différents aspects de la liberté effectifs, et permettre leur utilisation par les justiciables, leur seule consécration ne suffit guère. Aussi, il est nécessaire de mettre en place des organes de promotion et de sanction des violations. Pour se faire, la coopération entre les États à l'échelle internationale, au sein des instances des Nations Unies, et aussi le rôle des instances locales de protection. Au plan national, cette protection est à la fois juridictionnelle et non juridictionnelle.

Quant à la « théologie » de la démocratie libérale, parce qu'elle permet la contestation, elle parait être le régime le plus compatible avec la liberté. De nos jours, la démocratie semble devenir un véritable catéchisme dans le langage des États. Plus particulièrement elle fonde le discours politique des États européens. Elle est devenue une arme d'imposition d'une certaine gouvernance et une aussi un instrument de violation de la souveraineté des peuples. Delà, naît une certaine ingérence dans la gestion des États. Elle porte atteinte au droit d'autodétermination des peuples[559], surtout vis-à-vis des États africains. Cela est dû au choc colonial et à la destruction des référents culturels locaux. C'est aussi le résultat de la prétention à la mission civilisatrice, qui a déstructuré la société traditionnelle africaine. Cette déstructuration touche aussi bien la nomenclature du pouvoir dynastique que ses principes directeurs. Si la démocratie est un régime où la souveraineté du peuple est inaliénable, c'est aussi le régime où le pouvoir est consensuel. Peut-on dès lors, sans risque de se dédire affirmé que la société traditionnelle africaine, d'avant la pénétration européenne n'était pas démocratique ?

Au-delà des valeurs qui structurent la pensée de l'État, la problématique de fond ici est la disqualification des coutumes au nom de sa contrariété avec les libertés et les droits de l'Homme. Sans manquer de pertinence, ce reproche souffre d'une mutation d'arguments. Les arguments d'un système « A » sont utilisés dans un système « B », où ils sont par essence informulés et mal adaptés, parce que n'étant pas conçus pour ce système. Le référentiel de jugement d'un système normatif donné ne saurait être celui d'un autre système, sauf à avoir une préconception, ou des prénotions. Une véritable analyse aurait consisté à établir une ligne de crête, un point culminant à partir

559 Conçu comme le droit permettant aux peuples « de disposer d'eux-mêmes en constituant, s'il y a lieu, un État propre ». Cf. OLINGA (Alain Didier), préface de l'ouvrage de Célestin TAGOU, *Démocratie rotative, Transcendance et transformation politique des identités ethno-régionales dans l'Etat-Nation du XXIe siècle*, Op. Cit., p. 10.

duquel on peut observer ces deux systèmes ; de jauger, après analyse, les éléments à retenir pour la construction de l'ordre de l'État. Ce travail de systématisation de la coutume n'étant pas fait, le chercheur se retrouve dans une impasse intellectuelle, un inconfort qui heurte sa sensibilité. De son côté le législateur ne peut travailler qu'avec les matériaux à sa disposition. A défaut d'un travail de rationalisation existant, il ne peut que procéder à une disqualification systématique des coutumes.

B. Le positionnement paradigmatique

Le positionnement paradigmatique pose la problématique des grilles de lecture[560]. Pour la coutume, elles peuvent être heuristiques, herméneutiques, méthodologiques, conceptuelles, systémiques, épistémologiques… Elles sont le plus souvent évolutionnistes[561], par essence galvaudées et tenues pour orthodoxes. Pour l'État, ces grilles résultent de la prétention à l'universalité et entrainent une confusion entre l'État et l'ordre juridique (1), et la marginalisation des juridicités parallèles, confinées à l'informelle (2).

1- La confusion État, ordre juridique

Le passage de l'état de nature à l'état social se fait par l'instauration de la sûreté. Dans la conception moderne, l'État est le garant de cette sûreté. Le moyen d'action privilégié de l'État, surtout lorsqu'il agit conformément au droit, parce que l'État exerce aussi des activités extra juridiques, est le droit. Dans la conception de l'école de droit historique allemande, le droit fonde et limite l'autorité de l'État. Vu sous cet angle, il y a un dualisme qui transparait entre l'État et le droit. Ce dualisme est aussi, dans une certaine proportion, actuel. Il est actuel parce qu'il est d'usage de parler des politiques législatives de l'État, du droit de l'État. La confusion entre l'État et l'ordre juridique est en fait une réponse de KELSEN à la doctrine de l'État de droit allemand, surtout à la vision gracieuse qu'une telle doctrine se fait de l'État de droit, au sens d'autolimitation. À rebours, de cette conception que critique KELSEN, il tente de supprimer ce dualisme dont il critique le caractère théologique. Il conçoit l'État comme la structure du droit, la personnification juridique. Autrement dit, l'État ne serait rien de plus prétentieux que la structuration de l'ordre juridique. Cette conception de l'État tranche nettement avec la théorie politique du contrat social chez Rousseau. En effet, selon cet auteur, l'État serait la somme d'individu, et le droit, l'expression de leur volonté. D'où il ressort que la loi est l'expression de la volonté générale.

---

560 Cf. DO-NASCIMENTO (José), *Les chemins de la modernité en Afrique, pour changer l'Afrique, changeons le paradigme,* L'harmattan, 2017, pp. 101 et s.
561 Ibid., p. 105.

Quoi qu'il en soit, il se dégage un lien de connexité entre le droit et l'État. Il n'est donc pas surprenant que de manière pratique, l'État s'arroge le monopole de la juridicité. C'est notamment le cas en Afrique noire et au Cameroun en particulier, où l'on dénonce la monopolisation du juridique par l'État. Pour comprendre les causes réelles de cette monopolisation, il est nécessaire de remonter l'historiographie de la rencontre avec l'occident. En effet, la construction de l'État s'est faite avec le dessaisissement de la société traditionnelle et donc de ses normes et de ses institutions. Cet effacement progressif des coutumes a conduit l'État à construire son monopole. Mais la société traditionnelle vaincue n'a pas disparu. Çà et là, l'on note une survivance des pratiques coutumières, pratiques qui sonnent le glas du monopole juridique de l'État et constituent un certain émoi de la révolte paysanne[562].

2- La marginalisation de l'ordre juridique traditionnel et la révolte des droits informels

Cette manipulation, au moyen d'obstacles scientifiques et idéologiques, constitue un réel obstacle à la construction d'une société politique postcoloniale[563]. Mais il est question de penser le post colonialisme à partir du colonialisme[564]. Par révolte des droits dits informels, il convient d'appréhender ici, les systèmes de « droits » évoluant en marge de la légalité républicaine. Stricto sensu, il s'agit, entre autres, du droit néo-institutionnel et de la justice privée.

La justice privée marque les limites de l'action régalienne de l'État et sa propension à monopoliser les instruments de souveraineté pour régenter l'ordre. Le premier constat est lié au dysfonctionnement des organes de l'État. Le second a trait à l'incomplétude de sa structuration. Quant à la justice populaire, elle connait une certaine vogue, et du fait de cette présence, on peut en distinguer une multitude de formes.

Parlant des « *droits néo institutionnels* », pour reprendre une expression chère au Professeur NKOU MVONDO Prosper[565], ils renvoient à l'existence au sein de l'appareil juridique de l'État, des sortes d'hybridation d'institutions,

---

[562]Cf. ELA (Jean-Marc), *Les cultures africaines dans le champ de la rationalité scientifique*, Op. Cit.

[563] Cf. DO-NASCIMENTO (José), *Les chemins de la modernité en Afrique, pour changer l'Afrique, changeons le paradigme,* Op. Cit, pp.139 et s.

[564] En tant doctrine qui tend à légitimer la colonisation et l'occupation des territoires étrangers. La Grande Encyclopédie, Librairie Larousse, volume 5, 1973, pp. 3063-3069.

[565]Cf. NKOU MVONDO (Prosper), « La justice parallèle au Cameroun : la réponse des populations camerounaises à la crise de la justice de l'État », *revue droit et société*, 51/52-2002, p.369-381.

par un dédoublement fonctionnel. Tel est le cas, par exemple des agissements informels de la police judiciaire. Lorsque les postes de gendarmerie et les commissariats de police outrepassent le domaine de leur compétence. Ces institutions sont investies des fonctions régaliennes de l'administration processuelle de la justice. Il arrive qu'elles outrepassent leur mandat officiel et se transforment en ministère public, pour apprécier l'opportunité des poursuites, contre parfois des sommes d'argent (la corruption). Il arrive aussi qu'ils se transforment en juges de fond, pour liquider de manière ramassée les différends qui opposent les citoyens[566]. Mais s'il est vrai que cette pratique est contraire à la loi et donc relève du fait, du point de vue de la législation en vigueur. Il faudrait peut-être voir là, une survivance de la justice traditionnelle, de la conciliation. Il en est ainsi dans la mesure où, en fin de compte, les justiciables sont le plus souvent à la recherche non pas seulement d'un arbitre-juge impartial, mais d'un arbitre investi de l'autorité que lui confèrent les attributs républicains. Autorité indispensable par la suite pour l'exécution du compromis consenti, sous peine des poursuites en bonne et due forme. Il s'agit là aussi de l'institution, de fait d'une quasi-transaction en matière pénale. Cette pratique pouvait recevoir une consécration normative et donc être mieux encadrée, si le plus souvent, elle ne résultait pas de la corruption des fonctionnaires qui trouvent là un moyen adéquat « d'arrondir les fins de mois ».

L'autre fait majeur de l'opposition entre la justice de l'État et la logique coutumière est la montée en puissance de la justice populaire. Véritable « risque de justice parallèle »[567]. Le professeur NKOU MVONDO Prosper note que, dans nos villes et campagnes, il ne se passe plus un jour sans que l'actualité nationale ne soit perturbée par les faits divers y relatifs. Les pratiques en la matière sont protéiformes. Mais leur dénominateur commun est la vindicte populaire. Sorte de marque de résurgence de la vengeance privée primitive. Surtout, face à la déliquescence de l'impérium de l'État, et son incapacité à assumer la première dette de la souveraineté. Mais aussi du fait de l'incomplétude de la construction des institutions juridictionnelles. Il en va ainsi de l'ineffectivité de la présence d'un Tribunal de Première Instance par arrondissement, comme le prévoit la loi. Aussi, dans une métropole de près de trois millions d'habitants comme Yaoundé, capital politique de l'État du Cameroun, l'on compte en tout deux Tribunaux de Première Instance pour un total de sept arrondissements. Ce sont : le TPI de Yaoundé, centre administratif, et le TPI d'Ekounou.

---

566 Ibid.

567 Cf. ROULAND (Norbert), *Aux confins du droit. Anthropologie juridique de la modernité*, Op. Cit., pp. 108-110.

II. La matérialisation pratique

La matérialisation pratique de cette logique de domination peut être exemplifiée au moins sous deux angles : au plan politique (A), et au plan purement administratif (B), pour ce qui est du pouvoir traditionnel originaire.

A. Du point de vue des structures politiques

Au plan politique, il n'est pas exagéré de dire que l'Afrique noire avait déjà réglé la problématique de l'organisation du pouvoir. Les processus de dévolution étaient connus et pour l'essentiel, respectés. C'est ce que témoignent d'ailleurs, depuis la haute antiquité, la panoplie des institutions politiques lignagères et les royaumes du continent[568]. Du fait de la domination étrangère, cette stabilité politique et institutionnelle va disparaitre. En effet, on assiste à un double processus marqué par le mouvement de dépolitisation des structures politiques traditionnelles (1), et la ruine de leur impartialité à l'aune de la dynamique de la re-politisation observée (2).

1- La dépolitisation

La problématique de la dépolitisation se lit comme une mise sous tutelle du pouvoir politique traditionnel. Du point de vue des fondements, la dépolitisation des autorités traditionnelles est due à plusieurs facteurs. De manière précise, elle résulte à la fois du fait et du droit. Comme le note le Premier ministre FONCHA, « *l'envahisseur a entrepris la réorganisation du nouveau territoire* »[569] en pour affirmer significativement son autorité. Et surtout, marquer la perte définitive de souveraineté des pouvoirs traditionnels locaux. Mais, quoi qu'il en soit, c'est d'abord principalement sous l'emprise du droit canonique qu'il faut situer le début du mouvement ayant abouti à la perte des souverainetés indigènes. Il s'agit premièrement et à titre de fondement originaire, d'une permission, d'un acte de droit divin. Ce droit est issu à la fois de la réforme grégorienne et surtout de la bulle papale de NICOLAS V. Ces deux textes de droit canonique déclarent la terre africaine « *de terre sans maitre* » et les Africains, « *d'ennemis du Christ* ». Ordre avait ainsi été donné à l'Espagne et au Portugal de conquérir ces contrées et de soumettre tous les habitants. Par la suite, le code noir emboitera le pas, et puis

---

568 Entre autres : Koush, Méroé, Ta Mery, Ethiopie, Ghana, Mali, Congo, Sokoto, Benin, Ashanti, Zimbabwe, etc.

569 Cf. John NGU FONCHA, Discours de proclamation de l'indépendance du Cameroun occidental, in, ZANG-ATANGANA (Joseph-Marie), *Les forces politiques au Cameroun Réunifié*, Tome 2, l'expérience de l'UC et du KNDP, Op. Cit., p. 153.

viendra l'acte final de Berlin. La guerre de conquête coloniale n'était au demeurant que la manifestation visible de ces préalables.

Après la colonisation, l'instauration de l'arrière-monde colonial finira par consacrer la déchéance de l'autorité traditionnelle. Ce qui va se manifester par son statut. Un statut quasi identique à celui en vigueur pendant la colonisation. L'indépendance politique signifiait, de ce fait, le simple remplacement des colons par la nouvelle élite formée à l'école du blanc : les endo-colons. Pour mieux le dire, la condition des structures traditionnelles n'avait guère changé. La dépolitisation et le dessaisissement de leur pouvoir étaient désormais consommés. Il ne manquait plus que sa consécration juridique en bonne et due forme par le nouvel État indépendant. Et c'est ce que fera de manière explicite la réforme du pouvoir traditionnel, opérée par le décret de 1977.

Cette réforme, bien que s'attaquant au statut et aux nouvelles fonctions du chef indigène, ne laissera pas moins la chefferie traditionnelle orpheline de son organisation interne. Jusqu'à ce jour, du moins à notre connaissance, aucune loi n'est venue fixer cette organisation. Comment pouvait-on dès lors interpréter cette ignorance de la loi. S'agissait-il de la volonté délibérée de laisser à la coutume une marge de manœuvre ? Ou, alors parce que la chefferie traditionnelle n'avait pas vocation à entrer dans la rationalité juridique[570] de l'État ? On pourrait valablement être tenté d'y souscrire. Ce d'autant plus que, l'organigramme de l'administration territoriale de l'État, que ce soit l'administration centralisée ou l'administration décentralisée, ne laisse pas figurer une place à la chefferie traditionnelle. Cela peut se comprendre soit comme la mise en veille de l'administration traditionnelle, soit comme la prise de recul du pouvoir politique, et donc du législateur devant un vide. Vide dû au défaut de rationalisation du pouvoir politique local, préalable à son intégration future au sein de l'administration puissance-publique.

2- La ré-politisation

La ré-politisation du pouvoir traditionnel est faite pour des fins personnelles[571]. Elle ne signifie donc pas le retour vers la souveraineté originelle perdue. Mais elle signifie plutôt, une manipulation artificielle de l'autorité traditionnelle pour des fins politiques, pour la personnification du pouvoir avec le régime du renouveau. Instrumentalisé pour la promotion de

---

[570] François OST fait ainsi observer que la rationalité juridique contemporaine est en dérive. Cf. OST (François), LENOBLE (Jacques), *Droit, Mythe Et Raison : Essai sur la dérive mythologique de la rationalité juridique*, édit., Facultés Universitaires Saint-Louis, 1980.

[571] Cf. Entretien du chef Bamendjou, S.M. Jean-Philippe RAMEAU SOKOUDJOU. Diffusé par la chaine de télévision VoixAfrica le 27 janvier 2016. Entretien réalisé à Paris par le journaliste Olivier ENOGO. Op. Cit.

militantisme partisan, et la destinée individuelle des élites[572]. Ceci à l'encontre des règles traditionnelles de dévolution du pouvoir coutumier. À titre d'exemple, notons la contestation de la désignation par élection en février 2018, du chef MATANGA Maurice au dépend de la famille appelée à exercer coutumièrement le pouvoir traditionnel du village Dibeng, arrondissement de Yabassi. Cette désignation par voix d'élection sera validée par le sous-préfet du dit arrondissement, au nom de la démocratie[573], ignorant ainsi la pratique de la démocratie dans un contexte d'animisme[574] et les modalités d'élection y relative. Ici, la priorité est accordée au choix du pouvoir héréditaire[575] ou gérontocratique[576] selon les cas.

De manière générale, la ré-politisation des sociétés traditionnelles[577] est un fait de la politique contemporaine de l'État du Cameroun. Elle est ainsi perçue comme une conséquence directe de la « *curialisation* » de l'espace publique en particulier, fonctionnant telle une société de cour.

Le professeur MOUICHE Ibrahim démontre par exemple que « les chefferies traditionnelles constituent le cadre naturel de mobilisation des masses pour les actions de développement en milieu rural. Elle (l'étude) s'interroge sur le militantisme politique des chefs (notamment leur sur leur soutien qu'ils apportent au parti pouvoir en ce temps de multipartisme au Cameroun), sur leur incursion dans les arènes électorales et constate que cet opportunisme ne conduit qu'à l'affaiblissement de leur position, au dysfonctionnement des chefferies et même plus grave, à la criminalisation de la politique »[578]. Le constat est que cette dynamique se poursuit. Même la dénomination de « chef » est assez attentatoire au pouvoir du souverain-roi originel. Elle résulte du concept de « Häuptling » utilisé pour la première fois par les Allemands. Ce concept en lui seul traduit l'idée de subordination. Un chef appelé à jouer les seconds rôles au sein de l'administration coloniale. C'est toujours dans cette dynamique que le pouvoir central a entamé

---

572 Cf. Entretien du chef Bamendjou, S.M. Jean-Philippe RAMEAU SOKOUDJOU. Diffusé par la chaine de télévision VoixAfrica le 27 janvier 2016. Entretien réalisé à Paris par le journaliste Olivier ENOGO. Ibid.

573 Cf. MBEMBE (Achille), « Esquisses d'une démocratie à l'africaine, entre coups d'État, élections reportées et mouvements sociaux », *Le Monde Diplomatique*, octobre 2000, pp. 20 et 21.

574 Cf. EFFA (Gaston-Paul), *Le dieu perdu dans l'herbe* : *L'animisme, une philosophie africaine,* Presses du Chatelet, 2015, pp. 67-70.

575 Cf. DUGAST (Idelette), « monographie de la tribu des Ndiki », T. II, Vie sociale et familiale, 1961, Op. Cit., pp. 125-126.

576 Cf. BAYART (Jean-François), MBEMBE (Achille) et TOULABOR (Comi), *Le politique par le bas en Afrique noire,* Karthala, édition relue et augmentée, col. Las Afriques, 2007, 217p.

577 Cf. MOUICHE (Ibrahim), « Autorités traditionnelles, multipartisme et gouvernance démocratique au Cameroun, Afrique et Développement, Vol. XXX, N°. 4, 2005.

578 Ibid.

aujourd'hui un processus de ré-politisation. Une ré-politisation partisane et dépourvue de l'idée de reconquête de souveraineté. Elle ne s'énonce guère dans la reconquête et la restauration, ni en une revalorisation du statut ou de la fonction. Il s'agit d'une simple cooptation dans le prisme la subordination subjective de l'autorité traditionnelle. Cette subordination peut prendre au moins trois formes.

La première est le résultat de l'activité administrative et décrétale de l'État. A travers la nomination ou la sanction de l'autorité traditionnelle. Certes, la loi fait obligation à l'administration d'État de choisir le chef au sein de la famille appelée à exercer coutumièrement le commandement traditionnel. Mais du fait même de cette imprécision de dispositions textuelles, l'administration a eu à maintes reprises le privilège de choisir ou de désigner un chef autre que celui qui pouvait véritablement prétendre à la succession. C'est notamment le cas de la succession dans le canton Bell à Bonaberi[579]. Ici la règle sacrée de la descendance directe et plus encore, de la primogéniture sont foulées au pied. La régence devient la norme. Ceci s'explique peut-être en partie par le fait que dans l'affaire KUAM Guillaume, il ressort explicitement que, l'État du moins par son représentant, considère que la nomination des chefs est de la nature des actes de gouvernement. Il s'agit donc des actes de souveraineté et donc par nature insusceptibles de recours.

La deuxième manifestation de la ré-politisation des structures politiques traditionnelles est liée à la personnification du pouvoir. Elle résulte par exemple de la confusion entre les intérêts partisans des partis et formations politiques, et l'intérêt supérieur de l'État. C'est notamment le cas lorsque la fonction présidentielle est utilisée aux fins des éloges faits à un homme. C'est du moins un contexte où tout devient grâce. Rien n'est dû au peuple souverain. Tout est don. Don d'un seul homme, un bien faisant généreux, le président de la République. Aussi, il y a un déplacement d'épicentre de la loyauté. La loyauté n'est plus due aux institutions de la république, par nature permanentes, mais à un homme. Or, en théorie, il est donné de constater que les hommes passent et les institutions demeurent. La méconnaissance de cette logique primaire dans la construction de l'État conduit à des dérives. D'où les appels à candidature et la rédaction des motions de soutien au Président de la République par les chefs traditionnels[580]. Que les simples citoyens en écrivent, ne pose pas de problème. L'intrusion forcée des chefs et notabilités

---

[579] Cf. Livre Blanc des Bele Bele en mars 2003 et la déclaration solennelle de 1996 qui l'accompagne au fond. Aussi, lire le constat fait à l'époque par le journal, La Nouvelle Expression, du 17 au 24 août 1994, p. 8.

[580] Lire à cet effet la motion de soutien adressée au chef de l'État par les chefs traditionnels du littoral, du Sud-Ouest, du Nord-Ouest et de l'Ouest. Cf. *Cameroon Tribune* n° 11575/7774 du 11 Avril 2018, p. 6.

traditionnels dans ce jeu du pouvoir politique étatisé est une véritable fuite en avant. C'est une fuite en avant parce que le chef, dans sa posture traditionnelle originaire, est un arbitre, une caution morale. Un arbitre investi d'une fonction délibérative et de conciliation de ses sujets. Son militantisme politique fait qu'il a désormais ouvertement un parti pris. En tant que tel, il ne saurait valablement être cet arbitre, juge impartial de la communauté[581].

Le dernier point qu'on pourrait aussi relever ici est celui de la conquête freinée de l'élite gouvernante de la fonction de chef. Ce renouveau de la quête de la légitimité traditionnelle est perceptible même au sommet de l'État. Comme le note HARDY Georges, « il semble aussi que même chez les avancés, le détachement des traditions soit plus apparent que réel…on peut changer de langue, de costume, de démarche, mais on ne rejette pas d'un coup les habitudes de raisonnement que des siècles d'histoire brutale vous ont légués, et les prétendus phénomènes d'européanisation risquent de demeurer, longtemps encore, simple affaire de faux-cols »[582]. Ainsi, voit-on les ministres, directeurs généraux et les aux dignitaires[583] de l'État courir pour solliciter ce poste dans l'organisation du pouvoir traditionnel. Ainsi, comme on a pu l'observer lors du dernier comice agropastoral d'Ebolawa, le chef de l'État, le président BIYA Paul a reçu le titre du NOMENGUI, titre de chef des chefs, de dépositaire des traditions des peuples du Sud-Cameroun.

B. Du point de vue des structures administratives

D'un point de vue administratif, la tendance est à l'inféodation statutaire (1), et par voie de conséquence à l'assujettissement fonctionnel (2).

1- L'inféodation statutaire

Pour parler de l'inféodation des structures politiques locales à l'administration d'État, il convient avant toute chose de dépasser la dichotomie classique dans la classification du pouvoir politique indigène. Ce faisant, essayer de comprendre l'essence et le sens de ce processus.

De manière ramassée, il est coutume de parler à propos de la classification du pouvoir politique africain, antérieur à la colonisation occidentale, de sociétés hiérarchisées et de sociétés diffuses. Les premières, les sociétés dites hiérarchisées, présentent une armature de commandement plus poussée. Elles

---

[581] Cf. EKAMBI (David), « Succession de la chefferie Bandioun, Esprits partisans et forces nouvelles du village face à la tradition », in, *Camaroes, Traditions et Expressions*, n°004, 18 décembre 2003, p. 6.

[582] Cf. HARDY (Georges), *Vue Générale de l'Histoire de l'Afrique*, Op. Cit., p. 176.

[583] « Pour s'imposer à leurs congénères, ces nouveaux bergers sont cependant tenus de faire des concessions au milieu ». Ibid.

sont pour l'essentiel, dirigées soit par un roi[584], soit par un chef, soit par un sultan[585]. Il s'agit là d'une très vieille institution dont les origines remontent à la haute antiquité égypto-nubienne, mais qui a connu des mutations profondes. Ainsi, le professeur ANTA DIOP Cheikh [586] fait observer que : «C'est consécutivement à la fin de l'antiquité égypto-nubienne que le Ghana va monter comme une flamme, entre la bouche du Niger et le fleuve Sénégal à une époque que l'on situe avec incertitude au troisième siècle avant J.C. On voit donc que l'histoire africaine considérée sous cet angle est sans interruption. Les premières dynasties nubiennes se prolongent par des dynasties égyptiennes jusqu'à l'occupation de l'Égypte par les Indo-Européns, à partir du Vè siècle avant J.C. LA Nubie restera l'unique foyer de culture et de civilisation jusqu'aux environs du VIè sicle ; puis le Ghana prendra le flambeau du VIè siècle jusqu'en 1240, date à laquelle sa capitale fut détruite par SUNDJATA Keïta. Ce fut enfin l'essor de l'empire mandingue (capital Mali)...puis ce fut l'Empire de Gao, l'Empire du Yatinga (ou Mossi qui dure jusqu'à nos jours), les royaumes du Dioloff et du Cayor détruits par les Faidherbe sous Napoléon III »[587]. Après l'auteur, il est important de faire une nette distinction entre l'histoire des peuples africains, et l'histoire récente de l'État. Car, le moins qu'on puisse dire est que l'histoire des sociétés dites traditionnelles est une histoire plusieurs fois millénaire. Et de ce développement transhistorique, se dégage une organisation sociale nettement remarquable.

Pour ce qui est du Cameroun, l'on distingue sommairement, dans la structuration sociale du pouvoir deux types de sociétés, selon que l'organisation du pouvoir est oui ou non poussée. Quant aux sociétés dites non hiérarchisées et donc constituées d'un pouvoir politique à fonction diffuse, elles sont intimement liées à la famille africaine dans ce qu'elle a de matrilinéaire ou de patrilinéaire. Le professeur DIOP fait ainsi observer avec pertinence que le matriarcat est par essence, une institution africaine, dont les origines ne souffrent d'aucune contestation. C'est, selon l'auteur ce système dit matrilinéaire qui fonde la famille lignagère africaine. Famille dont la caractéristique majeure est la référence à un ancêtre commun[588].

---

[584] C'est notamment le cas avec les rois Bamiléké de l'ouest Cameroun.
[585] À l'instar du sultan de Logone Birni, du sultan roi des Bamoun.
[586] Cf. ANTA DIOP (Cheikh), Nations Nègres et Culture, De l'antiquité nègre égyptienne aux problèmes culturels de l'Afrique Noire d'aujourd'hui, Op. Cit., pp.222.
[587] Ibid., p. 223.
[588] Cf. NDEBI BIYA, *Etre, Pouvoir et Génération. Le système Mbok chez les Bassa du Sud Cameroun*, Op. Cit. ; NDOUMBOUK, *Du droit dans les proverbes bassa du Cameroun*, Op. Cit., pp. 12-15 ; BERTAUT (Maurice), *Le droit coutumier des Bulu – monographie d'une tribu du Sud Cameroun*, Op. Cit. pp. 168-229.

Quoi qu'il en soit, de cette double organisation communément admise pour caractériser la société politique africaine, il ressort, de l'avis du professeur ANTA DIOP Cheikh, une conception synthétique de l'autorité. Elle se résume dans les sociétés politiques de l'Afrique traditionnelle de la manière suivante : les paysans, les artisans, les prêtres, les guerriers, fonctionnaires et le roi[589].

On note ainsi qu'il n'y a pas matériellement, une autre autorité au-dessus du roi, au plan matériel ou pour ce qui est du monde visible. La seule dérogation admise est dans ce contexte, la référence à la vérité, à l'ancestralité, et dont au sacré. Et à ce titre, le roi africain sert d'interface entre les deux mondes, entre le monde des vivants et celui des morts. Cette vison est fondé sur le mythe, en tant qu'il est un postulat majeur[590], mais aussi en tant que donnée utile à la conception de l'ordre global. « Mais l'objectif du mythe est essentiellement de poser les fondements d'un ou de plusieurs traits majeurs de la tradition du peuple qui l'a construit[591] ». C'est ainsi par exemple, que le mythe d'OSIRIS sert à poser les bases de la croyance en la concertation, à l'ordre négocié, au refus de la justice privée. Mais au-delà de ces données primaires, l'auteur note en outre que ce mythe est dans le paradigme traditionnel, le fondement de:

« - la résurrection ;

- L'alternance de la vie et de la mort ; c'est-à-dire la réincarnation,
- Le caractère fortifiant et purificateur des épreuves de la vie,
- La sagesse et l'amour oblatif de la femme,
- La nécessité absolue de la concertation dans la gestion de la vie de la société »[592].

Cette conception du monde est celle qui entremêle le registre ancestral et lignager, temporel et intemporel. Elle sera rapidement évincée dans les cosmogonies tribales, par la colonisation et plus tard par le nouvel État indépendant. Vu sous cet angle, l'imposition d'une autorité supérieure aux rois africains est déjà en soi signe de leur inféodation.

---

[589] Cf. ANTA DIOP (Cheikh), Nations Nègres et Culture, De l'antiquité nègre égyptienne aux problèmes culturels de l'Afrique Noire d'aujourd'hui, Op. Cit. p. 214.
[590] Cf. BILOLO M., Métaphysique pharaonique IIIe millénaire av. J.C. Prolégomènes et postulats majeurs, Op. Cit.
[591] Cf. DOUMBI –FAKOLY, *Horus, fils d'Isis, le mythe Osiris expliqué*, Op. Cit., p.5.
[592] Ibid.

De manière historique, avec l'État colonial, cette subordination résulte soit des accords et traités[593], soit de la conquête militaire[594]. Pour ce qui est du jeune État indépendant du Cameroun, cette subordination résulte sans doute de la poursuite de la politique coloniale d'endiguement de l'autorité traditionnelle originaire. Sans oublier la substitution des registres d'autorité par la nouvelle élite formée à l'école occidentale.

Vu sous cet angle, la question de la conservation du pouvoir politique traditionnel semble se poser, au regard de la règlementation en vigueur, en termes de reconnaissance de l'autorité traditionnelle. La reconnaissance en lieu et place de la suppression pure et simple comme c'est le cas dans certains États africains, comme le Mali et la République Centrafricaine. Sauf que, s'il convient de concéder qu'en soi cette reconnaissance de la chefferie traditionnelle est un pas important. De ce fait, il sied aussi de le dire, qu'à elle seule, elle ne suffit pas. L'investiture du pouvoir traditionnel tant d'un point de vue statutaire que fonctionnel nous parait justifiée. Cette réinstauration est aussi synonyme de la ré-investiture des référents coutumiers de structuration de l'ordre social et d'apprentissage du vivre ensemble collectif, selon les échelons. Ceci, non pas pour se substituer à l'État, mais simplement pour se réarticuler et permettre de mieux asseoir l'autorité de l'État. Un État vitrine des valeurs coutumières, du tissu social voire de la culture nationale. C'est là l'enjeu de la représentativité des collectivités villageoises au sein du grand appareil administratif, construit à partir du bas, dans l'amalgamation du vécu quotidien des sociétés dites coutumières. Ceci étant un vœu, seule la reconnaissance légale reste jusqu'à aujourd'hui, en vigueur dans notre système normatif. C'est du moins ce qu'affirme le préambule de la Constitution. De ce simple constat, l'inféodation statutaire demeure une réalité.

Au plan administratif donc, l'autorité politique locale demeure statutairement et fonctionnellement assujettie. Mais qu'en est-il de ses fonctions ?

---

[593] À l'instar du traité du 12 juillet 1884 entre les chefs Douala et les représentants des firmes commerciales allemandes.

[594] « Kamerun-Hickory town (Bonaberi) le 19 janvier 1885 ; victoria le 25 mars 1895 ; Ngulemakong le 18 décembre 1897 : Essumba Mbombo le 1er janvier 1898 ; Banyo le 7 mai 1899 ; Tibati le 7 juillet 1899 ; Ngila le 11 novembre 1899 ; Ngaoundéré le le 20 septembre 1901 ; Garoua les 5 et 28 décembre 1901 ; Mubi le 8 septembre 1902 ; Holma le 5 janvier 1902 et Ssaran Fellani le 5 janvier 1907 ». Cf. Professeur KUM'A NDUMBE III, les traités Camerouno-germaniques : 1884-1907, in actes du colloque international, Op. Cit.

2- L'inféodation fonctionnelle

L'inféodation fonctionnelle du pouvoir coutumier africain se décline par sa double casquette d'auxiliaire et d'ancillaire de l'administration d'État.

Le chef coutumier est un auxiliaire de l'administration, depuis au moins la période coloniale. Le chef indigène exerce pour l'essentiel, plus une autorité qu'un pouvoir. Il s'agit d'une autorité purement administrative. Une autorité de seconde zone, dépouillée de ses attributs traditionnels notamment le pouvoir juridictionnel et le pouvoir sacré. Son statut est celui d'un auxiliaire de l'administration. J. VAN VOTLENHOVEN[595], gouverneur de l'AOF en 1917 est formel sur ce point : certes, « le chef indigène n'est qu'un instrument, un auxiliaire », mais « il est vrai que cet auxiliaire n'est pas un simple agent d'exécution ».

Pour l'essentiel, ses fonctions sont administratives[596], juridictionnelles[597] et financières. Ses fonctions administratives se résument sur le fait que le chef est un collaborateur de l'administration. C'est à ce titre qu'il sert de courroie de transmission entre les Européens et la population locale. Il lui revient de transmettre les décisions de l'administration coloniale et au besoin de les faire accepter en les légitimant. Il représente plus l'administration coloniale au sein de la population que la population auprès de l'administration. Ce travail est d'autant plus difficile que la position du chef indigène est l'une des plus délicates à tenir. À vrai dire, le chef est placé entre le *« marteau et l'enclume[598] »*. Il doit faire preuve de fidélité à l'administration coloniale et en même temps rester fidèle au peuple dont il préside la destinée ancestrale. En retour de ses fonctions administratives, dans le système français par exemple, un certain prestige est accordé au chef notamment le droit de porter un uniforme[599], le droit de se constituer un conseil de notables[600], et dès le mois d'août 1930 ils exercent les fonctions d'officier d'état civil. Même s'il ne

---

595 Cf. NGANDO (Blaise Alfred), *La présence française au Cameroun (1916-1959) colonialisme ou mission civilisatrice*, op.cit., p. 77.

596 Le processus d'émasculation des institutions politiques traditionnelles est à l'origine de la dénaturation du pouvoir traditionnel et l'instauration, en ses lieux et place, d'une simple autorité. Ainsi YOSHIHITO SHIMADA fait observer que « la transformation politique fondamentale des États traditionnels réside dans ce changement qualitatif de force du pouvoir à l'autorité » d'où leur affaiblissement. YOSHIHITO SHIMADA, Op. Cit., p. 293.

597 Fonction de juge et d'arbitre impartial de sa communauté. Appelé à dire soit individuellement le droit, soit au sein d'une assemblée de notables, en cas de convocation d'une palabre, en vue de structuration ou restructuration de l'ordre social.

598 Cf. NGONGO (Louis Paul), *Histoire des institutions et des faits sociaux du Cameroun*, Tome I, Op. Cit., p. 127.

599 Cf. L'arrêté du 25 mai 1923.

600 Cf. L'arrêté du 09 octobre 1925.

s'agit là que d'un prestige de façade. Tel est le traitement administratif du chef dans le système d'administration directe français.

Parlant des modes de colonisation, et notamment du système britannique[601] dit de *l'Indirect Rule,* le chef *« ici est plus qu'un simple exécutant »,*[602] car le système britannique se fonde sur la pédagogie politique. Quoi qu'il en soit à côté de ses fonctions administratives, le plus souvent à titre dérivé, le chef indigène exerce aussi des fonctions financières et subsidiairement les fonctions juridictionnelles.

Quant au système allemand, il se situe à mi-chemin entre le système français et britannique. Ceci est dû au fait que les Allemands appliquent le système d'administration indirecte au Nord[603] et le système d'administration directe au sud[604]. Cette distinction est en fait sans incidence au fond, car partout le chef a perdu de ses attributs essentiels notamment le pouvoir politique traditionnel et exerce des fonctions quasi administratives[605]. Et pour s'en convaincre, notons que du fait même de l'arrivée de l'autorité coloniale, l'autorité traditionnelle n'est plus comme par le passé l'autorité suprême. Mais de manière exceptionnelle, l'arrêté du 15 février 1913 organise les modalités de la délégation des pouvoirs, de l'autorité coloniale vers le chef indigène. Le pouvoir administratif du chef traditionnel sous le régime allemand est donc un pouvoir restreint, mais somme toute réel. Il cohabite avec ses compétences juridictionnelles.

Il est question de distinguer, sur ce plan, la fonction juridictionnelle de la fonction financière. Le passage du pouvoir à l'autorité est la caractéristique majeure du fait colonial sur l'autorité traditionnelle. En effet, même le pouvoir juridictionnel du chef indigène en pâtira. C'est ainsi que sous l'administration française la juridiction traditionnelle reformée échappe totalement au chef indigène. Car même le tribunal dit coutumier reste en dernière analyse entre les mains du chef de subdivision[606]. Toutefois, le chef préside la juridiction coutumière de son village ou de son groupement, statuant sur les affaires de

---

[601] Cf. HARDY (Georges), *Vue Générale de l'Histoire de l'Afrique*, Op. Cit., p.146 et s.
[602] Cf. NGONGO (Louis Paul), *Histoire des institutions et des faits sociaux du Cameroun*, Tome I, Op. Cit., p. 128.
[603]Cf. YOSHIHITO SHIMADA, « Dynamique politique des États traditionnels sous l'INDIRECT RULE », du pouvoir à l'autorité, étude de cas du Lamidat de REY BOUBA, SENRI ETHNOLOGICAL STUDIES 15 1984.
[604] Ibid.
[605]Cf. L'arrêté du 15 février 1919. En effet, pour ce qui est de la colonisation allemande, ce texte détermine l'étendue des pouvoirs et prérogatives du chef et organise les modalités de dévolution et de délégation des pouvoirs entre l'administration coloniale et le chef indigène.
[606]Ibid., p. 127.

moindre importance. Les décisions rendues sont susceptibles d'appel devant le tribunal du fonctionnaire résident.

Mais tout autre est la réalité dans le système britannique et le système allemand pour ce qui est de la zone du Nord Cameroun. Ici le chef traditionnel conserve certains de ses attributs juridictionnels[607]. Il est notamment compétent en instance au niveau de sa circonscription pour les litiges opposant les indigènes. C'est le cas par exemple dans les « *natives courts* ». Même si *in fine* ses décisions sont susceptibles d'un recours devant l'autorité administrative. Notons que même si le pouvoir juridictionnel du chef tend pour l'essentiel à s'estomper, le chef a hérité d'un autre pouvoir plus significatif : le pouvoir financier, notamment la collecte d'impôt auprès de la population autochtone pour le compte de l'autorité coloniale.

Par fonction financière du chef indigène, il faut entendre la mission de collecte d'impôt pour le compte de régimes coloniaux successifs. La collecte de l'impôt n'est pas totalement inconnue de nos sociétés traditionnelles. De tous les temps, l'autorité traditionnelle s'est toujours octroyé le droit à une certaine redevance sur le revenu de ses sujets. Dans la plupart des cas, cette redevance était due par les éleveurs sur leur bétail et par les agriculteurs qui exploitaient la terre coutumière. Mais le fait nouveau instauré par la colonisation est non seulement la dépossession de la collectivité villageoise de ce revenu, mais aussi la transformation en argent de ce qui était dû par les populations autochtones. Encore que dans sa fonction classique, la dîme perçue par l'autorité traditionnelle relevait de l'exploitation de la terre coutumière, cette propriété indivise de la communauté traditionnelle toute entière.

L'impôt prélevé par les gouvernements coloniaux était en n'en point douter, un véritable butin de guerre, surtout dans le contexte français et britannique. Et pire encore, notons que l'impôt constitue pour les populations un gage de leur dévotion et un symbole de soumission[608]en vers l'occupant. Cet impôt est à taux variable selon la zone géographique et selon le sexe[609]. Dans toutes les hypothèses, le chef collecte l'impôt et reçoit en retour un certain pourcentage à titre de rémunération. Cette rémunération est par exemple de 5 à 10 pourcent sous l'administration allemande[610]. L'impôt sur

---

[607]Cf. BAILLAUD (Emile), La politique indigène de l'Angleterre en Afrique occidentale, Op. Cit., 453.

[608] Cf. YOSHIHITO SHIMADA, « *Dynamique politique des États traditionnels sous l'INDIRECT RULE* », du pouvoir à l'autorité, étude de cas du Lamidat de REY BOUBA, Op. Cit., p. 317.

[609] Ibid., p. 319.

[610] Cf. NGONGO (Louis Paul), Histoire des institutions et des faits sociaux du Cameroun, Tome I, Op. Cit., P. 55.

les personnes physiques est l'une des curiosités de la colonisation occidentale et un vestige de la domination de l'État colonial dans ses tendances hégémoniques.

À la suite des Allemands la France et la Grande-Bretagne héritiers du Cameroun après la Première Guerre Mondiale, vont prolonger cette tradition fiscale. Ainsi, les populations indigènes seront assujetties à l'impôt sur les personnes physiques durant le condominium franco-britannique et même pendant la période qui va du mandat à la tutelle des Nations Unies. Comme le note HARDY Georges[611], l'Europe a *« évincé les représentants des vielles dynasties locales »*. La fiscalité n'est qu'un aspect de cette domination

Avec l'accession aux indépendances politiques, malgré quelques aménagements ou réaménagements de circonstance, la situation du chef coutumier n'a pas changé. Il reste avant tout consigné à sa fonction ancillaire, de gestion symbolique des affaires de sa communauté.

Dans la fonction ancillaire, le chef est réduit à la gestion des affaires domestiques. Ceci concerne au premier chef la gestion des affaires courantes de sa communauté, selon qu'il s'agit de la chefferie de premier de second ou de troisième degré. Ou encore la gestion des collectivités territoriales décentralisées, dans l'optique du constituant de 1996, constituant qui intègre les chefs coutumiers dans la composition et dans la gestion des exécutifs régionaux en perspective. On se serait attendu à une telle disposition constitutionnelle, en ce qui concerne le premier pilier de la décentralisation territoriale, notamment l'aspect municipal, pour plus de représentativité, et surtout dans un souci de légitimité ancestrale, fondement de la solidarité communautaire dans la cosmogonie africaine.

Conclusion : l'idée maitresse qui fonde ce chapitre est celle de savoir si à l'aube des indépendances, la dynamique de construction du nouvel État indépendant rompt avec la logique de l'État colonial, précédemment analysée. La réponse est négative. Négative d'un point de vue juridique, ontologique, et même idéologique. D'un point de vue idéologique, l'on assiste à la poursuite de la construction idéelle du soubassement théorique de légitimation de la prétention impérative du monopole de l'État. D'où la substitution de l'idéologie de l'unité nationale et du développement économique, à l'idéologie coloniale de la mission civilisatrice. D'un point de vue ontologique, le dessaisissement des institutions coutumières se poursuit avec plus d'emphase. Aucune institution n'est épargnée : ainsi, le pouvoir politique traditionnel, la justice, les institutions sociales à l'instar du mariage, de la dot

---

[611] Cf. HARDY (Georges), *Vue Générale de l'Histoire de l'Afrique*, Op. Cit., Pp.176 et s.

et même des organisations rituelles ; passent soit sous le contrôle de l'État. Soit directement, soit indirectement par la tolérance administrative. Du point de vue de l'idéologique scientifique, l'on assiste à une disqualification des coutumes au nom de la conception démagogique de la démocratie et des droits de l'homme. Au plan institutionnel et matériel, au nom de la logique hiérarchique et de l'impérium de la construction de l'unité nationale, la coutume connait un recul significatif. L'ordre juridique du nouvel État indépendant apparait ainsi comme un ordre révolutionnaire, autoritaire et non négocié. D'où la réduction, malgré la résilience, de la logique coutumière dessaisie à la clandestinité et donc à l'informel.

TITRE 2

LE DESSAISISSEMENT NORMATIF : LE PROCESSUS D'ABROGATION ET DE RESTRICTION PROGRESSIVE DU CHAMP MATÉRIEL D'APPLICATION DES COUTUMES

Le dessaisissement normatif se fait par l'érosion des coutumes matérielles, au moyen de l'institution d'un nouvel ordre social. Aussi l'on observe le processus d'abrogation et de restriction progressive du champ matériel d'application des coutumes. Plus concrètement, non seulement l'État devient juge des coutumes, à travers la relégation de la coutume au rang de source secondaire du droit (chapitre 1), mieux encore, toute la rationalité coutumière est mise en jugement (chapitre 2).

CHAPITRE 1

L'ÉTAT JUGE DES COUTUMES : LA RELÉGATION DE LA COUTUME AU RANG DE SOURCE SECONDAIRE DU DROIT

L'ordre juridique est un tout. C'est un système complexe des normes caractérisé par son unité. Ce tout est constitué des normes qui, bien que spécifiques, participent de la construction de l'unicité de l'ordre global. Il se conçoit dans une logique déductive et donc par-dessus tout subordonnée. Mais ce que l'on dit le moins, c'est que l'ordre normatif ordonne pour une double finalité. Une finalité interne, dite finalité de conformité et de cohérence hiérarchique. Une finalité externe, ordonnant un ordre extérieur à l'ordre primitif. Cette dernière finalité est certes, au premier abord, la mise en cohérence des rapports sociaux, la délibération des intérêts pluriels que l'on rencontre dans la société. Cette finalité est aussi, en seconde analyse, l'imposition d'un modèle ou d'un type de société résultant d'un choix politique. C'est-à-dire des délibérations des pouvoirs constitués dans une logique purement politique et constitutionnelle. L'ordre normatif produit ainsi, de manière directe, des effets sur la société globale, dans la perspective de sa structuration. C'est d'ailleurs sa raison d'être.

Les structures traditionnelles, les coutumes et les usages n'échappent pas à cette réalité. La construction de l'ordre normatif conduit le plus souvent, au Cameroun comme partout ailleurs en Afrique noire, à la disqualification et au dessaisissement de l'ordre traditionnel[612]. Ce dessaisissement est fille de la primauté accordée à la construction idéologique du droit[613]. Ceci, au détriment de la pratique et donc, de ce qu'en font les acteurs. Il s'agit en fait d'un manque de rationalisation de la culture juridique locale ; car « à l'instar des autres États d'Afrique, le Cameroun s'est construit depuis la période coloniale sur le modèle étatique et juridique occidental, considérant le droit traditionnel

---

[612] Cf. SOBZE (Serge François), De la création du droit en Afrique à comment fabrique-t-on le droit en Afrique ? Quelles innovations pour la sécurité juridique en Afrique ? In La fabrique du droit en Afrique, Actes du premier symposium juridique de Libreville (21-22 novembre 2013). Revue de la Fondation Raponda-Walter, n° 6 – 2013. pp. 45 et s. l'auteur parle ainsi de « *fabrication du droit en Afrique comme phénomène révolutionnaire* ». p. 55.

[613] « Science sans conscience n'est que ruine de l'âme et du corps conclura en ce sens KIZERBO. Le droit africain est le fruit d'une prise de conscience de ses dirigeants, décidés d'adapter leurs bases juridiques aux réalités africaines. » Ibid. p.77.

africain comme un obstacle au progrès[614] ». Une rationalisation utile au premier et au second degré. Au premier degré, cette rationalisation signifie l'étude approfondie des coutumes dans leur contexture et leurs différents linéaments. Cette étude permet en fait de comprendre après analyse le contenu et la logique coutumière. Au besoin, de tirer les enseignements qui s'imposent.

Au second degré, cette rationalisation désignerait, la systématisation de la coutume dans ce qu'elle a de compatible avec l'aspiration de l'ordre républicain consenti, d'un point de vue institutionnel et normatif. Mais jusque-là, il n'en est rien. Bien sûr, la coutume, ou une certaine pratique coutumière[615], présente des traits attentatoires à certains principes constitutionnels[616] d'une société désormais individualiste. Mais ces traits ne sauraient masquer l'infinie richesse de la coutume, que le constituant du 18 janvier 1996 qualifie de valeurs traditionnelles. Il consent par la suite leur appropriation à travers la reconnaissance et la protection.

Pourtant, dans la pratique, tel n'est pas totalement le cas. Les études qui s'y rapportent sont le plus souvent sommaires. Une sentence pour ce droit d'inspiration profane, l'aube de la rationalité juridique[617] dans les sociétés dites primitives. Les techniques abrogatives participent de cette logique. Ceci est constaté à la lumière du recul inéluctable de la coutume de son champ traditionnel de compétence. Ce qui est dû à l'imposition d'un nouvel ordre social unitaire et révolutionnaire : l'ordre juridique de l'État républicain. Toutes ces techniques juridiques du « droit révolutionnaire » ont pour dénominateur commun le respect du monopole républicain, l'exception d'ordre public. Une légalité qui est de type monoculturelle ou mono rationnelle. Et donc, qui affirme le monopole juridique de l'État et de sa prétention à régir les sociétés traditionnelles à partir du seul sommet. Cette règlementation se fait au moyen du décret. C'est au nom de la loi républicaine, expression mythique de la volonté générale, que sont mises en veille certaines coutumes. La légalité républicaine apparaissant ainsi comme, la seule alternative crédible. Elle est aussi le lieu par excellence d'opposition des abstractions, de confrontation des paradigmes, des modèles de civilisation. Il en résulte une situation symptomatique des sociétés en crise. De cette contradiction nait conformément à la logique dite binaire, la disqualification. C'est aussi une confrontation de nature idéologique, de type légale rationnelle

---

614 Cf. NGANDO (Blaise Alfred), *Genèse de l'État et du droit au Cameroun (1472-1961). Les racines d'une Nation en construction*, 2Op. Cit., p. 297. Voir également GONIDEC (Pierre-François.), *Les droits africains Evolution et sources*, Op. Cit.

615 Il en va ainsi des règles coutumières liées à la polygamie, à la primogéniture en matière successorale, à l'autorité maritale au sein de la famille.

616 Entre autres : le principe de non-discrimination, le principe de l'égalité etc.

617 Cf. ROULAND (Norbert), *Aux confins du droit. Anthropologie juridique de la modernité*, Op. Cit., p. 34.

et donc l'issu inéluctable semble être l'exclusion du tiers. Ceci à travers une normativité et des institutions exclusives. Plus fondamentalement la disqualification des coutumes se fait principalement par deux techniques juridiques: les techniques législatives (section I) et les techniques jurisprudentielles (section II).

Section 1 : Les techniques législatives de mise en « jugement des coutumes », source du droit

Par techniques législatives de mise en « jugement des coutumes », il faut entendre ici l'ensemble des moyens de contrôle énumérés par la loi. Ces moyens dont la mise en œuvre entraine la mise à l'écart de la coutume, et favorise par ricochet l'emprise réelle du droit écrit. Cette emprise des catégories juridiques du droit écrit est d'abord constitutionnelle, parce que la Constitution camerounaise de 1996, bien que consacrant la reconnaissance et la protection des valeurs traditionnelles, s'est abstenue de consacrer un domaine propre à la coutume. Et pourtant, le domaine de la loi[618], le domaine règlementaire[619] et l'office juridictionnel[620] ont reçu un traitement approprié. De ce fait, le domaine coutumier apparait comme jouissant d'une légitimité constitutionnelle subsidiaire. Du simple fait qu'ayant reconnu les coutumes, à travers la protection des valeurs traditionnelles, le constituant du 18 janvier 1996 s'est gardé de tirer les conséquences juridiques d'une telle consécration. À titre d'exemple, l'article 25[621] qui traite de la répartition de la compétence législative attribue cette dernière concurremment au parlement et à l'exécutif. L'hypothèse du référendum[622] lui-même est subordonnée à la compétence des

[618]Art. 26 de la Constitution.

[619] Art. 27 de la Constitution.

[620] Les art. 37 et s. de la Constitution.

[621] « L'initiative des lois appartient concurremment au Président de la République et aux membres du Parlement », Art. 25 de la Constitution

[622] « Art. 36(1) Le Président de la République, après consultation du Président du Conseil Constitutionnel, du Président de l'Assemblée Nationale et du Président du Sénat, peut soumettre au référendum tout projet de réforme qui, bien que relevant du domaine de la loi, serait susceptible d'avoir des répercussions profondes sur l'avenir de la nation et les institutions nationales.
Il en sera ainsi notamment :
1°- des projets de loi portant sur l'organisation des pouvoirs publics ou sur la révision de la Constitution ;
2°- des projets de loi tendant à la ratification des accords ou des traités internationaux présentant, par leurs conséquences, une importance particulière ;
3°- de certains projets de réforme portant sur le statut des personnes et le régime des biens etc.
(2) Le projet de loi est adopté à la majorité des suffrages exprimés.

pouvoirs constitués. La coutume se trouve donc subordonnée aux autres normes que produit l'État. Aussi, trois techniques législatives seront déclinées ici. Il s'agit à la fois de l'abrogation (I), de la règle de l'option et du déclinatoire de compétence (II).

I. L'abrogation des coutumes

Ici seront présentées tour à tour, l'abrogation en tant que mode privilégié de disqualification des coutumes (A), et les formes d'abrogation (B).

A. La notion d'abrogation

Il convient de donner un sens à la notion d'abrogation (1), avant d'en mesurer la portée. (2).

1- Définition de la notion

L'abrogation désigne la sortie d'un texte juridique de l'ordonnancement juridique d'un système de droit donné. Elle marque en fait la fin de vie d'un texte de loi. Il peut s'agir de la Constitution, des traités et accords internationaux, de la loi, ou des textes règlementaires. En effet, le principe d'abrogation n'a pas d'effet rétroactif. Il désigne tout simplement l'annulation pour ce qui est des effets futurs, d'un texte de loi. Il ne se confond non plus avec la désuétude. La désuétude désigne la non-application d'une loi, au sens générique, pendant une longue période. La notion de longue période ici étant un concept flou, c'est-à-dire une notion dont le sens n'est pas arrêté avec précision et/ou autorité. L'on pourrait aussi être tenté, à tort, de définir la désuétude comme la cessation d'une loi, ou d'un texte de loi. Cela est inexact, du point de vue de la théorie de droit, parce qu'il est établi que les lois ne s'abrogent pas par désuétude. Ceci étant, la désuétude n'est donc pas une condition rédhibitoire, ou un empêchement dirimant, pour l'application d'un texte juridique tel qu'il soit.

2- Portée de la notion

L'abrogation des textes juridiques ne pose pas de difficulté de droit majeur pour les juristes. Car elle est bien canalisée dans les canaux de la science positive. Toutefois, selon le principe du parallélisme des formes, une loi ne peut abroger qu'une autre loi. Autrement dit, l'abrogation se fait selon la forme et la nature du texte juridique. Ainsi énoncées, les choses paraissent

La loi détermine les procédures du référendum ». Art. 36 de la Constitution.

d'une simplicité déconcertante. Tout, ou presque tout semble réglé à priori. Mais il n'en est rien. Car dans notre édifice juridique, la catégorisation des normes et leur classification subséquente ne sont pas du tout aisées. Cela est dû à la structuration même de notre environnement juridique immédiat.

L'exemple, qui tient lieu d'hypothèse d'école ici, est celui de la coutume. Où se trouve la place de la coutume dans l'ordonnancement juridique de l'État. Si sa valeur infra-constitutionnelle et infra conventionnelle est établie, il n'en est pas ainsi du cas de la loi, des règlements et de la jurisprudence. Parlant du cas de la loi, la coutume peut être tour à tour « Infra Legem », « contra Legem » ou « Preater Legem ». De ce point de vue, la loi est-elle réellement fondée à abroger la coutume ? La pratique consacre la supériorité de la loi sur la coutume.

Parlant des textes règlementaires, la question de rapport entre la coutume, en termes de hiérarchisation n'est pas encore réglée. Dans leur trilogie, règlement législatif, règlement autonome et règlement subordonné, l'on peut logiquement en déduire ce qui suit. Les règlements législatifs ayant valeur légale sont par essence hiérarchiquement supérieurs aux coutumes. Et du fait même de cette supériorité peuvent les abroger. Pour ce qui est des règlements autonomes, la question de leur valeur abrogative sur les coutumes n'est pas encore réglée. Mais lorsqu'on pousse la réflexion plus loin, on se rend à l'évidence que : le domaine matériel de la coutume est presque, toute proportion gardée, le domaine de la loi, énoncé à l'article 26 de la Constitution du 18 janvier 1996. De ce point de vue, le risque de conflit est nul. Nul du fait même du manque de chevauchement de la compétence matérielle. En second lieu, le domaine d'intervention du règlement autonome est, le plus souvent, le domaine de souveraineté. Et par principe, un domaine constitutionnellement dévolu au pouvoir exécutif, en exclusivité. La coutume ne pouvant pas exercer une compétence concurrente, le seul recours est le recours pour excès de pouvoir devant le juge administratif. Tel est le cas du contentieux de nomination des chefs traditionnels[623]. D'un autre point de vue, l'exécutif peut interdire directement les manifestations coutumières au nom du respect de l'ordre public.

Le dernier problème de l'abrogation des coutumes est lié à la compétence du juge. Il se pose une question du rapport entre la norme coutumière et la jurisprudence. La question est délicate. Délicate parce que le rapport entre ces deux normes de droit n'est pas réglé par un texte. Toutefois, la jurisprudence s'est arrogé un pouvoir de supervision et de légalisation de la norme

[623] Citons à titre illustratifs l'affaire CS/CA, 29 novembre 1979, MBOUENDEU Jean de Dieu C/État du Cameroun.

coutumière. Ce faisant, bien que juridiquement soutenable, elle viole le principe de la hiérarchie des normes, et son pendant procédural, le parallélisme des formes. La coutume est-elle une norme jurisprudentielle ?

B. Les formes d'abrogation

L'abrogation peut revêtir plusieurs formes. Elle peut être partielle ou totale, expresse (1) ou tacite (2). Quoi qu'il en soit, le résultat est quasiment le même, la sortie d'une disposition normative de l'ordonnancement juridique.

1- L'abrogation expresse

L'abrogation est dite expresse, lorsque la loi abrogative énonce clairement et d'une manière non équivoque que toutes les dispositions antérieures et contraires à la présente loi sont abrogées. L'abrogation expresse se construit et se structure donc au niveau de sa formulation et de son contenu. Contenu qui laisse transparaitre les notions d'antériorité et de contrariété.

Du point de vue de la formulation, notons tout simplement qu'une loi abrogative est le plus souvent accompagnée d'une disposition qui l'énonce. Généralement, il s'agit de l'avant-dernier article de la loi. Ainsi, l'art. 176 al. 1 de la loi n°92/007 du 14 août 1992 portant du code de travail de 1992 énonce que « sont abrogées, toutes les dispositions antérieures contraires à celles de la présente loi, notamment... ». Cette abrogation peut aussi être totale ou partielle. Tout compte fait, son étendue est toujours précisée[624] par la loi abrogative.

L'abrogation ne produit d'effets que pour le futur. Cela suppose que les effets antérieurs restent valables. La loi ou la norme coutumière abrogée ne produira plus d'effet pour l'avenir. Ces effets s'arrêtent au jour de la promulgation ou de l'entrée en vigueur. Ainsi par exemple, lorsqu'une loi abroge une disposition coutumière, cette disposition est censée sortir de l'ordonnancement juridique. Mais les choses sont moins évidentes que ça. Le plus souvent, l'abrogation de la coutume par une norme de droit légiféré signifie simplement que ladite norme ne sera plus appliquée pour l'avenir par les institutions et les organes de l'État. Dans la pratique cela n'a pas une réelle incidence sur le vécu quotidien des collectivités coutumières, sauf dans leur rapport avec les institutions. Les collectivités qui, non seulement, ignorent l'existence même du droit légiféré, parce que son caractère élitiste, mais qui plus est, la coutume reflète le vécu ancestral. Elle est donc par définition plus compatible avec le vécu quotidien des populations. L'institution du droit étatique est en dernière analyse, certes une affirmation de son autorité, une

[624] Cf. par exemple, 176 al. 2 de la loi n°92/007 du 14 août 1992 portant du code de travail.

autorité le plus souvent non compatible avec les réalités des collectivités villageoises. Cette modernité se lit en termes de promotion de l'ordre républicain et des impératifs du droit économique. Plus concrètement, il sied de marquer par des exemples précis, le processus d'abrogation de la coutume.

La première hypothèse est relative aux règles applicables en matière foncière. Aussi, pendant la colonisation, du fait de l'abrogation des pratiques locales, le domaine coutumier a connu un net recul.

Parlant de la période allemande, des textes majeurs constituent l'ossature de la législation foncière. Ce sont d'une part, le décret du 15 juin 1896 sur la création, la prise de possession et l'aliénation des terres au Cameroun, et d'autre part, le décret impérial du 21 novembre 1902 relatif au droit foncier dans les colonies allemandes[625]. Le décret du 15 juin 1896 se présente comme un vestige de la loi du 17 avril 1886 relative à la situation juridique des colonies allemandes. Cette loi énonçait ainsi que les terres sans maitre faisaient partie intégrante du domaine de la couronne. C'est le décret du 21 novembre 1902 qui va instaurer au Cameroun le régime d'inscription au livre foncier ou au « GROUNDBOOK ». Le livre foncier avait été ouvert à Douala dès 1903. Son ressort couvrait toute la colonie. Ce décret fait une distinction entre les terrains indigènes et les terrains détenus par les Allemands. Ainsi lorsqu'ils sont inscrits au livre foncier, les terrains indigènes sont soumis au droit métropolitain en la matière. Les terrains des non indigènes sont régis par des règles particulières. En principe ces terrains ne peuvent faire l'objet de convention qu'entre les populations locales. Ceci, selon les modalités librement consenties. Pour ce faire, l'arrêté du 27 décembre 1910 institue les registres des terres pour cette catégorie.

S'agissant maintenant du cas de la France, elle introduit au Cameroun le régime de la transcription du 23 mars 1855. Ce régime est similaire au régime allemand de l'inscription au livre foncier. Dès 1932 le régime dualiste est institué par décret. Ainsi le décret du 21 juin 1932 instaure le régime de l'immatriculation, et le deuxième décret du même jour instaure le régime de transcription des livrets fonciers. Ce qu'il faut préciser pour la bonne compréhension de ce régime dit dualiste est que pour l'essentiel, le régime de l'immatriculation vient renforcer la propriété des terres détenues privativement. Il les fait consigner dans les livres fonciers. Alors que le régime de la transcription des livrets fonciers cherche à faire l'inventaire des terres coutumières détenues par les indigènes. Quelle que soit l'hypothèse retenue,

[625]Cf. NYAMA (Jean-Marie), *Régime foncier et domanialité publique au Cameroun*, presses de l'UCAC, édit. 2012, pp. 25-34. Lire également LEWIN (Evans), *Le régime allemand*, Op. Cit. ; MICHEL (Marc), « Les plantations allemandes du Mont Cameroun », Op. Cit.

les régimes fonciers coloniaux consacrent la primauté de la propriété privée et entrainent la « réduction des droits des communautés locales par les lois »[626].

La seconde hypothèse est relative aux règles dans les rapports personnels. L'un des domaines de prédilection de l'applicabilité des coutumes. Sauf qu'avec l'instauration de la colonisation occidentale, et par la suite, du fait du maintien de l'arrière-monde colonial par le nouvel État indépendant, le domaine coutumier sera peu à peu abrogé. Cette abrogation se fait par les règles du droit écrit et de la Common Law[627].

Ainsi, parlant du droit écrit, à la suite du l'instauration de code civil allemand et bien plus tard avec l'avènement du Code civil français, le domaine coutumier, notamment les règles relatives au mariage connaitront un recul significatif. Par exemple, l'article 144 du Code civil de 1804 laisse entendre que le mariage est une conjonction de sexes, l'article 146 proclame que le mariage est un accord de volonté et l'article 165 ajoute qu'il comporte un rite scellé par l'État[628]. Le mariage est ici à la fois une institution et un contrat. Plus tard, l'ordonnance du 29 juin 1981[629] viendra pérenniser cette dépossession coutumière. Elle le fera avec plus d'emphase en son article 84, qui dispose : « sont abrogées toutes dispositions antérieures contraires notamment celles des lois n° s. 66/2/COR du 7 juillet 1966 et 68/LF/2 du 11 juin 1968. » L'expression « dispositions antérieures contraires » englobe entre autres, les pratiques coutumières et législatives.

2- L'abrogation tacite

Il est rare en droit qu'un texte juridique, qui vient pour abroger une disposition coutumière quelconque, ne le dise pas de manière expresse. La question de l'abrogation tacite est donc ainsi une question de pure rhétorique. Elle a cependant du point de vue de l'heuristique juridique une importance considérable. Vu sous cet angle, on pourrait d'abord questionner le sens même

---

[626] Cf. NGUIFFO (S.), KENFACK (P.E.), MBALLA (N.), Op. Cit., p. 5. Il est mentionné ici que l'étendue matérielle des droits des communautés a été affectée tout comme il y a eu réduction de l'étendue de ces droits, pendant la période coloniale.

[627] Ainsi, la Section 27(1) de la SCHL de 1955, énonce que: « The High Court shall observe, and enforce the observance of every native law and custom which is not repugnant to natural justice, equity and good conscience, nor incompatible with any law for the time being in force, and nothing in this law shall deprive any person of the benefit of any such native law or custom ».

[628] Cf. CARBONNIER (Jean), *Droit civil, t. 2, la famille, les incapacités*, Paris, PUF, 1977, pp. 19-20. L'auteur définit ainsi le mariage comme « l'union de deux personnes de sexe différent, contractée avec certaine solennité ».

[629] Cf. ordonnance n°81/002 du 29 juin 1981, portant organisation de l'état civil et diverses dispositions relatives à l'état des personnes.

de cette technique d'abrogation avant d'analyser la différence entre l'obligation tacite et la désuétude.

Quel sens peut-on donner à l'abrogation tacite, du point de vue de la technique juridique. La question n'est pas sans importance pour les systèmes juridiques africains. Un système juridique en pleine reconstruction. Dans ce processus, les intérêts et les sensibilités à ménager sont nombreux. Les valeurs multiples, les contradictions des cosmogonies et des philosophies de vie n'étant pas de nature à simplifier la difficulté. Prenons à titre exemplative la réforme du code de la famille. L'avant-projet du code en maturation depuis plus de 40 ans est un exemple plein de significations, tant les contradictions des valeurs à défendre sont plurielles. Il s'agit des valeurs traditionnelles, religieuses, républicaines. Peut-on, sans préjugé et donc sans une certaine précompréhension, hiérarchiser ces valeurs. Autant les paradigmes sont incommensurables, autant les valeurs qu'il véhicule le sont aussi. Pourtant, d'aucuns diront que la priorité devrait être accordée aux valeurs républicaines, à l'instar du respect des droits de l'homme et de la liberté individuelle. Ce à quoi d'autres rétorqueront et à raison d'ailleurs, de prouver en quoi l'ordre coutumier n'est pas républicain. Encore que, du point de vue heuristique, tout dépend du contenu que chacun donne à la notion de l'ordre républicain, indépendamment des définitions institutionnelles par essence imprécises.

Pour faire simple, en dehors de tout consensus, l'on s'attendrait à ce que la loi qui sera promulguée ne mentionne pas de manière expresse l'abrogation pure et simple des dispositions antérieures. Ceci au moins pour deux raisons. La première est la confiscation de l'ordre juridique par l'ordre politique. Le droit étant l'activité programmée par le parti qui gouverne. Que ce droit résulte de l'inscription ou de la mise sous agenda politique. Il en résulte aussi un manque de consensus politique global. Surtout dans un contexte marqué par le manque de gouvernance politique, d'un point de vue du débat citoyen. La seconde est la nécessaire protection de l'ordre public. Une notion querellée tant en droit que dans la pratique. Il en résulte une divergence d'opinions entre les gouvernants et les gouvernés. Du fait de la crainte des manifestations publiques et les replis identitaires. Replis attentatoires à la construction de la pensée idéologique de la nation, et son effet fédérateur et rassembleur.

II. La règle de l'option et le déclinatoire de compétence devant les juridictions coutumières

L'analyse du déclinatoire de compétence (B) sera précédée de l'examen de la règle de l'option (A).

A. La règle de l'option

L'Étude de la règle de l'option commande de faire la genèse du concept, c'est-à-dire de retracer son contexte historique d'émergence (1), afin d'envisager ses fondements c'est-à-dire son étiologie au plan législatif et jurisprudentiel (2).

1- Genèse de la règle

La règle de l'option a un double fondement. Elle a des origines législatives et jurisprudentielles. Mais avant d'analyser la consistance de la règle dite de l'option, il sied au préalable de repréciser son contexte d'émergence. C'est dans un contexte colonial que la règle de l'option plonge ses racines. Avant la colonisation occidentale, il existait un seul statut, le statut coutumier. Même dans les zones d'influence islamique[630], la foi islamique, de nature pratique, était intégrée aux coutumes locales. Toute distinction devenait superfétatoire. Il en résultait, de ce simple fait, non pas un double statut, mais un statut unique. Du fait même de la lente osmose qui s'était établie entre les coutumes et le droit musulman, toute distinction devenait rédhibitoire[631].

À partir de la colonisation occidentale, les choses vont évoluer malgré la résistance[632]. Ceci est dû au fait que la colonisation avait vocation à incarner, théoriquement et matériellement, la civilisation. On ne pouvait donc ne pas s'attendre légitimement que le droit colonial soit intégré au droit coutumier, applicable localement. Bien plus, le droit colonial n'avait pour vocation qu'à dessaisir progressivement le droit et les institutions coutumières, pour se substituer. La coutume acquérait de ce simple fait, un statut précaire au regard de son maintien à titre provisoire. Mais aussi du contrôle dont elle était devenue l'objet, de la part des régimes coloniaux successifs, au nom de la mission civilisatrice. En attendant son remplacement concret, il a d'abord fallu

---

[630] Cf. CHABBI (Jacqueline), « L'Islam », in, *Dictionnaire des idées*, Encyclopedia Universalis, SA France, Op. Cit., pp. 639-644 ; SNAC (P.), *Le Monde musulman des origines au XIe siècle*, col. Campus historique, Sedes, Paris, 1999.

[631] Cf. NOUHOU BARRYWA (Hamidou), *Le Lamidat de Tibati, Adamaoua-Cameroun, Histoire d'une résistance anticoloniale et organisation socio-administrative*, Op. Cit., pp. 29 et s.

[632] Ibid., pp. 67 et s.

régler le problème de l'existence de ce double statut au sein de l'ordre juridique colonial. Car, dès les premières heures de la colonisation, il revient vite à l'évidence que le statut des populations autochtones devrait être distinct du statut européen et des assimilés. Le changement de statut ne se fait que dans un seul sens, celui de la perte du statut indigène et l'option pour le statut européen.

Cette différence normative aura des conséquences directes sur l'organisation judiciaire et la démarche procédurale des parties, désireuses d'obtenir la sanction de leurs droits par un arbitre impartial. Qu'il soit coutumier ou traditionnel. Avec cette évidence devenue manifeste de la supériorité des tribunaux de droit occidental sur les juridictions coutumières. Par conséquent, l'établissement d'un contrôle de légalité ou de juridicité de la norme coutumière. Dès cet instant, il a fallu régler la problématique de la répartition de compétences. Mais aussi, préciser l'assiette de compétence de chaque juridiction, et la nature du droit applicable. Avec cette particularité que, au nom de la mission dite civilisatrice, les tribunaux de droit européen se sont vu octroyer un droit de regard sur la compétence matérielle des tribunaux de droit coutumier. Il a donc fallu aussi fixer les parties sur le choix des juridictions et les implications de ce choix. C'est ce que fit la règle dite de l'option.

2- Fondements législatifs et jurisprudentiels de la règle de l'option

Notons que, avec l'accession du Cameroun à la souveraineté internationale, la différence de statut était, du moins en théorie du droit constitutionnel, appelée à disparaitre. La Constitution ayant consacré le statut de Camerounais, sans aucune distinction avec l'ancien statut traditionnel. Le nouveau statut fondé sur l'acquisition de la nationalité camerounaise étant de nature à fédérer le statut indigène et le statut européen. D'ailleurs, le décret n° 59/247 du 18 décembre 1959[633] déterminant les mesures transitoires pour l'application de l'ordonnance n° 59/86 du 17 décembre 1959 fixant l'organisation judiciaire de l'État, le laissait entendre. Ceci, en instituant, au second degré, les cours d'appel, et une cour suprême unique en dernier recours. Mieux encore, les juridictions traditionnelles étaient maintenues à titre provisoire. Ainsi selon l'art. 2 de ce décret, « Les justices de paix à compétence ordinaire et à attributions correctionnelles et les tribunaux de première instance, institués en application des décrets des 22 juin 1934, 27 novembre 1946 et 27 novembre 1947, les tribunaux du premier degré et les tribunaux coutumiers institués par les décrets des 31 juillet 1927 et 26 juillet

[633] Cf. décret JOC 1959, P. 1814.

1944 sont temporairement maintenus et continueront à statuer suivant les règles antérieures ». Sauf que par la suite, les juridictions traditionnelles seront maintenues et leur compétence réaménagée[634].

L'art. 2 al. 1 du décret n° 69/DF/544 du 19 décembre 1969 fixant l'organisation judiciaire et la procédure devant les juridictions traditionnelles au Cameroun oriental énonçait déjà que « La compétence de ces juridictions est subordonnée à l'acceptation de toutes les parties en cause ». En outre l'al. 3 du même décret disposait à son tour que : « La partie qui entend décliner la compétence de la juridiction traditionnelle doit le faire avant toute défense au fond, à peine de forclusion ». D'après l'art. 2 du décret n°71/DF/607 du 3 décembre 1971 portant modification du décret n° 69/DF/544 du 19 décembre 1969 fixant l'organisation judiciaire et la procédure devant les juridictions traditionnelles au Cameroun oriental, « La compétence de ces juridictions est subordonnée à l'acceptation de toutes les parties en cause.

Nonobstant toutes dispositions contraires, la juridiction de droit moderne devient compétente dans le cas où l'une des parties décline la compétence d'une juridiction de droit traditionnel. » Cette disposition, bien que révélant l'option de juridiction, énonce aussi une hiérarchie, en termes de supériorité, des juridictions de droit écrit sur les juridictions de droit traditionnel. Cette hiérarchisation se définit en termes de préférence de l'ordre étatique et donc de l'ordre nouveau, sur l'ordre traditionnel. L'option de juridiction se fait ainsi et presque toujours au bénéfice du droit moderne qui a acquis de plein droit une vocation subsidiaire. Pour s'en convaincre, il convient de préciser que d'une part, devant le juge de droit écrit, le déclinatoire de compétence n'est pas possible. D'autre part, la loi écrite a vocation à se substituer à la loi coutumière défaillante. Ces textes règlementaires relatifs à l'option de juridiction seront par la suite enrichis et complétés, dans leur formulation, de manière explicite par la jurisprudence.

C'est notamment le cas de l'arrêt n°28/CC du 10 décembre 1981, Affaire ANGOA Parfait c/ BEYIDI Pauline. Dans cet arrêt, après avoir rappelé la Constitutionnalisation du statut des Camerounais et les textes infra-constitutionnels y relatifs, énonce sans détour que « Attendu que l'option de juridiction ainsi instituée par le législateur camerounais de 1969 et 1971 implique nécessairement l'option de législation ;

---

[634] Pour plus d'informations, lire ANOUKAHA (François), *Les grandes décisions de la jurisprudence civile camerounaise,* col. Les grandes décisions, LERDA, 2008, pp. 85-140.

Attendu, en effet, que le juge naturel du Camerounais en matière civile et commerciale est le juge coutumier ;

Que dès qu'un Camerounais ne veut pas porter son différend devant sa juridiction naturelle qui connait mieux ses habitudes et les usages et pratiques en vigueur dans sa tribu, c'est qu'il n'a pas confiance en cette juridiction ; et par suite, refuse l'application des règles coutumières dans son affaire ;

Qu'ainsi il veut être jugé selon les lois écrites qu'il connait bien et que c'est donc délibérément qu'il a fait son choix ; qu'en effet une telle option serait sans intérêt si le juge du droit moderne devait lui faire application de la coutume... ».

B. Le déclinatoire de compétence

Si les parties bénéficient de l'option de juridiction, pour ce qui est de la mise en œuvre de leurs droits subjectifs, le déclinatoire de compétence est le moyen par lequel elles exercent ce droit. Aussi, il devient important de retracer le fondement de ce processus (1), afin d'en mesurer sa portée (2).

1- Fondement et signification du déclinatoire de compétence

S'il existe une réelle connexité entre la règle dite de l'option et le déclinatoire de compétence, cette connexité est avant tout d'ordre textuel. En effet, selon l'art. 2 du décret n° 69/DF/544 du 19 décembre 1969[635] fixant l'organisation judiciaire et la procédure devant les juridictions traditionnelles au Cameroun oriental, al.1er. « La compétence de ces juridictions est subordonnée à l'acceptation de toutes les parties en cause ». Autrement dit, lorsqu'une partie refuse de se faire juger par la juridiction saisie par le demandeur, cette dernière doit surseoir à statuer. Conséquence logique, elle doit renvoyer les parties à mieux se pourvoir. La première remarque est que cette généralisation est somme toute trompeuse. Elle est trompeuse parce que seule la compétence des juridictions coutumières peut être récusée. La compétence de la juridiction de droit écrit étant d'ordre public. Il s'instaure ainsi une suspicion de non-légalité qui pèse sur la coutume. Mieux encore, même devant la juridiction de droit traditionnel normalement compétente, les parties peuvent se voir appliquer la loi écrite. C'est notamment le cas lorsque la coutume normalement compétente fait défaut. Ce défaut pouvant être lié soit à sa contrariété au droit légiféré, et/ou à l'ordre public, soit de sa contrariété avec les principes de démocratie et de respect des droits de l'homme. Notons aussi que matériellement, la compétence des juridictions de droit traditionnel est limitée. Et apparaît, en dernière analyse, comme une

[635] JOC du 31 décembre 1969, pp. 2392-2400.

compétence d'attribution. À ce propos, l'al. 2. du même décret énonce que : « *Sous cette réserve, ces juridictions sont compétentes pour connaitre des procédures civiles et commerciales que les textes en vigueur ne réservent pas aux juridictions de droit moderne* ».

Quant à l'al. 3, il dispose que : « La partie qui entend décliner la compétence de la juridiction traditionnelle doit le faire avant toute défense au fond, à peine de forclusion ». Le déclinatoire de compétence obéit donc ainsi aux conditions de temps. C'est la raison pour laquelle il doit se faire *In Limine Litis*.

Ces dispositions seront reprises par le décret du 3 décembre 1971[636]. Et d'après l'art. 2 de ce décret : « La compétence de ces juridictions est subordonnée à l'acceptation de toutes les parties en cause.

Nonobstant toutes dispositions contraires, la juridiction de droit moderne devient compétente dans le cas où l'une des parties décline la compétence d'une juridiction de droit traditionnel. »

2- La portée du déclinatoire de compétence

Pour traiter de la portée du déclinatoire de compétence, il faut distinguer son effet positif de son effet négatif. L'effet négatif résulte de l'action du déni de la partie qui entend contester la plénitude de la compétence du juge du fond à connaitre pareil litige. Cet effet conduit inéluctablement, lorsqu'il est soulevé avant tout débat au fond, au dessaisissement de la juridiction saisie, juridiction qui est, selon toute hypothèse, toujours une juridiction coutumière. Cela dénote, s'il en était encore besoin du dessaisissement de la collectivité traditionnelle de ses fonctions régaliennes, fonctions désormais imparties à l'État. Cet État en fait ainsi une application sélective, et ce en fonction des circonstances de temps et de lieu.

Quant à l'effet positif, il ne signifie nullement l'application au déclinatoire de compétence d'un jugement de valeur. C'est-à-dire une quelconque appréciation. Il signifie plutôt la vocation qu'à la juridiction de droit écrit à se substituer à la juridiction de droit traditionnel évincée. Il s'agit certes là d'une priorisation des ordres de juridiction. Il s'agit surtout de l'affirmation de la compétence de droit commun, de la juridiction de droit écrit, héritée à la fois de la colonisation et surtout issu de la tentative d'harmonisation des statuts par le constituant du Cameroun postindépendant.

---

[636] Cf. Décret n°71/DF/607 du 3 décembre 1971 portant modification du décret n° 69/DF/544 du 19 décembre 1969 fixant l'organisation judiciaire et la procédure devant les juridictions traditionnelles au Cameroun oriental, Op. Cit.

Toutes ces techniques, qu'elles soient constitutionnelles, législatives ou règlementaires, ont une incidence certaine sur le plan jurisprudentiel. Cette incidence peut revêtir plusieurs formes, dont les plus usitées sont entre autres : le contrôle de la légalité de la coutume et la notion dite de la coutume évoluée[637].

Section 2 : les techniques jurisprudentielles d'inféodation de la coutume comme source du droit

Parlant des techniques jurisprudentielles, une taxinomie des principes du contrôle de légalité s'impose de prime à bord (I). Elle sera par la suite suivie de la particularité jurisprudentielle, en termes d'adaptabilité des règles du Code civil ou tout simplement du droit écrit, et surtout de leur requalification en règle coutumière de circonstance (II).

I. Taxinomie des principes de contrôle de la légalité de la coutume

Par taxinomie il faut entendre la science des classifications, de la catégorisation. Cette définition peut laisser transparaitre l'idée pernicieuse d'une classification outrancière, que non, elle permet juste de marquer la différence et de cerner les nuances utiles. Aussi est-il opportun de distinguer le contrôle de la légalité (A), au sens générique de la notion dite de la coutume évoluée (B).

A. Le contrôle de la légalité et de la conformité à l'ordre public

S'il sied de distinguer le contrôle de la légalité de la conformité à l'ordre public (1), il n'en demeure pas moins que cette distinction n'est pas étanche, car, le contrôle de la légalité participe du respect de l'ordre public (2) tel que conçu dans la dynamique normative de l'État.

[637] Chambre spéciale d'homologation du Cameroun. Audience du 28 septembre 1933 (Présidence de M. Balland). Affaire Ebongué c. Ekoudou (2e espèce). Recueil Penant, vol. XLIII, 1934, Article 5323, Jurisprudence, pp. 157-162.

1- Le contrôle de la légalité

Le droit en tant que norme de conduite, norme de régulation sociale, a vocation à évoluer entre deux pôles que sont la légalité et la légitimité. La légalité désigne la conformité à la loi, alors que la légitimité renvoie à sa conformité à l'aspiration du plus grand nombre. C'est en cela que dans la conception française, la loi est l'expression de la volonté générale[638]. Cette idée de loi, expression de la volonté générale, va faire son entrée en Afrique et au Cameroun[639] en la faveur de la colonisation et du renouveau constitutionnel des États africains, sous le prisme des mouvements de démocratisation. Ainsi, selon l'idée de la division internationale de travail, on va distinguer au sein de l'État, et ce, selon la théorie de la séparation des pouvoirs, le pouvoir législatif, le pouvoir exécutif et le pouvoir judiciaire, à qui incombe la lourde tâche de trancher les litiges et donc de contrôler la conformité des faits et gestes des personnes physiques ou morales à la loi républicaine. Ce pouvoir est en principe chargé d'appliquer la loi. Mais l'expression « loi » doit être comprise ici au sens générique, comme toute norme posée par une autorité. C'est dans cette optique que les juridictions de l'État sont aussi, tant bien que mal, appelées à appliquer la coutume. Il s'agit surtout d'une compétence, compétence coutumière que l'État s'est attribué à la suite du dessaisissement des collectivités coutumières par le colonisateur et par le nouvel État indépendant. Cela témoigne de la construction du monopole juridique de l'État, et de son pendant logique, la maitrise de la compétence juridictionnelle, fût-elle profane, et au besoin, au prix de sa tentative de rationalisation.

---

[638] Ainsi la Constitution de la IV république, du 27/10/1946 énonce ce qui suit : « Titre I : De la souveraineté

Article premier. - La France est une République indivisible, laïque, démocratique et sociale.

Article 2

L'emblème national est le drapeau tricolore, bleu, blanc, rouge à trois bandes verticales d'égales dimensions.

L'hymne national est La Marseillaise.

La devise de la République est : « Liberté, Égalité, Fraternité ».

Son principe est : gouvernement du peuple, pour le peuple et par le peuple.

Art. 3.- La souveraineté nationale appartient au peuple français.

Aucune section du peuple ni aucun individu ne peut s'en attribuer l'exercice.

Le peuple l'exerce, en matière constitutionnelle, par le vote de ses représentants et par le référendum.

En toutes autres matières, il l'exerce par ses députés à l'Assemblée nationale, élus au suffrage universel, égal, direct et secret.

Art. 4.- Sont électeurs, dans les conditions déterminées par la loi, tous les nationaux et ressortissants français majeurs des deux sexes, jouissant de leurs droits civils et politiques ».

[639] Cf. titre premier, Constitution du 2 juin 1972, et ses multiples modifications.

La maitrise de compétence juridictionnelle conduit l'État non seulement à interdire l'exercice d'une compétence concurrentielle[640] par des juridictions coutumières parallèles aux juridictions pénales de droit, sur les matières de souveraineté, mais aussi à contrôler les normes concurrentes ayant vocation à s'appliquer. C'est notamment le cas de la coutume ou de la norme coutumière. Pour faire simple, le contrôle de la légalité de la norme coutumière signifie simplement que ladite norme doit être conforme à la loi. Ccla signifie aussi que le juge, bouche de la loi, est garant du contrôle de cette conformité. Certes, la Constitution du 18 janvier 1996 reconnait et protège les normes et les valeurs traditionnelles. Mais, cette protection ne se conçoit qu'à l'intérieur et en conformité au dispositif normatif de l'État. De ce dispositif, l'on peut déjà en dégager quelques bribes, notamment au niveau du préambule. Il en est ainsi du principe de l'égalité de tous les hommes sans distinction aucune[641]. Il en va de même du respect de la dignité, ou encore, du respect des droits et des libertés[642]. Cette protection ne date pas seulement de nos jours. Déjà, dès avant les indépendances, le colonisateur, au nom de la mission civilisatrice, avait institué pareil contrôle. Il en est ainsi de la section 27[643] de la *Southern Cameroon High Court Law*, qui introduit les notions de bonnes et de mauvaises coutumes. Cette distinction étant elle-même une condition de l'applicabilité des coutumes. Les bonnes coutumes étant, aux termes de l'art. 27 al.1, celles qui ne sont ni contraires à la loi, ni contraires à l'équité, ni contraires aux principes de justice naturelle. Les juges du fond ont eu le temps de se conformer à cette pratique, comme le confirme l'affaire David TCHAKOKAM v. KEOU[644] Magdeleine à propos de la pratique du lévirat et consécutivement à la gestion des droits successoraux. Relativement à la pratique du lévirat, la cour déclare cette pratique contraire à la loi et aux

[640] Il en est ainsi de l'interdiction formelle du droit pénal traditionnel par le décret de 1946.

[641] « Tous les hommes sont égaux en droits et devoirs ». Énonce le préambule de la Constitution du 18 janvier 1996.

[642] « La liberté et la sécurité sont garanties à chaque individu dans le respect des droits d'autrui et l'intérêt supérieur de l'État ; tout homme a le droit de se fixer en tout lieu et de se déplacer librement, sous réserve des prescriptions légales relatives à l'ordre, à la sécurité et à la tranquillité publique. », ibid.

[643] Cf. la Section 27(1) de la SCHL de 1955, dispose que: « The High Court shall observe, and enforce the observance of every native law and custom which is not repugnant to natural justice, equity and good conscience, nor incompatible with any law for the time being in force, and nothing in this law shall deprive any person of the benefit of any such native law or custom ». Lire à cet effet MIKANO E. KIYE, The Repugnancy and Incompability Tests and Customary Law in Anglophone Cameroon, in African Studies Quarterly, vol. 15, Issue 2, mars 2015, pp. 85-105. Ou sur : http://www.africa.ufl.edu/asq/v15/v15i2a5.pdf.

[644] Cf. MIKANO E. KIYE, The Repugnancy and Incompability Tests and Customary Law in Anglophone Cameroon, in African Studies Quarterly, vol. 15, Issue 2, mars 2015, ibid, p. 93.

principes de la justice naturelle[645] et rappelle les dispositions de la section 27 al.1 de la SCHL, dispositions qui définissent le cadre légal de l'application des coutumes matérielles. Une autre espèce forte révélatrice est l'affaire NGEH v. NGOME, relativement aux droits de paternité, ou la *West Cameroon High Court* case une décision de la Kumba *Native Court* en le déclarant contraire à la justice naturelle, à l'équité et même à la bonne conscience.

Au-delà de cette analyse, quelle portée peut revêtir le contrôle de la légalité des coutumes instituées par les juges, à la suite des législateurs successifs ? La réponse à cette question est simple. Ce contrôle institue indubitablement l'emprise de la prescription sur la pratique. Ainsi, en matière administrative, et notamment pour ce qui a trait au contentieux des chefferies traditionnelles, le décret de 1977, règlementant les institutions politiques traditionnelles, consacre la primauté du droit écrit sur la législation coutumière, et donc la prééminence de la loi sur la coutume en termes de la philosophie des sources du droit. C'est du moins la thèse soutenue par DJAME François –Narcisse[646]. La dialectique entre la coutume et la loi est ainsi vécue comme une réalité permanente du système juridique camerounais[647]. Les affaires

645 « All in all, i am unable to find that there was ever a customary levirate marriage between plaintiff and defendant and even if there were the law will not give its blessing to a marriage that is not only obnoxious and repugnant to natural justice but obviously against the written law...section 27 of the SCHL clearly does not permit tis court to enforce a marriage which is liable to be voided under our law ».in, MIKANO E. KIYE, The Repugnancy and Incompability Tests and Customary Law in Anglophone Cameroon, in African Studies Quarterly, vol. 15, Issue 2, mars 2015, ibid.

646 L'auteur fait observer que : « Si dans cette affaire (collectivité Deido : jugement CG/CA, 25 septembre 1980.) Le juge a imposé le respect de la coutume pour écarter toute intrusion du pouvoir politique dans la désignation des chefs traditionnels, cela ne signifie pas que la violation de la coutume qui a été directement sanctionnée par le juge administratif. La chambre administrative a plutôt imposé le respect de la règlementation à l'administration, laquelle impose l'observation de la coutume dans la désignation du chef traditionnel ». cf. DJAME (François Narcisse), « Observer la coutume autrement en Afrique centrale : l'exemple du droit administratif camerounais », », in, La fabrique du droit en Afrique, Actes du premier symposium juridique de Libreville (21-22 novembre 2013). Revue de la Fondation Raponda-Walter, n° 6 – 2013, p. 228. La superposition des statuts coutumier et administratif du chef traditionnel est un fait majeur de la législation camerounaise. Mieux encore, l'« empressement de la doctrine camerounaise à dégager une règle de droit d'origine coutumière peut aussi s'analyser comme le désire d'élever la stature de la coutume dans l'univers des sources de droit. » du moins, au même titre que la loi. Ibid., p. 229.

647 Cf. NLEP (Roger-Gabriel), *L'administration publique camerounaise, contribution à l'étude des systèmes africains d'administration publique*, LGDJ, Paris, 1986, p. 131Stanislas MELONE, « Le code civil contre la coutume : la fin d'une suprématie ; à propos des effets patrimoniaux du mariage », Revue Camerounaise de Droit, 1972, pp. 12-17 ; Paul Gérard POUGOUE, « Considérations sur le droit traditionnel devant la cour suprême », Les Cours Suprêmes en Afrique, Paris, Economica, 1989, pp26-52. Victor-Emmanuel BOKALLI, « La coutume source de droit au Cameroun », Revue Générale de Droit de l'Univ. D'OTTAWA, n°28,1997. P. DECHEIX, « Réflexions sur le respect des coutumes », RJPOM, n° 2, 1959.

BOUENDEU[648] Jean de Dieu, MONKAM TIENTCHEU David[649], en sont des exemples.

Ce contrôle témoigne en n'en point douter le souci d'uniformisation de la société camerounaise par le haut, et donc par le droit étatique. Qu'il soit jurisprudentiel ou légiféré. Il s'agit donc en dernière analyse de la matérialisation du dessaisissement normatif des sociétés coutumières. Sauf que cette logique de monopolisation cache une absence de rationalisation des acquis de la société coutumière. Il s'agit d'une rationalisation-compréhension et d'une rationalisation-systématisation. L'anachronisme prononcé des coutumes est fils de ce défaut de rationalisation. Les tentatives de rationalisation élaborées çà et là souffrent d'un positionnement épistémologique et sont donc idéologiques. Cela s'explique par l'existence d'une précompréhension certaine, précompréhension de la canalisation rationnelle de notre raisonnement sur les sentiers battus du paradigme, de la rationalité juridique, mais aussi et surtout, l'absence d'une démarcation dans la recherche d'un point culminant d'analyse, pour observer de manière impartiale les deux réalités. Cette erreur se conjugue avec plus d'emphase pour ce qui est du contrôle de la conformité de la coutume à l'ordre public.

2- La conformité de la coutume à l'ordre public

La notion d'ordre public est centrale dans la construction de l'ordre juridique de l'État. Comme le note le docteur BELOMO ESSONO Chantale : « L'ordre et la sécurité constituent le fondement de l'ordre politique au Cameroun[650] ». L'auteur insiste sur le fait que : « La création, l'institution et l'instauration de l'ordre représentent la mission essentielle de cet État »[651]. Aussi, après avoir présenté la notion de la conformité de la coutume à l'ordre public, l'analyse de sa portée suivra par la suite.

La notion d'ordre public fait partie des notions qui échappent aux définitions restrictives et prescriptives en droit. Il en est ainsi parce que leur contenu est constamment en déportation, et donc, est de ce fait, de nature fugace. C'est le propre des notions dites souples. Ces notions souples traduisent aussi la volonté pour la théorie de droit et pour l'État, de ne pas être ligotés et donc de se donner des coudées franches, en termes de marge de manœuvre. C'est du moins ce qui justifie le recours à la notion d'ordre public dès l'instauration de l'administration coloniale, notamment avec les régimes

---

[648] Cf. CS/CA, 29 novembre 1979, MBOUENDEU Jean de Dieu C/État du Cameroun.
[649] Cf. CS/CA, MONKAM TIENTCHEU David C/État du Cameroun.
[650] Cf. BELOMO ESSONO (Chantale Pélagie), L'ordre et la sécurité publics dans la construction de l'État au Cameroun, thèse de Doctorat en droit, Univ. De Bordeaux, 2007.
[651] Ibid.

allemands, français et britanniques. De manière générale, la jurisprudence en distingue trois éléments qui constituent le noyau central que ce qui est convenu d'appeler l'ordre public : ce sont : la sécurité publique, la tranquillité publique et la salubrité publique. Le contrôle de la conformité de la coutume à l'ordre public serait ainsi synonyme de sa conformité aux règles relatives à la sécurité publique, à la tranquillité publique et à la salubrité publique. Sauf que là, la trilogie dégagée par la jurisprudence, en son temps, semble avoir un caractère indicatif et donc exemplatif. Ce faisant, ce caractère exemplatif fait en sorte que la conformité de la coutume à l'ordre public est par essence imprécise et vague. Et du fait de cette vacuité, elle est appelée à évoluer dans le temps et dans l'espace.

Dans le temps parce que l'ordre public dépend de l'évolution de l'activité matérielle et juridique de l'État. Ainsi, par l'exemple, l'ordre public colonial ne saurait avoir le même contenu que l'ordre public républicain. Il en est ainsi, du fait que de par sa nature, la colonisation, peu importe ses différentes variantes, est un fait de domination et d'assujettissement d'un peuple par un autre, par la force et le droit. L'ordre public est donc en rapport direct avec l'évolution politique et sociale des institutions. De ce fait, intimement lié à l'évolution de l'activité juridique, législative, exécutive et juridictionnelle.

Dans l'espace parce que non seulement les coutumes revendiquent traditionnellement une emprise territoriale, et surtout, du fait de leur déterritorialisation due au phénomène d'urbanisme, phénomène qui entraine une tendance à la mutation et à la permutation des coutumes, des centres ruraux vers les centres urbains, et des enchevêtrements d'une région à une autre ; mais aussi et surtout parce que l'ordre public est aussi fonction de l'évolution et de l'adaptation des mœurs à la contemporanéité et donc de leur caractère transhistorique.

Parlant de la portée du contrôle de la conformité de la coutume à l'ordre public, il convient de questionner ici, la quintessence même de la notion d'ordre public, par rapport aux deux pôles du droit que sont la légalité et la légitimité. L'ordre public tel qu'usuellement défini est incontestablement lié à l'ordre légal rationnel. Cet ordre se fondant, non seulement sur la primauté de la loi, en tant que source du droit, mais aussi, sur celle de l'ordre sur la justice. L'on se souvient alors de cet adage, devenu lieu commun, dont on doit cependant la paternité à GOETHE : « mieux vaut une injustice d'un désordre ». C'est donc un présupposé négatif, présupposé de désordre ou d'esquive de désordre qui sous-tend la notion d'ordre public. Sauf qu'il faut reconnaitre qu'il s'agit là devant un cas manifeste de confusion des genres. La coutume, à notre sens n'ayant pas été synthétisée, pour se conformer à un quelconque ordre public, mais pour répondre aux besoins d'une communauté donnée à un moment de son histoire. Elle se rapproche, plus ou moins, de la notion de justice et de l'idée de légitimité qui en découle que de la notion d'ordre public. L'envers et le revers de la coutume sont à notre sens, d'une part la légitimité et d'autre part la justice ou mieux l'équité. Tout comme la loi a pour fonction première la construction ou l'établissement de l'ordre, l'ordonnancement. La question primordiale ici étant de savoir comment penser la relation loi-coutume, légalité-légitimité. Ce rapport se pense-t-il dans d'alternative ou alors dans la tentative de rationalisation ? Il semble que jusque-là, ce rapport a été pensé sous le prisme de hiérarchisation des priorités. Sans apporter la preuve irréfutable que la pensée contraire n'était pas elle aussi prioritaire et bien évidemment, aussi valable. Mieux encore, les politiques législatives utilitaristes n'ont pas apporté ou produit le résultat escompté. C'est notamment le cas par exemple de la réforme foncière et de l'éviction de la propriété foncière coutumière au nom du développement. La conception même de l'ordre public est sujette à caution. S'agit-il de l'ordre légal ? Si oui, alors la coutume ne sera jamais conforme à cet ordre, tout simplement parce que sa rationalité n'est en rien une rationalité de type légal rationnel. Et si par mégarde, il arrive que l'on trouve des points de similitude, ce sera au prix d'un déplacement de l'épicentre du point de lecture, bien sûr, au moyen du paradigme légal rationnel. Ce n'est dire que le paradigme coutumier n'est pas rationnel. Mais que cette rationalité est étrangère à l'épistémè de cartésien de l'être, le «je pense donc je suis », et son pendant, le discours sur la méthode.

S'agit-il, à rebours de cette conception, de l'ordre public républicain ? Si oui en quoi la rationalité coutumière est-elle incompatible à cet ordre ? La reconnaissance des valeurs traditionnelles par la Constitution du 18 janvier 1996 est-elle alors un affront constitutionnel à l'ordre républicain ? Nul doute, un travail de rationalisation et même de restriction des définitions est indispensable pour pouvoir démêler les écheveaux.

B. La notion dite de la coutume évoluée

La signification de la notion dite de la coutume évoluée doit être précisée (1), avant de voir qu'elles sont ses implications dans le processus juridictionnel (2).

1- Fondement et signification

La notion dite de la coutume évoluée[652] est une pure création de la jurisprudence. Du point de vue des fondements, une série de jurisprudences devant le juge de droit traditionnel le consacre. Il en est ainsi de l'arrêt n° 96 du 11 mars 1969, R.C.J.C.S. (*Revue Camerounaise de Jurisprudence de la Cour Suprême*), Tome II, droit traditionnel, pp. 94 et s. ; c'est aussi le cas de l'arrêt n° 42 du 18 janvier 1979, R.C.J.C.S., Tome II droit traditionnel, pp. 36 et s., par contre, il est formellement interdit au juge de droit écrit de recourir à cette notion[653], même pour aboutir à l'application du droit moderne, et ce en vertu de la règle dite de l'option.

Quant à la signification, cette notion, contrairement à ce qu'affirme le libellé, son contenu ne signifie pas que la coutume a évolué. C'est-à-dire qu'on est passé d'une règle coutumière primaire à une règle secondaire, présumée mieux évoluée ou adaptée que la première. Ce qui ne signifie pas non plus que la coutume soit figée ou insusceptible d'une telle évolution. Ce que la pratique judiciaire consacre, c'est plutôt une substitution de règles, un simple remplacement de la norme coutumière existante, non pas, par une norme reformulée, mais simplement par une norme du Code civil de 1804, dans sa version applicable au Cameroun. De manière pratique donc, l'évolution énoncée ici est marquée par le passage d'une norme coutumière à une norme écrite. Nul doute qu'il s'agit là d'une fraude, la norme de droit écrit n'ayant rien de coutumier. C'est une pratique illégale. Cette illégalité porterait atteinte non seulement à la règle de l'option, lorsque la formulation est faite par les juges de droit coutumier ; mais aussi à l'éthique du magistrat, son intégrité telle qu'énoncée par le serment qui structure l'exercice de la profession. Cette pratique relève donc plus du fait que du droit. Le fait dont il est question ici est lié à la propension des magistrats à prendre ou à s'octroyer des libertés pour légitimer les décisions de conviction ou de parti pris. La tendance est aussi de combler le vide lorsque la coutume est muette ou lorsqu'il y a un

---

[652] Chambre spéciale d'homologation du Cameroun. Audience du 28 septembre 1933 (Présidence de M. Balland). Affaire Ebongué c. Ekoudou (2espèce). Recueil Penant, vol. XLIII, 1934, Article 5323, Jurisprudence, pp. 157-162, Op. Cit.

[653] Pour plus d'informations, lire ANOUKAHA (François), *Les grandes décisions de la jurisprudence civile camerounaise,* col. Les grandes décisions, Op. Cit., pp.98 et s.

fossé réel entre ce que l'on attend idéalement du juge et ce qu'il peut offrir matériellement aux justiciables. Il en résulte une portée certaine.

2- Les implications de la notion de la coutume évoluée

Il ne s'agit ni de l'évolution de la coutume[654], du fait des processus historiques, notamment du fait de la domination coloniale et de la conversion au christianisme[655] comme chez les Bulu du Sud Cameroun, ni de l'évolution du régime des peines dans le Droit coutumier[656] ; mais d'une pratique juridictionnelle. Elle laisse transparaitre, au-delà des entendus soporifiques, et ce, à travers une véritable herméneutique de soupçon, les a priori, les parties prises et les présupposés des magistrats, certainement trop humains, pour pouvoir s'élever à la hauteur divine de la fonction de juger. Fonction empreinte de transcendance, de magnificence, de grandeur et de majesté. La notion dite de la coutume évoluée vient donc ainsi, s'il en était encore besoin, montrer le mécanisme de dessaisissement de l'ordre traditionnel par l'ordre de l'État. Que ce soit du point de vue des praticiens ou des théoriciens sous l'angle heuristique. Ce dessaisissement est aussi synonyme de l'incapacité à penser la société à partir des référents internes. Ceci parce qu'ici, les connaissances sont encore à l'état primaire. Cet état de choses met la raison dans une sorte d'inconfort intellectuel. Du fait de cet inconfort, la solution lapidaire consiste soit à disqualifier, soit à dénaturer. Et certainement pas à faire un effort de construction rationnelle, notre formation de base ne le permettant pas, devant cet univers inconnu de la rationalité, ou encore cet univers où notre rationalité, sans être moins rationnelle, n'en est pas une dans ce contexte. La question se pose donc, devant tant d'entraves : ne convient-il pas alors de laisser la compétence coutumière aux mains expertes de la société coutumière, et au besoin, l'État apporterait son concours pour le contrôle et l'application des sanctions ? La question est moins insidieuse qu'elle en a l'air. Car, il convient de noter que devant les juridictions présidées par les collectivités coutumières par exemple, pareille question ne se pose pas. C'est aussi le cas devant le Tribunal Coutumier.

---

[654] Cf. BERTAUT (Maurice), *Le droit coutumier des Bulu – monographie d'une tribu du Sud Cameroun*, Op. Cit., pp. 269-299.
[655] Ibid., p.
[656] Cf. POUKA (Louis-Marie), *le régime des peines dans le Droit coutumier de Bantous du Cameroun*, non daté, Académie des sciences d'outre-mer de Paris.

II. La problématisation du recrutement du personnel judiciaire et leur rapport à la coutume

Le recrutement du personnel judiciaire pose le problème de crédibilité du service public de la justice. La justice étant la première dette de la souveraineté. Il s'agit d'abord du personnel permanent, magistrats, greffiers et autres (A) ; il s'agit aussi du personnel occasionnel, assesseurs et traducteurs, entre autres. (B)

A. Le personnel judiciaire permanent et la coutume : Le cas des magistrats

Parmi les personnels judiciaires permanents, le magistrat occupe une place privilégiée. Il est pilier de fonctionnement du service public de la justice. Aussi, la présentation de son recrutement est capitale (1), tout comme l'office juridictionnel qu'il exerce en rapport avec la matière coutumière (2).

1- Du recrutement des magistrats

La problématique du recrutement du personnel judiciaire ne saurait être reléguée au second plan. Surtout, lorsque l'on traite de l'application de la coutume devant les juridictions de droit écrit. Il s'agit toutefois d'une problématique transversale. Elle se pose en termes de légitimité[657] des magistrats. Une légitimité non seulement de juger, mais par-dessus tout, à connaitre des matières coutumières. La question se pose alors de savoir comment choisir les magistrats, pour que leur autorité ne soit pas contestée. Plusieurs systèmes se combinent dans le monde, relativement au choix des juges, qu'ils soient permanents ou occasionnels. Ainsi en est-il du recrutement par concours, de l'élection, de la nomination par les autorités, de la désignation par les parties au litige et du tirage au sort, comme dans l'hypothèse des jurés. La question qui se pose à notre niveau est moins celle du contrôle démocratique de la fonction de juger que celle de l'aptitude d'un juge à connaitre certaines affaires. Au Cameroun, par exemple, les magistrats recrutés essentiellement par concours ont eu pour l'essentiel une formation civiliste. Une tentative de réforme de l'École Nationale d'Administration et de magistrature y a toutefois introduit les étudiants titulaires d'une maitrise en droit public et en science économique. Sauf que jusque-là, un pan, au regard de la composition sociologique de la population, a été négligé. La formation

---

[657] Cf. MERCADAL (Barthélémy), « La légitimité du juge », RIDC, 2002, vol. 54, n°2, pp. 277-291.

des étudiants dans la maitrise de la logique coutumière, l'articulation des modes d'enseignement.

Certes, dans nos universités, les lignes bougent. Car depuis l'instauration du département de théories et d'épistémologie du droit et l'arrivée du Doyen ONDOA Magloire à la tête de la faculté des sciences juridiques et politiques de l'université de Yaoundé II, une emphase est mise sur l'étude des théories juridiques en générale, l'étude du droit coutumier en particulier. Ceci passe par la formation des étudiants de première et de deuxième année de licence. Mais malgré ces efforts, la formation des étudiants en droit reste presque, dans l'absolu, subordonnée à la maitrise des catégories juridiques dégagées par le droit romain et par la *Common Law*. Pourtant, une fois magistrats, ils seront appelés à connaitre des affaires relevant du droit coutumier. Certes, pour pallier ce manque, il a été institué depuis les différents régimes coloniaux, la fonction d'assesseur au sein des Tribunaux de Premier Degré. Mais l'on ne peut s'empêcher de penser que, plus d'emphase dans la formation académique des juges aurait un impact significatif sur l'applicabilité de la coutume. Ceci passe par la maitrise des principes directeurs de ce système de droit. Pour avoir sens et signification, cette formation ne saurait être calquée sur le modèle de droit écrit, parce que, sans être moins logique, cette logique n'est vraisemblablement pas celle des sociétés où le lien communautaire est encore bien fort. À notre sens, et pour une bonne administration du service public de la justice, il conviendrait de théoriser et de rationaliser la rationalité traditionnelle à travers d'une part, la pratique issue du fonctionnement concret desdites sociétés traditionnelles. D'autre part, il serait utile de la systématisation des études monographiques et surtout des classiques africaines. À titre d'exemple, il existe une nette démarcation entre les monographies ethniques des africanistes et les classiques africains[658]. La mise en comparaison des deux réalités permettra, de synthétiser la substance de la coutume, dans sa dimension normative.

658 Cf. OBENGA (Théophile), Le sens de la lutte contre l'africanisme eurocentriste, l'harmattan, 2001.

2- De l'office juridictionnel des magistrats face à la coutume

Le serment du magistrat[659] qui instruit aux juges de « rendre justice avec impartialité, conformément aux lois, règlements et coutumes du peuple camerounais », justifie l'intervention du juge ou du magistrat en général dans le domaine de la coutume. « Mais cette autorisation d'appliquer la coutume semble contredire la loi fondamentale qui consacre le principe de la souveraineté nationale, faisant de la loi -expression de la volonté générale- la source de tout le droit[660] ». En effet, à titre de source du droit, la loi, les règlements et la coutume sont consacrés par la Constitution du 18 janvier 1996. Sauf que de la lecture du texte constitutionnel, le domaine de la coutume n'est pas clairement défini. Aussi, l'article 26 al. 2 de la Constitution dispose que :

(2) *Sont du domaine de la loi :*

a) Les droits, garanties et obligations fondamentaux du citoyen :
1. La sauvegarde de la liberté et de la sécurité individuelles ;
2. Le régime des libertés publiques ;
3. Le droit du travail, le droit syndical, le régime de la protection sociale,
4. Les devoirs et obligations du citoyen en fonction des impératifs de la défense nationale.
b) Le statut des personnes et le régime des biens :
1. La nationalité, l'état et la capacité des personnes, les régimes matrimoniaux, les successions et libéralités ;
2. Le régime des obligations civiles et commerciales ;
3. Le régime de la propriété mobilière et immobilière.
c) L'organisation politique, administrative et judiciaire concernant :
1. Le régime de l'élection à la Présidence de la République, le régime des élections à L'Assemblée Nationale, au Sénat et aux Assemblées Régionales et locales et le régime des consultations référendaires ;
2. Le régime des associations et des partis politiques ;
3. L'organisation, le fonctionnement, la détermination des compétences et des ressources des collectivités territoriales décentralisées ;

---

[659] Cf. Décret n°95/048 du 8 mars 1995 portant statut de la magistrature, art. 23. « Moi ………………, je jure devant Dieu et devant les hommes de servir honnêtement le peuple de la République du Cameroun en ma qualité de magistrat, de rendre justice avec impartialité à toute personne, conformément aux lois, règlements et coutumes du peuple camerounais, sans crainte ni faveur, ni rancune, de garder le secret des délibérations et de me conduire en tout, partout et toujours en digne et loyal magistrat. »

[660] cf. DJAME (François Narcisse), « Observer la coutume autrement en Afrique centrale : l'exemple du droit administratif camerounais », », in, La fabrique du droit en Afrique, Actes du premier symposium juridique de Libreville (21-22 novembre 2013). Revue de la Fondation Raponda-Walter, n° 6 – 2013, Op. Cit.

4. Les règles générales d'organisation de la défense nationale ;
5. L'organisation judiciaire et la création des ordres de juridiction ;
6. La détermination des crimes et délits et l'institution des peines de toute nature, la procédure pénale, la procédure civile, les voies d'exécution, l'amnistie.
d) Les questions financières et patrimoniales suivantes :
1. Le régime d'émission de la monnaie ;
2. Le budget ;
3. La création des impôts et taxes et la détermination de l'assiette, du taux et des modalités de recouvrement de ceux-ci ;
4. Le régime domanial, foncier et minier ;
5. Le régime des ressources naturelles.
e) La programmation des objectifs de l'action économique et sociale
f) *Le régime de l'éducation.*

L'article 27 de la Constitution précise les matières autres que celles qui sont du domaine de la loi ressortissent du domaine règlementaire.

Il y a ainsi un partage de législation en deux grandes catégories. La catégorie de loi et la catégorie de décret. Vue sous cet angle, aucune place n'est laissée à la coutume, du moins d'un point de vue de la répartition des compétences législatives. C'est certainement la raison pour laquelle le constituant parle explicitement de la reconnaissance des valeurs traditionnelles, avec en prime, l'idée selon laquelle cette reconnaissance doit recevoir soit un fondement légal, soit un fondement règlementaire, soit un fondement jurisprudentiel. La pratique législative en donne d'ailleurs raison sur cette analyse. Notons à titre d'exemple que c'est par des lois ou les règlements que les institutions coutumières telles que les juridictions coutumières et chefferies traditionnelles ont été consacrées au Cameroun, tant pendant la colonisation qu'après les indépendances. Il n'est pas exagéré de penser que la coutume est au sein de l'appareil institutionnel et normatif de l'État une source dérivée du droit. Source dont les juridictions sont, en tant que de besoin, censées surveiller la légalité de son application.

Cela peut paraitre contradictoire avec l'affirmation de principe de la souveraineté du peuple. En effet, aux termes de l'article 2 de la Constitution : *La souveraineté nationale appartient au peuple camerounais qui l'exerce soit par l'intermédiaire du Président de la République et des membres du Parlement, soit par voie de référendum. Aucune fraction du peuple ni aucun individu ne peut s'en attribuer l'exercice.*

(2) Les autorités chargées de diriger l'État tiennent leurs pouvoirs du peuple par voie d'élections au suffrage universel direct ou indirect, sauf dispositions contraires de la présente Constitution.

Le vote est égal et secret ; y participent tous les citoyens âgés d'au moins vingt (20) ans. Si le constituant affirme la souveraineté du peuple par principe, il reste que cette même Constitution s'est arrogé le droit d'endiguer cette souveraineté par la délégation qu'elle institue au profit soit du parlement soit du président de la République[661]. Ou encore, la Constitution ne laisse pour seule option au peuple que la voie référendaire, comme moyen d'exercice de ladite souveraineté. De ce fait, la législation coutumière, parce qu'elle n'est pas le fruit du référendum, ne jouit pas du même prestige que la loi. Et du fait de cette absence de prestige, elle est réservée à une sorte de validation préalable. Ainsi, la coutume est victime du processus continu d'étatisation du droit, comme le témoigne le recours au personnel judiciaire non permanent.

B. Le personnel judiciaire occasionnel et la coutume

L'organisation judiciaire du Cameroun, introduit aux côtés des juridictions de droit écrit, les juridictions coutumières. Cette cohabitation des juridictions de droit moderne et de droit traditionnel implique une cohabitation du personnel. Du fait de l'extrême spécialisation des magistrats en matière de droit légiféré, les législateurs successifs ont jugé utile d'introduire, aux côtés des magistrats, professionnels de l'appareil juridictionnel, les accesseurs, personnel occasionnel. L'introduction des assesseurs se justifie par le souci d'une bonne administration du service public de la justice. Du fait à la fois de la pluralité des coutumes au Cameroun, et surtout du manque de spécialisation en matière de droit coutumier dans la formation des magistrats, les assesseurs se dressent comme un rempart contre l'ignorance des coutumes. Ceci afin de dire le droit dans les affaires portées à leur connaissance, sous peine de commettre un déni, délit réprimé par la procédure de prise à partie.

Ainsi, selon le décret n°71/DF/607 du 3 décembre 1971[662] portant modification du décret n° 69/DF/544 du 19 décembre 1969 organise la fonction d'assesseur devant les juridictions coutumières au Cameroun : « Une liste de six notables est arrêtée pour chacune de ces juridictions, par le ministre de la Justice, sur proposition conjointe du préfet et du président du tribunal de première instance du ressort. Elle est complétée dans les mêmes conditions en cas de vacance. La liste est composée de façon à assurer une représentation

[661] Selon l'art. 4 de la Constitution du 18 janvier 1996 : « - L'autorité de l'État est exercée par : Le Président de la République ; Le Parlement. ». Cela se fait par l'entremise des parties et formations politiques. Ainsi, selon l'art. 3 de la Constitution, « - Les partis et formations politiques concourent à l'expression du suffrage. Ils doivent respecter les principes de la démocratie, de la Souveraineté et de l'unité nationale. Ils se forment et exercent leurs activités conformément à la loi. »

[662] Cf. Art. 10: Décret n°71/DF/607 du 3 décembre 1971 portant modification du décret n° 69/DF/544 du 19 décembre 1969.

équitable des coutumes. Une même personne peut figurer sur la liste des assesseurs du tribunal au premier degré et sur celle des assesseurs du tribunal coutumier »[663]. Le présent décret consacre ainsi, à la fois la procédure de sélection des assesseurs, et la polyvalence desdits assesseurs, devant les juridictions coutumières d'instances.

L'article 10, alinéa 2 précise que « Les personnes portées en tête de liste ont la qualité d'assesseurs titulaires, et les quatre autres ont la qualité d'assesseurs suppléants. Dans les tribunaux coutumiers, l'absence ou l'empêchement éventuel du président doivent être officiellement constatés par ordonnance du président du tribunal de première instance du ressort ; en ce cas, les deux assesseurs titulaires ont, dans l'ordre de leur inscription, qualité pour assurer la présidence. ».

Indépendamment, de l'ordre de préséance, le premier problème que pose le personnel choisi comme assesseur, est de l'ordre de la connaissance de la coutume. De ce point de vue, la pratique administrative privilégie le recours aux fonctionnaires retraités. Ce choix s'explique au moins par deux raisons. Premièrement pour des raisons de communication, parce qu'il faut bien que cette communication existe entre les assesseurs et le magistrat de séance. Généralement, elle se fait soit en français, soit en anglais. Le recours aux fonctionnaires se justifie donc aisément dans la mesure où les conditions d'aptitude pour intégrer la fonction publique camerounaise exigent au moins la connaissance d'une des deux langues officielles. La seconde est l'effort d'articulation ou de traduction qui doit être faite de la règle coutumière existante pour la porter à la connaissance du juge.

De ce qui suit, il se dégage un constat, celui de la recherche à titre principal, fondée sur les critères autres que la bonne maitrise des coutumes, tant dans la conception que dans la pratique. Le critère prépondérant ici semble être la bonne maitrise des langues officielles et un certain degré de rationalité bureaucratique.

En second lieu se pose le problème de la conceptualisation de la coutume. Une définition devenue lieu commun fait de la coutume une pratique observée dans le temps et acceptée comme étant du droit. Mais au-delà de cette énonciation, il est à préciser ce qui suit :

- La coutume n'est pas seulement une pratique. Elle est aussi un principe de vie, une traduction d'une vision du monde. Ce principe s'inscrit dans une trans-rationalité à la fois cosmique et eschatologique. En ceci qu'il régit à la fois l'ordre des morts et l'ordre cosmique, avant son application sociale,

[663] Cf. Art. 10, alinéa 2(a) : Décret n°71/DF/607 du 3 décembre 1971 portant modification du décret n° 69/DF/544 du 19 décembre 1969, ibid.

politique et morale. On retrouve cette conception dans les humanités classiques africaines. C'est le cas notamment des textes nilotiques. Au nombre desquels : le conte du prisonnier éloquent[664], les enseignements de MERYKARE[665], le texte d'ANY[666], la stèle de BAKI[667], la stèle PETORSIRIS[668].

---

[664] *Le Conte du Paysan éloquent* est connu des égyptologues sous différents intitulés, parmi lesquelles Les plaintes du paysan, le Paysan éloquent, le Conte du fellah plaideur, le conte de l'oasien, ou bien encore les neufs palabres du paysan volé. Il tient sa place au nombre des classiques de la littérature pharaonique du Moyen Empire. P. 427. Pour N. DOKOUI-Cabrera et F. SILPA, le texte met en exergue la notion de justice fondée par la Maât. Patrice LE GUILLOUX souscrit pleinement à cet avis pour qui « si l'éloquence du paysan sert de fil conducteur au récit, elle n'en constitue pas pour autant le but ». Le point focal du récit lorsque le grand intendant, RENSY va rendre compte au roi de Haute et de Basse-Égypte NEBKAOURE de la première supplique. Le paysan, venant tout juste de se faire spolier, a entrepris en effet de se rendre auprès du grand intendant RENSY, fils de Mérou, pour lui faire part de ses doléances. Prudent, ce dernier met en garde les calomniateurs : « prends garde à l'approche de l'éternité ». Cf. FREDERIC (Mathieu), *PLATON, l'Égypte et la question de l'âme,* 2013(livre numérique), pp. 427- 429.

[665] Ibid. Cette œuvre littéraire se présente commun recueil de recommandations que le pharaon KHETY Ier destine à l'éducation de son fils et successeur MERYKARE. Les règnes de KHETY Ier et de Mérykarê, deux rois de la Xe dynastie d'Héracléopolis, s'inscrivent historiquement dans la Première Période intermédiaire. L'Enseignement pour MERYKARE ne fait pas seulement cas d'une justice post-mortem, mais bel et bien d'un tribunal post-mortem. Un tribunal dont les juges sont infaillibles, incorruptibles et inflexibles ; rien ne leur échappe. Ce tribunal qui juge de l'oppresseur, affirme KHETY Ier à l'attention de son fils : « ... sache qu'il ne fléchit pas, ce jour-là où on juge le misérable, à l'heure d'accomplir ce qui est de règle ». p. 430.

[666] Ibid. Comme le note l'auteur, « ANY s'adresse à son fils afin de lui dispenser une somme de recommandations pratiques en vue de son entrée en responsabilité dans la vie civique. Son propos général aborde la plupart des thèmes incontournables de la tradition sapientiale : respect du supérieur et de la hiérarchie, nécessité de prendre femme, de fonder un foyer, de respecter les rites, de préparer sa tombe ; à quoi s'ajoute l'apologie du scribe et de l'écriture. Plus intéressant ceci que l'Enseignement d'ANY insiste particulièrement sur la stabilité et sur l'incertitude de la condition humaine face à la volonté divine ». On retrouve la même exigence dans les enseignements d'AMENENOPE. Cf. FREDERIC (Mathieu). Iibid., P. 437.

[667] « Pourvu qu'il ne lui manque pas une chose que tu lui as plus d'une fois accordée ; pourvu qu'il puisse se donner à lui-même ce secours. Qu'il n'a aucun discours, aucune action injuste à se reprocher, ni envers les dieux, ni envers les hommes. Car nous sommes convenus souvent qu'il n'y a pas de secours meilleur [...] Aussi bien personne ne craint- il la mort, à moins qu'il ne soit tout - à - fait insensé et lâche. Ce qui fait peur, c'est de commettre l'injustice, puisque le plus grand des malheurs est de descendre dans l'autre monde avec une âme chargée de crimes ». Ibid., pp. 448-449.

[668] « Thot est ici pour répondre à qui agit. Il ne s'endort pas sans avoir jugé les choses, que les choses soient bonnes ou mauvaises ; mais il répond immédiatement et il rémunère tout acte à sa valeur. Quant à celui qui agit mal sur la terre et n'est pas puni pour cela, il sera puni dans l'autre monde devant les seigneurs de la justice ; car c'est leur horreur qu'on agisse injustement... L'au – delà est la demeure de qui est sans péché, Heureux l'homme qui y arrive. Personne n'y parvient sinon celui dont le cœur est exact à pratiquer l'équité. Là, pas de distinction entre le pauvre et le riche, sinon en faveur de qui est trouvé s'empêcher quand la balance et le poids sont devant le seigneur de l'éternité ; là, la personne qui soit exempt

- La coutume, même quand elle apparait comme une pratique, ne se répète pas toujours. Elle peut être le résultat d'une innovation, fruit des délibérations sociales et communautaires, au regard du caractère transcendantal de la communauté. C'est la raison pour laquelle la tradition elle-même se conçoit comme la chaine ininterrompue des innovations.
- Les garantis du tiers impartial ne s'appliquent pas à la logique coutumière, logique qui mise sur la crédibilité et l'honorabilité du juge ou des juges communautaires. Juges qui sont par définition connus de tous. À l'impartialité comme postulat, l'ordre traditionnel substitue la crédibilité. Car l'idée de coutume et l'idée de rectitude sont à la fois jumelle et parent.
- Au plan social, la coutume est rarement d'application mécanique comme la loi devant les tribunaux. De la sorte, toute tentative de prévisibilité des décisions est vouée à l'échec.
- Enfin, les décisions coutumières, au sens strict du mot, ne sont susceptibles d'appel ; ni au plan social ni au plan eschatologique. Au plan social, la décision est le résultat du compromis. Ce que la société a jugé comme étant juste à ce moment précis. L'institution de l'appel ici est un emprunt des genres.

Toute proportion gardée, au regard de toutes ces considérations, l'intégration des juridictions coutumières au sein de l'appareil juridictionnel de l'État relève plus d'une confusion des référents, et d'un mélange des logiques. C'est une exigence de la recherche de la rationalité de type légale rationnelle. Ceci étant, la fonction d'assesseur semble superfétatoire, parce qu'étant au service d'une justice qui, du fait de son incorporation au monopole juridictionnel de l'État, a perdu à la fois son statut et sa fonction. Fonction de dire le juste selon la logique purement traditionnelle. Ici encore, la coutume en tant que source du droit est reléguée au second plan.

Conclusion : le but de ce chapitre n'était pas d'établir les techniques de mise en jugement de coutumes, techniques, législatives et jurisprudentielles. Ce qui a déjà été fait par des travaux riches et variés. Mais de démontrer que, par l'usage desdites techniques, la cohabitation entre l'État et les coutumes matérielles est une cohabitation conditionnée et asymétrique. Elle est conditionnée par la lecture orientée qui en est faite. Une lecture purement empirique, dans une logique implicite de comparaison avec le droit écrit, conçu comme droit de référence. Cette cohabitation est conditionnée par les instruments d'analyse et d'appréhension de la norme coutumière, que sont les concepts et les catégories de la rationalité juridique empruntée. Cette cohabitation est aussi conditionnée par l'absence d'une ligne de crête, un point

---

d'entendre prononcer son verdict, quand Thot - Cynocéphale, assis sur son trône, se dispose à juger tout homme d'après ce qu'il a fait sur la terre ». Ibid., pp 451-452.

culminant d'observation, d'où les confusions de genres[669]. Elle est enfin conditionnée par le recours à la fois à l'idéologie des droits de l'homme, des libertés individuelles, et le respect de l'ordre public. Il s'agit aussi d'une cohabitation asymétrique. Asymétrique non pas parce que la rencontre est de nature asymétrique, mais parce que la part de la coutume est réduite à une portion incongrue du vécu juridique légal, de la prescription. Ceci se conçoit indépendamment du démenti de la pratique quotidienne des masses populaires. Non seulement elle est incongrue, mieux encore son acceptation même est conditionnée par les exigences de l'ordre juridique dominant. Elle est asymétrique parce que la rationalité coutumière est au mieux dénaturée, au pire inexistante dans les institutions inféodées à l'administration d'État, ou mieux encore, à sa logique normative.

[669] Cf. OUMAR KANE, « Épistémologie de la recherche qualitative en terrains africains : considérations liminaires ». aussi, parlant de la production scientifique entre correctifs et contraintes, l'auteur note avec insistance que : « La recherche qualitative en terrain africain et les correctifs de la distorsion Alors que les africanistes non africains ont souvent analysé sous le registre du manque ou du déficit les formations politiques et culturelles africaines, certains chercheurs africains ont voulu coûte que coûte démontrer l'existence en Afrique de structures et de phénomènes identiques à ceux dévoilés en Europe. C'est ce phénomène que Bidima (1993) qualifie de « concordisme ». Ce désir de se conformer à des canons élaborés sur d'autres terrains et pour d'autres objets trouve son origine dans la distorsion qui a systématiquement caractérisé l'étude occidentale de l'Afrique pendant longtemps. L'origine de cette distorsion a été l'objet des travaux de Mudimbe2 (1994, 1998) qui soutient que jusqu'à l'ère chrétienne, l'Afrique n'a pas aux yeux des Occidentaux cette connotation systématiquement péjorative qu'elle acquerra plus tard ». P. 157.

CHAPITRE 2

LA RATIONALITÉ COUTUMIÈRE EN JUGEMENT : LA RESTRICTION DU CHAMP D'APPLICATION DU DROIT PROFANE AU PROFIT DU DROIT POLITIQUE

Le champ matériel d'application de la coutume recouvrait avant la colonisation, tous les domaines de la vie des sociétés traditionnelles. Il en est ainsi des rapports de l'homme à l'environnement, à la société globale, et du lien avec ses ancêtres[670]. Ceci, au regard de l'interconnexion des mondes, posée comme principe de base dans les présupposés mythologiques des sociétés coutumières. En fait, la coutume est issue de l'ordonnancement même de l'univers, de la culture globale[671] ; et de ce fait, elle est restée pendant longtemps la seule source de droit[672]. « Un droit trop gris »[673] véhiculé par un paradigme élaboré en dehors des temples savants de la pensée juridique contemporaine. Son champ débordait largement la plénitude du domaine de la loi. Il en est ainsi parce que, originairement, la coutume recouvre une triple dimension : une dimension cosmique, une territoriale, transcendantale et

---

[670] Cf. DIKA-AKWA, Eléments de corpus Douala : le mariage, Op. Cit.; DUBY (R.), *Coutumier civil des Douala*, Op. Cit.; HEPP (Bernard), Coutumes des Peuls de l'Adamaoua, Op. Cit. ; HURAULT (J.), « Histoire du Lamidat peul de Banyo (Cameroun) », dans Compte rendus trimestriels des séances de l'Académie des Sciences d'outre-mer [séance du 20 juin 1975], Tome XXXV – 1 – 1975, pp. 421- 463 ; HAGENBUCHER – SACRIPANTI (Frank), « Les arabes dits "Suwa" du Nord Cameroun », dans Cahiers de l'Orstom, Op. Cit. ; TONYE-MBUA, *Le Serment chez les Bassa du Cameroun (un exemple du serment dans la pensée juridique africaine)*, Op. Cit.; NDEBI BIYA, *Être, Pouvoir et Génération. Le système Mbok chez les Bassa du Sud Cameroun*, Op. Cit. ; NDOUMBOUK, Du droit dans les proverbes bassa du Cameroun, Op. Cit. ; BERTAUT (Maurice), *Le droit coutumier des Bulu – monographie d'une tribu du Sud Cameroun*, Op. Cit. ; Benoit (Jean-Pascal), *Kirdi au bord du monde, un médecin lyonnais au Cameroun*, Op. Cit. ; *TONYE-MBOUA*, *Systèmes matrimoniaux africains : exemple des Bassa au Cameroun*, Op. Cit. ; Njoya (Sultan), *Histoire et coutumes des Bamoun, Mémoire de l'institut français d'Afrique Noire*, Op. Cit.

[671] Cf. ABOUNA (Paul), *La naissance, l'histoire et le développement de la culture – pré-culture, culture et post-culture*, L'Harmattan, 2014.

[672] Cf. BOKALLI (Emmanuel Victor), « La coutume source de droit au Cameroun » (1997), Op. Cit.

[673] Cf. ROULAND (Norbert), *Aux confins du droit. Anthropologie juridique de la modernité*, Op. Cit., p. 14.

ancestrale. Il existe un lien étroit, une indistinction, entre le droit et la vertu[674], mais aussi entre l'avant vie, la vie et l'après-vie. C'est aussi le lien entre l'ordre anthropocentrique et l'ordre théocentrique, au sens du professeur BILOLO. Cette répartition est fonction des visions du monde, et surtout, de l'apport de la cosmogonie africaine depuis, au moins la haute antiquité, jusqu'à l'antiquité tardive[675]. Certes, une grille de lecture plus récente nimbée des préjugés coloniaux, et héritée de l'ethnographie évolutionniste de stratification des peuples, tente de lire superficiellement la société de l'Afrique traditionnelle. De distinguer en son sein, par un zèle de concordance, les fonctions diffuses, fonction législative, jurisprudentielle, décrétale et doctrinale. Mais la logique coutumière s'accommode mal de cette systématisation et des catégories juridiques venues d'ailleurs. La coutume est d'abord un principe de vie, une vie endossée sur le postulat de la justice-vérité, de l'équilibre cosmique. Il s'agit de l'idée de rectitude et d'ordre issu de la contingence de l'univers primitif. C'est du moins ce qui explique à la fois la communauté, l'harmonie, l'indistinction des domaines et des registres normatifs. En ce sens, l'ordre est perçu comme éternel, permanent et transcendantal. Aussi existe-t-il une connotation entre la rectitude, la mesure et l'idée de direction[676]. C'est le principe de la confusion et de la solidarité entre l'ordre humain et l'ordre cosmique. Ordre naturel directement déductible de l'alignement, de la calculabilité des comportements humains.

---

[674] Aussi, comme le notait CONFUCIUS : « Si l'on conduit le peuple au moyen des lois et qu'on réalise la règle uniforme à l'aide des châtiments, le peuple cherchera à éviter les châtiments, mais il n'aura pas le sentiment de la honte. Si l'on conduit le peuple au moyen de la vertu et qu'on réalise la règle uniforme à l'aide des rites, le peuple acquerra le sens de la honte, et en outre deviendra meilleur ». cf. CONFUSUS (551-479 av. J.-C., cité par ROULAND (Norbert), in, Aux confins du droit. Anthropologie juridique de la modernité, p. 30.

[675] Cf. ESSOR NGOME (Hilaire), *Parenté ethnoculturelle de l'Égypte ancienne et du monde Bantu,* édit. Menaïbuc, 2014, 422p. S'appuyant sur le Bakossi, l'hypothèse générale que l'auteur tente d'éprouver à travers cet ouvrage est que : « La langue et les rituels religieux et funéraires Bantu et Egyptiens anciens sont analogues et relèvent du même univers culturel et de la même civilisation africaines » p.11. Cette hypothèse générale se subdivise en quatre hypothèses secondaires :
« Hypothèse 1, il existe de fortes analogies linguistiques entre l'Égypte ancienne et le peuple Bantu.
Hypothèse 2, il existe de fortes analogies entre les rituels funéraires égyptiens et les rituels funéraires Bantu. Hypothèse 3, il existe de fortes analogies entre la vision du monde de l'ancienne Égypte et la vision du monde des Bantu.
Hypothèse 4, le mystère du sacrifice rituel décrit dans le mystère de la sorcellerie dans le monde Bantu transparait à travers les mythes fondateurs de l'ancien Égypte. » Pp. 11-12.
Voir aussi l'étude comparative entre le Bakossi, l'ancien égyptien et le sacré ; quelle projection. Pp. 271 et s.

[676] Ainsi, chez le Bafia du centre Cameroun, le mot « *Lam* » désigne la mesure, la proportion. Et de ce mot on formule le not « *Lam-Lam* » du dirigeant. Le dirigeant est donc celui qui marche dans la droiture, celui qui dit la mesure et qui établit les proportions.

L'homme étant un élément de la nature. Sans être purement renfermée sur elle-même, cette logique obéit à des caractéristiques et des spécificités propres aux sociétés qu'elle régit. Le droit, produit des dynamiques sociales, étant avant tout, un élément de la culture globale[677] des peuples. Encore que d'un point de vue idéologique, la perception idéelle de la mission civilisatrice, l'exaltation de l'unité nationale et de la logique dite développementaliste était de nature à disqualifier une coutume jugée anachronique. Une théoric juridique morcelée et favorisant ainsi le nid des replis identitaires, et considérée de surcroit comme source du sous-développement[678]. C'est dans ce sillage que l'on situe la source de la réduction du champ matériel de la coutume.

Toutefois, il est opportun pour une meilleure lisibilité de ce processus historique, d'expliquer, rationnellement, le recul du champ d'application des coutumes. En effet, il faudrait joindre ici une finalité non dite du recours à l'idéologie et à la rationalité dite scientifique. Derrière l'écran de fumé de la rationalité et de l'idéologie se cache une stratégie de domination. C'est le propre des systèmes coloniaux. C'est en prenant en compte ces autres paramètres que l'on pourrait raisonnablement trouver une explication plausible à la restriction du champ de compétence de la coutume (section 1), dans la construction du monopole de l'ordre normatif. Un ordre qui est dynamique et restrictif. Cette restriction qui conduit aussi à la rationalisation des modes de production profane (section 2).

Section 1 : La restriction du droit « profane »

Une maxime[679] de l'antiquité énonce : « *Homo Sun Et Nihil Humani A Me Alienum Puto*[680] ». Le qualificatif profane est de ce simple fait hérétique, une traduction métaphorique du nihilisme. Tout compte fait, la notion de droit profane mérite ici des clarifications nécessaires (I), une fois cela établi, son incidence est réelle sur la définition même de la norme coutumière (II).

---

[677] Cf. MELANCON (Joseph), *Les sciences de la culture,* Essai, édit. Nota bene, 2002. L'auteur présente tour à tour la culture comme mémoire, comme objectivation, comme habitus, comme axiologie, comme lecture, comme herméneutique…. Pp. 45 et s.

[678] Ce qui est très vraisemblablement une sentence absconse, un argument circulaire.

[679] Cf. REVILLOUT (Eugène), *Précis de droit égyptiens, comparé aux autres droits de l'antiquité*, second tome, Paris, Libraires éditeurs, Op. Cit., p. XVI.

[680] Traduction littérale : « Les hommes à qui on nie l'humanité finissent tous par s'aliéner »

I. La notion de droit profane

Une fois la notion de droit profane établie (A), il revient de l'envisager avec une autre notion voisine, la pratique coutumière ou pratique profane (B).

A. La signification de la notion

La signification de la notion inclut à la fois l'analyse de son étymologie (1) et aussi l'examen de son contenu, de son sens littéral (2).

1- Une étymologie révélatrice

De par son étymologie, le terme profane dérive du latin « *profanus* », situé hors du temple. Ce terme désigne ce qui n'est pas sacré, parce que situé à la périphérie du temple et de sa rationalité[681]. « *Pro* » signifie devant, ou dehors. Et « fanum » désigne le temple, le lieu consacré, le lieu sacré. Le profane est donc en quelque sorte le non-initié, le vulgaire, le non sacré, le contraire de la théophanie. De ce qui suit, le droit profane se conçoit comme le droit qui se forme en dehors du temple de la rationalité juridique dominante. Une rationalité juridique positive et consacrée. Consacrée soit par le droit lui-même, soit par la doctrine juridique dominante au sein de la société moderne[682]. Le droit profane est donc, ce droit du non sacré, du non-scientifique ou encore le pré-juridique -c'est aussi le rapport entre le « mythe et la science[683] » - dans l'esprit du chercheur, non pas parce qu'il n'existe pas, mais parce qu'il est exclu de toute la science[684]. Ce non-être scientifique pose la problématique du début de la science, du commencement[685]. Ce droit profane résulte tant de la culture que de l'histoire dans l'épistémè Dioppien[686]

---

681 Jean Marc ELA parle à cet effet des savoirs des gens de brousses. Cf. ELA (Jean-Marc), *L'Afrique à l'ère du savoir : science, société et pouvoir, L'Harmattan, 2006*, PP. 158-170. Il invite par conséquent les chercheurs africains de s'affranchir de la tyrannie de l'irrationnel. Ibid., pp. 176 et s.

682 En mettant la société africaine à l'épreuve de l'esprit scientifique, ELA (Jean Marc) invite à la déconstruction du mythe du bon sauvage ; et par conséquent à une relecture sans complaisance de l'ethnologie coloniale. Aussi passant de LEVY BRUHL à LEVIS STRAUSS, il question les modes orientées de production des savoirs pour les sociétés dites de tradition. Ibid. pp. 19-146.

683 Ibid., pp. 53 et s.

684 Cf. MALOLO DISSAKE (Emmanuel), Mathématique pharaonique égyptienne et théorie moderne des sciences, DIANOÏA, 2005, pp.108 et s.

685 « Ou est la science ? Ou n'est-elle pas ? La question est à la fois intéressante et curieuse ». Ibid.

686 Un peu à l'image de l'univers incréé. « Cette chaotique était, à l'origine, l'équivalent du non être, du seul fait qu'elle était in organisée : ainsi, le non-être n'a pas ici l'équivalent du néant, d'un néant d'où tout surgirait ». Un peu à l'image de la matière primitive contenant en elle la

de la continuité historique et culturelle[687] des nations nègres. Pour mieux comprendre cette conception de la norme juridique dite coutumière, conçue comme norme de droit synthétisée en dehors du champ de la rationalité scientifique, il faut tout d'abord commencer par rappeler les linéaments de la théorie juridique dominante. Le droit a ici une connotation anthropocentrique. C'est un acte de volonté, un acte de pouvoir. En tant qu'acte de pouvoir, la législation relève de la compétence des pouvoirs institués de l'État : le législatif, le judiciaire et l'exécutif. À ce droit, d'ordre purement institutionnel, il faut y adjoindre la construction théorique de la doctrine et les engagements conventionnels de l'État, dans le cadre de la coopération. Il faut également prendre en compte, les droits privés conventionnels, droits qui ne sont en définitive que la matérialisation des prérogatives que l'État reconnait aux citoyens, en vertu du droit objectif. Ce droit est en fait contemporain au positivisme à la rationalité résultant de la philosophie des lumières[688].

À rebours de cette conception du droit politique, il existe d'autres formes de rationalité, à l'instar de la rationalité dite coutumière. Rationalité à prédominance théocentrique, cosmocentrique, voire « préscientifique » pour d'aucuns[689]. La production de la coutume, a-t-on coutume de le dire, résulte

---

loi de la transformation, la loi du devenir qui, « agissant sur la matière à travers le temps, va accentuer les archétypes, les essences, les êtres qui sont donc créés longtemps en puissance ». cf. ANTA DIOP (Cheikh), Civilisation ou barbarie, Anthropologie sans complaisance, Paris, Présence africaine, 1981, pp. 388-389.

[687] Cf. ESSOR NGOME (Hilaire), *Parenté ethnoculturelle de l'Égypte ancienne et du monde Bantu,* Op. Cit. « La parenté culturelle de l'Égypte ancienne et de l'Afrique Noire contemporaine est un fait établi. Rappelons simplement les conclusions du colloque du Caire de 1974 : concernant la culture égyptienne : le professeur VERCOUTTER rappelle que pour lui, l'Égypte est africaine dans son écriture, dans sa culture et dans sa manière de penser. Le professeur LECLANTT lui reconnait ce même caractère africain (à l'Égypte ancienne) dans son tempérament et dans sa manière de penser ». p. 363. Au plan linguistique, « plus largement, le professeur SAUNERON souligne l'intérêt de la méthode proposée par le professeur OBENGA après le professeur DIOP. L'Egyptien étant placé au point de convergence d'influence extérieure, il est normal que les emprunts aient été faits à ces deux langues étrangères ; mais il s'agit de quelques centaines de racines sémitiques par rapport à plusieurs milliers de mots. L'Égypte ne peut être isolé de son contexte africain et le sémitique ne rend pas compte de sa naissance. Il est donc légitime de lui trouver des parents ou des cousins en Afrique » p.363.

[688] Cf. DE BROSSCHERE (Guy), Les deux versants de l'histoire, Autopsie de la colonisation, « la philosophie explique dans une certaine mesure les vérités sous-jacentes ou obscures de la mythologie. Elle salue l'avènement de l'homme et instaure virtuellement son culte, dégage l'homme des liens qui le retienne à la nature et contribue à son dés-enracinement. » Op. Cit. p. 31.

[689] MALOLO DISSAKE critique Thomas HUHN, HEGEL et même pour FRYERABAND, pour qui le passage de l'Égypte à la Grèce est inévitablement *le passage* « des élucubrations préscientifiques à la science et à la raison », MALOLO DISSAKE (Emmanuel), *Mathématique pharaonique égyptienne et théorie moderne des sciences* Op. Cit. p.109.

d'une pratique observée par le groupe et considérée comme étant le droit. Dire que la coutume est une pratique observée par le groupe et considérée comme étant le droit, c'est sans doute affirmer que c'est de la pratique qu'est issue la formulation de la norme coutumière. Ou encore, que la norme coutumière n'a pas besoin d'une formulation abstraite, en dehors du vécu. Qu'elle se conçoit à suffisance dans la pratique qui la véhicule. Et l'on ne saurait dès lors s'empêcher de questionner les fondements d'une telle pratique, l'origine lointaine, en termes de formulation théorique. Une formulation qui, bien qu'idéelle, se concrétise par la pratique dans le vécu des peuples. Pour voir plus clair, il faut questionner l'histoire récente des sociétés africaines, afin de retracer la philologie historique de la coutume. Ce faisant, remonter à la fois à la haute antiquité et même, au-delà, au temps mythologique des fondements.

Un premier moment d'arrêt s'impose. Il a trait aux récits mythologiques qui ont façonné les peuples négro-africains, les langues, dans la haute antiquité des civilisations du bassin du Nil[690]. Ainsi, selon le récit de la naissance du monde dans la cosmogonie de Memphis, dans la version inscrite sur le granite de Shabaka[691], la parole est au commencement de toute la civilisation. L'écriture la plus ancienne du continent parle d'ailleurs, et se définit comme étant les « paroles de dieu », des *« Nedou Netjer »*. Cette écriture, paroles de dieu, fut traduite par les Grecs sous le vocable de hiéroglyphe[692], de « *hiéro* » qui signifie sacré, et de « *graphus »*, littéralement écriture, graphique. Par elle « furent créés (enfantés) tous les dieux, TOUM et son Ennéade. Car toute parole divine advint parce que le cœur a pensé et ce que la langue a ordonné (commandée)[693] ». Peut-on lire, en filigrane, de la translittération du texte original. Ainsi, « se font tous les travaux et tous les arts, l'activité des mains, la marche des jambes et le fonctionnement de tous les membres, conformément à ce commandement qui a été pensé par le cœur et qui est sorti

690 Cf. MBOLI (Jean Claude), Origine des langues africaines, essai d'application de la méthode comparative aux langues africaines anciennes et modernes, L'Harmattan 2011.

691 Cf. OBENGA (Théophile*), La philosophie africaine de la période Pharaonique 2780-330 avant notre ère*, L'Harmattan, 1990, pp. 65-76. Voir aussi, OBENGA (Théophile), *L'Afrique dans l'Antiquité*, Paris, Présence Africaine, 1973 : chap. VI, » création des êtres d'après l'Inscription de Shabaka », pp. 129-161. De l'avis même de l'auteur, le « texte de l'Ancien Empire (2780-2260 av. notre ère) recopié sur une grande stèle de granit (1,37 m sur 0,92) par ordre du pharaon SHABAKA (vers 710 av. notre ère). La stèle, assez dégradée, se trouve actuellement au british Museum n°498 « Shabaka Stone »). Op. Cit., p. 67.

692 Cf. OBENGA (THEOPHILE), « L'Afrique berceau de l'écriture » in, HABIB SY (Jacques), L'Afrique, berceau de l'écriture, et ses manuscrites en péril, volume 1, des origines de l'écriture aux manuscrits anciens (Égypte pharaoniques, Sahara, Sénégal, Ghana, Niger), Op. Cit. pp. 89 et s.

693 OBENGA (Théophile), La philosophie africaine de la période Pharaonique 2780-330 avant notre ère Op. Cit., p. 69.

par la langue, et qui fait la signification de toute chose »[694]. On retrouve ce même récit dans bon nombre de civilisations africaines à l'instar des Dogon et les Bambara[695].

Pour le professeur OBENGA, les textes oraux de la tradition africaine, relatifs à la naissance du monde, rejoignent de façon nette la spéculation pharaonique. Mieux encore, « avant la bible et le coran, avant les philosophes grecs eux-mêmes, l'Égypte ancienne avait clairement conçu une doctrine du verbe, du Logos dans l'inscription réelle »[696]. La parole souveraine suffit à constituer toute réalité par le seul énoncé du nom. C'est le privilège du nomenclateur, privilège lié à la valeur normative de la parole. À l'auteur de conclure qu'il convient de « relever du côté de l'Afrique noire profonde la toute-puissance du verbe créateur. Il n'est qu'à noter que suivant leur nature, Maweja Nangila créa les créatures en usant de l'un ou l'autre de ses grands pouvoirs, l'émission du verbe, l'appel par le geste, le souffle ». En effet, depuis l'antiquité, « depuis l'Égypte pharaonique, la parole est souveraine en Afrique Noire où existent, toujours, dès les temps immémoriaux, des civilisations non point de l'oralité (comme l'écrivent les ethnologues et autres anthropologues étrangers), mais des civilisations du verbe puissant et créateur (l'oralité n'est que secondaire, liée ou non à l'existence de l'écriture) »[697]. Aussi, aujourd'hui encore, « appeler quelqu'un en criant son nom, c'est, en Afrique Noire profonde, le faire apparaitre comme homme, c'est-à-dire un homme de tel village, de telle ethnie, de tel lignage, de telle famille, ayant eu de tels ancêtres : il s'agit de la situer dans le temps et dans l'espace, au même moment, pour le faire être vraiment en son entier. Nommer, c'est engendrer, c'est-à-dire faire apparaitre une généalogie, une évolution »[698]. Rien donc de surprenant que la parole soit le lieu par excellence de la normativité, dans la mesure où, elle ordonne, organise, régule et justifie. La parole est donc, en elle-même, un code de conduite, et un ordre qui se départit tant du point de vue de la calculabilité, du point de vue de l'équité et de l'équilibre de la partie et du tout. Le dépositaire de cette parole, THOT, est de ce fait le législateur en chef. La parole est en soi, plus qu'un principe, un code des vertus. C'est en un

---

694 Ibid.

695 « Devenir créateur, dieu s'est pensé à lui-même...Il s'est adressé à lui-même dans son intériorité. Il a produit ainsi la première parole audible pour lui seul. Les sons primordiaux de cette parole furent en relation avec les éléments constitutifs de la création ». Cf. BILOLO MUBABINGUE, Le créateur et la création dans la pensée menphite et amarnienne, Menaïbuc, Op. Cit.

696 Cf. OBENGA (Théophile), *La philosophie africaine de la période Pharaonique 2780-330 avant notre ère*, Op. Cit., p. 74.

697 Ibid, p. 75.

698 Ibid.

mot la vertu des vertus. Vertu fondatrice, à l'image de la coudée royale, la mesure, la devancière, des vertus sociales[699].

Pour FONKOUE Jean[700], ce fondement peut à bien des égards, se rattacher à la pratique morale, mieux encore au code moral. Se situant dans l'épistémè dioppien, il affirme en substance que : « Tout égyptien est produit et acteur de la pensée morale. Il ne peut avec préméditation se positionner en dehors des préceptes moraux ou éthiques de sa responsabilité »[701]. Mieux encore, « le code moral de l'Égypte pharaonique n'a pas développé une théorie sophistique du mensonge comme chez les Grecs[702] ». Poussant à bout sa réflexion, l'auteur affirme : « La Maât assure l'harmonie générale du régime, du pouvoir, et assure la longue durée : plus de trois millénaires »[703]. Le discours scientifique sur l'ordre se dédouble aussi d'un discours métaphorique. Science, tradition et spiritualité concourent aux mêmes fins. C'est aussi le cas de la figure antique de la rectitude cosmique incarnée par la divinité Maât. « Elle est (la Maât) assurée à la fois d'une existence et d'une validité. Elle est source de l'objectivité axiologique. Elle est la qualité intrinsèque de la conduite politique et de l'action »[704]. Voilà pourquoi en tant que vérité cosmique, elle refuse toute historicisation. D'où son « caractère normatif » anhistorique et transcendantal. L'auteur renchérit, « avec l'ensemble de ces considérations, s'explique le caractère moral de la parole. Autrement dit, la parole à dire est l'essence morale, et la moralité est conduite bonne de la vie »[705]. D'où l'indistinction[706] de la parole de la moralité et du droit dans les sociétés coutumières. Car, comme on peut le noter, « en tant qu'axiologique, la parole est morale et apte à opérer la conciliation entre la conduite et l'action de l'homme »[707]. La parole c'est la morale. Et « la morale est la transcendance qui sert de principe »[708]. En un mot, cette parole est véhiculée en Afrique noire sous forme de code de confession négative comme les Bafia.

---

699 Cf. BARUCQ (André) et DAUMAS (François), *Hymnes et prières de l'Égypte ancienne*, édit. Du Cerf, Paris, 2009, p. 461.

700Cf. FONKOUE (Jean), *La parole dans la tradition philosophique africaine, le statut de la parole dans la pensée morale égyptienne de la période pharaonique*, Menaibuc, 2009, P.79.

701 Ibid., pp. 1-38.

702 Ibid., p. 79.

703 Ibid., *p. 5.*

704 Ibid., p. 20.

705 Ibid., p. 23.

706 Cf. TIMBERGE (N.*), L'Étude de l'indistinct,* Paris, Payot, 1953.

707 Cf. FONKOUE (Jean), *La parole dans la tradition philosophique africaine, le statut de la parole dans la pensée morale égyptienne de la période pharaonique*, Op. Cit., p. 20.

708 Ibid.

On dirait que la parole est le principe primordial de structuration de l'ordre positif. Encore que, dans ce contexte, la Constitution est orale et sacrée, comme le note le professeur KAMTO Maurice [709]. De ce principe résultent des actions, des codes de conduite, des pratiques[710]. Quoi qu'il en soit, il s'agit d'une pratique qui se conçoit en dehors de la rationalité juridique consacrée, et c'est en cela qu'elle est profane. Hérétique vis-à-vis de la pensée juridique dominante. Elle se situe en dehors de la rationalité de l'ordre autonome.

Vu sous cet angle, on comprend bien que sauf méprise, on ne saurait réduire la coutume à une simple pratique. Le faire, ce serait non seulement renoncer par un a priori à comprendre les principes de l'intelligibilité de la coutume, mais aussi appauvrir la rationalité juridique telle qu'est conçue par chaque peuple. Et comme on le voit, en Afrique, le sacré et la parole sont liés. En un mot, il s'agit là de la pensée juridique translogique.

2- Une littéralité non moins révélatrice

Parler de la rationalité profane peut être un contre sens. Mais dans une conception du monde transhistorique, cette notion prend toute sa connotation. Pour cela, le sens littéral peut égarer.

Le sens littéral du profane renvoie, selon le dictionnaire universel Hachette, à l'ignorance de tout art, de toute science. Le profane étant la personne qui n'a pas été initiée à une religion, à des mystères. Le droit profane de ce point de vue serait ce droit qui ne relève pas de l'art. Il s'agit de l'art du droit ou du droit pris comme art. De par sa décomposition, cet art est à la fois, l'art du législateur, l'art du juge et voir même l'art de la doctrine ou l'art des savants et commentateurs des normes juridiques. En un mot, l'art de dire le droit, le juste rationnel. Ceci étant dit, la coutume serait ce droit profane parce qu'ignorant à la fois l'art de législation, l'art jurisprudentiel et l'art doctrinal, de ce point de vue, inerte à la spécialisation.

Le profane est aussi perçu comme synonyme de non-science ou d'absence de science. La science se caractérisant par l'existence d'un objet d'étude, d'une méthode. En plus, d'une démarcation, synonyme d'objectivité dans le processus qui préside à l'étude. Mais la science désigne aussi, selon le dictionnaire universel Hachette, le savoir, « l'ensemble des connaissances que l'on acquiert par l'étude, l'expérience, l'observation ». Elle est ainsi synonyme de « savoir-faire ». Exemple, la science du peintre. De ce point de vue, il serait difficile de dire que la coutume ne relève pas de la science, dans

[709] Cf. KAMTO (Maurice), *Pouvoir et droit en Afrique noire, Essai sur les fondements du Constitutionnalisme dans les États d'Afrique noire francophone*, LGDJ, 1987.
[710] Cf. BIDIMA (Jean Godefroy), *la palabre une juridiction de la parole*, Op. Cit.

la mesure où, elle traduit, en n'en point douter, un savoir-faire. Un savoir-faire autre que le savoir juridique dominant. Le savoir-faire des sociétés traditionnelles dans leur rationalité propre. Il serait tout aussi abusif de prétendre que ce savoir-faire n'a pas un objet, une méthode. Seulement, il convient de reconnaitre que, sa rationalité est de loin différente de la rationalité légale rationnelle. Aussi le code binaire empêche la systématisation formelle par des études crédibles. Cette absence de systématisation, au nom de la certitude des lumières et de l'autonomie de la volonté conduit indéniablement à la mécompréhension de la pratique profane, et à sa disqualification.

Mais ce qu'il faut dire ici est que cette littéralité tronque la réalité et la substance même de la coutume. Conçue comme droit d'inspiration profane. Dans son essence même, la société traditionnelle traite avec dédain la rationalité, fût-elle individuelle ou collective, voilà pourquoi, jamais, elle ne parie sur l'homme conçu comme une monade. Elle vise toujours la communauté globale, elle-même inscrite dans l'ordre global. La conséquence logique est le rejet de la conception de l'ordre abstrait, de l'abstraction fondée sur l'individu. Cela ne suppose pas que l'abstraction soit absente, mais simplement qu'il existe une dialectique perpétuelle entre le rationnel et l'irrationnel, entre la certitude, le mystérieux et l'énigmatique. D'où le recours à divers registres d'enseignement et d'articulation de la normativité[711]. Ainsi comme le note avec insistance un contemporain, « la valeur éducative de l'irrationalisme égyptien est grande ; celui-ci forme un contrepoids à la platitude rationaliste que notre époque nous impose »[712].

B. La pratique coutumière ou pratique profane

La pratique coutumière se décline pour l'essentiel en la pratique institutionnelle (1), et en la pratique normative (2).

1- La pratique institutionnelle

La pratique institutionnelle est caractérisée par la dés-essentialisation, la participation, la sacralité et la complétude.

La dés-essentialisation[713] est à la fois organique, statutaire et fonctionnelle. Organique parce que, les organes traditionnels ne suivent pas une trajectoire

---

[711] Mythes fondateurs, contes et légendes, maximes, chantefables et les récits épiques.

[712] Cf. KOLPAKTCHY (Grégoire), *Livre des morts des anciens Egyptiens*, Op. Cit. p. 38.

[713] D'un point de vue purement ontique ou ontologique la dés-essentialisation remonte pour ce qui est de l'Afrique noire, à la cosmogonie telle que présentée par le mythe fondateur, le mythe d'OSIRIS. Cf. DOUMBI –FAKOLY, *Horus, fils d'Isis, le mythe Osiris expliqué*, Menaibuc, 2006, pp. 7-50.

unique. Comme c'est le cas dans la logique unitaire de l'État-nation mono culturel[714]. L'État-nation qui vise à réduire les différences à leur plus simple expression. Mais la coutume implique le fait d'assurer la coordination, par le biais de la structuration de l'espace public délibératif[715]. Elle est ainsi dés-essentialisée parce que les institutions coutumières sont nombreuses et variées. Quel que soit le type de société retenue, la différence semble être la règle. Les institutions coutumières, il y'en a à profusion. Et cette panoplie institutionnelle est la traduction d'une gouvernance plusieurs fois séculaire, et donc le résultat d'une longue maturation historique. Fruit de l'expérience qui remonte au temps des fondements, les temps mystiques. Cette diversité est aussi d'ordre statutaire. Statutaire, parce que le statut des structures traditionnelles se caractérise par sa grande souplesse et donc, une adaptabilité en fonction des exigences de l'heure. Doit-on le rappeler, l'ordre terrestre se déduit de l'ordre cosmique. Le principe transcendantal de vérité, de justice, d'équité, et d'ordre préexiste à l'ordre politique[716], dans sa déclinaison sociétale et individuelle.

Quant à la dés-essentialisation, elle est fonctionnelle. Elle est fonctionnelle dans la mesure où aucune structure traditionnelle n'a une fonction unique. Le principe est donc celui de la multiplicité des organes, des statuts et des fonctions. Elle est aussi fonctionnelle parce que les sociétés traditionnelles africaines conjuguent le monde au pluriel. L'existence est la démultiplication de l'un primordial. La vérité politique est de l'avis même d'A. BA'A Amadou, le résultat du compromis.

---

[714] L'État-nation mono culturel se refaire ici à l'emprise de la culture dite républicaine sur les cultures nationales diverses et variées. Elle s'oppose de ce fait à la nation multiculturelle.

[715] Cf. DOUMBI -FAKOLY, *Horus, fils d'Isis, le mythe Osiris expliqué*, Op. Cit. À propos de la délibération des dieux.

[716] Ibid.

Parlant de la participation[717], elle désigne le manque d'exclusion et la prise en compte d'une pluralité des participants[718], pour assurer le fonctionnement des institutions communautaires. Car, comme le note avec pertinence DIKA AKWA, « comment expliquer la typologie de la royauté, la typologie de l'État, le relai des empires à l'hégémonie, la dialectique des espaces, si l'on n'observe pas plusieurs cas historiques, et si l'on ne cherche pas à décrypter les mythes et légendes pour cerner le moule philosophique où s'est joué le drame de l'évolution africaine et la logique interne qui sous-tend les structures »[719]. Pour exemplifier, prenons le cas des institutions rituelles comme le Nguon[720] chez les Bamoun, ou encore le Ngondo chez les Douala. Ces institutions sont de véritables assemblées populaires et aussi, de véritables juridictions[721]. L'on pourrait aussi prendre l'hypothèse des institutions juridictionnelles traditionnelles dans les sociétés à bande, avec la pratique de la palabre[722].

Quant à la sacralité, elle irrigue toute la vie des sociétés traditionnelles. Du politique au social, en passant par la justice, aucun domaine ne lui échappe. Le sacré fonde et limite le pouvoir selon le professeur KAMTO[723]. Il n'est pas aussi exagéré de dire que le sacré irrigue le pouvoir. La justice est sacrée.

---

[717] Cf. DOUMBI –FAKOLY, *Horus, fils d'Isis, le mythe Osiris expliqué,* ibid. Parlant de la composition de la première assemblée divine, fondement même par excellence du pouvoir de la parole et de la palabre africaine dans l'espace public africain ; il s'agit « L'Assemblée des Dieux » de la cosmogonie égyptienne, Assemblée présidé par NUT et composée entre autres de : GEB, TEFNUT, SHU, KHUM, MAAT, NETKHEBET, NEIT, SELKIT, SEKMET, APIS, HATOR, KEPRI, NEPHTY, SETH, ISIS et le recours tardif à ATOUM, aux fins de trancher le litige opposant HORUS à son oncle SET, sur la succession d'OSIRIS au regard de l'impasse de la délibération. Assemblée à la fin de laquelle le Dieu créateur, ATOUM, délègue ses pouvoirs à Maât en ces termes « Maât, toi qui est à la fois, la justice, l'harmonie, l'équilibre et la stabilité de ma création, parle en mon nom ». pp. 51 et 79. ISIS institue ainsi la justice sociale comme rempart contre la vengeance privée. Elle énonce cet acte en ces termes : « je suis la reine de la terre, j'ai été instruite par Hermès, et les lois que j'ai faites personne ne peut les détruire. ». Livres des prophètes, livre I, chap. XXVII. cf. ROLAND (René), *De l'esprit du droit criminel, aux différentes époques dans l'antiquité, dans les temps modernes, et d'après Les nouveaux principes de la science pénitentiaire*, P. 2.

[718] Ibid.

[719] Cf. DIKA-AKWA NYA BONAMBELA (Prince), *Les problèmes de l'anthropologie et de l'histoire africaine*, p. 11.

[720] Cf. TARDITS (C.), *Le Royaume Bamoun*, Armand Colin, EDISEM Publication de la Sorbonne, Série N.S. Recherches, 1980.

[721] L'auteur note par exemple que « Les *Ghapa'sa* chargés d'entendre les plaignants faisaient appel à la justice du monarque pour régler les litiges dans lesquels ils étaient engagés ». Ibid., p. 819.

[722] Cf. FONKOUE (Jean), *La parole dans la tradition philosophique africaine, le statut de la parole dans la pensée morale égyptienne de la période pharaonique* ; BIDIMA (Jean Godefroy), *La palabre une juridiction de la parole*, Op. Cit.

[723] Cf. KAMTO (Maurice), *Pouvoir et droit en Afrique noire, Essai sur les fondements du Constitutionnalisme dans les États d'Afrique noire francophone*, Op. Cit.

Rendue au nom des ancêtres[724] par la communauté, le peuple. Mais le recours à l'ancestralité est à notre sens un élément de filiation et non un élément de fondement. Le fondement étant le code des vertus ou code de l'oralité. Code dont la Maât est l'ancêtre et le guide. La famille aussi est sacrée, tout comme la norme[725]. Non pas parce qu'elle est source de vie, mais surtout parce que les vivants continuent la personnalité des ancêtres et c'est en cela qu'ils sont des descendants. Mieux encore, les ancêtres veillent au bien-être de la famille.

Tout compte fait, dans ce système, la collectivité villageoise, le lignage, le village joue un rôle de premier plan. En tant qu'entité territoriale, le village africain est le socle de la civilisation. Elle est le lieu d'enseignement, d'organisation à l'origine de la structuration de l'ordre par les systèmes initiatiques. De sorte que, la force probante de la parole, de la naissance des conventions matrimoniales à la structuration de l'espace public par la pratique de la palabre, est permanente. Elle constitue surtout, le socle de l'émergence et de la naissance des clans des royaumes et des empires. La pratique normative ou matérielle y puise donc logiquement ses origines, l'enseignement et la diffusion.

Au plan scientifique, la reconsidération de la famille africaine suppose la quête de sens. Cette quête de sens postule que les institutions scientifiques africaines ne plus simplement des tubes digestifs des épistémès définies ailleurs. Elle impose de ne point faire de l'archéologie, mais de s'inscrire dans une nouvelle dynamique de la vitalité et de la redécouverte de soi. La conceptualisation de la normativité coutumière. Cette quête de sens est la condition sine qua none de la participation à la civilisation dite de l'universelle. Civilisation qui n'est au demeurant qu'une conjugaison des particularismes, aussi particularismes normatifs. L'universel résulte donc ainsi de la multi-traductibilité, avec en prime, la possibilité de puiser dans le corpus des corpus, la substance innovante, sa culture.

---

[724] Il s'agit des ancêtres qui ont vécu dans la vérité et la rectitude.

[725] cf. ROLAND (René), De l'esprit du droit criminel, aux différentes époques dans l'antiquité, dans les temps modernes, et d'après Les nouveaux principes de la science pénitentiaire, dans la première partie de cet ouvrage, le livre premier traite du droit pénal égyptiens. L'auteur affirme en substance, parlant des sources des lois, de l'organisation judiciaire et procédurale, que « c'est une vérité historique aujourd'hui hors de toute contestation que la religion et le culte public rendu à la divinité ont été la base et le premier fondement de la société civile chez toutes les nations de l'antiquité. À ces époques primitives, l'ordre social se confondait avec l'ordre religieux, le pouvoir sacerdotal était le grand pouvoir dirigeant de l'État, et la législation elle-même n'était qu'un des chapitres du dogme théologique. Ce caractère primordial des anciennes civilisations se manifeste d'une façon très-sensible dans les institutions de l'antique Égypte (…) » Op. Cit., pp. 1 et s.

2- La pratique matérielle

La pratique matérielle renvoie ici à la norme coutumière telle que concrètement articulée. C'est à dire, précisément à ce qu'elle a de spécifique, des conditions de sa mise en œuvre. Mais aussi, ce qui distingue cette mise en œuvre de l'application de la règle de droit.

Selon la doctrine dominante, la caractéristique de la norme coutumière est qu'elle est issue de la pratique. C'est « une pratique observée dans le temps et acceptée comme étant du droit », nous dit-on. Une telle définition a le mérite au moins de poser la norme coutumière comme une norme positive, et donc une norme accessible à la connaissance de tous. Évidemment, pour des besoins de sécurité juridique du moins dans sa conception positive.

Mais notons que la norme coutumière dans sa conception originaire transcende cette vision restrictive. Réductrice parce que la coutume n'est pas seulement une pratique observée dans le temps et acceptée comme étant du droit. Si tel était le cas, la coutume aurait la même force probante que le précédent, dans les systèmes dits de *Common Law*. Ce qui à notre sens serait absurde parce que, non seulement l'application de la coutume n'est jamais mathématique[726], mais bien plus, la coutume s'inscrit dans une dynamique translogique. Dynamique faite d'enchevêtrement des espaces, des mondes, de temps et des rationalités. Ici, il n'y a ni R*atio Decidendi* ni *Obiter Dictum*. La coutume n'est pas non plus, dans l'absolu, une règle de droit. Elle est un principe, une manière de faire, une manière de dire la vérité, la justice, l'ordre et de structurer la communauté. Cette manière de faire est elle-même déductible de la calculabilité, de la répartition et de la proportion selon les exigences de la société communautaire ; mais en référence à l'onto mythologie.

Du point de vue de la conception de la norme, l'absence d'écriture dans certaines sociétés a fait dire à certains que la coutume est une norme informulée. On affirme même qu'il s'agit d'une norme orale. Mais en réalité à la base de la coutume matérielle, se trouve, un principe fondamental, principe de la transcendance de l'ordre cosmique, et son reflet sur l'ordre politique par le verbe, la parole dite. Cette parole qui est considérée comme le principe de la rectitude ou de la justice-vérité[727], dans la cosmogonie bantu[728].

---

[726] D'où le recours à la palabre comme mode privilégié de règlement des différends.

[727] Cette relation est à la fois, une relation d'identification ou d'égalité, une relation d'inclusion, une relation d'union et une relation d'exclusion et de disjonction.

[728] « Le Bantu désigne un groupe de langues commun à près de 150 millions de Noirs africains, disséminés en plusieurs ethnies (du mot grec ethno « peuple »), depuis les territoires du haut Nil jusqu'aux rochers du Cap, du nord au sud et de l'océan atlantique à l'océan Indien, d'ouest en est ». Cf. OBENGA (Théophile), Les Bantu, Langues-peuples, Civilisation, Présence

Et si on se réfère aux principes du droit naturel d'origine transcendantal, il s'agit d'un principe du droit naturel, principe de justice générale. On retrouve ce principe notamment dans les mythes fondateurs. C'est le cas du mythe d'OSIRIS ou du mythe du renard pâle chez les Dogons du Mali. Il se conçoit comme un élément de délibération de l'ordre dans les sociétés humaines, dans l'optique de rétablir l'équilibre de la communauté, de l'univers. Ce principe prône comme son mythe fondateur, le compromis, la sincérité, et l'intégrité de la personne humaine en tant qu'élément de l'univers.

Dans l'Égypte pharaonique, on le nommait la Mâat[729]. Et cette Maât, désigne l'ordre et l'équilibre cosmique dans son sens originel, la justice-vérité dans sa connotation sociale. Tout comme elle régit la vie dans l'au-delà[730]. « *Maât kha Rê*[731] », énonce un proverbe nilotique. Cette croyance dans l'au-delà fait que « toute la vie terrestre devient irréelle ; elle n'est qu'un vestige de l'existence posthume, une salle d'attente, une sorte de répétition générale de l'authentique existence dans l'au-delà »[732]. Voilà pourquoi la rectitude, la sincérité, l'équité et la justice sont de mise et ne souffrent d'aucun compromis.

À titre de référence historique, la conception de la norme comme ordre mathématique se trouve à la fois dans les lamentations IPOUAR, dans les textes de sortie de la lumière du jour ou livre des morts des anciens Égyptiens, dans les conseils de PTAHHOTEP, dans les maximes de KAGEMNI, mais aussi dans les textes de SHABAKA. Ainsi, selon le corpus HERMÈS TRISMÉGISTE, on peut lire ce qui suit ; « Ignores-tu, ô Asclépios, que

---

africaine, 1985, p. 13. ; DIBOMBARI MBOCK, *Bantu*. Selon l'auteur, le terme bantu vient du swahili panda « lieu », le Sukuma *Ipande* « lieu », « place », le Tuki P*ando «* lieu », « place » et le Rufiji P*andu* « lieu », « place » sont des variantes du Kibondei M*panda* « croisement ». Le Rufiji P*andu* « lieu », « place » est la variante du Rungwa A*pantu* « lieu », « endroit », « place ». Le Rombo dira H*andu* « place », « endroit », le *Shubi Ahantu* « lieu », « place », le *Vinza Ahantu* « lieu », « place » qui seront des variantes phonétiques du Kinyarwanda Abantu « les hommes », de l'*Herero Abandu* « les hommes » du *Kikongo Bantu* « les hommes », et du *Mongo Banto* « les hommes ». Le Zulu propose *Abantu* « gens », « peuple », « citoyenneté », le *Tswana Bhtu* « peuple » ou « nation, le *Ciluba Buntu* « peuples », « nations », « humanité ». Le singulier du *Kikongo Bantu* « les hommes » est *Muntu* « homme ». Ce qui donnera à l'être humain des traditions éthiopiennes d'être défini par la notion de communauté, de ville ou de la cité ; il est le « produit » de la civilisation. Ces correspondances traduisent le fait que l'homme ne se conçoit pas en dehors de la communauté, il n'est pas seulement un produit physiologique, il est le produit de la civilisation. Op. Cit.

729 Cf. DIBOMBARI MBOCK, *Kongo-Nouvelles recherches sur les sources négro-africaines de la Civilisation appelée égyptienne*, Ottawa, P. 64 ; FREDERIC (Mathieu), PLATON, l'Égypte et la question de l'âme, Op. Cit.

730 Cf. KOLPAKTCHY (Grégoire), *Livre des morts des anciens Égyptiens*, édit. DERVY, 10e édition, 2012, 373p.

731 Littéralement tout ce qui est vrai, droit, juste, harmonieux, équilibré est d'essence divine. Ou encore, La rectitude est l'essence même de dieu.

732 Cf. KOLPAKTCHY (Grégoire), *Livre des morts des anciens Égyptiens*, Op. Cit. p. 14.

l'Égypte est l'image du ciel et qu'elle est la projection ici-bas de toute l'ordonnance des choses célestes ? Cependant, il faut que tu saches : un temps viendra où il semblera que les Égyptiens ont en vain observé le culte des dieux avec tant de piété et que toutes leurs saintes invocations ont été stériles et inexaucées »[733].

De nos jours, l'on peut retracer la pratique de la Maât dans les ethnies du Sud Cameroun[734], notamment, chez les Bafia, où on la nomme « Sa'ïk » ou encore « Mkpa'a ». Le « *Sa'ïk* » désigne le principe de justice universelle, et le « *Mkpa'a* » est la règle de conduite, synonyme de rectitude « *Lam* », de vérité, de probité ; sorte de confession négative. Cette règle est celle qui régit en principe toute la vie de l'individu, dans ses dimensions terrestres, cosmiques et dans l'au-delà. Tout ce qui structure la vie du quotidien, la dialectique entre la vie et la mort, entre le bien et le mal. La palabre mortuaire, les funérailles, les ententes matrimoniales, la diction de la parole par les contes, les légendes, les énigmes, etc. Sauf qu'ici, la métamorphose des forces du cosmique est moins complexe et moins systématisée que dans l'antique Égypte[735]. Car, dans la haute antiquité, pour les peuples éthiopiens[736], l'impossible n'existait presque pas dans le processus d'ordonnancement. Le

[733] Cf. HERMÈS TRISMÉGISTE, traduction de. MENARD, p. 147. Cité par KOLPAKTCHY (Grégoire), *Livre des morts des anciens Égyptiens*, Op. Cit. p. 07.

[734] En 2005, le Pr BILOLO MUBABINGE soutient la thèse selon laquelle l'ancien égyptien ou Ci-Kam est une langue bantu, encore parlée en Ouganda, au Congo, au Rwanda-Burundi, au Kenya-Tanzanie, en Malawi, en Zambie, au Gabon, au Cameroun, au sud du Nigéria, en Namibie, au Zimbabwe et en Afrique du Sud. Ce Proto-Bantu serait pré-pharaonique, parti du proto-négro-africain. Le déterminatif jouerait surtout le rôle du préfixe ou du suffixe bantu. Pour cette nature Bantu de Ci-Kam n'est pas une thèse, mais un constat que quiconque ferait un dictionnaire bilingue « Ci-Kam et langue Bantu X » pourrait statistiquement corroborer. In *DiKala CiBantu dya CiKam-CiKulu : Di-Tangamana mu Ci Luba. - Ancient Egyptian (CiKam) as an Bantu-Language. - Altägyptische Sprache (CiKam) als eine Bantu- Sprache. - Ancien Égyptien (CiKam) comme une Langue Bantu* (APA & INADEP- Europe. Section I, Vol. 15), Paris – Munich. 2015. (sous presse) ; *Vers Un Dictionnaire Cikam-Copte-Luba: Bantuïté du vocabulaire égyptien-copte dans les essais de Homburger et d'Obenga,* (AAT & INADEP., Sect. I, vol. 13), Kinshasa-Munich-Paris, 2011.
Voir aussi, du même auteur, « La nomination de Dieu dans les Théologies Pharaoniques et Bantu. Essai d'élucidation du "Substrat Théologique africain" », In : Africa Antiga. L'antic Egipte, una civilització africana. IX Setimana d'Estudis Africans, Barcelona, 18-22 de mars de 1996, Centre d'Estudis Africans, Barcelona, 1996 ; « Autorité et Maât. Contribution de la Philosophie Politique africaine à la Paix civile ». In: PRESENCE AFRICAINE (Hrsg.), Pouvoir et Paix civile en Afrique, Paris, (1996), S. 145-179.

[735] Selon V. M. DU BOYS, in *Histoire du droit criminel des peuples anciens* : « l'Egyptien, enfant de Mesraïm et de Cham ». Cité par ROLAND (René), De l'esprit du droit criminel, aux différentes époques dans l'antiquité, dans les temps modernes, et d'après Les nouveaux principes de la science pénitentiaire, Op. Cit. P. 4.

[736] DIODORE DE CICILE nous informe ainsi que les historiens racontent que les Éthiopiens furent les premiers de tous les hommes à rendre un culte à dieu. Cf. DIODORE DE CICILE Livre III.

champ libre est laissé à la réflexion et à l'imagination dans la structuration de l'ordre. Ainsi, « HATHOR est la mère de son père et la fille de son fils » de même que TA-URT est « la mère de celui qui l'a engendrée avec sa mère ». Mieux encore, ici, « toutes les données du monde visible et invisible s'amalgamaient, s'unissaient, dans une sorte d'alchimie invraisemblable, pour produire des formes naturelles inédites, inouïes »[737]. Cette interdépendance des mondes, et des ordres conférait à la vie un caractère éphémère et transitoire : d'où la recherche de la probité et de la rectitude dans la recherche d'une éternelle.

C'est cette même probité qui, chez les Ashanti du Ghana,[738] interdit d'insulter comme de tuer un membre du groupe. Toute prise de parole est conditionnée par ce principe, à la base de toutes les vertus[739]. Et le manque « sa'ïk » chez les Bafia, et donc de rectitude, de la vérité, dans la conduite des affaires, est synonyme de déshonneur, de honte, de discrédit et par voie de conséquence de déchéance. C'est ce principe qui fonde le respect de la parole donnée. C'est la raison pour laquelle, dans l'Afrique traditionnelle, la parole engage l'Homme. Dire que la coutume résulte d'une pratique ayant acquis une force de droit, parait réducteur, parce que la coutume n'est pas une pratique, mais la pratique est une tentative contingente de la mise en œuvre de la règle coutumière. Règle qui dans son essence est un principe : le principe de la rectitude et de la vérité cosmique. Vérité mue par la force vitale transcendantale, d'essence divine. Les différences de coutumes ne sont en définitive que de tentative d'application territorialisée de ce principe directeur. Il devient loisible de faire une nette démarcation entre l'idée de la norme coutumière, et la matérialisation de ladite idée, dans la pratique, toujours approximative, d'où la délibération avec l'institution de la palabre.

En ce qui concerne les conditions de mise en œuvre de la norme coutumière, elle ne résulte pas de la qualification des faits et de la construction d'un syllogisme de type logico-déductible, sur le modèle judiciaire, aux multiples entendus soporifiques. Elle résulte d'un débat libre et franc, d'une reconstitution des faits. Cette reconstitution est d'une importance considérable dans la mesure où, pour que la justice soit dite, elle a besoin de se fonder sur la vérité. Ici, la vérité ne souffre pas de compromis. Et cette vérité résulte, non pas de l'éloquence, ou de l'irréfutabilité des arguments, mais de l'adéquation entre le fait et la parole, les faits et le droit. La parole étant normative. Aucun argument n'est recevable dans le procès, s'il ne se fonde sur la vérité. Et cette vérité consiste dans la conformité du discours, de la parole aux faits. C'est la

[737] Cf. KOLPAKTCHY (Grégoire), *Livre des morts des anciens Égyptiens*, Op. Cit. p. 18.
[738] Cf. LEGIER H. L., *Traditions africaines et droits de l'homme,* Paris, 1966, UNESCO, L'apartheid, p. 1.
[739] Voir code de la Maât et les équivalences en termes de vertus en annexe.

parole de vérité. La place du compromis est réservée à la sentence. La décision est toujours le résultat du compromis. D'une véritable dialectique de la parole, de la circulation et de la communication des opinions. Le cas typique est la mythologie du tribunal osirien. Le jugement des morts, où un aéropage composé de quarante-deux dieux juges[740]. Maât, la déesse de la justice-vérité est présente, mais ne prend point part au débat. Elle est la référence, le référentiel, en tant que code des vertus cardinales. Mais n'empêche que tout est dit dans la rectitude morale, sous les auspices du greffier en chef et secrétaire des dieux, THOT.

En réalité, il serait plus opportun de parler de ces délibérations ici, comme fondement même de la palabre, et des délibérations coutumières. Et, la mise en œuvre de cette rectitude chez le Bafia, demande de l'arbitre non pas qu'il soit un tiers impartial, mais qu'il soit irréprochable, intègre, bref un exemple dans sa communauté. Le tiers serait d'ailleurs regardé avec beaucoup de méfiance, dans la mesure où rien ne peut créditer de sa moralité, de son exemplarité, de la rectitude et de sa conduite. Voilà pourquoi, pour les communautés traditionnelles, les institutions de l'État ne disent plus la justice. C'est d'ailleurs ce qui explique la méfiance vis-à-vis des institutions juridictionnelles de l'État moderne.

II. La qualification de la norme coutumière

La coutume telle qu'envisagée quotidiennement résulte pour ce qui est de sa définition, de la philosophie positive (A). Cette conception a une réelle incidence sur la qualification tout entière, qu'elle soit statutaire ou fonctionnelle, d'où l'urgence de l'opération de requalification, comme moyen de se déshabituer de penser positivement la coutume (B).

[740] Cf. KOLPAKTCHY (Grégoire), *Livre des morts des anciens Égyptiens*, Op. Cit., pp. 21 et s.

A. La classification définitionnelle

Si par le concept de classification de la définition il convient de situer la notion de coutume dans une école de la pensée juridique contemporaine, il s'agit de l'influence de la philosophie politique (1) et de ses implications (2).

1- L'influence de la philosophie politique

Depuis les travaux du cercle de Vienne, l'on sait déjà que la caractéristique majeure de la philosophie politique positive est le rejet de toute valeur transcendantale, ou du moins en théorie[741]. Elle est la matrice de la logique dominante. C'est cette scission entre la prélogique[742], la logique et la translogique[743] qui est la caractéristique principale des lumières. C'est aussi la limite de l'épistémè de la double certitude cartésienne. Comme le note fort à propos Philippe RAYNAUD[744], « en philosophie, l'opposition fondamentale est celle qui sépare la conception métaphysique ou mystico-religieuse du monde, qui repose sur la croyance à l'existence de vérités et de valeurs absolues, de celle du criticisme et du positivisme qui, parce qu'ils partent du positif et du donné sont naturellement rebelles à toute idée d'un absolu qui transcenderait l'expérience ». Ce dualisme introduit par la philosophie positive vise non seulement à relativiser la croyance à des vérités absolues et toutes faites, mieux encore à fonder l'ordre politique sur des postulats empiriques. C'est donc un présupposé empirique et matériel qui est en toile de fond, à la fois de la conception de l'ordre politique et de la définition même de sa consistance. Il est donc moins étonnant que la définition qu'on donne de la coutume, du fait de ce conditionnement global des épistémès, ne soit que le reflet de cet ordre et donc une lecture déformante de sa réalité, de sa dynamique et de sa contexture propre. Une déformation ou une parousie en somme des procédés et logiques qui irriguent et font la substance de ce système normatif. En fait, la certitude rationaliste se conçoit ainsi dans l'inaptitude à penser la différence, et est donc de ce simple fait restrictif et exclusif. C'est là, en n'en point douter, une manifestation d'une pensée autoritaire et mono rationnelle, surtout pourvoyeuse d'une certaine arrogance. Son point culminant est l'exclusion de la coutume du champ du droit, ou la

---

[741] En théorie parce qu'on va simplement passer d'une métaphysique des fondements, à une métaphysique des formes.

[742] Le psychologue Jean PIAGET introduit la notion d'une « mentalité prélogique » ; qui de son avis correspond à 6ans d'âge.

[743] cf. KOLPAKTCHY (Grégoire), *Livre des morts des anciens Égyptiens*, Op. Cit. p. 13.

[744] Cf. Philippe RAYNAID, in préface de l'ouvrage de HANS KELSEN, *La démocratie, sa nature sa valeur*, Dalloz 2004, p. ii.

contestation de sa coappartenance à la grande famille du juridique. D'où l'émergence des théories sur la juridicité subalterne de la coutume.

Certes, il n'existe nulle part dans la législation camerounaise, à notre connaissance, une définition institutionnelle de la coutume. Au mieux des cas, l'on se contente d'établir une synonymie entre coutume, droit coutumier et droit traditionnel. Au pire des cas, les définitions qui sont données çà et là, ne sont que le reflet de notre culture positive. Et de ce fait, le résultat d'une préconception et des prénotions, dont le but fondamental est de faire rentrer la coutume dans le champ canalisateur et fédérateur de la rationalité positive. Cela n'équivaut guère à dire que la coutume soit exempte de toute rationalité positive, du moins, du point de vue de son applicabilité, de sa mise en œuvre concrète. Mais cette rationalité ne saurait, à notre sens, constituer la rationalité propre qui sous-tend la norme coutumière dans son essence Trans empirique et translogique. En fait, il est aussi difficile d'observer la coutume à partir du dehors, notamment, par le biais des instruments d'analyse et donc de la méthode purement analytique, en tant que méthode d'expérimentation, de décomposition-recomposition de la réalité. Une telle analyse souffrirait au moins de deux obstacles épistémologiques.

Le premier obstacle est d'ordre personnel. Il relève à la fois des modalités d'observations que des instruments d'analyse. Le dénominateur commun ici étant la culture globale du sujet observant, son éducation, les paradigmes qu'il partage ou tait, au nom et pour le compte de la tradition scientifique de sa chapelle de pensée, ou de l'orthodoxie des valeurs.

Le second obstacle étant, après décomposition purement analytique, la difficulté de recomposition de la réalité. Cette recomposition devant aboutir, non pas, à la somme des paramètres ou des éléments recomposés, mais à cerner la dynamique propre de la norme coutumière. Ainsi, lorsque la doctrine dégage les caractéristiques de la coutume, on dit généralement qu'il s'agit d'une norme orale, sacrée, communautaire, inégalitaire…une telle recomposition de la coutume n'informe toujours pas sur ce qui fait son essence. Mieux encore, elle fait apparaitre des contradictions manifestes. D'où la persistance des interrogations sur la crédibilité d'une telle démarche et la nécessité d'interroger, au-delà de tout dogmatisme scientifique, sa portée réelle.

2- Portée : valeur et limites de la qualification de la coutume.

La première contradiction relève du rapport entre la définition que l'on donne de la coutume et l'affirmation selon laquelle, la norme coutumière serait une norme orale. Peut-on légitimement, affirmer que la coutume est une pratique, et dire que l'une de ses caractéristiques est l'oralité ? À moins que cette pratique ne se conçoive comme une pratique de l'oralité. Si oui, ne fait-on pas ainsi de la coutume une norme abstraite ? Il en va de même de la sacralité[745]. Si la coutume est une pratique, s'agit-il d'une pratique sacrée ? La sacralité est-elle le fondement, la substance de la norme coutumière ou un élément de sa légitimation ? Car la sacralité peut aussi être alléguée comme une explication plausible de la tendance de la communauté de se soumettre à la norme. Mais à quoi renvoie véritablement la sacralité ?

Il devient fondamental d'adopter la posture de Michel TROPPER, pour analyser le sacré comme l'existant réel, la structure fondamentale de toute chose, le fondement de la manifestation ontologique du monde[746]. Autrement dit, de l'avis même de l'auteur, tout ce qui s'est manifesté, tout ce qui est, tout ce qui existe, a un fondement sacré.

Il en va de même de l'affirmation du caractère communautaire et inégalitaire. Dire que la coutume est une pratique du groupe est un fait. Affirmer qu'il s'agit d'une pratique communautaire est un autre fait. Mais la vérité est que cette affirmation semble tautologique. Elle est tautologique parce qu'il est de l'essence de la coutume, comme de toute norme juridique de régir, certes les relations sociales, mais aussi de créer un lien de communauté : le lien juridique d'unité et surtout d'intermédiation. C'est ce lien juridique qui fonde par exemple la communauté étatique, la citoyenneté, le peuple ou la population ; d'où la communauté. La communauté désignant ici l'unité du peuple[747]. Dans un style de type interrogatif, on pourrait se questionner, par la suite, sur la nature même de cette affirmation. Le caractère communautaire est-il de l'ordre de l'essentialité génétique de la coutume ou simplement, le fruit de sa manifestation empirique ? La seconde proposition est la plus plausible. Plausible parce que de par son essence, la coutume est non seulement une norme atemporelle, dérivant de l'onto mythologie, mais bien plus, elle se comprend dans son insertion à une autre norme de référence : l'ordre cosmique.

Quant au caractère inégalitaire, il n'est pas moins querellé. Querellé parce que reposant avant tout sur l'idée de l'égalité, et donc sur une confusion des

---

745 En fait, comme le note fort à propos Philippe CHIAPPINI : « Du sacré surgissent peuples et cultures, souverains et empires, droits et cités, comme autant d'aurores qui se dévoilent au monde ». CHIAPPINI (Philippe), *Le droit et le sacré, l'esprit du droit*, Dalloz, 2006, p. 1. Poussant au bout sa réflexion, l'auteur affirme que rien ne peut commencer ou se faire sans une orientation préalable, d'où la place du sacré. « Il faut donc que le sacré se manifeste par une hiérophanie quelconque pour que le monde prenne forme ». Ibid. la manifestation du sacré fonde ontologiquement le monde. Le sacré est donc conçu en tant qu'existant réel, structure fondamentale des choses.

746 Cf. CHIAPPINI (Philippe), Le droit et le sacré, l'esprit du droit, pp. 158 et s.

747 « L'unité du peuple n'est ainsi que l'unité des actes individuels réglés et régit par le droit », écrit HANS KELSEN, in, *La démocratie, sa nature sa valeur*, Ibid, p. 16.

genres. Confusion reposant sur un postulat de la philosophie à la fois des lumières et des révolutions occidentales. La société traditionnelle parie sur la complémentarité et non sur l'égalité. L'égalité suppose l'autonomie, alors que la complémentarité suppose l'hétéronomie. Et de tout temps, les femmes ont toujours joué un rôle décisif[748]. Il y a donc là, une confusion manifeste, et le résultat logique qui en découle est une lecture positive de la réalité coutumière. D'où la nécessaire distinction entre la conception occidentale de l'ordre, et la vision africaine. Cette confusion résulte de l'absence d'une ligne de crête, un point culminant d'observation ; et témoigne en conséquence de la difficulté de la raison positive à appréhender les dynamiques et réalités non positives ; dynamiques dont la coutume en fait partie.

Sans revenir sur le fond du débat sur le caractère inégalitaire de la coutume, notons toutefois que le principe de base étant celui de la rectitude mathématique et de l'équité sociale, cette équité et cette rectitude se disent en fonction des circonstances de temps et de lieu. Et surtout, en fonction des besoins réels de la communauté. Déconnecter ces réalités de leur contexte historique est tout simplement une fuite en avant.

La valeur ou le mérite de cette qualification réside tout de même dans l'effort de s'approprier la logique coutumière. Dans la tentative infructueuse d'en dégager ce qui, à notre sens, constitue la substance[749] même de la règle coutumière. En tant que règle de compossibilité des particularismes et intérêts du groupe[750], les principes coutumiers sont au-delà même des mutations, ses territorialisations et même ses reterritorialisations.

---

[748] Cf. CAMARA (Fatou Kiné), « Les femmes et le pouvoir politique dans la tradition noire africaine : Maât et le matriarcat », in *Revue d'Égyptologie et des Civilisations africaines*, ANKH, n° 18/19/20 ? 2009-2010-2011, PP. 143-155. NOUHOU BARRYWA (HAMIDOU), *Le Lamidat de Tibati, Adamaoua-Cameroun, Histoire d'une résistance anticoloniale et organisation socio-administrative*, Op. Cit., p. 124 et s.

[749] Du moins, d'un point de vue ontologique et donc différentiel de l'épistémologie. À ce propos, écoutons la distinction qu'en fait Michel TROPPER : « *Une ontologie juridique, qui recherche l'essence du droit et de certains concepts, comme la démocratie, l'État, ou la personne (par exemple) ; une épistémologie juridique, conçue comme un examen des possibilités de parvenir à la connaissance des essences ; une téléologie juridique qui vise à déterminer les fins du droit ; une logique juridique, cherchant à analyser l'argumentation juridique* ». In, *La philosophie de droit*, Que sais-je ?, PUF, 2003, 2e édit., p. 11

[750] L'intérêt du groupe qui peut être soit l'intérêt général soit la somme des intérêts catégoriels. Car, comme l'écrit HANS KELSEN : « En réalité, étant donnée l'opposition des intérêts, qui est l'expérience et qui est ici inévitable, la volonté générale, si elle ne doit pas être exclusivement l'intérêt d'un seul et unique groupe, ne peut être que la résultante de ces oppositions, un compromis entre intérêts opposés ». In, *La démocratie, sa nature sa valeur*, Op. Cit., pp. 26-27.

B. La requalification statutaire et fonctionnelle

Cette requalification se définit dans le sens de la manipulation des normes et des institutions coutumières par l'État (1) et aussi ses implications au plan des institutions politiques, les chefferies traditionnelles (2).

1- La confusion dans la qualification des fonctions politico-juridictionnelles : le cas typique du Cameroun

La qualification n'est pas étrangère à la problématique de la consécration des institutions coutumières par l'État, mieux par le droit ; selon la thèse ou le postulat de l'identité[751] entre l'État et le droit. Le droit appréhende des réalités extra juridiques par cette opération de qualification, de systématisation ou mieux de catégorisation. L'opération de qualification est une opération basique de la mise en œuvre de la règle de droit. Ainsi conçues, les choses paraissent simples, d'une banalité déconcertante pour les initiés de la chose juridique. Mais, bien sûr, en droit aussi, les évidences sont trompeuses. Trompeuses surtout lorsque l'on sort, un peu de la rationalité juridique classique, pour essayer d'appréhender la réalité coutumière. Deux exemples majeurs suffisent à faire école.

Le premier est celui des institutions politiques traditionnelles. La loi, c'est à dire, dans ce cas d'espèce, le décret de 1977 les qualifie des chefferies traditionnelles. Cette qualification n'a rien de précis. Elle n'a rien de précis parce que la notion même de chef, indépendamment de ses degrés[752], est une notion fugace, imprécise et rebelle à la définition restrictive. Le chef désigne la personne qui est à la tête d'un corps constitué, qui a le premier rang, la première autorité. Il désigne aussi le dirigeant d'une collectivité coutumière historiquement constituée, sur la base soit d'un lignage, soit à la suite d'une conquête militaire. Pour ce qui est des forces de défense, le chef désigne « tout

---

[751] Cette thèse de l'État, personnification de l'ordre juridique est une réponse de HANS KELSEN à la théorie allemande de l'État de droit, théorie ou le droit parait distinct de l'État, et est conçu comme une grâce que fait l'État aux sujets de droit, par son autolimitation. Pour KELSEN, l'État n'est rien d'autre que la structure de l'ordre juridique. Il ne s'agit pas pour lui de dire que le droit est posé par l'État, mais de reconnaitre que l'État est identique au droit. « Cette dissolution du dualisme État-droit, fondée sur une analyse de critique méthodologique, signifie en même temps l'anéantissement radical et absolu d'une des plus efficace idéologies de légitimité. Et c'est ce qui explique en même temps la résistance passionnée que la doctrine traditionnelle du droit et de l'État oppose à la thèse de l'identité de l'État et du droit ». HANS KELSEN, in *Théorie pure du droit*, Op. Cit., p. 419. La puissance étatique « n'est rien d'autre que l'appareil de contrainte nécessaire à l'effectivité du droit et qui ne peut pas en tant que tel revendiquer une valeur morale ». Écrit Philippe RAYNAID, in préface de l'ouvrage de HANS KELSEN, *La démocratie, sa nature sa valeur, Op. Cit.*

[752] Ce décret classe les chefferies en trois catégories : Premier, deuxième et troisième degré.

militaire pourvu d'un grade lui conférant une autorité »[753]. C'est le sens de l'expression, obéir à ses chefs. Dans la fonction publique ou tout autre corps de l'administration de l'État, le chef désigne le « fonctionnaire à la tête d'un service, d'une division administrative »[754]. C'est le sens de la notion de chef de service, chef de quartier ou encore chef de mission. C'est l'auxiliaire de l'administration dans un quartier ou une localité.

Parlant des institutions politiques, c'est cette dernière conception qui a été retenue. Elle est retenue par le droit, et donc par l'État ; non pas parce qu'elle est de par sa nature propre, mais dans un processus de redimensionnement et donc de redéfinition et surtout de reconstruction des institutions coutumières selon le modèle des monopoles d'État. Il ne s'agit pas vraiment d'une qualification, mais d'une requalification. Et du fait même de cette requalification, d'aucuns[755] n'hésitent pas à parler ouvertement, non pas de chefferies traditionnelles, mais de chefferies administratives[756], puisque, in fine, la rationalité coutumière se trouve ainsi assujettie[757] à la rationalité du droit posé.

La rationalité judiciaire, du moins du point de vue de la consécration des juridictions traditionnelles n'échappe pas à cette réalité. Ici aussi, comme le confirme l'institution quasi systématique du contrôle de légalité et même le statut des dites juridictions, il s'agit moins d'une consécration des juridictions traditionnelles, que de la volonté manifeste de contrôler la rationalité coutumière, à travers l'acte de juger[758], ou mieux encore d'affirmer la souveraineté de l'État et donc aussi du droit, dont il est la représentation structurée. À titre d'exemple, dans la société traditionnelle africaine, il n'existe pas à notre connaissance, en vertu du principe de la multiplicité des organes, des statuts et des fonctions, d'organe permanent chargé seulement de rendre justice. Tout comme la justice ne réside pas dans l'application d'une norme issue de la pratique, la norme coutumière, dans une logique quasi déductive, mais dans la délibération, en se fondant sur un principe

---

[753] Cf. dictionnaire universel Hachette, Op. Cit.

[754] Ibid.

[755] Cf. MAYI MATIP (Théodore), *l'univers de la parole*, Ibid., pp .23 et s.

[756] « Depuis l'institution de l'ordre colonial dans les sociétés de la zone forestière du Sud Cameroun, la notion de chef a été totalement dénaturée ». Ibid.

[757] « Le chef traditionnel n'a pas disparu.il est au contraire « simplement occulté par l'action folklorique de ceux qui occupe une position a-traditionnelle et qui, aujourd'hui, alimente le folklore républicain en se faisant passer pour des chefs traditionnels ». Ibid., p. 24.

[758] « Quelle que soit le niveau avec lequel nous abordons le juger, il se décline comme acte. Juger qui, selon une perspective héritée de l'organon d'Aristote, est l'opération par laquelle un sujet confère ou se relie à un prédicat, implique en filigrane un acte, un travail de liaison. » cf. BIDIMA (Jean-Godefroy), « L'acte de juger et le magistrat : de la précompréhension à l'occasion », collège international de philosophie, 2002/2 n°36, p. 181.

fondamental de la Constitution de l'ordre universelle, l'ordre, la rectitude, mieux la justice-vérité au plan social. C'est la contextualisation même de l'art de trancher les litiges. Voilà pourquoi, d'aucuns pensent que l'on ne saurait légitimement parler de tribunaux coutumiers, en parlant des juridictions traditionnelles de l'État, telles que le tribunal de premier degré, les *alkali court* et les *costumary court*. La raison en est simple : ces juridictions n'ont rien de traditionnel. Ni leur composition hétéroclite, ni leur fonctionnement, ni l'acte juridictionnel qui en résulte, comme aboutissement des débats.

2- L'inversion des qualifications et la phagocytose de l'État la manipulation permanente du pouvoir traditionnel

La sacralisation du pouvoir politique en Afrique s'est faite, de manière contemporaine, par manipulation constante et artificielle de la conception traditionnelle de l'autorité et du pouvoir politique. Dans la tradition africaine, le pouvoir politique du roi « tenu en tutelle par les prêtres, élevé dans une énervante superstition, le roi devait rarement revendiquer la faculté d'agir. Emprisonné dans le cercle étroit du formalisme minutieux, qui règlementait ses moindres actions, il était le premier esclave de son royaume »[759]. Le roi dépendait de ses notables, de la lecture que ses prêtres faisaient des événements de la vie quotidienne. Même en Égypte, seuls les prêtes pouvaient lire, comprendre et appliquer les hiéroglyphes, le décret divin. Voilà pourquoi la fonction de juger leur était dévolue. « En dehors de la juridiction paternelle restreinte à quelques délits domestiques, il existait toute une organisation judiciaire, dont la hiérarchie, savamment combinée, nous révèle une civilisation fort avancée »[760]. Ce sera notamment le cas, des siècles après, dans les empires du Mali et du Ghana ; ou encore, de nos jours, dans les royaumes Bamoun et les chefferies Bamiléké du Cameroun.

Si certains pays à l'instar du Mali et du Rwanda ont supprimé les chefferies traditionnelles, d'autres par contre les ont maintenues à un rôle purement administratif, et ce, à titre subsidiaire. On a donc assisté de plus en plus dès les premiers moments de la colonisation allemande, et jusqu'aux indépendances politiques, à la liquidation du rôle politique du chef indigène. Cette dépolitisation de principe s'est transmuée depuis la libération de la vie politique, pour ce qui est du Cameroun, peu à peu en une dynamique de ré-politisation, mais à titre subordonné. Ainsi, avec les lois de libéralisation de 1990, et du fait de la création d'une multitude des partis politiques,

---

[759] cf. ROLAND (René), *De l'esprit du droit criminel, aux différentes époques dans l'antiquité, dans les temps modernes, et d'après les nouveaux principes de la science pénitentiaire*, op. Cit., p. 6.
[760] Ibid.

consécutivement aux conférences nationales souveraines, le chef traditionnel, naguère arbitre impartial de sa communauté s'est engagé tant bien que mal dans le militantisme politique. Ce faisant, il a ruiné peu à peu son aura et sa crédibilité au sein même de sa communauté. Naguère unies sous le référentiel de l'ancestralité et de la sacralité, les collectivités villageoises se trouvent assujetties au jeu des partis et formations politiques, et plus que jamais divisées. Il en résulte un délitement du lien communautaire et l'essor de l'individualisme. Il en résulte aussi, du fait de la déliquescence du tissu traditionnel, l'éclatement de la solidarité communautaire, partant de l'exacerbation de la paupérisation de la majorité de la population, sous réserve de l'enrichissement de la minorité des élites. Il s'en suit une tendance à l'instrumentalisation du pouvoir traditionnel, du fait à la fois de la concurrence de la nouvelle élite bureaucratique, de la rédaction des motions de soutien au président de la république et du chantage administratif de destitution, et de balkanisation du territoire, avec la création de nouvelles chefferies et la nomination des fonctionnaires d'État comme chefs traditionnels[761]. Si en soi, cette pratique n'est pas condamnable, du fait que les fonctionnaires sont membres de la communauté, il en résulte un manque de légitimité traditionnel, malgré le verdict des urnes. Pour ne pas conclure, disons-le tout de suite, le recours des élites vers la chefferie traditionnelle se fonde sur le calcul de la mise en place prochaine des régions, en tant que collectivités territoriales décentralisées[762].

Comme le note TIDJANI ALOU Mahamam parlant du Niger : « L'étude de la chefferie au Niger met à jour un processus continu de composition et de recomposition institutionnelles d'une structure dont la nature reste identique depuis la colonisation et qui se maintient au fil du temps et des changements politiques. Cet élément mérite d'être souligné en raison de sa singularité. Tout laisse penser qu'au Niger l'institution chefferiale s'est renforcée pour devenir en définitive une institution étatique à part entière. Mais cet ancrage institutionnel n'est pas sans paradoxe puisque son fonctionnement met à jour des pratiques diverses, spécifiques à chaque chefferie, faisant ainsi de l'administration publique nigérienne une structure profondément

[761] L'hypothèse d'école ici est celle du village Gouifé dans l'arrondissement de Kiiki, département du Mbam et Inoubou, région du centre.
[762] La logique constitutionnelle voudrait que les conseils régionaux aient en leur sein, les membres des chefferies traditionnelles élus. C'est du moins ce que prévoit la Constitution du 18 janvier 1996.

syncrétique »[763]. L'auteur mobilise ainsi une panoplie de textes pour retracer l'évolution de la chefferie traditionnelle au Niger[764].

En effet, comme l'écrit fort à propos le Professeur KAMTO, parlant du cas d'école centrafricaine, « par la Constitution du 4 décembre 1976, la Centrafrique était érigée en monarchie parlementaire appelée Empire centrafricain[765] ». À la sortie des indépendances, fut proclamée la république. Mais seulement, cet État républicain fera long feu, surtout avec la prise en compte de l'arrivée au pouvoir des anciens militaires coloniaux et plus particulièrement la suprématie d'un homme. Un homme qui sera tour à tour ancien soldat de l'Empire colonial, « capitaine, puis général, maréchal et président à vie de la RCA, avant de devenir le premier empereur du Premier

[763] Cf. TIDJANI ALOU (Mahamam), « La chefferie et ses transformations : des chefferies coloniales aux chefferies postcoloniales », Op. Cit.

[764] On peut citer entre autres : « Circulaire n°05/MI/DAPA/CIRC/CF du 11 août 1981 relative à la nomination des chefs traditionnels. Circulaire n°87/MI/DAPA/ du 15 septembre 1981, réorganisant la chefferie traditionnelle au Niger. Arrêté n°104/MI/DAPA du 23 octobre 1981 modifiant l'article 10 de l'arrêté n°87/MI/ DAPA du 15 septembre 1981 réorganisant la chefferie traditionnelle au Niger. Décret 82-6/PCMS/MF/MI du 7 janvier 1982 portant institution d'un complément temporaire d'allocation en faveur des chefs traditionnels. Décret n°83-130/PCMS/MI du 13 octobre 1983 portant statut de la chefferie traditionnelle au Niger, JORN du 15 octobre 1983. Arrêté n°48/MI/DAPA du 14 mai 1984 fixant les modalités d'application du décret n°84139/PCMS du 13 octobre 1983 portant statut de la chefferie traditionnelle en République du Niger, JORN du 1er août 1984. Décret 84-76/PCMS/MF/MI du 19 avril 1984 fixant le montant de l'allocation des chefs coutumiers, JORN du 1er mai 1984. Arrêté n°100/MI/MDI/DAPA du 25 septembre 1984 modifiant l'article 7 de l'arrêté n°48/ MI/DAPA du 14 mai 1984 fixant les modalités d'application du décret n°83-139/PCMS/ MI du 13 octobre 1983 portant statut de la chefferie traditionnelle en République du Niger. Arrêté n°123/MI/MDI/DAPA du 14 septembre 1984 modifiant les articles 3 et 9 de l'arrêté n°48/MI/DAPA du 14 mai 1984 fixant les modalités d'application du décret n°83-139/ PCMS/MI du 13 octobre 1983 portant statut de la chefferie traditionnelle en République du Niger. Arrêté n°130/MI/DAPJ du 7 août 1990 modifiant l'arrêté n°48/MI/DAPA du 14 mai 1984 fixant les modalités d'application du décret n°83-139/PCMS/MI du 13 octobre 1983 portant statut de la chefferie traditionnelle en république du Niger. Circulaire n°14/MI/DAPJ/CIR du 19 septembre 1990 relatif à l'élection des chefs de canton et de groupement. Ordonnance n°93-28 du 30 mars 1993 portant statut de la chefferie traditionnelle du Niger, JORN, Spécial n°13, 1er juillet 1993. Décret n°93-85/PCMS/MI du 15 avril 1993 portant modalités d'application de l'ordonnance n°93-28 du 30 mars 1993 portant statut de la chefferie traditionnelle du Niger, JORN, Spécial n°13 du 1er juillet 1993. Arrêté n°173/MI/DAPJ du 2 septembre 1993 fixant les modalités d'organisation et de déroulement des élections des chefs traditionnels, JORN, Spécial n°13 du 1er juillet 1993. Arrêté n°112/MI/DAPJ du 6 juillet 1993 fixant la composition, l'organisation et le fonctionnement des commissions de discipline à l'encontre des chefs coutumiers. Arrêté n°360/MI/AT/DAPJ/SA du 21 décembre 1999 fixant la composition et déterminant le fonctionnement des commissions de discipline à l'encontre des chefs traditionnels. »

[765] Cf. KAMTO (Maurice), Pouvoir et droit en Afrique noire, Essai sur les fondements du Constitutionnalisme dans les États d'Afrique noire francophone, LGDJ, 1987, p. 318.

Empire dans l'Afrique noire indépendante »[766]. En fait, il ne s'agit nullement ici du triomphe de la rationalité traditionnelle et donc du pouvoir héréditaire au service de la communauté, mais bien plus, du triomphe d'un homme. Un homme qui, sous le prisme constitutionnel, s'arroge les attributs traditionnels du pouvoir et de la sacralité pour présider à vie à la destinée d'un peuple. Et au besoin, transmettre ce pouvoir conquis à ses descendants. Ainsi, l'article 12 de la Constitution centrafricaine du 4 décembre 1976 disposait que : « La couronne de l'empire centrafricain et ses droits constitutionnels sont héréditaires et se transmettent de père en fils aux descendants mâles en ligne directe et par ordre de primogéniture de l'empereur à moins que celui-ci ne désigne, de son vivant, un successeur parmi ses fils autre que son fils ainé, ou un membre de la famille impériale »[767]. Il ressort de ces dispositions, un intérêt manifeste du recours au pouvoir traditionnel. On se serait attendu, de la part du constituant centrafricain, que ce recours s'opérât à travers la consécration des communautés villageoises dans les pouvoirs dont elles avaient été décidées du fait de la colonisation. Mais non, la nouvelle élite, par occurrence ici, l'élite militaire s'était taillé un costume à la hauteur de ses ambitions. Pire encore, en consacrant un empereur, le tout premier du genre, dans cette nouvelle dynastie, on aboutissait à la fois à la sacralisation du pouvoir et par voie de conséquence, à sa transmission héréditaire.

Il se trouve ainsi que les qualifications que l'État, compris comme personnification de l'ordre juridique, se font, le plus souvent en défaveur des coutumes, mais toujours, en la faveur de l'État, non dans la conception de l'intérêt général, mais dans la logique d'asseoir les privilèges de la nouvelle élite de l'État indépendant. Ceci est d'autant plus vrai parce que la Constitution camerounaise du 18 janvier 1996, en disposant que les partis et formations politiques concourent à l'expression du suffrage, consacre la primauté des partis politiques, associations représentant les intérêts privés, sur l'État et par voie de conséquence, place l'intérêt général sous l'emprise des intérêts partisans. Ne serait-ce que de ce simple fait, il serait exagéré d'affirmer autoritairement que la mise en jugement des coutumes par l'opération de qualification vise la promotion de l'intérêt général par rapport aux intérêts des groupements traditionnels. Ce serait aussi prétendre que dans sa nature intrinsèque, la rationalité coutumière serait contraire à l'intérêt général. Si oui, en quoi ?

---

766 Ibid., pp. 318-319.
767 Ibid.

Section 2 : La « rationalisation » des modes de production traditionnelle

Cette rationalisation se structure autour de l'absence d'outils conceptuels (II), et se décline à travers des processus clairement identifiables (I).

I. Description du processus de rationalisation

La description qui peut être faite de la rationalisation des modes de production traditionnelle s'analyse sous l'angle de subordination de ces modes aux modes de production capitalistes (A) et par conséquent, l'apparition des prémisses de la gestion féodale de la terre coutumière (B).

A. La subordination des modes de production profane aux modes capitalistes

La subordination des modes de production profane aux modes capitalistes mérite d'être exposée (1), ceci afin de comprendre leur dynamique (2).

1- Exposé des faits

Dès l'installation de la colonisation allemande, consécutivement à la défaite des communautés villageoises, une politique de mise en place des grandes exploitations forestières et des plantations industrielles est perceptible[768]. Cette mise en place de l'économie coloniale[769] s'accompagne non seulement de l'expropriation des communautés villageoises de leur domaine, mais aussi, l'instauration directe ou indirecte du travail forcé[770], notamment avec la mise en place de l'impôt de capitation. Ce faisant, l'on assiste non seulement au déplacement massif des groupes ethniques entiers ;

[768] Cf. ELONG (Joseph Gabriel), « Les plantations villageoises de palmier à huile de la Socaplam dans le bas-Moungo (Cameroun) : un projet mal intégré aux préoccupations des paysans », Cahiers d'Outre-Mer, 224, octobre- décembre 2003, pp. 401-418.
[769] Cf. DAN NABUDERE, *The Political Economy of Imperialism,* Tanzania Publishing house, Dar El Salam, 1965.
[770] Cf. Michel (Marc), « Les plantations allemandes du Mont Cameroun », dans Revue française d'histoire d'outre-mer, Tome LVII, n° 207, 2e trimestre 1970, pp. 183-213 ; Lewin (Evans), Le régime allemand, Paris, Publication du comité de l'Afrique française 321. Lobstein (René), Essai sur la législation coloniale de l'Allemagne, Thèse pour le doctorat, Université de Poitiers, Faculté de droit, Paris, Librairie Marescq Ainé, A. Chevalier-Marescq & Cie Editeurs, 1902.

c'est le cas des populations du Moungo[771], ou des Bakweries[772] du Cameroun. On assiste aussi à la déstructuration des modes de production familiales et lignagères. Ce qui ne manque pas de créer les problèmes avec les communautés locales[773], surtout au regard de la différence des logiques, de la gestion des sols, de la gestion des ressources et des perspectives d'avenir.

Aussi, « dans les années 1890, la région du mont Cameroun est choisie comme point de départ pour les grandes plantations. Le climat y est favorable, moins insalubre pour les Européens que l'intérieur du pays, et les ports commerciaux ne sont pas loin. Pour améliorer le rendement, les Allemands décident très tôt d'utiliser la méthode des monocultures industrielles. Les premiers produits visés sont le cacao et le caoutchouc. » Puis, en 1898, l'introduction de la plante productrice *Kickxia elastica*, devient effective. Dès 1906, la *Nord-West Kamerun Gesellschaft* introduit l'hévéa ou *Hevea Brasiliensis*[774]. Entre 1907 et 1912, la surface cultivable passera de 2 000 ha à plus de 7 000 ha, et la production sera de plus de 3 000 t[775].

Ce qu'il faut dire, parlant des modes de production familiale, c'est qu'ils demeurent des outils nécessaires de la structuration du vivre ensemble, au-delà même de la rentabilité du lien d'obligation. Dans la conception traditionnelle, le travail est un moyen de réalisation de soi certes, mais c'est

771 Cf. ELONG (Joseph Gabriel), « Les plantations villageoises de palmier à huile de la Socaplam dans le bas-Moungo (Cameroun) : un projet mal intégré aux préoccupations des paysans ». L'auteur affirme que « Les plantations industrielles de palmier à huile dans la Bas-Mungo datent de l'époque coloniale, avec deux principales unités : - La Palmeraie de Kompina, d'une superficie de 2 100 ha, a été créée par les Allemands sur l'initiative de la Kamerun Eisenbahn Geselschaft (K.E.G.). Elle fut achetée en 1924 par les Français sous la conduite de la Société BLAT. Entre 1930 et 1937, elle passe des mains de la Société africaine Forestière et Agricole du Cameroun (SAFAC) à celles de la Société des Palmeraies réunies de l'Ouest-Africain (SPROA) - La Palmeraie de Nkapa était aussi de création allemande. Elle couvrait une superficie de 1 031 ha. D'abord gérée par la K.E.G., elle entre aussi dans les intérêts français en 1924 en devenant la propriété de la Compagnie des Oléagineux du Cameroun (C.O.C). Elle possédait une huilerie et une savonnerie qui ont fermé leurs portes en 1950. Cependant, jusqu'en 1963, date d'arrêt des activités, la production était évacuée par train à l'usine d'Edea, à 160 km de là pour y être traitée. Dans cette mouvance de l'industrialisation du secteur du palmier à huile dans le Bas-Moungo pendant la période coloniale, il faut également mentionner la présence de l'huilerie de Dibombari-Beach, créée après la fermeture de celle de Nkapa. Construite par le gouvernement français entre 1951 et 1953, et gérée à partir de 1955 par une société privée, la SOCFINOL, et plus tard par la Société africaine de Prévoyance (SAP) jusqu'à sa fermeture en 1962, son fonctionnement dépendait de l'approvisionnement en régimes de palme par les planteurs. » Ibid.

772 Cf. GERBER (Julien-François), Les communautés Bulu contre la plantation industrielle HEVECAM, Mémoire de recherche, Institut des Sciences et Technologies environnementales (ICTA), Université Autonome de Barcelone (UAB) septembre 2007. P. 64.

773 Ibid., Pp. 47-83.

774 Ibid., p.65.

775 Ibid.

aussi une manière de faire communauté, de vivre la communauté. Il en est ainsi parce que par le travail, l'on pourvoit aux besoins, à la fois personnels, familiaux et de la communauté tout entière. Ceci, en vertu du principe de la dette et donc de la construction de l'en-commun. Le « contrat de travail » étant de par son essence même, un contrat verbal et coopératif[776]. On laboure ensemble un champ, on récolte ensemble le fruit du labeur, on construit ensemble une case, etc. il va donc de soi que le travail soit une affaire de prestation de services réciproques. Le salariat est méconnu, du fait de l'inexistence de la monnaie.

Certes, il existe des marchés, mais leur rôle premier est de faciliter l'intermédiation des échanges, et non un quelconque enrichissement personnel. Le critère prédominant d'enrichissement étant la famille, la main-d'œuvre familiale, à travers le nombre de femmes et d'enfants qu'on possède. Il en est ainsi parce que la communauté est fondée sur la conception de l'individu comme valeur en soi, et comme moyen pour acquérir des biens et des richesses, utiles à la vie collective. Le matérialisme en Afrique noire est contemporain à l'occupation étrangère c'est-à-dire à la colonisation.

Dans la conception coloniale et donc capitaliste, le travail est un moyen d'acquisition des richesses, au-delà de toute considération de la personne humaine, considérée comme un capital, le capital humain. C'est d'ailleurs ce qui explique l'instauration du travail forcé[777] pendant la colonisation ou du travail public obligatoire[778]. Et non plus une fin en soi, comme autrefois. Surtout qu'il s'agit là dans les sociétés fondamentalement postrévolutionnaires et donc, d'un individualisme exacerbé. L'exacerbation étant liée à la philosophie libérale des droits de la personne humaine. Sauf

---

[776] Cf. OLAWALE (E. T.), *La Nature du Droit Coutumier africain*, Op. Cit., p. 170.

[777] « Dans la zone ouest occupée par la Grande-Bretagne, les plantations sont vendues aux enchères. Quatre d'entre elles sont reprises en 1929 par la United Africa Company (UAC), filiale africaine du groupe anglo-hollandais Unilever, et les autres – dont certaines ont été rétrocédées à leurs anciens propriétaires – changent plusieurs fois de statut avant d'être regroupées en 1946–1947 au sein de la fameuse « Cameroon Development Corporation » (CDC), le plus grand complexe agro-industriel du pays (Konings, 1993a). Dans la partie française, l'administration favorise la culture de huit produits en particulier : caoutchouc, cacao, café, banane, coton, arachide, palmier à huile et tabac. Les plantations, essentiellement localisées dans la vallée inférieure de la Sanaga, sont rachetées par des sociétés privées. C'est le cas par exemple des 600 ha d'hévéas de la plantation de Dizangué, reprise en 1959 par le groupe français Rivaud (Terres Rouges), qui est aujourd'hui la SAFACAM, une filiale de Bolloré. Comme au temps des Allemands, les travailleurs volontaires sont en nombre insuffisant et les gouverneurs français rétablissent le travail forcé dans les plantations privées ». cf. Cf. GERBER (Julien-Francois), Les communautés Bulu contre la plantation industrielle HEVECAM, Mémoire de recherche, Institut des Sciences et Technologies environnementales (ICTA), Université Autonome de Barcelone (UAB). Op. Cit., p. 66.

[778] Cf. Arrêté du 26 décembre 1938 règlementant le travail public obligatoire au Cameroun (J.O.C. 1939, p. 83-86).

qu'il convient aussi d'interroger, l'historiographie de la société occidentale pour se rendre à l'évidence que l'individualisme exacerbé se situe depuis la haute antiquité, qu'on soit en Grèce, à Rome ou en Europe continentale bien avant l'invention de la monnaie par les Lydiennes, les antagonismes sociaux sont principalement fondés sur la fortune, qu'il s'agisse de la noblesse ou de l'aristocratie. Mais bien plus, les origines de l'individualisme ne sont, à en croire Guy DE BROSSCHERE, liées aux mythes significatifs[779].

Il est donc à noter que la création des plantations industrielles au Cameroun dès après 1884, couplée à l'essor du phénomène urbain auront une incidence indéniable dans la conception même de l'idée du travail, et bien évidemment, et de manière incidente dans la mise en œuvre matérielle de ladite idée, même après les indépendances politiques[780].

---

[779] cf. DE BROSSCHERE (Guy), *Les deux versants de l'histoire, Autopsie de la colonisation*, L'auteur énumère trois mythes fondateurs du projet de civilisation européen : le mythe d'*Œdipe*, le mythe de *Narcisse* et le mythe de *Prométhée.* « Ces mythes décrivent une réalité originelle (les débuts de l'histoire de l'Hellade), mais projettent une lumière prophétique sur le devenir de l'histoire de l'Europe. La Grèce est le berceau d'une nouvelle humanité. » Op. Cit., Pp. 30-31.

[780] « L'une des particularités majeures de la politique économique de l'État camerounais après l'indépendance a été sa promotion des grandes plantations industrielles (Courade, 1984 ; Konings, 1993a). Les 3e et 4e plans quinquennaux (1971–1981) allouent tous deux pas moins de 60% des fonds publics réservés pour le développement agricole au secteur agro-industriel. La première caractéristique des grandes plantations camerounaises est leur domination par quelques entreprises agro-industrielles hautement protégées, oligopolistiques, et dépendantes de technologies intensives en capital avec un potentiel d'embauche relativement bas (Konings, 1993a : 19). La CDC joue un rôle important dans ce secteur : c'est le plus ancien et le plus grand complexe agro-industriel, et c'est la seule entreprise qui produise quatre cultures principales (thé, bananes, hévéa, palmier à huile). Les vieilles entreprises comme la CDC ont dû grandir en adaptant leurs technologies à la « révolution verte » d'après l'indépendance : en adoptant des plantes sélectionnées à haut rendement, en utilisant intensivement des produits agrochimiques, et en utilisant des techniques de production peu intensives en main-d'œuvre (machines). Mais avec un système de plantation, cela n'est possible que jusqu'à un certain point et ces entreprises – y compris HEVECAM – continuent donc d'avoir recours à une importante main-d'œuvre pas ou peu qualifiée. L'établissement et l'expansion de ces entreprises impliquent de gros investissements et créent généralement une forte dépendance envers le capital étranger ainsi qu'envers les technologies et la gestion étrangères (…) La seconde caractéristique importante de ces plantations industrielles réside dans le fait qu'elles sont localisées près de la côte et près du train. Cela s'explique pour des raisons historiques (pénétration coloniale), économiques (coûts réduits de transport), démographiques (disponibilité de la main-d'œuvre) et écologico-climatiques (conditions favorables aux cultures). Étant donné que les plantations requièrent de grandes surfaces, le gouvernement camerounais a toujours dû faire face au problème de trouver de la place. En général – comme pour le cas d'HEVECAM – ce sont des régions peu peuplées qui ont été sélectionnées dans le but de limiter les expropriations massives qui auraient pu provoquer des soulèvements. Pourtant, même dans les zones peu peuplées, la force a dû être employée, surtout pendant la phase initiale (Konings 1993a : 19). Dans les cas de la SOCAPALM, de la SAFACAM et

2- Processus de rationalisation

Comme le note avec pertinence FENDJIONGUE HOULI[781], parlant du cas de la société Toupouri à l'épreuve de mode de production colonial, « la fonction sociale qu'il assigne au mode de production colonial est celle de subordination des rapports de production lignagère (et donc traditionnels), aux rapports de production capitalistes dans le contexte spécifique ». En effet, du point de vue de l'auteur, on assiste non pas au délitement complet des modes de production traditionnels, sous l'effet induit par la colonisation, mais plutôt à une cohabitation, mieux une combinaison des modes de production que sont entre autres : le mode de production lignager, les modes de production féodaux, les petits marchands, et les modes des de productions capitalistes. La production lignagère est une production originaire des sociétés traditionnelles à travers la production de subsistance. Les modes de production féodaux apparaissent avec les conquêtes de pouvoir et l'établissement des potentats, à la fois, par les conquêtes musulmanes[782], que par la colonisation européenne et la création des chefferies supérieures. La production féodale est donc de ce fait une conjonction, mieux une synthèse des modes traditionnels et capitalistes distants. Il s'agit en fait d'une étape à la fois utile et transitoire. Utile parce qu'elle facilite ou permet un regroupement des moyens de la communauté, bien sûr entre les mains d'un potentat ; transitoire parce que cette conception n'a pas de philosophie propre. Mais au contraire elle est appelée à s'intégrer dans un grand ensemble, le travail capitaliste.

Mais au-delà des divergences entre sociétés traditionnelles, selon qu'elles sont ou non hiérarchisées, une constance demeure. Qu'ils agissent de l'État colonial ou du nouvel État indépendant, le travail capitaliste a pris le dessus sur les modes de production lignagères[783]. Il en est ainsi parce que, « le désir d'accroitre les intérêts capitalistes nécessite un degré élevé des forces

d'HEVECAM par exemple, les populations ont été forcées de se déplacer et de s'installer ailleurs sans compensation. Au moins jusque dans les années 80, les paysans riverains de la SAFACAM refusaient ainsi tout emploi proposé par la direction à cause des expropriations brutales dont ils ont fait l'objet pendant la période coloniale ». Cf. GERBER (Julien-François), Les communautés Bulu contre la plantation industrielle, HEVECAM, Mémoire de recherche, Institut des Sciences et Technologies environnementales (ICTA), Université Autonome de Barcelone (UAB). Ibid, pp. 67-68.

[781] Cf. FENDJIONGUE HOULI, Société et Démocratie : Essai d'analyse de la dynamique de la conscience des populations Toupouri de l'Extrême-Nord, Thèse en vue de l'obtention du Doctorat en science politique, UYII-Soa, 2001-2002, p. 171.

[782] C'est en effet la conquête musulmane qui aboutit à la Constitution des Lamibé Peuhl du Nord Cameroun. Ainsi, NOUHOU BARRYWA (HAMIDOU) situe la Constitution des Lamibé entre le 17 et 19 siècles. In, *Le Lamidat de Tibati, Adamaoua-Cameroun, Histoire d'une résistance anticoloniale et organisation socio-administrative*, Op. Cit., pp. 52 et s.

[783] Cf. MOTAPE AKAM, « Le Nord-Cameroun : la formation économique et sociale », in *Revue science et technique, série sciences humaines* IV, 3-4, juillet 1986, pp. 61-77.

productives, ce qui suppose une organisation plus rationnelle de la société »[784]. Il va donc sans dire que, la mise sous tutelle de la force de production coutumière est réelle. Qui plus est, cette réalité est exacerbée par une politique foncière agressive vis-à-vis des collectivités coutumières. Cette agressivité est due à l'ignorance de la rationalité coutumière et le privilège accordé à la logique développementaliste. Mais à l'observation, cette logique tarde-t-elle aussi à faire ses preuves. Un regard attentif permet de constater que les grandes plantations créées sont pour l'essentiel aux mains des capitaux étrangers ou encore pour le peu qui leur échappe, l'État s'arroge des monopoles. Les sociétés traditionnelles se trouvent ainsi privées à la fois de leur terre et des capitaux qui en résultent de sa mise en valeur. La conséquence logique qui en résulte en milieu rural est le dessaisissement de la collectivité villageoise et ses conséquences que sont entre autres, soit l'exode rural, soit la naissance de l'oisiveté.

La politique des plantations industrielles est donc assimilable à la féodalisation des rapports de travail, des modes de production. Cette féodalisation des rapports de production ne signifie guère que les modes de production traditionnelle ont disparu. Mais, il s'agit d'un fait qui témoigne de la mise sous tutelle de la rationalité coutumière par la législation foncière et ce fait, qui favorise les nantis[785], pouvant aisément se procurer un titre foncier, est perceptible tant dans les sociétés lignagères du Sud et du Nord Cameroun. Il devient donc intéressant de noter avec le Professeur GONIDEC que le mode de production capitaliste, dans un contexte colonial – impérial, « *n'avait saisi, d'un point de vue quantitatif, qu'une fraction, plus ou moins importante selon les pays, des sociétés africaines. Ceci veut dire qu'à l'intérieur des territoires coloniaux coexistaient deux types de sociétés, les unes régies par les vieux types de production précapitalistes, les autres par le nouveau mode de production* »[786].

B. L'apparition des modes de gestion féodale des terres coutumières

L'apparition des modes de gestion féodale des terres coutumières est subordonnée à une démarche cadencée. Aussi, on part du préalable des réformes foncières et domaniales (1) pour aboutir à leur conséquence logique,

---

784 Cf. FENDJIONGUE HOULI, *Société et Démocratie : Essai d'analyse de la dynamique de la conscience des populations Toupouri de l'Extrême-Nord*, Op. Cit., p.174.
785 Au regard de son coût moyen prohibitif.
786 Cité par LUFTACHI N'ZEMBELE, in, « L'Afrique et les Africanistes », in *Peuples Noirs Peuples Africains*, n°50, mars-avril 1986, p. 29.

l'appropriation privative des terres (2) par les personnes privées ; avec en prime l'institution du travail forcé et des peines y afférentes[787].

1- Le préalable juridique, les réformes domaniales et foncières

Le dénominateur commun des réformes foncières du Cameroun indépendant est la suppression des systèmes fonciers coutumiers. C'est du moins le constat fait par la doctrine. Ainsi, comme le note le Docteur GOUDEM : « Quelles que soient les attitudes que les différentes puissances publiques aient adoptées, depuis la colonisation à nos jours, face aux régimes fonciers coutumiers africains, elles ont été essentiellement motivées par les difficultés de la gestion du foncier liées au pluralisme juridique. Elles ont eu pour but l'assimilation des droits fonciers coutumiers aux droits écrits »[788]. Le constat de l'auteur est sans appel. La réforme foncière se fait en faveur du droit écrit, au détriment du droit coutumier. En effet, depuis l'instauration de la colonisation occidentale, la coutume a reçu un traitement spécifique, tendant au réductionnisme. Mais malgré cette tendance, au plan foncier, une place marginale a toujours été aménagée, du moins jusqu'à la réforme foncière de 1974, à la survie des droits coutumiers traditionnels. Comme le note le Docteur GOUDEM : « Le Cameroun a-t-il, dans ses textes fonciers de 1974, abandonné cette tolérance minimale des droits fonciers coutumiers ? –ces droits, tels que prévus par les textes antérieurs, ont été réduits et affaiblis par la réforme de 1974. Ceci a amené certains auteurs à affirmer qu'en tant que droits de la propriété foncière, ils ont été supprimés par cette réforme et ont été remplacés par les droits de l'occupation »[789].

Toutefois, une nette distinction est faite entre le droit foncier coutumier au sens strict, et ses démembrements, tels, le droit d'occupation, de chasse, d'exploitation. Ces droits sont reconnus par l'ordonnance de 1974[790]. Le régime foncier coutumier ayant été supprimé, l'exercice des droits coutumiers reste marginal. Parlant de cette suppression, l'auteur fait observer qu'elle « est surtout l'œuvre des États postcoloniaux. Chaque État indépendant d'Afrique noire francophone, depuis l'aube des indépendances à nos jours, y est allé de son pas, en principe en fonction des réalités nationales, les groupements AOF

[787] Cf. Arrêté du Commissaire de la République du 14 mars 1917 déterminant les infractions spéciales à l'indigénat (J.O.C. 1er octobre 1917) complété par arrêté du 26 octobre 1917 (J.O.C. 1er novembre 1917).

[788] Cf. GOUDEM (Jules), les politiques foncières et domaniales du Cameroun : de l'ère précoloniale à nos jours, thèse en vue de l'obtention du Doctorat/Ph. D. En droit privé, Univ. De Yaoundé II, 2010, p. 77.

[789] Ibid., p. 78.

[790] Art. 17 de l'ordonnance de 74-1, Op. Cit.

et AEF ayant été stratégiquement disloqués »[791]. De cette dislocation naissent les différents régimes nationaux, régimes dictés par ce qui était alors l'impératif de la mobilisation de la nation pour les objectifs de développement économique. Car, « la détention des terres par les autochtones est généralement ravalée au rang de simple possession, ou remplacée par un simple droit d'usage sur les terres appropriées par l'État ou la nation. Toutefois, lorsque les tenures sont constatées là où la procédure de constatation subsiste, leur constat, à son issu, constitue une étape vers leur immatriculation. Dans certains pays, ils peuvent être simplement transformés en droits réels pouvant grever un titre de propriété délivré à une autre personne à l'issue d'une procédure d'immatriculation »[792]. C'est donc le titre foncier qui fonde la rupture dans la conception des politiques foncières et apparait comme l'élément qui féconde l'apparition des féodalités foncières.

2- La conséquence logique, l'appropriation des terres et l'apparition du salariat de type nouveau

Parlant de l'apparition des modes de productions féodales, ils résultent de l'instauration d'une conception individualiste des rapports sociaux. Ils résultent aussi de l'instauration de la propriété privée immobilière. L'essor de la propriété foncière est conditionné à l'exigence d'un titre écrit pour la reconnaissance des droits privés. Le titre foncier participe de la « rationalisation des techniques de l'accessibilité des droits fonciers à la logique du développement endogène »[793]. C'est à ce titre qu'il introduit un changement radical dans la conception même de la politique foncière en Afrique. En effet, non seulement il conditionne significativement, à cause de son coût prohibitif, l'accès à la propriété foncière, mieux encore, il introduit l'appropriation à titre individuel, et donc la perspective des transactions foncières. Il désacralise la conception qu'on a de la terre en Afrique[794], et la réduit à un simple objet.

Bien plus, la propriété foncière privée entraine aussi une mutation des rapports contractuels, avec en prime l'introduction d'une forme de salariat, résultant de la transformation des contrats de travail cyclique, vers des formes rémunérées. Ainsi, on assiste aussi bien à la Constitution des grandes propriétés foncières par l'élite postcoloniale, et la marginalisation du reste de

---

791 Cf. GOUDEM (Jules), Les politiques foncières et domaniales du Cameroun : de l'ère précoloniale à nos jours, thèse en vue de l'obtention du Doctorat/Ph. D., Op. Cit.

792 Ibid., p. 80.

793 Ibid., p. 320.

794 Cf. MELONE (Stanislas), *La parenté et la terre dans la stratégie de développement*, l'exemple du Cameroun, Th. De doctorat, faculté de droit et de sciences économiques de Paris, Op. Cit.

la communauté. Il s'agit là, nul doute d'un fait nouveau, fait d'enrichissement ou d'appauvrissement, selon qu'on a ou non accès à la terre. C'est notamment le cas lorsqu'on retrouve des familles, membres originaires de la communauté, dont certains membres n'ont pas la possibilité d'accéder à une terre arable pour y pratiquer l'agriculture de subsistance. Une bonne partie des terres est immatriculées par la nouvelle élite, au regard des coûts prohibitifs de cette opération. On retrouve cette pratique, par exemple dans le département du Mbam et Inoubou, plus précisément dans l'arrondissement de Kiiki[795].

Ici, la promotion de la propriété privée a eu un effet pervers, et est à l'origine de la naissance d'un fait nouveau, la féodalité. Pour y remédier, il semble urgent d'instaurer une certaine inflexion dans la conception de la propriété foncière selon qu'on est en milieu rural, qu'en milieu urbain. L'une des pistes pourrait être, le rapprochement des techniques contractuelles et extracontractuelles des couches défavorisées[796].

II. L'absence des outils conceptuels

L'absence d'outils conceptuels a un fondement qu'il convient de préciser au préalable (A), avant d'envisager par la suite sa matérialisation par l'entremise du réflexe de disqualification (B).

A. Les fondements de l'absence des outils conceptuels

Les fondements de l'absence des outils conceptuels déclinent à travers la tradition académique (1), tradition qui découle de la perception que l'ethnologie coloniale, et le colonisateur ont de la colonie (2).

1- Le point de la tradition académique

La compréhension même de cette partie est conditionnée à la nécessaire distinction établie par le Professeur Grégoire BIYOGO Grégoire [797] entre les connaissances institutionnelles et connaissances locales. Le passage de la dernière catégorie à la première dans les registres d'analyse est déjà en soi

[795] Cf. BATSOCK (Sévérin), Les élites dans le champ politique local au Cameroun : une étude de la participation politique dans la localité de Kiiki, Mémoire de master II en science politique, Univ. Yaoundé II, 2017.

[796] Cf. GOUDEM (Jules), Les politiques foncières et domaniales du Cameroun : de l'ère précoloniale à nos jours, thèse en vue de l'obtention du Doctorat/Ph. D., po. Cit., pp.321 et s.

[797] Cf. BIYOGO (Grégoire), Président de la société savante Imhotep, séminaire du CERDOTOLA sur le thème « L'Afrique à la quête d'un développement culturellement soutenable, place et rôle des traditions africaines dans les dynamiques contemporaines de l'émergence. Leçon prescriptive », leçon prescriptive, Op. Cit.

hérétique parce qu'irrigué par l'idéologie. Mieux encore, il est le résultat de notre cursus de formation. Il constitue à alimenter le soubassement théorétique du paradigme dominant. Le début de la science révolutionnaire en perspective, le dépassement de la science normale, et de la routine de l'immobilisme, passe par le renouvellement de la pensée, l'option pour le dépassement des acquis et intégrer la conceptualisation de la pensée locale, dans la reformulation des connaissances en perspectives.

Car il faut le dire, la coutume est victime de la préservation de la tradition scientifique au nom de l'orthodoxie et des dénégations concédées au fil du temps. La persécution au nom de l'orthodoxie comme l'a si bien démontré *KHUN* Thomas, est une tentative pour le paradigme défaillant de se défaire des intrusions étrangères, de se maintenir à jour en arguant des arguments idéologiques et des obstacles épistémologiques. Contester le paradigme devient dans ce conteste, une pure folie, une hérésie ; de l'avis de POPPER[798] : « Dans l'idée d'orthodoxie et d'hérésie se cachent les vices les plus mesquins ; ces vices auxquels les intellectuels sont particulièrement sujets : l'arrogance, l'ergotage, la certitude, la vanité intellectuelle. La tolérance et l'intolérance : la tolérance est la conséquence nécessaire de la conscience que nous avons d'être faillibles. L'erreur est humaine, et nous faisons tous sans cesse des fautes. Pardonnons-nous réciproquement nos bêtises. C'est la première loi de la nature ». L'auteur appelle donc aussi, au nom de la conscience de notre faiblesse, de dépasser nos certitudes paradigmatiques éhontées pour ouvrir notre horizon des possibilités par la recherche d'un pluralisme toujours mutuellement bénéfique et enrichissant selon la spécificité de notre environnement juridique immédiat.

C'est ainsi que d'après lui, le relativisme induit par voie de conséquence le recours à la retenue, au relativisme ou au pluralisme. D'où le principe de la réfutabilité qu'il érige en principe de scientificité même. Mais ce relativisme n'est guère synonyme de désordre, voilà pourquoi l'auteur affirme en substance que : « Je voudrais aussi opposer au relativisme une idée presque toujours confondue avec celui-ci, mais qui lui est profondément étrangère. J'ai souvent désigné cette position sous le nom de pluralisme, mais cela n'a pas été sans ambiguïté. C'est pourquoi je veux le qualifier ici de pluralisme critique. Tandis que le relativisme, qui ressort d'une tolérance laxiste, conduit au règne de la violence, le pluralisme critique peut contribuer à la maitrise de la violence…le relativisme est la position selon laquelle dans l'intérêt de la vérité chaque théorie –tant mieux si elles sont nombreuses- doit entrer en concurrence avec les autres. Cette concurrence consiste dans la discussion

---

798 Cf. POPPER (Karl), *Tolérance et responsabilité intellectuelle*, traduction M. –F. FOLCHER et M.-V. HOWLET, 1981.

rationnelle des théories et leur examen critique. La discussion est rationnelle, cela signifie que l'enjeu est la vérité des théories en concurrence. La théorie qui semble se rapprocher de la vérité dans la discussion critique est la meilleure ; et la meilleure théorie évince les plus mauvaises. L'enjeu est la vérité. L'idée d'une vérité objective et l'idée d'une recherche de la vérité sont ici d'une importance décisive »[799]. Et cette vérité « est l'accord de ce que j'énonce avec les faits, que je sache ou non en quoi consiste cet accord ».

Pour revenir à la coutume, il s'agit en fait d'une contextualisation des connaissances théoriques et de ses postulats de base en fonction des faits ou des circonstances. Ceci, pour ce qui est du Cameroun, en fonction de la culture, de l'héritage et des traditions anciennes. Cette contextualisation a une dimension théorétique, s'énonçant dans l'articulation et la restructuration des dynamiques en oubli. Et du fait même de la formation, cette théorie s'enrichit, par emprunt des rationalités à des théories parallèles.

La première théorie est celle issue de la tradition scientifique ou du paradigme. Elle résulte de la longue maturation de la formation, de l'apprentissage, et de la standardisation ou momification des acquis. En termes juridiques, ces acquis s'énoncent en la maitrise des concepts, des catégories et de la technique juridique. Du moins du point de vue des acquis de la formation classique. Et du fait de cette formation de base, théoriciens et praticiens s'en tiennent généralement à reproduire des schèmes de pensée, si ce n'est les institutions étudiées. Même la communauté scientifique s'y complait, surtout du fait de la conscience négative[800], de nombreux travaux se font exclusivement à l'intérieur du paradigme. C'est l'équivalence de la science normale dans la « liturgie épistémologique » de KHUN Thomas. Du fait de la fédération des énergies, et de la canalisation même de la pensée, le modèle fonctionne et s'autojustifie. De cette autojustification en droit par exemple, l'on allègue, bien volontiers, la théorie devenue mystique de la complétude du droit de l'État, indépendamment de l'incomplétude de la structure même de l'État. Cette théorie se conçoit et s'énonce d'ailleurs comme un élément du non-faillibilisme de l'État.

Mieux encore de l'État démocratique de type occidental, modèle par excellence, à recopier et à reproduire partout, en tant qu'incarnation de la fin de l'histoire[801]. Ce modèle se construit aussi indépendamment de la crise qui secoue la société dans son ensemble. Or, comme le note DAVID René: « Chaque État possède, dans notre monde, un droit qui lui est propre, et

---

[799] Cf. POPPER (Karl), *Tolérance et responsabilité intellectuelle*, traduction M. –F. FOLCHER et M.-V. HOWLET, ibid

[800] MBEMBE (Achille), *Critique de la raison nègre*, Op. Cit.

[801] Cf. FUKUYAMA (Francis), *La fin de l'histoire et le dernier homme*, Op. Cit.

souvent même divers droits sont appliqués concurremment à l'intérieur d'un même État »[802]. On aboutit, au mieux à une superposition tronquée des logiques contradictoires. Tel est le cas par exemple des logiques juridictionnelles traditionnelles et modernes au sein de l'appareil judiciaire. Elle se nourrit aussi d'une contradiction théorique évidente : le droit aux juristes, et l'incidence réelle du droit aux sociologues. Pour se justifier, on évoque la stricte rigueur scientifique et la division universelle du travail. On n'ignore pas que le droit est à la fois une science, un art, et une technique. Mais du fait de la force contraignante du paradigme, adjoint au défaut criard de rationalisation de la rationalité coutumière, on s'enferme. Bref on évite l'arraisonnement, comprise comme la sortie de la raison.

La sortie de la raison est et reste une anomalie du fait même de la tradition établie. En fait, pour dire vrai, la raison s'y perd un peu. Elle s'y perd parce qu'elle n'est pas suffisamment préparée à étudier ce nouveau champ qui s'offre à elle ; mais une ouverture teinte par une certaine errance dû à l'impréparation. Cette impréparation s'analyse en termes d'absence d'outils conceptuels, d'instruments de catégorisation, entre autres. Et de ce simple fait, la conséquence est double. Soit on tente une systématisation avec les catégories empreintes, soit on disqualifie d'emblée, sans même avoir perçu les subtilités et les nuances. D'où l'importance de la déconstruction, de la remise en question des acquis et donc du renouvellement de la pensée. Dans le cas d'espèce, cette déconstruction commande au mieux de demander la qualification aux acteurs de premier choix, ici, les communautés coutumières ; au pire des cas à chercher une ligne de démarcation, un point culminant d'observation de la réalité prosaïque.

---

[802] Cf. DAVID (René), *Grands systèmes de droits contemporains,* op cit, p. 19

2- Les théories négatrices d'altérité ou théorie de l'universalisme

La prétention à l'universalisme a toujours imprégné la manière dont l'Europe et en général l'occident s'est toujours perçu. Elle a influencé leur perception du reste du monde. Cette prétention résulte à la fois de l'histoire de l'Empire romain et de sa prétention à incarner la civilisation. Mais aussi, elle est fille de la trajectoire de l'église qui en constitue une excroissance idéologique, des versions cosmologiques restrictives et pourvoyeuses, par exclusion d'une sous-humanité présupposée[803]. Ainsi, Rome, l'empire et l'église, sont le fondement de l'universalisme occidental. À ce socle primaire, il faudra par la suite joindre à la fois l'influence de la philosophie dite de lumières et les mouvements révolutionnaires de maturation des libertés. Il convient en outre de noter qu'au surplus ces réalités sont indubitablement liées.

Et c'est le lien qui unit ces réalités qui fonde logiquement la genèse même de la croisade de l'Europe christianisée contre le reste du monde. Le cas de la colonisation de l'Afrique ne fait pas exception. Il s'agit d'une conception impériale de l'ordre, de l'idée de civilisation et même de la prétention à procéder et à distiller une vérité éternelle. Conception à tout point de vue contraire à la tradition orale africaine, où la vérité, l'ordre politique et même la civilisation relèvent du compromis social.

La colonisation fait donc entrer un paradigme nouveau, le paradigme de l'infaillibilité. Cette infaillibilité produit l'exclusion, sous le couvert de la proclamation d'une universalité de conquête. D'où la prétention de la colonisation à être une mission civilisatrice. Conséquence logique, la construction de l'État et du droit s'endosse irrémédiablement sur ce paradigme. Du fait de cet endossement, il y a une exclusion des connaissances et des savoir-faire parallèles, parce que non universels.

Pire encore, du côté du colonisé, l'on conçoit désormais la modernité sous le seul prisme de renonciation de soi, de la négation de la réalité juridique

---

[803] Comme l'écrira le Pr BIYOGO : « Les versions cosmologiques, théologiques, cosmogoniques restrictives du monde, nous les connaissons désormais, nous savons ce qu'elles ont fait du monde, en produisant des systèmes politiques et économiques agonistiques avec des institutions de « droit » régentées par la ruse, la force, la hiérarchisation, l'exclusion, la minoration, l'inféodation, la confiscation... », In, Aux origines africaines de la bible et des religions du livre : redire le sens premier des choses et les vérités enfouies par les oublis et les mensonges du temps. Colloque international du 3 au 4 mai 2017, Fondation AfricAvenir International, sous le thème : Confrontation armée programmée et déjà vécue à travers les religions et la spiritualité en Afrique au 21e siècle, quelle alternative religieuse spirituelle dans une Afrique en pleine renaissance ? p. 60.

locale. On allègue que le droit coutumier ne répond plus aux réalités de la société moderne, et pourtant les collectivités villageoises revendiquent plus que jamais par le vécu, leur appartenance à cette coutume ancestrale[804]. Pour exemplifier notre propos, et selon la pratique en matière matrimoniale, l'on peut aisément apercevoir l'attachement de la communauté à la pratique des cérémonies ancestrales du mariage et de la dot, malgré les dérives. L'autre exemple est la matière foncière. Avec la survie, dans les faits de l'exercice de la propriété coutumière. Comme le démontre l'exemple des mécontentements populaires lors des opérations d'indemnisation des riverains dès la zone portuaire de Kribi. Riverains qui contestent l'accaparement par l'État de leurs terres sans compensation, au motif qu'il n'y aurait pas de mise en valeur probante. Ici, c'est la légitimité même de l'État, en tant qu'acteur pertinent de politiques publiques qui est contestée. Mais là est un autre débat.

La primauté à notre sens revient à cerner la notion même d'universalité ou de valeur universelles, au nom desquelles sont mises en berne, de manière stratégique, des normes et institutions traditionnelles locales. Ce faisant, tenter de dégager le critère de l'universalité. L'universalité désigne littéralement le caractère de ce qui est universel. On y associe, à la fois et par amalgame, la généralité et la totalité. Or, est universel ce qui est relatif à l'univers, au monde entier. Ce qui peut concerner tous les êtres et toutes les choses. Vue sous cet angle, l'universalité de la civilisation européenne demeure sujette à caution, parce qu'étant le résultat d'une expérience spécifique, le déroulement d'une histoire particulière. Cette universalité ne résulte donc ni de la généralité ni de l'univers, parce qu'elle n'est en rien la déclinaison ou la démultiplication de l'ordre cosmique, comme c'est le cas dans la cosmogonie africaine où l'ordre relève de la calculabilité et de la conjonction des univers parallèles. L'universalité décrétée du droit et de l'État est donc, tant en droit qu'en fait, une universalité concédée, ou une universalité de conquête. Pas étonnant donc que cette universalité, sous sa forme civilisatrice et conquérante, aboutisse à la disqualification des connaissances et des logiques parallèles.

[804] Cf. Entretien du chef Bamendjou, S.M. RAMEAU SOKOUDJOU (Jean-Philippe*). Diffusé par la chaine de télévision* VoixAfrica le 27 janvier 2016. Entretien réalisé à Paris par le journaliste Olivier ENOGO. Op. Cit.

B. La matérialisation par réflexe de disqualification

La matérialisation par réflexe de disqualification se fait au moyen d'une disqualification conceptuelle et idéelle (1), et aussi par disqualification matérielle qui en résulte (2).

1- La disqualification conceptuelle et idéelle : la question de la scientificité

La disqualification de la coutume, du point de vue du droit, relève plus du déficit de scientificité et moins son caractère arbitraire[805]. La coutume ayant ses propres systèmes de référence et ses mécanismes de fonctionnement. Il en va ainsi de la pratique de la preuve des droits, notamment du recours aux ordalies, par exemple. Ainsi, une étude approfondie de la procédure juridictionnelle dans la société SAWA à l'aube des années 1902 renseigne davantage, sur la pratique : « L'arbre des ordalies est un arbre qu'on trouve dans de grandes brousses et dont l'apparence rappelle la brosse à dents traditionnelle. Il y en a deux sortes: l'arbre mâle des ordalies et l'arbre femelle. On trempe l'écorce de l'arbre femelle et l'étale sur le toit pour la faire sécher. Dans les temps anciens, quand une personne était soupçonnée de sorcellerie au sein du clan la procédure était la même pour les hommes comme pour les femmes; si c'était une femme, elle se rendait auprès de ses frères pour leur demander de la faire boire le breuvage de l'épreuve des ordalies. Pour pouvoir nier en sa propre faveur qu'elle n'est pas coupable de sorcellerie, ses frères devaient chercher une personne qui dans la maison est en possession d'une écorce de l'arbre, quitte à ce que ce soit son propre enfant. Le jour où l'accusé doit subir l'épreuve de breuvage du poison des ordalies, le clan doit en être informé. La personne qui fournit l'écorce de l'arbre des ordalies doit être payée à un équivalent de 25 francs. Au soir de l'administration du poison, aussi bien l'officier que l'accusé masculin ou féminin et toute personne qui observe, doivent avoir observé de l'abstinence sexuelle. Au petit matin, la famille de la personne accusée se rendait à un ruisseau ou un cours d'eau avec une calebasse pour puiser de l'eau. L'accusé serrait bien son pagne à la taille comme un lutteur qui se rend à un combat. Le ritualiste qui administrait le breuvage de l'épreuve des ordalies taillait son écorce pour former neuf boulettes de l'écorce de l'arbre des ordalies. Pour savoir si le breuvage était bien fait, on l'essayait sur un coq. On lui fait avaler 7 boulettes en lui faisant

[805] C'est notamment le cas avec la procédure coutumière de la preuve et notamment, le recours aux ordalies : cf. KUM'A NDUMBE III, *Tradition Sawa, Nos lois et coutumes (1920-1930)*, version traduite du livre en langue douala, DIMBAMBELA SAWA, par Khéops KUM, deuxième partie, jugement rituel et pacte, non daté, pp. 55 et s. fondation AfricAvenir International.

boire un peu d'eau et on le jette par terre. Si le coq battait des ailes et se mettait à courir une fois au sol et chantait, alors on savait que la solution était bonne et opérationnelle. Mais si le coq tombait par terre, on ne permettait pas que la personne ingurgite ce breuvage »[806].

Bien plus, « Dans le cas où l'accusé(e) recherchait à être justifié, s'il s'entêtait à boire la solution désapprouvée, on lui donnait donc les neuf boulettes à avaler avec de l'eau. Ensuite, l'accusé(e) restait debout après avoir consommé l'écorce de l'arbre des ordalies, les neuf boulettes avalées suivies de l'assiette d'eau qui lui était donnée. Ensuite on disposait des feuilles (de bananier) aux deux extrémités de la cour pour que la personne puisse aller y vomir déjà même avant d'avoir fini de consommer les ordalies. Quand la personne a fini de tout vomir sur les deux feuilles, on lui donne donc la permission de commencer à courir de part et d'autre de la cour, sept fois en tout. Si la personne est innocente, alors elle parvenait à faire ces sept tours sans tomber. Elle est ensuite célébrée en triomphe par sa famille et son clan. Si c'était une femme, ses frères payaient l'équivalent de 50 francs. La personne éprouvée elle-même recevait beaucoup de cadeaux et d'éloges partout où elle se rendait. À partir de ce jour, elle bénéficie d'une noble réputation digne d'une personne exempte de toute sorcellerie. Finalement, c'est de tout le monde que la personne se retrouve aimée et estimée »[807].

De telles pratiques sont déjà vécues dès 1902 dans la circonscription de Yabassi[808]. Et en 1905, elles sont proscrites, au nom du respect de la dignité

[806] Ibid., pp. 59 et s.
[807] Ibid, pp. 56-61.
[808] « En 1902 à Ndogbag après Yabassi un homme appelé Ngemkeg était accusé de sorcellerie au sein de son foyer familial. Pour se défendre, il alla à la rencontre du ritualiste qui possédait l'écorce de l'ordalie. Quand il amena le ritualiste dans son fief, il annonça à sa famille qu'il voulait se disculper devant sa famille qu'il est exempt de sorcellerie. Sa famille essaya de le dissuader de subir l'épreuve de l'ordalie, mais il insista. Comme il refusa, on prit de l'écorce d'ordalie qu'on donna à un coq qui mourut sur le champ après avoir consommé le poison. Sa famille continua d'essayer de le dissuader de subir l'épreuve, mais malgré la mort du coq, il ne se laissa pas convaincre. Au lever du jour, sa sœur alla à la rivière pour lui puiser de l'eau dans une calebasse neuve. Après vint le ritualiste administrateur de la boisson de l'ordalie, au sein de la foule réunie pour l'événement. Après avoir préparé l'écorce de l'ordalie a posé les feuilles vertes au sol des deux côtés de la cour, deux personnes se levèrent et se mirent à charger13 l'écorce de l'ordalie. Quand ils eurent fini de lui faire avaler les neuf boulettes de l'écorce et de l'eau ensuite, on lui donna la permission d'aller commencer à vomir sur ces feuilles, en allant de part et d'autre des extrémités de la cour. Il essaya de vomir, mais rien ne sortit. Ceux qui chargeaient l'écorce de l'ordalie disaient « o écorce des ordalies, si Ngemkeg est coupable de sorcellerie, tue-le ». Et l'autre de dire « ô écorce sacrée, s'il n'est pas coupable, sort de son corps ». Comme il n'arrivait pas à vomir, les gens lui demandaient donc d'essayer de courir. En essayant de mouvoir les pieds, il trébucha et tomba violemment en se foulant l'épaule. Les gens essayèrent de le sauver, mais de manière hypocrite. Ils écrasèrent du haricot cru, du maïs et mélangèrent le tout à de la matière fécale et lui donnèrent le mélange, suite à quoi il vomit

humaine, par l'administration coloniale de ce district. « En 1905, les échos de ce procès finirent par être captés par le chef de l'administration de Yabassi. Il envoya sept gendarmes pour aller arrêter les sept personnes qui avaient contraint cette personne à consommer le poison des ordalies. Les gendarmes ont d'entrée de jeu informé ces personnes que la pratique de l'épreuve des ordalies est un délit. Tous apeurés, ils prirent la fuite. Les gendarmes saisirent les poules et les chèvres que ces personnes avaient sacrifiés de telle manière que chacun de ces gendarmes ait autant de viande de poulet et de chèvre à manger ou à emporter chez lui que bon lui sembla. Ces sept personnes finirent par se faire arrêter. Le chef de l'administration de Yabassi les emprisonna pendant quinze jours sans leur donner ni à manger ni à boire. La faim leur donna une apparence de squelette. Lors de leur libération, on pouvait constater que certains avaient trouvé la mort à cause de leur état de santé et certains s'étaient évadés. L'expérience vécue par ces détenus et les échos qu'ils en firent une fois libérés furent comme le remède qui mit fin à l'ordalie à l'Est. Ce sont la mort de cet homme, l'expérience carcérale de ces personnes et l'autorité administrative qui ont contraint les gens à arrêter de pratiquer le jugement des ordalies à l'Est »[809].

Mais au-delà de la déclamation de la contrariété de ces pratiques à la dignité humaine, ce qu'il faut rappeler ici est la différence des visions du monde. Cette différence ayant une incidence réelle sur les techniques de mise en œuvre de la norme sociale. Mais, l'essor de la pensée dite positive comme soubassement de la construction des normes juridiques va les disqualifier au nom de la rationalité. Selon Paul AMSELEK[810], la science est « classiquement associée et réduite à l'idée de spéculation au sens étymologique du terme, comme si le savant n'était qu'un miroir sur lequel les choses du monde venaient se refléter, un observateur contemplant le monde et se contentant de le décrire, de relater ses observations ; les lois scientifiques édictées par lui ne seraient que les descriptions, plus précisément des formulations d'observations générales induites des observations particulières fournies directement par l'expérience. D'où le classique et lancinant problème, toujours d'actualité comme on le voit par exemple à travers les théories épistémologiques de Karl POPPER : cette induction sur laquelle reposent les sciences est-elle légitime ? ».

---

enfin l'écorce. Bien qu'il eut fini par renvoyer le poison, il perdit tout respect dans son village jusqu'à ce que finalement on ordonne au Mungi de le battre à mort à coups de bâton ». cf. KUM'A NDUMBE III, Tradition Sawa, Nos lois et coutumes (1920-1930), version traduite du livre en langue douala, *DIMBAMBELA SAWA*, par KUM (Khéops), Ibid. p. 62.

[809] Ibid. p. 63.

[810] Cf. AMSELEK (Paul), « La part de la science dans l'activité des juristes », Recueil Dalloz 1997, 39e Cahier Chronique, p. 39.

À la suite de HUME David, empiriste anglais, POPPER conteste cette prétention et souligne le caractère primordial de la réfutabilité comme base de la construction scientifique. Pour AMSELEK Paul, ce n'est pas à proprement parler la réfutabilité qui fait science, parce que les lois scientifiques « ne sont pas davantage susceptibles d'être dites fausses, d'être infirmées, que d'être dites vraies, d'être confirmées »[811]. Mieux encore, ces lois elles-mêmes « qui ne sont pas, encore une fois, des descriptions du monde, mais des systématisations de ses productions ; l'expérience permet seulement de leur reconnaitre ou de leur dénier, non pas une valeur de vérité, mais une valeur utilitaire, pragmatique : ce sont des bons ou de mauvais instruments selon leur aptitude effective à rendre des services qu'on attend »[812]. Il résulte donc de là que, ce qui fait la valeur d'une loi scientifique, c'est leur utilité ; c'est moins la logique descriptive, encore moins la réfutabilité que sa prétention à répondre efficacement aux besoins d'une communauté donnée. Selon l'auteur, c'est « ce qui explique, du reste, qu'une ancienne loi puisse continuer à être utilisée si elle continue à rendre des services en pratique, alors même qu'on a construit par ailleurs une nouvelle loi plus efficiente qui est en désaccord logique avec elle »[813]. De ce point de vue, la disqualification de la logique coutumière dans notre société relèverait ainsi d'une véritable fuite en avant. Et la coutume du fait qu'elle répond encore au besoin de la communauté serait ainsi, de ce seul fait, scientifique. Le plus important à travers cette confrontation des écoles de l'épistémologie du droit, relativement à la scientificité de telle ou de telle norme est de ressortir que cette scientificité n'existe pas de manière absolue en soi. Elle est juste l'objet de convention. Mieux encore, le droit n'est pas qu'une science, mais aussi une technique.

2- La disqualification matérielle

Le droit, en plus d'être une science, est aussi et surtout une technique. Cette technique a une finalité pratique d'ordre utilitaire. À la base du droit, et ce d'un point de vue étiologique et de sa stricte étymologie, se retrouve l'idée de rectitude, idée de mise en ordre des relations intersubjectives. À la base donc, le droit est une idée. Mais pas une idée pour une idée, mais une idée pour une pratique. La pratique de la technique juridique ou technique de mise en œuvre de la règle de droit, c'est-à-dire de la règle de conduite sociale et pour AMSELEK Paul, ces règles sont en dernière analyse constituées d' « outils mentaux, d'appareillages mentaux, artificiellement élaborés par l'esprit humain, fruit eux aussi d'une activité créatrice et artisanale de l'homme[814] ».

[811] Ibid.
[812] Ibid., p. 40.
[813] Ibid.
[814] Ibid.

Il s'agit certes d'une création mentale de l'homme, mais d'une création de mise en compossibilité des volontés ou mieux des libertés au sein de la société. Le but étant de déterminer pour chacun la mesure de la « possibilité d'agir, de marge de manœuvre à l'intérieur de laquelle doivent se tenir leurs accomplissements, leurs faits et gestes, ce qu'ils ne peuvent pas faire (interdits), ce qu'ils ne peuvent pas ne pas faire (l'obligation), ce qu'ils peuvent faire ou ne pas faire (le permis) ». Le droit existe donc indépendamment de la force attractive du paradigme juridique. Le paradigme apparait ainsi, de ce point de vue, comme quelque chose d'assez dérisoire. Dérisoire parce qu'en définitive, il ne conditionne pas l'existence du droit. Encore que même au sein de l'État moderne, c'est moins le paradigme juridique que la réalité politique et les rapports de forces sociales qui conditionnent l'édiction des normes.

Si le droit est donc à la base moins une science qu'une technique, il serait curieux de ne pas s'intéresser à la technique de la coutume. Surtout pour comprendre pourquoi la population se reconnaît d'abord comme appartenant à une collectivité coutumière avant de faire partie du grand ensemble d'agrégation de la citoyenneté que constitue l'État-républicain. Cette compréhension ne peut aller de soi. Elle devrait commencer par la réappropriation des catégories analytiques propres à ce système de droit, pour éviter des malentendus et surtout les dénaturations qu'on a pu observer çà et là. Par exemple, la définition qu'on retient habituellement de la coutume, définitions des auteurs, n'était en définitive qu'une transposition positive de la lecture de la coutume à travers les catégories juridiques qui lui sont étrangères. Ainsi, TERRE François dans son introduction générale au droit conçoit la coutume comme, une pratique habituellement observée par un groupe et acceptée comme étant du droit. En effet, l'auteur définit moins la coutume, qu'il décrit plutôt la perception qu'il se fait de la coutume à partir d'une norme de référence : le droit. Il fait ainsi le rapprochement entre la pratique du groupe et sa propre perception qu'il a du droit. Mais le droit n'est-il pas en fin de compte un principe ? Principe de rectitude, d'équilibre cosmique lié à la vie. Principe partagé avec la somme des êtres vivants, principe dont les normes matérielles ne sont que les territorialisations en fonction des circonstances de lieu et de temps. Son étymologie renseigne que le principe dont il s'agit est le principe de la rectitude. On retrouve ce même principe déjà dans la haute antiquité africaine, chez les peuples éthiopiens et égyptiens, puis dans la Grèce et la Rome antique[815] à travers les écrits de

---

[815] Cf. REVILLOUT (Eugène), *Les origines égyptiennes du droit civil romain : nouvelles études d'après les textes juridiques et démotiques.* Supplément sur les contrats égypto-Aram, édit Nabu Press, 2010, 184p

PLATON, d'ARISTOTE ; et aussi dans nos sociétés traditionnelles comme chez les Douala[816], à travers les notions telles-que « *Botémetémé*[817] », « *hà sîm*[818] », « *téme là sîm*[819] ».

À Paul AMSELEK[820] de conclure que : « Toutes les démarches auxquelles donne lieu le droit ne sont pas et ne peuvent pas être scientifiques ». Mieux encore, le droit peut devenir le support de deux types de « démarches théoriques tout à fait différentes et qu'il faut se garder de confondre ; des démarches technologiques d'une part, des démarches proprement scientifiques, anthropologiques en occurrence, d'autre part ».

Conclusion : En somme, il était question de démontrer ici que le paradigme positif, en tant que ciment et boussole de la science du droit, est impropre à appréhender et à traduire, du moins dans sa conception actuelle, la substance même de la coutume et sa matérialisation pratique. Ceci est principalement lié à son manque de neutralité axionomique et axiologique ; et plus globalement parce que les conditions de production de nouvelles connaissances ne sont pas réunies[821]. Il en est ainsi parce que les concepts, les catégories et les institutions juridiques définis dans une autre cosmogonie, la cosmogonie judéo-chrétienne[822] et romano-germanique, ne sied pas forcément à la cosmogonie des sociétés plurielles d'Afrique noire. Or, c'est la cosmogonie qui fonde les visions du monde et la définition des codes normatifs qui régentent les rapports intersubjectifs. D'où la tendance observée çà et là, notamment la confusion de sens et surtout la mise en déroute de l'intellection classique face à une rationalité extra positive. Rationalité coutumière qui, sans être moins rationnelle, met à l'épreuve notre entendement même du juridique. En surpassant la simple énonciation des normes matérielles et leur mise en œuvre. Il se pose avec insistance un problème d'initiation à la pratique coutumière, au vécu des peuples négro-africains. Ce chapitre rappelle ainsi qu'avant d'être une science, le droit est avant tout un art de vivre, une technique au service de la raison pratique, dans sa tentative de définir l'ordre social harmonieux, et non pas rationnel (le mot

---

[816] Entretien du 12/06/2017 avec KEHOPS KUM, membre de la famille royale des BELE-BELE à Bonabéri.

[817] La tenue, la droiture.

[818] Le droit, la posture.

[819] La justice.

[820] Cf. AMSELEK (Paul), « La part de la science dans l'activité des juristes », Op. Cit.

[821] Il est donc impératif de planter les jalons d'une nouvelle épistémologie, dite épistémologie de la transgression. Cf. ELA (Jean-Marc), *L'Afrique à l'ère du savoir : science, société et pouvoir, Op. Cit., pp. 19 et s. Puis, 240-270.*

[822] Cf. ROULAND (Norbert), *Aux confins du droit. Anthropologie juridique de la modernité*, Op. Cit., pp. 50-55.

serait trop fort). C'est la problématique de la quête d'une régulation raisonnable et acceptable par le groupe social donné.

Conclusion titre 2

Si d'un point de vue institutionnel il est désormais établi que l'introduction de l'État est à l'origine du dessaisissement des institutions coutumières, tant du point de vue structurel que fonctionnel, il ne demeure pas moins établi que la norme coutumière subira aussi le même traitement. La réduction du champ matériel de son application. Aussi, à travers les techniques législatives et jurisprudentielles, l'on assiste progressivement à son effacement. Cet effacement est si significatif qu'elle n'épargne pas la rationalité coutumière, jugée intuitivement d'irrationnelle ou de prélogique. Et donc en décalage avec les exigences de la modernité, et donc, de la protection des droits de l'homme et de la sécurité juridique par exemple.

Parlant des coutumes matérielles, le premier bémol résulte de la réduction de la coutume à une simple pratique sociale considérée comme étant du droit. La seconde erreur réside dans l'étude spontanée qui en fait. Rarement, on ne prend la peine de retracer son historiographie, sa philologie, au-delà de la temporalité immédiate de la société concernée, ou alors au-delà de sa sacralité métaphorique. À titre d'exemple, lorsqu'on étudie le système romano-germanique, on remonte à l'antiquité gréco-romaine ; mais on ne prend pas la peine de remonter à l'antiquité africaine, dans le berceau éthiopien, égypto-nubien[823] ; pour analyser les sources premières des institutions et des normes coutumières. Comme conséquence logique de cette démarche est limitative, et du fait de sa connaissance approximative, due à l'étroitesse de sa définition même, aux relents évolutionnistes, elle est toujours en comparaison tacite ou expresse avec le droit. De ce fait, les coutumes sont peu à peu abrogées et sorties de l'édifice normatif de l'État des sociétés plurielles au profit du modèle jacobin.

Parlant de la rationalité coutumière, son côté idéel, son esprit, elle est abusivement considérée comme absente, voire même dépourvue de rationalité et de logique. Et pour survivre, elle est appelée à épouser les contours de la rationalité positive, de type légal rationnel. Par voie de conséquence, à sortir de son hétéronomie originelle, pour une autonomie[824], critère réducteur de l'identité du système. Ainsi on passe de la triple référence ancestrale,

---

[823] Lire à cet effet la théorie mono génétique sur l'origine de l'homme. En effet, le 30 novembre 1974, le squelette de LUCY est découvert en Ethiopie, Op. Cit. Voir aussi, Cf. ROULAND (Norbert), *Aux confins du droit. Anthropologie juridique de la modernité*, Op. Cit., pp. 34 – 50.
[824] Cf. OST (François) et VAN DE KERCHOVE (M*), De la pyramide au réseau ? Pour une théorie dialectique du droit*, FUSL, Op. Cit., pp. 188-196.

intemporelle et sociale ; à la simple exigence purement sociale, au nom du principe de l'autonomie et de distinction des registres normatifs.

CONCLUSION DE LA PREMIÈRE PARTIE

Il va sans dire que les institutions de l'État sont idéologiquement et matériellement exclusives. L'idéologie étant la boussole de cette construction de l'épistémologie de la normativité. Elles sont exclusives parce que dictées par une idéologie et une stratégie de conquête. Les institutions coutumières ont été ainsi spoliées de leur contenu tour à tour par l'État colonial et le nouvel État indépendant au nom de la rationalité prométhéenne, porteuse des lumières. Même si au demeurant on se serait attendu qu'au sortir des indépendances, l'État se réforme fondamentalement pour inclure les « souverainetés internes », dans la gestion de la cité, par la définition d'une nouvelle épistémologie et la prise en compte de la dynamique locale, qui est simplement inclusive, épiméthéenne, voire communautaire. Il y a donc crise et confrontation des modèles. Pour la rationalité coutumière, par exemple, le témoignage parfait résulte de la pratique de la palabre, épine dorsale la structuration de l'ordre coutumier, au plan social. D'où l'urgence de repenser la rencontre entre l'État et les coutumes, pour une dynamique plus concertée dans la redéfinition de l'en-commun.

En effet jusqu'ici, le discours prescriptif démontre que la coutume a reçu une acceptation conditionnée dans l'appareil institutionnel et normatif de l'État. Aussi, l'État a-t-il cherché au-delà de toute chose, à se renforcer et à se légitimer d'autorité, au moyen du droit, aux dépens de sociétés coutumières. C'est cette caution de la justification de son importance qui lui sera fournie à la fois l'idéologie et le discours scientifique officiel. L'idéologie sera l'élément fédérateur de conjonction et de mobilisation autoritaire des collectivités coutumières, au tour du projet républicain ; et partant de consolidation de l'exception des institutions et des normes juridiques de l'État en Afrique noire. Quant au discours scientifique, sous le couvert de la rationalité hégélienne, de nombreux obstacles seront dressés sur le chemin de la connaissance même de la coutume. De ce fait, les études pourtant sur les coutumes se réduisent soit à l'emprunt des définitions, soit à la part incongrue et matériellement vécue par les populations. Ce faisant, toute la rationalité coutumière est occultée, et les principes fondamentaux d'intelligibilité ostracisés et ignorés. Il en résulte de cette mécompréhension de la coutume, une disqualification quasi systématique et un réductionnisme certain. Ne sont prises en compte que les règles compatibles à la dynamique de l'État, nouveau cadre d'amalgamation de la citoyenneté en construction. Il apparait de ce fait évident que, entre l'État et les coutumes se jouent le jeu, et l'enjeu, des rapports de domination, des rapports de force et mieux encore des rapports de sens. L'idéologie et les obstacles scientifiques ne sont que les matériaux de ce jeu dont les coutumes sont l'objet.

DEUXIEME PARTIE

DES POLITIQUES LÉGISLATIVES ADAPTABLES : LE PROCESSUS DE RATIONALISATION DE LA PRESCRIPTION, ET LA DYNAMIQUE DES INSTITUTIONS INCLUSIVES

La deuxième partie consacrée à la rationalisation de l'État sert à la fois à l'exemplification, par l'étude de la crise de la logique unitaire de l'État et la perte du sens premier de la dynamique coutumière (titre 1) ; et à la modélisation de la construction d'un système de droit inclusif, à travers la rationalisation du lien État coutumes et la restructuration de cette rencontre devenue historique (titre 2).

TITRE 1

LA CRISE DU MONISME JURIDIQUE, DE L'ENDOGENISME, ET LA PERTE DES SENS PREMIERS DES COUTUMES

Pour appréhender efficacement les contours d'une crise de la rationalité juridique telle qu'elle se manifeste au sein de l'État (chapitre 1), il convient d'abord d'examiner les principes premiers structurant la logique communautaire. C'est-à-dire, les principes qui président tant à l'organisation qu'au fonctionnement de la société coutumière dès avant l'avènement de l'État, on note la survivance de telles logiques, à des degrés variables de nos jours (chapitre 2).

CHAPITRE 1

TAXINOMIE DES PRINCIPES PREMIERS, STRUCTURANT L'ORDRE COUTUMIER INTITUTIONNEL

S'il est coutume d'étudier les institutions coutumières en droit, notamment sous un prisme purement normatif, il est rare, d'interroger leur évolution historique. Cette tâche étant dans la conception classique réservée à l'histoire. Ceci se fait, au nom de la division internationale du travail. Toutefois, les institutions juridiques ont une généalogie. Elles ont une histoire parce que résultant parfois d'une longue maturation dans le temps. Il peut donc paraitre surprenant, voire paradoxal, de s'abstenir de faire l'économie de cette évolution. De retracer tout au moins leur histoire récente. D'aucuns verraient d'emblée, attachée à cette démarche, la manifestation de la nostalgie du passé, ou du moins, une perte de temps en somme. Mais, une meilleure compréhension des procédés qui ont présidés ou concourus à l'édification de notre paysage juridique permettra de mieux cerner la situation de crise actuellement décriée. Comme note avec pertinence DE ROSNY[825] : « La difficile exploitation humaine est à jamais condamnée si elle prétend devenir une science exacte ou procéder par affinités électives. C'est dans sa mouvante complexité que réside son unité »[826]. Cette complexité se déclinant en la « confrontation d'idées avec les faits, de sociétés archaïques avec les civilisations modernes, de l'homme avec lui-même. Les itinéraires intérieurs les plus divers, voire les plus opposés, s'y rejoignent. Comme en contre point de la réalité, chacun de ces regards, tel le faisceau d'un prisme, tout en la déformant, la recrée »[827]. La situation de crise est donc, à en croire l'auteur, une conséquence directe du réductionnisme des épistémès et des visions du monde. En effet, se basant sur la philosophie positive COMTE Auguste, notamment la loi dite des trois états, la crise de l'État de droit libéral pourra être interprété comme une phase à la fois transitoire et obligatoire. Celle-ci permettant à la société entière de se redéfinir, de préparer un nouveau contrat social, ceci au regard de l'écart entre la pratique et la prescription. IL faut articuler le passage de la tradition à la modernité juridique, dans une logique

[825] Cf. DE ROSNY (Eric), *Les Yeux de ma chèvre, sur les pas des maîtres de la nuit en pays douala* (Cameroun), Plon, 1981

[826] Ibid., p. 459.

[827] Ibid.

multi traductible ou pour prendre un terme utilisé par KELSEN Hans, dans la définition d'un consensus normatif et démocratique, base indéniable de la positivité du droit.

Aussi, l'analyse des principes premiers structurant la dynamique et la normativité coutumière s'impose. Elle s'impose dans la mesure où elle donne de découvrir, de lire les logiques qui précèdent, président et structurent l'ordonnancement de l'ordre coutumier. Ceci indépendamment de l'énonciation qui peut être faite de telle ou telle norme juridique. Cette énonciation peut être simplifiée, pour ce qui est de la coutume. Elle peut être conçue comme une totalité articulée en des moments forts différents. Mais elle est simplifiée de la manière qui suit : On a un fondement mythologique et cosmique (l'avant vie), une organisation pratique et structurale du vécu quotidien de l'ordre politique (la vie), et un dépassement de l'ordre politique par la théorie de la survivance des morts par le recours à l'ancestralité (l'après vie). Ce qui fait de la coutume une norme cyclique, Trans empirique et totalisante. Sauf que, pour des besoins d'intelligibilité et de répartition des idées de la présente thèse, et à ce niveau de notre analyse, il convient de préciser que la question du fondement sera analysée après. Ceci étant dit, consacrons un peu de temps à la philologie des principes organisateurs et réparateurs de l'ordre coutumier. Cette étude ne peut être possible qu'en faisant recours aux nouvelles épistémologies des sciences. Surtout pour ce qui est du cas de la coutume, avec l'apport de *l'internalisme épistémologique*[828]. Il se décline en une taxinomie qui analyse la culture africaine par le recours à une catégorisation interne, notamment : Au corps de récits sacrés, aux corpus épiques, au corpus des chantes fables, aux mythes ou récits fondateurs et au corpus des récits de nature étiologique. Il s'agit là des éléments de l'oralité, si tant il est établi que l'*oralistique*[829] est la boite noire des peuples africains.

---

[828] Ce terme dont nous devons la paternité au professeur BIYOGO Grégoire, désigne l'élaboration d'une théorie de la connaissance purement interne, avec la prise en compte des concepts, des catégories et des théories spécifiques.

[829] *L'oralistique* fait partie des nouvelles épistémologies des sciences, « l'internalisme-épistémologique ». Elle est synonyme de sources orales, de science de l'oralité. La taxinomie de *l'oralistique* témoigne de ce que, l'*oralistique* est la boite noire de l'histoire. Elle comprend : le corps des récits sacrés, le corpus des récits épiques (épopée), le corpus des chantes fables, les mythes (récits fondateurs qui expriment comment les choses se sont faites), et le corpus des récits étiologiques (qui explique les origines, l'idée du *Continium*, le rapport entre fiction et intellection, réflexivité, cognition et intelligibilité. Il existe un rapport étroit entre *l'oralistique* et l'invariance de la version de l'historicité : *l'oralistique* produit la véridiction, *l'oralistique* est pure historicité, l'*oralistique* comporte la géométrie, lorsque la datation n'est pas satisfaisante, il reste les récits, et surtout. Cf. professeur BIYOGO (Grégoire), cours d'épistémologie de la recherche doctorale et postdoctorale, Fondation AfricAvenir International, du 24 au 26 octobre 2017.

Il faut préciser que la coutume n'est pas un aérolithe spirituel. Ceci parce que l'ordre traditionnel se conçoit comme un tout, une réalité translogique et Trans empirique. De ce fait, la coutume dit la totalité des principes. De ces principes, nous en tireront, pour l'essentiel, une déclinaison en trois moments. Ces moments traduisent à la fois l'immanence, la permanence et la transcendance de l'ordre coutumier. Ordre dont les aspects sociaux ne représentent que la face visible d'une réalité complexe. Ce sont les principes organisateurs de circulation, de multiplicité (section I), et le principe réparateur de la solidarité (section II).

Section I : Les principes organisateurs

L'univers est, dans la conception africaine, traditionnellement, un système global qui ne supporte ni la désorganisation, ni le désordre, ni l'anomie. D'où sa régulation et son organisation par la méta-ontologique. Elle est à la fois source et horizon de l'ontologie et de sa pluralité. Le pluriel utilisé ici dans l'expression « les principes organisateurs », peut donc sembler superfétatoire, dans la mesure où parlant de la société coutumière, il n'y a au fond qu'un principe : Le principe organisateur[830]. Principe qui dit la totalité des principes, qui structure la dialectique de l'un et du multiple. Mais surtout le principe à partir duquel découlent les autres principes. C'est le sens de l'origine unique de tout ce qui existe.

Par l'expression principes organisateurs, il s'agit de désigner la matérialisation de ce principe pyramidal, mais avec une forte connotation sociale. L'idée ici est que l'Afrique fabriquerait le droit selon les modalités qui lui sont propres. C'est-à-dire « à partir des sources qui lui sont propres, mœurs, us et coutumes, à partir des réalités économiques, culturelles, sociales et conjoncturelles »[831]. Au nombre desquels le principe de la circulation (I) et le principe de la multiplicité (II).

---

[830] Scientifiquement, il s'agit de l'énergie vitale, et métaphoriquement il s'agit d'Atoum dans la conception égypto-nubienne, Maa Ngala chez les Bambara, Nyambe chez les Douala, Bell chez les Bafia, Zambe chez les Bulu ...; selon les peuples concernés.

[831] Cf. SOBZE (Serge François), De la création du droit en Afrique à comment fabrique-t-on le droit en Afrique ? Quelles innovations pour la sécurité juridique en Afrique ? Op. Cit., pp. 45 et s. voir aussi dans le même sillage, FERAL (François), « Les ateliers et les inspirations plurielles du droit africain : syncrétisme, harmonisation ou désordre brownien de nouvelles normativités ». ONDO (Télesphore), « Réflexion sur la légitimité des Constitutions en Afrique » LATHE (Yédoh Sébastien), « La production Constitutionnelle en période de crise dans les États d'Afrique », In *La fabrique du droit en Afrique*, Actes du premier symposium juridique de Libreville (21-22 novembre 2013). Revue de la Fondation Raponda-Walter, n° 6 – 2013, Op. Cit. pp. 81- s.

I. Le principe de la circulation ou du mouvement

Dans la vision africaine de l'univers, le temps « est dynamique dans son va-et-vient périodique pour mettre toujours l'homme en relation avec l'ensemble du cosmos (...). Le temps intègre l'homme dans la totalité, en tant que dynamisme venu des origines mêmes du monde »[832]. C'est cette relation au cosmos[833] et l'intégration subséquente de l'homme à la dynamique globale du monde qui fonde la logique même de la circulation[834]. Par circulation il faut entendre l'absence de rupture, la perspective d'un monde toujours en mouvement. Un monde où tout se tient. Le principe de base ici est celui de l'indistinction du réel. En un mot, tout est lié[835]. Tout est un, dieu est à la fois partiel et totalité de tout ce qui existe. D'où il ressort sa nature androgyne. Il est aussi bien dans l'être humain, dans les animaux, les végétaux et les minéraux[836]. Dès les origines en effet, le masculin est lié au féminin (principe de l'androgénie de dieu), le mal est lié au bien, le désordre à l'ordre, la vie à la mort[837], l'homme à la nature, au cosmos[838]. Et toute l'organisation sociale, l'esprit même des normes et des institutions obéit à cette réalité. Il existe une première circulation entre les trois registres de l'ordre coutumier : l'avant vie, la vie et l'après-vie. Au plan social, dans le registre de la vie, il convient de distinguer aussi, la circulation des biens (A) de la circulation des personnes (B).

---

[832] Cf. OBENGA THEOPHILE La philosophie africaine de la période Pharaonique 2780-330 avant notre ère Op. Cit., p. 110.

[833] Cf. ONFRAY (Michel), *Cosmos*, édit. J'ai Lu, 2016, 733p.

[834] On retrouve ce rapport au cosmos dans la perception du monde par les penseurs grecs tels que DEMOCRITE, ARISTIPPE, DIOGENE, ANTIPHON, et LUCRECE. CF. ONFRAY (Michel), *Cosmos*, ibid.

[835] Du fait de ces liens, toutes les données du monde visible et invisible s'amalgament, s'unissent dans une sorte d'alchimie invraisemblable, ceci pour reproduire les formes nouvelles, inédites et inouïes. Cf. KOLPAKTCHY (Grégoire), *Livre des morts des anciens Egyptiens*, Op. Cit. p. 25.

[836] Cf. EFFA (Gaston-Paul), *Le dieu perdu dans l'herbe*, Op. Cit.

[837] Cf. MVENG (Angelbert), *L'Afrique dans l'église, Paroles d'un croyant.* « La mission de l'homme est d'unifier son destin divisé par le drame qui oppose la vie et la mort, et d'unifier, du coup, l'univers tout entier. Cette œuvre d'unification est le combat de vie contre la mort. Op. Cit., p. 42.

[838] Cf. BILOLO M., *Métaphysique pharaonique IIIe millénaire av. J.C. Prolégomènes et postulats majeurs,* Op. Cit.

A. De la circulation des biens

La distinction entre biens meubles et biens immeuble n'est pas pertinente dans certaines sociétés africaines, comme dans la société Bassa[839]. Toutefois, elle reste utile pour certains groupes notamment les Bulu[840]; et concerne à la fois les biens appropriables et les biens manifestement non appropriables privativement (1), du moins, du point de vue de l'individu et exceptionnellement de la part de la communauté (2).

1- Les biens appropriables

Le principe de la circulation postule que dans la société coutumière, les biens sont au service de la communauté et non seulement au service d'un individu pris privativement[841]. Cela ne signifie pas pour autant que la propriété privée soit inconnue[842]. Son emprise matérielle étant réelle. Mais cela signifie que, le principe de la circulation a pour sous-principe ou du moins pour corollaire logique, le principe de la solidarité sociale, c'est-à-dire la dette[843] intracommunautaire. Certes, en ce qui concerne les biens matériels issus du travail individuel et des efforts personnels, chaque membre de la communauté est propriétaire, au sens civiliste du mot. Mais l'usage qu'il en fait du bien doit aussi répondre à la dynamique de la circulation et son pendant logique, la

---

839 Cf. NDEBI BIYA, Être, Pouvoir et Génération. Le système Mbok chez les Bassa du Sud Cameroun, Op. Cit.; TONYE-MBUA, Le Serment chez les Bassa du Cameroun (un exemple du serment dans la pensée juridique africaine), Thèse pour le Doctorat en droit (3e cycle), Spécialité: droit et économie des pays d'Afrique, Op. Cit., pp.35 et s ; NDOUMBOUK, Du droit dans les proverbes bassa du Cameroun, Op. Cit. pp. 80-84.

840 BERTAUT (Maurice), *Le droit coutumier des Bulu – monographie d'une tribu du Sud Cameroun*, Op. Cit. pp.127-131.

841 Cf. REVILLOUT (Eugène), *Précis de droit égyptiens, comparé aux autres droits de l'antiquité*, second tome, Paris, Libraires éditeurs 1903, pp. 920 et s.

842 Le travailleur d'un champ ayant par exemple la plénitude de la propriété sur le fruit de son labeur.

843 Ce qui est prosaïquement qualifié de solidarité africaine, est en réalité une structuration de la communauté afin de corriger les déséquilibres causés soit par la nature, soit par le fonctionnement même de la société. Ce principe s'entend comme une facette de la matérialisation de la justice particulière et de correction des inégalités. Puis qu'au demeurant, chacun ne doit prendre plus ou moins que sa part, selon le code de l'oralité dont le fondement est le code de la *Maât dans la cosmogonie bantoue et égypto-nubien*. On retrouve ce code des vertus cardinale et donc de l'oralité selon le savant NKOTH BISSECK chez les Bassa du Cameroun à travers l'ordre *Mbog*, chez les Kikongo du Congo et de l'Angola, il se dit *Mbondi*, chez les Molof du Sénégal il se dit *Mbok*, à Madagasgar c'est le *Fokon'olo*, au Rwanda c'est le *Woko*, chez les Fan betis(Cameroun-Gabon-Guinée équatoriale), c'est le *Fokh*, chez les Mossi du Burkina, c'est le Wogo, les Bambara du Mali c'est le *Dugu*, en Somalie c'est le *Dhuughaa*, les Dogon du Mali c'est le *Hoggo*, les Akan de l'Afrique de l'ouest c'est le *Mpow* etc… voir http//www.lisapoyakama.org/les-42-commandements-de-la-maat/. Consulté le 29/07/2017 à 11h20.

logique de la solidarité envers la communauté. Pour exemplifier le propos, prenons l'exemple de la circulation dans la société traditionnelle. Il est rapporté durant nos entretiens, chez les Bafia et aussi chez les Douala, que lorsqu'un étranger arrivait au village, il devait toujours être bien reçu. C'est le principe traditionnel de la consécration du visiteur, de l'étranger. La morale le recommandait. Cette réception impliquait par exemple, le partage du repas et le cas échant, au besoin, des vivres nécessaires pour la suite de son chemin. On retrouve aussi cette pratique, au regard des témoignages concordants des chefs et notabilités interrogés, notamment au centre-Cameroun[844], au Sud, à l'Ouest[845] et même à l'Est-Cameroun et dans le septentrion[846]. La circulation des biens, fruit de cette solidarité ancestrale et de la dette que l'on a toujours envers sa communauté est à l'origine du partage de tout ce que l'on possède avec sa communauté. Au Sud Cameroun par exemple, il était d'usage de voir le propriétaire d'un gibier, le démembrer et en partager les morceaux avec ses frères de la communauté. La tradition recommandait par ailleurs qu'un certain nombre de gibiers soit mangé en communauté, ou par les hommes murs. Tout comme il était d'usage de partager le repas en groupe, qu'il s'agisse d'un simple repas familial ou encore de la dot. En retour de ce partage des biens, l'on attend de la part de la communauté, compréhension, solidarité et assistance. La circulation des biens étant en dernière analyse la matérialisation concrète de cette circulation de la dette. Dette entre communautés, dette entre communauté et individu, et dette entre les individus.

À rebours, de cette circulation des biens intracommunautaires, la logique de la circulation se conçoit avec beaucoup plus d'emphase dans deux hypothèses presque contradictoires : le marché et la guerre.

Parlant du marché, notons que la société traditionnelle africaine n'a pas attendu la colonisation, occidentale et même arabe, pour expérimenter les opérations de change. C'est donc dans ces dynamiques que les marchés ont vu le jour, dans le but de favoriser la médiation ou l'intermédiation entre les différentes parties, bien évidemment par l'entremise du troc et l'apparition de la quasi-monnaie, comme les cauris ou le sel. Dans certaines régions, à l'instar du Mbam et Inoubou, ces marchés avaient tellement pris de l'importance que leur rôle ne se limitait plus seulement à la médiation, l'intermédiation ou la

---

[844] Cf. ROPIVIA (Marc-Louis), « Droit et Géographie, Leçon conclusive du 1er Symposium juridique de Libreville », in, *La fabrique du droit en Afrique*, Actes du premier symposium juridique de Libreville (21-22 novembre 2013). Revue de la Fondation Raponda-Walter, n° 6 – 2013, Op. Cit. pp. 399 et s.

[845] Entretien avec le roi NJITACK NGOMPE, roi des Bafoussam le mardi 27 juillet 2017, à la Fondation AfricAvenir International.

[846] Dans les Lamibé de Logone Birni et de Mora. Sources, entretiens avec les Lamido YACOUBA MOHAMADOU, Lamido de Ier degré de Mokolo ; MAHAMAT BAKAR MAROUF, Lamido de Logone Birni ; lors de symposium international de douala, Op. Cit.

désintermédiation ; mais s'érigeait en un véritable organigramme de la régulation de la vie quotidienne, par l'entremise de l'élaboration d'un calendrier[847] agricole s'endossant exclusivement sur la dénomination de ces lieux de change. Ainsi, le développement des marchés d'Abanda, Mbara, Bessetè, Begnie, Bokito, Tobagnie ; a conduit à l'élaboration d'un calendrier agricole spécial. Ceci, parce qu'ayant pour base unique la référence à ces lieux, en plus de ces fonctions la régulation des associations ou coopératives agricoles. Aujourd'hui encore, malgré l'influence du calendrier Justinien, la référence à ce calendrier ancestral est toujours présente dans les coopératives de travail manuel, notamment au niveau des arrondissements de Bafia et de Kiiki, et plus particulièrement au niveau du village Bitang, arrondissement de Kiiki.

Pour ce qui est de la guerre, il s'agit d'une réalité des sociétés humaines, et donc de ce simple fait, elle est présente dans toutes les civilisations connues. La guerre dans la logique de la circulation des biens, intéresse moins, les biens que l'on pourrait bien volontiers qualifier de meubles dans la civilisation romano-germanique, que les immeubles et notamment la terre coutumière. Certes, la terre coutumière ne fait pas partie des biens appropriables à titre privé, mais cette logique pouvait bien s'estomper à la suite des guerres de clans. Les vainqueurs d'une confrontation armée devenaient, le plus souvent, propriétaires des terres de ceux qui étaient vaincus. Bien évidemment, cette pratique tranche radicalement avec la logique de circulation de la terre à l'intérieur de la communauté.

2- Les biens insusceptibles d'appropriation

La circulation des biens dans la société traditionnelle ancestrale, témoigne de l'esprit communautaire de la société coutumière. La communauté n'est pas seulement une communauté d'individus, c'est-à-dire un groupe de personnes vivant ensemble et partageant des rapports plus ou moins étroits. La communauté est aussi un groupe de personnes partageant les biens et les valeurs transmis par la tradition orale. L'*oralistique*[848] permet d'illustrer ce propos : « Peut-on à soi tout seul posséder, tout avoir de ce qui peut faire le bonheur d'un homme ? Peut-on vivre tout seul et se moquer de ce qui peut bien arriver à autrui, parents, voisins et amis ? Tout au moins un certain temps,

---

[847] Le professeur ANTA DIOP (Cheikh) fait ainsi observer qu'en – 4245, « les Egyptiens avaient inventé le calendrier ». Cf. ANTA DIOP (Cheikh), *Nation Nègres et Culture,* I, Op. Cit., p. 51.

[848] Cf. professeur BIYOGO (Grégoire), Cours d'épistémologie de la recherche doctorale et postdoctorale, Fondation AfricAvenir International, du 24 au 26 octobre 2017. Op. Cit.

accorde-t-on[849] ». L'individualisme n'était pas considéré comme une alternative dans la structuration de la société africaine, mais bien plus, comme une solution de l'impasse, une solution précaire et sans issu[850]. Du moins, avant la réforme juridique d'AMASIS[851], successeur par imposture, au trône d'Égypte, de la dynastie éthiopienne[852], et précurseur de la loi des XII tablettes romaine. Perçue sous cet angle, c'est donc sous l'angle de la circulation que la communauté se révèle non seulement à ses membres, mais aussi aux membres des autres communautés et aux étrangers. Cette circulation se fonde sur un code de conduite immanent et transcendant : le code de l'oralité[853]. Code qui véhicule, depuis l'antiquité, la rectitude et la recherche de l'équilibre, l'ordre et l'équilibre.

Lorsque l'équilibre est rompu, l'individu est appelé chez les Bafia par exemple à faire des rituels spécifiques, par l'entremise des gardiens de la tradition, ou encore de prononcer sous forme de serment une sorte de confession négative pour prouver sa bonne foi et se réconcilier avec l'ordre des anciens. Ce code est connu chez les Bassa[854], c'est le *Mkpa'a*[855] chez les Bafia. Le *Nkpa'a* désigne l'idéal de la vérité, la raison, la justice, l'équité et l'équilibre. Il s'énonce comme suit : « Moi, Moubeké à Mboussi, à Mboussi à Ebongho, à Ebongho à Ghok, à Ghok à Mborro ; mes aïeux ont toujours vécu dans la quête de la vérité et la rectitude. Depuis ma naissance, cette quête de rectitude m'a été enseignée dès mon bas âge. Et j'ai appris que seule la justice est bonne, et seule la vérité doit prévaloir. Et depuis lors, je me conforme à la vérité. Donc, je n'ai jamais détesté, je n'ai jamais tué, je n'ai jamais colporté,

---

849 Cf. BIRAGO DIOP, Contes et Lavanes, col. Ecriture Africaine, Présence Africaine, Paris, 1963, p. 117.

850 Cf. REVILLOUT (Eugène), *Précis de droit égyptiens, comparé aux autres droits de l'antiquité*, Op. Cit. ; REVILLOUT (Eugène), *Les origines égyptiennes du droit civil romain : nouvelles études d'après les textes juridiques et démotiques. Supplément sur les contrats égypto-aram*, Op. Cit.

851 Cf. REVILLOUT (Eugène), *Les origines égyptiennes du droit civil romain : nouvelles études d'après les textes juridiques et démotiques. Supplément sur les contrats égypto-aram*, ibid. pp. 21 et s.

852 Cf. CHEIKH ANTA DIOP, *Nation Nègres et Culture, De l'antiquité nègre égyptienne aux problèmes culturels de l'Afrique Noire d'aujourd'hui*, Op. Cit., pp. 104 et s., lire aussi, DIBOMBARI MBOCK, KMT : Les voies du retour, janvier 2014 ; DIBOMBARI MBOCK, *La philosophie Egyptienne du christ*, édit. LULU, 2014.

853 Cf. OBENGA (Théophile), *Racines Bantu*, CICIBA, 1991, pp. 151-172.

854 *Les Bambombok sont* « soumis à un ensemble de prescriptions : Ne jamais participer à un meurtre ; Ne jamais voler ; Ne pas envier les biens d'autrui ; Ne jamais accepter les pots de vins ; Ne jamais prononcer un faux verdict ; Ne jamais entretenir des relations coupables avec la « Kindak » Ne jamais voler le palmier ».

855 Parole du Patriarche BAROUNG Joseph, recueillies le 28/ 08/ 2017. À titre illustratif. Citée comme élément d'oralistique. Cf. professeur BIYOGO (Grégoire), cours d'épistémologie de la recherche doctorale et postdoctorale, Fondation AfricAvenir International, du 24 au 26 octobre 2017. Op. Cit.

je n'ai jamais commis l'adultère, je n'ai jamais empoisonné, je n'ai jamais maltraité (...) j'ai toujours accueilli, servi à manger, donné à boire, conseillé, soigné, aidé tous ceux qui étaient dans le besoin ou ceux qui sont entrés dans ma demeure (...) ; ceci étant, si quelqu'un a un grief contre moi qu'il me le dise, et le cas échant qu'il soit lui aussi dans la rectitude. Qu'il ait son propre Mkpa'a à mon égard, sinon dieu et les ancêtres sont là ». Le Mkpa'a est le vecteur de la vertu, de la justice, de l'intégrité, de la vérité et de l'honnêteté, de la mesure, bref c'est l'incarnation de l''intelligibilité de l'ordre coutumier dans son entièreté. Il se fait toujours en référence à l'ordre divin transcendantal, par l'entremise de la déclinaison généalogique, et l'énumération de sa conduite exemplaire et en conformité à la conduite des anciens. C'est le Mkpa'a, code tacite de conduite individuelle, code de l'oralité, qui structure la dynamique des rapports sociaux chez les Bafia, un peu comme l'ordre Constitutionnel Mbok chez les Bassa. En réalité, chez le Bafia, sans *Mkpa'a,* il n'y a plus de règles, plus de normes, c'est le chaos ambiant, l'anomie totale. C'est le fondement de l'ordre éthique, donc du comportement du sujet, et de l'ordre politique ou communautaire juste. L'exemplarité individuelle étant l'élément indispensable et nécessaire pour la cohésion du groupe. Il s'inscrit aussi dans la tridimensionnalité de la circulation et de la conception coutumière de l'ordre. Cette conception est de nature à égarer tout observateur non averti des rapports de la communauté, surtout lorsque cette lecture cherche à figer, la pratique des rapports sociaux et à les tenir pour une réalité propre sans fondement juridique transcendantal, ou pour ce qui est des biens, à saisir un bien donné, dans son contenu ou sa consistance, sans un rapport à son contexte. Toute lecture dynamique permettant en réalité une meilleure approximation. Mais on la retrouve aussi dans la Grèce antique et en Égypte[856], avec l'idée de la justice exposée entre

[856] Cf. MENU (Bernadette), « Maât, ordre social et inégalités dans l'Égypte ancienne, de l'apport égyptien au concept gréco-romain de justice » ; Droit et Culture, Revue Internationale Interdisciplinaires, n°69, 2015, pp. 51-71. « Si le roi est responsable de la justice universelle, l'observance par tout un chacun des préceptes de la maât engendre « une dynamique des flux et des reflux de la bienfaisance » dont l'Enseignement de Ptahhotep se fait l'écho ».

J'ai en effet choisi comme exemples parmi les nombreux textes sapientiaux, didactiques, littéraires, politiques, autobiographiques, religieux et funéraires que l'Égypte ancienne nous a légués, l'Enseignement de Ptahhotep (fin de l'Ancien Empire/début du Moyen Empire) et les Lamentations d'Ipouour (fin de la Deuxième période Intermédiaire car ils présentent, le premier en positif, le second en négatif, l'image de la présence et du rôle de la maât parmi les hommes. Le premier décrit la maât particulière et le second, la maât générale conditionnée par l'ordre cosmique dont le roi est responsable. Le premier énonce des recommandations dans le but de conserver et transmettre les principes de la maât particulière. Le second évoque d'une manière dramatique les catastrophes consécutives au retrait de la maât universelle suite à l'incapacité de la maintenir sur terre dont le roi se rend coupable.

L'Enseignement de Ptahhotep est le texte didactique complet le plus ancien qui nous soit parvenu. Il fut rédigé avec la plus grande vraisemblance sous le roi Djedkarê-Isesi, le dernier

autre, dans Criton[857], et dans la République[858] de PLATON[859]. C'est l'idée selon laquelle la conduite, le comportement et les choses relèvent du monde

---

souverain de la Ve dynastie. Il a été copié et recopié tout au long de l'histoire pharaonique. Le papyrus principal (Papyrus Prisse) est excellemment conservé. Il nous a transmis une théorie de la maât à travers ses maximes. L'auteur est un « vizir » parvenu à un âge très avancé. Il s'adresse d'abord au roi pour lui demander que son fils lui succède dans ses fonctions puis il rédige à l'intention de celui-ci un vade-mecum destiné à faire de lui un haut fonctionnaire impeccable, responsable et soucieux de pratiquer la maât.
Cette interprétation largement acceptée dans la communauté égyptologique me semble toutefois très au-dessous de la réalité.
Il n'est pas anodin de souligner que le roi autorise préalablement le Sage Ptahhotep (c'est-à-dire le maître) à instruire son fils (c'est-à-dire le disciple) : « Apprends-lui les paroles d'auparavant ! Alors il acquerra le comportement des enfants des hauts dignitaires », ce qui signifie à mon avis qu'enseigner la maât et la transmettre à ceux qui en sont dignes est un privilège accordé aux meilleurs interprètes de la maât par le roi qui en est le garant. Il n'est sans doute pas exagéré d'affirmer que les « enseignements » de l'Égypte ancienne constituent la doctrine juridique du pays, doctrine élaborée pour une large postérité par les Sages enseignant la maât dans les temples et les écoles. Ces enseignements étaient dispensés oralement. L'écrit sert d'aide-mémoire, c'est d'ailleurs certainement la raison pour laquelle ils revêtent une forme poétique en vers, stances, strophes, permettant de mémoriser plus facilement le contenu et de le commenter au cours des leçons qui comportaient certainement aussi de larges développements sur les institutions et sur le droit. « La première partie est formée de trente-six "maximes" qui sont autant d'actualisations de la maât, comme le dit le texte lui-même : "Si tu écoutes les propos que je t'ai tenu, chacun de tes desseins sera porté en avant ; les actualisations de la maât qui s'y trouvent, c'est la richesse qu'ils <les propos> t'apportent" »
À la note de bas de page n° 69, l'auteur précise que : « lois de Maât, « œuvres de Maât », « travaux de Maât » , « actes de Maât » , etc., sont invoqués tout au long de l'histoire pharaonique mais ne font pas l'objet d'un recueil spécial. On les trouve décrits ou évoqués dans des contextes particuliers ou à portée générale, aussi bien dans les Enseignements que dans les hymnes, sur les parois des temples, dans les textes historiques, biographiques ou purement littéraires… mais aucun texte ne les énumère précisément dans une liste : la maât fait l'objet d'un enseignement oral permanent dans les temples, elle ne fait pas l'objet d'un « code ». L'Enseignement de Ptahhotep s'inscrit dans cette tradition en énumérant les actions conformes à la maât que doit accomplir tout haut fonctionnaire (voir infra). La « déclaration innocence » du défunt devant le tribunal divin la décrit par rapport à l'isfet, son antonyme exact, de même que les Lamentations d'Ipouour dont nous donnerons plus loin un aperçu et qui sont d'après moi un traité de la maât à l'instar d'autres textes littéraires, tel le Conte de l'Oasien utilisé par Assmann dans son étude sur la maât.

[857] Criton, Tome I, traduction de Léon ROBIN, bibliothèque de la Pléade, Gallimard, 1950.

[858] La république, Livres VI et VII, traduction de Victor COUSIN, édit. Revue par Yvon BRES, classiques Hachette.

[859] « On sait que le SEM SEKHNUPHIS a été le Maître de PLATON, et que SOLON d'Athènes a eu pour Maître héliopolitain PSENOPIS et le prêtre érudit SONKHIS de Saïs. PLATON, qui s'est rendu à Kémèt, confirme cela dans Le "Timée" ». Cf. BIYOGO (Grégoire), *Dictionnaire des connaissances philosophiques de l'Egypte antique, contributions aux recherches sur les concepts majeurs de la philosophie, de l'égyptologie, de la théologie et du droit pharaoniques, pour bâtir un corps de sciences humaines et sociales nouvelles aujourd'hui.* « Rek Nebou Kama : l'âge d'or de l'Afrique », Op. Cit., p. 240. Lire aussi FREDERIC (Mathieu), PLATON, l'Egypte et la question de l'âme, Op. Cit., à propos du voyage de PLATON en Egypte (pp. 49-

sensible, et doivent du fait de cette situation, se soumettre au principe d'intelligibilité, à la justice qui leur est supérieure, qu'elle relève de la convention (la palabre) ou de la vérité cosmique (justice générale), Maât, *Mkpa'a*. C'est là, le fondement même de l'image des philosophes rois, gouverneurs prospectifs de la république, sur le fondement d'un référentiel pan-social : « il en est ainsi, mon cher ami ; partout où tu trouveras que la condition des hommes destinés au pouvoir est préférable pour eux au pouvoir lui-même, il sera possible d'établir un bon gouvernement ; car dans cet État, seuls commanderont ceux que rendent vraiment riches, non pas l'or, mais la sagesse et la vertu, les seuls richesses de l'homme heureux :mais partout où l'on voit courir aux affaires publiques les mendiants, des gens affamés de biens, qui n'en n'ont aucun, et qui s'imaginent que c'est là qu'ils doivent aller prendre, il n'y a pas de bon gouvernement possible. Le pouvoir devient une proie qu'on se dispute ; et cette guerre domestique et intestine finit par perdre et les hommes qui se disputent le gouvernement de l'État, et l'État lui-même[860] ». Il va sans dire que l'ordre positif dépend donc, depuis au moins la haute antiquité, des principes transcendantaux. Et la société coutumière africaine ne déroge point à cette règle basique de gouvernabilité. L'idée ici est que l'homme fait partie de l'architecture globale de l'univers.

C'est ce même principe qui irrigue les rapports de l'homme à la terre. Ainsi par exemple, perçue sous le prisme de la circulation, la terre coutumière se présente comme un élément de l'univers, un bien non appropriable, du moins au sens de la propriété du droit romain, dans ces attributs. C'est cette nature, toujours en déportation qu'illustre l'adage devenu lapidaire, adage selon lequel, la terre appartient à une communauté dont beaucoup de membres sont morts, certains sont vivants, et dont le plus grand nombre est à naitre[861]. Autrement dit, on ne se sépare pas de la terre, on ne la quitte même pas. Puisque même étant mort on garde le lien. Bien que traduisant la logique communautaire, il faut insérer cette logique même dans un ensemble plus vaste et plus dynamique, la logique de la circulation et aussi l'existence des principes supérieurs et antérieurs à l'ordre concrètement vécu. Ainsi, la terre circule des ancêtres, aux vivants, des vivants à leurs descendants.

Prenons d'abord le premier moment de cette logique de circulation de la propriété communautaire, de la terre des ancêtres. Entre les mains des anciens, la terre est auréolée d'un supplément de sacralité, parce que source de vie.

---

88), et du contexte des rapports entre l'Egypte et la Grèce (Pp. 87è-110), ce que l'auteur appelle l'égyptianisation de la Grèce. Pp. 111-119.

[860] [860] La république, Livres VII (521 a et s.), Traduction de Victor COUSIN, édit. Revue par Yvon BRES, classiques Hachette. Ibid.

[861] Cf. OLAWALE (E. T.), *La Nature du Droit Coutumier Africain*, Présence Africaine, Op. Cit.

Sacralité parce que dans la société traditionnelle, les ancêtres ayant vécu selon la vertu, selon les principes d'intelligibilité, sont divinisés, et servent d'interface entre le divin et les vivants. Même après la transmission de la terre aux vivants, il ne la quitte pas des yeux. C'est ainsi que l'étude de l'*oralistique* permet de comprendre que ces ancêtres habitent toujours parmi les vivants. Comme a su si bien l'illustrer le poète sénégalais, dans l'un de ses poèmes, souffle des ancêtres, devenu célèbre, « *les morts ne sont pas morts* ». Cette tendance à la célébration des ancêtres, par le culte voué à la terre, fonde le caractère sacré attribué à la propriété foncière immobilière. Comme dit plus haut, en ce qui concerne la logique communautaire, le caractère sacré lui aussi ne peut valablement prendre sens que dans son insertion dans la dynamique de la circulation. Circulation qui implique aussi le caractère dynamique et représentatif du divin. Aussi a-t-on coutume d'affirmer que les sociétés coutumières sont des sociétés animistes. L'animisme n'est pas une philosophie séparée de la grande théodicée africaine, et de l'existence d'un principe créateur de vie. C'est une déférence à l'ordre, à l'harmonie universelle. La terre est le miroir de ce qui se passe dans les cœurs des hommes, tout simplement parce que l'homme lui-même est un produit de la création. Dans cette logique de circulation, même le divin, le régulateur en chef, est appelé à s'incarner et donc à prendre corps au sein de la société des hommes pour que règne la concorde, d'où sa représentation. Représentation soit par les ancêtres, soit par la terre ou tout autre objet.

Entre membres de la communauté, la terre est aussi inscrite dans la dynamique de la circulation. C'est d'ailleurs ce qui explique le manque d'appropriation individuelle et privative par les membres de la communauté. Cette logique commande aussi que ceux qui cultivent la terre ne sont propriétaires que de leur culture. La terre pouvant le cas échéant être transmis toujours à titre provisoire à un autre membre ou même à un individu étranger à la communauté. Quoi qu'il en soit, les membres de la communauté ont une obligation, un impératif catégorique de le transmettre en l'état à leurs descendants. Encore qu'avant la colonisation, la logique de la vente foncière était inconnue. Les sociétés traditionnelles ont ainsi saisi le sens de la préservation des droits des « générations futures », bien avant la problématique du développent durable, de la société contemporaine.

B. De la circulation des hommes

Avant de prendre une connotation ethnique (1) comme chez les Tikar[862] du centre Cameroun, la logique de la circulation est d'abord une conséquence des grands courants migratoires[863] consécutifs aux invasions étrangères (2).

1- Circulation à l'intérieur d'un même groupe ethnique

La circulation à l'intérieur du groupe est soit clanique, soit ethnique. « Le clan est l'ensemble des lignages d'origines diverses, mais cantonnés dans un espace déterminé et soumis à un commandement quelconque. Le peuple résidentiel, et au-delà la nation territoriale, prolonge la tribu locale ou résidentielle comme cette dernière est l'aboutissement normal du clan à un stade donné de son évolution »[864]. En bas du clan se trouve le lignage. Tout comme le lignage, le clan se caractérise par le lien de parenté fondé sur l'appartenance à un ancêtre commun. « Le lignage du groupe conquérant, minoritaire au départ, prend de l'expansion au détriment des lignages des premiers et des second occupants du sol…l'épine dorsale du sous clan est le lignage majeur du groupe conquérant qui renouvelle, à ce niveau, les alliances sacrificielles et matrimoniales avec les lignages intégrés des préétablis »[865]. Pour l'essentiel, la création artificielle des structures claniques obéit à trois facteurs, non de moindre importance : la conquête, la migration, et l'assimilation[866]. Quoi qu'il en soit, la circulation se fait soit de manière unilatérale, soit de manière conventionnelle. Lorsqu'elle résulte de l'initiative personnelle, cette circulation prend la forme de la liberté de mouvement et aussi du choix de ses activités. Perçue sous cet angle, la circulation est toujours garantie, sauf hypothèse de bannissement prononcé à la suite d'une palabre aux débats contradictoires. Cette liberté de circuler librement et d'exercer les activités de son choix, préserve selon le code de l'honneur, de ne pas porter atteinte à l'intégrité du groupe, est la contrepartie, en termes de sûreté, que la

---

862 Cf. ELOUGA (Martin), Les Tikar du Cameroun central – Ethnogenèse, culture et relations avec les peuples voisins, L'Harmattan, 2014.

863 Cf. DIKA-AKWA NYA BONAMBELA (Prince), *Les problèmes de l'anthropologie et de l'histoire africaine* « l'Egypte a été conquise en 525 avant notre ère par les perses et depuis ce temps-là, elle ne cessa plus d'être dominée par les étrangers. Après les perses avec Cambyse ce fut les Macédoniens avec Alexandre, puis les Romains avec Jules César, les Arabes au VIIe siècle, les Turcs au XVIe siècle, les Français avec NAPOLEON et enfin les Anglais à la fin du XIXè siècle ». p. 49. Il en est résulté d'importantes migrations, les grandes migrations africaines. Dont les vagues sont entre autre ; les mouvements Moukoushi, Lemande, Pouta, Changala, Kissara, Ambou, Almohade et Injanga. Pp. 122-127.

864 Ibid., p.168.

865 Ibid.

866 Ibid., pp. 170-172.

collectivité garantit à ces membres. Il s'agit aussi là, d'une conséquence du principe subsidiaire de la dette.

Mais c'est d'un point de vue conventionnel que la liberté de circulation prend tout son sens. Ici, la circulation se fait soit à travers les contrats d'assistance mutuelle, soit à travers l'institution cruciale du mariage. Parlant des contrats d'assistance mutuelle, il s'agit de la forme contractuelle la plus utilisée à l'instar du troc en matière d'échange des biens. Sauf que les contrats d'assistance mutuelle concernent particulièrement les relations de travail. Ils sont dû au fait que la société coutumière, de la grande forêt du Sud-Cameroun, ne connaissait pas le travail salarial, des travaux forcés, ni de travail informel, avant la colonisation européenne. Le travail salarial est une institution coloniale et a pour avatar le travail informel, travail qui se développe avec l'essor du phénomène urbain et la naissance des bidonvilles, suite à la déstructuration du tissu familial et à l'exode rural. Le travail traditionnel, travail par échange des prestations réciproques, représente bien le procédé classique de la circulation des hommes et de la force de travail, pour le bien de l'individu, de la communauté tout entière, et non pas au profit du capital.

Pour ce qui est de la circulation par les rapports du mariage, il est à noter que cette forme a été particulièrement critiquée et combattue par les différents régimes coloniaux qui se sont succédé au Cameroun. Il en était ainsi parce que la circulation par le mariage n'entrainait pas seulement l'union d'un garçon et d'une fille, mais l'union de deux familles. Parfois à travers des pratiques, aujourd'hui, condamnables. Ainsi comme l'atteste ce témoignage de L. TOLRA : « Les Béti étaient ainsi : tel individu (Nyol- corp), en allant en voyage, aperçoit une femme qui attire les regards au village où il se trouve pour son négoce (meyeng) ; il dit : j'aime cette femme. Si cette femme devient enceinte et met au monde une petite fille, le père envoie un message à l'homme : ta femme est née. Alors, l'homme arrive avec une marmite d'huile de palme raffinée et une marmite d'huile brute : cet enfant lui appartenait en tant que sa femme. Ensuite, au bout d'un certain temps, il apportait au père de la fille les Bikié, l'argent du Ngam »[867]. Il en est résulté la circulation à la fois des époux et des épouses, notamment avec la pratique traditionnelle du lévirat[868] et du sororat[869]. Pratiques qui instaurent une permanence et une continuité dans les rapports de mariage et confirment ainsi, de manière

[867] Cf. LABURTHE-TOLRA (Philippe), *Les seigneurs de la forêt – Essai sur le passé historique, l'organisation et les normes éthiques des anciens Béti du Cameroun*, Op. Cit., p. 246.

[868] Le lévirat désigne la coutume selon laquelle, le frère d'un homme mort sans enfant devrait épouser sa veuve.

[869] Le sororat désigne le système social dans lequel le mari d'une femme décédé doit prendre pour épouse la sœur de sa femme.

incidente, la nature communautaire du mariage traditionnel, dont le point d'encrage est sans doute, le paiement de la dot. Il semble ainsi manifeste que la circulation des hommes et des femmes à l'intérieur du groupe est une réalité indubitable. Mais c'est à l'extérieur du groupe que la logique de la circulation prend tout son sens et sa signification.

2- Circulation à l'extérieur du groupe

La circulation à l'extérieur du groupe est facilitée par l'absence de frontière étanches. Examinons donc ici le rôle que joue l'homme dans la communication entre les différents groupes ethniques. La logique de la circulation entre les communautés était à la fois, un élément d'échange, de commerce et de réelle diplomatie.

En tant que facteur de diplomatie, le mariage intercommunautaire jouait un rôle majeur dans ce processus de circulation inter clanique. C'est notamment le cas chez les Béti[870], chez les Douala[871] et même chez les Bafia. Elle servait à la fois d'éviter les guerres tribales et de nouer les relations d'amitié et de bonne entente. L'échange de femme était un élément phare de la concorde et de l'harmonie sociale. Ces rapports se fondaient sur l'institution transhistorique de la dot. La dot qui elle-même obéissait à une logique de circulation des biens et surtout de circulation des obligations, dans la mesure où elle reste une source de droit, pour la communauté qui la verse, et d'obligation, pour la communauté qui la reçoit. Ses droits s'énoncent en termes de: droit de filiation pour les enfants qui en résulteront, droit à une épouse que la famille réceptrice devrait fournir, droit de s'intégrer et de participer désormais comme membre à part entière de cette famille par alliance. La logique de la dot est aussi une logique de la circulation des obligations. En ce sens où, pour être valablement constitué, le mariage traditionnel est subordonné à une obligation fondamentale, le paiement de la dot. Toutefois, ce paiement entraine à son tour une obligation de la belle-famille à se constituer dépositaire et à rembourser la dot le cas échéant, dans l'hypothèse où le mariage n'a pas eu lieu ou encore, dans l'hypothèse de rupture du lien conjugal.

À l'état actuel de nos recherches, et même de nos connaissances, il semble que l'Afrique traditionnelle, bien qu'habitée par une pluralité des peuples, n'a pas érigé des frontières étanches empêchant aux hommes issus des diverses cultures et aux biens de se mouvoir, de circuler. C'est d'ailleurs, cette diversité

---

870 Cf. LABURTHE-TOLRA (Philippe), *Les seigneurs de la forêt – Essai sur le passé historique, l'organisation et les normes éthiques des anciens Béti du Cameroun*, Op. Cit.

871 Cf. BUREAU (René), *Le peuple du fleuve, sociologie de la conversion chez les Douala*, Op. Cit.

culturelle qui est, aux dires de DIKA AKWA, ce qui fonde l'unité et le particularisme culturel de l'Afrique. « L'Afrique a tiré son unité de civilisation dans la diversité de ses cultures[872] », et comme l'avoue sans retenue le savant allemand LEO FROBENUS : « Je ne connais aucun peuple du Nord qui se puisse comparer à ces primitifs pour l'unité de civilisation[873] ». Les frontières étanches sont ici conçues comme contemporaines à la colonisation, comme l'atteste le témoignage des anciens[874]. Leur rôle est non seulement, entre autres, de mobiliser la main-d'œuvre, le capital humain, donc de capter la force de travail, mais aussi de capter l'impôt. En témoigne, à titre d'exemplification, les légendaires civilisations caravanières[875] et les marchants Peuls, Touareg et Haoussa, qui parcouraient tout le continent aux fins de leur négoce.

Mais ce qu'il faut dire à propos de la circulation à l'extérieur du clan ou du groupe ethnique est qu'elle conduit à la formation des entités de nature et de structure composite. Tel est le cas des proto nations et des sous-nations.

« La sous-nation définit un type de société englobant trois peuples résidentiels au moins, caractérisés par une province que ses membres considèrent comme une partie – la terre des ancêtres – d'une part, et une culture technique d'autre part[876] ». Et au sein de cette collectivité à la fois territoriale et humaine, « les peuples résidentiels se divisent en fonction de leurs activités professionnelles privilégiées et selon qu'ils tournent leurs rites vers l'utilisation de l'un ou l'autre des quatre éléments primordiaux : eau, feu, air, terre »[877].

Quant à la proto-nation, elle résulte, comme l'ethnie, d'un assemblage. Sauf qu'ici, il ne s'agit plus d'un assemblage de clans, ou de sous clans, mais du regroupement des sous -nations. De l'avis même de DIKA AKWA,

---

872 Cf. DIKA-AKWA NYA BONAMBELA (Prince), *Les problèmes de l'anthropologie et de l'histoire africaine*, Op. Cit., p. 133.

873 Ibid.

874 Cf. KUM'A NDUMBE III, *Quand les anciens parlent, J'accepte les sorciers ? Témoignage du patriarche NJI FIFEN KUENDAP sur la colonisation*, op. cit ; KUM'A NDUMBE III, Quand les anciens parlent, Les Bassa dans le Njokmasi colonial. Témoignages du vieux Papa PAGHA André sur la colonisation, Op. Cit.

875 CF. AUCAPITAINE (Henri), *Étude sur la caravane de la Mecque et le commerce de l'intérieur de l'Afrique,* LEN POD, 2017. Voir aussi MARAUD (Jean-Luc) et GUICHENEY (Pierre), la caravane de sel, Hoëbeke, 2002, 92p.

876 Cf. DIKA-AKWA NYA BONAMBELA (Prince), *Les problèmes de l'anthropologie et de l'histoire africaine*, Op. Cit., p.178.

877 Ibid. Rappelons utilement que l'eau le feu, l'aire et la terre sont les éléments utilisés par les anciens pour désigner AMON Rê. Cf. CHAMPOLLION LE GRAND (J. F.), *Dictionnaire égyptien, en écriture hiéroglyphique, publié d'après les manuscrites orthographes*, sous les auspices de monsieur VILLEMAIN, Ministre de l'instruction publique, par CHAMPOLLION VIGEAC, Paris FIRMIN DIDOT Frères, Libreries éditeurs, pp. 38 et s.

« plusieurs d'entre elles se référant à des milieux géographiques diversifiés, mais intégrés, mettent en présence une proto-nation ». De ce point de vue, le Cameroun précolonial apparait comme un assemblage des proto-nations, constitué des sous-nations Sawa, Beyibi, Nanga, Nsékè etc[878]. Cette énumération, à elle seule, témoigne déjà de la multiplicité de la structuration de l'ordre social dans les sociétés africaines.

Il convient de noter aussi qu'il existe des cas de circulation atypiques. C'est notamment le cas de la circulation des correspondances entre le monde des vivants et celui des morts. Comme l'atteste cet extrait d'une lettre d'un veuf à son épouse : « À l'excellent esprit Ankhiri, tu as fait de mal contre moi pour que je me trouve dans le terrible état dans lequel je suis ? Qu'ai-je fais contre toi ? C'est toi qui a commencé alors que je n'avais rien fait de mal contre toi, depuis que je vis avec toi comme époux jusqu'aujourd'hui...vois, j'ai fait cela pour l'amour de toi. Mais vois, tu ne distingues pas le bien et le mal. Ainsi on jugera entre toi et moi[879] ». Ce qui fait dire au Professeur OBENGA[880] que « Dans la pensée égyptienne, la mort appartient à l'ordre du monde, essentiellement caractérisé par la vie créée par le démiurge. C'est ainsi que l'état après la mort est encore appelé Ankh, vie. Autrement dit, l'ici-bas et l'au-delà sont étroitement liés à l'intérieur du monde créé et organique. Morts et vivants peuvent par conséquent correspondre. Les lettres aux morts existent (en Egypte) depuis la VIe dynastie jusqu'à la basse époque »[881] on les retrouve encore de nos jours dans bon nombre de sociétés camerounaises, à l'instar des Bamiléké, des Douala et des Bafia.

---

[878]Cf. DIKA-AKWA NYA BONAMBELA (Prince)., Les problèmes de l'anthropologie et de l'histoire africaine, Op. Cit., p.181.

[879] D'après SIEGFRIED SCHOTT, l'Extrait d'une lettre d'un veuf à son épouse, cité par OBENGA (Théophile*), La philosophie africaine de la période Pharaonique 2780-330 avant notre ère*, Op. Cit., p.469

[880] « Dans la philosophie pharaonique, commencement et fin, c'est-à-dire création et naissance, d'une part, et la fin du monde et la mort, de l'autre, sont les passage d'une forme de l'être à une autre. Cf. OBENGA (Théophile*), La philosophie africaine de la période Pharaonique 2780-330 avant notre ère*, Op. Cit, p. 471.

[881] Cf. OBENGA (Théophile), *La philosophie africaine de la période Pharaonique 2780-330 avant notre ère*, ibid., pp.469-470.

II. Le principe de la multiplicité, de la démultiplication ou de la dés-essentialisation

La multiplicité résulte de la loi de la partie et du tout, le tout cosmique[882]. Le tout est dans la partie et la partie dit le tout. En tant que principe, la multiplicité dit la totalité des principes, des vertus[883]. Le principe de la multiplicité se décline au plan institutionnel, pour l'essentiel, en la multiplicité organique et fonctionnelle (A), et en une multiplicité des coutumes matérielles (B). Quoi qu'il en soit, la multiplicité traduit dans le contexte africain, la conception plurielle du réel et même de la vérité, de la justice, des registres normatifs et institutionnels.

A. La multiplicité organique et fonctionnelle

Cette logique, dite du multiple, est au fondement même de la conception du monde des peuples de l'Afrique ancestrale[884]. En effet, la multiplicité traduit la complexité de la pensée africaine, dite de l'inversion ; du moins dans le sens ou l'entend le Professeur Grégoire BIYOGO : « La structure enversale et/ou revenantielle des mots suspend, retient la pensée unique, celle qui épuise les définitions et les significations, pour laisser être des constellations au sein des définitions, des significations et de l'interprétation »[885]. Cette logique ne conçoit rien sous forme de vérité unique et canonisée, rien qui soit universel en soi, mais au contraire, un concours non des « universaux », mais les facteurs englobant, processuels et pluriels ; d'un réel toujours en déportation, en définition. Une déportation dictée par la méta ontologie qui énonce le principe d'équilibre universel, de rectitude. « L'exactitude des connaissances au plan cosmologique, mathématique et philosophique, avec la recherche de l'équitabilité juridique (la justice), et de l'ordre harmonique (équilibre des parties et du Tout) selon les trois hypostases cordiales de la MAÂT (m3't) - qui en compte au total quarante-deux (42). La Maât est le principe universel

882 Ibid., pp. 21 et s. cf. PARRINDER (Geoffrey), La religion en Afrique occidentale illustré par les croyances et pratiques des Yorouba, des Ewe, des Akan, et peuples apparentés, Paris, Payot, 1950, pp. 68 et s.

883 Le code égyptien des vertus cardinales en compte 42 vertus. Et selon le professeur Grégoire BIYOGO, ces 42 vertus peuvent se résumer en 3 vertu cardinales. Ce sont d'un point de vue hiérarchique : la justice, la vérité et la mesure. Ces trois vertus irriguent depuis la haute antiquité la pensée africaine.

884 Cf. TSHIAMALENGA NTUMBA., Le réel comme procès multiforme. Pour une philosophie du NOUS intégral, processuel et plural, Edilivre, Paris, 2014, 460p.

885 Cf. BIYOGO (Grégoire), Dictionnaire des connaissances philosophiques de l'Egypte antique, contributions aux recherches sur les concepts majeurs de la philosophie, de l'égyptologie, de la théologie et du droit pharaoniques, pour bâtir un corps de sciences humaines et sociales nouvelles aujourd'hui, Imhotep, 2017, p. 38.

de l'exactitude, de la mesure, de la justice et de l'équilibre du monde. Maât dit la Loi universelle du cosmos. Elle recherche la vérité et cela qui est vraie, correcte. Maât dit le droit et cela qui est droit, juste. Maât dit enfin l'équilibre originaire et l'harmonie principielle des choses »[886]. Ce principe est au fondement même de la réalité plurielle de toute vérité. Du point de vue des organes, ce principe postule l'existence d'une multiplicité d'organes, quel que soit le domaine retenu (1). Bien plus, cette multiplicité d'organes implique une multiplicité de fonctions (2).

1- La multiplicité des organes

Cette multiplicité est une multiplicité de juxtaposition, de superposition, de totalisation et même de subsomption.

En effet, d'un point de vue de la subsomption, dans la cosmogonie africaine[887], la multiplicité relève de la démultiplication de l'étant existentiel. « L'Un comme origine de tout. L'Un est l'arché, le principe de la multiplicité ; l'origine qui englobe tout, Principe d'où tout tire son existence ; principe de toute chose, principe premier de la vie, de l'esprit et de l'être »[888]. La multiplicité relève du fait que l'Un n'a pas de limite, « c'est l'infinité de l'Un[889] ». Le professeur Joseph KIZERBO en donne une idée précise parlant dans la tradition bambara en ces termes : *Quand cet œuf primordial vint à éclore, il donna naissance à vingt êtres fabuleux qui constituaient la totalité de l'univers, la totalité des forces existantes de la connaissance possible. Mais hélas. Aucune de ces vingt créatures ne se révéla apte à devenir l'interlocuteur (...) que Maa Ngala avait désiré pour lui-même. Alors, il préleva une parcelle sur chacune des vingt créatures, les mélangea ; puis, soufflant dans ce mélange une étincelle de son propre souffle igné, créa un nouvel être, l'homme à qui il donna une partie de son propre nom : Maa. De sorte que ce nouvel être contenait, de par son nom et l'étincelle divine introduite en lui, quelque chose de Maa Ngala lui-même (...) Maa Ngala,*

---

886 Ibid.

887 Cf. DIKA AKWA NYA, Les descendants des pharaons africains à travers l'Afrique, Paris, Osiris-Africa, 1985.

888 Cf. KALAMBA NSAPO, *Théologie Africaine*, les grands courants de pensée de l'antiquité au 21e siècle, col. Sciences égyptologiques et développement (CSED), 2015, P. 71

889 Lire à cet effet l'hymne d'AKHENATON, théoricien du monothéisme. De ce hymne on retient : « L'idée de l'existence de l'unique créateur ; celle de la présence du créateur dans la culture humaine et l'histoire ; l'exigence de vivre selon l'esprit de la Maât (vérité-justice-rectitude-bien) et de rendre service au prochain ; la conception de la fraternité universelle et de l'égalité foncière entre les humains dont la différence et la multiplicité demeurent constitutives de leur être... », In *KALAMBA NSAPO, Théologie Africaine, les grands courants de pensée de l'antiquité au XXIe siècle*, col. Sciences égyptologiques et développement (CSED), 2015, Pp. 39-42.

enseigne à Maa, son interlocuteur, les lois d'après lesquelles tous les éléments du cosmos furent formés et continuent d'exister. Il l'instaura gardien de son univers et le chargea de veiller au maintien de l'harmonie universelle. C'est pourquoi il est lourd d'être Maa. Initié par son créateur, Maa transmit, plus tard à sa descendance la somme totale de ses connaissances, et ce fut le début de la grande chaine de la transmission orale initiatique[890]. Il y a donc un universalisme fondateur et un relativisme vécu, du simple fait de l'incapacité ontologique de l'homme à incarner la vertu originelle, d'où la multiplicité.

La multiplicité des organes n'échappe pas à cette réalité ontologique. Le principe de la multiplicité des organes est perceptible dans la société globale, aucun domaine de la vie des collectivités coutumières n'est épargné. Cette multiplicité est aussi une multiplicité de juxtaposition, de superposition, de totalisation.

Du point de vue de la juxtaposition, prenons d'abord des organes ethniques. Ici on va distinguer par exemple le lignage, le clan, la tribu, la sous nation et la proto nation. Prenons d'un autre point de vue, tour à tour, les organes politiques, les organes juridictionnels, et les organes sociaux. D'abord les organes politiques. Non seulement la société politique traditionnelle revêt plusieurs formes, mais aussi à l'intérieur de chacune de ces formes l'on retrouve une kyrielle d'autres organes superposés, conseil des notables, classes d'âges, société sécrète, initiatique, etc.

Pour ce qui est des formes, on distingue de manière ramassée : les sociétés à chefferie[891], les sociétés à bandes[892], les royaumes et les sultanats[893]. Mais en réalité ces classifications ne sont pas étanches. Et la raison fondamentale est que les sociétés traditionnelles évoluent en cycle. Et du fait de ces cycles, cette multiplicité de forme est aussi en second analyse, une multiplicité des organes politiques, toujours en permutation, ou du moins jusqu'à une époque

---

[890] Cf. KI-ZERBO (Joseph), *Histoire générale de l'Afrique. Méthodologie et préhistoire africaine*, Paris, présence Africaine, 1986, chapitre 8. Lire aussi, DIETERLEN (Germain), *Essai sur la religion Bambara*, Paris, PUF. 1951.

[891] Les chefferies Bamiléké, Douala, Baka...entre autre.

[892] On les retrouve en partie dans le Mbam. En effet, avant l'arrivée de la colonisation, l'institution du chef était inconnue des Bafia. Les grandes familles s'administraient librement et il a donc fallu les regrouper pour en constituer la base territoriale des villages. C'est notamment le cas des villages autonomes Bitang, Mouko et Kiiki. On les retrouve aussi à l'Est, c'est le cas notamment de la Constitution du village Mbelé Panga, résultant de la cohésion entre les groupes YOKO BETOUGOU et BONMADJALI, dans l'arrondissement de Djan, département du Lom et Djerem, et la nomination de son tout premier chef de village, en la personne de BENG NYALONG (entretien avec le chef du Village Mbelé Panga, sa Magesté BANDAH PANGA, le 19 mai 2017 à Douala).

[893] A l'instar du royaume Bamoun et des Lamibé du Nord-Cameroun. Lire à cet effet, NJOYA (Rabiatou), *Le sacre des dignitaires au Palais*, A&A, 2016.

récente. Ainsi, de manière plus ou moins structurée, on distingue à l'intérieur de chaque société, l'institution du chef, du roi, du Lamido, du sultan ; et pour chaque société, l'organe de la notabilité ou conseil des notables[894], une ou plusieurs sociétés secrètes, les classes d'âges, et/ou le conseil des anciens, du moins, du point de vue de la superposition.

Dans ce prisme, parlant des organes juridictionnels, une première distinction peut être faite entre la justice permanente et la justice de crise. À l'intérieur de chaque catégorie, des sous-distinctions sont encore nécessaires. C'est ainsi que la justice permanente est elle-même composite et laisse apparaitre des sous catégories[895], conformément à la nomenclature antique[896] : justice royale, justice des notables, justice familiale, etc. quant à la justice de crise, sa composition est toujours hétéroclite, parce qu'issue de la fonte des organes de l'une et de l'autre communauté, partie au litige.

Quant aux institutions sociales, l'on pourrait légitimement étudier le cas du mariage, de la dot, de la famille, et des cercles d'initiation. À la multiplicité des organes, il faut y joindre une multiplicité des fonctions.

D'un point de vue de la totalisation, le principe de la multiplicité des organes fait ressortir une cohérence certaine et par-dessus tout, une complétude d'ordre organique, et une lisibilité de la dynamique

---

[894] Le conseil de notables peut avoir une composition hétéroclite en fonction de la composition sociologique du territoire. Ainsi, pour ce qui est du Lamidat de Tibati, « Le Lamiɗo est censé être le père de tous les citoyens de son lamidat, même ceux de passage. Tous les actes sociaux majeurs qu'il pose doivent refléter cet état d'esprit. Il est directement assisté dans l'exercice de ses fonctions par huit (08) hauts notables dits saraaki'enn. Ce sont les Ministres de ce système. Ils forment ce qu'on appelle ailleurs « le conseil ». C'est le niveau de responsabilité le plus élevé après celui du Laamiiɗo. Ils sont classés en deux catégories : celle des Peuhls venus avec le pionnier et celle des non Peuhl dont certains ont été trouvés sur place. Le Laamiiɗo ne peut faire aucune nomination qui insère le promu parmi les saraaki'enn, encore moins au-dessus d'eux ». Cf. NOUHOU BARRYWA (HAMIDOU), *Le Lamidat de Tibati, Adamaoua-Cameroun, Histoire d'une résistance anticoloniale et organisation socio-administrative*, Op. Cit., p. 81.

[895] Cf. ROLAND (René), *De l'esprit du droit criminel, aux différentes époques dans l'antiquité, dans les temps modernes, et d'après Les nouveaux principes de la science pénitentiaire*, Op. Cit., P. 5.

[896] « Comme toutes les nations primitives, l'Egypte faisait du droit de punir une délégation de la puissance divine. Nous verrons cette doctrine se constituer à travers les âges, modifiée sans doute, mais néanmoins toujours identique à elle (même dans son point de départ et dans ses principales conséquences. En Egypte, Thoth est le génie du droit, il est le secrétaire des Dieux grands dans la salle de justice et de vérité. Dans les temps les plus reculés, il délégua sa justice à l'autorité patriarcale ; plus tard, quand celle-ci eut disparu pour faire place à l'autorité sociale, la juridiction paternelle en recueillit l'héritage affaibli ». cf. ROLAND (René), *De l'esprit du droit criminel, aux différentes époques dans l'antiquité, dans les temps modernes, et d'après Les nouveaux principes de la science pénitentiaire*, ibid.

institutionnelle de nos sociétés dites traditionnelles. À cette multiplicité des organes, il faut ajouter la multiplicité des fonctions.

2- La multiplicité des fonctions

La multiplicité des fonctions se décline en une juxtaposition, une superposition, voire une totalisation du rôle imparti aux institutions coutumières. Dans les Lamibé, cette multiplicité des fonctions est exacerbée[897].

Mais la multiplicité des fonctions est avant tout affiliée à la logique de superposition. Les fonctions imparties aux institutions traditionnelles sont indubitablement liées à la logique propre aux sociétés traditionnelles et à leur cosmogonie, indépendamment des reterritorialisations. Tout comme la multiplicité des organes, la multiplicité des fonctions traduit à la fois l'approximation de la certitude et le refus de toute essentialisation réductrice de la complexité ontologique. Comme l'écrit le Professeur KALAMBA NSAPO, à propos du grand hymne d'AKHENATON, il s'agit de « l'enjeu d'un monde pluriel sans lequel on ne peut bâtir une société où il fait bon vivre ensemble. Il attire notre attention sur l'universalisme qui se maintient jusqu'à nos jours dans la culture Bantu »[898]. Un universalisme fondateur, et une multiplicité fonctionnelle. Cette multiplicité relève d'une fonction principielle dont le but majeur est de trouver le point d'équilibre, la justice, la rectitude, la vérité, le bien. Leur compréhension en dehors de cette logique est par nature biaisée. C'est aussi le cas, dans la cosmogonie Lena du Congo[899], ou encore dans la cosmogonie et l'univers culturel Fang-Béti[900]. Le fonctionnement répondant en somme à une question simple : comment traduire dans le vécu quotidien, ces exigences de vérité-justice-rectitude-bien, en fonction des circonstances de lieu et de temps ?

Appliquer à ces institutions, la logique de la pensée positive est à la fois déplacée, et contradictoire à cette logique d'ordre et d'harmonie fondamentale. Déplacé parce que cette logique n'a pas été conçue pour cette société. Cette logique, bien que logique, n'est pas une logique d'ici. Contradictoire parce que chaque société doit se penser comme source universel de sens. Le monolithisme politique fait que le paradigme rationnel

---

[897] Cf. NOUHOU BARRYWA (HAMIDOU), *Le Lamidat de Tibati, Adamaoua-Cameroun, Histoire d'une résistance anticoloniale et organisation socio-administrative*, Op. Cit., pp. 90 et 123.

[898] Cf. KALAMBA NSAPO, *Théologie Africaine*, les grands courants de pensée de l'antiquité au XXIe siècle, col. Sciences égyptologiques et développement (CSED), Op. Cit., p. 60.

[899] Ibid., pp.61 et s.

[900] BIYOGO (Grégoire), *Dictionnaire comparé égyptien/Fan-Béti, de la coappartenance Kemit-Ekang, l'Egypte et l'Afrique en quête d'éternité*, Paris, Imhotep, 2013.

prend la place de l'étant existentiel et nie de ce fait la différence ontologique des êtres. Le droit des peuples à être eux-mêmes. Et comme il est politique, il se propose aussi de poser l'ordre sous une forme positive, matérielle et empirique. Mais en réalité, d'un point de vue ontologique, ce paradigme est à quelques exceptions, théologique. Théologique parce que construit sous le prisme de l'infaillibilité de l'Étant existentiel[901], remplacé ici par l'État, le terrestre divin. Cela ne suppose guère une bifurcation des logiques du dehors et du dedans, plus qu'en réalité il y a ni dehors ni dedans. Il n'y a qu'un moment, moment de la rencontre et du dessaisissement de l'autre. Et ce moment ne s'énonce pas dans l'alternative, mais dans la pensée, la construction.

Parlant de la multiplicité des fonctions proprement dite, elle ne signifie pas que du fait de la pluralité des institutions, on aura forcément une pluralité de fonctions. Elle signifie que chacune de ces institutions a naturellement une pluralité de fonctions, et d'attribution dans son cycle de vie. Et pour s'en convaincre exemplifions :

Commençons par ce qu'il est convenu d'appeler les institutions politiques. Prenons par exemple le cas de l'institution du chef traditionnel. Ce dernier est à la fois une autorité religieuse, une autorité morale, une autorité politique, une autorité judiciaire et une autorité administrative. La fonction religieuse du chef traditionnel résulte du fait qu'il est à la fois le représentant de l'autorité des ancêtres la courroie de transmission entre le profane et le sacré, le dépositaire et le garant de la spiritualité traditionnelle. Il est aidé, le cas échéant dans cette tâche par les membres de la société secrète. La sacralité de son pouvoir fonde et limite son autorité. Sa fonction politique résulte du fait que ce dernier est symboliquement l'autorité politique suprême de la collectivité traditionnelle. Pour paraphraser la Constitution, on pourrait légitimement affirmer qu'il a le droit de faire la paix et la guerre. Mais en réalité, ses pouvoirs sont limités, contrôlés et sanctionnés. Cela résulte d'abord de la nature sacrée de ce pouvoir d'origine ancestrale, mais surtout, cela résulte plus de l'existence des pouvoirs et contre - pouvoirs parallèles. Il en va ainsi du conseil des notables, des sociétés secrètes, voire aussi des organisations rituelles telles que le Ngun chez les Bamoun, le Ngondo chez les Douala, le Tso, le Essock et le Ngi Chez les Béti.

En plus d'être une autorité politique, le chef traditionnel est aussi une autorité juridictionnelle, et en cette qualité il est investi de la mission de rendre justice. Ainsi, dans le canton Beké, par exemple, les chefs des villages autonomes Bitang, Kiiki et Mouko peuvent juger seuls, les litiges de moindre importance. Pour les litiges d'une gravité exceptionnelle, chaque chef fait

[901] Ibid. Lire à cet effet l'hymne d'AKHENATON, pp.39 et s.

appel à son organe délibérant, le conseil des notables. Ici comme ailleurs, la justice est avant tout une affaire de délibération : les délibérations coutumières. Encore que, ce qui a été donné d'observer c'est que la coutume existe à l'état potentiel dans l'ordre primordial, l'idée de rectitude. Et c'est sa formulation qui lui confère droit de cité. Le terme délibération prend ici tout son sens. Cette délibération se fonde elle-même sur la particularité de la circulation de la parole et donc des opinions. La vérité de la chose jugée étant ici, plus qu'ailleurs, le résultat d'un compromis. Compromis parce que la société a une dette vis-à-vis des deux parties au litige. Tout comme chacune de ces parties à une dette envers la société, comme le note Engilbert MVENG : « Entre les deux ordres qui s'affrontent dans les individus et les communautés, la société traditionnelle sait qu'elle doit choisir. Elle sait que ce choix porte sur sa propre survie ou sur sa perte. Voilà pourquoi le système du pouvoir, dans la tradition, est un équilibre de forces soigneusement réparti »[902].

Pour ce qui est de la totalisation, ces institutions évoluent en cycles dans la pluralité de leurs fonctions. Et dans ces cycles, l'on assiste à des chevauchements de compétence. Aussi la fonction juridictionnelle par exemple est mue naturellement par le concours de plusieurs organes, pris individuellement ou collectivement. Ainsi, au sein même des lignages, clans, ethnies, royaumes, empires ; on passe d'une organisation un peu rudimentaire à une logique plus structurée. Une logique analogue à celle de l'État, du moins dans sa configuration actuelle. Ainsi donc, la structure sociale, par exemple, bien que constituant une unité, se compose à travers les techniques de juxtaposition, de superposition, et même de totalisation dans toutes les sociétés coutumières. Plus fondamentalement, la juxtaposition renvoie le plus souvent à l'occupation qui est faite de l'espace territorial, d'un point de vue de son occupation horizontale. De l'avis même de DIKA AKWA, l'unité de superposition met en relief le temps et l'organisation du pouvoir au plan vertical[903]. L'unité de totalisation montrant pour sa part, les entités en *« macrocosme faits de mesocrosmes et de microcosmes sur l'axe oblique »*[904]. L'unité de *subsumption* se fonde sur référence mythologique, fondement du code moral, et constitue non seulement l'élément fondateur, mais par-dessus tout, *« le point de jonction des axes, grâce à laquelle une entité »*[905] reconnait son unicité. Cette multiplicité d'ordre organique a des conséquences du point de vue des coutumes matérielles.

---

902 Cf. MVENG (Engelbert), *L'Afrique dans l'église, Paroles d'un croyant*, Op. Cit., p. 33.
903Cf. DIKA-AKWA NYA BONAMBELA (Prince), *Les problèmes de l'anthropologie et de l'histoire africaine,* Op. Cit., 325.
904 Ibid.
905 Ibid.

B. La multiplicité des coutumes matérielles

La multiplicité des coutumes matérielles se veut d'abord normative (2), sauf que, au-delà de l'affirmation de cette normativité de principe, cette multiplicité se territorialise en fonction du référent géographique (1). C'est là, entre autres, la conséquence du système des castes de spécialisation, forme de division du travail[906].

1- Selon le référent géographique

Le principe de la multiplicité, en tant que principe qui préside la structuration même de la société coutumière, a aussi une forte connotation rituelle[907] et territoriale[908]. Mais cette territorialité n'est pas conflictuelle, car « la civilisation négro-africaine a été pensée, non pas en termes de guerres, d'antagonismes irréductibles et de fastes militaires, mais en termes de paix, de coexistence des contraires et du progrès de l'homme »[909]. Ainsi, l'on peut constater par exemple pour ce qui est du Cameroun, une pluralité d'ethnies, dont les estimations parlent d'environ 250 groupes ethniques. Va-t-on distinguer par exemple la coutume Béti de la coutume Douala. La coutume Bamiléké de la coutume Bafia. Il s'agit en fait de l'infinité du Un, de la démultiplication du même principe, du même groupe, du même peuple. Principe qui est appelé à se ré-territorialiser en fonction des circonstances de lieu et de temps. C'est en un mot la représentation de l'ordre cosmique, dans ce qu'il a de divin et de mythologique[910] malgré ses territorialisations multiples. Comme l'énonce l'hymne thébain : « on ne connait pas de lieu dans lequel il existe. Il n'existe pas de territoire où l'on vive sans lui »[911]. Cela n'a rien d'étonnant, du moins, quand on sait que la collectivité coutumière est par

---

[906] Cf. OBENGA (Théophile), *La Cuvette Congolaise, les hommes et les structures*, Présence africaine, 1976, pp.84 et s.

[907] « Le rite africain est incompréhensible à qui n'a pas la claire vision de cette dimension cosmique de l'homme. L'homme est à la fois du monde des vivants et de celui des morts ; il est esprits, animaux et végétaux, minéraux ; il est feu, il est eau, il est vent ; il est Geb et il est Nut, c'est-à-dire ciel et terre ». Cf. MVENG (Engelbert), *L'Afrique dans l'église, Paroles d'un croyant*, L'Harmattan, 1985, p. 11.

[908] Cf. BILOLO M., Fondement Thébains de la philosophie de Plotin l'égyptien, Munich-Kinshasa, 2007, pp. 80.-90. Lire aussi, du même auteur, Métaphysique pharaonique IIIe millénaire av. J.C. Prolégomènes et postulats majeurs, Munich-Kinshasa, 1994

[909] Cf. DIKA-AKWA NYA BONAMBELA (Prince*), Les problèmes de l'anthropologie et de l'histoire africaine*, Op. Cit., p. 132.

[910] Cf. ROUMEGUERE – HBERHARDT (Jacqueline), *Pensées et sociétés Africaines. Essais sur une dialectique de complémentarité antagoniste chez les Bantu du Sud-Est*, Paris, La Haye, Mouton et Cie, 1963, pp. 57 et s. ; OBENGA (Théophile*), La philosophie africaine de la période Pharaonique 2780-330 avant notre ère*, Op. Cit. pp. 29-51.

[911] Cf. BILOLO M., *Fondement Thébains de la philosophie de Plotin l'égyptien*, Op. Cit, p. 72.

essence une collectivité territoriale et que l'ordre politique est l'incarnation et la continuation de l'ordre cosmique, le monde n'étant pas héritier de lui-même. Le vécu étant quant à lui, conçu comme un cycle allant de l'avant vie à la vie. D'où la nature cyclique du temps[912] et des activités humaines[913]. Territoriale, la coutume l'est aussi parce que ses membres occupent un espace géographique donné, et du fait de cette occupation, la régulation des activités ne saurait être désincarnée. Elle est encore territoriale parce que, le territoire est le lieu d'exercice de la compétence politique des notabilités traditionnelles. Ainsi, l'autorité traditionnelle exerce sa compétence, certes sur ses sujets, mais aussi sur tous ceux qui sont sous l'emprise de son territoire de commandement. Le caractère territorial de ces collectivités a d'ailleurs été consacré par le décret de 1977. Décret qui considère la chefferie comme une entité territoriale. Pour faire simple, il convient de préciser que la matérialisation territoriale du principe de la multiplicité épouse les contours de la nomenclature même des sociétés coutumières dans ce qu'elles ont de composite. Cette multiplicité implique donc la multiplicité des espaces vitaux, des lieux de domestication de la compétence coutumière. Par exemple, pour reprendre une expression chère à François GONIDEC[914], cette territorialité est au fondement du caractère « paysan » des droits africains. Certes, cette affirmation est à relativiser, du fait même que l'Afrique traditionnelle n'ignore pas le phénomène urbain comme le démontre une lecture attentive des classiques africains à l'instar de la civilisation égypto-nubienne et ses nombreuses ruines cyclopéennes. Mais l'expression même de droit paysan est à analyser certes de prêt, mais avec un peu de recul. De près parce que la paysannerie des droits africains obéit elle aussi au principe de la rectitude, de l'ordre existentiel et donc, par ricochet de la multiplicité, selon le paradigme égypto-nubien[915]. La conception du Professeur GONIDEC est à prendre avec

---

[912] Cf. *OBENGA (Théophile), La philosophie africaine de la période Pharaonique 2780-330 avant notre ère* Op. Cit., pp. 107 et s. le temps est conçu en Afrique traditionnelle comme « une norme Trans empirique ». Lire à cet effet, Etienne DRIOTON, Les textes dramatiques d'Edfou, Le Caire, IFAO, 1958. Supplément aux « Annales su service des antiquités de l'Egypte », cahier n°11, p. 23.

[913] « Il y'a, dans la conception du temps et de l'éternité en Afrique noire, depuis l'Egypte antique, les idées « d'ordre » et de « mesure » qui permettent à l'homme de s'identifier avec l'essentiel réaliser ainsi concrètement, par ses propres moyens, sans révélation, une pensée de l'essentiel, une ontologie. L'immédiat est divers, épars ». OBENGA Théophile La philosophie africaine de la période Pharaonique 2780-330 avant notre ère, ibid., p. 110.

[914] Cf. GONIDEC 'Pierre François), *Les droits africains évolution et source*, Op. Cit.

[915] Cf. KALAMBA NSAPO, *Théologie Africaine*, les grands courants de pensée de l'antiquité au 21e siècle, col. Sciences égyptologiques et développement (CSED), Op. Cit., Avant-propos, p. 13. Lire aussi, CHEIKH ANTA DIOP, *l'unité culturelle de l'Afrique Noire*, présence Africaine, Seconde édition, 1982 ; BIMWENYI-KWESHI (O.), *Discours Théologique Negro-Africain, Problème des Fondements*, Présence Africaine, 1981, BILOLO M., *Métaphysique*

recul, surtout, parce que le caractère paysan ne désigne pas ici la caractéristique fondamentale de la norme, mais son contexte sociologique, matériel et physique d'applicabilité, dans une logique de disjonction, ou de distinction clanique et ethnique. Encore que, l'auteur appréhende la coutume comme une pratique et non comme une norme fondée sur l'ordre primordial, la méta-ontologie, c'est-à-dire sur un principe immanent et transcendant de la vérité et de l'ordre.

Aussi distingue-t-on le droit des agriculteurs, du droit des éleveurs ; le droit des pécheurs, du droit des peuples vivants de la chasse et de la cueillette ; aussi distingue-t-on en fin, les droits ruraux, des droits urbains par exemple. Cette diversité avérée doit tout de même être relativisée. Elle est à relativiser parce qu'au-delà de ses divergences, il existe une certaine stabilité structurelle et une réelle unité de pensée. Cette stabilité constitue le fond commun de la nature des droits coutumiers. En fait, le droit ici ne se distingue pas de la morale. Encore qu'en principe la morale, telle que conçue aujourd'hui, est un champ de recherche purement occidental, champ de recherche fondé sur l'idée de la métaphysique du bien et la mort de Dieu. C'est l'idée de l'existence du bien en soi, développée par KANT. De toutes les façons, dans le champ traditionnel, il existe un code de la métaphysique de la conduite des hommes. Certains[916] d'ailleurs y voient, dans ce code de l'oralité, une continuité et une rémanence du code égypto-nubien[917] des vertus cardinales, de la vérité et de la justice, de la Maât[918]. Cet élément de l'oralité est à la fois immanent et transcendantal. Une sorte de personnification de la justice-vérité. Le droit est donc dans ce contexte synonyme de morale, la manifestation externe de la justice et de la vérité, dans leur rapport consubstantiel. La justice est la première des vertus, mais, pour être vertueuse, la justice doit se fonder sur la vérité. La communauté représentant, du point de vue normatif, l'équilibre de la matérialisation ou l'incarnation de cette idée de perfection interne en cours

---

pharaonique IIIe millénaire av. J.C. Prolégomènes et postulats majeurs, Munich-Kinshasa, 1994.

916 Cf. OMOTUNDE NIOUSSERE K., *L'Afrique noire : Initiation des législateurs antiques*, Anyjart, 2016 ; OMOTUNDE (Jean –Philippe), *Les racines africaine de la civilisation européenne*, Op. Cit. ; OBENGA (Théophile*), La philosophie africaine de la période Pharaonique 2780-330 avant notre ère*, Op. Cit.

917 Ibid., pp. 36-69.

918 Cf. OBENGA (Théophile*), La philosophie africaine de la période Pharaonique 2780-330 avant notre ère*, Op. Cit. pp. 125 à 179. La Maât (lire livre des morts chap. 125), code égyptien des vertus cardinales. Pp. 169-183. « Les anciens égyptiens affirmaient l'existence d'un ordre supérieur, vivant et éternel ; Maât, soit la justice-vérité, c'est-à-dire l'ordre cosmique déifié » p. 179. La Maât est un logos ; la justice qui est à la fois éthique et spéculative, une manière d'être de la conscience, de l'intelligence ». p. 179. « Le scénario signifie ceci. La morale existe en tant que droit dans l'Egypte antique : les règles de conduite et de morale sont codifiées. » p 179.

d'extériorisation sociale. Voilà pourquoi, au fond, il n'y a pas de différence entre la vertu, les habitus, l'éthique, la métaphysique et le droit. Tout s'imbrique et se tient, en participant de l'équilibre global du cosmos.

Pour ne pas conclure, la norme juridique dans la conception africaine est, comme le divin lui-même, ni une substance immuable, ni un moteur premier non mu, ni un dogme, mais un devenir, un procès universel, englobant et multiforme à l'ordre global. Elle est non plus retirée dans une transcendance abstraite et vaine, ou de simple fondement, mais est inclue dans l'ordre global, dans le cycle même de la vie. Comme le témoigne la multiplicité des référents normatifs.

2- La multiplicité selon le révérend normatif

Cette multiplicité désigne l'existence d'un code normatif complexe de nature orale[919]. Il s'agit d'abord d'une complexité de nature. Elle se décline

---

[919] L'oralité qui ne signifie guère, l'absence d'écriture. Mais bien plus, un code de conduite fondé sur le respect de la parole donnée. Encore que l'Afrique, de l'avis même des spécialistes des classiques africaines, est le berceau de la civilisation et de l'écriture. Dans la cosmogonie égyptienne, « Thot est le patron des scribes, des lettrés, il régit l'écriture et le langage. Le Medou Neter, écriture hiéroglyphique, « Écriture » dite cunéiforme. L'Afrique en plus d'être le berceau de l'humanité est celle de l'écriture. L'invention de l'écriture remonte au IVe millénaire avant notre ère, en haute Egypte, voire en Nubie (au Sud, zone de naissance de l'homme moderne), confirmer par les égyptiens eux-mêmes en attribuant : les sciences, l'écriture, les arts et les lettres au dieu Thot, avec le hiéroglyphe d'un ibis (d'origine éthiopienne) blanc monté sur un support. GUNTER DREYER, directeur de l'institut d'archéologie d'Allemagne, a mené avec son équipe des fouilles au sud d'Abydos qui ont permis de déterminer que l'écriture existait déjà en Afrique noire - 3700 ans avant notre ère. Il dira plus tard devant la communauté internationale : « L'écriture égyptienne était bien plus avancée que celle de la Mésopotamie qui à l'époque n'était pas encore habitée par les Sumériens (...) Nous pensions que les Sumériens avaient été les pionniers de l'écriture », confirmant ainsi que l'antériorité de l'Afrique noire par rapport à la Mésopotamie dans le domaine de l'écriture. La publication de cette découverte par DREYER (Institut allemand d'archéologie du Caire) date de 1992. Le « Medou Neter » (ou parole de Dieu) est le nom que porte l'écriture hiéroglyphique utilisée en - 3400 avant notre ère en Afrique noire. Elle emploie la faune et la flore africaine et sert à communiquer, à informer, de copier les sons (le parler) et dans toutes les circonstances de la vie. Il faut rappeler que le mot papier vient du mot papyrus. Pour référence les inscriptions de la tombe U-j d'Abydos tracées à l'encre sur des jarres. Les tables royales d'Abydos, de Karnak, de Saqqarah, la pierre de Palerme, le Canon royal de Turin, l'inscription rupestre n° 81 de Séhel, la pierre de Shabaka, la pierre de Rosette et les écrits des auteurs anciens gréco-latins (dont Hérodote) sont porteurs d'écrits laissés à la postérité attestant que l'Afrique Noire fut la première à créer et à maîtriser l'écriture. En Orient, vers 2600 avant notre ère, l'écriture dite cunéiforme (ou en forme de clou) est exclusivement

alors en une pluralité des normes[920] qui s'imbriquent, se lient. ROULAND Norbert parle à cet effet de « l'Afrique Noire et la pluralité des droits ». Ce pluralisme africain[921] entremêle les droits qui bien que divergeant, deviennent presque insusceptible de distinction ou de séparation, du point de vue de la cohérence. Il s'agit aussi d'une complexité processuelle et fonctionnelle. Et le lieu de son observation privilégiée reste l'enseignement ou l'initiation à la vie en communauté.

Du point de vue de sa nature, notons que le manque de formulation définitive est la caractéristique même de la norme coutumière. Cette indistinction nait du fait que la collectivité coutumière ne fait pas une séparation étanche entre le droit et les autres normes de conduite sociale. Droit, vérité, morale, habitus, voire la philosophie (science de la conscience éclairée par la sagesse, et pratique de la vérité), font partie d'un code normatif complexe. Il s'agit du code de la justice-vérité. On pourrait d'ailleurs s'en

---

utilisée pour effectuer des calculs par la dynastie Our. La date avancée de - 3200 ans (avant notre ère) pour la création de l'écriture en Mésopotamie ne repose donc sur aucun élément scientifique, aucune fouille ne vient étayer cette affirmation. Les professeurs CONTENAU in. : *La civilisation des Hittites et des Mitanniens*. Et M.V.Christian après de nombreuses recherches arrivent à la conclusion que la Mésopotamie ne voit apparaitre sa première civilisation qu'aux environs de -2620 ans (avant notre ère). Pour rester dans le domaine des calculs, il existe deux éléments qui donnent la primauté à l'Afrique noire : l'os de Lebombo (37000 ans avant notre ère) et l'os d'Ishango (25000 ans avant notre ère). 7/3/2017.www.shenoc.com/ Afrique_berceau_de_l'ecriture.htm http://www.shenoc.com/ Afrique_berceau_de_l'ecriture. htm 2/2 « Écriture dite cunéiforme » L'écriture sera apportée en Europe par CADMUS roi de Phénicie, sujet Égyptien et fondateur de la ville de Thèbes en Béotie. DIODORE de Sicile et Hérodote nous confirment ceci. DIODORE de Sicile livre troisième : "Il dit que Linus fut le premier d'entre les Grecs qui inventa les vers et la musique, comme CADMUS a introduit le premier dans la langue grecque les lettres qui n'étaient connues que des Phéniciens. Il leur donna leurs noms et forma les caractères dont on s'est servi depuis. On appela ces lettres phéniciennes parce qu'elles avaient été apportées de Phénicie en Grèce et ensuite pélagiennes parce que les Pélagiens sont les premiers chez qui elles aient été en usage. Hérodote livre Cinquième : « Pendant le séjour que tirent en ce pays les Phéniciens qui avaient accompagné CADMUS, et du nombre desquels étaient les Géphyréens, ils introduisirent en Grèce plusieurs connaissances, et entre autres des lettres qui étaient, à mon avis, inconnues auparavant dans ce pays. Ils les employèrent d'abord de la même manière que tous les Phéniciens. Mais, dans la suite des temps, ces lettres changèrent avec la langue, et prirent une autre forme. Les pays circonvoisins étant alors occupés par les Ioniens, ceux-ci adoptèrent ces lettres, dont les Phéniciens les avaient instruits, mais ils y firent quelques légers changements. Ils convenaient de bonne foi, et comme le voulait la justice, qu'on leur avait donné le nom de lettres phéniciennes parce que les Phéniciens les avaient introduites en Grèce. » Bien que l'origine africaine des premiers habitants de la Mésopotamie ne fasse aucun doute, on ne peut leur accorder la naissance de l'écriture. www.shenoc.com/Afrique_berceau_de_l'ecriture.htm
http://www.shenoc.com/Afrique_berceau_de_l'ecriture.htm 1/2 l'Afrique Noire berceau de l'écriture. Consulté le 03/07/2017, à 11h35.

[920] Cf. ROULAND (Norbert), *Aux confins du droit. Anthropologie juridique de la modernité*, Op. Cit., pp. 59-62.

[921] Cf. GONIDEC (Pierre- François), *Les droits africains Evolution et sources*, Op. Cit.

douter, mais non. Des études anthropologiques menées par le Professeur ANTA DIOP (Cheikh)[922] et complétées par le prince DIKA AKWA[923], sont venues dissiper le doute, et établir la relation filiale entre l'Afrique noire et l'Egypte pharaonique et par voie de conséquence entre la Maât, l'idée du droit dans le berceau nilotique, et la normativité des sociétés coutumières. Ce rapprochement se lit déjà dans les travaux du Professeur ANTA DIOP Cheikh notamment dans *Civilisation ou Barbarie* où on peut lire en substance que : « Pour nous, le retour à l'Egypte dans tous les domaines est la condition nécessaire pour concilier les civilisations africaines avec l'histoire, pour rénover la culture africaine. Loin d'être une délectation sur le Passé, un regard vers l'Egypte antique est la meilleure façon de concevoir et de bâtir notre futur culturel »[924]. Le droit, élément de la culture globale n'échappe pas à cette réalité. Car ici plus qu'ailleurs, « l'Egypte jouera, dans la culture africaine repensée et rénovée, le même rôle que les antiquités gréco-latines dans la culture occidentale »[925]. Les divergences observées çà et là, ne sont, en dernière analyse que, les reterritorialisations de ces principes premiers et donc originels en mutation, en transmutation et en permutation selon les exigences et les contingences de temps et de lieu. A titre d'exemple, la reterritorialisation du sacré et aussi sa représentativité par la norme coutumière. Car, ne dit-on pas souvent que la norme coutumière est sacrée ? Cette sacralisation trouve, certes son explication dans la représentation que l'on se fait des ancêtres, et de la cosmogonie locale. Mais, à travers la philologie historique et comparée, cette sacralité plonge ses sources dans la cosmogénèse éthiopienne[926], la cosmogonie égypto-nubienne, à travers les mythes fondateurs, la permanence et la représentation même de la divinité AMON, et sa propension à prendre corps, à passer du caché (AMON) au révélé (Râ Rê), et donc à s'incarner parmi les vivants. Ainsi, les études du Professeur OMOUTOUNDE sur l'influence de la tradition égyptienne sont révélatrices. Il en ressort que l'Egypte a formé les législateurs de l'antiquité[927]. Il en ressort aussi que le

---

[922] Cf. ANTA DIOP (Cheikh), *L'unité culturelle de l'Afrique Noire*, présence Africaine, Seconde édition, 1982, 219p ; ANTA DIOP (Cheikh), *L'Afrique noire précoloniale*, Op. Cit. ; DIKA-AKWA NYA BONAMBELA. (Prince), *Les problèmes de l'anthropologie et de l'histoire africaine*, Op. Cit.

[923] Cf. DIKA-AKWA NYA BONAMBELA (Prince), *Les problèmes de l'anthropologie et de l'histoire africaine*, Ibid. voir aussi, Cf. DIKA AKWA NYA, *Les descendants des pharaons africains à travers l'Afrique*, Paris, Osiris-Africa, 1985.

[924] Cf. ANTA DIOP (Cheikh), *Civilisation ou Barbarie*, Paris, Présence Africaine, 1981, p. 12.

[925] Ibid.

[926] Cf. SALL (Babacar), *Racines Ethiopiennes de l'Egypte ancienne*, L'Harmattan, 2016.

[927] Cf. OMOTUNDE NIOUSSERE K., *L'Afrique noire : Initiation des législateurs antiques* voir Chapitre 3 Ets. Les législateurs antiques formés en Afrique sont : ABRAHAM vers 1800 de l'ère ancienne africaine pp. 78-85

monothéisme religieux actuel est une hypostase de la grande théodicée égypto-nubienne, de l'Amonnisme, et ce monothéisme politique résulte des réformes, et de la systématisation qu'en fait le Pharaon AKHENATHON[928]à la suite des préceptes posés par IMHOTEP[929] et MERIKARE[930].

D'un point de vue processuel et fonctionnel, le principe de la multiplicité désigne d'abord, la pluralité d'organes qui se partagent la compétence, pour connaitre les litiges pouvant survenir au sein du groupe. Ce point ayant déjà été abordé, il convient d'insister plutôt sur la multiplicité des intervenants et la pluralité des issues possibles.

MOÏSE vers 1250 de l'ère ancienne africaine pp. 86-87 ; HOMERE vers 800 de l'ère ancienne africaine pp.97-104 ; LYCURGE de Spartes vers 800 de l'ère ancienne africaine pp. 105-108 en tant qu'homme d'État, il introduisit les premières lois à Spartes p.205. petit fils de PRYTANIS le roi de la cité, « LYCURGUE aussi PLATON , SOLON ont inclus beaucoup de règles empruntées de l'Egypte dans leurs législations » ibid. lire à cet effet IDODONE de Sicile, Livre I, 96 ; THALES DE MILET vers 600 de l'ère ancienne africaine pp.109-121 ; SOLON vers 600 de l'ère ancienne africaine pp. 122-128 ; PYTHAGORE de SOMOS vers 550 de l'ère ancienne africaine pp. 129-135 ; DEMOCRITE d'ABDERE vers 400 de l'ère ancienne africaine pp. 135-128 ; PLATON vers 400 de l'ère ancienne africaine pp. 139-145 ; EUDOXE de CNIDE ver 330 de l'ère ancienne africaine pp.146-148 ; CONFUCIUS (chine), vers 500 de l'ère ancienne africaine pp. 149-154 ; BOUDDHA (Asie) vers 550 de l'ère ancienne africaine pp. 152-154 ; BODHIDHAMA (Chine) vers 400 de l'ère occidentale pp. 155-156.

[928] Le règne d'AKHENATON (de son vrai nom AMENHOTEP) a été relativement court, « il se situe au Nouvel Empire, à la XVIIIè dynastie, environ de 1350 à 1333 avant J.C., soit il y a plus de 3 300 ans ». cf. KALAMBA NSAPO, *Théologie Africaine, les grands courants de pensée de l'antiquité au 21e siècle*, col. Sciences égyptologiques et développement (CSED), p.47. « L'idée monothéiste d'un Dieu unique, suprême, inengendré, sans origine ni fin. D'abord avec le Shensu Maât IMMOTHEP, puis avec le Fara AKHENATON. Nulle part avant Ta Mery n'émerge cette idée d'un Dieu Unique, l'Un, l'identique, source de toute vie, duquel tout est sorti » Cf. BIYOGO (Grégoire), In, *Aux origines africaines de la bible et des religions du livre : redire le sens premier des choses et les vérités enfouies par les oublis et les mensonges du temps*. Colloque international du 3 au 4 mai 2017, Fondation AfricAvenir International, sous le thème : Confrontation armée programmée et déjà vécue à travers les religions et la spiritualité en Afrique au 21è siècle, quelle alternative religieuse spirituelle dans une Afrique en pleine renaissance. P. 49.

[929] IMHOTEP est un personnage hors du commun car il était « médecin, architecte, astronome, mathématicien, écrivain…philosophe, théologien, grand-prêtre et vizir du roi DEJESER ». cf. KALAMBA NSAPO, Théologie Africaine, les grands courants de pensée de l'antiquité au 21e siècle, col. Sciences égyptologiques et développement (CSED), Op. Cit., p. 35.

[930] MERIKARE est un pharaon de la IX dynastie. Il appartient à la première période intermédiaire en Egypte antique. KALAMBA NSAPO, *Théologie Africaine, les grands courants de pensée de l'antiquité au XXIe siècle*, col. Sciences égyptologiques et développement (CSED), ibid., P. 37.

D'abord, analysons la pluralité des intervenants devant une justice traditionnelle. L'hypothèse d'école étant généralement celle de la palabre traditionnelle, conçue non comme une juridiction au sens organique du terme, mais, comme une certaine méthodologie du vivre ensemble, une certaine manière de faire la communauté. Ceci ne signifie pas pour autant que la palabre n'ait pas une fonction juridictionnelle. La juridiction étant ici entendue comme un organe chargé de régler les litiges, de dire le juste. La caractéristique primordiale de la palabre traditionnelle étant son caractère élastique, dû au fait que le nombre n'est jamais arrêté. Elle désigne la dialectique du procès par le truchement de l'échange de la parole. La parole elle-même étant non seulement un élément structurant de la personne humaine, mais aussi le véhicule de la normativité et de la probable sentence.

Pour ce qui relève de la sentence, notons qu'elle n'est pas ici, l'expression mathématisée de l'application de la norme coutumière. La sentence vise certes à mettre fin au litige, à restituer le plaignant dans ses droits, et aussi à favoriser une réinsertion de celui qui a transgressé la norme coutumière. La justice est donc ici un processus de restauration des équilibres rompus. La palabre est un espace public[931] de la parole, une parole encadrée dans le temps[932] et le lieu. Il est donc manifeste qu'ici se côtoient les principes de la multiplicité, de la circulation et de la solidarité ou de la dette. Le principe de la circulation est ici mis en exergue par la circulation ou l'échange de la parole, entre les différents intervenants. Le principe de la dette quant à lui résulte à la fois de la dette de l'accusé vers la victime et la communauté toute entière. Mais la dette est aussi ici la solidarité de la société envers l'accusé, qui ne doit pas forcément être jeté en pâture, mais réhabilité, si besoin par le truchement de la théorie du bouc émissaire. Le procès apparait donc ici comme un lieu de médiation. Et de l'avis même de BIDIMA[933], il s'agit d' « un réseau de médiation qui s'emboite à l'infini » et dans ce contexte, « dans cette mise en abyme, chaque médiation débouche sur une autre médiation ». La palabre est donc, une manière de dire[934], une mise en scène africaine de la délibération. Et de ce point de vue, la coutume, prise comme norme, se conçoit dans l'interconnexion, le dialogue, l'ouverture. Et cette inter-connectivité qui, à bien des égards entraine une connexion de la société dans sa globalité, dans le lien de la solidarité. D'où le principe de la solidarité ou de la dette.

---

[931] Cf. BIDIMA (Jean Godefroy), *La palabre une juridiction de la parole*, édit. Michalon, Op. Cit., pp. 11 et s.

[932] Il s'agit de ce que BIDIMA appelle *le temps de la médiation.* BIDIMA (Jean Godefroy), *La palabre une juridiction de la parole*, édit. Michalon, ibid., p. 13.

[933] Cf. BIDIMA (Jean Godefroy), *La palabre une juridiction de la parole*, édit. Michalon, ibid., p. 14.

[934] Ibid., p. 21.

Section II : Le principe régulateur ou réparateur : principe de la solidarité de la dette

Parmi les principes qui structurent la dynamique fonctionnelle des communautés traditionnelles, figure en bonne place le principe de la solidarité. Le principe régulateur de la solidarité s'énonce de manière claire et non ambigüe (I), et ses implications sont indéniablement manifestes (II).

I. L'énoncé du principe

L'énoncé du principe revêt ici une double consonance : une solidarité des vivants à l'égard des morts[935] (A), et une solidarité des morts à l'égard des vivants (B).

A. La solidarité entre les vivants

La solidarité en Afrique est avant tout une philosophie de vie. Qu'il s'agisse de l'UBUNTU[936], du ZO KWE ZO[937], du GACACA ou de la Maât, la solidarité irrigue toute la vie de la société. Elle implique à la fois le devoir d'assistance (1), et le devoir de justification (2).

1- Le devoir d'assistance mutuelle

Le professeur NGANDO Blaise Alfred fait observer que : « Contrairement aux religions révélées où Dieu tire du néant tous les éléments de sa création et les soumet à sa loi, les cosmogonies africaines considèrent que les différences rendent solidaires, qu'elles vont de pair avec la création, que la division sociale est conçue en termes de complémentarité, et qu'en définitive, la création par différenciation entraine la reconnaissance officielle de la pluralité du droit. La société est donc organisée selon le modèle communautariste et le

---

[935] Cf. ITEANU (André), « En Mélanésie : les ancêtres au service des hommes », in VERDIER (Raymond), KALNOKY (Nathalie) et KERNEIS (Soazick), *Les justices de l'invisible,* Op. Cit., pp. 97-105.

[936] Cf. KOULAYAN (Nicole), « Mondialisation et dialogue des cultures : l'UBUNTU d'Afrique du Sud, Revue Hermès, 2008/2 (n°51), pp. 183-187

[937] Cf. BLANGUE (Alphonse), Identité et démocratie dans les pays du tiers-monde : le cas de la République centrafricaine, thèse de doctorat en sociologie EHESS, 1988. Le ZO KWE ZO est une philosophie humaniste Bantu expérimentée par Barthélémy BOGANDA l'Ex président de la République Centrafricaine. Littéralement ZO KWE ZO signifie : « Tout homme est homme ».

droit africain traditionnel est un droit de modèle négocié »[938]. Il convient alors de préciser ici, dans cette discussion, que le principe de la solidarité participe de cette logique. Cette solidarité est un principe englobant, parce qu'il se fonde sur le désir de l'équilibre entre l'individu et la communauté, ce principe transcende largement sa dimension communautaire pour se muer en un principe idéel de non-outrage à l'environnement global de vie. La solidarité avec la nature, son environnement de vie. C'est encore ce principe qui est à la base de la philosophie dite animiste, cette pensée de la dimension écologique du vivant et du droit. Cette dette se fonde sur le respect de la force vitale[939] consubstantielle à chaque chose. Le principe de la dette renvoie, à titre de comparaison, à la dialectique du tout et de la partie dégagée par DILTHEY[940].

La dette entre les vivants ne peut être appréhendée sans comprendre la propension des communautés traditionnelles à faire communauté. Faire communauté, non pas au sens de dissolution de l'individu, qui existe toujours, mais dans le sens de construction de l'en-commun, du lien, mieux de l'inter action sociale. C'est « l'exigence de vivre selon l'esprit de la Maât (vérité-justice-rectitude-bien) et de rendre service au prochain ; la conception de la fraternité universelle et de l'égalité foncière entre les humains dont la différence et la multiplicité demeurent constitutives de leur être… » [941]. Le principe de la dette trouve ainsi un soubassement théorique et théologique dans les humanités classiques africaines, voire dans le temps mythologique anhistorique. Ce principe postule l'existence d'un lien d'obligation, dont on ne saurait légitimement dire, si elle est juridique ou extra-juridique, un lien à la fois individuel et collectif. Toutefois, ce lien existe. Il existe tant à l'échelle individuelle, collective et cosmique.

Individuellement, ce lien suppose d'abord la pratique de la vertu, de la vérité et de l'harmonie. Il s'agit de la découverte ou de la redécouverte d'une solidarité agissante, entre l'homme et la voie du juste, et son intérieur. Cette pratique va s'exporter avec le peuplement de la planète, et donnera par exemple, le « *Tao* » (la voie) en chine, le « *Yogis* » (voie des initiés) chez les

---

[938] Cf. NGANDO (Blaise Alfred), « La peine de mort, l'idée chez les Bantu », in, La Nouvelle Expression, n° 4586 du 20/10/2017, p. 9.

[939] Cf. DOUMBI –FAKOLY, *Introduction à la prière négro-africaine*, édit. Menaïbuc, 2005, p. 13.

[940] À savoir le fameux cercle de la compréhension : « La partie n'est compréhensible qu'à partie du tout et celui-ci doit être compris en fonction des parties ». Cité par BIDIMA (Jean-Godefroy), in, *L'acte de juger et le magistrat : de la précompréhension à l'occasion*, collège international de philosophie, 2002/2 n°36, pp. 181- s.

[941] Cf. KALAMBA NSAPO, *Théologie Africaine*, les grands courants de pensée de l'antiquité au XXIe siècle, col. Sciences égyptologiques et développement (CSED), p. 47.

indous, la voie lente du « *Tentrisme* » chez les Tibétains, le « *Zen* » chez les Japonais, la « voie de la contemplation » chez les musulmans soufis.

Au plan collectif et sociétal, ce principe se manifeste par la philosophie de l'animisme, pratique qui postule le fait de reconnaitre que chaque parcelle de la création est d'essence divine[942], et en tant que tel mérite la compréhension, la considération, la contemplation et la prise en charge. D'où la concertation, le dialogue, la palabre, et par-dessus tout l'inclusion. Voilà pourquoi, d'un point de vue purement humain, par exemple, le principe de la dette signifie que chaque individu a une dette envers chacun de ses « frères » et envers la famille, envers le clan ou envers la communauté dans son ensemble.

Dans sa matérialisation, cette dette se paye au moyen des services que chaque membre peut rendre, ou encore à travers une certaine prise en charge de ses frères défaillants. À titre d'exemplification, chez les Bafia, lors de notre entretien du 16 mai 2017 avec le patriarche monsieur BAROUNG Emile, ce dernier résumait le principe traditionnel de la dette à travers cette recommandation qu'il avait reçu de son père mourant : « Baroung, je vous laisse, je vais me reposer, je sais que Dieu t'a béni, je vais, je serais toujours avec vous, mais n'oublier pas tes frères ». On ne pouvait être mieux explicite et expressif. En effet, en termes de dette, et surtout à la lecture de ces paroles de sage, il ressort que Monsieur Baroung a une dette envers ses frères, conformément aux vœux de son défunt père et surtout selon ce qu'exige la pratique communautaire, pratique fondée sur le code de l'oralité ou code des vertus cardinales le *Mkpa'a.* Cette dette est, à regarder de près, et par analogie, c'est une sorte d'assurance individuelle et collective. En vertu de cette dette-assurance, Monsieur BAROUNG se sentira obligé jusqu'à sa mort, d'assister ses frères. Le faisant, il se conformerait ainsi à la volonté ancestrale. Il ressort de là que la solidarité qui nait de la dette, ou de la circulation de cette dette, fonde la communauté, et dans une certaine mesure, la sacralité. La sacralité étant due ici, au respect de la parole des ancêtres toujours déifiée.

En retour, la communauté a, à son tour, une dette vis-à-vis de chacun de ses membres, à qui elle doit la protection, au sens global. Elle lui offre par exemple, le cadre matériel d'existence, et le cadre moral d'épanouissement. Notons aussi que ce principe de la dette n'est pas statique, mais dynamique dans le temps et dans l'espace. Dans le temps parce que la dette circule non seulement à l'intérieur d'une même génération, mais aussi, d'une génération à une autre, et parfois dans un renversement de sens. Dans l'espace, parce que

---

[942] Partant du postulat selon lequel l'eau précède la vie (théorie du Noun primordial), la philosophie animisme tire la conclusion que chaque partie de la création porte en elle une partie (Ka) de l'énergie (Râ). Râ est pour ainsi dire unique (source de l'énergie initiale et totalisante) et multiple (énergie répartie dans chaque création).

les collectivités coutumières sont des entités territorialisées. La dette connait ainsi, de ce simple fait, une sorte de territorialisation et de nombreuses reterritorialisations selon les dynamiques migratoires et les cosmogonies ethniques.

La dette est aussi une dette vis-à-vis de son environnement immédiat. Il ne s'agit pas ici du droit de l'environnement, au sens moderne du terme, mais du devoir que la société, aussi bien la communauté que l'individu, ont envers leur milieu de vie. C'est en un mot, la conformité à un ordre cosmique transcendantal. La nature étant par essence ordonnée selon le temps, le climat, le mouvement des astres. Le principe de la solidarité implique donc la conformité à cet ordre cosmique transcendantal. D'où l'importance par exemple de l'animisme, en tant que philosophie de contemplation de respect et de préservation de l'ordre cosmique.

2- Le devoir de justification

L'autre volet, du principe de la dette est sans aucun doute, la considération de la réinsertion, c'est-à-dire la justification. Ce principe est aussi conçu comme le principe de la faillibilité de l'individu. Il suppose de la part de la communauté, la compréhension des faiblesses du membre du groupe. Il s'agit pour l'essentiel de celui qui s'est écarté ou a brisé l'interdit social, la norme communautaire. Dans sa mise en œuvre, on rencontre ce principe le plus souvent, au cours du procès, c'est-à-dire dans l'exercice de la palabre traditionnelle. Il s'entend d'abord comme la justification de la faute commise. Ceci, notamment avec le recours à la théorie du bouc émissaire. Il s'entend aussi comme la justification de la sanction. La sanction qui commande, dans la logique coutumière, en principe, la sauvegarde de la communauté, mais aussi accompagnement du fautif, le souci de réinsertion sociale. Il y a donc d'une part, une justification de la culpabilité, et d'autre part, une justification de la sentence.

La justification de la culpabilité interdit, en principe, qu'on traite le coupable de tous les noms d'oiseaux. Elle implique, de reconnaitre que l'erreur est humaine. L'erreur étant humaine, la philosophie bantoue reconnait aussi que tout homme est homme. Et en tant que tel, la tendance de l'individu est de succomber. Sauf, les cas d'une extrême violence, à l'instar de la mort d'homme[943], la justification est toujours due[944]. Tous les adhérents à la palabre

[943] La mort violente étant la négation même de la vie. Or, la vie est un cycle, un éternel recommencement pour la société traditionnelle.

[944] Cf. EDONGO NTEDE, (Pierre François), *Ethno-anthropologie des punitions en Afrique*, Harmattan Cameroun, 2010, préface du professeur MBONDJI EDJENGUELE, 282p. On peut lire en résumé que : « L'argument central est que l'éducation étant une activité culturelle, la

traditionnelle l'ont déjà assimilé comme élément intégrant le procès. La victime qui veut obtenir la sanction de ses droits en a largement conscience.

La justification de la sentence n'implique pas la méconnaissance des droits de la victime. Elle implique au contraire, une indemnisation de la victime, mais pas, par une sentence excessive. Pas de loi du talion en principe, puisqu'elle est à l'origine, d'une délibération qui consiste à l'établissement d'une ligne de vérité médiane. Ligne tracée aux antipodes des prétentions et des arguments soporifiques des uns et des autres. Il existe comme postulat, un devoir de conciliation des hommes et des intérêts. Cette justification réhabilitation de la sentence peut le cas échéant avoir un effet d'éducation et de conscientisation des masses. À titre d'exemplification, prenons le cas de l'ingénieur dans le poème, devenu célèbre de Birago DIOP, souffle des ancêtres.

B. La solidarité entre les vivants et les « morts »

La solidarité entre les vivants et les morts est liée à la nature même du temps et à la conception métaphysique de l'homme[945]. En effet, « depuis l'Antiquité pharaonique, les peuples noirs d'Afrique conçoivent le temps comme une norme Trans-empirique »[946] voire Trans-physique. Cette solidarité se fait dans les deux sens. Ceci est dû au fait que la pensée africaine en plus d'être hétéronome, est une véritable pensée de l'inversion. La contradiction devient le principe. Aussi, s'il est normal que les vivants soient

---

sanction doit être comprise comme un aspect de la culture. L'acte de punir est un « fait social », révélateur du système des valeurs des membres d'une société donnée. Autrement dit, les significations culturelles orientent la sanction, en accord avec les valeurs culturelles dominantes. À partir d'une méthode essentiellement ethnographique et d'un paradigme d'intelligibilité fonctionnaliste, l'auteur aboutit aux résultats qui dévoilent en filigrane que tout système éducatif renvoie souvent à la vision et à la conception de l'homme et des valeurs de sa communauté. Ainsi, les sanctions doivent refléter l'éthos culturel. Celles de l'école moderne apparaissent à l'auteur comme favorisant la remise en question de l'autorité des enseignants et en décalage avec le profil d'homme exigé par les (schèmes) socioculturels du pays. L'étude comparative des moyens d'éducation montre à quel point les systèmes sont tributaires des modalités de construction de la personnalité humaine, des structures sociales ou culturelles et des valeurs profondes qui l'animent. L'étude des sanctions apparaît comme un analyseur pertinent du système éducatif. Les recherches sont ainsi fondées sur la proposition que si la culture crée la pédagogie, les sanctions éducatives devraient refléter la dynamique culturelle, en prenant en compte les changements sociaux actuels, sans pour autant définitivement tourner le dos aux particularismes culturels qui sont notre spécificité ».

945 Cf. MVOGO (Dieudonné Célestin), La politique criminelle au Cameroun : De la confrontation des modèles traditionnel et moderne à la recherche de solutions adaptées à un processus de développement ; thèse pour le doctorat d'État en histoire du droit présentée et soutenue publiquement, Univ. de Paris I-Panthéon-Sorbonne, 1981, Op. Cit. pp. 22, 26 et s.

946 Cf. OBENGA THEOPHILE La philosophie africaine de la période Pharaonique 2780-330 avant notre ère Op. Cit.

solidaires des ancêtres (2), il n'en demeure pas moins vrai que les morts sont aussi solidaires des vivants (1).

1- Solidarité des vivants à l'égard des morts

Cette solidarité est une sous variante de la solidarité sociale et de la solidarité cosmique et transcendantale. Le monde existant étant par définition la démultiplication de l'Un primordial. Car, « la mission de l'homme est d'unifier son destin divisé par le drame qui oppose la vie et la mort, et d'unifier, du coup, l'univers tout entier. Cette œuvre unification est le combat de vie contre la mort »[947]. Ce drame du combat éternel auquel se livrent la vie et la mort est illustré à suffisance dans le conte Beti de *l'Evu-Mana*[948].

Au plan social, le devoir de solidarité n'est pas seulement tributaire des relations intersubjectives entre les vivants. Les communautés traditionnelles rendent aussi un véritable hommage aux morts. Cette solidarité se fonde sur un postulat simple. L'homme est un descendant. Et parce que descendant il est inscrit par le lien de filiation dans une lignée ancestrale. Il est un maillon de la chaine de vie[949], un élément du cycle de la reproduction. Cela voudrait dire, qu'il vient au monde dans une société d'hommes, par les actes de ses père et mère. Les parents eux aussi viennent au monde dans des conditions analogues. Il n'est donc pas étonnant qu'en signe de reconnaissance envers ses aïeux, l'homme leur voue un véritable « culte ». A titre d'exemple, chez les Bê du Togo, « la croyance à l'ancestralité non seulement traduit chez eux une façon originale de se poser face au monde, elle est aussi une source de haute qualité morale : pratique de la vertu à tous les âges de la vie, fidélité dans la parole donnée, respect du bien d'autrui, glorification du travail. Cet idéal et ce style de vie constituent la règle d'or de l'existence terrestre »[950] .

---

[947] Cf. MVENG (Engelbert), *L'Afrique dans l'église, Paroles d'un croyant*, Op. Cit., p. 42.

[948] Ibid., pp. 29-31.

[949] Comme le note Philippe LABURTHE-TORA : « Les dimensions religieuses de l'existence m'ont paru depuis longtemps identiques à la recherche de la vérité fondamentale ; le matérialisme ou l'athéisme méthodologiques me semble certes être la condition de toute science moderne, qui est réduction du quantifiable, à l'espace et qui doit jouer à fond le jeu de l'explication démystifiante, je m'y emploie sans tergiverser ; mais pour essentiel qu'il soit, ce n'est là pour moi qu'un moment de la raison. En occurrence, l'inquiétude du domaine religieux à animer son enquête, et, somme toute, je pense qu'elle l'a servie, car je ne vois pas comment celui qui n'aurait aucune expérience d'arrière-mondes présents continument et parfois sensibles, ou aucune idée pratique des puissances transcendantales et d'impératifs absolus, pourrait se trouver de plain- pied avec des hommes qui baignent dans de telles certitudes, et qui en informent leur vie ». In, Les Seigneurs de la forêt, Sorbonne, Paris, 1981, p. 27.

[950] Cf. KOMLA AGBETIAFA, Les ancêtres et nous. Analyse de la pensée religieuse des Bê de la commune de Lomé, Dakar-Abidjan-Lomé, Les nouvelles Editions Africaines, 1968, p. 86.

Toute prise de parole ayant un caractère épique devrait, chez les Bafia par exemple, commencer par le rappel de la généalogie récente de celui qui parle, son inscription dans un lignage donné. Comme pour signaler l'importance du nom, et aussi souligner la place des ancêtres. Parlant du nom, il fait partie des éléments constitutifs de la personne humaine que sont : la pluralité des noms, l'âme, le totem[951]. « Le corps (...) est la forme somatique ; l'âme, la donnée métaphysique ; le totem, l'élément cosmologique ; le nom-qui les résume tous avec force et concision- l'aspect social (...). Il représente le corps quand il en traduit la force ou l'altitude ; l'âme, quand il est peint de qualité ou de défaut, le totem, quand il connote les participations entre moi et le reste des choses. Mais avant tout, il situe l'homme dans l'espace-temps socialisé du groupe : il est le signe de sa situation, de son origine, de son activité, de ses rapports avec les autres. Il révèle l'être du porteur, de sorte que le prononcer, c'est agir sur celui-ci, le provoquer, le contraindre à une action, le confisquer dans un état, bref, le situer dans un monde des forces »[952]. Comme il est la matérialisation de la contraction du temps et de l'espace, le nom révèle aussi le privilège du nomenclateur, du verbe et de la parole[953]. Il est par essence le lien qui lie l'homme africain à son ancêtre et à l'ontologie première ou méta-ontologie. Toute chose qui relève à la fois du processus même de son identification, et valide la crédibilité de ce qu'il va dire dans ses circonstances données. Ceci se lit en vertu du code de l'oralité. Ce rattachement à l'ancestralité est la preuve que l'on doit son existence et même son identité, à ses ancêtres. Mieux encore cette solidarité a un caractère quasi divin, puisque l'on accède à la divinité par le lien établi par ceux qui sont déjà morts. Ils ne sont pas des dieux, mais sont une sorte d'interface entre le divin et les vivants, sous condition d'une vie vertueuse. Cette interférence n'est pas seulement une relation à cause de la mort, mais, une interférence liée à la définition même de l'ordre présocial, l'ordre mythique. L'ordre qui est à la base de la cosmogénèse et par extension de la cosmogonie. Dans ce contexte, la mort n'a rien de définitif,

---

Cité par OBENGA (Théophile), in, La philosophie africaine de la période Pharaonique 2780-330 avant notre ère, Op. Cit, pp. 180 et s.

[951] Cf. KALAMBA NSAPO, *Théologie Africaine, les grands courants de pensée de l'antiquité au XXIe siècle*, col. Sciences égyptologiques et développement (CSED), Op. Cit., p. 27.

[952] Cf. THOMAS, L. V. et LUNEAU, R., *Les religions d'Afrique Noire. Textes et traditions sacrés*, Paris, Fayard-Denoël, 1969, p. 29. Cité par KALAMBA NSAPO, *Théologie Africaine*, les grands courants de pensée de l'antiquité au 21e siècle, col. Sciences égyptologiques et développement (CSED), Op. Cit., p. 27.

[953] Dans la cosmogonie africaine, « le nom n'est donc pas une simple étiquette ni un numéro d'ordre dans le fiché de la cité. Il est cette parole qui est l'homme et à l'audition de laquelle l'homme répond présent et qui l'engage bien plus que sa simple signature ». Cf. BIMWENYI-KWESHI, *Discours théologique, problème des fondements*, Paris, présence africaine, 1981, p. 519. Cité par KALAMBA NSAPO, Théologie Africaine, les grands courants de pensée de l'antiquité au 21e siècle, col. Sciences égyptologiques et développement (CSED), Op. Cit.

parce qu'à vrai dire, « *les morts ne sont pas morts* »[954]. Cette métaphore ne signifie pas que la mort physique n'existe pas. Mais, il signifie qu'en Afrique, en vertu du cycle continu de la vie, cycle conçu par les peuples éthiopiens[955], la vie est un cycle complet et la mort une étape de la vie[956]. Voilà pourquoi, l'ordre ancestral est de programmation, qui à bien des égards, se confond soit à l'ordre cosmique, soit à l'ordre divin. Transitoire surtout parce qu'étant un prélude pour la vie cyclique entre la terre, et l'au-delà[957]. Mais c'est aussi la manifestation de ce que LABURTHE-TORA appelle « l'expérience d'arrière-mondes présents continument et parfois sensibles[958] ». Voilà pourquoi, le Bê pense que « un tribunal d'une compétence supérieure existe dans le royaume des ancêtres pour récompenser la vertu et punir l'injustice. Certaines chansons funèbres traduisent éloquemment ce sentiment : notre maison, notre pays, c'est le séjour des morts. Une félicité nouvelle attend celui qui a fait preuve de tant de docilité. (…) cet homme n'a jamais fait de mal dans la vie ; daigne le recevoir en une place paisible »[959]. Et ce caractère cyclique de la vie fait que, du point de vue de la superposition, ce cycle forme un tout. Et se confond de ce fait avec l'ordre cosmique. C'est donc cette totalisation qui préside à la solidarité des différents maillons de la chaine de vie. L'ordre cosmique, l'ordre politique et l'ordre ancestral. La solidarité des vivants envers les morts entre dans cette dynamique et se manifeste ainsi par exemple, par des cérémonies et cultes rituels voués aux morts. C'est notamment le cas dans la région de l'ouest Cameroun, notamment chez les Bamiléké. Il n'est pas aussi rare, que la solidarité des vivants envers les morts se manifeste par le don des cadeaux et autres présents, que l'on vient déposer à la tombe.

Mais la simple descendance des vivants semble insuffisante pour fonder la plénitude ce lien quasi indéfectible, qui lie, dans la cosmogonie traditionnelle

---

[954] Cf. BIRAGO DIOP (1906-1989), *Le souffle des ancêtres*. Écrivain sénégalais d'expression française, qui rendit hommage à la tradition orale de son pays en publiant des contes, notamment, *Les Contes d'Amadou Koumba*. Il y'a aussi *La Plume raboutée* et quatre autres volumes de mémoires de 1978 à 1989. « Ceux qui sont morts ne sont jamais partis: Ils sont dans l'Ombre qui s'éclaire Et dans l'ombre qui s'épaissit. Les Morts ne sont pas sous la Terre: Ils sont dans l'Arbre qui frémit, Ils sont dans le Bois qui gémit. Ils sont dans l'Eau qui coule, Ils sont dans l'Eau qui dort, Ils sont dans la Case, ils sont dans la Foule : Les Morts ne sont pas morts ».

[955] Par peuple éthiopien ici nous désignons les peuples de la vallée de l'Homo, la région qui va des grands lacs jusqu'au Nil. Région connue de notoriété comme étant le lieu de la parution de la vie humaine, et qui de ce fait confère à l'Afrique son statut de berceau de l'humanité et de la civilisation.

[956] Cf. EFFA (Gaston-Paul), *Le dieu perdu dans l'herbe,* pp. 87-89.

[957] Lire à ce titre par exemple le mythe d'HORUS. In, DOUMBI –FAKOLY, *Horus, fils d'Isis, le mythe Osiris expliqué,* Op. Cit.

[958] Cf. LABURTHE-TORA (Philippe), *Les Seigneurs de la forêt*, Op. Cit.

[959] Cf. KOMLA AGBETIAFA, *Les ancêtres et nous. Analyse de la pensée religieuse des Bê de la commune de Lomé*, Op. Cit. pp. 87-88.

africaine, les vivants et les morts. Et pour s'en convaincre, écoutons ce qu'affirme à ce propos BIRAGO DIOP[960], spécialiste de la tradition orale africaine :

... Le Buisson en sanglots, C'est le Souffle des Ancêtres.
Il (le souffle des ancêtres) redit chaque jour le Pacte,
Le grand Pacte qui lie,
Qui lie à la Loi notre Sort,
Aux Actes des Souffles plus forts Le Sort de nos Morts qui ne sont pas morts,
Le lourd Pacte qui nous lie à la Vie.
La lourde Loi qui nous lie aux Actes...

En fait des propres mots du poète sénégalais, le souffle des ancêtres « redit chaque jour le pacte, le grand pacte qui lie, qui lie à la loi notre sort... ». Ce grand pacte dont parle le poète est le pacte de la solidarité, elle-même fondée sur l'adjonction des sphères individuelle, sociale et cosmique. La grande loi universelle, loi qui fonde la transcendance des principes. La loi qui lie les vivants, les vivants et les morts, mais aussi les vivants et le reste de l'univers. Ce que d'aucuns qualifieraient d'emblée d'animisme. Une loi synonyme de rectitude, de vérité, et de justice. Au plan social, cette loi fonde la communauté, par l'entremise de la dette sociale. Il s'agit d'une dette en circulation. Mais au-delà de la substance même de la dette, il se trouve qu'au-dessus de celle-ci, se dégage un principe transcendant, une loi de notre sort : « La lourde loi qui nous lie aux Actes », le code de l'oralité. Les actes ne sont donc pas en soit, un élément à part, de la rationalité coutumière, mais une conséquence d'une finalité première, d'une loi transcendantale : la lourde loi. Il semble donc fondamental d'éviter de confondre l'essence, de la conséquence. La loi est l'essence, et les actes, les pratiques en sont la conséquence.

En second lieu, il faut le noter, cette solidarité des vivants envers les morts vise aussi à ne pas rompre le cycle de la vie. Cycle qui part de la nature à l'individu, de l'individu à la société, et de la société à la nature. C'est du moins, à notre sens, ce qui justifie la place capitale du recours à la fois à l'ancestralité et aux morts. De ces trois aspects se dégage aisément la nomenclature de la partition en trois sous ordres du code de l'oralité, en trois cycles d'égale importance : l'ordre individuel, l'ordre social et l'ordre cosmique. La solidarité implique ainsi à la fois les dynamiques internes à chaque sous-ordre, mais aussi, l'interconnexion des différentes composantes

[960] Cf. BIRAGO DIOP (1906-1989), Le *souffle des ancêtres, ibid.*

de l'ordre global[961] ; comme le témoigne la solidarité des morts à l'égard des vivants.

2- Solidarité des morts à l'égard des vivants

Entre la vie et la mort, se joue un drame[962]. Mais il n'existe pas, à proprement parler de césure du fait de l'interconnexion du cosmo et des êtres humains[963]. Pour Grégoire KOLPAKTCHY, la séparation de l'ordre positif et de l'ordre métaphysique est le fruit des idées de la renaissance. L'auteur ne conçoit guerre cette rupture comme un gain. Surtout, avec la platitude rationaliste, l'irrationnel est un véritable contre poids. Cette rupture est plutôt vécue comme une régression de la mentalité translogique à la mentalité logique[964]. Aussi pense-t-il : « Le désordre et chaos de la vie moderne, avec sa cacophonie et sa laideur, proviennent de l'incompréhension du phénomène de la mort. Par l'effet de cette ignorance, une douloureuse existence se trouve dépourvue de toute signification, de toute profondeur métaphysique. Car aussi paradoxal que cela puisse paraître, c'est le phénomène de la mort qui octroie à l'existence sur terre son sens profond, son poids spécifique »[965]. Dans la cosmogonie africaine, les morts occupent une place privilégiée[966]. Ainsi par exemple, « le défunt parle de lui-même tantôt à la première, tantôt à la deuxième ou à la troisième personne. Il est vieillard et nouveau-né, plante, disque solaire, dieu unique. Il implore le secours des divinités, et leur promet sa protection. Aucune nécessité cosmique, logique, spirituelle ne lie le défunt : il est maître de sa destinée. Il crée la parole de sa bouche ; par un effort de sa volonté magique, il atteint la toute-puissance divine. Il sent que rien ne lui résiste, car il vit dans l'éternité »[967]. Et du fait de ce privilège et du culte qui en résulte. Il est de ce fait logique que l'ancestralité fonde la sacralité. Cette sacralité se manifeste en toute chose. Tout évènement ou phénomène fait corps avec l'esprit de rectitude qui a guidé les anciens. Ainsi par exemple, cette

---

[961] Cf. BILOLO M., Les cosmo-théologies philosophiques de l'Egypte antique. Problématique-prémices herméneutiques et-postulats majeurs. L'ordre global est fondé sur l'unicité et le paradoxe de l'Un. « L'Un est un être paradoxal. Pour comprendre la profondeur de son mystère, il faut apprendre à le penser à travers les paradoxes ». Les paradoxes les plus évoqués sont : polyonyme vs. Sans-nom/ ineffable ; poly forme vs. Amorphe ; visible vs. Invisible/ caché ; présent vs. Absent ; proche vs. Lointain ; accessible vs. Lointain ; accessible vs. Inaccessible ; Un vs. Trois ; immanent vs. Transcendant ; connu vs. Inconnu/ mystérieux ; etc. Op. Cit. p. 174.

[962] Cf. MVENG (Engelbert), L'Afrique dans l'église, Paroles d'un croyant, Op. Cit., p. 42.

[963] Cf. BISSEGUE (Victor), *Le legs des pygmées du berceau nilotique à l'Egypte*, Harmattan, 2018, pp. 65 e s.

[964] Cf. KOLPAKTCHY (Grégoire), *Livre des morts des anciens égyptiens*, Op. Cit. p. 29.

[965] Ibid., p. 30.

[966] Cf. BIRAGO DIOP (1906-1989), Le *souffle des ancêtres, ibid.*

[967] Cf. KOLPAKTCHY (Grégoire), *Livre des morts des anciens égyptiens*, Op. Cit. p. 18.

permanence des esprits en toute chose, est qualifiée d'animisme par les spécialistes des religions révélées. Si les esprits sont présents partout, c'est justement parce que les vivants en ont besoins. Les ancêtres ont une dette à l'égard de leurs descendants.

Cette dette s'analyse comme un moyen de protection et d'assistance. Comme chez les Bamilékés, avec le culte des crânes. Cette protection et cette assistance s'analyse dans la matérialisation du pacte dont le poète DIOP décline la substance. Ce pacte crée une véritable relation dialectique et syllogistique. Du point de vue de l'obligation des ancêtres envers les vivants, la notion fondamentale ici, semble être la protection. Il s'agit tout d'abord d'une protection physique, protection s'analysant comme un rempart contre tout esprit maléfique, contre tout sort et même contre certaines maladies. Les institutions familiales, claniques et communautaires sont fondées sur cette réalité. Voilà pourquoi, des rituels sont généralement organisés pour solliciter cet apport des ancêtres. Il en va ainsi de la pratique des « *Bechek* » pour conjurer tout sort, toute maladie maléfique chez les Bafia.

Il s'agit aussi d'une protection matérielle. S'analysant comme la nécessaire protection de la terre ancestrale, d'abondance des récoltes, et dans une certaine mesure on réclame qu'ils contrôlent la pluie. Le cas échéant, on exige d'eux qu'ils fassent tomber d'abondantes pluies pour les récoltes. C'est cette solidarité qui fonde les caractères communautaires et sacré de la coutume. Bien plus, cela témoigne surtout de la complétude entre le culte des ancêtres et en fin de compte, l'ordre cosmique lui-même. À ce propos, le Professeur OBENGA écrit que sur ces questions essentielles de mort, d'immortalité, de vie dans l'au-delà, d'éthique, de force vitale cosmique, de conduite humaine sur terre, de jugement, de tribunal au séjour des morts. « L'Egypte pharaonique survit encore, ici et là, en Afrique noire profonde, par les rites agraires, les cultes aux morts, les cérémonies aux ancêtres divinisés, les conceptions essentielles sur la vie sociale et communautaire, sur la mort, l'au-delà, sur l'ordre cosmique[968] ». Abondant dans le même sens, il affirme que : « La morale égyptienne, pharaonique, est encore palpable, en tous ses aspects fondamentaux, au sein de maintes sociétés négro-africaines modernes qui perpétuent ainsi un héritage éthique multimillénaire, sur cette terre des hommes[969] » de ce fait, « l'Egypte antique permet de comprendre le présent négro-africain en ses racines caractéristiques ; de même et toujours, les sociétés négro-africaines vivantes, déjà touchées par d'autres valeurs (spirituelles, idéologiques, morales, etc.), recèlent en elles bien des modes de vie archaïques qui renvoient en ligne directe à la vallée du Nil égypto-nubien.

---

[968] Cf. OBENGA (Théophile), *La philosophie africaine de la période Pharaonique 2780-330 avant notre ère*, Op. Cit., pp. 182-183.
[969] Ibid. p. 183.

Le rituel pharaonique, au sens large, n'est pas encore mort : il survit en Afrique noire profonde »[970].

En faisant une analogie avec le code de l'oralité, code des vertus cardinales, dans ces trois composantes, que sont l'individu, la société et le cosmos, il va sans dire que la référence à l'ancestralité est à inscrire dans le registre cosmique. Ce registre qui est à la fois la source et le réceptacle de la vie, et de la juridicité, à travers l'ordre cosmique transcendantal. En vertu de cet ordre, le principe de la solidarité induit que l'ordre social est solidaire de l'ordre individuel et de l'ordre cosmique. C'est le même ordre. Cette conception de l'ordre comme un tout indivisible est à l'opposé de l'ordre étatique où une nette démarcation est faite entre ce qui relève de la morale. Ce qui relève du droit positif, et ce qui relève des préceptes du droit naturel, toujours mis à l'écart. Ici, il y a donc balkanisation des trois ordres, et surtout affirmation de la transcendance et de la complétude de l'ordre positif dont l'État est le seul garant. Ainsi, autant l'individu, que la nature, se trouvent dessaisis. D'où la désolation et les solutions de l'impasse que produit cet ordre terrestre désincarné. Par opposition au cachet de vérité, d'intégrité, de beau et de pittoresque que révèle la société coutumière[971]. Est-ce la raison pour laquelle la Constitution du 18 janvier 1996 reconnait et protège les valeurs traditionnelles ? Rien n'est moins sûr.

II. Les implications du principe réparateur

S'il est vrai qu'au sens de la protection de la communauté, la solidarité est un principe vital pour la survie du groupe (A), il n'en demeure pas moins vrai que de nos jours, on assiste à l'édulcoration de ce principe (B).

A. Les implications en temps normal et en temps de crise

L'obligation « de solidarité doit exister vis-à-vis de tous ceux qui, dans la famille humaine ont besoin de secours. Refuser la solidarité, s'en détourner, c'est revenir à l'égoïsme qui est la porte ouverte à toutes les violences[972] ». Cette solidarité concerne au premier chef la dynamique communauté-individu (1), et en retour, la nécessaire protection du groupe par les membres de la communauté d'individus (2).

---

[970] Ibid.

[971] Cf. KOMLA AGBETIAFA, *Les ancêtres et nous. Analyse de la pensée religieuse des Bê de la commune de Lomé*, Op. Cit.

[972] Cf. EFFA (Gaston-Paul), *Le dieu perdu dans l'herbe,* Op. Cit., p.106.

1- La dynamique communauté-individu

Le principe de la dette est un principe réparateur. Il est réparateur parce que sa fonction première est de maintenir l'unité solidaire du groupe, de la communauté. Mais au-delà même de cette fonction première de type basique, le principe réparateur est un élément de structuration de l'ordre, au même titre que ses devanciers. Ce principe établit une véritable relation d'harmonie et de réciprocité entre les membres de la communauté[973]. Ainsi, les paroles du sage MENGISA ABEGA ESOMBA[974] sont assez illustratives : « Entre nous, il y avait de l'amour. Nous luttons contre les autres, mais il y avait l'amour à l'intérieur de notre lignage. Il y avait beaucoup de bonnes choses dans nos habitudes d'autrefois : ainsi, quand tous les membres influents d'un même lignage arrivaient à s'entendre sur une chose, un but, très fermement, ils tendaient tous à la fois à la réaliser. Nous avions comme principe la concorde : même si nous avions des palabres le matin, le soir nous devions nous réconcilier : il ne subsistait pas de rancune entre frères. Il y avait des élans et des compétitions de générosité parmi les gens : par exemple, un seul homme appelait tous les siens pour un grand repas, pour une fête où il sacrifiait facilement 5 moutons en disant : si je dois mourir un jour, j'aurais du moins commencé par vous dire adieu avec ce repas. D'ailleurs, les repas privés n'étaient guère en usage : dès qu'un homme prenait du gibier, il le dépeçait et en envoyait des morceaux à tous ses frères, ou alors il faisait tout cuire, mais les invitait tous chez lui. Maintenant cela ne se fait plus ». Ce principe véhicule une idée basique simple à énoncer. L'individu vient au monde à l'intérieur d'un groupe donné et il grandit et vit dans ce groupe qui l'a vu naitre. Cela ne sous-entend pas que l'individu n'existe pas. Mais cela signifie que pour avoir une existence épanouie, il doit pouvoir composer avec les autres éléments indispensables pour son épanouissement global. Ce sont à la fois son harmonie avec sa communauté et les forces cosmiques, qui participent de la construction de l'ordre inclusif. La communauté et non pas l'avoir matériel, est donc la condition du bien-être individuel et collectif. Ici, la notion d'espace publique prend tout son sens. Tout comme la notion de bien publique, de gestion de la propriété et de régulation sociale. A l'heure où la corruption et les détournements des deniers publics sont décriés, le recours à ses principes traditionnels et multimillénaires ne serait-il pas salutaire pour le Cameroun en particulier et l'Afrique en général ? La destruction du socle traditionnel est sans aucun doute un handicap à la formation de l'individu, du citoyen et des

---

[973] Cf. ABOUNA (Paul), *Le pouvoir de l'ethnie – Introduction à l'ethnocratie*, l'Harmattan, 2011, 131p.

[974] Cf. LABURTHE-TOLRA (Philippe), *Les seigneurs de la forêt – Essai sur le passé historique, l'organisation et les normes éthiques des anciens Béti du Cameroun*, Paris, L'Harmattan, 2009, p. 388.

dirigeants[975]. Le principe de la dette aux côtés des principes de la circulation et de la multiplicité devrait aider à repenser la conception même de l'intérêt général et la promotion d'une véritable éthique républicaine, parce que la république semble avoir remplacé selon toute vraisemblance, ou selon la perspective d'une logique purement binaire, la communauté traditionnelle. Même si au demeurant, république et communauté traditionnelle ne sont pas à incompatibles, selon la perspective communautariste. L'avenir réside donc non pas dans l'alternative, mais dans la pensée globale, une sorte de reconstitution des communautés républicaines et la promotion d'une élite non plus purement individuelle, mais pétrie des valeurs traditionnelles. Tout comme le confucianisme forme la mentalité de l'élite chinoise.

2- La protection du groupe

La solidarité est dictée par le principe communautaire. La « solidarité c'est le fait d'être les uns avec les autres[976] ». C'est un principe de relation, de corrélation. Cette conception en Afrique peut être historique et couvrir les périodes de paix et les périodes de trouble. De ce fait, le souci de protection du groupe ne date pas d'aujourd'hui. Ainsi par exemple citons la guerre entre l'Egypte et les royaumes Hittites. Comme le témoigne le « traité de paix entre RAMSES II et le roi des Hittites HATTOUSIL, conservé aussi bien dans sa version hittites qu'égyptienne[977]» en fait c'est le tout « premier traité diplomatique international de l'histoire du monde dont le texte nous est parvenu. Il est daté avec précision de la 21è année de règne le 1er mois de la saison de la germination, le 21e jour (donc dans la première quinzaine de décembre sous la majesté du roi de Haute et de Basse Egypte, OUSERMAÂTRÊ – SETEPENRÊ, fils de RÊ, RAMSES-aimé d'AMON »[978]. La protection du groupe est donc un impératif. Elle revêt ici un caractère diplomatique, lorsqu'elle est tournée vers l'extérieur.

Mais à elle seule, cette protection ne suffit guère. Pour ce qui est de l'empire, cette protection est au plan interne multiforme. Elle peut être soit économique, soit sociale, soit politique. Au plan économique et social par

---

[975] Qu'il soit fondé sur l'éthique ou la religion, le socle de la morale civique semble ne pas produire les résultats escomptés. D'où la déliquescence de l'ordre républicain fondé sur des préceptes exogènes. Doit-on le rappeler, la morale est un champ de méditation purement occidental, dont le théoricien le plus attitré est Emmanuel KANT. Ce champ d'investigation repose sur l'idée de la métaphysique du bien en soit. Il est secondé par la morale civique et la morale religieuse. Sauf que l'interaction entre les trois champs de méditations citoyennes n'est pas clairement établie.

[976] Cf. EFFA (Gaston-Paul), *Le dieu perdu dans l'herbe* : Op. Cit. p. 104.

[977] Cf. OBENGA (Théophile), *La philosophie africaine de la période Pharaonique 2780-330 avant notre ère*, Op. Cit., p. 446.

[978] Ibid. Lire l'extrait du traité entre les Hittites et RAMES II, pp. 445-446.

exemple, l'hypothèse d'école ici est le décret de PEPI Ier, dit « décret de DAHSHOUR ». Ce texte concerne l'exemption de la ville des deux pyramides de tout impôt ou corvée. Ainsi peut-on lire : « Le roi de la Haute et de la Basse Egypte SNEFROU dans les deux pyramides Kha- SNEFROU. Ma Majesté a ordonné que ce domaine des deux pyramides soit exempté en sa faveur de l'exécution de tout travail de construction de la maison du roi, pour toute l'éternité... de toute corme sur ordre de qui que ce soit, pour toute l'éternité...ma majesté, a fait exempter cette ville de deux pyramides de ces charges afin (d'assurer) le service des prêtres, la célébration des fêtes mensuelles, l'accomplissement de rites pour le roi... »[979].

Pour ce qui est de la protection juridictionnelle, elle s'inscrit dans la logique de structuration de l'espace public. Elle concerne aussi bien le harem royal que les simples citoyens. Parlant du harem royal par exemple, « sous la VIe dynastie, c'est-à-dire à la fin de l'ancien empire (2280 av. notre ère), cet extrait de l'autobiographie d'un haut fonctionnaire du nom d'OUNI, revêtu d'une importante charge, juge extraordinaire, rend compte d'un procès secret dans le harem royal contre l'épouse royale[980] ». Ainsi peut-on lire : « il y eut un procès en secret dans le harem royal contre l'épouse royale, grande favorite. Sa majesté fit que je m'y rende pour entendre seul (l'affaire), sans qu'il y eût là aucun vizir, ni aucun magistrat sauf moi seul, parce que j'étais capable, parce que j'étais bien implanté dans l'estime de sa majesté, parce que sa majesté avait confiance en moi. C'est moi qui mis le procès par écrit, étant seul, avec un seul juge alors que ma fonction n'était que celle de directeur des fermiers du palais. Jamais quelqu'un de ma condition n'avait entendu une affaire secrète du harem royal auparavant, mais sa majesté me fit entendre parce que j'étais capable dans l'estime de sa majesté, plus qu'aucun de ses nobles, plus que chacun de ses serviteurs, plus que chacun de ses fonctionnaires[981] ».

Sur le plan politique, à l'époque de l'Afrique impériale[982], la protection politique concerne principalement tout ce qui gravite autour de la personne et l'institution royale. C'est ainsi que le papyrus de Turin, dit « *papyrus de la conjuration* » (d'après Adriaan DE BUCK), informe que : « Le grand criminel, PAIBAKKAMEN, qui était (alors) grand majordome, il fut amené parce qu'il avait fait collusion avec TIYI et les femmes du harem ; il avait fait cause commune avec elle...pour fomenter une rébellion contre leur seigneur.

979 Ibid., p. 443.
980 Ibid., p. 442.
981 Extrait d'une inscription gravée dans la tombe d'OUNI à Abydos, VIe dynastie. Cité par OBENGA (Théophile), *La philosophie africaine de la période Pharaonique 2780-330 avant notre ère*, ibid., p. 442.
982 Cf. HARDY (Georges), *Vue Générale de l'Histoire de l'Afrique*, Op. Cit., pp. 4 – 40.

Et il fut amené devant les grands fonctionnaires de la cour d'enquête. Ils examinèrent ses crimes ; ils trouvèrent qu'il les avait commis ; ses crimes prirent possession de lui ; les fonctionnaires qui l'interrogèrent laissèrent sa peine s'attacher à lui »[983].

Avant la conquête islamique[984] et la pénétration européenne, le lien communautaire s'exprime par la coalition et les alliances de circonstance pour protéger le groupe. À ce propos, le témoignage d'un patriarche Béti rapporté par LABURTHE. *TOLRA* est édifiant : « Menguisa et Beti et Eton ont été créés frères par dieu ; ils lutèrent donc coude à coude sur la vive droite contre leurs ennemis Batchenga –Tsinga qui sont des Elip de la région de Yambassa »[985]. La protection du groupe s'exerce aussi par la recherche des espaces de vie, et des socles d'installation pérenne sur un territoire donné. Comme l'atteste l'histoire du peuplement du Sud Cameroun : notamment origine et les migrations des Béti[986].

De manière récente, cette protection du groupe est visible tant du point de vue ethnique et tribal, que du point de vue de l'empire. Au plan tribal, ces troubles pouvant venir soit, de l'intérieur, soit de l'extérieur du groupement humain. Lorsque ces troubles sont internes, ils ne posent pas de difficulté particulière, car les institutions sont prévues pour y apporter des solutions privilégiant la conciliation du groupe[987]. Mais avant même d'en arriver à la conciliation, à l'arbitrage du groupe, la communauté mise d'abord sur l'individu. L'individu à qui le code de l'oralité prône la probité, l'harmonie interne, la rectitude et l'exemplarité. Ce n'est que lorsque ce premier palier de protection sociale a fait défaut que la communauté se saisit pour rectifier la distorsion et restaure les équilibres en rupture. Comme le note Camille KUYU : « Dans le souci constant de maintenir la cohésion du groupe, il importe d'apporter à chacun, lors de la résolution des conflits un minimum de satisfaction. Cette volonté procède de la nécessité de renforcer les liens qui rattachent entre eux les individus au sein du groupe et en l'absence d'un principe de cohésion extérieur et supérieur, qui dans la société judéo-

---

983 Cf. papyrus de Turin, dit « papyrus de de la conjuration » (d'après Adriaan DE BUCK), Cité par OBENGA (Théophile*), La philosophie africaine de la période Pharaonique 2780-330 avant notre ère*, Op. Cit.

984 Cf. HARDY (Georges), *Vue Générale de l'Histoire de l'Afrique*, ibid., pp. 40 et s.

985 Cf. LABURTHE-TOLRA (Philippe), Les seigneurs de la forêt – Essai sur le passé historique, l'organisation et les normes éthiques des anciens Béti du Cameroun, Op. Cit. p. 91.

986 Ibid., pp. 40-126.

987 Cf. BIDIMA (Jean-Godefroy), « Philosophie et tradition dans l'espace public africain, Association Sens-Public, cahiers sens public », 2009/2 n°10, pp. 113-132. Voir aussi, BIDIMA (Jean Godefroy), *La palabre une juridiction de la parole*, édit. Michalon, ibid., p. 21.

chrétienne fut dieu puis l'État »[988]. Ainsi par exemple, chez les Bafia, l'inconduite d'un individu est synonyme de déshonneur, tant pour lui-même que pour sa famille. Voilà pourquoi, le code de l'oralité exige que devant une inconduite avérée, la famille est le premier rempart pour juger ses membres. D'où l'adage devenu célèbre : « Le linge sale se lave en famille ». Cette conception de l'ordre global n'est pas sans analogie avec l'ordre Osirien, la palabre des « dieux » et la consécration de la souveraineté de la déesse Maât pour dire la justice, l'ordre et l'harmonie ; notamment lors de la mise en jugement de Seth, à propos de la succession d'HORUS. C'est aussi le cas des institutions politiques, juridictionnelles, des sociétés secrètes ou encore des structures ritualisées dans la cosmogénèse africaine. Mais très souvent, les troubles viennent de l'extérieur. Ils prennent, soit la forme des conflits spontanés, ou même comme dans toute société humaine, ces troubles peuvent aboutir à des affrontements, voire à une guerre ouverte. Si l'interdiction ou le bris de l'interdiction sociale conduit très souvent à la mobilisation de la communauté, c'est généralement l'hypothèse de conflit armé qui traduit mieux l'application du principe de la dette sociale, dette envers la communauté. Ici le principe de la dette impose à tous les membres de la communauté de se mobiliser pour la défense du groupe. Déroger à ce principe, en pareilles circonstances, est synonyme de trahison et entraine un certain discrédit sur les membres « déserteurs ». Ainsi, à titre d'exemplification, à la suite du litige territorial et des affrontements y relatifs[989], de 1999, entre le village Bitang et le village Assala, tous les fils du village Bitang qui avaient fui les affrontements et sont allés se réfugier en ville ont eu des comptes à rendre à la fois, au niveau de la chefferie[990], et de chaque chef du Quartier. Mieux encore ils étaient devenus l'objet de la risée populaire, pour leur couardise et leur manque de solidarité et de bravoure. Ne sont concernés ici que les garçons et les hommes en âge de se battre, pour la survie du groupe. Il ressort de ces faits que la survie de la collectivité villageoise est un impératif, elle commande le cas échéant, que l'individu puisse, en tant que de besoins,

[988] Cf. KUYU (Camille), « Les institutions de la démocratie et de l'État de droit. Point de vue anthropologique, symposium international de Bamako, 2000, cité par NGANDO (Blaise Alfred), « La peine de mort, l'idée chez les Bantu », in, *La Nouvelle Expression*, n° 4586 du 20/10/2017, Op. Cit.

[989] Le village Bitang fait partie de l'arrondissement de Kiiki et le village Assala fait partie de l'arrondissement de Bokito. Les affrontements de 1999 étaient relatifs à la querelle des limites territoriales de chaque collectivité territoriale. Ses affrontements ont fait au total 3 morts du côté des Bitang et on n'a pas eu de chiffre exact de la part des représentants des autorités du village Assala. Ce litige entraina la descente sur le terrain du gouverneur de la région du centre Monsieur Oumarou KOUE plus au mois de mai 1999.

[990] L'hypothèse d'école ainsi est celle de BEPE A BIABEGOURA, cultivateur de renommé du village Bitang. Il fut condamné par le chef et le conseil de notable à payer une amende substantielle et à donner aussi du bétail en guise de compensation.

lui consacrer ou lui sacrifier la vie. Chaque homme étant un potentiel soldat, qui sans jurer honneur et fidélité à sa collectivité, n'est pas moins engagé en vertu du principe même de la dette. La dette de l'individu envers sa communauté d'origine.

La logique ici décrite est celle des sociétés lignagères. Mais en vertu du principe de la juxtaposition, et même de superposition, cette logique peut être relativisée. Surtout lorsque la société devient plus ou moins centralisée, et appelle de ce simple fait, une organisation spécifique et contextualisée. Mais tout compte fait, la logique de la totalisation neutralise à coup sûr les effets induits par la verticalité outrancière, et de nature à égarer l'œil non initié à une véritable herméneutique juridique des sociétés de tradition ; et fait transparaitre de ce simple fait, le fond commun, une certaine stabilité structurelle. Et c'est cette stabilité qui est notre file d'Ariane pour une lecture en diagonale des sociétés traditionnelles indépendamment de leur localisation géographique et de la reterritorialisation du code de l'oralité, en fonction des circonstances de lieu. Mais du fait même de la rencontre des rationalités pendant la colonisation, de la domination des épistémès, de la logique occidentale, et mieux encore des clichés et pseudo certitudes qui tel un halo de brume nimbe cette réalité première, le dépérissement de ces principes premiers structurant la dynamique coutumière, le code de l'oralité, la voie, est entamée.

B. La destruction contemporaine du principe de la dette

La communauté traditionnelle ayant été dessaisie, tour à tour, par les différents régimes coloniaux et par le nouvel État indépendant. Il ressort de là une certaine disparition de ce qui était autre fois les idéaux de la vie traditionnelle. A l'instar du principe de la circulation, du principe de la dés-essentialisation, le principe de la dette a pratiquement disparu. Seule, la révolte paysanne au sein de nos campagnes le fait encore exister. Mais même dans ce contexte, son expression est réduite au minimum. Cela est dû à la substitution des modèles de société et au remplacement de la collectivité coutumière par l'État. Ce remplacement s'accompagne de la promotion du catéchisme des droits de l'homme, de la protection des libertés individuelles, de la démocratie occidentale et condamnation quasi unanime des institutions et des règles coutumières au nom de ces idéaux. Tout se passe comme si, la vocation des coutumes était de se conformer à ces idéaux dits de la modernité. Il y a manifestement là, une double méprise. La première consiste à lire la société traditionnelle africaine en se plaçant dans les canaux de la pensée occidentale. La seconde méprise réside dans la confusion des genres analytiques. Cette confusion des genres elle-même est le résultat de l'absence d'un point culminant d'observation, d'une ligne de crête symbole de la neutralité axiologique. La base étant donc faussée, il n'y a rien d'étonnant que le résultat soit édulcoré, demeurant in fine sujet à caution.

À ces idéaux, il est indispensable de joindre la promotion de la propriété privée et de son pendant logique l'individualisme exacerbé. Dans un tel contexte, la dette a disparu. Le moins qu'on puisse dire est que la solidarité est absente. Le nouveau contexte est celui d'une compétition exacerbée pour l'affirmation du moi, la réussite individuelle, et ceux à tout prix. Dans une telle perspective, comment définir ou redéfinir la citoyenneté, et le rapport citoyen ? Une citoyenneté au service de l'Etat et ce, sans renoncer aux particularismes communautaires. Et au regard de la crise de l'État de droit libéral, et de ses hypostases de la rationalité juridique, il est plus qu'indiqué de repenser le rapport à l'autorité et à la gouvernabilité de nos sociétés. Ce faisant, éviter les dérives de la rationalité juridique[991]. Repenser le droit sur les bases de la pensée locale. Par exemple, voir comment le principe de la dette peut aider à redéfinir la légitimité. Une légitimité à la fois communautaire, étatique et transcendantale.

Conclusion : Ce chapitre a tenté, au moyen de l'apport de la philologie historique et comparée, de monter le fonctionnement de la société coutumière dans ses fondements. D'où la référence notamment au préalable égypto-nubien, et des multiples ailleurs territorialisés. Cela participe de l'effort de cerner la dynamique normative propre aux sociétés coutumières. Pour ce faire, il a fallu inverser la démarche juridique habituelle. C'est-à-dire s'abstenir de partir des catégories juridiques pour définir le réel. Ici, c'est le réel qui permet de définir les catégories ; du moins en partie. En établissant autant que faire se peut, les principes directeurs qui président à l'organisation sociale des sociétés coutumières d'Afrique noire[992]. Est ainsi élaborée, une contre méthode[993] au moyen d'une double technique : le recours à *l'oralistique, à*

---

[991] Cf. OST (François), LENOBLE (Jacques), Droit, Mythe Et Raison : Essai sur la dérive mythologique de la rationalité juridique, Op. Cit.

[992] Cf. OUMAR KANE, « Épistémologie de la recherche qualitative en terrains africains : considérations liminaires ». L'auteur note que, «*il faut rester attentif à la reconduction par trop globalisante opérée par une problématique qui définit pour terrain un continent dans son entier. La première précaution opératoire est de préciser de quelle Afrique il est question pour éviter de tomber dans la généralisation indue des résultats de la recherche d'un terrain spécifique à un continent dans son ensemble. Une trop grande importance est souvent accordée à l'homogénéité du continent, oubliant des sociétés africaines hétérogènes entre elles et ouvertes à de nombreuses influences extérieures. Pour certains auteurs, cette nécessité de limiter le terrain ou l'objet n'interdit pas de replacer la recherche dans un ensemble plus vaste car la catégorie « Afrique » garde encore une certaine pertinence une fois prises les précautions méthodologiques initiales de circonscription de l'objet de recherche »*. Op. Cit., P. 154.

[993] Cf. FEYERABEND (Paul), Contre la méthode, esquisse d'une théorie anarchiste de la connaissance, Seuil, 1988, 349p.

*l'*étude de la tradition orale, et à la collecte des données sur le terrain à travers l'enquête et les entretiens avec les acteurs de premier plan. L'intérêt et la portée d'une telle démarche résident un peu plus loin. Il s'agit d'abord de reconstituer méthodiquement le référentiel normatif traditionnel. Référentiel qui se trouve éclaté, entre les contes, les maximes, les épopées, les chants fables, et les autres instruments de l'initiation à la tradition orale[994]. Selon qu'on enseigne aux enfants, aux adultes, à une communauté donnée ou à la société globale. Il s'agit aussi, d'établir une filiation juridique entre la coutume et son berceau historique d'éclosion, de démontrer que l'on peut se dégager, de temps en temps, de l'emprise exercée sur les coutumes par les concepts, catégories juridiques étrangères inaptes à traduire son contenu, d'un point de vue analytique. Ainsi, les principes organisateurs de l'ordre primordial, et ses hypostases que sont, les principes de la multiplicité, de la circulation et le principe réparateur de la dette permettent d'établir le renouveau de la lecture de la coutume. Mais aussi la compréhension des sociétés coutumières, voire leur épine dorsale, la quête de la vérité, la justice, l'ordre l'équité, le bien, et l'harmonie. Ceci étant, l'on devrait explorer les nouvelles voies de recherche fondamentale, de systématisation, de catégorisation, et d'analyse des coutumes. Ainsi, si l'on ne peut pas cerner la coutume par les concepts et les catégories juridiques romaines, ne convient-il pas de chercher cette compréhension du côté des principes qui organisent et structurent la rationalité coutumière ? À titre d'exemplification, le principe de la circulation permet de mieux cerner la propriété foncière traditionnelle, et de mieux comprendre sa rationalité propre au-delà du concept civiliste de la propriété[995].

---

[994] Cf. DIKA AKWA, Nyambéisme : pensée et mode d'organisation des négro- africains, thèse en microfiches, Paris VII, 1986, Pp. 14 et s. cité par MBONDE MOUANGUE (Auguste Léopold), *Pouvoir et conflit dans Jèki La Njambé, une épopée camerounaise*, L'Harmattan, 2005

[995] Cf. art. 544 du code civil de 1804.

CHAPITRE 2

MATERIALISATION DE LA CRISE DU MODELE ETATIQUE : LES CONTOURS D'UNE CRISE DES HYPOSTASES DE LA RATIONALITE JURIDIQUE

Dans une étude riche d'enseignements, NORBERT ELIAS[996] analyse froidement la sociogenèse de l'État et de la psychogénèse de l'individu en occident. Ceci, à travers ce qu'il appelle le « processus civilisationnel »[997]. L'auteur explique le rapport entre la construction de l'État, à travers la loi des monopoles et l'autocensure des comportements humains, préalable à leur adhésion au sein de ce grand corps social. Cette dynamique dite de l'occident, retracée par ELIAS, est une lecture rythmée de la rationalité de l'instauration de l'État sur les cendres de la société féodale dessaisie.

En regardant attentivement les processus qui accompagnent l'instauration de l'État en Afrique, sous la colonisation et le couvert de la mission dite civilisatrice, il est donné de constater que, la logique est quasi identique. Non pas tant dans la forme parce que le pouvoir de l'État ne résulte pas de la conquête et de l'hégémonie d'une structure traditionnelle sur les autres, comme dans les féodalités de l'Europe du moyen âge, mais par les effets. Il s'en suit de là que, à la vieille dynastie de la société traditionnelle, vient s'imposer d'autorité une structure coloniale hiérarchisée : l'État, la nouvelle cour. Ceci passe par l'institution d'un monopole sur les structures traditionnelles, concomitamment dessaisies. C'est le processus de « curialisation »[998] des institutions traditionnelles. Cela est perceptible tant au plan statutaire, que fonctionnel. Il s'en suit de là une superposition non homogène et donc hétéroclite, à la fois des règles de conduite, des usages et coutumes. Il s'en suit aussi, une bifurcation des logiques du fait de la différence des épistémès résultats des visions de monde et des projets de civilisation opposés. D'où la crise de l'État et une crise de la société globale en quête de sens.

---

[996] Cf. NORBERT ELIAS, *La dynamique de l'occident*, édit. Pocket, 2003, 320p ; NORBERT ELIAS, *La société de cour,* édit. Flammarion, 2008, 330p ; NORBERT ELIAS, *La Civilisation des mœurs*, Pocket 2003, 512p.

[997] Cf. NORBERT ELIAS, *La Civilisation des mœurs*, ibid.

[998] Cf. NORBERT ELIAS, *La société de cour*, Op. Cit.

Cette crise est avant tout une crise du cadrage, de la définition des modèles, et une crise de la prescription. Cette crise est aussi et surtout une crise des solutions *Ad-Hoc* apportées comme palliatifs à la crise primaire. La question centrale, au-delà des manifestations de cette crise, est d'ordre des finalités. Autrement dit, cette crise est-elle la manifestation du rejet de l'État ou alors le processus de redéfinition d'un nouvel ordre, d'une société en recomposition ? Pour tenter d'apporter une réponse satisfaisante à cette question, il paraît loisible de présenter les composantes de cette crise plurielle dans ce qu'elle a de perceptible. Il s'agit notamment, de la crise de la loi (section I), et de la crise de la justice (section II).

Section I : L'hypostase légale rationnelle : la crise de la loi

La construction de l'appareil juridique et institutionnel de l'État s'accompagne de l'intégration sélective et conditionnée des coutumes, et des institutions traditionnelles locales. Ce décalage entre le modèle étatique détenant le monopôle de la normativité, et le modèle coutumier marginalisé, crée une certaine tension se déclinant dans l'opposition des légitimités. Il s'en suit un certain désordre normatif dont les causes sont connues (I) et les manifestations tangibles (II).

I. La cause du problème

Ces causes sont de deux ordres : les causes liées à l'historiographie récente de la construction de l'État (A), et les causes imputables à l'affirmation du paradigme comme système autoréférentiel (B).

A. Les causes liées à l'historiographie de la construction récente de l'État

Parmi les causes liées à la construction historique du paysage juridique camerounais, il convient de distinguer le processus de démocratisation (1) et la crise de la dette, préalable à la libéralisation récente des économies africaines (2).

1- Le mouvement de démocratisation

La construction de l'État au Cameroun obéit à une dynamique qu'il conviendrait de retracer, de comprendre les tenants et les aboutissants de la crise actuelle.

Avec la colonisation, l'on assiste à une naissance d'un nouvel modèle de structure politique et social. Ce processus marque le début de l'instauration d'une puissance fédératrice et centralisatrice des identités éparses. Cette centralisation se fait au moyen de la mobilisation de la force, du droit et de l'impôt. À l'accession à l'indépendance, la logique ne sera guère différente, puisqu'il s'agit de consolider les acquis de la colonisation par la création d'un sentiment d'appartenance national. En plus, la monopolisation des attributs de la souveraineté et le souci d'asseoir l'impérium du nouvel État indépendant conduisent à deux logiques distinctes. Mais au fond, celles-ci participent de la même exigence d'inféodation et de la minoration du droit local. La première logique est celle de la mise en place des institutions. Cette phase court pratiquement de 1960 à 1990. Elle se caractérise par la dynamique de la recherche d'une unité, à la fois politique et juridique. Elle se concrétise par les débuts un véritable maillage effectif du territoire à travers les institutions administratives, juridictionnelles, et sociales. La seconde phase concerne la restriction à la fois des libertés individuelles et des libertés politiques.

Dès 1990 et les décennies qui vont suivre, on assiste à un relâchement de la pression politique, à travers la rationalisation forcée de la pratique institutionnelle. Ceci, en la faveur des revendications démocratiques, de la promotion des libertés individuelles et collectives, consécutivement aux années dites de braise. Ces troubles vont favoriser la fin du parti unique de fait, le retour du multipartisme au Cameroun, et par-dessus tout le vent des conférences nationales souveraines en Afrique.

Ce processus de la démocratisation est une conséquence directe et logique de l'évolution de la politique internationale. Cette évolution due notamment à la fin de la guerre froide, la chute du bloc soviétique et le triomphe de l'économie du marché, vient en réalité ligoter l'action de l'État dans sa dynamique de la construction nationale. Rendant ainsi inachevé[999], le processus de la construction de la structure même de l'État. Désormais la mise en place des institutions manquantes se fera en dents de scie, bien évidemment sous le prisme du constitutionnalisme[1000], fut-il rédhibitoire, normatif ou

---

999 BATIBONAK (Paul), *Indépendance inachevées en Afrique, nous n'avons jamais été indépendants*, Harmattan, 2020, 264p.

1000 Cf. KEUTCHA TCHAQNGA (Célestin), « Droit Constitutionnel et conflits politiques dans les États francophones d'Afrique noire », *R.F.D.C.* (Revue Française de Droit Comparé) 2005/3, n°63, pp. 451-491.

encore idéel. Il en est ainsi de la réforme de l'administration de l'État ; la réforme du parlement, le bicamérisme parlementaire ; du parachèvement de l'État de droit libéral avec en prime l'avènement du conseil Constitutionnel. La contexture de rationalisation et de l'achèvement de la mise en place d'institutions devient délétère, parce que traversée par les intérêts individuels et partisans. Bref une véritable guerre de positionnement des élites, par l'entremise du jeu démocratique et des enjeux partisans et voire, des intérêts individuels. À ce paysage devenu baroque, vient encore se greffer la crise économique, consécutive à la crise de l'endettement.

2- La crise de la dette et la libéralisation de l'économie

Comme l'écrit MBEMBE Achille, la concomitance de la démocratisation et de « l'informalisation » de l'économie et des structures étatiques est un fait avéré. Selon l'auteur en effet, « au début des années 80, les mécanismes culturels et institutionnels qui rendaient possible l'assujettissement avaient atteint leurs limites. Par-devers le masque de l'ordre et de la loi et du théâtre d'État, un mouvement souterrain de dispersion graduelle du pouvoir était en cours. Cette évolution s'accentuait avec l'aggravation des contraintes liées au remboursement de la dette et l'application des politiques d'ajustement structurel. La menace d'insolvabilité générale pesant sur les économies ne se relâchant pas, l'effilochement s'est poursuivi tout au long des années 90, la crise prenant des formes parfois inattendues. Loin d'y mettre un terme ou de conduire à l'État de droit et à la « bonne gouvernance » escomptés par les institutions financières internationales, le double impératif d'ouverture politique et de libéralisation économique accentuera, presque partout, l'émasculation de l'État »[1001].

Le dépérissement de l'État en construction au Cameroun comme partout ailleurs en Afrique n'est donc pas seulement dû à la gouvernance politique. En fait, la déliquescence de l'État est d'abord due à la crise économique qui secoue le monde dès après le second choc pétrolier de 1973-1975. À ce choc pétrolier de la fin des années 1970, va suivre une véritable crise de la dette et l'amenuisement des moyens que pouvait mobiliser l'État-Léviathan dans sa logique développementaliste. Pour survivre, et au regard de la place qu'occupe le développement dans la construction de la *postcolonie*, l'État sera obligé de se tourner vers l'extérieur, pour trouver les moyens nécessaires à sa propre subsistance. Comme le note fort à propos KEUTCHA Célestin [1002] :

[1001] MBEMBE (Achille), « Esquisses d'une démocratie à l'africaine, entre coups d'État, élections reportées et mouvements sociaux », Op. Cit., p. 20.

[1002] Cf. KEUTCHA TCHAPNGA (Célestin), « Droit Constitutionnel et conflits politiques dans les États francophones d'Afrique noire », Op. Cit.

« La fragilité des économies a rendu les pays africains vulnérables aux exigences des bailleurs de fonds bilatéraux et multilatéraux, qui subordonnent désormais leur aide à la réalisation, entre autres, de conditionnalités économiques. Ainsi, la formule « moins d'État et plus de marché », pierre angulaire de la nouvelle politique économique, a imposé un réaménagement du rôlc de l'État qui, jadis, embrassait plus qu'il ne pouvait étreindre. Le mouvement de désétatisation des activités économiques et sociales qui en est résulté a affaibli les bases financières de l'État prédateur en portant atteinte à sa légitimité par rapport aux demandes sociales qui sont loin d'être satisfaites dans le contexte actuel ». Les conditionnalités économiques dont parle la hauteur s'analysent en termes de libéralisation de l'activité économique par le biais des privatisations. Cette dynamique impulsée sous la houlette des institutions de *Breton Wood*, vise officiellement l'instauration d'une discipline et d'une rigueur budgétaires. Par-dessus tout, elle conduit à l'aliénation de la souveraineté de l'État dans la conduite des politiques de développement. Et pourtant, c'est la promesse du développement et la construction de la nation qui légitiment même la construction du nouvel État indépendant. Cette idéologie participe de la marginalisation des structures locales, et du renoncement des structures de l'État. Mais par un effet pervers de la crise, il en résulte une tendance généralisée à la dérèglementation, au désengagement ou mieux à la désétatisation de l'activité économique. Ce qui, ne manque pas de délégitimer l'existence, voire la légitimité même de l'État. Surtout dans un contexte où, il a construit son autorité et sa légitimité sous l'effet mobilisateur de deux idéologies que sont d'une part la construction nationale et le développement économique. La crise de l'État de droit actuel ne saurait être comprise en faisant fi de cette réalité. Réalité faite de contradiction et même d'absence de cohérence dans la logique développementaliste. En fait, il en résulte aussi, comme un certain paradoxe entre l'affirmation du rôle directeur de l'État, en tant qu'acteur principal du développement et sa démission récente sous la contrainte des plans d'ajustement structurel.

Même les crises sociales qui en résultent, du fait à la fois de la crise de la dette et de la démission de l'État, sont une sorte de conséquence logique de cette ambigüité. La conséquence de la contestation de la légitimité et des monopoles que l'État s'est préalablement arrogé. Il va s'en dire, qu'il s'agit d'une crise de l'autorité de l'État et donc du fondement de son pouvoir. Sa défaite due à la fois à son incomplétude, dans la construction de sa structure vitale, de sa colonne vertébrale, de ses institutions et les contradictions de sa nouvelle tendance à libéraliser le marché global, au mépris même de la promesse préalable du développement dirigé à partir du haut, ne sont pas, de nature à assurer la quiétude des féodalités villageoises dessaisies. Il s'agit en réalité, d'une révolte de la société tout entière. Une société délaissée, et emprunte d'une décomposition de l'impérium étatique, et d'une dynamique de reconstruction et recomposition globale. Ceci se fait par l'entremise des rapports de force actuels. De ce point de vue, les crises de la loi, de la justice et même de la rationalité juridique sont en grande partie, les hypostases de cet état des choses.

En dehors de l'aspect juridique, les aspects économique et politique doivent être pris en compte. Tout comme l'est aussi la sociologie des conflits et de nombreuses guerres civiles qui secouent le continent. À ce propos, KEUTCHA Célestin [1003] écrit que : « Le passage du conflit politique au conflit armé apparaît alors comme l'un des seuls moyens efficaces pour essayer de changer l'ordre établi lorsque les dirigeants en place gèrent de surcroît à leur guise et sans contrôle les rares ressources disponibles de l'État, qu'il s'agisse de la richesse nationale ou des aides fournies par la Communauté internationale, en privilégiant au mieux leurs intérêts, sur des bases ethniques ou religieuses. La recherche de l'intérêt général, but ultime de la politique, est ainsi réduite à un système de prédation généralisée, au profit de quelques-uns et de leur clientèle ».

Mais il incombe principalement d'interroger la rationalité juridique et de sonder certes cette crise, à partir de ses fonds baptismaux, mais aussi d'analyser ses manifestations quasi ostentatoires.

B. Les causes inhérentes à l'autoréférentialité du paradigme

L'autoréférentialité du paradigme est la conséquence à la fois logique et nécessaire de la logique binaire qui irrigue la construction théorique du paradigme dominant (1), et de la circularité d'un système embrigadé dans un raisonnement en boucle (2).

1- Le paradigme et la logique binaire

La crise de l'État de droit et de la loi est aussi une crise de la rationalité. Ce qui sous-tend la construction scientifique du droit, et la prescription législative. Elle nait ainsi d'une différence des logiques au sein même du territoire de l'État. En effet, c'est la marque de l'identité négro-africaine, l'Afrique profonde, supposées rebelles aux théories et aux catégories occidentales. Catégories auxquelles renverraient une organisation de la société et une conception politique supposée spécifique. Avec en prime, des

[1003] Cf. KEUTCHA TCHAQNGA (Célestin), « Droit Constitutionnel et conflits politiques dans les États francophones d'Afrique noire » ibid.

institutions comparables à nulles autres, et de ce fait uniques en leur genre[1004]. « Impossible donc de comprendre quelque chose aux systèmes politiques africains(...) sans, nécessairement, passer par une analyse rigoureuse des formations sociales africaines »[1005]. C'est la confrontation entre la rationalité coutumière, la rationalité-pratique ; et la rationalité légale rationnelle, la rationalité Trans-empirique. C'est de cette rationalité qu'il convient de traiter ici. La construction du droit, au sein de l'État moderne, qu'elle soit législative, règlementaire, jurisprudentielle ou même doctrinale, se veut être scientifique. Scientifique, parce que faisant l'objet d'un consensus, du moins résiduel et essentiel. Cette stabilité s'enracine entre les membres de la communauté scientifique, les juristes, qu'ils soient théoriciens ou praticiens. Pour faire simple, cette construction se veut conventionnelle. La convention étant la base de la société, tant du point de vue de sa construction que du point de vue de sa cohésion et de son fonctionnement. Cette convention, en ce qui concerne la société scientifique, se construit au tour d'un modèle, d'un schéma directeur, d'une boussole, d'un ciment, et donc, au tour d'un Paradigme[1006]. Le paradigme désignant, de manière simple la vision du monde, la matrice disciplinaire. C'est-à-dire, l'ensemble constitué des méthodes, des théories, des concepts et des valeurs partagées par la communauté donnée. Celle-ci peut être ou non scientifique. Si elle est scientifique, ce partage se fait à travers les rapports d'intersubjectivité, et donc de communication, et de compréhension mutuelle. Le droit et la science de droit moderne se structurent ainsi, lorsqu'ils ne sont pas du ressort du calcul politique et partisan, au tour du paradigme dominant, celui du positivisme. Le paradigme positif se construit, quant à lui, au tour de la logique formelle ou logique aristotélicienne[1007] de type binaire et de la méthode cartésienne. Cette logique, dite formelle, se structure autour de trois principes cardinaux : le principe d'équivalence[1008] ; le principe de non contradiction[1009] ; et le principe du tiers exclu[1010]. Quant à la méthode cartésienne, certes elle n'est pas étrangère à la logique formelle de type aristotélicienne, mais elle y apporte non seulement le sentiment d'infaillibilité du sujet pensant[1011], mais mieux encore, elle promeut la méthode analytique, comme voie royale d'accès à la connaissance scientifique, et finit par

---

[1004] Cf. LUFTACHI N'ZEMBELE, « L'Afrique et les Africanistes », in *Peuples Noirs Peuples Africains*, n°50, mars-avril 1986, p. 26.

[1005] Ibid.

[1006] Cf. KUHN (Thomas), *La Structure des révolutions scientifiques*, 1962.

[1007] Le grand mérite d'ARISTOTE, chef de file de l'école péripatéticienne est sans doute d'avoir su tirer de la logique dialectique de son maitre PLATON, sa logique binaire.

[1008] De manière simple, ce principe s'énonce : A=A

[1009] Ici, A est différent de - A

[1010] Ici, A ne sera jamais égal à – A. l'un exclut d'emblée l'autre.

[1011] « Je pense donc je suis ».

consacrer le privilège épistémique du modèle occidental de production des savoir.

Lorsqu'on les combine, le paradigme, la logique formelle et le rationalisme cartésien conduisent à un rationalisme exacerbé. Rationalisme qui, en soit, n'a rien d'irrationnel. Mais, au regard de la sociologie de notre paysage juridique, par nature composite et protéiforme, ce rationalisme à outrance finit par isoler les juristes de la société globale. Et donc, à isoler par ricochet, le droit dont ils sont les « prêtes » de la norme coutumière. Perçue sous cet angle, l'on se rend très vite à l'évidence que la prescription finit par ignorer la pratique. Pire encore, à l'intérieur même de la logique prescriptive, les divergences apparaissent, surtout lorsque du fait de cette rationalisation, l'historiographie de l'édification de l'édifice juridique semble être minimisée. Tout comme la négligence des rapports de force, rapports internes à chaque société. La grève des magistrats anglophone[1012] observée depuis octobre 2016 est assez révélatrice de cet aveuglement dans la conduite des politiques publiques et donc des politiques législatives.

2- Le paradigme, la circularité et l'auto validation

Le paradigme est le ciment de la communauté scientifique. En tant que ciment, il impose à la fois, les concepts et les définitions ; les méthodes et les procédures ; les grilles d'analyse et les ouvertures possibles en vue de son enrichissement. De telle sorte que, dans la plupart des cas, la recherche s'effectue au sein même du paradigme, selon la méthode qu'elle dicte. Le paradigme apparait ainsi comme la matrice disciplinaire. Ce n'est que lorsque les anomalies et les incohérences se multiplient que l'on songe véritablement à sa remise en cause et son remplacement par un nouveau paradigme[1013].

Certes, l'un des travers de la pensée moderne est l'avènement de l'heure où les opinions néolibérales deviennent la science même. Ceci, avec en prime la définition d'un cadrage conceptuel à l'échelle internationale, si ce n'est l'imposition des définitions institutionnelles, l'option d'une vision du monde, surtout avec le phénomène de la mondialisation. Sinon dans bien des cas, c'est par convention que travaille la communauté scientifique. Sans paradigme, il n'y aurait pas de science, par manque de stabilité des épistémès. À l'intérieur du paradigme, règne une certaine discipline, discipline qui peut être intériorisée et de ce fait aboutir à l'autocensure. À rebours de cette conception,

[1012] Parmi la panoplie de revendication de ces magistrats, l'on note la dénonciation de la « colonisation » de la *Common Law* par le code civil, et droit romano-germanique en général; l'esprit essentiellement civiliste de du droit OHADA et même, l'absence de traduction de ce code en langue anglaise.
[1013] On parle alors de révolution scientifique.

la méthode disciplinaire peut être imposée par la communauté d'appartenance, à travers la culture globale. Quoi qu'il en soit, une fois que la communauté se stabilise, le paradigme revêt un rôle autoréférentiel. Cette autoréférentialité se traduit dans l'autocensure dans la conception même de la pensée, la manière de communiquer, ou de la précompréhension dans la conception même du réel, l'analyse des phénomènes extérieurs.

Cette précompréhension est l'héritage incontestable de notre formation, de l'éducation. Le rôle que la société assigne à la formation semble ne pas rester tributaire de l'acquisition des seules connaissances, fussent-elles brutes ou interrogatives. Ce rôle se conçoit en effet, aussi et surtout, comme le processus par lequel on véhicule la convention sociale, les repères de la société. À titre d'exemple, l'enseignement du droit ne s'entend pas seulement comme le processus de transmission des connaissances juridiques, mais aussi et surtout, comme le procédé par lequel le futur juriste doit intégrer, digérer puis maitriser, les concepts, les catégories juridiques et les méthodes d'analyse. Car, c'est au demeurant avec la maitrise de ces catégories, qu'il fera son entrée dans le cercle fermé[1014] des spécialistes du droit.

Il en va de même pour l'initiation dans les sociétés coutumières, par l'entremise des rites, des comptes, des chantes-fables, des énigmes, et les causeries parentales ; ou encore par les institutions à l'instar des sociétés secrètes, les classes d'âge, la palabre. Notons aussi la sociologie de la résolution des conflits par les institutions politiques traditionnelles, généralement à la cour royale. La société coutumière s'ouvre ainsi à sa jeunesse pour transmettre à la fois le savoir-faire ancestral et les codes de conduite. En fait, il est question d'apprendre comment vivre ensemble dans un cadre codifié et règlementé par divers interdits sociaux. La société traditionnelle a donc de ce fait, sa propre boussole, sa matrice, son ciment, ses codes, bref par analogie, et selon toute vraisemblance, son paradigme, instrument par lequel elle se charge de transmettre la conscience historique. Tout comme le paradigme positif issu de lumières, celui des sociétés traditionnelles obéit aussi à l'autoréférentialité, mais de manière conditionnée à la référence ancestrale et lignagère, temporelle et intemporelle. Et du fait de cette autoréférentialité, il tend naturellement à rejeter les corps étrangers n'obéissant pas à cette dynamique, et tout ce qui lui est contraire. Il en est ainsi du paradigme positif, autonome et non discursif parce que embrigadé dans l'exclusion du tiers.

Sauf que, le paradigme traditionnel a été dessaisi, ou doublement dessaisi, par le paradigme dominant pendant la colonisation. Mais ce dessaisissement officiel ne conduit pas à sa disparition, pour autant. Il conduit au mieux à sa

---

[1014] Le paradigme.

mise sous tutelle, mise son contrôle dans les rapports inter subjectifs. Ceci est de nature à entrainer une confrontation et un conflit de paradigme. D'où la crise de l'État de droit, crise qui est aussi une crise de la confrontation des paradigmes, traditionnel et positif.

II. Les manifestations du problème : approche pratique et la survivance des droits informels comme preuve de l'affrontement des paradigmes juridiques

Les manifestations de la crise de la loi s'analysent dans survivance des rationalités traditionnelles exclues du champ du juridique (A), et d'où l'apparition d'une concurrence normative informelle et globale (B).

A. La survivance des droits informels

L'on pourrait être tenté de croire que la coutume ne survie que dans les lieux périphériques aux centres urbains. Mais il s'agit là d'une vision partielle de la réalité, dans la mesure où, même en zone urbaine, on assiste à la création des villages artificiels. Aussi convient-il d'analyser la survivance de la coutume tant en zone rurale (1) qu'en zone urbaine (2).

1- En milieu rural

En milieu rural, la crédibilité accordée à l'État ne tient que dans sa propension à user de la contrainte pour imposer sa volonté. Malgré cet atout de l'appareil répressif de l'État centralisateur, il est un constat simple, à part quelques privilégiés[1015] qui ont une connaissance de la configuration normative de la république, la grande masse vit dans l'ignorance complète des lois de la république. En fait, la vie et les habitudes sont tributaires des codes de conduite. Codes qui, comme chez les Beti et les Bassa[1016] reposent sur la justice transcendantale, et ne sont pas régis le droit légiféré[1017]. C'est la crise

---

[1015] Il s'agit pour l'essentiel de l'élite intellectuelle, politique et économique. Mais la connaissance que cette élite a du droit légiféré, et elle même de la loi au sens générique, est très approximative. Rien d'étonnant au regard de l'inflation législative et du chrome des lois votées par le parlement et de la permanence du travail décrétale de l'exécutif.

[1016] Cf. MVOGO (Dieudonné Célestin), *La politique criminelle au Cameroun : De la confrontation des modèles traditionnel et moderne à la recherche de solutions adaptées à un processus de développement* ; Op. Cit., pp 77 et s.

[1017] CF. NKOU MVONDO (Prosper), « La justice parallèle au Cameroun : la réponse des populations camerounaises à la crise de la justice de l'État », *revue droit et société*, 51/52-2002, p.369-381.

de l'État[1018]. Cette crise de l'État s'accompagne aussi de la crise de la société coutumière. L'emprise de la coutume est certes réelle du fait de la survivance des mécanismes traditionnels d'organisation et de règlementation de la vie en communauté. Mais, même ces mécanismes se trouvent dilués par la montée de l'individualisme caractérisée par d'une part le délitement du lien familial et la promotion de la propriété privée d'autre part.

En réalité, il y a eu une remise en cause radicale de la structure même ou des principes qui présidaient autrefois, à l'organisation et au fonctionnement de la société traditionnelle. Au nombre de ces principes posés par l'onto mythologie l'on peut citer l'idéal de connaissance, de vérité, d'ordre, de justice et la transcendance de l'ancestralité. Il en résulte une certaine hybridation des comportements[1019], du fait de la rencontre des rationalités, et la naissance d'une cohabitation de nature à la fois complémentaire et conflictuelle. Complémentaire parce qu'avec le dessaisissement des communautés villageoises, l'État s'est arrogé tant bien que mal la plénitude de la compétence et le monopole de la sanction, en matière pénale. Ce qui affaiblit littéralement l'efficacité de la coutume. Mais, tout compte fait, la coutume continue à règlementer la vie au quotidien, parfois même au mépris des prescriptions législatives. Ainsi par exemple, alors que le droit pénal traditionnel a été interdit depuis pratiquement 1946, les institutions traditionnelles ne se sont jamais dépouillées de la totalité de leur compétence matérielle. C'est ainsi qu'on continue par exemple à tenir les audiences publiques sur la pratique de la sorcellerie[1020]. C'est aussi le cas lorsque les chefs de villages administrent des bastonnades publiques à certains de leurs administrés, réfractaires à la discipline collective. Mais, il arrive que, dans

---

[1018] « La justice de l'État camerounais connait une crise qui, loin d'être un phénomène isolé, doit être appréhendée dans le cadre plus large de la crise du droit de l'État », affirme NKOU MVONDO (Prosper), « La justice parallèle au Cameroun : la réponse des populations camerounaises à la crise de la justice de l'État » ibid., p.369.

[1019] Cette hybridation des comportements prend parfois les allures du non droit, c'est-à-dire du rejet à la fois de l'État et des coutumes. C'est notamment le cas, lorsque les citoyens, « plutôt que d'affronter les difficultés de la justice de l'État », privilégient l'abandon de toute revendication de leurs droits. Mieux encore, « les victimes réparent elles-mêmes leurs préjudices, les débiteurs en profitent pour ne pas payer…mais cette attitude laisse en suspens bien des litiges inévitables dans une société active ou il peut y avoir de gros intérêts à défendre ». NKOU MVONDO (Prosper), « La justice parallèle au Cameroun : la réponse des populations camerounaises à la crise de la justice de l'État » ibid., p. 371.

[1020] Entre 2010 et 2017 les villages Mouko, Kiiki et le canton Koro, dans le département du Mbam et Inoubou, notamment dans les arrondissements de Bafia et de Kiiki, ont connus de telles audiences. L'issu de ces audiences était double et dépendait de la gravité des faits reprochés aux personnes soupçonnées. Pour les faits de moindre importance, les personnes sont remises en liberté, au besoin après avoir reçu quelques coups de fouet. Pour les faits graves, les personnes arrêtées sont remises soit aux autorités administratives, notamment le sous-préfet de la place, soit à la police judiciaire.

certains cas, du fait de la multiplication des procès à l'encontre de l'autorité traditionnelle, que les justiciables se réfère à l'autorité de l'État pour obtenir l'application efficace d'une sanction pour un droit dont ils allèguent la violation. Il s'établit ainsi un rapport de dépendance de la communauté villageoise avec l'État, et vice versa.

Certes, les puristes du droit administratif pourraient le cas échéant, rétorquer qu'il s'agit là de la tolérance administrative, mais, il n'est pas exagéré de dire qu'il s'agit là d'un cas manifeste de répartition tacite de compétence, reconnue implicitement par l'État qui y apporte son concours, mais introuvable dans les textes. Du fait de l'inaptitude de l'État à imposer partout son droit et son autorité, il s'est instaurée une certaine pratique de compromis, pratique qui voudrais que l'État laisse faire tant que l'ordre public n'est pas radicalement remis en cause.

L'autre fait marquant de cette crise de la rationalité légale est la montée en puissance de la justice populaire. Par cette pratique qui prend peu à peu corps dans nos villes et campagnes, il y a une remise en cause de l'autorité, à la fois de l'État et du chef traditionnel. Et donc, c'est le renouveau de la vengeance privée. « Il est de fait que, dans les quartiers et les villages, les populations déçues par l'État qui s'est révélé incapable de lutter contre la criminalité semblent avoir pris elles-mêmes les choses en main. On bastonne à mort un voleur par ci' on incendie la maison d'un sorcier par là… Loin d'être de simples faits divers, ce qui est parfois dénoncé comme anarchie populaire est plutôt l'expression d'une véritable justice pénale parallèle à celle de l'État »[1021]. Remise en cause de l'autorité de l'État parce que le dysfonctionnement de l'institution judiciaire et la corruption des fonctionnaires conduisent le plus souvent à la libération des infracteurs, parfois pris en flagrant délit. Remise en cause de l'autorité traditionnelle parce que, le chef traditionnel n'a pas de moyen de contrainte dissuasive à l'encontre des délinquants. Il ne dispose au mieux que de son fouet et le cas échéant il condamne au paiement des amendes. Pire encore, il est des cas où, les autorités traditionnelles sont trainées devant les juridictions pour pratique de la torture et coups et blessures.

2- En milieu urbain

La matérialisation de la crise de la loi en zone urbaine est aussi saisissante. Saisissante tant du point de vue pénal[1022], que de la confrontation entre le

---

[1021] Cf. NKOU MVONDO (Prosper), « La justice parallèle au Cameroun : la réponse des populations camerounaises à la crise de la justice de l'État » Op. Cit., pp. 375-376.

[1022] Du point de vue pénal, la scène est devenue banale : « En plein carrefour, sur la place du marché, une foule est rassemblée autour d'un individu accusé de vol, de pratique de sorcellerie

traditionnel et l'institutionnalisé. Ici, on assiste à la fois, au dédoublement des espaces et une certaine hiérarchisation des personnes en fonction à la fois de leur degré d'éducation et de leurs moyens.

Parlons d'abord du dédoublement des espaces de vie. Il convient ici de faire une nette distinction entre les quartiers résidentiels de nos grandes villes et les bidonvilles qui les côtoient. Dans les quartiers résidentiels comme Bali, Bonamoussadi, Makepe, Akwa, à Douala ; la plus grande part de litiges entre riverains se règlent au niveau des tribunaux. Il en est ainsi parce que les habitants de ces quartiers, pour l'essentiel font partie de l'élite intellectuelle ou économique et ont le plus souvent les moyens d'introduire une instance en justice. C'est notamment le cas pour les litiges fonciers. Par contre, dans les quartiers pauvres, les bidonvilles[1023], les citoyens reproduisent ici les schémas du monde rural. C'est la création des villages artificiels. Du fait de la délinquance qui y règne, la justice populaire fait aussi partie de la banalité. Le seul moyen pour un infracteur d'y échapper est soit, d'être connu dans le quartier, soit une intervention rapide de la part des forces de maintien de l'ordre. Ici, aussi la vie communautaire est renforcée. Renforcée parce que les populations se revendiquent de leurs origines et créent des associations y relatives. Aussi, pour exemplifier notre propos, citons à titre les représentants du roi des Bafoussam[1024], du Lamido de Mokolo[1025], du Lamido de Logone-Birnie[1026]. Ici, les habitants affirment ne pas avoir des moyens d'ester en justice. Le règlement des litiges se fait le plus souvent, comme au village, par l'intermédiation du chef de la communauté, sorte de représentation artificielle du village en ville, ou le cas échant du chef de bloc lorsque les parties ne sont pas issues de la même communauté. Ici aussi, il se développe une pratique néo institutionnelle, qui est le recours aux bons offices des autorités investies soit du pouvoir administratif, soit des officiers de police judiciaire.

Pour ce qui est de la hiérarchisation des personnes en fonction de leur niveau d'éducation, il convient de distinguer, selon qu'on est ou non en matière pénale. Il faut d'abord noter que cette distinction n'est déjà pas un

---

ou de toute autre infraction. Des personnes surexcitées réclament justice en faveur ou contre l'accusé qui essaye de se justifier. Les débats sont présidés par un homme qui fait en même temps beaucoup d'efforts pour calmer tout le monde. Il s'agit là d'un procès populaire » procès expéditif donc la sentence, le plus souvent est la mort. Et ce, indépendamment de la gravité de la faute. NKOU MVONDO (Prosper), ibid.

[1023] À Douala nous pouvons citer les cas des quartiers comme : Mabanda, village, Bepanda.

[1024] Le roi Bafoussam, S.M NJITACK NGOMPE, a pour représentant à Douala, Monsieur TASOUP FATOTI

[1025] Le Lamido de Mokolo, S.M. YACOUBA (Mohamadou), Lamido *de 1er degré.* Document inédit.

[1026] Le Lamido de Logone-Birnie, S.M. BAHAR MAROUF (Mahamat), Lamido de 1er degré, a pour représentant à Douala, Monsieur MAHAMAT Dibril.

acquis pour le non-initié. En matière pénale, tous les citoyens ou presque, ont accès à la justice, et donc à l'application de la loi pénale. Par contre, en matière civile, cela n'est pas évident. Pas évident du fait de la complexité des procédures et, du fait des coûts du procès. Encore que, malgré l'existence de la loi sur l'assistance judiciaire, depuis 2008, bon nombre de justiciables ne sont même pas informés de son existence. La justice ici est perçue comme une affaire des riches. Il est même coutume de voir plutôt les justiciables, porter leurs litiges devant un ministre de culte, pour solliciter ses bons offices. La crise de la loi et même de la justice est donc une réalité dans notre pays. Cette crise fait apparaitre des registres de juridictions parallèles qui viennent concurrencer l'État et son monopole affirmé. Ce sont entre autres : le registre coutumier, le registre populaire, le registre néo-institutionnel et le registre religieux.

B. La survivance et l'opposition des rationalités

Informelle, est l'adjectif que l'on donnerait à la concurrence normative que la coutume livre au droit de l'État. Cela est dû à la fois à la survivance de la rationalité coutumière, d'essence animiste[1027] (1), et surtout au conflit des ordres normatifs qui en résulte (2).

1- La survivance de la rationalité coutumière

Derrière la norme posée, se cache une vision du monde, une rationalité. La norme coutumière ne déroge pas à cette règle. Le moins qu'on puisse dire est qu'au fondement de la rationalité coutumière, se trouve une préoccupation d'ordre matériel, et donc d'ordre positif. Il s'agit du questionnement au tour de l'existence de l'homme, et de la manière dont il est appelé à réguler son quotidien dans une communauté donnée.

De la première préoccupation il se dégage un constat simple, l'homme est un élément de la nature au même titre que les autres éléments du cosmos. De ce fait, le cosmos étant gouverné par des lois, la vie de l'homme ne peut échapper à ces lois. Aussi, constate-t-on que le jour nait de la nuit, les saisons se succèdent, les herbes croissent, les animaux grandissent, et chaque forme de vie sait dès sa naissance de quoi elle doit se nourrir. Derrière ces faits cycles et au caractère quasi mécanique, les anciens trouvent un élément fondateur du mouvement, de la vie, et ils le nomment le principe vital. Ce même principe gouverne aussi la vie des hommes. C'est un principe d'intelligibilité qui

---

[1027] Cf. EFFA (Gaston-Paul), *Le dieu perdu dans l'herbe : L'animisme une philosophie africaine*, Op. Cit.

s'énonce dans la loi universelle, de rectitude cosmique en ce qu'elle a d'immuable.

C'est cette loi immuable qui lie l'homme à la nature qui fait que l'Africain soit lié à la nature, d'où la philosophie de l'animisme, cette loi écologique de la pensée coutumière. Du point de vue de l'ordre social, c'est cette même rectitude qui est appelée à s'incarner en fonction des circonstances de lieu et de temps, pour réguler la vie individuelle et communautaire. La coutume apparait ainsi comme le compromis qu'une société donné trouve, dans la conjonction de l'ordre cosmique et de son milieu de vie. En fait c'est la même loi universelle qui régit à la fois, la nature, l'individu et la communauté. Elle n'est donc pas, à proprement parler le résultat des volontés subjectives, déconnectées de la conception globale de l'ordre. La volonté subjective en constitue juste une partie résiduelle. Elle se définit par rapport à l'idée de la rectitude, de justice transcendantale, de la vérité axiologique. Partant du postulat selon lequel, ce qui est juste est stable, on ne saurait fonder une société stable sans l'apport du juste. Et il n'est point besoin ici de démontrer que la vérité irrigue la justice. En coupant ce rapport à la transcendance et en proclamant l'autonomie des réalités au départ hétéronomes, il naît dans la pensée juridique de l'État, une aporie. Il y a donc là manifestement un conflit de rationalité, de perception du monde par les hommes en fonction de leur milieu de vie.

2- L'opposition ou conflit des rationalités

Le conflit des rationalités nait donc au moins à deux niveaux distincts. Premièrement au niveau de la rupture de l'ordre hétéronome et de l'ordre autonome. En second lieu, par la manipulation de l'autonomie, pour des besoins de conquête, de domination et d'amalgamation des communautés entières au nom de la mission civilisatrice et ses avatars.

Parlant de la rupture, le passage de l'hétéronomie à l'autonomie est lié à l'essor de la pensée positive et le besoin de poser rationnellement l'ordre social, dit-on pour les besoins de sécurité juridique. Et ce même passage se conçoit aussi en termes d'appauvrissement et de désir manifeste de manipulation des instruments juridiques, de régulation sociale.

Parlant de la manipulation de l'ordre juridique autonome, le cas des conquêtes coloniales en Afrique en constitue la preuve parfaite. Il en résulte une conception entéléchique de la normativité ; et le droit devient ainsi pour les besoins de conquête, un droit civilisateur, conçu dans le dessaisissement programmé de la collectivité coutumière. Le contexte colonial n'épouse pas, en entier, tous les linéaments de la manipulation de l'ordre juridique autonome. On retrouve la même pratique dans l'ordonnancement du droit produit par l'État ou sous son contrôle. Il en ait ainsi du droit politique, du droit jurisprudentiel et même des rapports entre personnes de droit privé. C'est notamment le cas avec la notion d'exorbitance dans la théorie des obligations. C'est aussi le cas avec le fait majoritaire dans le vote des lois au parlement.

Du fait de ces deux conceptions de l'ordre juridique, de la confrontation entre l'ordre juridique autonome, qui se veut rationnel, et l'ordre juridique hétéronome et dans sa perspective transrationnelle ; naissent la majeure partie des conflits qui opposent la coutume à l'ordre juridique de l'État. Il en est ainsi des divergences dans la conception des rapports à la terre, au mariage, aux obligations, au pouvoir politique, et à la justice.

Section 2 : L'hypostase juridictionnelle : la crise de la justice

La justice, au Cameroun comme partout ailleurs en Afrique noire, est en crise. Pour TIDJIANI ALOU : « La justice donne donc toutes les apparences d'une institution en crise. Dans son fonctionnement quotidien, elle révèle des logiques souvent éloignées des idéaux et normes qui la fondent. Dans des activités, elle fait face à des contraintes structurelles lourdes provoquant en son sein l'émergence de nouvelles normes pratiques et la prolifération de circuits informels d'information et d'action qui transforment substantiellement le contenu de ses missions. Dans ces conditions, le fonctionnement réel des appareils judiciaires nous introduit de plain-pied dans la problématique de l'État et de la démocratie. La crise de la justice est l'une des nombreuses manifestations de la crise de l'État en Afrique, dont elle ne constitue que l'un des segments »[1028]. Renchérissant son propos, l'auteur poursuit, « l'inefficacité de son dispositif institutionnel face à certaines situations répréhensibles, la propension des acteurs sociaux qui l'animent et l'entourent à manipuler ses règles à des fins personnelles, la politisation croissante des juges et leur insertion dans divers réseaux sociaux d'interconnaissance les plus divers, rendent illusoire toute prévalence des normes impersonnelles instituées »[1029]. Du fait même de cette crise plurielle, la réforme des systèmes judiciaires est partout à l'ordre du jour. « Elle est devenu aujourd'hui, comme la santé et l'éducation, un secteur prioritaire de

[1028] Cf. TIDJIANI ALOU (M.), « la corruption dans le système judiciaire », in ouvrage Collectif, BLUNDO (G.) et DE SARDAN (Olivier), *État et corruption en Afrique, Une anthropologie comparative des relations entre fonctionnaires et usagers (Bénin, Niger, Sénégal)*, Karthala, 2007, p. 176.
[1029] Ibid., p. 177.

l'État[1030] ». Pour mieux appréhender l'urgence de la réforme, il semble pertinent de partir au préalable du constat de l'incomplétude de la construction de l'édifice juridictionnel (I), pour analyser par la suite les manifestations de ladite crise (II).

I. La construction incomplète du monopole juridictionnel de l'État

Il sied de distinguer ici d'une part l'incomplétude de l'organisation des juridictions d'ordre judiciaire, sur le territoire de l'État (A) et d'autre part de faire le constat du délitement de juridictions existantes au plan fonctionnel (B).

A. L'incomplétude d'ordre judiciaire

Par incomplétude des juridictions d'ordre judiciaire, il faut comprendre le décalage entre les prescriptions légales (1) et l'effectivité des juridictions sur le territoire de la république (2).

1- Les prescriptions légales

L'incomplétude de l'ordre judiciaire ne se conçoit pas dans le sens de la conception hiérarchique des juridictions. Les juridictions inférieures ayant été complétées par l'existence des cours d'appel et d'une cour suprême. Cette incomplétude n'est pas non plus, d'ordre matériel, la répartition des compétences ayant été strictement définie par les différents législateurs successifs, et aboutissant à une véritable complémentarité du point de vue fonctionnelle de ces juridictions. Dès lors, la problématique de l'incomplétude des juridictions d'ordre judiciaire se pose en termes de leur discontinuité territoriale. Même s'il faut le reconnaitre, des efforts notables ont été consentis par les pouvoir publics en vue de la mise en place des tribunaux de grande instance dans chaque chef-lieu des différents départements que compte le territoire national. À titre d'exemple, jusqu'en 2001, date de création du tribunal de grande instance de Ntui, dans le département du Mbam et Kim, tout entier, dépendait des tribunaux de grande instance, de première instance et du tribunal de premier degré de Bafia. En effet, la loi prévoit l'existence d'un tribunal de premier degré et d'un tribunal de première instance par

---

[1030] Cf. TIDJIANI ALOU (M.), in ouvrage Collectif, sous BLUNDO (G.) et DE SARDAN (Olivier), *État et corruption en Afrique, Une anthropologie comparative des relations entre fonctionnaires et usagers (Bénin, Niger, Sénégal). Ibid.*, pp. 176-178.

arrondissement ; un tribunal de grande instance par département ; une Cour d'appel par région, et d'une cour suprême à vocation nationale. À cet organigramme des juridictions sous l'emprise directe de l'État, il faut adjoindre l'existence des juridictions d'exception. Il s'agit notamment des tribunaux militaires et du tribunal criminel spécial. Mais leur importance dans le cadre du présent travail est résiduelle, et de ce simple fait on ne saurait s'attarder sur ce point.

De ce qui suit, force sera de constater que si l'effectivité des tribunaux de grande instance, des cours d'appel et de la Cour Suprême, ne souffre plus de contestation, il n'en va pas de même des tribunaux de première instance et des tribunaux de premier degré. Les deux juridictions étant d'ailleurs liées, aux termes de la loi, parce que présidées par un magistrat d'ordre judiciaire : le président de tribunal de première instance. À côté de ces deux juridictions, l'autre hypothèse d'école, qui retient notre attention, et donc mérite qu'on lui accorde un traitement particulier est celui des tribunaux coutumiers. Cette curiosité de l'organisation coutumière. Curiosité, d'abord du point de vue de sa composition et aussi et surtout du point de vue du découpage territorial dont il est l'objet.

Le même phénomène est observable, mais à moindre échelle dans les deux régions anglophones du Cameroun. En effet, le législateur du Cameroun indépendant y avait reconduit les juridictions issues de la colonisation anglaise, du moins, du point de vue des tribunaux de droit local que sont : *les Alkali Court et les Costumary Court*. Sauf que leur effectivité, mis à part dans les chefs lieu de département, est sujet à caution. Il se dégage donc, un sentiment généralisé d'injustice, lié à cette discontinuité territoriale.

2- Les juridictions manquantes

Le manque de juridiction est une réalité. Cette réalité mérite d'abord d'être exemplifiée. Ainsi, dans le département du Wouri et notamment dans la ville de Douala, on compte trois tribunaux de première instance et trois tribunaux de premier degré. Pour une population estimée à environ trois millions d'habitants, répartie en sept arrondissements[1031]. Ce sont : le tribunal de première instance de Bonanjo, le tribunal de première instance de Ndokoti, et le tribunal de première instance de Bonabéri. Autre exemple, est le cas du département du Mbam et Inoubou. Ici, pour tout le département, il n'existe qu'un seul tribunal de première instance et de premier degré, le tribunal de première instance de Bafia. Ainsi, les arrondissements d'Obessa, Bokito, Makénéné, Ndikiminiki, Deuk, Nitoukou, Nkong-yambeta et Kiiki en sont

[1031] Ce sont les arrondissements de Douala 1er, 2è, 3è, 4è, 5è, 6è, et 7è. Il en résulte incontestablement un faible ratio de juges par habitants.

dépourvus. Preuve manifeste de l'incomplétude de l'appareil juridictionnel de l'État. En fait, il ne serait pas exagéré de dire que l'État est toujours en construction, qu'il n'a pas achevé sa mue.

Il en résulte une conséquence logique. Les justiciables n'ont pas accès à un juge pour pouvoir faire entendre leur prétention et obtenir la sanction de leurs droits subjectifs. Aussi la seule juridiction connait le phénomène d'encombrement, au regard de l'augmentation logique et prévisible du contentieux. Tout ceci est de nature à impacter, significativement, la qualité de l'acte juridictionnel. Si ce n'est pas, un étirement disproportionnel des délais de procédure. L'on ne saurait valablement nier, sauf mauvaise foi, que la justice nécessite le temps : le temps judiciaire. Ce temps a été pensé, à côté de la procédure, comme une mesure de bonne administration du service public de la justice. Le temps, tout comme la procédure est un élément de rationalisation du procès, de l'instance[1032]. Mais lorsque le justiciable a le sentiment que ce temps s'étire à l'infinie, il en résulte un sentiment d'injustice. Il en est ainsi parce que la justice s'offre à la conscience humaine de manière intuitive. De cette expérience d'injustice, peut se dégager un sentiment de vengeance, fondé sur la défaite de l'État régulateur. La justice n'est-elle pas une vertu ? Et comme le disait fort à propos PLATON, la justice est la plus politique des vertus.

Du fait de cette incomplétude, on se serait logiquement attendu à ce que la pratique des audiences foraines soit instituée, avec en prime, plus d'emphase pour la population rurale. Mais, au niveau des tribunaux d'instance, une telle pratique est rare. La justice échoue donc, de ce fait, à se rapprocher du justiciable. Ce dernier se trouve obligé de parcourir des milliers de kilomètres pour pouvoir avoir accès à un juge. Ce faisant c'est l'affirmation du droit à un juge, dans sa conception première[1033], qui est remise en cause, surtout, dans un contexte de pauvreté ou de paupérisation de nos campagnes. Il en résulte donc, une conséquence logique, en termes de recherche de solution de substitution. Au nombre de ces solutions, figure en bonne place, le recours à la justice privé et/ou le regain d'intérêt pour la justice traditionnelle, dans sa conception originelle.

[1032] Il en est ainsi, parce que le temps, calme les passions, apaise les cœurs et introduit un élément de rationalité pour que la justice ne soit plus émotive. A notre sens c'est d'ailleurs cet élément qui distingue fondamentalement la justice populaire de la justice institutionnelle.

[1033] En théorie de droit, le droit à un juge implique, le droit d'accès à un juge, le droit à un bon juge, et le droit de contester la décision du juge et au besoin de faire entendre et examiner sa cause par un juge supérieur.

B. Le délitement de la justice étatique au plan fonctionnel

Bien que les causes du délitement de l'appareil juridictionnel de l'État soient bien identifiables, et donc connues (1), le phénomène tant décrié persiste. D'où les manifestations observables (2).

1- Les causes de délitement

Les causes de délitement de l'impérium sont intimement liées à sa construction autoritaire. Elles sont aussi en partie liées au dysfonctionnement de la justice en tant qu'institution, et aux hommes chargés d'animer cette institution : le personnel judiciaire.

Parlant de l'institution judiciaire, son fonctionnement relève d'une technicité et d'une complexité, à la fois de son organisation, de son langage et des procédures. Technicité et complexité qui sont de nature à égare le profane voire même le juriste, initié de la chose juridique. Cette technicité est de nature à décourager le justiciable désireux de faire examiner sa prétention, la violation du droit dont il se prévaut, par le juge. Au point où, d'aucuns parlent clairement, d'une justice sans justiciables[1034], comme pour dénoncer le problème d'accès à la justice[1035] et même dans une certaine mesure, la problématique des lenteurs judiciaires[1036]. L'accès à la justice par les justiciables, est un problème majeur en Afrique noire. Aussi, pour s'adresser à la justice, les citoyens sont obligés de recourir non seulement aux avocats, mais encore à des personnes privées jouant le rôle d'intermédiation ou de désintermédiation judiciaire. C'est notamment le cas au Cameroun avec l'apparition des démarcheurs, dans les abords des tribunaux, qui sont là pour renseigner et guider les justiciables en quête de justice. C'est aussi le cas « des intermédiaires informels[1037] » rencontrés en Afrique de l'Ouest. En effet, « on a identifié plusieurs types d'intermédiaires informels qui se caractérisent souvent tous par leur extériorité à l'appareil judiciaire. Leur principale ressource est constituée par le capital relationnel qu'ils sont capables d'activer directement, ou indirectement, au sein de l'appareil judiciaire. Ils accaparent les tribunaux et offrent leurs services aux usagers anonymes, perdus ou

[1034] Cf. DE GAUDUSSON Jean du Bois, « La justice en Afrique : Nouveaux défis, nouveaux acteurs, in, http://www.Cairn.info/revue-afrique-comtemporaine-2014-2-page-13.htm.

[1035] Cf. TCHOUNGANG (Charles), *De l'impossible justice au Cameroun*, édit. du Schabel, 2015, pp. 62 et s.

[1036] Ibid., pp. 64 et s.

[1037] Cf. TIDJIANI ALOU (M.) in Collectif, BLUNDO (G.) et DE SARDAN (Olivier), *État et corruption en Afrique, Une anthropologie comparative des relations entre fonctionnaires et usagers (Bénin, Niger, Sénégal)*, Op. Cit. p. 165.

apeurés, qui arrivent au tribunal. Mais ils jouent d'autres fonctions moins visibles auprès des magistrats qui les tolèrent dans les tribunaux. Trois cas de figure de l'intermédiation informelle seront ici présentés pour montrer qu'il n'y a pas ici de figure type.[1038] » . Ce sont entre autres, et ce, en fonction des pays, « les intermédiaires notabilaires »[1039] du Benin, les « agents d'affaires ou démarcheurs au Sénégal[1040] », « les intermédiaires informels »[1041] au Niger.

Quant au personnel judiciaire, son rôle dans la crise de confiance du service public de la justice est d'abord lié à leur statut. Il est ensuite question de réquisitionner l'exercice même de leur fonction, les entraves y relatives, mais aussi de reposer la problématique de la crédibilité du magistrat en rapport étroit avec son serment. Sans bien sûr oublier la problématique contemporaine de la corruption, corruption qui gangrène la société camerounaise dans son entièreté[1042]. Ainsi, par exemple, pour ce qui relève du statut, intermédiation politique est Constitutionnellement consacré au Cameroun, par les immixtions de l'exécutif dans la structuration du pouvoir judiciaire. Mais l'influence de l'exécutif ne s'arrête pas là car, même du point de vue fonctionnel, les effets sont visibles. Ainsi, en est-il de l'arrêt des poursuites à tout moment de la procédure, tant qu'il n'y a pas eu au fond, un jugement devenu définitif. C'est notamment le cas en matière pénale, devant les juridictions de droit commun mais aussi devant la justice militaire. Le pouvoir politique peut aussi, le cas échéant, et dans l'informel, influencer les fonctions du magistrat. C'est notamment cette dynamique que décrit un magistrat nigérian en ces termes : « Les difficultés les plus importantes du parquet, c'est quand il y a une affaire, une infraction légalement constituée, et que le pouvoir politique, compte tenu de ses rapports avec les auteurs de l'infraction, demande de classer sans suite, c'est-à-dire demande de ne pas poursuivre, ça fait des frustrations et ça paralyse la technicité de l'esprit de magistrat qui anime le procureur....Bon, lorsque quelqu'un est muni d'une décision de justice devenue définitive, vous savez le parquet est chargé de veiller à l'application des décisions de justice, et quand on demande de surseoir à l'application, alors que toutes les règles de fond et de forme sont remplies pour qu'on procède à l'exécution, et qu'on demande de sursoir, c'est frustrant...c'est le politique. Le politique c'est l'irrationnel, c'est souvent les rapports des gens avec le pouvoir politique. Souvent, même le ministre peut avoir des instructions. La politique plonge un tout petit peu sa main dans le judiciaire, ça devient très compliqué et ça produit

---

1038 Ibid.

1039 Ibid.

1040 Ibid. p. 166.

1041 Ibid., p. 167

1042 La création d'un tribunal criminel spécial, chargé de la répression des crimes économiques est à cet effet assez révélateur.

une frustration[1043] ». Cette intermédiation dite politique, se double d'une pratique ou intermédiation propre au personnel judiciaire.

Intermédiation fonctionnelle concerne à la fois les juges et les personnels occasionnels. Pour ce qui est du juge : « Ils agissent sur leurs collègues en charge du dossier au profit des gens qu'ils connaissent. Ici, la transaction n'est pas nécessairement financière. On peut l'analyser comme un échange de services entre collègues. La situation classique est celle d'un juge qui intervient auprès d'un homologue afin que ce dernier produise une décision favorable au profit d'un ami, d'un parent ou d'une connaissance. Évidemment, ce type de transaction n'est possible que sur un terrain qui s'y prête. Il mobilise tout le capital social qu'il a accumulé au cours de sa carrière judiciaire, les juges qu'il a aidés dans leur carrière ou dans d'autres domaines, et ceux qui lui sont redevables d'une façon ou d'une autre »[1044]. Pour ce qui est du personnel judiciaire non permanent, on peut citer le cas des avocats. L'auteur affirme par exemple que : « Les auxiliaires de justice sont souvent en collusion avec les juges et les décisions de justice sont le produit d'un arrangement préalablement fondé parfois sur des bases financières. Le plus souvent avocats et juges se connaissent et évoluent dans les mêmes milieux. Leurs relations de familiarité favorisent les arrangements, les passe-droits et la vanité de la justice. Dans une situation où le justiciable est peu informé de ses droits et du fonctionnement du système judiciaire, seul le professionnalisme et la probité du tandem juge-avocat pourraient garantir un minimum de justice et d'équité »[1045]. Cette coalition fait dire que la pratique des acteurs du monde judiciaire prouve à suffisance que la justice telle qu'elle fonctionne est en décalage avec le pensum local de la juridiction. D'où le recours au métissage[1046] de circonstance.

Pour ce qui est du Cameroun, la dérive la plus inquiétante de ces dernières années est la montée en puissance de la justice privée. Il se dégage un constat simple, constat dont la pertinence est ici résumée par le Bâtonnier de l'ordre des avocats, NGNIE KAMGA : « Il y a une résurgence de la justice privée qui est la manifestation d'un manque de confiance entre la société organisée pour juger et les justiciables. La confiance qui doit être le lien essentiel se délite et donne donc lieu à des manifestations que l'on peut appeler la justice sauvage. Elle revient en première ligne, alors, l'institution judiciaire doit donc prendre

---

[1043] Cf. propos du substitut du procureur de Niamey, cités par TIDJIANI ALOU (M.) in Collectif, BLUNDO (G.) et DE SARDAN (Olivier), *État et corruption en Afrique, Une anthropologie comparative des relations entre fonctionnaires et usagers (Bénin, Niger, Sénégal)*, Op. Cit., p. 161.

[1044] Ibid., p. 162.

[1045] Ibid., p. 163.

[1046] Cf. LE ROY (Etienne), *Les Africains et l'institution judiciaire, entre mimétisme et métissages*, Paris, Dalloz.

les choses en main. Elle doit restaurer la confiance en se faisant plus crédible en étant plus transparente. C'est un véritable chantier qui commencera d'abord par les institutions judiciaires avant que les auxiliaires de justice ne suivent le pas »[1047].

Il ressort indiscutablement des propos du bâtonnier que la cause profonde de la crise de la justice est la rupture de la confiance que les justiciables ont de l'institution judiciaire. Et c'est cette absence de confiance qui est la base même du recours à la justice privée et donc aussi à la justice informelle. La thérapie que propose le bâtonnier passe nécessairement par une remise en cause de l'institution judiciaire et des hommes qui la président[1048]. Il en va ainsi du personnel judiciaire permanent et le personnel occasionnel. Tout en partageant le diagnostic que pose l'avocat, il semble que la solution proposée, est partielle, et ne constitue à notre sens d'un commencement de solution. Commencement de solution parce que la crise est plus profonde qu'elle parait de prime abord. La crise de la justice n'est à notre sens qu'une crise des hypostases de la rationalité juridique. Il faut l'inscrire dans un ensemble plus conséquent et une vision plus large. Cette crise est en fait une crise de la rencontre. La rencontre des rationalités, notamment des rationalités traditionnelles et modernes. C'est la création d'une asymétrie dans la rencontre qui est la cause fondamentale de la crise. À cela, il faudrait bien adjoindre l'incomplétude de la construction du monopole d'État face à la société coutumière dessaisie. En somme, il s'agit d'une crise de rationalisation ou du déficit de rationalisation.

2- Les manifestations du délitement

Le problème du délitement du monopole juridictionnel de l'État ne relève plus de l'ordre des hypothèses, c'est un fait désormais avéré. En témoigne, le thème retenu pour la rentrée solennelle de la Cour Suprême, de l'année 2017 : « la résurgence de la justice privée et l'État de droit au Cameroun ». En fait, de l'intitulé même de ce thème, il se dégage une inférence implicite, de cause et de conséquence, entre la justice privée et l'État de droit. Autrement dit, la résurgence de la justice privée ne témoigne-t-elle pas suffisamment délitement

---

[1047] Cf. NGNIE KAMGA propos recueillis par Pascal DIBAMOU, in *Journal mutation* n°4318 du jeudi 23 février 2017, p. 5.

[1048] Cette remise en cause est un impératif au regard des dysfonctionnements observés çà et là. L'hypothèse la plus parlante est la manipulation des éléments de preuve dans l'affaire dite des crimes rituels de Mimbomane. Lire à cet effet, l'ordonnance de non-lieu dans l'affaire (les meurtres rituels de Mimbomane) NONO Emmanuel. In TCHOUNGANG (Charles), *De l'impossible justice au Cameroun*, Op. Cit., pp. 178-199. Voir aussi pp. 147 à 152. À propos de la falsification et fabrication des faits par la police, notamment par le commissaire de Mimboman, MPONDO Jean Pierre Osée et par le Juge d'instruction du TGI du Mfoundi.

de l'État de droit au Cameroun ? La nature ayant horreur du vide, cette défaillance de la justice institutionnelle s'accompagne d'un regain d'intérêt pour la justice privée. D'après le premier président de la Cour Suprême, le vocable de justice privée renvoie à une réalité plurielle. Il « revoie à la justice subsidiaire ou complémentaire qui accompagne la justice étatique, s'intéresse aux modes alternatifs de prévention et de règlement de litiges en matière civile et commerciale tant sur le plan interne qu'international [1049]». Poussant plus loin sa réflexion, le premier président constate aussi que : « Qu'il ne se passe pas un jour dans notre pays sans qu'un individu ne soit roué de coups ou assommé dans un lieu public pour vol »[1050]. Mieux encore, l'on assiste à la mise en place de véritables tribunaux populaires, de sorte que nul n'est à l'abri du lynchage populaire.

Il se dégage de ce qui suit un double constat : il existe une double justice privée. Une justice privée légale et donc formelle, et une justice privée illégale et par définition, informelle. La constance étant que ces deux justices renvoient à la même réalité, la faiblesse de la justice institutionnelle. La justice privée formelle se décline aux moyens des modes alternatives de règlement des litiges que sont entre autres : l'arbitrage, la médiation, la conciliation, les bons offices, etc. Elle témoigne de la volonté de l'État à reconnaitre son impuissance à assurer le monopole juridictionnel et aussi sa capacité à se réformer et à s'adapter aux nouvelles exigences de l'heure, et notamment, le développement de l'entreprenariat privé et du commerce.

Quant à la justice privée informelle, ses manifestations sont multiples. D'abord, il convient d'abord de revenir sur le qualificatif de justice informelle. L'adjectif informel ici ne désigne pas un manque de forme. Il désigne plutôt l'existence d'une forme et d'une rationalité autre que celles que consacre le législateur. Il s'agit, pour faire simple, d'une justice qui évolue en marge de la législation. Cette justice se nourrit du dysfonctionnement de la justice légale à l'instar des erreurs judiciaires. Parlant de ces dysfonctionnements, écoutons ce que pense maitre NICO HALLE, avocat au barreau du Cameroun : « Nous constatons que la justice fait toujours les erreurs. Rien n'a changé, même les mentalités des magistrats. Alors, le rôle de la loi est banni. Le procès équitable est détruit. Les informations qui nous ont été données aujourd'hui, démontrent que l'institution judiciaire est déstabilisée. Il est important pour le Cameroun de résoudre ce problème »[1051]. Pour le Dr NDAM NJOYA Adamou, président

---

[1049] Cf. allocution du premier président de la Cour Suprême, Daniel MEKOBE SONE, à l'occasion de la rentrée solennelle de la haute juridiction. *Journal mutation* n°4318 du jeudi 23 février 2017, p. 4.
[1050] Ibid.
[1051] Cf. réaction de maitre NICO HALLE, propos recueillis par Pascal DIBAMOU, in *Journal mutation* n°4318 du jeudi 23 février 2017, p. 5.

de l'Union Démocratique camerounaise, l'inflation de la justice informelle est due à deux faits majeurs, que sont d'une part l'absence de justice dans nos institutions chargées de rendre justice, et d'autre part le rôle trouble des magistrats. Ainsi, de l'avis même de l'homme politique, « on doit tout faire pour qu'il y ait justice dans nos institutions judiciaires. Pour cela, les citoyens doivent être au fait des règles qui régissent la société. Cette tâche incombe à ceux qui disent le droit à savoir les magistrats et les auxiliaires de justice »[1052].

C. Les justices informelles et l'alternative juridictionnelle

La notion de justice informelle désigne, pour ce qui est du Cameroun, et depuis les débuts de la colonisation européenne, une réalité aux multiples facettes (1) ; elle se présente rétrospectivement comme à la fois la contestation du monopole juridictionnel de l'État, et surtout, d'un point de vue de la lisibilité de son itinéraire, comme une alternative crédible face aux dysfonctionnements institutionnels du modèle dominant (2).

1- La notion de justice informelle : justice populaire, justice néo-institutionnelle, justice privée protéiforme

Parler de la justice informelle peut paraitre paradoxal. Paradoxal parce que la justice est avant tout une vertu, un sentiment, ce à quoi chacun peut légitimement prétendre. De ce point de vue, le qualificatif informel serait un abus de langage, une pure hérésie. Mais, la justice n'est pas qu'une vertu. La justice est aussi une institution, la marque d'une civilisation. De ce point de vue, chaque civilisation a non seulement ses juridictions, mais aussi sa manière de rendre justice. Ainsi, dans la culture occidentale moderne, la justice est rendue pour l'essentiel par un corps spécialisé d'experts : les magistrats. La justice se veut aussi d'être impartiale ; et pour y arriver, il incombe de l'organiser autour d'un tiers, arbitre impartial, chargé de dire le droit. À rebours de cette conception, d'autres sociétés à l'instar des sociétés traditionnelles africaines privilégient le recours à une justice participative, une justice rendu, non pas par un tiers, juge impartial, mais par des personnes connues, pour leur sagesse et leur probité. Mieux encore, la décision de justice ne résulte pas essentiellement de l'application mécanique d'une loi, sous forme de syllogisme, mais bien plus de la délibération fondée sur la recherche de l'équilibre des intérêts antagonistes. Au plan personnel, la prise de parole n'est conditionnée à la prestation d'un serment, mais bien plus, elle repose sur

[1052] Cf. NDAM NJOYA (Adamou), propos recueillis par Pascal DIBAMOU, in *Journal mutation* n°4318 du jeudi 23 février 2017, p. 5.

la crédibilité que confère l'oralité, oralité fondée sur le principe de la justice-vérité, la rectitude. De telle sorte que, tout manquement à cette idée de rectitude est source de déshonneur et de discrédit notoire.

Ces deux logiques de juridiction cohabitent tant bien que mal dans notre société d'aujourd'hui, la société étatisée, avec en prime la prépondérance du modèle de l'État et surtout avec l'inféodation et la tentative de contrôle du modèle traditionnel. Du fait même de la rencontre des modèles et de l'incomplétude du modèle de l'État sont apparus des modèles de crise. Et ce sont ces modèles qu'il convient de nommer sous le vocable de justice informelle.

Du point de vue de la typologie, l'on distingue entre autres : la justice populaire, la justice néo-institutionnelle, la vengeance privée et les autres avatars de la justice privée informelle. De tous ces modèles, la justice populaire semble être la plus pathologique. Bien que traduisant la défaite de l'impérium étatique, il résulte de l'expérience et du sentiment que le citoyen a de la justice. Cette expérience et ce sentiment revêtent pour l'essentiel la forme de l'injustice. De l'avis même de FRYDMAN Benoît, la justice se révèle à nous sous le prisme du sentiment d'injustice. Et la tendance naturelle est de rechercher à se faire justice soit même. Au-delà des condamnations légitimes que suscite la problématique de la résurgence de la justice populaire, la problématique centrale qui se pose ici est celle du respect à la fois des droits des personnes victimes et de la pudeur sociale. Parlant des droits des personnes soupçonnées de tel ou tel délit, fut-ils fragrants, la justice populaire relève de l'émotion. C'est une justice émotive, et donc caractérisée par l'absence du recul nécessaire, et d'écart entre le délit et la sanction qui en résulte. Ainsi, a-t-on vu des jeunes gens être lunché pour avoir dérobé qui du pain, qui un téléphone portable, qui pour une somme d'argent dérisoire. Quant au respect de la pudeur sociale, le phénomène de la justice populaire est contraire à l'éthique, à la morale civique. La morale civique se fonde et se cristallise sur le respect de la légalité citoyenne.

La justice néo-institutionnelle est une autre caractéristique de la justice privée. La dénomination de néo-institutionnelle vient du fait qu'il s'agit d'une malformation de la justice institutionnelle. Cette déformation se voit notamment au niveau de la police judiciaire, surtout lorsque les officiers et agents de police judiciaire outrepassent les prérogatives à eux confiées par la loi. C'est notamment le cas lorsque qu'ils jouent le rôle d'intermédiation dans les litiges d'ordre civil, pour arbitrer les intérêts en conflit, entre les bailleurs et les locataires. C'est aussi le cas, lorsqu'en matière pénale, ils rançonnent les citoyens pour classer les affaires sans suite ou pour apprécier de l'opportunité de poursuites, alors qu'ils sont en la matière incompétents.

S'agissant en fin de la vengeance privée et des autres avatars[1053] de la justice privée, précisons, qu'il s'agit là de la manifestation palpable d'un malaise général, malaise né du sentiment généralisé d'injustice et de l'effritement des prérogatives et de la confiance que les citoyens portent à l'institution judiciaire[1054].

2- Portée : la justice informelle, une alternative au monopole juridictionnel de l'État

Notons-le tout de suite, il n'y a pas au fond une opposition tangible entre le modèle juridictionnel de l'État et la justice informelle. Du fait du dessaisissement de la collectivité traditionnelle, en la faveur de la colonisation, et bien plus par la législation après les indépendances politiques, l'on assiste à la naissance d'une justice clandestine, parce qu'évoluant en marge des déclamations légales rationnelles. Il est des cas où, du fait de la survivance de la logique communautaire, communauté dont sont issus à la fois les fonctionnaires et les usagers de la justice, ou de l'administration en générale. Cette justice dite informelle arrive encore à hanter le fonctionnement normal des institutions de l'État. C'est là le cas par exemple de la résolution des différends, même d'ordre civil dans nos postes de police et de gendarmerie. C'est aussi le cas lorsque la population continue à porter les affaires pénales devant la communauté, ou lorsque les communautés se saisissent de telles affaires pour rendre justice selon le modèle coutumier.

La survivance de la justice informelle est surtout liée aux griefs qui minent la justice de l'État, accusé de ne pas dire le juste. On reproche à la justice sa lenteur, son cout, son caractère irrationnel, son langage ésotérique. De l'avis d'un bon nombre de citoyens interrogés, la justice est une justice de riche, c'est une justice sélective et pire encore, nos institutions juridictionnelles ne savent pas dire le juste.

La justice, au plan traditionnel, est une vertu transcendantale intimement liée à la vérité. C'est la raison pour laquelle, le critère premier pour participer au jugement, à la délibération coutumière, c'est la crédibilité. Crédibilité en

---

[1053] Il s'agit entre autres : des grèves anarchiques, de la séquestration arbitraire des employeurs par leurs salariés, des manifestations publiques interdites, de la transformation des plateaux de télévision et des ententes radio en « véritables juridictions », etc.

[1054] « Il y a une résurgence de la justice privée qui est la manifestation d'un manque de confiance entre la société organisée pour juger et les justiciables. La confiance qui doit être le lien essentiel se délite et donne donc lieu à des manifestations que l'on peut appeler la justice sauvage. Elle revient en première ligne alors, l'institution judiciaire doit donc prendre les choses en main. Elle doit restaurer la confiance en se faisant plus crédible en étant plus transparente » affirme NGNIE KAMGA, propos recueillis par Pascal DIBAMOU, in *Journal mutation* n°4318 du jeudi 23 février 2017, Op. Cit.

termes de caution morale qu'on accorde aux arbitres réputés être impartiaux. Le verdict est sans compromis possible, mais seule la sanction doit être atténuée, dans l'optique de resocialisation.

Il ne faut tout de même pas conclure que malgré l'adage populaire qui dit qu'un mauvais arrangement vaut mieux qu'un bon procès, que la justice de l'État n'est pas utilisée par la communauté. Mais pour une meilleure cohabitation l'État gagnerait à capitaliser la pratique communautaire, pour réconcilier les justiciables avec la justice. Car en somme, l'article 37 de la Constitution est là pour rappeler, au besoin, que la justice est rendue au nom du peuple camerounais.

Aussi étonnant que cela puisse paraitre, la justice dite informelle est l'horizon de sens de la nécessaire réforme de la justice de l'État. Elle en constitue l'horizon dans la perspective de reterritorialisation des institutions. Cette logique défendue par la présente thèse se propose de redéfinir à la fois le domaine du juridique et partant celui de la légitimité des institutions et des rationalités qui les irriguent. Ce faisant, le présupposé démocratique, la souveraineté du peuple, est réarticulée parce que directement exercée par le peuple lui-même, détenteur originaire. Cela relève en principe de la logique mathématique, comment priver le peuple souverain de sa compétence juridictionnelle alors même que cette compétence peut efficacement, et selon un large consensus être exercée sans que cela coute en institutions en hommes et en moyens financiers à l'État. Si oui, par le processus d'encadrement et non d'assujettissement continu.

Conclusion : Le but de ce chapitre n'était pas d'égrainer comme un chapelet, un à un, les mécanismes de disfonctionnement qui marquent l'institution de l'État jacobin en Afrique noire. Tout au plus, il s'agissait de démontrer à titre d'exemple comment la construction de l'État en Afrique noire est mise à mal par la crise née de sa rationalité hégémonique et de sa logique autoritaire. En effet, le rejet de toute altérité et l'emprise de l'idéologie sur les catégories juridiques, sur la dynamique de l'État hérité de la colonisation occidentale sont réels et bien dommageables pour son acclimatation tropicale. Cette réalité imprègne tant l'Etat-colonial que l'Etat-indépendant ; ceci à travers le passage de l'idéologie de la mission civilisatrice à l'idéologie de la construction nationale et du développement économique. La construction du droit, des institutions et par déçu tout de l'État endosse cet héritage qui met en marge la réalité locale et en péril son existence même.

Aussi les hypostases qui en résultent de sa structuration interne, de l'articulation de l'ordre juridique « d'exception », ne peuvent que subir le rejet des collectivités coutumières à cause à la fois de l'incompatibilité des logiques qui irriguent ce nouveau système, de la complexité des structures et des procédures, et enfin, du coût et de l'éloignement des nouvelles institutions avec les collectivités coutumières. La crise des hypostases de la rationalité juridique se présente ainsi à la fois comme une crise de l'incomplétude du modèle dominant, mais aussi et surtout comme une crise de la non compatibilité, et du rejet du paradigme dominant. L'État, nouveau paradigme d'amalgamation doit donc épouser la réalité locale pour assurer sa survie en Afrique Noire.

TITRE 2

LA RETERRITORIALISATION DU LIEN ETAT-COUTUMES : LA PERSPECTIVE DE LA MODELISATION DES UNIONS, NORMATIVES ET INSTITUTIONNELLES

Le but de cette modélisation est de poser les bases d'un nouveau dénominateur commun du vivre ensemble ; de trouver par le mécanisme de la construction d'une normativité multi traductible ; et de dégager les principes d'intelligibilité de la redéfinition du contrat social. Pour cela, une grille de lecture de Thomas KHUN, au sens du renversement de la science normale, est nécessaire. Ceci pour questionner l'accumulation des conjectures du paradigme dominant avec son corps de dogmes, de clichés et de préjugés. Il devient alors nécessaire dans un premier moment, à travers la modélisation entre reterritorialisation et problématisation du nouvel esprit scientifique, de décliner l'épistémologie fondatrice de cette mutation hors du paradigme dominant (chapitre 1). Et dans un second temps, de décliner le moment et les linéaments de la modélisation proprement dite. Elle se structure entre reterritorialisation et définition d'un nouveau paradigme de la science juridique africaine (chapitre 2). Ce moment se veut inaugural et de ce fait, participe sans prétention de la discussion théorique du paradigme naissant. Le paradigme de la reterritorialisation de l'État en Afrique noire, la nationalisation de l'État dans les sociétés plurielles.

CHAPITRE 1

LE PREMIER MOMENT DE MODÉLISATION : ENTRE RETERRITORIALISATION ET PROBLÉMATISATION DU NOUVEL ESPRIT SCIENTIFIQUE D'INCLUSION

L'idée qui est mise en exergue ici se conçoit simplement. L'État en Afrique noire est l'arrière-monde du projet colonial[1055]. En tant que tel, il charrie une double conception de l'humanité. D'une part, une humanité « tyrannique », en excès de civilisation et d'universalisme. Et du fait de ce tremplin, elle est naturellement destinée à conquérir le reste du monde. D'autre part, une humanité subalterne, dépourvue du projet de civilisation, du moins le croit-on. Cette dernière est appelée à faire de la place au projet colonial. Elle doit se défaire du profane pour embrasser la théophanie.

En effet, à l'heure de la suprématie coloniale et par stratégie, un réel discrédit a été jeté sur les coutumes[1056]. Ce projet nie ainsi l'altérité culturelle dans le processus de production des savoirs. Même-si, il faut le dire, au sein des sociétés coutumières tout n'est pas parfait. Voilà pourquoi on reconnait qu'à certains égards, comme l'a démontré le Doyen BOKALLI, la coutume véhicule parfois des tares correspondant à la vision ancestrale de l'ordre et par définition difficilement applicable de nos jours. Il en est ainsi de certains aspects de la coutume civile bantu et notamment des Bulu. À l'instar des règles relatives à la succession avec la règle de la primogéniture et l'exclusion des femmes[1057] ; et au mariage, avec la vente des femmes[1058].

[1055] Cf. GONIDEC (Pierre- François.), *Les droits africains Évolution et sources*, Op. Cit.
[1056] Cf. Dr NKOMBE OLEKO, professeur ordinaire au département de Philosophie et religions africaines de la faculté de théologie catholique de Kinshasa/Zaïre. In préface à l'ouvrage de BILOLO M., *Métaphysique pharaonique IIIe millénaire av. J.C. Prolégomènes et postulats majeurs*, Op. Cit., p.vi.
[1057] Cf. BERTAUT (Maurice), *Le droit coutumier des Bulu – monographie d'une tribu du Sud Cameroun*, Op. Cit., pp. 233-238.
[1058] Ibid., pp. 153-156.

Aussi, pour repenser le paradigme dominant il est nécessaire de réarticuler son épistémologie fondatrice[1059]. Il s'agit de décoloniser[1060] la grammaire du discours sur l'État face à la multiplication des conjectures, et de dé-marginaliser l'épistémologie locale. Il convient simplement de sortir de la pensée de l'arrière monde colonial. Par prudence, de s'en éloigner, et de se déshabituer si nécessaire de son paradigme uniformisant. Ceci, afin de penser autrement l'alternative, la construction du référentiel global que constitue l'État. Ce faisant, de démontrer les limites « l'évolutionnisme épistémologique »[1061]. Il est aisé de constater que la coutume, ce droit d'inspiration profane, peut significativement aider à améliorer l'ordre social aujourd'hui à travers la pacification des mœurs. Il n'est pas simplement question ici, de réfuter les prémices hégémoniques mais, il s'agit de les prendre pour postulats, comme des hypothèses et de les confronter avec méthode aux faits historiques et à une analyse rigoureuse. Aussi de les éprouver dans leur structure et leur fonctionnellement dans un contexte de pluralisme juridique[1062]. Toute chose qui participe de la refonte de l'entendement juridique et par ricochet de l'adhésion citoyenne ou individuelle[1063]. Ceci est valable non seulement dans la dimension métapsychologique de la norme au sens de Hans KELSEN, mais surtout dans l'observation et de l'applicabilité qui en est faite au quotidien. Pour cela, il semble urgent par une double démarche de s'affranchir à la fois du fameux mythe dualiste et sa prétention à cerner d'autorité le réel, par l'exclusion hors du champ de la rationalité, des courants subversifs de la pensée dominante. La négation de tout ce qui semble s'opposer à la logique déductive. Mais mieux encore, par la déconstruction de l'orthodoxie de la rationalité juridique positive, dans ce qu'elle a d'arrogant et d'intolérant dans sa prétention à détenir seule la vérité. Se posant ainsi dogmatiquement comme irréfutable et surtout pérenne. Ceci, alors même qu'il est notoirement admis depuis les travaux de POPPER que, la science relève de l'approximation. D'où l'urgence d'une conceptualisation, un élargissement, une plasticité méthodologique. Il s'agit en fait, d'une nouvelle articulation des savoirs juridiques, en conformité au « *pensum* » local des sociétés plurielles. L'avènement de ce savoir

---

1059 Les mêmes causes produisant les mêmes effets, agir sur la cause entraine immanquablement une alternative sur les conséquences.

1060 Cf. EL MECHAT (Samia) et RENUCCI (Florence), *Les décolonisations au XXe siècle, Les hommes de la transition, itinéraires, Actions et Traces*, L'Harmattan, 2014, 274

1061 Pour désigner ici le fait que la science juridique africaine demeure un tube digestif des épistémès d'ailleurs.

1062 Cf. VANDERLINDEN (Jacques), *Les pluralismes juridiques*, Op. Cit.

1063 Le pluralisme Se définit au niveau de l'individu, point de convergence de la production normative. Ibid.

juridique nouveau implique que l'on aborde sérieusement une nouvelle problématisation au moins, au niveau méthodologique et épistémique.

Aussi, est-il loisible de présenter au préalable l'inclusion par le nouvel esprit pédagogique de l'entendement (section I) et par la suite d'examiner l'inclusion par l'appropriation et la réappropriation des obstacles scientifiques à la connaissance de la coutume (section II).

Section 1 : L'inclusion par le nouvel esprit pédagogique de l'entendement

L'inclusion par le nouvel esprit pédagogique de l'entendement suppose la connaissance directe du fait juridique. Elle participe de la reconstruction du paradigme à naître, en ruinant la tentative péremptoire qui caractérise l'étude des sciences juridiques. Et comme il est nécessaire pour y parvenir, d'articuler son soubassement heuristique, le renouvellement de l'esprit scientifique est ici synonyme de réarticulation. Mais aussi, il s'agit de la conceptualisation d'une « épistémologie fondatrice[1064] » des grilles de lecture parfois antagonistes partant de la pyramide au réseau. Cette inclusion pour être crédible doit se concevoir à la lisière du paradigme dominant, au regard des conjectures accumulées. Pour cela, un recours nécessaire à la protreptique est d'actualité. Il invite en même temps à un renouvellement de l'esprit pédagogique (I) et une reconsidération même de notre entendement du juridique (II).

I. Le nouvel esprit pédagogique

Le nouvel esprit scientifique doit d'abord se situer dans son contexte d'émergence, notamment avec BACHELARD (A), avant sa matérialisation concrète de par la ré-conceptualisation et la ré-catégorisation (B).

A. Le sens bachelardien de l'esprit scientifique

Il convient de fixer le contenu du sens bachelardien de l'esprit scientifique (1), et par la suite d'en dégager la portée (2).

[1064] Cf. DO-NASCIMENTO (José), *Les chemins de la modernité en Afrique, pour changer l'Afrique, changeons le paradigme*, Op. Cit., pp. 421 et s.

1- L'exposé du sens

La science est selon Bachelard[1065] un produit de notre esprit. Un esprit tourné dans sa quête du sens du réel selon la dialectique platonicienne du réalisme et de l'idéalisme. Elle est processus d'évolution, conformément à la loi des trois états. Cette loi qui stipule que le progrès de l'humanité suit successivement une évolution qui va de l'état métaphysique à l'état positif, en passant par l'état théologique. La science s'est construite sous le paradigme du positivisme. Ce positivisme évolue selon une dynamique dualiste, faite de convergence, de parallélisme et d'antagonisme entre le rationalisme et le réalisme.

Ainsi de l'avis même de l'auteur : « Il ne serait pas difficile de montrer, d'une part, que, dans ses jugements scientifiques, le rationaliste le plus déterminé accepte journellement l'instruction d'une réalité qu'il ne connaît pas à fond et que, d'autre part, le réaliste le plus intransigeant procède à des simplifications immédiates, exactement comme s'il admettait les principes informateurs du rationalisme. Autant dire que pour la philosophie scientifique, il n'y a ni réalisme ni rationalisme absolu et qu'il ne faut pas partir d'une attitude philosophique générale pour juger la pensée scientifique. Tôt ou tard, c'est la pensée scientifique qui deviendra le thème fondamental de la polémique philosophique ; cette pensée conduira à substituer aux métaphysiques intuitives et immédiates les métaphysiques discursives objectivement rectifiées. À suivre ces rectifications, on se convainc par exemple qu'un réalisme qui a rencontré le doute scientifique ne peut plus être de même espèce que le réalisme immédiat »[1066].

Le réalisme dont il est question ici renvoie moins à l'essence première de l'objet, qu'à la connaissance que le sujet scientifique se fait de cette réalité primaire dans un effort d'appréhension. Ceci, au moyen de nos sens et même au-delà. C'est à proprement parler, une véritable dialectique de cognition, un langage fait de souplesse et de mobilité pour rendre compte de la perception. Cette perception toujours subjective et imprégnée de la précompréhension malgré les exigences de la méthode. Par l'effet de l'observation et de la description, il devient incontestable que la science crée sa philosophie.

Il va sans dire que vu sous cet angle, cette philosophie qualifiée de rationalisme appliqué est, en tant que discours, ce qui distingue la connaissance commune de la connaissance scientifique. BACHELARD insiste sur le réalisme du rationalisme en affirmant par exemple que : « La

---

[1065] Cf. BACHELARD (Gaston), *Le nouvel esprit scientifique,* Livre numérique, http ://www.uqac.ca/jmt-sociologue/, consulté le 15/06/2017 à 10h50.
[1066] Ibid., p.8.

philosophie de la science est une philosophie qui s'applique, elle ne peut garder la pureté et l'unité d'une philosophie spéculative. Quel que soit le point de départ de l'activité scientifique, cette activité ne peut pleinement convaincre qu'en quittant le domaine de base : si elle expérimente, il faut raisonner ; si elle raisonne, il faut expérimenter. Toute application est transcendance. Dans la plus simple des démarches scientifiques, nous montrerons qu'on peut saisir une dualité, une sorte de polarisation épistémologique qui tend à classer la phénoménologie sous la double rubrique du pittoresque et du compréhensible »[1067]. C'est dire donc à la suite de l'auteur que la science postmoderne invite à une véritable « synthèse des contradictions métaphysiques », une métaphysique incarnée par le réel, c'est-à-dire une construction théorique en rapport avec la réalité usuelle. Le réalisme et le rationalisme sont donc pour le scientifique, son ciel et sa terre. Toute science qui s'émancipe totalement du réalisme est spéculative.

Sous un tout autre angle, si la loi des trois états COMTE Auguste a consacré la majesté du rationalisme, comme stade suprême de la science positive, de l'objectivation, le renouvellement de la pensée scientifique doit, de l'avis même de BACHELARD, dépasser cette conception. Dépasser cette conception ne signifie pas sa contestation radicale, ou même son ignorance. Il est davantage question de sa compréhension, et surtout de son appropriation extensible. Une appropriation globale et totalisante. Voilà pourquoi, la science contemporaine intègre en objet, non seulement la critique, mais mieux encore le dépassement de la science positive. Et c'est à proprement parler ce dépassement qui constitue en réalité le nouvel esprit scientifique au sens Bachelardien, sens voisin de l'épistémologie derridienne. Et de l'avis même de BACHELARD : « Nous ferons_place à la paralogie à côté de l'analogie et nous montrerons qu'à l'ancienne philosophie du comme si, succède en philosophie scientifique, la philosophie du pourquoi pas. Comme le dit Nietzsche : tout ce qui est décisif ne naît que malgré. C'est aussi vrai dans le monde de la pensée que dans l'inonde de l'action. Toute vérité nouvelle naît malgré l'évidence, toute expérience nouvelle naît malgré l'expérience immédiate.

Ainsi, indépendamment des connaissances qui s'amassent et amènent des changements progressifs dans la pensée scientifique, nous allons trouver une raison de renouvellement presque inépuisable pour l'esprit scientifique, une sorte de nouveauté métaphysique essentielle »[1068].

[1067] Ibid., pp. 9-10

[1068] Cf. BACHELARD (Gaston), *Le nouvel esprit scientifique,* Livre numérique, ibid., p. 11.

2- La portée du sens du renouvellement de l'esprit scientifique

Le dépassement du positivisme se conçoit comme une extension et non une simple renonciation. Une extension de la pensée positive classique vers un nouvel horizon. Il s'agit aussi d'un dépassement des obstacles érigés par la science positive elle-même. Des obstacles à la fois étiologiques, idéologiques, finalistes et épistémologiques. Cette extension est conçue comme « une sorte de facteur adjoint qui permet la totalisation, l'achèvement de la pensée géométrique, l'absorption dans une pan-géométrie »[1069].

Parlant de la coutume et de sa place dans la conception de la science du droit, cette extension suppose la sortie des expériences muettes par rapport à la théorisation de la rationalité coutumière. D'interroger l'ethnologie coloniale et de dépasser ces limites conceptuelles et idéologiques. De la prendre pour objet d'étude, comme une part entière de la rationalité juridique. Cette extension, comme il sied de le voir par la suite, implique un renouvellement conceptuel, méthodologique et mieux encore une reconsidération même de l'entendement global. C'est la redéfinition de notre rapport, à la fois aux idées, aux concepts, au juridique, au local[1070]. Ce renouvellement devrait, de l'avis même du Professeur ALF SCHWARZ, sortir d'une conception évolutionniste, conception héritée des études coloniales et de l'épistémologie de la supériorité, de la hiérarchie entre les races et des civilisations. Ainsi peut-on lire : les chercheurs « reproduisent à leur tour les images évolutionnistes et les paradigmes fonctionnalistes de l'université occidentale du temps de la conquête. Comme elles, ils n'accordent que peu de valeur aux traditions et oppose dans leurs théories tradition et modernité comme s'il s'agissait de deux moments totalement distincts d'une succession mécanique qui rapprocherait dans un même mouvement historique, général et universel les institutions et les valeurs sociales africaines du type de société postulée dans la pensée positiviste et rationaliste.

La complicité de l'opération théorique avec les menés impérialistes, et néocolonialistes, ne consiste plus, cette fois-ci, dans le retrait trompeur dans une fausse neutralité axiologique, elle se manifeste dans le travestissement des

[1069] Ibid., p.12.

[1070] Cf. Dr NKOMBE OLEKO, professeur ordinaire au département de philosophie et religions africaines de la faculté de théologie catholique de Kinshasa/Zaïre. In préface à l'ouvrage de BILOLO M., *Métaphysique pharaonique IIIe millénaire av. J.C. Prolégomènes et postulats majeurs*. Aussi, « comme une flèche, qui, pour s'élancer devant, doit être tirée en arrière, comme une fusée, qui, pour s'élancer devant dans l'espace intersidéral, a besoin de son socle, d'une rampe de lancement, l'Afrique a besoin de partir de sa source, a besoin, pour pouvoir s'élancer vers l'océan de l'avenir ». Op. Cit.

éléments de l'idéologie libérale et bourgeoise en catégories scientifiques. En conférant au discours idéologique une allure scientifique, les sociologues de la modernisation, ceux d'obédience structuro-fonctionnaliste surtout, se font les griots respectés de la seule tradition occidentale que l'on vante comme le seul devenir possible pour l'Afrique.

Comme ces sociologues parlent avec la science et pour la science qu'on dit au-dessus de tout soupçon, ils trouvent en Afrique même une large audience. On y accepte facilement leur vérité en oubliant ses propres valeurs. Aux réalités économiques et politiques de l'impérialisme occidental s'ajoute la vérité des positivistes comme élément puissant de l'impérialisme culturel qui débouche sur l'auto colonisation des esprits[1071]». D'où le nécessaire renouvellement pédagogique.

B. Le renouvellement pédagogique

Le renouvellement pédagogique passe nécessairement par un renouvellement conceptuel (1) mais aussi par un renouvellement ou redéfinition catégorielle (2).

1- Du renouvellement conceptuel

Le renouvellement pédagogique est avant tout, une nécessité conceptuelle. Au plan conceptuel en effet, ce renouvellement induit par la philosophie des savoirs endogènes[1072]suppose l'extension des concepts. Cette extension peut prendre la forme de la déconstruction du modèle impératif. Ce faisant, penser la coutume au-delà de la défiguration institutionnelle à laquelle l'a confinée la définition institutionnelle de la pensée coloniale et ses arrières mondes modernes. Si la déconstruction pose comme postulat, la mise à plat des acquis, il faudrait d'abord qu'il y ait ces acquis, que ces acquis existent réellement. D'où le préalable de l'appropriation des savoirs juridiques locaux par la conceptualisation. Cette appropriation suppose, de manière basique, leur étude sérieuse et rigoureuse ou mieux, leur entendement complet. Cet entendement se fait dans la société par le moyen de l'éducation, des études, notamment des études juridiques pour ce qui est du droit. ; Pour ce qui est de la coutume, par l'initiation à la tradition orale, dans le vécu quotidien des peuples. Mais aussi, il faut noter le rôle de la transcendance dans ce vécu, pour pouvoir lire au fond, le fil conducteur de la dynamique coutumière globale. Dynamique dont la

---

[1071] Cf. ALF SCHWARZ, « Colonialiste, africanistes et africains », Nouvelle optique, Montréal, 1979, pp. 62-63. Cité par DIKA AKWA, in DIKA-AKWA NYA BONAMBELA (Prince), *Les problèmes de l'anthropologie et de l'histoire africaine,* Op. Cit., pp. 344-345.

[1072] Cf. HOUNTONDJI (Paulin) ; *Les savoirs endogènes, pistes pour une recherche*, édit. Karthala, 1994.

taxinomie des études actuelles témoigne moins d'une nature propre, que des clichés et pseudo certitudes portés sur elle par la tradition juridique dominante.

Parce que le droit est le produit de la culture globale, cette réappropriation participe du droit des peuples à disposer d'eux-mêmes. Il en est ainsi parce ce que pour l'essentiel, notre héritage juridique résulte du fait colonial et donc des rapports de domination. Et de ce simple fait, il est impropre à traduire l'univers africain et le vécu des sociétés dites traditionnelles, sans un travail préalable de rationalisation et de réappropriation. Le ré-entendement se conçoit ainsi comme une opération de traduction. La traduction du droit et de la culture juridique. Mais, une traduction non littérale, synonyme de transposition ; mais une traduction non moins réelle, des concepts importés en vue de leur acclimatation à la grammaire de la réalité sociologique locale. Cela relève, *in fine*, si ce n'est de la science juridique en reformation, c'est de l'implémentation du droit comme technique, débarrassé de l'idéologie dominante[1073].

C'est la technique juridique qui doit pouvoir épouser les contours de l'ordonnancement local. À titre d'exemple, le concept de mariage, voire sa conception même, selon les différentes cosmogonies n'a pas la même signification en Afrique et en Occident. Autre exemple est le cas de ce qu'on appelle prosaïquement la coutume et l'entendement quasi systématisé par des définitions positives et institutionnelles qu'on attache à ce concept. Concept qui enferme la coutume dans le simple carcan de la pratique. Comme pour définir de manière positive l'ordre coutumier. L'endogénéisation consiste ici, à notre sens, non seulement à une redéfinition ou réappropriation de ce droit, mais au besoin de demander la définition de ce système de droit à la collectivité coutumière. C'est-à-dire, aux acteurs qui vivent au quotidien cette pratique et la traduise dans leurs langues. Il ne s'agit pas d'une redéfinition à titre symbolique et ponctuel. Tout au plus, c'est une véritable appropriation, par le biais de la philologie historique et comparée. Ceci pour ne pas penser en dehors de l'histoire. Ce faisant on retrace les principes premiers et la taxinomie première de la rationalité juridique des sociétés traditionnelles africaines. Il semble urgent de réapprendre à comprendre et à dire le juridique en fonction des territoires des langues et des cultures.

La refonte de l'entendement suppose aussi, à notre sens, l'établissement de l'étymologie des concepts, par l'entremise de la philologie des concepts[1074]. Il est question de reconstruire la signification première des choses. De ce fait, il

---

[1073] Il s'agit ici de l'idéologie néolibérale.

[1074] C'est-à-dire de dépasser l'origine grecque ou latine des notions, des concepts, afin d'établir les fondements originels, au besoin à travers le recours ou le concours des visions du monde et donc des différentes cosmogonies.

parait utile de se passer de la contextualité première, de l'émergence de la tradition africaine et donc des coutumes, pour l'élaboration d'un savoir coutumier. Voilà pourquoi toute réflexion sur la coutume replonge ainsi le chercheur soucieux de faire l'économie des sources, dans l'antiquité négro-africaine par l'étude des humanités classiques africaines. Une fois ceci dit, et les savoirs en friche reconstitués, une redéfinition catégorielle s'impose, par elle-même, au nom de la méthode et par souci de rigueur.

2- De la redéfinition catégorielle

Le renouvellement conceptuel est un préalable pour la construction d'un pluralisme ordonné au sens de DEMAS-MARTY Mireille[1075]. C'est un préalable parce que ce renouvellement induit un renouvellement des catégories juridiques. Si les concepts juridiques sont au droit les matériaux de base d'appropriation du réel, cette appropriation ne prend véritablement corps que par l'opérationnalisation de la qualification. Cette qualification-systématisation désigne l'opération par laquelle le droit appréhende le fait. Ceci, par l'entremise des concepts, des catégories, puis des institutions juridiques. Vu sous cet angle, l'on déduirait aisément que le ré-entendement des concepts a une incidence certaine sur la catégorisation. Il ne s'agit guère ici de battre en brèche les catégories juridiques définies et adaptées par la tradition romaine[1076]. Comme le note RIVELLOUT Eugène : « En ce qui concerne spécialement le droit, il faut renoncer maintenant à croire que les Romains en furent les prophètes, alors que, pour tout le reste, quand ils cessèrent d'écrire leurs archives avec des clous et de prendre les écrivains par des peintres (Pictor), ils se bornèrent à copier ce que leur fournissaient les civilisations plus antiques »[1077]. Il s'agit surtout et cela semble indispensable, après l'établissement d'une ligne de crête, un point culminant d'observation, de redéfinir les catégories propres[1078] à la dynamique des sociétés de tradition. « Les organisations sociales traditionnelles sont l'une des plus fuyantes aujourd'hui en Afrique. Leur lisibilité pose quelques problèmes de décodage à l'analyse. Peut-être un peu moins au sociologue qu'au juriste, habitué qu'il est à partir des catégories préétablies pour appréhender les données du réel ». Cela peut sembler curieux et même prétentieux, mais cela semble aussi indispensable pour la compréhension de la logique coutumière, dans sa

---

[1075] Cf., DEMAS-MARTY (Mireille), *Les forces imaginantes du droit. Le pluralisme ordonné*, Paris, Seuil, 2006

[1076] Cf. REVILLOUT (Eugène), *Les origines égyptiennes du droit civil romain : nouvelles études d'après les textes juridiques et démotiques. Supplément sur les contrats égypto-aram*, Op. cit.

[1077] Ibid., avant-propos, p. VII. Édition de 1912.

[1078] Cf. NACH MBACK (Charles), « La chefferie traditionnelle au Cameroun : ambiguïtés et dérives politiques », in, *Africa Development*, Vol. XXV, n°3 et 4, 2000.

spécificité. Il s'agit non pas de partir des catégories établies pour appréhender la coutume, mais de lire méthodiquement la coutume pour en dégager ses catégories. C'est à proprement parler une inversion de la méthodologie juridique dominante.

Ce qui est vrai pour les catégories juridiques, n'est pas moins vrai pour les institutions juridiques dans le contexte de l'avènement des pluralismes juridiques, au en de VANDERLINDEN Jacques [1079]. Si au sein de l'Etat l'on distingue souvent, de manière prémonitoire, les institutions politiques, des institutions administratives et des institutions judiciaires ; une lecture purement positiviste de la coutume, du moins du point de vue institutionnel, tente de reproduire le même schéma. Bref, pour ce qui est des institutions publiques. L'on fait aussi l'effort d'appliquer cette logique au sein des institutions coutumières au plan social. Se bornant, dans le meilleur des cas, à étudier leur statut et leur fonction, sans analyser en profondeur les interactions réciproques pour en déduire la stratégie et les conséquences. Or, ni les cosmogonies, ni les logiques, ni les méthodes, ni les finalités ne sont les mêmes. De ces différences et de ces obstacles à la fois épistémologique, méthodologique, théorique et finaliste[1080], vient se greffer une lecture ethnologique des institutions africaines. Ignorant ainsi la dialectique de l'un et du multiple qui accompagne la pensée africaine. Une multiplicité conçue comme traduction, la démultiplication de l'un et des multiples ailleurs de l'ordre originel et mythologique. Multiplicité qui signifie pluralité des institutions, au plan statutaire. Il s'agit aussi de la multiplicité, et de l'entrecroisement des fonctions d'une même institution. C'est notamment le cas d'une institution comme la *Faada* au sein des Lamibé[1081].

Dès lors, une question lancinante se pose. La société coutumière et sa logique, à la fois normative et institutionnelle, ne sont-elles pas dépassées ? Surtout face à une société métamorphosée par les idéaux libéraux et la mondialisation. On avoue d'emblée qu'une telle interrogation ne manque pas de pertinence. Mais à cette problématique, la réponse est la suivante : la modernité implique certes l'apport extérieur, l'ajout du neuf, mais elle implique aussi l'addition et non le renoncement. La déconstruction même suppose le dépassement. Qui plus est, la mondialisation implique l'équitable,

---

[1079] Cf. VANDERLINDEN (Jacques), *Les pluralismes juridiques*, penser le droit, Bruyant, non daté, pp. 77-116.

[1080] Cf. BACHELARD, *Le rationalisme appliqué, connaissance commune et connaissance scientifique*, chapitre VI, 1949, PUF, col. « Quadrige », 1998.

[1081] Cf. NOUHOU BARRYWA (Hamidou), *Le Lamidat de Tibati, Adamaoua-Cameroun, Histoire d'une résistance anticoloniale et organisation socio-administrative*, Op. Cit., pp. 169 et s.

et non le renoncement à soi, au nom d'un universalisme tronqué[1082]. D'où sa perception en dernière analyse comme un rendez-vous du donné et du recevoir. La théorie de la reterritorialisation de l'État pose comme préalable la refondation de l'esprit scientifique[1083] pour une meilleure compréhension de la coutume.

II. Le nouvel esprit de l'entendement

Par nouvel esprit d'entendement il faut comprendre le souci d'une démarche méthodique qui se structure au tour de l'entendement classique (A), et se poursuit inlassablement vers l'horizon du renouveau de l'entendement ou ré-entendement (B).

A. L'entendement classique

L'exposé du contenu de l'entendement classique précède (1), la remise en cause de cet entendement, au nom des nouvelles épistémologies en émergence (2).

1- Exposé de l'entendement classique

Le nouvel esprit scientifique, résulte de la rectification des savoirs juridiques classiques et aussi, de leur base théorique. L'idée est qu'il faut repenser l'épistémologie pour repenser le paradigme des sociétés plurielles et poser la question de la place des minorités dans le processus d'organisation de l'État[1084]. C'est la possibilité donnée au chercheur de renouveler la pensée, voire l'entendement[1085].

Aussi, l'esprit classique ici est celui qui définit le droit sous le seul prisme de l'épistémologie continentale européenne. En clair, c'est l'esprit du paradigme juridique de la certitude. C'est lui qui féconde l'assurance des énoncés et structure de bout en bout le paradigme en période dite de la science normale, au sens de Thomas KUHN. Ainsi par exemple, du point de vue du droit légiféré, l'esprit prédominant est celui de la législation verticale par les pouvoirs et institutions constitués. C'est aussi l'esprit de la phagocytose du

---

[1082] Tronqué parce que désormais incarné par l'État, le terrestre divin, selon la terminologie bien chère à HEGEL

[1083] Car, comme le note avec beaucoup d'emphase BACHELARD : « La pensée rationaliste ne « commence » pas, elle rectifie, elle régularise, elle normalise ». In, *Le rationalisme appliqué, connaissance commune et connaissance scientifique*, chapitre VI, ibid., paragraphe III, in fine.

[1084] Cf. VANDERLINDEN (Jacques), *Les pluralismes juridiques*, Penser le droit, Op. Cit, pp. 105-116.

[1085] Cf. LEIBNIZ, *Nouveaux essais sur l'entendement humain*, 1703, GF. Flammarion.

droit traditionnel par la législation transcendantale de l'ordre républicain, l'ordre quasi martial. Ordre fondé sur la Constitution, sur la fiction de la représentation du peuple souverain, mais aussi, sur le dogme, notoirement battu en brèche, de la loi, expression de la volonté générale. Notons à titre d'exemplification ce contre-sens inhérent d'une part à l'art. 2 de la Constitution, al.1, premièrement : « La souveraineté nationale appartient au peuple camerounais qui l'exerce soit par l'intermédiaire du Président de la République et des membres du parlement, soit par voie de référendum ». Mieux encore le rapport qui en découle avec sa mise en confrontation avec l'article 6, qui énonce en substance que : « Les partis et formations politiques concourent à l'expression du suffrage. Ils doivent respecter les principes de démocratie de souveraineté et d'unité nationale. Ils se forment et exercent leurs activités conformément à la loi ». Cette contradiction est due à la distinction entre l'intérêt général du peuple et les intérêts catégoriels des formations et partis politiques. Qui plus est, le fait de confier l'expression de la volonté générale sous le contrôle des intérêts privés. A moins que, cet intérêt dit général ne soit en dernière analyse que la somme des intérêts privés. Mais cela importe peu en théorie Constitutionnelle, surtout lorsqu'on arrive à faire une nette distinction entre l'idée de démocratie, dans sa conception philosophique et théorétique, et sa matérialisation pratique ou sa concrétisation au sein d'un régime politique ou d'une société donnée.

Par-dessus tout, ce qui fait le particularisme de l'ordre classique c'est sa stabilité, l'institution d'une période de quiétude et de science normale. La structuration de l'ordre vertical. Et cet ordre, voilà comment OST François le dépeint : « L'ordre politique centré sur l'État, puissance suprême dans l'ordre interne, figure souveraine dans les relations internationales ; ordre juridique fondé sur la norme, commandement impératif et unilatéral, s'imposant sous la menace de la contrainte. C'est l'ordre Westphalien qui assurait l'égale souveraineté des État à l'extérieur, tandis qu'à l'intérieur, prévalait le Rechtsstaat fondé sur une rigoureuse séparation des pouvoirs et un système de distinction strict et hiérarchisé des habilitations et des compétences »[1086]. À cet ordre devenu rigide, s'endosse la science de droit.

[1086] Cf. OST (François) et VAN DE KERCHOVE (M*), De la pyramide au réseau* ? Op. Cit., p. 11. Poussant plus loin sa réflexion, l'auteur martèle que « Comme dans la représentation du Lévithan, cet espace très organisé à partir d'un seul point de fuite, la perspective du souverain ». Ibid. « Cet univers était aussi celui de la logique aristotélicienne : logique hiérarchisée elle aussi, qui s'entend à subsumer les mineures sous les majeures, pour en déduire, de façon parfaitement prévisible, les conclusions : logique basée sur les principes d'identité (A=A) et de différence (A n'est pas non-A), génératrice d'un rigoureux système binaire d'appartenance et de non-appartenance, conduisant tout naturellement à l'exclusion du tiers ». Ibid., pp. 11-12.

La science du droit tente de se démarquer tant bien que mal de cette conception de l'ordre juridique et de son droit dont il se donne comme objet de son étude. Vus sous cet angle, les concepts, les complexes du droit d'une part ; et les institutions et les catégories juridiques d'autre part restent pour l'essentiel tributaires de cette filiation quasi incestueuse entre le droit et la science dont il est l'objet. Mais seulement, le rôle de la science du droit ne se limite pas à mimer et même à renifler les concepts et les catégories juridiques. Le rôle de la science juridique dans la perspective doctrinale est aussi de susciter le renouvellement de la pensée[1087]. On dit donc, qu'elle inspire le législateur. D'où l'urgence d'une doctrine recentrée sur les savoirs endogènes et son pendant inéluctable, le renouvellement de l'entendement face à la crise de l'autorité et de la légitimité.

2- Remise en cause de l'entendement classique

La remise en question de l'entendement classique du juridique ne relève pas d'une révolution, du moins au sens de la tradition française. Cette tradition met en exergue l'idée pernicieuse de la césure, de la rupture. Certes, l'idée de révolution n'est pas absente mais cette idée prend ici le sens d'un renouvellement de la pensée de l'utopie pluraliste[1088]. Recommencement parce qu'il est devenu manifeste que l'ordre vertical, l'ordre étatique en occurrence, a failli dans son processus d'amalgamation des collectivités coutumières. Cette faillite se lit d'abord en termes d'incomplétude structurelle, et donc en déficit de parachèvement de la construction de l'ordre juridique interne. Comme le témoigne à titre d'exemple le manque (jusqu'en 2018) des organes tel le Conseil constitutionnel[1089]. Cette faillite se lit aussi sous le prisme de la crise liée au dysfonctionnement des structures existantes[1090]. C'est le cas de la crise de la justice. Le passage des sociétés simples, aux sociétés complexes, le passage des sociétés de gouvernement aux sociétés de gouvernance, témoigne aussi de l'urgence de ce changement de paradigme.

[1087] Cf. CHEVALIER (Jacques), « Doctrine juridique et science juridique », Op. Cit.

[1088] Cf. « L'utopie pluraliste, solution de demain au problème de certaines minorités ? (Minorités et organisation de l'État, Bruxelles, Bruyant, 1998, pp. 665-675). In, VANDERLINDEN (Jacques), *Les pluralismes juridiques*, penser la droit, Op. Cit., pp. 105-116.

[1089] Le Conseil constitutionnel prévu par le titre VII de la Constitution du 18 janvier 1996, n'avait pas encore d'existence effective jusqu'au décret n° 2018/104 du 07/02/2018, portant organisation et fonctionnement du secrétariat général du Conseil constitutionnel ; décret n° 2018/105 du 07/02/2018, portant nomination des membres du Conseil constitutionnel; et le décret n° 2048/106 du 07/02/2018, portant nomination du président du Conseil constitutionnel. Cf. *Cameroon Tribune* du jeudi 08/02/2018, pp. 2-3.

[1090] La crise de la justice par exemple.

Au plan théorique il semble aussi urgent de transcender, en évitant les confusions de genres, les chevauchements d'arguments sortis de leur contexte. Il sied de prendre en compte la dualité de notre système juridique dans la redéfinition du paradigme. Pour être plus explicite exemplifions ce propos, par la dialectique de l'entendement-ré-entendement.

B. Le nouvel entendement et du ré-entendement

Le nouvel entendement ou ré-entendement désigne aussi bien l'entendement générique de la coutume en friche (1) que la nécessaire inflexion de l'autorité de l'État au nom du relativisme qu'implique la construction d'un ordre juridique pluriel (2).

1- L'entendement générique de la coutume en friche

L'entendement génétique ici s'applique à la source initiale du système coutumier, la conception première de son ordre, au-delà de son aspect folklorique. Sorte de domaine juridique laissé en friche[1091], la rationalité coutumière est occultée, son épistémologie fondatrice et les mécanismes particuliers de structuration et d'enseignement ignorés.

Ce domaine culturel des friches juridiques est un véritable réservoir où l'on pourrait tirer, en partie, les instruments de rationalisation de l'État ; puisque dormais « l'hypothèse pluraliste et à la mode[1092] » est en vogue. Le « pluralisme juridique selon VANDERLINDEN, postule l'existence d'une multiplicité d'ordres normatifs susceptibles de revendiquer la qualification de « juridique » et de s'appliquer simultanément au comportement d'un individu[1093]». Sorte de réservoir de la mémoire séculaire de la société traditionnelle, les espaces coutumiers sont là comme des boîtes noires de la juridicité. Le législateur peut soit s'en inspirer, soit le méconnaitre, et produire ainsi des apories. Il participe ainsi à la production des formes de législation qui bien que révolutionnaires, ne seraient pas moins incompatible avec de la

[1091] Pour POUGOUE (Paul-Gérard) : « Le droit traditionnel africain recèle des ressorts pour résoudre, au moins partiellement, la contradiction contemporaine du phénomène juridique. L'enjeu est toujours d'améliorer les conditions de vie au sein de la société ». Cf. POUGOUE (Paul-Gérard), communication à la conférence du 24 août 2016, AfricAvenir Internatinal, Douala, thème : les colonnes philosophiques du droit, les enseignements du droit traditionnel africain. Op. Cit.

[1092] Cf. « L'utopie pluraliste, solution de demain au problème de certaines minorités ? (Minorités et organisation de l'État, Bruxelles, Bruyant, 1998, pp. 665-675). In, VANDERLINDEN (Jacques), *Les pluralismes juridiques*, penser la droit, Op. Cit., p. 105.

[1093] Ibid., p. 106.

réalité sociale locale[1094]. Ce droit révolutionnaire ne peut compter que sur la contrainte, l'effet utile de la loi, au sens de contraintes physique et psychologique.

La question se pose alors de savoir pourquoi une telle archéologie juridique pour la redécouverte de ces « terres juridiques » en friche alors même que l'État offre une forme d'oasis de la juridicité légale rationnelle, qui plus est, est démocratique ? Arc-bouter sur les acquis résultant de la maitrise du paradigme de la modernité, de l'ordre westphalien fondé à la fois sur l'autorité et les mythes significatifs[1095]. Ce recours en arrière n'est-il pas en soi un aveu de l'échec du paradigme moderne et de la rationalité des lumières ? À la première question, la réponse nous semble évidente. Autant l'homme est un descendant, autant le droit à une histoire[1096] ; il ne nait pas ex nihilo, mais est

---

1094 Cf. RAYMON (Charles) affirmant sans détour que : « L'analyse des systèmes juridiques anciens confirme que le droit n'est qu'un aspect de la civilisation, qu'il se modifie selon les cycles d'évolution et de régression politique et sociale, qu'il ne vit pas isolé. », in, *Histoire du droit pénal*, Que sais-je ?, PUF, 4e, Op. Cit., p. 18.

1095 Le mythe peut être synonyme d'idéologie, de représentation d'une action à mener, ou alors une simple vue de l'esprit. Cf. THOMAS (L. V.), *Les idéologies négro-africaines d'aujourd'hui*, Librairie A. G. Nizet, (non daté), Op. Cit., p. 8.

1096 Cf. RAYMON (Charles), *Histoire du droit pénal*, Que sais-je ?, PUF, 4e, ibid. « En Egypte, à l'origine, les prêtres monopolisaient le droit révélé. Puis l'histoire offre, en relation avec l'organisation sociale, une continuelle alternance des tendances libérales et autoritaire. » p. 19. « À Babylone, d'après le code Hammourabi (découvert en 1901) et le code sumérien d'Ur-Nommi (déchiffré en 1952 et remontant au XXIe siècle avant J.C.) le droit babylonien révélé, diffère de la loi mosaïque par son laïcisme. Comme toute législation sémitique, il porte la marque de l'individualisme. » Ibid. Dans l'empire hittite- le code hittite (trouvé en 1906) nous renseigne sur la seconde moitié de la domination hittite (XVe au XIIIe siècle avant J.C.) - « la vengeance privé est dépassée, les circonstances aggravant ou atténuant la faute différencient la rétribution pénale. » Ibid. Chez les Hébreux, les prescriptions pénales répondaient au double objet de satisfaire le sentiment de vengeance (d'où leur application aux animaux) et de faire expier la faute (talion). » p. 20. En Grèce, « les Grecs n'étaient point juristes : leur droit classique, dépourvu de toute doctrine autonome, nous est parvenu par les plaidoyers d'Isée, Lysias ou Démosthène, et par les philosophes. Platon, d'après Protagoras d'Aptère, offrira à la conscience hellénique un concept humanisé de l'intimidation et de l'exemplarité ». « Aristote, plus réaliste, estimera que la société doit frapper le coupable comme une bête ». « Après l'ère pastorale, quand les grandes familles s'unissent en cités (VIIe s. av. J. C.), aux rois succèdent les magistrats ou délégués du peuple, puis les juges choisis dans la classe dirigeante. Mécontent des sentences partisanes, le populaire obtient la publication des règles de droit et des peines : ainsi naît, au VIIe s. de cité en cité les Nemos, la loi non plus révélée mais humaine. Zaleucos, puis Dracon, interdisent la vengeance privée, qui fait place au talion et à la composition ; Charondas, à Catane, la remplace par une double action, privée et publique. » Ibid

À Rome, « le droit romain offre un cycle juridique complet. Révélé à l'origine, ses violations entrainaient réparation envers la divinité offensée. Mais très tôt le positivisme romain dissociera le Fas d'un droit purement laïque, le Jus et, dégager de cette confusion, le jurisme se perfectionnera selon ses normes propres. Au début de la république, la plèbe, qu'indignent le caractère ésotérique des coutumes orales et l'interprétation partiale des pontifes, exigera les lois écrites. » D'où la rédaction de la loi de douze tables au Ve s. av. J. C. p.p. 21 et s

le résultat des dynamiques locales et globales. À la seconde question, la solution est nuancée. Car, de la déconstruction de ce paradigme est une nécessité à la fois théorique et pratique. Tout compte fait, elle se fonde sur un véritable discours de la méthode. Elle est théorique parce qu'elle charrie une idée, l'idée philosophique de la complétude. Une complétude qui passe par le dépassement de la rationalité prescriptive. Cette complétude nait de l'intégration dans, et par l'adjonction au paradigme, des savoirs exclus[1097]. C'est-à-dire l'interconnexion de deux épistémologies présupposées en contradiction : l'être et le non-être, le tiers exclu et le tiers inclus. Elle est pratique parce que la déconstruction est un préalable à la construction, à un renouvellement complet de l'édifice normatif. Pour ce faire, il faut s'arracher de la pensée du fondement. Ce renouvellement inclut en outre la relecture des contre-sens, les confusions des sens. Elle est en fin pratique dans la mesure où elle fait partie intégrante des propositions de solutions nouvelles, indépendamment de la dynamique et des procédés de la réforme de l'État.

Alors se pose avec insistance la problématique des lieux d'inscription de cette juridicité coutumière en friche. Pour y répondre de manière satisfaisante, il est indispensable de recourir d'une part à la tradition orale, et d'autre part aux écrits. C'est tout cela qui permet, la reformulation du paradigme traditionnel et donc la réappropriation des éléments essentiels. Par l'expression coutume, il faut entendre ici la désignation du domaine normatif de la société traditionnelle, antérieur aux influences à la pénétration arabe et européenne. Ce domaine normatif englobe à la fois le visible et l'invisible[1098] ;

En Chine, de 2500 av. J. C. à la fin de l'empire (vers 1910 Ap. J. C.), « le droit chinois est un compromis entre les conceptions des légistes dans l'ordre pénal et administratif et les coutumes confucéennes préexistant au droit privé ». p. 26. Chez les germaniques : « Le *De moribus germanum* de Tacite a tracé le tableau des mœurs des tribus germaniques ». p. 27. En Angleterre, « peut-on parler d'ancien droit…là ou a toujours régné un étonnant chaos judiciaire et juridique ? C'est en vérité, dans la période des rois normands et des Plantagenet qu'ont été ébauchées les institutions qui sont devenues la base du droit criminel anglais dont les sources ont été en grande partie les éléments francs, romains, wisigoths et danois, apportés avec eux par les conquérants ». Ibid.

[1097] Comme le note le professeur BIYOGO : « Les débats sur le moment post-colonial auraient si torts de ne point s'arc-bouter sur les héritages de cette pensée qui montre avant la lettre tout le travail minutieux aboutissant à ce que nous appelons actuellement le postcolonialisme. L'erreur, ce serait de penser ce moment en demeurant prisonnier du paradigme, du lexique, de l'histoire des idées propres au colonialisme, car les théoriciens du courant postmoderniste, pour rompre avec la grande servitude, gagnent encore à rompre avec les arrière-mondes issus de l'idéologie coloniale. » Cf. BIYOGO (Grégoire), in *Fanon et le fanonisme. Essai de relecture systématique d'une pensée majeure*, publication face book, 26 décembre 2017 à 16h25.

[1098] Cf. TULU KIA MPANSU BUAKASA, « Croyance et connaissance », in, OBENGA (Théophile), *Racines Bantu*, CICIBA, 1991, p. 175-179. La connaissance est en réalité double, affirme l'auteur : « avec d'une part, son aspect visible, perceptible, qu'on peut voir, sentir, toucher, palper, étendre, bref, atteindre pars les sens, et d'autre part, ce qu'il y a au-dedans de sa matérialité et qui est imperceptible, il s'en suit que l'homme a deux possibilité de connaitre,

et a pour vecteur la tradition orale africaine : « Mythes, légendes, fables, proverbes, dictons, poèmes, conduites concrètes, pratiques quotidiennes, attitudes, gestes, symboles ainsi que les matériels techniques, ont toujours servi de véhicule de la pensée, de la mentalité, des idées et des vérités des peuples. Pour l'univers Bantu, ils constituent le grand livre classique »[1099].

2- Le ré-entendement de l'ordre juridique de l'État post-westphalien : la nécessaire inflexion de l'autorité au nom du principe de la faillibilité

L'ordre juridique de l'État moderne, tel qu'hérité en Afrique, est une conséquence directe du centralisme européen. Il s'articule sur le modèle de la suzeraineté et de la vassalité. Une survivance de l'ordre westphalien fondé sur les institutions et la vision hégémonique de la politique et du droit. Il se structure sur les rapports de force, de puissance et de sens. D'où la conception ubuesque de la souveraineté. Pour ce faire, il semble se bâtir sur les institutions « régentées par la ruse, la force, la hiérarchie, l'exclusion, la minoration, l'inféodation, la confiscation[1100] ». Et donc en définitive, sur une différence ontologique avec l'environnement coutumier, « qui parie sur un tout autre système, une toute autre conceptualité théologique, politique, économique et juridique d'essence nilogène »[1101]. Mieux encore, l'ordre coutumier en tant que ordre du tout pour le tout est, « en toute complémentarité et ouverture vers la géométrie, la justice et l'harmonie originelle ; l'universalité de la vérité, de la justice, et sur l'équilibre général des relations entre les États, dans les échanges, en harmonie avec la nature[1102] ». Parlant de l'ordre westphalien, l'État n'a ni équivalent, ni rival sur son territoire, même si par le fait de son activité juridique, l'État consent à se démultiplier, soit sous forme déconcentrée ou sous la forme décentralisée. Ces collectivités ne seront, au demeurant, que ses excroissances de la « majesté » de l'État, dans la

par les sens (ouïe, gout, odorat, toucher, vue) et par son esprit qui pénètre le dedans de la matérialité matérielle ». Mieux encore dans le monde négro-africain « L'univers est fait et peuplé d'êtres divers : esprits, hommes, animaux, plantes, choses…l'univers n'est pas héritier ou source de lui-même. Au commencement se trouvent les esprits invisibles. L'Un, le tout premier, est la source de tout ce qui est. Tous les textes Bantu disponibles (mythes, légendes, fables, dictons, proverbes…) s'efforcent de le répéter ».

1099 Ibid. pp.175 et s.

1100 Cf. BIYOGO (Grégoire), in, Aux origines africaines de la bible et des religions du livre : redire le sens premier des choses et les vérités enfouies par les oublis et les mensonges du temps. Colloque international du 3 au 4 mai 2017, Fondation AfricAvenir International, sous le thème : Confrontation armée programmée et déjà vécue à travers les religions et la spiritualité en Afrique au XXIe siècle, quelle alternative religieuse spirituelle dans une Afrique en pleine renaissance ? Op. Cit.

1101 Ibid. p. 62.

1102 Ibid. pp.62-63.

réalisation de ses multiples prérogatives. Mais l'intérêt de cette grille de lecture réside plus loin car il faut aller de l'État vers l'individu, épicentre du pluralisme. Comme le note VANDERLINDEN Jacques, « le pluralisme ne s'inscrit pas dans une société déterminée, comme on a pu le croire et on le pense encore souvent. Il se situe essentiellement, et c'est capital, au niveau de l'individu en tant que point de convergence d'ordre qu'il considère comme juridique[1103] ».

Dans ce sens n'est-il pas opportun d'envisager de substituer à l'autorité un autre fondement de l'existence même de l'État en Afrique? Une sorte de réappropriation et un dépassement de l'autorité en somme pour le retour vers l'individu et con héritage culturel. Ce dépassement de l'autorité et aussi une refonte de l'ontologie de l'État pour épouser les contours la réalité du terrain, et non seulement, celle de la logique du politique, de l'activité partisane, fut-elle républicaine. Historiquement, la gestation du centralisme en Europe est un impératif dicté par les invasions barbares. Ontologiquement l'État est une théocratie, l'incarnation terrestre du divin. Si d'un point de vue judéo-chrétien, « dieu est détaché de sa création qu'il a réalisé en six jours avant de se retirer quelque part dans le ciel pour se reposer définitivement le septième jour, dans la pensée négro-africaine, le grand architecte est à la fois parcelle et totalité de sa création[1104] ». Car, dans la cosmogonie africaine d'essence *nilogène*, seul dieu incarne l'ordre primordial, la vérité, la rectitude, l'équilibre, bref la *Maât,* et les hommes et la société qu'ils constituent ne sont que des hypostases. « Il (dieu) se confond avec toutes les créatures qu'il anime d'une parcelle de lui-même et il reste en activité »[1105]. En un mot, dieu c'est la force vitale, « à la fois parcelle et totalité, la force vitale, par conséquent, la véritable essence de toute créature résident dans quelque lieu que ce soit »[1106]. C'est bien là le sens du recours à l'animisme, comme interaction entre le visible et l'invisible. La permanence de la force vitale, mais surtout comme communion avec le divin, c'est-à-dire la vie, d'un point de vue des relations et des rapports au monde. C'est la conception même de l'immanence de la force vitale. D'où le recours à la concertation à la palabre, d'un point de vue des relations sociales, comme processus de recomposition de la force et de la vérité originaire, en fonction du contexte donné. En effet, l'idée que chaque citoyen a, de sa propre personne, en termes de liberté, est la base même de la contestation d'une liberté supérieure et donc de l'autorité.

1103 Cf. « L'utopie pluraliste, solution de demain au problème de certaines minorités ? (Minorités et organisation de l'État, Bruxelles, Bruyant, 1998, pp. 665-675). In, VANDERLINDEN (Jacques), *Les pluralismes juridiques*, penser la droit, Op. Cit., p. 106.

1104 Cf. DOUMBI –FAKOLY, *Introduction à la prière négro-africaine*, Op. Cit., p. 13.

1105 Ibid.

1106 Ibid., p. 10.

Selon les thèses du contrat social, l'idée de liberté est un postulat indépassable. C'est encore cette idée qui fonde à notre sens l'égalité c'est-à-dire la perception que chaque individu à de lui et de la personne d'autrui, dans une sorte d'équation à variables identiques, une logique de constante comparaison implicite[1107]. C'est un homme comme moi qui me commande ; au nom de quoi je devrais lui obéir ? La liberté fonde ainsi l'égalité, et l'égalité limite l'autorité et fonde par ricochet la contestation même de l'autorité. Ainsi présentées, on pourrait être amené à croire, à tort être, que la liberté et l'autorité sont incompatibles. Ou encore, leur compatibilité ne peut se lire qu'en termes de limitation de la liberté pour les besoins de sûreté ou au nom de cette dernière, bien sûr, par l'effet de la fiction de la loi, conçue comme l'expression de la volonté générale[1108]

Section 2 : L'inclusion par le nouvel esprit d'appropriation-réappropriation des obstacles

Le renouvellement de l'esprit scientifique resterait lettre morte s'il n'y avait pas au fond l'idée de refondation du vivre ensemble. Ce processus implique l'articulation théorique et matérielle. D'où l'urgence de l'appropriation des obstacles idéologiques et épistémiques (I), et surtout, la déconstruction des obstacles idéologiques, et des obstacles finalistes (II).

I. L'esprit d'appropriation des obstacles idéologiques et épistémologiques

Au sens basique, l'épistémologie est la science des sciences, la théorie de la connaissance. Cette théorie gouverne la manière d'être-scientifique. Elle est la philosophie qui sous-tend et irrigue le paradigme. Quoi qu'il en soit, des obstacles épistémologiques se conjuguent avec la discussion des obstacles idéologiques.

[1107] Cf. GOLTZBERG (Stefan), *Le droit comparé*, Que sais-je ? Humensis, 2018.

[1108] Cf. ROUSSEAU (Jean Jacques), *Du contrat social,* Flammarion, 2011. Paru en 1762, le contrat social, en affirmant le principe de la souveraineté du peuple, a constitué un tournant décisif pour la modernité et est imposé comme un des textes majeurs de la philosophie politique. Il a aussi acquis le statut de monument, plus célère que connu, plus révéré qu'interrogé. Il s'agit d'une œuvre certes problématique, mais donc le mérite est de poser au plan théorétique les fondements même de l'état de société, en comparaison à cet autre état à savoir l'état de non-société ou état de nature. Comme le rappelle fort pertinemment la note de l'éditeur, la problématique centrale tourne autour de la compossibilité des libertés et des intérêts.

A. L'appropriation des obstacles épistémologiques

Parler de l'appropriation des obstacles épistémologiques revient à résoudre la problématique de l'essentialisation de la vision, synonyme de focalisation des points de vue. Surtout, sur « les aspects négatifs » du système coutumier, ce qui limite sa science (1). Il convient aussi dans le même esprit d'identifier dans le raisonnement juridique, ce qui échappe à nos instruments d'analyse rationnelle. Ce faisant reconnaitre que l'erreur est inhérente à toute connaissance (2).

1- L'essentialisation de la vision dans l'appréhension de la coutume

Le tout premier obstacle à la découverte de la juridicité telle qu'elle se manifeste dans le vécu des sociétés traditionnelles est la focalisation de la vision sur ce que ses coutumes ont d'incohérent et de primitif. La lecture qui est souvent faite de la coutume est une lecture pour la réfutation, d'où le recours mécanique à la comparaison. L'hypothèse d'école est celle de la définition de la coutume. Au-delà de cette définition, plusieurs cas peuvent permettre d'illustrer le propos de circonstance.

Le premier cas est celui de la polygamie, cette curiosité de notre droit de la famille. On reproche la polygamie de méconnaitre le principe de l'égalité[1109] des hommes sans distinction fondée sur la race, et le genre[1110]. Ceci parce que la polygamie donne à l'homme le privilège d'avoir deux ou plusieurs épouses, alors même que la femme, qui est selon le principe d'égalité, son équivalent féminin, ne peut prétendre à la polyandrie. Il y a donc ainsi, rupture manifeste de l'égalité des citoyens devant la loi, et notamment devant la loi Constitutionnelle.

On reproche à la coutume d'être essentiellement inégalitaire, inégalité entre l'homme et la femme, entre les anciens et les descendants, entre les filles et les garçons. De ce fait de privilégier l'hégémonie des hommes sur les femmes[1111], des garçons sur les filles, des ancêtres sur les vivants. Et du fait de ces inégalités, la coutume serait contraire à « l'horizontalisation » des

---

[1109] Cf. ATANGANA MALONGUE (Thérèse), « Le principe d'égalité en droit camerounais de la famille », RIDC, 2006, vol. 58, n°3, pp. 823-858.

[1110] Ce principe est énoncé par l'article 1 et 6 de la déclaration des droits de l'homme et du citoyen de 1789, et repris par le préambule de la Constitution du 18 janvier 1996.

[1111] En omettant volontairement de reconnaitre que les femmes ont occupé dans la cosmogonie et la société africaine une place de choix, tant dans le domaine politique (reine NSINGA de l'Angola 1583-1663, reine POKOU de Baoulés en Côte d'Ivoire) ; que religieux (histoire des déesses noires à l'instar de la vierge ASSETA ou ISIS et plus fondamentalement les prêtresses du culte du Vaudou.

rapports[1112] sociaux, et à l'épanouissement des individus, tenus dans une certaine subordination, attentatoire à leur liberté individuelle et contraire aux instruments de protection internationale.

Du point de vue des droits immobiliers par exemple, on reproche à la propriété foncière traditionnelle d'être une des causes du sous-développement des sociétés africaines, d'où l'importance des réformes[1113] dont le résultat immédiat est l'endiguement de ladite propriété. Voire, son remplacement par la propriété privée, ce qui constitue la base de la contractualisation des rapports sociaux et de l'essor de la société capitaliste individualiste.

Tous ces reproches ne manquent pas de pertinence. Vue du côté de la société individualiste, et donc décaler de leur fondement réel. C'est-à-dire, dans la perception même des rapports au sein d'une communauté régie par la solidarité. Il en résulte comme une double méprise, tant de la part des acteurs qui revendiquent la pratique, que des juristes spécialistes de la science du droit qui la condamnent. D'apport de la part des acteurs sociaux qui s'y accrochent, ils semblent ne pas avoir intériorisés les changements qui affectent dans la société contemporaine. Ceci, d'un point de vue de la rupture causée par la rencontre des rationalités, et l'option vers une société de type individualiste. D'où même l'idée d'égalité en lieu et place de la complémentarité.

De la part des juristes, qu'ils soient théoriciens ou praticiens, la tendance est à la confusion de sens. Et surtout au chevauchement dans l'utilisation des catégories juridiques. C'est-à-dire la tendance à lire la société coutumière à partir des référents qui lui sont inconnus. Une seule hypothèse d'école suffit à illustrer ce propos. Il s'agit de l'androgynie de dieu dans sa conception par les sociétés traditionnelles. Cette androgénie fonde la consubstantialité du masculin et du féminin[1114], et ne laisse place à aucune césure. Or, la doctrine analyse les rapports entre époux sous le prisme de l'égalité. Ce qui n'a pas de sens ici. La notion d'égalité nous fait ainsi aborder le discours sur la coutume de manière émotive et révolutionnaire.

Parlant de la confusion des genres proprement dite, il est délicat de juger la rationalité d'un système de droit à partir des éléments qui lui sont extérieurs, et donc en ignorant la dynamique intrinsèque du système qui lui est propre. Ainsi, jauger de la rationalité de la propriété foncière traditionnelle par rapport à un référent d'ordre économique et capitaliste, qu'est le développement, dans

---

[1112] Cf. ATANGANA MALONGUE (Thérèse), « le principe d'égalité en droit camerounais de la famille », Op. Cit.

[1113] Il s'agit de la réforme foncière et domaniale incarnée par les ordonnances de 1974, Op. Cit.

[1114] Cf. DEME (El Hadji Malick), « Circoncision et excision en Egypte Pharaonique et en Afrique noire : une même signification ontologique » in *Revue d'Egyptologie et des Civilisations Africaines*, ANKH, n° 18/19/20 ? 2009-2010-2011, PP. 97-106.

une perspective individualiste, est illogique. Illogique parce que issu d'un empreint de logique ou d'une logique extra-coutumière. Mieux encore, c'est une certaine injonction de civilisation prométhéenne. Il en va de même de la polygamie. Certes ce régime ne sied qu'aux sociétés de type communautaire, avec tout ce que cela implique parlant de solidarité et d'ordonnancement des rapports autour de la personne humaine. Mais alléguer sa contradiction au principe d'égalité est tautologique parce qu'intrinsèque même à sa nature. Encore que l'affirmation de cette inégalité est aussi à tempérée, au regard du fonctionnement des sociétés de type communautaire, et notamment avec la mise en œuvre du principe de la dette, sus-évoqué. Conçu comme correctif aux imperfections de l'organisation et du fonctionnement même des sociétés traditionnelles sur le double modèle de la circulation et de la multiplicité. D'où l'erreur de jugement.

2- La place de l'erreur

Il en résulte de ce qui suit que pour sortir de cette logique, il est plus qu'urgent d'éviter deux types d'erreur[1115]. Certes, l'erreur fait partie intégrante de la science[1116], « *errata mathemata* ». Mais la démultiplication des erreurs obscurcit notre horizon ; en faussant ainsi les bases de la compréhension subjective ; et le cas échéant du jugement qui en résulte. Les deux types d'erreur sont à éviter ici. Ce sont d'une part la focalisation sur les anomalies, et d'autre part, la confusion des genres fondée sur l'absence d'une neutralité des postulats.

En premier lieu, notons l'erreur de généralisation ou d'amplification des anomalies. Par anomalie ici, il convient d'entendre les aspects contestables. Ou du moins, ce que l'on juge comme contestable concernant la coutume. Cela peut être dû à l'édulcoration de sa logique de base, à l'érosion du temps et des logiques. Tel est le cas par exemple de l'exclusion des jeunes, et des femmes en général, de la succession, au nom de la coutume.

La focalisation sur les anomalies infecte la conscience et rend inapte à saisir la rationalité propre de l'objet d'étude. Le cas du droit camerounais de la famille est une bonne hypothèse d'école. En effet, se fondant à la fois sur l'institution de la polygamie et aussi sur le droit successoral et l'exclusion des filles du cercle des successeurs en droit traditionnel, l'on a très tôt qualifié la coutume d'être contraire aux réalités de l'heure. Notamment aux droits de

---

[1115] GOLTZBERG (Stefan), « Statut de l'erreur en sciences sociales et en sciences de la nature », Academia. Edu., Op. Cit.

[1116] Dans la mesure où, dans la perspective poppérienne, c'est l'erreur qui fonde la réfutabilité, et donc la science.

l'homme[1117]. Tout se passe alors comme si la coutume ne se limitait qu'à ces réalités tant décriées. Par analogie, c'est un peu comme si du fait des incohérences du droit Constitutionnel et du droit pénal, l'on arrivait à induire que le droit écrit est contraire aux exigences de l'heure. Cette focalisation des esprits et des énergies sur les incohérences empêche, en définitive, l'effort nécessaire et souhaitable d'un travail de rationalisation ou de double rationalisation. Ceci dans le but de compréhension de la dynamique de fonctionnement interne de nos sociétés traditionnelles et multiséculaires. Dans l'optique de pouvoir tirer les agrégats de ce système juridique, et d'améliorer notre connaissance du droit. Du moins, pour le rendre compatible à nos réalités sociales, mais aussi rendre le droit accessible à tous. Il convient d'éviter les enfermements de nature réductrice, voire, réapprendre de voir toujours sous le prisme de la multiplicité. Il faut partir en effet, du réel et non d'une réalité myope, des principes abstraits de la rationalité, ou si le mot est trop fort, du raisonnable. En claire, il s'agit d'éviter le réductionnisme logique, de questionner la rationalité de l'ensemble de la logique coutumière et non seulement une partie, fut-elle significative.

[1117] Cf. ATANGANA MALONGUE (Thérèse), « Le principe d'égalité en droit camerounais de la famille », Op. Cit. L'auteur note en substance : « l'application distributive du code civil et de la coutume dans le droit francophone camerounais de la famille aboutit immanquablement à une remise en cause, lorsqu'il est affirmé du principe d'égalité. Combinée à la réalité sociojuridique de la polygamie, cette timide affirmation légale de l'égalité entraine un certain nombre de conséquences fâcheuses quant à son effectivité, complexifiant davantage son émergence ». p. 833. Voir aussi BOKALLI (Emmanuel Victor), « La coutume source de droit au Cameroun » (1997), Op. Cit., pp. 59 et s. Ainsi peut-on lire : « La négation par la coutume de la liberté individuelle se manifeste encore sur la personne de la femme. Selon la coutume en effet, le mariage n'est pas dissous par le décès de l'un des conjoints et spécialement du mari. Une pratique coutumière, connue sous l'appellation de « lévirat », oblige la veuve à se remarier avec l'un des membres de la famille du de cujus. La veuve ne peut y échapper qu'en remboursant la totalité de la dot qui avait été versée par le mari. L'institution du lévirat se comprend très bien dans la conception africaine du mariage : non pas un contrat entre deux individus, mais plutôt une alliance entre deux groupes. Dans cette perspective, l'entrée de la femme dans la collectivité donne non seulement à son mari, mais à la collectivité elle-même, des droits sur elle. Comme le décrit si bien un auteur, « il ne faut pas conclure qu'elle se devait de les traiter comme tels avec tous les devoirs qui s'imposent à la femme mariée. Tant que vivait son mari, elle avait à son égard des devoirs exclusifs, mais la mort de ce premier mari ne mettait pas fin au mariage. La veuve demeurait la femme du clan du cujus. Elle faisait même partie de l'héritage. Elle pouvait être dévolue à une autre personne au cours d'un rite qui se traduisait en un transfert de droits et obligations, en une Constitution de mandat par le clan. On ne s'empressait pas de savoir si la femme voulait un second mariage. Il n'y avait pas en fait de second mariage, il y avait un mariage, celui avec le clan. On consultait de ce fait la veuve, non pour savoir si elle voulait convoler à des secondes noces, mais pour qu'elle dise de quel héritier elle voulait être la femme ». Mais, cette pratique, malgré ses aspects positifs, est aujourd'hui vivement contestée. Les veuves notamment revendiquent la liberté de choisir leur second époux. Le lévirat constitue un obstacle important au libre consentement des parties au mariage, c'est-à-dire en fait à la liberté individuelle ». p.61.

Ainsi lorsqu'on questionne l'ensemble, on évite la dénaturation à la fois des institutions et des logiques coutumières. La coutume est un tout complexe. Une règle coutumière ne peut être comprise qu'en rapport avec cet ensemble. À titre d'exemple, on évitera de prendre la coutume et de la faire appliquer par le juge de droit écrit. Ceci, tout simplement parce que la rationalité coutumière ne s'accommode pas de la logique purement déductive. Pour ne pas dire qu'elle est ontologiquement l'opposé, dans sa mise en œuvre. Mieux encore cette rationalité appartient à tout le dispositif, et non à un homme, fut-il juge ou roi. Ce qui n'est pas d'ailleurs une particularité de la coutume. Ainsi, prenons l'exemple du procès pénal. Contrairement à ce que l'on peut être amené à penser, ce n'est pas la décision du juge qui fait la rationalité du procès[1118]. C'est tout un dispositif normatif[1119]. Ce dispositif prend en compte à la fois les exigences de temps et de procédure[1120]. La décision n'étant *in fine* qu'un couronnement, par ailleurs contestable devant les juges supérieurs, prétendus plus aguerris.

En second lieu, l'erreur de confusion, ou la confusion des angles d'analyse, de sens où de chevauchement des postulats. Ce type d'erreur résulte de la nature même de notre système juridique, et de la place octroyée à la constitution. Elle résulte aussi de l'absence d'une réelle volonté de rationalisation et de construction d'un système *sui generis*. Système qui ne cherche pas à tout prix à phagocyter et l'inféodation de l'ensemble des droits, mais à composer avec, mieux à les rationaliser, pour éviter ou, le cas échéant, conjurer la crise de l'autorité.

Composite, le système juridique camerounais l'est. Il s'agit d'un système issu de la rencontre d'une diversité de systèmes et de sous-systèmes. Cette rencontre colonial fait converger et cohabiter dans l'édifice juridique à la fois le droit traditionnel, le droit musulman, le droit romano-germanique, les droits de la Common Law, le droit international et le droit interne en inflation. Du simple fait de cette multiplicité et par-dessus tout, du fait de la division internationale du travail, avoir une perception d'ensemble dans l'optique de la pensée-construction est une tâche difficile. Difficile du fait de l'éparpillement et de la spécialisation. Difficile aussi du fait de la culture juridique globale, prisonnière des catégories et instruments de raisonnement acquis durant la formation du juriste. Cette formation n'étudie la coutume et les institutions coutumières que de manière périphérique. Tout ceci met la raison du juriste chercheur, dans une sorte d'inconfort dans l'analyse de certaines catégories

---

1118 Cf. FRYDMAN (Benoit), Raison et passion dans les jugements en droit, Colloque international « Pensée rationnelle, pensée émotionnelle », 24/04/2015, in www. Lacademie.tv. Consulté le 21/06/2017 à 13h06.

1119 Ibid.

1120 Ibid.

juridiques situé à la périphérie de la rationalité légale rationnelle dominante. Inconfort dont le résultat immédiat est soit le réflexe de disqualifier. La disqualification sans même avoir compris. Soit on se trompe de registre et par voie de conséquence, de catégories juridiques. Les obstacles idéologiques n'en font pas exception.

B. L'appropriation des obstacles idéologiques

Les obstacles idéologiques envisagés ici sont au nombre de deux. D'une part, il sied de résoudre la conjecture démocratique (1), et d'autre part, il convient de se pencher sur la question du respect des droits de l'homme dans un contexte régit par la loi coutumière (2).

1- La coutume et l'appropriation de la thématique de la démocratie

L'enracinement Constitutionnel de la démocratie en Afrique reste aujourd'hui une quête[1121]. Cette quête prend parfois la forme d'une « longue marche de l'Afrique noire vers la liberté[1122] ». Pourtant, pour sa majesté RAMEAU SOKOUDJOU Jean-Philippe, « Contrairement à ce que l'occident a toujours pensé, je crois pour ma part que les institutions africaines sont des vieilles démocraties »[1123]. Comme le note avec FELWINE SARR : « Aborder une pensée portant sur le continent africain est une tâche ardue tant sont tenaces poncifs, clichés, et pseudo certitudes qui comme un halo de brume nimbent sa réalité »[1124]. Il en va ainsi de la démocratie. Réduire la démocratie, régime d'assentiment du pouvoir par le peuple, à la seule vision néolibérale, c'est faire œuvre d'étroitesse d'esprit pour une réalité multidimensionnelle. Même en Grèce elle a évolué : partant de la naissance sous DRACON, à la citoyenneté sur CLISTHENE en Passant par la fortune sous SOLON.

[1121] Cf. OLINGA (Alain Didier), « L'Afrique en quête d'une technique d'enracinement de la démocratie Constitutionnelle », in ouvrage collectif, KAMTO M. *L'Afrique dans le monde en mutation. Dynamique interne et marginalisation internationale* ? Paris, Afrédit, 2010 ; pp. 165-181.

[1122] Cf. DUMONT (René), *Démocratie pour l'Afrique*, Seuil, 1991.

[1123] Cf. Entretien du chef Bamendjou, S.M. Jean-Philippe RAMEAU SOKOUDJOU. Diffusé par la chaine de télévision VoixAfrica le 27 janvier 2016. Entretien réalisé à Paris par le journaliste Olivier ENOGO. L'auteur renchérit : « Si vous posez la question de savoir si les chefferies traditionnelles sont calquées sur le type (de démocratie) occidental, je dirais plutôt que l'occident a calqué sur le type africain son style démocratique, et c'est ça qui a fait sa vie jusqu'à présent. Pourquoi ? Parce qu'avant l'occident, ces institutions ont fait des siècles. Et si elles ont fait des siècles, c'est parce que le peuple adhérait et était satisfait de ces institutions. ». Selon sa majesté, c'est ce qui justifie la survie de la chefferie au Cameroun, et particulièrement à l'Ouest. Op. Cit.

[1124] Cf. FELWIN SARR, *Afrotopia*, Philippe Rey, 2016, chapitre 1er, penser l'Afrique.

On peut donc noter que c'est plus la manière dont chaque communauté donne sens à sa Constitution politique qui détermine l'enjeu démocratique et le jeu du pouvoir. Ceci étant, la réduction de la démocratie à la seule vision occidentale, au suffrage, fait partie de ce que Guy DE BOSSCHER qualifie des « assimilations abusives[1125] » ou « contre- vérités ». D'où l'urgence de porter un regard nouveau sur le réel au-delà des injonctions de civilisation. A ce sujet, le père MVENG Engelbert fait observer que : « Le pouvoir politique, conçu comme pouvoir absolu auquel tout autre pouvoir est subordonné, est un concept étranger »[1126] à la société africaine. L'auteur renchérit par la suite que dans la « tradition africaine, c'est le pouvoir religieux qui est le seul exposé à la tentative d'absolutisation »[1127]. Voilà pourquoi en réalité « le système du pouvoir dans la tradition, est un équilibre des forces soigneusement réparties entre plusieurs partenaires de façon complémentaire, évitant ainsi la concentration de tous les pouvoirs entre une seule main[1128] ». L'étude des sociétés traditionnelles africaines[1129], dans leur évolution historique fait dire au Professeur DIOP que : « Les africains n'ont jamais vécu l'expérience d'une république laïque, bien que les régimes aient été presque partout démocratiques »[1130]. Le caractère non absolu du pouvoir politique en Afrique impériale fait dire au Professeur DIOP que dans la monarchie africaine, « les ministres ne peuvent pas être révoqués par le roi »[1131]. Car, « le roi, s'il était le premier personnage du pays, n'en était donc pas moins tenu de se soumettre à la vie strictement réglée par la coutume. Chez les Mossi, son emploi du temps est fixé jusque dans les moindres détails. Le Moro Naba n'a pas le droit de quitter Ouagadougou sa capitale, non pas par orgueil royal, mais parce que les rites le lui imposent »[1132]. Déjà que de manière générale, le roi africain est issu d'une cooptation, il ne se choisit pas, il devient chef parce que la communauté l'a voulu. S'inscrivant dans ce sens les travaux du Professeur KAMTO, notamment sa thèse de doctorat portant sur le pouvoir et le droit en Afrique Noire, renseigne à suffisance sur le fonctionnement à la fois du pouvoir et la logique du droit dans la société traditionnelle africaine[1133]. D'entrée de jeu, l'auteur affirme que les sociétés traditionnelles africaines

---

[1125] cf. DE BROSSCHERE (Guy), *Les deux versants de l'histoire, Autopsie de la colonisation*, Op. Cit., p.33.

[1126] Cf. MVENG (Engelbert), *L'Afrique dans l'église, Paroles d'un croyant*, Op. Cit., p. 31.

[1127] Ibid.

[1128] Ibid., p.33.

[1129] Les royaumes de Mossi, Cayor, Ghana, Mali, Songhaï, Lebou, et l'Afrique monarchique et tribale. ANTA DIOP (Cheikh), *l'Afrique noire précoloniale*, Op. Cit., pp. 49-86.

[1130] Ibid., p. 74.

[1131] Ibid., p.51.

[1132] Ibid., p. 66.

[1133] Cf. KAMTO (Maurice), *Pouvoir et droit en Afrique noire, Essai sur les fondements du Constitutionnalisme dans les États d'Afrique noire francophone*, Op. Cit.

étaient des sociétés démocratiques. Démocratiques de par l'exercice et mieux encore, le contrôle populaire du pouvoir. Ainsi peut-on lire : « Dans les sociétés africaines traditionnelles, le contrôle du pouvoir est tantôt un contrôle direct parce que directement exercé par le corps social ; tantôt une pondération exercée par les différents conseils qui entourent le chef et qui jouent le rôle de contrepoids au pouvoir »[1134]. Démocratique aussi parce que le pouvoir et le droit étaient fondés sur une norme Constitutionnelle transcendantale[1135] et non écrite, la norme sacrée. Un sacré qui se conçoit sous le prisme de la référence et de la déférence faites aux ancêtres. L'auteur parle ainsi de la place du « droit au-dessus du pouvoir, et de la valeur Constitutionnelle de la norme fondamentale transcendantale »[1136]. De ce simple fait, le fait de référence même à la sacralité, la chance pour que le pouvoir soit autoritaire, était nulle. D'où par exemple le processus d'inversion sociale[1137].

Mais à rebours de cette conception, il n'est pas rare de voir naitre une critique acerbe des institutions politiques traditionnelles africaines, telles par exemples, les chefferies traditionnelles ; on reproche entre autre, au village africain, le fait de la transmission héréditaire du pouvoir[1138], au sein de la famille appelée à exercer coutumièrement ledit pouvoir. Cette transmission est à juste titre considérée comme attentatoire aux principes de la démocratie, du moins dans l'acception occidentale du terme, de la dévolution populaire du pouvoir par la technique de la représentation, représentation au moyen de l'élection. L'élection conçue comme une technique de la représentation[1139]. Il va donc sans dire qu'au plan formel, la démocratie désigne le gouvernement représentatif. Et « le gouvernement représentatif repose sur le principe d'élection » des élites politiques[1140]. Et le but de ce régime est l'intermédiation de l'autorité par les représentants ; la fonction des représentants est « d'agir au nom de la nation tout entière, en traduisant la volonté générale en lois. Or, la nation est une personne morale indivisible, les députés ne peuvent l'incarner

---

1134 Ibid. p. 114.

1135 Ibid. pp. 185 et s.

1136 Ibid.

1137 La transgression de la norme fondamentale étant une cause de déchéance du pouvoir. Cf. KAMTO (Maurice), *Pouvoir et droit en Afrique noire, Essai sur les fondements du Constitutionnalisme dans les États d'Afrique noire francophone*, ibid., pp. 1196 et s.

1138 Cf. Gouvernance en Afrique, Alliance pour refonder la gouvernance en Afrique (ARGA TOGO), Atelier de SOKODE sur : « La place du chef traditionnel dans le contexte de la décentralisation », 02-03 mars 2007, Le statut juridique de la chefferie traditionnelle au Togo : incertitudes et ambiguïtés, par Dr. Christian TRIMUA, Univ. De KARA. L'auteur ajoute en substance que « dans certains pays, le problème de la chefferie traditionnelle a reçu une solution à la fois radicale et expéditive sous la forme de son éradication formelle ». C'est notamment le cas des pays comme le Bénin, le Burkina Faso et le Mali.

1139 Cf. NAY (Olivier), *Histoire des idées politiques*, Armand Colin, 2004, pp. 309 et s.

1140 Ibid.

que de façon collective : c'est l'assemblée prise dans son ensemble qui représente la nation »[1141]. Bien évidemment, la nation étant une fiction juridique, une unité construite d'un point de vue de l'idée, et non une réalité positive concrète. On reproche ainsi aux régimes traditionnels africains de ne pas s'endosser sur une telle conception, mais ce faisant, d'être antidémocratiques.

Un tel reproche ne manque cependant pas de pertinence, dans une perspective purement libérale. Mais il convient de s'intéresser de plus près à cette affirmation ; assertion qui à tout point de vue, est négatrice d'altérité, afin de l'examiner. Commençons d'abord par l'idée de démocratie. La démocratie désigne de manière basique, le régime dans lequel la souveraineté du peuple est inaliénable. Du fait de cette inaliénabilité, la démocratie conduit en un mot à une identité entre l'objet, le pouvoir ; et le sujet, le citoyen. Dans l'idée démocratique, le citoyen est au centre du pouvoir. Cette centralité se manifeste dans la logique purement occidentale par le fait de l'élection et donc de délégation de pouvoir, du moins dans le cadre de la démocratie représentative, des détenteurs originaires, vers les détenteurs délégués, les élus. Dans la conception des sociétés africaines, le citoyen n'a pas besoin de déléguer son pouvoir, dans la mesure où il prend une place active au cœur même de ce dispositif[1142]. C'est bien là la manifestation de la démocratie directe, d'une démocratie fusion. La place du citoyen au cœur même du pouvoir, se manifeste soit à travers l'institution juridictionnelle, soit à travers les rites, mais toujours par l'entremise de la palabre qui structure l'espace social traditionnel et qui fait qu'il n'y a au fond, pas de différence, ni de démarcation entre l'idée philosophique de démocratie, et sa mise en exergue effective[1143]. Il en est ainsi surtout au regard de la taille réduite des sociétés traditionnelles, les ethnarchies coutumières. La conception selon laquelle le peuple est à l'origine du pouvoir, n'est donc pas étrangère à nos sociétés. Comme le note avec pertinence le professeur KAMTO, le monolithisme politique est contemporain à la colonisation et à la déstructuration de la société traditionnelle.

La démocratie dans les sociétés traditionnelles est donc plus fonctionnelle que statutaire. Elle transcende le cadre purement formel et électif, pour consacrer ce qui, à notre sens, constitue l'enjeu démocratique. Il s'agit de la souveraineté du peuple. Non pas, une souveraineté décrétée, ni proclamée par

---

[1141] Ibid.

[1142] C'est notamment le cas dans les sociétés lignagères, telles les Bafia et la plus part des tribus du Centre et Sud Cameroun, avant l'arrivée de la colonisation, et partout ailleurs ou la palabre structure l'espace public.

[1143] Ce décalage est bien visible dans le cadre de la démocratie représentative, surtout avec la crise de la représentation et son corollaire immédiat, l'abstention.

des déclamations Constitutionnelles, mais concrètement vécue dans l'espace discursif de la palabre. Mais cela ne signifie guère qu'elle n'est pas aussi statutaire comme le démontre le processus d'inversion sociale du détenteur du pouvoir, lorsque le peuple lui retire sa confiance[1144]. Prendre ainsi l'élection comme critère prépondérant de la démocratie, c'est non seulement confondre l'idée démocratique et l'application qui peut en être faite, mais c'est aussi se placer dans une posture extérieure à la société traditionnelle, c'est une sorte d'occidentalisation de la démocratie, et donc par ricochet de déplacement d'épicentre même de jugement des valeurs au nom du *façadisme institutionnel*[1145]. On advient ainsi à juger la coutume, une fois de plus, à partir d'un référent qui lui est extérieur. C'est ce qu'il convient de nommer la confusion des genres ou des catégories. Cette conception résulte des prénotions de notre cursus académique, densément occidentalisé. Et surtout d'un manque avéré de la culture de la différence dans un monde multiculturel[1146]. C'est là, la caractéristique même d'un monde autoritaire, dont l'État-nation est le modèle, et qui entend réduire à zéro toute différence au nom de l'évolution ou sous le fallacieux motif de la modernité. Sous ce motif, la démocratie formelle, de façade, acquiert un supplément de sacralité, et est rangée du côté des arguments irréfutables. Encore que cette prétention à l'irréfutabilité est sujette à caution, et qui plus est, ne garantit pas la véracité du propos. La vérité étant la conformité du discours ou de la théorie aux faits. Cet argument en plus de traduire l'intolérance, est simple synonyme d'arrogance et de mépris envers les communautés.

D'où l'urgence d'une réappropriation de la démocratie, non pas nostalgie et synonyme d'un retour en arrière, mais dans le sens de la conjonction des deux rationalités, surtout face à la crise du modèle représentatif, la participation citoyenne n'est-elle pas un vœu pieux? Le triomphe du renouveau du discours politique sur la gouvernance, en tant que catégorie théorique et donc analytique ; et comme catégorie pratique ; n'est pas de nature à démentir la présente analyse.

[1144] La pratique du NGUN dans le royaume Bamoun est assez illustrative. Illustrative dans le sens juridictionnel, à travers la mise en jugement du roi.

[1145] Lorsque la démocratie se soustrait à son enjeu fondamental de souveraineté du peuple et devient un slogan ou un prétexte de se faire légitimer au plan international par les partenaires au développement, au nom d'un universalisme et d'un humanisme allégés mais notoirement démenti dans les faits. Cf. BIYOGO (Grégoire), *Kamit, antidémocrate ?, Essai d'élucidation de l'énigme de la souveraineté en Afrique et dans le monde noir. Nouveaux matériaux théoriques sur la question noire*, MENAIBUC, 2006, p.19.

[1146] Cf. TAYLOR (Charles), *Multiculturalisme, différence et démocratie*, édit. Aubier, 1993, 142p.

2- La coutume et l'appropriation de la thématique des libertés et des droits de l'homme

La conception des droits de l'homme en Afrique noire précoloniale n'a pas un caractère individualiste. La société étant fondée sur le modèle de la solidarité. Peut-on dès lors, au nom d'un universalisme et d'une conception démagogique[1147] et impériale des libertés et des droits de l'homme[1148], affirmer que ces deux réalités sont étrangères aux usages et aux coutumes africaines d'Afrique noire? Déjà que du point de vue formel, la Déclaration haïtienne des droits de l'homme du premier janvier 1804 est la preuve évidente de l'impératif du respect de la personne humaine indépendamment de sa race. Certes il n'existe pas en Afrique noire traditionnelle, de déclaration solennelle de type « *magna carta, habeas corpus* », Déclaration des droits de l'homme et du citoyen. Ceci, du fait même de la différence du processus de déroulement de l'histoire et des façons d'ordonnancer la vie en communauté. Ceci, selon qu'on est dans une vision du monde africaine ou européenne. Mais dans les sociétés dites de l'oralité cette inexistence n'est-elle pas tautologique, dans la mesure où l'écrit n'a aucune valeur intrinsèque, juste une force probante ? Tout repose sur le respect de la parole donnée. Parole qui, de l'avis même de BIDIMA[1149], structure l'espace public, « espace public de la palabre »[1150].

Ainsi, affirmer qu'une société de nature communautaire, fondée depuis les temps mythiques[1151] sur la solidarité, n'a pas connu les libertés individuelles semble relever d'un truisme. Ceci est aussi lié à la croyance au postulat de vérité axiologique, à la justice transcendantale qui fonde le principe de non-outrage, le code des vertus cardinales. Ici, la société s'appréhende à partir du groupe et non à partir d'un individu. Et le postulat du non-outrage permet la survie du groupe dans une logique d'auto censure des comportements. Mais aussi par le rôle joué par la tradition orale, comme vecteur de socialisation. L'individualisme est une construction récente du fait colonial, comme le

---

[1147] Cf. OLYMPE DE GOUGES (1748-1793), *La déclaration des droits de la femme et de la citoyenne*, 1793.

[1148] Déclaration américaine des droits de l'homme de 1776, déclaration française des droits de l'homme et du citoyen de 1789.

[1149] Cf. BIDIMA (Jean Godefroy), *La palabre une juridiction de la parole*, Op. Cit., pp. 11-21.

[1150] Ibid.

[1151] En effet, l'ethnologie occidentale à vite conclu à une mentalité purement mythique chez les peuples africains. Note le père MVENG. Bien plus, « les faits prouvent au contraire qu'en Afrique, ce qu'on appelle mentalité scientifique d'une part, et mentalité mythique d'autre part, ne sont que deux moments dialectiques d'une seule et même réalité ». Cf. MVENG (Engelbert), *L'Afrique dans l'église,* Paroles d'un croyant, Op. Cit. p. 37.

démontre à suffisance le professeur NGANDO Blaise Alfred[1152]. Dans un tel contexte, comment peut-on logiquement affirmer que la coutume est contraire aux libertés individuelles ? À notre sens, en réalité, il s'agit bien plus d'un problème de crise des rationalités en concours, que d'un problème de compatibilité. On a ainsi d'une part, une population encore encrée dans les traditions, et une autre tranche de la population, formée à l'occidentale, qui proclame la rationalité républicaine fruit de la colonisation[1153]. Cet ordre revendique l'universalité comme fruit du présupposé civilisateur.

Il est question de l'universalité alléguée pour s'auto-légitimer. Aussi, convient-il de se demander si au-delà du Logos, on pourrait légitimement énumérer ne fut qu'à titre exemplative, les éléments constitutifs de cette universalité, et si oui, selon quel critère ? Et de surcroit, quel serait l'apport de cet universalisme, de l'histoire politique de la féodalité européenne, dans un monde multiculturel. Comme le note NAY Olivier en effet, « à partir du moment où aucun critère ne peut être véritablement universel, il est selon lui logique que les êtres humains créent leur morale au regard des expériences spécifiques qui sont les leurs. Autrement dit, si on prolonge le raisonnement, chaque communauté doit légitimement disposer du droit de définir sa propre morale dès lors qu'elle lui correspond. A contrario, elle ne saurait suivre des règles étrangères à sa culture, à ses habitudes et à ses coutumes »[1154].

Les paradigmes développés par la pensée néolibérale, à l'instar de la démocratie libérale, de la gouvernance, de la nation mono-culturelle, et même des libertés sont issus d'un placenta extérieur à la cosmogonie africaine. Il ne s'agit pas des aérolites spirituels, mais le résultat de l'histoire tumultueuse de ces peuples. Or ces paradigmes sont les produits de l'évolution de leur société à un moment donné de leur histoire. Il va sans dire que d'autres peuples ont pu développer les mêmes paradigmes, mais selon une articulation différente et selon leur logique multiculturelle propre[1155]. Bien plus le postulat des libertés n'est lui-même fils de l'égalité. Or, l'idée d'égalité n'est pas absente dans la cosmogonie africaine, où elle prend une connotation de l'égalité-complémentarité. Il s'agit d'abord d'une égalité d'ordre ontologique voire théologique, elle est fille de la déclinaison de la cosmogénèse. Mais en réalité,

---

[1152] Cf. NGANDO (Blaise-Alfred), « L'exécution forcée des obligations contractuelles entre indigènes et européens au Cameroun sous mandat français (1922-1946), in ANOUKAHA (François), OLINGA (Alain Didier), *L'obligation,* Études offertes au professeur Paul Gérard POUGOUE, Op. Cit., pp. 610-612.

[1153] En fait, selon FRANZT FANON, « Le colon fait l'histoire. Sa vie est une épopée, une odyssée. Il est le commencement absolu (…) il est la cause continuée. Si nous partons, tout est perdu ». FRANZT FANON, Les damnés de la terre, Maspero, Paris, 1961, p. 17.

[1154] Cf. TAYLOR (Charles), *Multiculturalisme, différence et démocratie*, Op. Cit., pp. 542-543.

[1155] C'est l'idée même de multiculturalisme et du relativisme, face à un monde pluriel. Cf. TAYLOR (Charles), *Multiculturalisme, différence et démocratie*, ibid., pp. 542 et s.

elle est plus théologique qu'ontologique. C'est l'idée même de la création des hommes et de l'univers. Et surtout l'idée antique selon laquelle l'homme est doté d'une part de l'esprit de dieu, de l'ordre fondamental, de la rectitude et de la Maât[1156]. Comme le note fort à propos le Professeur BIYOGO Grégoire[1157], « de même, la justice sociale était-elle encore un impératif catégorique. En effet, principe d'essence cosmologique : la Maât désignait l'exigence de mener une vie recherchant l'équilibre de la vérité et de la justice contenue dans l'univers. La Maât devait par la suite, s'incarner dans la cité, dans la vie pratique de chaque personne, et plus tard, l'Amenti, le royaume des morts, où OSIRIS, élevé à la droite du père (Rê) après sa rédemption de l'humanité, devient le divin juge ». Il s'agit de l'idée de l'égale répartition des parcelles de cet ordre fondamental[1158], de cette vérité originelle, vérité appelée à se reconstituer et à s'incarner dans l'ordre positif. Ceci, durant notre vie, par l'entremise de la diction, de la parole, la quête de la proportion, le recours à la palabre. Il s'agit aussi d'une égalité d'ordre processuel, de rationalisation en termes d'approximation de la vérité fondamentale. De ce point de vue, un seul homme, en vertu du principe de l'égalité originelle, n'a qu'une part de vérité. Fut-il juge ou non. C'est la répartition de ces parts de vérité qui fonde à la fois la parole et la tradition orale[1159]. Cette égalité se lit aussi dans le respect de l'autre, dans l'abstention, le principe du non-outrage énoncé par le code nilotique des vertus cardinales, qui survit dans les sociétés dites de l'oralité. De même, de manière contemporaine, cette conception du principe du non outrage se vit dans la pratique du *Nkpa'a* chez les Bafia dans la région du centre Cameroun. Le respect de la personne humaine n'est donc pas occulté dans l'ordonnancement de l'ordre coutumier.

[1156] Nous faisons recours à la pratique de l'Egypte antique parce que l'unité culturelle de l'Egypte et l'Afrique Noire a déjà été démontrée. Cf. ANTA DIOP (Cheikh), *L'unité culturelle de l'Afrique Noire*, présence Africaine, Seconde édition, 1982. Et en tant que telle, la lecture juridique est, on ne peut plus nécessaire. Cf. MOYEN LEANDRE (Serge), « Contribution au droit africain (dé-fossiliser) la lecture de ANTA DIOP (Cheikh), DJP, 62e année, n° 2, pp. 148-187.

[1157] Cf. BIYOGO (Grégoire), Kamit, antidémocrate ?, Essai d'élucidation de l'énigme de la souveraineté en Afrique et dans le monde noir. Nouveaux matériaux théoriques sur la question noire, pp. 31-32.

[1158] Cf. DOUMBI –FAKOLY, *Introduction à la prière négro-africaine*, Op. Cit., pp. 10-12.

[1159] Cf. KALAMBA NSAPO, *Théologie Africaine*, les grands courants de pensée de l'antiquité au 21e siècle, p. 63.

II. L'esprit de réappropriation des obstacles finalistes

Par « réappropriation il ne faut donc pas entendre ici le retour à des solutions du passé. Il s'agit de se réapproprier les facteurs qui quel que soit l'espace ou le temps confèrent à un peuple une efficience dans l'organisation de son tissu social. Ce sont les facteurs dont nous avons perdu la maitrise au cours de notre histoire à compter du XVIIe siècle »[1160]. Cela suppose aussi au préalable que l'on discute au fond, sur le sens même de concepts. Pour ce qui est de l'esprit d'appropriation des obstacles finalistes, il se fonde principalement sur la place de la conception finaliste tant dans la conception du droit que dans sa mise en œuvre (A). La place de la conception finaliste est donc capitale pour le droit ; même s'il faut au demeurant la repenser, pour lui donner une connotation nouvelle synonyme de dés-essentialisation (B).

A. La place de la conception finaliste

Pour parler en toute aise de la conception finaliste, il semble nécessaire de distinguer succinctement la place de la conception finaliste dans la définition du juridique (1), et sa place du point de vue de l'élaboration de la doctrine juridique, synonyme ici, de science de droit (2).

1- La place de la conception finaliste dans la définition du juridique

La finalité est au cœur de l'élaboration des normes de conduite et du droit. En effet, le droit qu'il soit objectif ou subjectif, établit d'un point de vue définitionnel, cette filiation à la finalité. Et en ce sens, la finalité poursuivie devient son horizon de sens. Finalité qu'il peut ou non atteindre, avec plus ou moins d'efficacité. Ainsi, le lexique des termes juridique définit le droit objectif comme « l'ensemble des règles régissant la vie en société et sanctionnées par la puissance publique ». Le droit subjectif est quant à lui conçu comme une « une prérogative attribuée à un individu dans son intérêt lui permettant de jouir d'une chose, d'une valeur ou d'exiger d'autrui une prestation ». On voit bien à l'évidence que la finalité est l'épicentre même du juridique ou de la normativité. Cette finalité qui peut est de manière générale la mise en cohérence par le biais de la raison, des rapports sociaux. Elle est aussi l'établissement des prérogatives, toujours dans cet objectif de règlementation des rapports intersubjectifs. Cette conception du juridique, se retrouve aussi bien présente dans la logique coutumière, logique de mise en

[1160] Cf. DO-NASCIMENTO (José), *Les chemins de la modernité en Afrique, pour changer l'Afrique, changeons le paradigme*, Op. Cit, p. 489.

perspective de l'ordre social par la rectitude, au gré des circonstances de lieu et de temps, dans les sociétés dites de tradition ou prétendues comme tel. Cette rectitude qui transcende largement le domaine restrictif du juridique ou du prescriptif pour englober le modèle délibératif des sociétés de tradition. C'est toujours cette logique que l'on retrouve dans la pratique des obligations dont la théorie générale en fait l'économie, ou encore dans la théorie coutumière des obligations fondée sur la tradition orale et le respect de la parole donnée. Cette logique, d'ordre des finalités, est encore présente dans les adages et maximes lieux d'inscription du droit savant ou de la pensée juridique contemporaine. Ainsi peut-on lire : « la loi est dure mais c'est la loi ». Comme pour évoquer l'effet utile de la loi, ou encore pour signifier et même dire que la finalité de la loi est d'être appliquée, en cas de récalcitrance, en tant que de besoin par le recours à la force publique, ou encore, comme on a coutume de dire « force doit rester à la loi ».

La finalité est aussi présente au plan institutionnel, dans la mesure où au-delà de la consécration d'ordre statutaire, généralement Constitutionnelle au sein de la dynamique républicaine ; au plan fonctionnel, lesdites institutions ont une finalité dans le fonctionnement même de la société politique ou étatique. Peu importe qu'on soit dans la logique étatique, notamment avec les institutions constitutionnellement consacrées ; ou dans la dynamique coutumière des sociétés dites traditionnelles. Ici, dans l'hypothèse des sociétés coutumières, règne d'ailleurs, selon le principe de la multiplicité, une pluralité des fins. À titre d'exemple, citons d'emblée le cas des institutions sociales tels le mariage et la dot dans leurs finalités au sens de la structuration de l'ordre coutumier.

Au regard de ce qui précède, il n'est pas exagéré d'affirmer que la finalité est de l'essence même du juridique. Cette conception finaliste du droit à son pendant logique dans la science de droit contemporaine.

2- La place de la conception finaliste dans la science du droit

La science du droit est héritière d'une conception finaliste et normative du juridique. Fruit de sa culture, la finalité ou la fin ultime conditionne d'ailleurs le chercheur dans la conception même de son objet d'étude ou dans le choix de la méthodologie et dans la systématisation des résultats. Nul doute qu'il s'agit là d'une conception à la fois utilitaire de la science du droit. Il s'agit aussi d'une conception d'ordre essentialiste et autoritaire encadré dans et par le paradigme dominant.

Elle est essentialiste parce que fondée sur une analyse causale, et sur une prédestination. Cette conception est fondée sur l'illusion même que la vérité serait immédiatement accessible. Que celle-ci résulterait de la pédagogie, de la logique de l'analyse rationnelle, ou si le mot est trop fort, du raisonnable. Elle est autoritaire, du moins au second degré, dans la mesure où elle a vocation à dicter, et à distiller par la suite cette vérité dont elle a l'illusion de posséder à cause de la tentative péremptoire. La conséquence logique qui en résulte est l'exclusion des connaissances parallèles et l'enfermement dans cette illusion de vérité au sens absolu du terme. La science de droit devient alors une science normative par l'essentialisation de ses résultats et l'érection des opinions en normes. Elle devient ainsi la jumelle du droit ou de la normativité prescriptive.

Du fait de cet enfermement d'ordre finaliste, l'on aboutit à l'essentialisation du résultat de la recherche, c'est-à-dire, on indique tel un pontife romain, ce qu'il faut ou ce qu'il ne faut pas faire, la piste à éviter, la voie à explorer[1161]. La logique finaliste déplace ainsi la polysémie inhérente au juridique, à une simple question de qui dit vrai, et qui est dans l'erreur, l'erreur d'argumentation. Or la théorie de la connaissance enseigne que le résultat scientifique ne se juge pas en termes de vérité ou de fausseté, Principe de la pluralité des registres de vérités, mais en termes d'applicabilité efficiente, mieux, d'adaptabilité à un conteste donné au-delà de l'injonction civilisationnelle. Et pourtant ce n'est que cette adaptabilité qui fait la vérité ou la fausseté provisoire d'une théorie donnée. Cette adaptabilité n'empêche guère le foisonnement des débats, au regard de la tension inhérente à chaque concept utilisé ou du fait même de la méthode utilisée. Le droit se construit aussi dans la dialectique des écoles de pensée. Cette mise en tension constante est en réalité ce qui, du fait de la logique de la discussion, fait science dans les sociétés ouvertes. Et non les opinions momifiées, les vérités éternelles, devenues science en Afrique noire, alors même qu'on sait qu'en matière scientifique, la vérité est un horizon, une promesse de sens, jamais advenue[1162].

Il en résulte de ce qui suit que, si le finalisme est un gage de sécurité en droit, la tentative péremptoire[1163] en science de droit est une fuite en avant. Comme le note avec pertinence le professeur Grégoire BIYOGO, la tentation est grande de céder « au bilan hâtif et à l'évaluation réductrice de sa pensée

---

[1161] CF. KENFACK (Pierre-Etienne), « La gestion de la pluralité des systèmes juridiques par les États d'Afrique noire : les enseignements de l'expérience camerounaise ». https://www.unicaen.fr/puc/images/crdf0713kenfack. Consulté le 28/06/2017 à 10h07.

[1162] Cf. BIYOGO (Grégoire), *Adieu à Jacques DERRIDA, Enjeux et perspectives de la déconstruction*, Op. Cit., p. 68. Il s'agit de la pensée différée. « Différer ici, c'est toujours ne plus déjà être le même, c'est remettre à plus tard l'arrivée, c'est transformer incessamment le lieu du parcours et son aboutissement. ». Elle échapperait à toute posture statique, à tout apaisement critique. Elle est toujours en guerre contre elle-même. La pensée n'est pas une catégorie fixe. Op. Cit.

[1163] Ibid., pp. 33-41.

intentionnellement disséminée, aporétique, contre sa patience du questionnement ; sa vigilance critique, l'exigence de complexité, de polysémie, de rigueur et de scansion de sa langue qui délimite, interrompt, transgresse et déborde sans cesse les traditions »[1164], mieux encore, le lecteur est tenu « de demeurer dans la plus grande précaution, sur le qui-vive » en faisant œuvre de doctrine juridique. C'est une fuite en avant parce que l'opinion doctrinale est une simple opinion ; et du fait même de sa nature, elle ne fait pas science. La science résultant de la contradiction, de la tension interne des débats, et des promesses de sens non avenues, parce que jamais définitives, mais toujours espérées, en perspectives. Il est donc prétentieux d'affirmer que la coutume est contraire à la loi, au droit, à la liberté individuelle, à l'ordre public et aux bonnes mœurs. Ce serait, non seulement ignore la différence, au sens derridien du terme, surtout lorsque cette condamnation a pour conséquence de fermer le domaine coutumier à la recherche, à l'éthique de la discussion sur le juridique. Pourrait-on véritablement lire le juridique en condamnant d'entrée de jeu le positionnement épistémologique et cosmogonique de notre société dite ancestrale. Si oui quel serait notre propre angle de lecture, angle que l'apport de l'autre est cessé enrichir. Il va sans dire que le droit a été pensé, sous l'angle du renoncement à soi et surtout dans une perspective péremptoire dictée par le présupposé civilisateur. Même chez KELSEN[1165], cette force coercitive s'applique moins à la science de droit, au regard de sa dimension spéculative, qu'au droit, par essence normatif. Encore que de son propre avis, la création du droit n'est pas aussi rigide que l'on pourrait le croire, elle est un acte de « volonté relativement libre », et son exécution un acte de « volonté relativement liée »[1166].

B. La réappropriation des obstacles finalistes

La réappropriation des obstacles finalistes conduit à envisager la finalité ici comme un horizon utile, une tension (1) ; sans perdre de vue le second moment de cette opération, qui se conçoit la finalité comme un horizon de sens (2).

[1164] Ibid.

[1165] Cf. KELSEN (Hans), La démocratie, sa nature-sa valeur, Op. Cit. L'auteur note en substance que « cet exposé, d'ailleurs, ne vise aucunement à être une apothéose de la démocratie ; il ne veut que présenter une enquête d'une impartialité scientifique sans rien abdiquer au droit de critique. Mais n'est pas l'un des plus grands avantages de la démocratie que d'offrir, plus que toute autre forme politique, la possibilité d'une libre critique d'elle-même ». KELSEN (Hans), *La démocratie, sa nature-sa valeur, préface pour l'édition française, Cologne*, août 1931, p. viii.

[1166] Ibid., p. 81.

1- La finalité comme tension

La question principale ici est celle de savoir, comment peut-on repenser la relation entre l'État et les coutumes d'un point de vue finaliste, tout en évitant d'être péremptoire. La réponse semble résider dans le processus même de la confrontation ou de la collaboration qui peut en résulter. Le souci étant de sortir de la logique de la confrontation, logique qui a conduit au dessaisissement progressif de la norme coutumière, au profit du droit écrit et de l'imperium de la puissance publique. En fait, la question ne se poserait pas en termes d'alternative et donc de choix sous un angle manichéen. Il est opportun de découvrir la logique intrinsèque de chaque système normatif et sa tension interne. Par la suite, de questionner de manière constante cette logique, afin de tirer la substance nécessaire à la pensée rationnelle de l'ordre social et surtout d'un point de vue de son applicabilité. Comme pour faire un clin d'œil à la justice procédurale de RAWLS John, la nouvelle finalité de cette relation, entre l'État et les coutumes, est procédurale. Et partant d'une définition toujours en cours de recomposition, par le biais de l'éthique de la différence, elle n'hésite pas à questionner les prémices. Ceci passe, en en point douter par une réelle mise en tension des échelles de pensée, un renoncement à la tentative péremptoire et à la pensée des fondements.

Elle renvoie ainsi, à la source de la délibération, une sorte de position originelle, mais surtout, une délibération continue et féconde. Mais avant d'être continue, ou féconde, il faut d'abord que cette délibération existe. Son existence a été jusque-là grevée par des obstacles protéiformes, obstacles méthodologiques, étiologiques, philologiques, idéologiques, finalistes, voire même épistémologiques. Ces obstacles ont, osons le dire, constitué au sens étymologique du terme, des obstacles à la connaissance inconditionnée de la logique coutumière, qui à juger, après coup, de son applicabilité effective en fonction des intérêts en concours. La réappropriation de ces obstacles n'est guère synonyme de l'absence de critique de la norme coutumière. Elle est plus synonyme de la recherche d'une ligne de crête, un point culminant d'observation, de la tentative d'une réelle appropriation des coutumes. Point de lecture qui sort à la fois de la tentative péremptoire, des préjugés et des prénotions, fruit de notre éducation, et qui exige la relecture de nos catégories analytiques, concepts, complexes, institutions et catégories juridiques ; surtout face à une logique qui, sans être illogique, est externe à nos outils conceptuels exclusifs.

La logique délibérative se garde bien des vérités toutes faites. Elle n'est pas non plus le règne du désordre, mais elle suppose la multiplicité des possibilités, le foisonnement des idées et le questionnement des opinions néolibérales. Le débat est presque sans issue définitive, parce qu'inscrit dans une logique de quête de sens, l'horizon des possibilités nouvelles de fondations des normes et des institutions juridiques dans la vision du monde africain. C'est le renouvellement continu de la pensée, avec des phases intermédiaires de tension, de baisse de tension, de compromis. Mais aussi la prise en compte des phases de déconstruction de ces compromis provisoires, par le renouvellement de la recherche, la discussion. À ce titre, la pratique de la palabre, cette juridiction de la parole peut être d'un apport considérable. Considérable pour la redéfinition de l'ordre par la raison, la discussion, et non plus par l'idéologie, la ruse, la force et la hiérarchie continue de la société.

La logique délibérative est aussi une logique de la différence au sens derridien du terme, la différence conçue comme le fait de « s'arracher à la pensée du fondement et au mythe de la fondation des certitudes ; et arracher à leur fausse innocence les fameux mythes dualistes, oppositionnels, hiérarchisant »[1167], mieux encore, la pensée de la différence, dans sa logique interne se veut mobile. Dans la mesure où elle « se déploie, s'ouvre, erre, traverse, renverse, travaille, doute, se questionne, transporte, transforme sans que l'on ne puisse jamais prévoir sa trajectoire. Le primat de logos est puissamment contesté ici dans la volonté d'unir, de réunir, d'ordonner, de diriger d'orienter. L'autoritarisme d'un tel mécanisme de contrôle est récusé, qui fait place à celui de la trace. Inaugurale, la différence serait antérieure à l'être lui-même »[1168]. C'est l'idée même de mise en perspective des idées, dans leur rapport réel aux faits, idée du renouvellement continu de concept, des normes et des institutions ; pour mieux les entendre et le réentendre. C'est donc, en un mot une pensée d'ordre finaliste. Mais une finalité conçue dans sa dynamique, comme un horizon en somme, un horizon de sens.

2- La finalité comme horizon de sens

L'idée maîtresse ici est qu'il importe de sortir de l'essentialisation de la perception du juridique sous le seul prisme de l'ordre hiérarchique, pour une nécessaire dés-essentialisation et des horizons, pour retrouver le sens même du droit, de la coudée royale d'essence pharaonique, de la mesure. Cette dés-essentialisation ou ré-conceptualisation, est aussi une édulcoration des points de vue dominants, et jusque-là demeurés autoritaires. Comme le note avec insistance le Professeur BIYIGO :

« C'est que le travail d'obstruction millénaire et de brisure des définitions, des significations, d'altération des prononciations et l'image authentique de l'Afrique et des Noirs autant que leur passé dans l'histoire des sciences et de

---

[1167] Cf. BIYOGO (Grégoire), Adieu à Jacques DERRIDA, Enjeux et perspectives de la déconstruction, Op. Cit., pp. 91-92.
[1168] Ibid.

la philosophie au moins depuis la Conquête, a eu une conséquence particulièrement néfaste, dévastatrice même pour la science et pour la recherche mondiale elle-même: non seulement elles ont hypostasié des vérités scientifiques, les ont falsifiées, corrompues jusqu'à l'outrage de la raison, mais ont encore développé des travaux sur l'Afrique avec des pseudo-théories, des pseudosciences, des arguments fallacieux, des théories avec des connaissances géographiques, sociologiques, politologiques, philosophiques pour le moins tronquées, qui ont débouché sur la méconnaissance totale de l'Afrique et son altérité »[1169].

Et il va sans dire que c'est cette méconnaissance, additionnée à la volonté de décrire l'autre sans le comprendre, qui est à l'origine de la mise en place des institutions juridiques exclusives des dynamiques dites traditionnelles. Ceci a pour conséquence logique le réductionnisme des institutions coutumières à leur aspect purement matériel et l'occultation de la dimension philosophique et spirituelle. Ce faisant, l'altérité de la coutume n'est donc pas dite. Sa définition est en soi, un élément de sa réfutation. Ce qui se traduit par le défaut de connaissance de l'altérité, de l'autre à rencontrer ; « Ou plutôt sa connaissance sous le signe de la superficialité...C'est que, en produisant des descriptions fausses sur l'Afrique, la recherche mondiale reproduisait des connaissances fausses sur le monde lui-même. Ces déformations idéologiques ont profondément déformé la vérité et fait retarder la recherche scientifique, pour autant que tout mensonge historique sur l'Afrique en soit aussi un sur l'histoire du monde. Tout récit basé sur des sophismes à son sujet, a pour conséquence immédiate d'occulter la vérité sur les sciences elles-mêmes, les manuels de philosophie, de sciences, de géographie, de sociologie, de philosophie en ont été victimes, dans le temps même qu'ils croyaient défigurer. La réalité au sujet de l'Afrique... Depuis dans un décalage inexplicable et un fossé abyssal... avec les véritables avancées des idées, des connaissances et des sciences. Ainsi, travailler sur l'Afrique et sur ses institutions aujourd'hui, revient nécessairement à se dés-occulter la masse de propos traversés de contrevérités, de contradictions et de paralogismes accumulés par plusieurs siècles de sciences humaines et sociales. Retravailler l'historiographie, les concepts, les institutions sur l'Afrique, c'est désensorceler les savoirs essentialisés, c'est les dés-essentialiser, mais aussi désobstruer l'histoire des disciplines, les arracher aux fantasmes les plus saugrenus, au manichéisme le plus sectaire, aux pensées les plus obtuses, les

---

[1169] Cf. BIYOGO (Grégoire), *Dictionnaire des connaissances philosophiques de l'Egypte antique*, contributions aux recherches sur les concepts majeurs de la philosophie, de l'égyptologie, de la théologie et du droit pharaoniques, pour bâtir un corps de sciences humaines et sociales nouvelles aujourd'hui. « Rek Nebou Kama : l'âge d'or de l'Afrique », Op. Cit., p. 28.

plus étrangères à la vérité et à l'étonnement, à l'émerveillement nécessaire devant le mystère de l'Autre, devant sa complexité, sa différence, et toute véritable invention, toujours imprévisible, et qui appelle tolérance, patience, écoute sereine des objets heuristiques »[1170].

Cette tâche multi traductible du réel se veut être, son seulement une réhabilitation de la culture africaine, mais aussi une nouvelle perspective du droit et des études du droit en général. C'est en somme, une alternative crédible à la logique unitaire et même à la conception dualiste, surtout lorsque l'impérium étatique s'émousse, encore qu'il s'agit là de deux sous-catégories de la logique binaire de type aristotélicien. Logique dont la république, la citoyenneté et surtout l'État dans sa conception actuelle, sont les héritiers, le creuset.

Cela participe, du point de vue de la portée, à la fois de la déconstruction des certitudes, l'élucidation de la conjecture et de son pendant logique l'éthique de la différence.

La déconstruction a vocation à s'appliquer ici par exemple à la conception des politiques législatives et aussi l'œuvre doctrinale. Parlant des politiques législatives, il s'agit moins ici de la procédure législative[1171] que de la conception même des corpus de lois, au sens générique, surtout dans les matières dans lesquelles les parties ont la libre disposition de leurs droits. Il est question pour le législateur de prévoir le coffres ou catégories juridiques multiples, de privilégier les lois supplétives de volonté, de partager la rationalité des procès par exemple au plan pénal, par la reconnaissance de la compétence des juridictions coutumières ou tout au moins la codification des modes coutumière de preuve. Cela participerait, ne fut qu'en partie, à l'élucidation de bon nombre de problèmes de l'ordre répressif, à l'instar de la répression des infractions et du délit de la sorcellerie par exemple.

De ne plus soumettre la logique coutumière, d'un point de vue juridictionnel, à la logique de l'État, sous peine de dénaturation pure et simple est à notre sens une voie salutaire, dans le processus de légitimation de nos institutions. Bref, il s'agit de dés-essentialiser la perception même du droit et partant de l'ordre, qui à défaut d'être rationnel, le mot serait trop fort, serait tout au moins raisonnable.

D'un point de vue doctrinal, il faut d'abord commencer pas distinguer deux logiques. La logique du droit et la logique de la science du droit. La logique du droit est dualiste d'un point de vue de sa conception même. D'un point de vue de la conception, la procédure législative est par exemple formalisée, et

[1170] Ibid., p. 28.
[1171] Article 29 de la Constitution du 18 janvier 1996.

donc liée, mais le contenu de la loi est toujours discuté librement en plénière. Du point de vue de son application la contrainte a un caractère presque absolu. La logique doctrinale par contre est une logique de discussion et de proposition. La proposition ou l'inspiration qui incombe à la science de droit ne doit guère faire oublier son caractère descriptif et discursif. Et il arrive très souvent que du fait de l'empressement dû à la prétention à la vérité, les débats soient clos, avant même d'avoir commencé. La seule solution ainsi proposée devenant le mot de passe de la communauté scientifique. Toute chose qui nie la polyphonie inhérente au juridique, et partant l'affirmation de la différence. On a ainsi l'impression de l'inachevé, parce que, en dernière analyse, la finalité l'emporte sur la substance même des débats. En fait, il semble qu'il y a une beauté dans la théorie scientifique, et que les fins pour lesquelles elle est utilisée sont parfois monstrueuses. D'où l'urgence même de considérer la finalité comme horizon de sens, et l'appel à la réfutabilité comme garantie. On part ainsi du postulat que la finalité du droit est, elle-même, une finalité en perspective, jamais avenue, toujours à penser et à repenser.

D'où l'ouverture à la différence, au sens derridien du terme. Différence conçue, non comme une sorte de cécité complaisante, mais comme l'acceptation inconditionnée de l'autre. Voire, des épistémologies concurrentes dans la quête de la vérité scientifique toujours en perspective. Et dans le cadre des présents travaux, cet autre dont on parle ici c'est la coutume, dans ce qu'elle a de normatif, d'institutionnel et dans sa rationalité propre.

En effet, l'une des conclusions, et non des moindres, auxquelles nous sommes arrivés à l'état provisoire de nos connaissances est que l'Afrique noire est pratiquement une des civilisations parmi les plus anciens à penser le droit et les institutions, à l'échelle globale[1172]. Cette pensée est d'une complexité avérée comme le note avec insistance, le professeur BIYOGO, l'Afrique, le « monde négro-égyptien comporte un système de pensée complexe, inventif, attaché à une conception de la multiplicité du même proprement indécidable et qui appelle à la rétention de la pensée pour ne point être tributaire de l'illusion du miroir Rortyenne, illusion de l'essentialisme »[1173]. Or, c'est dans cette illusion que la pensée juridique

---

[1172] Cf. REVILLOUT (Eugène), *Les origines égyptiennes du droit civil romain : nouvelles études d'après les textes juridiques et démotiques. Supplément sur les contrats égypto-Aram*, Op. Cit. ; REVILLOUT (Eugène), *Précis de droit égyptiens, comparé aux autres droits de l'antiquité*, tome I, Op. Cit. ; REVILLOUT (Eugène), *Précis de droit égyptiens, comparé aux autres droits de l'antiquité*, second tome, Paris, Op. Cit.

[1173] Cf. BIYOGO (Grégoire), *Dictionnaire des connaissances philosophiques de l'Egypte antique*, contributions aux recherches sur les concepts majeurs de la philosophie, de l'égyptologie, de la théologie et du droit pharaoniques, pour bâtir un corps de sciences humaines et sociales nouvelles aujourd'hui. « Rek Nebou Kama : l'âge d'or de l'Afrique », Op. Cit. pp. 36-37.

dominante et l'État importé se sont, sous le couvert de la mission civilisatrice prométhéenne, engouffrés. Et naturellement, il devient évident que le nouvel État indépendant, fruit de cet arrière monde colonial, lui emboitera le pas. Que l'on se situe d'un point de vue de l'idéologie, que de sa conséquence inéluctable, l'orientation du droit et des institutions sous l'angle de l'arrachement et du dessaisissement des collectivités coutumières. Pour repenser l'Etat il devient ici impérieux de déconstruire cette logique et retrouver la mémoire première des normes et des institutions africaines. Ce faisant, les confronter à la dynamique globale de la normativité républicaine.

En clair, la publicisation de l'Etat[1174], en tant que institution est la perspective même de son devenir. Par publicisation de l'État, il faut entendre l'organisation de la puissance publique sur la base des principes rationnels propre à chaque localité, à chaque peuple.

III. Proposition : La consécration d'une épistémologie fondatrice dans la réarticulation des rapports entre les coutumes et de l'État

Il convient de sortir de la gouvernance de la déprogrammation des normes et des institutions coutumières, par la ruse[1175]. C'est là l'enjeu de la reterritorialisation ou la perspective de l'endogénéisation des savoirs juridiques. C'est aussi l'horizon « d'exorcisation » de la crise que traverse l'État de droit en Afrique. Mettre en évidence les affrontements des modes réels d'exister et résister à la falsification pour la réinvention de soi est tout aussi un impératif devenu catégorique. Ceci au regard des conjectures accumulées et de la violence métaphysique du logos qui veut connaitre l'autre sans altérité. Le but est la refondation d'un « projet de société intégrant les différents acteurs de l'espace social comme entités dialogiques et compréhensives sur le fond de respect et de complémentarité »[1176]. Dans la ré-conceptualisation des rapports entre l'État et les coutumes, le but est de sortir

[1174] Cf. PAMBOU TCHIVOUNADA (Guillaume), *Essai sur l'État africain postcolonial*, Paris, L.G.D.L., 1982, 167p.

[1175] En effet l'État s'est construit sur le socle colonial. Or, « la colonisation est un système de paupérisation anthropologique, d'asservissement et de dépendance ». Cf. MVENG (Engilbert), *L'Afrique dans l'église, Paroles d'un croyant*, Op. Cit., p. 207.

[1176] Cf. MBEDE (Christian), « Identité ethniques et construction d'un espace sociopolitique dans le contexte multiculturel de l'Afrique, in la Renaissance Africaine : de la théorie à la matérialisation à l'horizon 2060 », in *Mélanges Internationaux offerts au Pr Samuel EFOUA MBOZO'O,* sous la direction scientifique de BOUDA MAMOUDOU, Dominique MEVA'A ABOMO, Ernest MESSINA MVOGO, Hanse Gilbert MBENG DANG, col. Politique Africaine en Mutation, pp. 209-210.

de la conception légataire des institutions, du droit et de l'histoire. Ce faisant, réhabilité le juridique dans sa fonction classique d'articulation des rapports intersubjectifs, au-delà même de toute scientificité. Face à la propension d'effacer l'historicité des faits par une mésinterprétation des coutumes, la résistance est apparue aux sociétés coutumières comme la modalité de l'affranchissement, de l'appropriation, base de la construction de l'auto détermination. C'est l'adhésion populaire qui constitue la substance même de cette résistance[1177]. Partant du constat des conjectures accumulées, et après avoir reprécisé les épistémès de la pensée inaugurale, situées à la lisière de la science révolutionnaire en perspective, de l'historicité des sciences[1178], il va falloir démontrer par des exemples précis cette démarche méthodique de réarticulation des connaissances juridiques endogènes:

1- Identification des conjectures, et apport des épistémès nouvelles

1. Constat : accumulation des conjectures[1179] et faillite de la logique unitaire.
   - Conjecture de la crise l'État de droit, de l'Etat nation, de la démocratie ;
   - Conjecture de la crise de la justice ;
   - Conjecture de la crise de la loi ;
   - Conjecture de la crise foncière ;
   - Conjecture du conflit des ordres normatifs (ordre coutumier et droit écrit) ;
   - Conjecture globale de la crise du paradigme (la certitude) des lumières.

2. Enumération à titre exemplatif des épistémès protreptiques permettant de résoudre les conjectures accumulées :

[1177] Cf. Entretien du chef Bamendjou, S.M. Jean-Philippe RAMEAU SOKOUDJOU. Diffusé par la chaine de télévision VoixAfrica le 27 janvier 2016. Entretien réalisé à Paris par le journaliste Olivier ENOGO. « La population de l'Ouest(Cameroun) est beaucoup plus attachée l'institution traditionnelle qu'aux institutions modernes », affirme l'invité. Op. Cit.

[1178] Cf. LECOURT (Dominique), *Dictionnaire d'histoire et de philosophie des sciences*, Paris, PUF, 1999. Granger (Gaston Georges), *La science et les sciences*, PUF, « Que sais-je ? », 1993 ; HEMPEl (Carl G.), *Éléments d'épistémologie*, Armand Colin, « Cursus », 1995 (1ère éd. 1966) ; HOLTON (Gerald), *L'imagination scientifique*, Gallimard, 1981 (1ère éd. 1973), chap. 1, « Les Thêmata dans la pensée scientifique », p. 21-47 ; JACOB (Pierre), *De Vienne à Cambridge. L'héritage du positivisme logique de 1950 à nos jours*, Gallimard, 1980.

[1179] Cf. POPPER (Karl R.), *Conjectures et réfutations. La croissance du savoir scientifique*, Payot, 1985 (1ère éd. 1969).

a. L'épistémè poppérienne de la réfutabilité[1180] : ouverture à la discussion ;
b. L'épistémè derridienne de l'indécidabilité[1181] : ouverture à la multi traductibilité ;
c. L'épistémè dioppienne de l'antériorité[1182] : ouverture aux connaissances juridiques antérieures aux connaissances dominantes de l'heure ;
d. L'épistémè de l'incommensurabilité[1183] : proclamant l'hétérarchie des systèmes et des valeurs et ruinant du même coup la logique hiérarchique et le mythe essentialiste.

2- Déduction : démonstration de l'apport des épistémès en redéfinition dans la résolution des conjectures accumulées

a. Démonstration 1 : la conjecture démocratique

N° 1 : La conjecture de la démocratie, lue à la lumière de la multi traductibilité derridienne, permet de voir au-delà des élections, forme particulière de la démocratie représentative, ce qui constitue l'enjeu démocratique. C'est-à-dire l'identification de l'objet et du sujet du pouvoir. On retrouve cette conception dans les institutions coutumières avec en prime la pratique de la palabre. Institution dans laquelle le peuple se reconnait et pratique la démocratie directe. Il en est de même de la royauté traditionnelle africaine.

En outre les querelles postélectorales entre les gagnants (52%) et les perdants (48%) lors des élections présidentielles et législatives, trouvent une solution dans la logique multi traductible. Ce modèle implique la solidarité démocratique. Perdants et vainqueurs gouvernant désormais ensemble. La solidarité électorale ne serait ainsi qu'un pan de la solidarité africaine et partant une survivance de la logique communautaire, en tant que logique de non exclusion.

N° 2 : Lire le concept de démocratie à la lumière de l'épistémologie de l'antériorité, c'est questionner les processus de dévolution consensuelle du pouvoir dans les sociétés africaines depuis la proto histoire et plus

---

[1180] Cf. POPPER (Karl), *La logique de la découverte scientifique*, Payot, 2008 (1ère éd. 1934).

[1181] Cf. DERRIDA (Jacques), *Psyché, Invention de l'autre*, Tome 2, Paris, Galilée, 2003, 307p.

[1182] Cf. ANTA DIOP (Cheikh), *Antériorité des civilisations nègres, mythe ou réalité historique* ? Paris, Présence Africaine, 1967, 299p.

[1183] Cf. FEYERABEND (Paul K.), *Contre la méthode. Esquisse d'une théorie anarchiste de la connaissance*, Seuil, 1979, rééd. Col. Points, (1ère éd. 1975) ; cf. Kuhn (Thomas S.), *La structure des révolutions scientifiques*, Flammarion, 1983, rééd. Col. « Champs » (1ère éd. 1962).

spécifiquement dans la vallée de l'homo[1184]. Il nous est ainsi donné de constater que, avant même l'Egypte antique, et ce depuis l'Ethiopie, l'option dynastique et la gérontocratie rotative sont les modalités africaines de dévolution du pouvoir politique. Ce sont ces modalités qui ont données naissance aux empires et grands royaumes du continent noir. Citons à titre exemplative Koush, Méroé, L'Egypte[1185], le Ghana, le Mali[1186], le Benin, le Zimbabwe[1187] etc. à l'heure du tâtonnement institutionnel des États africains, le recours à ces modes de dévolution du pouvoir pourrait permettre la stabilité politique et la maturation des institutions.

b. Démonstration 2 : la conjecture de la crise de la loi

N°1: La réfutabilité poppérienne en tant que mode de contestation de la momification de la vérité scientifique, permet de contester l'emprise de la rationalité positive, née de la philosophie des lumières, sur les catégories juridiques. Ce faisant, sont ruinés, en même temps que le dogme de la volonté générale, les sous-entendus idéologiques qui sous-tendent cette rationalité. D'où le début d'une pensée nouvelle de démocratisation de la production normative, d'intégration de la rationalité locale, des mœurs et des valeurs coutumières au sens de la Constitution du 18 janvier 1996. D'où l'éclosion de la pensée de la différence.

N°2 : L'antériorité dioppienne en tant que catégorie analytique et pratique, permet de faire l'étude philologique des lois, du droit, et des institutions. Au besoin, de dépasser le paradigme gréco-romain, fondateur de la modernité juridique en Europe. D'interroger l'essence et la source du droit romain, et de restaurer le juridique dans son socle égypto nubien, où il est synonyme de rectitude, de vérité (cosmique, politique, transcendantale). Ce faisant, en même temps qu'est exhumée l'idée nilotique du droit, de la Maât, l'hétéronomie[1188] et la dimension écologique du droit. Sans pour autant oublier la vulgarisation des normes à travers les instruments traditionnels de socialisation véhiculés par la tradition orale.

N°2 : L'antériorité permet aussi, au-delà des permutations historiques, de redécouvrir le sens premier des coutumes, de la tradition orale. De rétablir leur lien de causalité par rapport aux principes éternels de justice vérité. La maat étant le paradigme de base qui fonde et structure les institutions en Afrique noire précoloniale. Ce faisant, il convient subsumer les modalités antiques de

[1184] Cf. La théorie mono génétique : L'Homme est apparu pour la première fois à un seul endroit, en Afrique.

[1185] Cf. DURAND (Bernard), in *Histoire comparative des institutions* Op. Cit., p.31-37

[1186] Les hégémonies soudanaises, Cf. DURAND (Bernard), in *Histoire comparative des institutions* Ibid., pp. 209-233.

[1187] Cf. FAUVELLE (Frncois-Xavier), *L'Afrique ancienne de l'Accacus au Zimbabwe, - 20 000 avant notre ère - XVIIe siècle la cliothèque*, édit. Berlin, 2018.

[1188] C'est-à-dire la triple référence de l'ordre juridique dans l'antiquité africaine.

transmission et d'enseignement de la norme. Sont ainsi réhabilités les principes éternels de rectitude, de justice, d'harmonie et de paix ; par le recours à la philologie historique et comparée. Aussi il apparait manifeste que l'idée de rectitude est présente dans toutes les sociétés analysées. Cette démonstration ruine donc l'idée de société sans droit[1189], ou l'idée pernicieuse de pré-droit. Ainsi, à la société prélogique, se substitue la société translogique, du fait de l'hétéronomie du droit qui y prévaut.

c. Démonstration 3 : Conjecture de la crise foncière ; conflit des ordres normatifs (ordre coutumier et droit écrit)

N°1 : la crise foncière pourrait être résolue avec la réhabilitation de la conception traditionnelle de la terre, comme un bien insusceptible d'appropriation privative[1190]. Si tant il est vrai qu'au nom de l'incommensurabilité des paradigmes il est difficile de disqualifier un système normatif d'avance, sauf idéologie. Les conjectures accumulées par la législation foncière sont de nature à impulser cette réforme, pour juguler les litiges fonciers.

N°2 : conflit des ordres normatifs (ordre coutumier et droit écrit) : commençons par donner des exemples pour être plus clair : la dot, la réservation d'épouse, le mariage, la sanction pénale, la justice ; sont entre autre les matières à controverse et source des conflits opposants les systèmes traditionnels et le droit écrit.

[1189] Cf. ROULAND (Norbert), *Aux confins du droit. Anthropologie juridique de la modernité.* L'auteur note ainsi que « le droit est une très ancienne institution ». Op. Cit., p. 13.

[1190] « Les trois types de terrain que nous considérons sont le terrain de la tribu, le terrain du village, et le terrain du clan. Les terrains de la tribu sont administrés à l'échelle de toute la tribu, les terrains des villages à l'échelle du village et les terrains des clans sont administrés par les clans même en question.

Les limites: Les terrains des tribus partagent leurs limites avec les terrains d'autres tribus, terrains de villages partagent leurs limites avec d'autres villages et les terrains d'un clan partagent les mêmes limites que ceux d'un autre clan du même village. Les délimitations de terrain étaient marquées par des arbres tels que le fromager, l'arbre au bois dur, le Bighlia Sapida, le palmier, ou les drains creusés dans les temps anciens et dans lesquels on cultivait des vivres.

Gestion et gages: Qu'il s'agisse du terrain d'un foyer, d'un clan, d'un village ou d'une tribu, ces terrains strictement interdits la vente de terrain, tout comme la mise en gage de terrain, même par ou au profit d'un grand roi ». Témoignage de WANGUE Daniel, patriarche du peuple Sawa, cité par KUM'A NDUMBE III, Tradition Sawa, Nos lois et coutumes (1920-1930), Op. Cit. De nombreux autres patriarches sont cités par l'auteur. Ce sont : Guy SOPPO, S. EDIMO, Zacharie MOMHA, Daniel WANGUE, François TUA, David MANGAN, 'BOLANGA PRISO, S. KONGUE, SAKA EYANGO, Timothée NKWELE, MWATIKE, Joseph EKOLLO, Joseph NKENDINGE, F. NJO NTO, Sam EBOBISSE, Sam KINGUE, Joseph LEA ELONG, Hiob MAH, J KYOFOU, Joel BAS, KONJI M, Jacques NGOTE, Thomas THO, François NOMA, Daleg G. MUNIA, Yonas TAKA, Luc HÊM, K. ETOKA, EKULE, et beaucoup d'autres. Inédits.

Les épistémès d'indécidabilité et d'incommensurabilité sont autant d'outils à notre disposition pour questionner la pensée juridique dominante, par le monopole, et de ruiner ces certitudes, en vue de l'implémentation d'une pensée juridique qui ne prête plus le flan à la tentative péremptoire au nom de la civilisation. Toute chose qui participe de la problématisation des savoirs juridiques et de reterritorialisation du droit officiel.

Conclusion : il a été démontré dans ce chapitre que, face à la crise de l'État de droit, et à l'absence de bijection entre l'État et les coutumes locales, un renouvellement de la pensée est urgent. Ce renouvellement qui est d'abord celui des épistémès en perspectives[1191], est le soubassement du paradigme en construction. Autrement dit, pour changer de paradigme, changeons l'épistémologie des connaissances institutionnelles. Ce renouvellement prend ainsi les contours de la théorie de *l'endogénéisation* au nom de l'altérité culturelle, la dimension culturelle du droit. Mais aussi, conçue au sens de la reterritorialisation des grilles de lecture. Et pour prendre corps, on fait nécessairement appel à la mutation et la permutation des principes premiers du droit local, principes occultés ou oubliés. L'oubli du droit, de la coutume est lié à la quête de l'ordre dit « rationnel ». La reterritorialisation n'est pas une critique acerbe du positivisme, ni une diatribe de la rationalité scientifique, ni même son rejet. Mais, il est son dépassement, sa complétude non autoritaire, parce que discursif. Ce dépassement passe, à la fois, par le dépassement des obstacles étiologiques, ontologiques, idéologiques, épistémologiques et finalistes qui se dressent sur le chemin de la prise en compte de l'altérité. Ce dépassement passe aussi, par un renouvellement conceptuel et catégoriel ; et au besoin, par les emprunts de rationalités extra-positives. Parlant de ce paradigme nouveau. Ses linéaments sont précisés dans le second moment de la reterritorialisation.

En un mot, la contribution des institutions africaines dans la conception des humanités africaines et partant le devenir de l'État s'impose. Pour apprécier cette place singulière, il faudrait rendre intelligible par le discours scientifique le contexte socio-historique africain. Et ceci passe inéluctablement par un changement ou tout au moins une mutation théorique, méthodologique, et épistémologique. L'ouverture aux épistémès nouvelles, parfois nées, à la fois, de la contestation de l'ordre colonial imposé, et du postulat de la renaissance des lumières[1192], mais surtout de la prise en compte

---

1191 Cf. DO-NASCIMENTO (José), *Les chemins de la modernité en Afrique, pour changer l'Afrique, changeons le paradigme*, Op. Cit., p. 412.

1192 « Avec la renaissance, la philosophie matérialiste a fait, progressivement reculer l'intérêt pour la vie après la mort. La radicale élimination de celle-ci du champ de vision de l'homme devient, aux mains des matérialistes, une sorte de levier d'Archimède. Désormais l'homme ne

des visions du monde alternatives. Là réside toute la problématique postmoderne, pour constater la défaite des États et la montée en puissance de l'identité culturelle locale comme une contestation de l'Etat nation mono culturelle. Pour se faire, l'épistémologie du Sud est légitimée et l'universalité unitaire démentie. L'on assiste à l'intronisation du paysan, du local, de la communauté, du village, du lignage, bref de la dynamique temporelle et de l'intemporelle. Ceci, dans l'optique de réinventer, et d'implémenter le droit, le développement et la compossibilité des libertés, la solidarité sociale par le bas, la communauté. C'est non seulement le respect de la rationalité locale, mais encore, la prise en compte de la temporalité propre à chaque peuple, indépendamment de l'agenda néolibéral. C'est en fin, la fin de la hiérarchie des cultures, de l'impératif de civilisation. Ce faisant, les alliances définies par l'idéologie sont de plein droit ruinées et remplacées par les alliances définies par la culture, la reconnaissance de la différence ou du droit à la différence, de la liberté d'exister et d'être des micro-nationalités. De ce fait, il semblerait que l'époque où les juristes théorisaient encore la marginalisation de la coutume, par une épistémologie restrictive et le recours aux analyses à travers des arguments co-orientés est révolue. Comme le confirme le Monde Diplomatique, « la puissance des empires est toujours à la mesure de la faiblesse des colonisés. Et cette faiblesse n'est pas seulement économique ou militaire, elle est aussi et surtout d'ordre intellectuel[1193] ».

---

manifeste plus aucune compréhension de l'immense domaine de la vie immatérielle. L'esprit et l'ordre moral se trouvent du même coup menacés. Il ne reste plus d'un vide absolu, un néant qui effraie l'homme et qui hôte tout sens à son existence ». Cf. KOLPAKTCHY (Grégoire), Livre des morts des anciens Egyptiens, Op. Cit., p. 42.

[1193] Cf. *L'impérialisme culturel*, Le Monde Diplomatique, décembre 1974, p. 7.

CHAPITRE 2

LE SECOND MOMENT DE LA MODELISATION : ENTRE RETERRITORIALISATION ET REDEFINITION DU PARADIGME JURIDIQUE EN AFRIQUE NOIRE

La quête des techniques d'enracinement des institutions[1194] est une préoccupation actuelle en Afrique. Elle se fonde surtout sur « *l'inadéquation du modèle occidental aux sociétés plurielles*[1195] » et sur la réhabilitation de l'individu, point de convergence de ce pluralisme[1196]. La vision du monde négro-africaine étant hétéronome par essence[1197]. Du fait de cette hétéronomie, la construction du référentiel juridique global ne peut demeurer exclusivement autonome sans poser d'aporie. En effet, si par l'idéologie de la mission civilisatrice l'occident a cru être dans un excédent[1198], il ne s'est pas abstenu de l'exporter par la logique coloniale. Ce faisant, la normativité locale

---

1194 Cf. OLINGA (Alain Didier), « L'Afrique en quête d'une technique d'enracinement de la démocratie Constitutionnelle », in ouvrage collectif, KAMTO M. *L'Afrique dans le monde en mutation. Dynamique interne et marginalisation internationale* ? Op. Cit.

1195 Cf. TAGOU (Célestin), *Démocratie rotative, Transcendance et transformation politique des identités ethno-régionales dans l'Etat-Nation du XXIe siècle*, Op. Cit., pp. 66-72 ; FONTAINE (Lauréline), « Le pluralisme comme théorie des normes », dans Droit et pluralisme, Actes du colloque de Caen organisé par le Centre de recherche sur les droits fondamentaux et les évolutions du droit (C.R.D.F.E.D.) les 30 novembre et 1er décembre 2006, (sous la direction de Lauréline Fontaine), Collection Droit et Justice n°76, Bruxelles, Nemesis & Bruylant, 2007, pp. 125-160.

1196 Cf. « L'utopie pluraliste, solution de demain au problème de certaines minorités ? (Minorités et organisation de l'État, Bruxelles, Bruyant, 1998, pp. 665-675). In, VANDERLINDEN (Jacques), *Les pluralismes juridiques*, penser la droit, Op. Cit., p. 105-107.

1197 Cf. BILOLO M., Les cosmo-théologies philosophiques de l'Egypte antique. Problématique-prémices herméneutiques et postulats majeurs. L'ordre global est fondé sur l'unicité et le paradoxe de l'Un. « L'Un est un être paradoxal. Pour comprendre la profondeur de son mystère, il faut apprendre à le penser à travers les paradoxes ». Les paradoxes les plus évoqués sont : polyonyme vs. Sans-nom/ ineffable ; polyforme vs. Amorphe ; visible vs. Invisible/ caché ; présent vs. Absent ; proche vs. Lointain ; accessible vs. Lointain ; accessible vs. Inaccessible ; Un vs. Trois ; immanent vs. Transcendant ; connu vs. Inconnu/ mystérieux ; etc. Op. Cit., p. 174.

1198 Un excédent moral, théologique, juridique, théorique, scientifique, civilisationnel…bref un excédent global, fondement du sentiment de supériorité, précurseur de sa mission prométhéenne.

a été déterritorialisée du fait de la croyance à l'exception culturelle européenne. On est ainsi passé de l'ordre juridique irrigué, de bout en bout, pas le postulat onto-mythologique, à l'ordre juridique fondé par le postulat de l'idéologie. Ces postulats fondent des paradigmes distincts : le modèle prescriptif et le modèle délibératif. Le second moment de reterritorialisation des savoirs juridiques se pense dans la mise en tension de ces postulats, des héritages juridiques qui s'infèrent de ces rencontres historiques. C'est un projet de réflexion, et une proposition de solution pour conjurer, l'arrogance, l'absence de bijection tant décriée, entre le droit légiféré et la coutume locale. Ce faisant, participer à cet autre projet que constitue l'enracinement culturel de l'État de droit en Afrique noire. C'est la possibilité de choisir une orientation nouvelle du modèle social à construire. Peut-on dès lors, penser avec NORBERT ROULAND, lorsqu'il questionne la perspective des réformes à venir, que « Notre droit sera-t-il traditionnel »[1199] ? Car, la construction du monopole d'État, par la ruse, la force et la hiérarchie a engendré une conception ubuesque de la souveraineté sous le modèle jacobin, de construction d'une société individualiste.

À cet ordre fondé sur un discours péremptoire, il faut substituer la perspective des souverainetés relatives, l'harmonie, l'équilibre, du paradigme communautaire. Pour le Pape JEAN PAUL II, « Le caractère social de l'homme ne s'épuise pas dans l'État, mais il se réalise dans divers groupes intermédiaires, de la famille aux groupes économiques, sociaux, politiques et culturels, qui ont chacun leur autonomie propre »[1200]. Ils existent donc des hiérarchies complémentaires. Cette terminologie nouvelle désigne à la fois, une édulcoration de la souveraineté classique, qu'une validation des épistémologies marginales, voire ignorées par la science globale ou par la logique juridique, la science du droit.

Au plan interne, l'éclosion de cette dynamique pour ce qui est du cas spécifique du Cameroun, remonte au début des années 1990. Avec en prime le processus de démocratisation et donc de rationalisation des pans entiers de l'administration d'État. Ceci se fait au nom de la doctrine présidentielle du libéralisme communautaire. Mais une reterritorialisation reste encadrée dans l'arrière monde de la stratégie coloniale. Sauf que, il est opportun de lever l'équivoque. L'État n'a pas achevé sa mue en Afrique noire, du fait de la discontinuité territoriale et fonctionnelle. Il est toujours en construction, et en quête d'un fonctionnement normal et optimal. Dans cette dynamique, le soutien populaire s'émousse à cause des promesses non tenues. Pour le cas

---

[1199] Cf. ROULAND (Norbert), *Aux confins du droit. Anthropologie juridique de la modernité*, Op. Cit., pp. 111-114.

[1200] Cf. JEAN PAUL II, Encyclique *Centesinus Annus* (1991), cité par. ROULAND (Norbert), in, *Aux confins du droit. Anthropologie juridique de la modernité*, Op. Cit., p. 114.

spécifique du Cameroun, il s'agit des promesses du développement économique et de la construction de la nation. Il laisse ainsi transparaitre des failles[1201]significatives qui ne cessent de lézarder la structure globale. Au point où, le changement de perspective n'est plus un vain mot, mais une option crédible[1202]. D'où le renouveau épistémologique, véritable discours de la méthode, de la logique de l'État en perspective, pour passer de la mono logique à la multi traductibilité du fait juridique.

Ceci, pour inclure dans le champ de sa rationalité juridique, des institutions coutumières[1203], et surtout les principes qui les irriguent. Etant donné que la culture et le droit sont liés ; du fait de cette lapalissade, les normes juridiques devraient refléter la culture globale. Ce chapitre invite à l'ouverture, à long terme, vers l'altérité, la prise en compte du tiers, dans les processus de fabrication du droit. Le postulat ici est qu'il faut partir du réel, et non d'une abstraction, pour penser le droit et les institutions. Reconnaitre à chaque peuple son authenticité, le droit d'être différent et d'organiser son espace social à sa guise. Et ce faisant, éviter le réductionnisme et la minoration, par un manque d'objectivité descriptive, reproductive et épistémologique. Sortir du désir outrancier d'assimilation[1204] au nom de l'universalisme de conquête, parfois armée[1205]. Une assimilation qui se fait à deux vitesses, avec en prime le maintien relatif des coutumes[1206] dans les rapports privés, et la subordination quasi systématique des institutions coutumières dans une logique non discursive. Aussi devient-il opportun de présenter la modélisation du nouveau paradigme. Et c'est par le moyen de l'objectivité phénoménologique, systémique, et même de la doxa ; que nous

---

[1201] C'est le cas de la contestation de la vision hégémonique de l'État au Cameroun avec la crise dite anglophone. Crise qui fragilise le fonctionnement harmonieux des institutions depuis 2016. On se souvient ainsi de la fronde des députés du SDF à l'Assemblée Nationale lors de la session parlementaire de novembre 2017.

[1202] Il s'agit à court terme de l'option pour l'État unitaire décentralisé ou du retour au fédéralisme, pour éviter l'implosion de l'État.

[1203] Cf. ONDOUA (Alain), La Constitution camerounaise du 18 janvier 1996, bilan et perspectives, Afrédit, 2007. L'auteur note ainsi, parlant de la Constitution du 18 janvier 1996, que : « il faudrait, nous semble-t-il, procéder à une harmonieuse articulation entre un patrimoine génétique Constitutionnel (l'inné tiré des prérequis du Constitutionnaliste libéral) et un acquis Constitutionnel autonome, qui pourrait correspondre à une meilleure prise en compte du pluralisme (ethnique, religieux, etc.) » p. 14.

[1204] Cf. NGANDO (Blaise Alfred), *La présence française au Cameroun (1916-1959) colonialisme ou mission civilisatrice*, Op. Cit., pp. 128 et s.

[1205] Cf. BELOMO ESSONO (Chantale Pélagie), *Un ordre mondial post-clausewitzien ? Entre gouvernance par la guerre et utopie d'une gouvernance démocratique*. Édit. Public Book, 2015, 274p.

[1206] Cf. ESSAMA (Emile), Le « régime des décrets » et le maintien des coutumes indigènes pendant la période du mandat français au Cameroun (1922-1946), mémoire de master 2, Univ. De Ydé II-Soa, 2015.

nous proposons de cerner le moment premier de la rencontre des paradigmes. En se fondant sur l'étude philologique des fondements des dynamiques qui irriguent à la fois l'État et les coutumes (section I). Mais aussi, de présenter en guise de perspective l'alternative, à l'enlisement de l'État de droit, dans la mise en place des institutions inclusives[1207] (section II).

Section 1- Modélisation du nouveau paradigme du point de vue des fondations hétéronomes de l'État et des coutumes : les prémices majeures

Cette modélisation du nouveau paradigme repose sur les deux prémices herméneutiques majeures. Il s'agit pour l'essentiel de primauté accordé à l'homme ou au contraire, au cosmos, dans l'énonciation ou la situation de l'essence du discours juridique. La mise en tension du paradigme État-coutume se fait d'une part par l'analyse de l'État, paradigme dominant par excellence (I), et de la coutume, paradigme de mise en perspective de la présente thèse. L'idée étant que, les deux paradigmes, malgré la bifurcation récente, ont presque la même source ontologique du simple fait que l'ordre vient métaphoriquement de Dieu (II).

I. L'État, le paradigme positif, et la tentative péremptoire

Sur la théorie juridique de l'État[1208], beaucoup a été dit. La tendance générale est la conception anthropomorphique de la normativité. En dehors de la question du fondement de l'ordre étatique (A), il est nécessaire de revoir la traductibilité de ce fondement dans le discours juridique dominant (B).

A. La question du fondement

La question des fondements de l'État est une question cruciale pour comprendre cette institution. Les institutions étant le résultat de leur maturation historique. Ne dit-on pas que les institutions sont le produit de l'histoire ? Aussi, il est donné de constater après analyse, qu'à la base de la

---

[1207] Pour NORBERT ROULAND, cette inclusion conduit inéluctablement vers la construction des « galaxies juridiques ». Cf. ROULAND (Norbert), *Aux confins du droit. Anthropologie juridique de la modernité*, Op. Cit., pp. 115-120.

[1208] Cf. TROPER (Michel), *Pour une théorie juridique de l'État*, Op. Cit., pp. 5-22.

réflexion sur l'État, se trouve un présupposé théologique et transcendantal (1), présupposé qui sera par la suite, plus ou moins, laïcisé (2).

1- Le fondement théologique de l'État

Les institutions ont une histoire[1209], une sorte de postulat explicatif de l'existence en rapport avec la temporalité. Ces postulats, par convention peuvent aussi être allégoriques ou mythologiques[1210]. Elles structurent l'ordre politique, ou du moins cherchent à le légitimer en Afrique noire, en posant des pré-principes. C'est là, la conception de l'universalisme et ce qui en découle dans la vision du monde africain fondée sur la théocentricité. Du moins, c'est ce que semble penser le professeur ANTA DIOP Cheikh lorsqu'il affirme que : « Ces idées d'universaliste viennent du monde méridional et en particulier de l'Egypte. Mille ans avant les penseurs grecs, Socrate Platon, Zénon etc., les égyptiens, avec la réforme d'Amenophis IV, avaient réalisé clairement l'idée d'un Dieu universel responsable de la création et que tous les hommes sans distinction pouvaient adorer : il n'était le Dieu d'aucune tribu, ni d'aucune cité, ni même d'aucune nation, mais bien celui du genre humain »[1211]. Cette réforme est le fondement de l'universalisme de dieu et constitue un socle idéel pour la construction de l'autorité de l'État. Rien donc d'étonnant que ce soubassement théologique soit un terreau à l'émergence de l'État pharaonique. En effet comme le note avec insistance DIKA AKWA Prince, « le divorce entre sa nature réelle et sa nature idéalisée sous forme de mythe n'empêche pas une conceptualisation, fut-elle dépassée par le symbolisme qui intègre cette vision à la totalité universelle »[1212]. Cette totalisation est loin d'être chimérique. Elle est totalisation ou rationalisation de l'existence. C'est aussi en ce sens que dans l'histoire européenne, les invasions barbares ont influencé la structuration politique, la monopolisation du pouvoir et structuré une souveraineté totalisante. De même que les croyances aux divinités et le culte, des leaders offrent des dieux[1213] au peuple. C'est le cas, de l'histoire du bassin du Nil, au moins depuis le temps

---

[1209] Cf. NENE BI BOTI (séraphin), *Histoire comparative des institutions méditerranéennes et negro africaines : des origines à la fin du moyen-âge*, Édition ABC, 2012.

[1210] Guy DE BROSSCHERE parle ainsi du rôle des « *mythes significatifs* ». Cf. DE BROSSCHERE (Guy), *Les deux versants de l'histoire, Autopsie de la colonisation*, Op. Cit.

[1211] Cf. ANTA DIOP (Cheikh), *l'Afrique noire précoloniale*, Op. Cit., p.37.

[1212] Cf. DIKA-AKWA NYA BONAMBELA (Prince), *Les problèmes de l'anthropologie et de l'histoire africaine*, Op. Cit., p. 352.

[1213] Depuis l'antiquité, il y a une certaine consubstantialité entre le pouvoir temporel incarné par les chefs, le roi et le pouvoir divin. Le cas parfait est l'État théocratique égyptien, ou le pharaon est un véritable dieu vivant.

d'AKHENATON[1214]. Le divin et le transcendantal sont des facteurs de rationalisation, de structuration de l'ordre et d'acceptation du pouvoir par les citoyens. Sinon en leur absence, les citoyens se demanderaient au nom de quoi ils devaient obéir à un homme. Mais cette sacralisation du pouvoir se fait par palier. Partant de l'empire à la famille lignagère, en passant par les micro-nationalités, les ethnies, les clans et les sous clans, pour aboutir à la famille nucléaire[1215].

Mais ce fut-là, la réalité de l'État théocratique d'essence nilotique. Sauf que cette réalité n'a pas pour autant disparu, même à l'époque dite moderne et laïque. Et le contrat social, fondement de cette modernité juridique, qu'il soit celui de ROUSSEAU, de HOBBES, de LOCKE, de MACHIAVEL ou de RAWLS, n'est qu'une traduction de cette idée basique du fondement théologique de l'ordre social, dans sa permutation historique à travers un double mouvement de substitution et de collecte des volontés. Cette théologie du contrat social qui fonde l'État moderne se situe au moins à deux niveaux distincts.

Le premier niveau est celui de la loi, expression mythique de la volonté générale, fondement et manifestation de la souveraineté populaire dans la conception rousseauiste. Cette conception est, au mieux parallèle, une hypostase de la conception de l'ordre primordial sortie du chaos originel, c'est-à-dire de la théorie du *Noun*[1216] dans la cosmogonie africaine, ou nilotique. Ainsi dans la vision cosmologique négro-africaine, de la matière incréée, le *Noun,* émerge *Atoum,* principe organisateur[1217], l'Innommable, qui crée le temps et l'espace visible ; et il crée à la fois les dieux, et les hommes. Il a pour guide la *Maât*[1218], principe d'ordre fondamental, l'incarnation de

---

1214 La référence faite à ce personnage se justifie d'une part, par l'origine de l'homme et ses migrations, et d'autre part, par la parenté Egypte ancienne, Afrique noire, ou même sur les influences réciproques. Cf. DO-NASCIMENTO (José), *Les chemins de la modernité en Afrique, pour changer l'Afrique, changeons le paradigme*, Op. Cit, pp. 86 et s.

1215 Cf. DIKA-AKWA NYA BONAMBELA (Prince), *Les problèmes de l'anthropologie et de l'histoire africaine*, Op. Cit., p.354.

1216 Cf. MOCTAR BA (Cheikh), *Les cosmogonies et cosmologies africaines et grecques, centralité et implications sociales*, édit. Connaissances et savoirs, col. Sciences humaines et sociales, 2013.

1217 Cf. BILOLO M., *Les cosmo-théologies philosophiques de l'Egypte antique. Problématique-prémices herméneutiques et postulats majeurs*. Op. Cit., pp. 172 et s. c'est « la thèse de l'un comme Imn « Absconditum ». » le « méta-être, étant au-delà de tout ce qui existe ». Ibid., pp. 174 et s.

1218 « La Maât est un principe de vies dont le roi est le garant au moyen à la fois de ces actes de gouvernement et de la stricte observance des rituels. Elle est un principe dynamique qui préside au bon déroulement et au renouvellement des cycles vitaux. Si la Maât est à la fois une déesse et un principe, c'est-à-dire une force, c'est à la force de vie qu'il faut l'identifier, force de vie qui ne peut s'épanouir que dans un monde –qu'il soit céleste ou terrestre – guidé par l'ordre ». MENU (Bernadette), Maât, ordre social et inégalités dans l'Egypte ancienne, de l'apport

l'ordre primordial, de la vérité, de la rectitude, et de la vertu plurielle. Opposé du *Noun*[1219], matière informe, océan des possibilités, « désordre, chaos originel » ; la *Maât* est au plan allégorique, une divinité féminine, hypostase du dieu créateur. Elle est à la fois, sa femme, sa sœur, sa fille, son esprit et sa conseillère. Il (le principe organisateur) crée l'homme et le dote d'une partie de cet ordre originaire, de la justice, de la pudeur[1220]. Cette conception de l'ordre primordial se retrouve aussi dans la théologie chrétienne[1221], où reprenant l'image du potier divin, allégorie d'origine égyptienne[1222], dieu forme l'homme et le dote de son esprit[1223]. Et l'esprit divin ne peut se constituer que de la somme des esprits ainsi repartis. Dans un tel contexte, l'ordre divin est en Afrique, un ordre immanent et transcendant à la création[1224].

égyptien au concept gréco-romain de justice ; Droit et Culture, Revue Internationale Interdisciplinaires, n°69, 2015, pp. 51-71.

[1219] Cf. MENU (Bernadette), « *Maât*, ordre social et inégalités dans l'Egypte ancienne, de l'apport égyptien au concept gréco-romain de justice », ibid.

[1220] Cf. PLATON, *Protagoras*, à propos du mythe de Prométhée l'auteur écrit : Hermès alors demanda à Zeus de quelle manière il devait donner aux hommes la justice et la pudeur. « Dois-je les partager comme on a partagé les arts ? Or les arts ont été partagés de manière qu'un seul homme, expert en l'art médical, suffit pour un grand nombre de profanes, et les autres artisans de même. Dois-je répartir ainsi la justice et la pudeur parmi les hommes ou les partager entre tous » - « Entre tous répondit Zeus ; que tous y aient part, car les villes ne sauraient exister, si ces vertus étaient comme les arts, le partage exclusif de quelques-uns ; établit en outre en mon nom cette loi que tout homme incapable de pudeur et de justice sera exterminé comme un fléau de la société » ; traduction Emile CHAMBRY, 320-321c.

[1221] Cf. SAINT AUGUSTIN, *Les confessions*, Livre XI, traduction de robert Arnaud d'Andilly, 1649, établie par Odette BARENNE, édit. De Philippe SELLIER, Gallimard. On peut lire en substance que « il n'y a point eu de temps avant la création du monde ». C'est-à-dire Dieu a créé ensemble le temps et le monde. Dieu est « le créateur de tous les temps ».

[1222] Du Netjer KHNOUM, le dieu bélier qui façonne l'homme tel un potier, MENU (Bernadette), Maât, ordre social et inégalités dans l'Egypte ancienne, de l'apport égyptien au concept gréco-romain de justice ; note n°72. Ibid. KHNOUM est le dérivé à la fois de Knn (hnn), le phallus, et de Kom (km), verbe créer ; le fameux potier divin égyptien. Cf. BIYOGO (Grégoire), *Dictionnaire comparé égyptien/Fan-Béti, de la coappartenance* Kemit-Ekang, l'Egypte et l'Afrique en quête d'éternité, Paris, Imhotep, 2013, pp. 322-323. Lire aussi DOUMBI –FAKOLY, HORUS fils d'ISIS, le mythe d'OSIRIS expliqué, Menaïbuc, 2006, pp. 51-81. L'auteur précise par ailleurs que l'Egypte ou TA MARY, est une civilisation d'origine éthiopienne, de TA SETI. CF. BIYOGO (Grégoire), *Dictionnaire des connaissances philosophiques de l'Egypte antique, contributions aux recherches sur les concepts majeurs de la philosophie, de l'égyptologie, de la théologie et du droit pharaoniques, pour bâtir un corps de sciences humaines et sociales nouvelles aujourd'hui. « Rek Nebou Kama : l'âge d'or de l'Afrique »*, Op. Cit., p. 227.

[1223] Cf. Livre de la Genèse versets 7 et s. « l'Eternel Dieu forma l'homme de la poussière de la terre ».

[1224] Cf. DIBOMBARI MBOCK, *Kongo*, édit. Lulu. Com, 2014.

C'est donc cette théologie que traduit le contrat social[1225]. Ici, la loi est l'expression de la volonté générale du fait de la répartition des parts équitables de souveraineté, une souveraineté immanente, à l'image de l'ordre primordial imparti entre les différentes composantes du corps social. Mieux encore dans la perspective de LOCKE John, perspective de préservation de l'ordre et de sauvegarde des intérêts[1226]par le corps social reconstitué à travers la recomposition de cet ordre immanent qu'est l'état de nature. Ainsi peut-on lire : « L'État, selon mes idées, est une société d'hommes instituée dans la seule vue de l'établissement, de la conservation et de l'avancement de leurs intérêts civils ». Le mot est lâché, conservation et avancement de leurs intérêts civils. Cette conception délibérative de reconstitution de l'ordre primordial se retrouve aussi dans la théorie de la justice de RAWLS John[1227]. Ceci, à travers l'idée de la position originelle, préalable à la justice délibérative et la construction de l'ordre social juste. L'ordre implique donc, l'idée de la répartition et l'idée d'unité. C'est la quête de la rectitude, le principe de vérité-justice. Cette conception se retrouve en fin au sein des sociétés africaines, au-delà même de leurs diversités ; notamment dans la théorie du Noun, et les coutumes. Chez les Béti, les Bamiléké, les Douala, par exemple, à travers l'onto-mythologie, la pratique de la palabre, et la recherche de la reconstitution délibérative des principes premiers de la justice et de l'ordre primordial. Ceci, est perceptible indépendamment des variations dues au temps et à l'espace.

Pour SPINOZA[1228], « les hommes supposent communément que toutes les choses naturelles agissent, comme eux-mêmes, à cause d'une fin, et vont même jusqu'à tenir pour certain que dieu lui-même règle tout en vue d'une certaine fin précise ». Mieux encore, « la nature n'a pas de fin qui lui soit prescrite, et que toutes les causes finales ne sont que des fictions humaines ».

Pour ne pas conclure, sur ce point, l'auteur renchérit : « Cette doctrine supprime la perfection de dieu : car, si dieu agit à cause d'une fin, c'est nécessairement qu'il aspire à quelque chose qui lui manque ». D'où la question, à notre sens, de savoir s'il s'agit d'une fin d'indigence ou d'une fin d'assimilation. Ainsi c'est cette conception qui fonde par exemple, l'origine de la notion de bien et mal : « D'où vint qu'il fallut former ces notions par les quelles expliquer la nature des choses, à savoir le bien, le mal, l'ordre, la confusion, le chaud, le froid, la beauté et la laideur »[1229].

[1225] Cf. ROUSSEAU (Jean Jacques), *Du contrat social,* Flammarion, 2011.
[1226] Cf. LOCKE (John), *Lettre sur la tolérance*, 1686, traduction de jean Le CLERC, GF. Flammarion, 1992.
[1227] Cf. RAWLS (John), Théorie de la justice, Op. Cit.
[1228] Cf. SPINOZA, *Ethique,* (Appendice au livre I).
[1229]Ibid.

En second lieu, se trouve l'image même de l'État, du prince ou du Léviathan. Personnage allégorique, mi-homme, mi- dieu. Selon la description qu'en fait François OST[1230], la première des couvertures du *Léviathan* de HOBBES Thomas (1651) montre les prétentions hégémoniques de l'État et de son droit. Le « frontispice de l'édition originale du Léviathan de Thomas HOBBES, ouvrage fondateur à la fois du positivisme juridique et de la théorie politique moderne. Un personnel allégorique mi – homme mi – dieu domine le pays : le Léviathan tout – puissant, ce personnage artificiel, dit HOBBES, qui symbolise la république. Les attributs des pouvoirs temporels (l'épée) et spirituels (la crosse) confèrent à sa couronne une assise solide, dessinant deux lignes convergentes, l'ébauche d'une pyramide. Et pour que personne ne se méprenne, une citation de l'écriture accrédite son pouvoir : « non est protestas super terram quae comparetur ei (il n'est sur terre, aucune autorité qui surpasse la sienne) ». Pas de doute, voilà le souverain, titulaire d'un pouvoir sans partage, qui irradie jusqu'aux confins les plus reculés de l'Etat son pouvoir est absolu, non pas tant au sens de tyrannique ou de totalitaire, mais en cela qu'il présuppose une perspective unique, monologique, qui détermine toute perception possible ».

Cette description est ainsi conçue, bien loin de la conception africaine de l'ordre plus proche de la lithographie d'ESHER. « La seconde illustration que l'auteur met en exergue est une Lithographie de ESCHER, intitulée relativité (1953). Ici le chaos semble s'être substitué à l'ordre : des portes et des fenêtres s'ouvrent au sol et au plafond, des escaliers partent dans tous les sens, des gens montent et descendent de manière incohérente. Une fois dissipé le premier malaise que suscite cette gravure, et que nous entamons son interprétation, il apparaît qu'elle enchevêtre trois mondes, chacun parfaitement logique dans sa perspective propre, mais absurde dans leur assemblage…le résultat d'ensemble ne manquera pas d'apparaître illogique, tant qu'on l'interprète à partir d'un seul monde, le monde absolu d'une représentation monologique et pyramidale. En Revenge dès lors qu'on adopte une perspective pluraliste et relativiste, chaque monde retrouve sa logique. Reste cependant la question de leur compossibilité »[1231].

À l'auteur de conclure : KELSEN, HART, ROSS et bien d'autres, représentent « l'ordre politique centré sur l'État, puissance suprême dans l'ordre interne, figure souveraine dans les relations internationales ; ordre juridique fondé sur la norme, commandement impératif et unilatéral, s'imposant sous la menace de la contrainte. C'est l'ordre Westphalien qui assurait l'égal souveraineté des Etat à l'extérieur, tandis qu'à l'intérieur,

[1230] Cf. OST (François) et VAN DE KERCHOVE (M), *De la pyramide au réseau* ? Pour une théorie dialectique du droit, FUSL, Bruxelles, 2002, p. 7.
[1231] Ibid.

prévalait le Rechtsstaat fondé sur une rigoureuse séparation des pouvoirs et un système de distinction strict et hiérarchisé des habilitations et des compétences[1232] ». À l'image de Dieu donc, comme dans la représentation du Léviathan, cet espace *est* « organisé à partir d'un seul point de fuite, la perspective du souverain »[1233].

2- La récupération des idées scolastiques par la philosophie des lumières

L'idée métaphorique selon laquelle l'ordre vient de Dieu est selon une conception rependue, une idée biblique et donc chrétienne. Elle est d'ailleurs au fondement des pouvoirs monarchiques que le monde a connu jusque-là. Sauf que depuis l'Egypte pharaonique, cette idée était déjà affirmée avec plus ou moins d'emphase. « *Maât Kha Rê*[1234] », énonce un adage nilotique. Adage qui fait que le droit restait alors tributaire de la vigilance des prêtres d'Amon[1235]. Le droit était ainsi une « religion » ou se confondait à elle. Ainsi, dans les hymnes nilotiques, notamment l'hymne à Maât, on peut lire en substance que :

Salut à toi Maât, fille de Rê
Qui s'unit au dieu,
Que ptah ne cesse d'aimer,
Qui orne la poitrine de Thot,
Qui crée son être, etc. [1236].

Toujours dans cette mouvance, la résolution finale du colloque sur la sacralité, le pouvoir et le droit en Afrique souligne ainsi que : « Les conceptions du pouvoir, si diverses soient-elles, sont intimement liées aux représentations du monde. Les pays marqués par le christianisme ou l'islam, fidèles d'un Dieu unique, éternel et tout puissant, conçoivent le pouvoir

---

1232 Cf. OST (François) et VAN DE KERCHOVE (M), *De la pyramide au réseau* ? Pour une théorie dialectique du droit, p. 11.

1233 Ibid.

1234 Ce fut d'ailleurs le non que portera HATCHEPSOUT, Premier Ministre, puis pharaon de la 18è dynastie. Cf. ANTA DIOP (Cheikh), « Hatchepsout, le règne de la fille de Dieu », in *Anciens guides de l'humanité dans la voie de la civilisation*, pp. 3-9.

1235 Cf. REVILLOUT (Eugène), *Les origines égyptiennes du droit civil romain : nouvelles études d'après les textes juridiques et démotiques*. Supplément sur les contrats égypto-Aram. « L'Egypte, pays du mystère, intriguait les autres peuples. Bien avant Psammétique, qui en ouvrit pleinement les portes aux Grecs…mais ce qui est bien certains, c'est que leur droit, après la législation de Numa, se rapprochait singulièrement de celui que nous trouvons alors en vigueur en Egypte. L'un et l'autre avaient un caractère profondément sacerdotal jusque dans des usages légaux que nous ne trouvons nulle part ailleurs ». Op. Cit. pp. 1 et s.

1236 Cf. BARUCQ (André) et DAUMAS (François), *Hymnes et prières de l'Egypte ancienne*, Op. Cit., p. 461 et s.

comme celui d'un État sans rival, stable et tendant naturellement à l'absolutisme »[1237]. Ici, le pouvoir a un fondement théologique et la récupération scolastique de cette idée ancienne, est un fait réel. Tout comme l'intervention plus tard, de la philosophie politique, à propos du fondement de l'État, par la philosophie des lumières est une réalité.

Mais bien avant la philosophie politique, la première inflexion dans la désacralisation du droit est à situer dans les réformes de PSAMMETIK Ier et d'AMASIS[1238], précurseurs de la loi romaine des XII tablettes. AMASIS, de par sa réforme, marque, à proprement parler la naissance d'un droit laïc, expression de la volonté générale et coupé de l'ordre cosmologique. La raison est simple, il est impopulaire et illégitime, et de ce fait, il ne peut bénéficier du soutien des prêtres de la dynastie éthiopienne[1239]. Le recours à la volonté se présente à lui comme la seule issue possible, à part le simple fait de quitter simplement le pouvoir qu'il a usurpé[1240].

À l'époque de l'invasion de l'Egypte par les Romains, il y aura une reprise du code d'AMASIS par les Romains[1241]. L'autonomie de la volonté fait ainsi son petit chemin.

Comme le notera HEGEL : « Le vrai, c'est l'unité et de la volonté subjective et dans l'État, le général se trouve dans les lois, dans les déterminations générales et rationnelles. L'État est l'idée divine telle qu'elle existe sur terre »[1242]. HOBBES partage d'ailleurs cet avis dans son *traité du citoyen*, où on peut lire que, la coexistence pacifique des hommes n'est possible que sous la surveillance sévère de l'État qui, les tenant en respect, les protège les uns contre les autres, dans leur propre intérêt. Mieux encore, le souverain tient son pouvoir d'une délibération collective, chaque individu ne s'engageant uniquement pour la survie. Tel est le fondement suprême de l'État

---

[1237] Cf. Colloque sur la sacralité, le pouvoir et le droit en Afrique, Laboratoire d'anthropologie juridique, Univ. Panthéon-Sorbonne, Paris I, 2-5 janvier 1980, résolution finale, p. 2. Cité par DIKA-AKWA NYA BONAMBELA (Prince), *Les problèmes de l'anthropologie et de l'histoire africaine, Op. Cit.* p. 214.

[1238] Cf. HARDY (Georges), *Vue Générale de l'Histoire de l'Afrique*, Op. Cit. « Sous PSAMMETIK Ier les éléens envoient en Egypte des députés chargés d'étudier les institutions. Sous AMASIS, les vieilles défiances se réveillèrent (il) entretient des relations avec POLYCRATE, le roi de Samos, et SOLON ». p. 11.

[1239] Cf. SALL (Babacar), Racines Ethiopiennes de l'Egypte ancienne, Op. Cit. ; REVILLOUT (Eugène), Les origines égyptiennes du droit civil romain : nouvelles études d'après les textes juridiques et démotiques. Supplément sur les contrats égypto-Aram, Op. Cit., p. 9.

[1240] Ibid. lire à cet effet, « le chapitre III : Réformes juridiques d'AMASIS et leur récupération dans le droit romain ». pp. 21 et s.

[1241] Notamment dans le domaine de la famille, de l'immobilier, et surtout dans le domaine contractuel. Ibid., P. 34 et s.

[1242] Cf. HEGEL in *Leçon de philosophie de l'histoire*, introduction, 1837, traduction de GILBELIN J., édit. Vrin, 1963.

que HOBBES appelle le Léviathan. À l'image de dieu, ce Léviathan est le seul garant de l'ordre et de la paix sociale. Il est à proprement parler, l'incarnation de l'ordre divin dans une société d'hommes. Inversant la conception classique de la compréhension des relations intersubjectives, HOBBES pense qu'il : faut comprendre la société à partir de l'individu, et non l'inverse. Ce postulat de base trouve aussi son fondement, non seulement dans son traité *du citoyen, mais* aussi dans certains chapitres du *Léviathan*[1243].

Mais la plus grande œuvre de domestication de l'État est partagée entre d'une part DESCARTES René et d'autre part KANT Emmanuel[1244]. Le premier va en effet affirmer dans son discours sur la méthode, la double certitude épistémologique du sujet pensant. Et le second va déduire de l'hétéronomie des ordres pluriels et complémentaires, l'autonomie de la volonté et par voie de conséquence, de l'ordre politique. Isolant ainsi l'ordre politique de l'ordre cosmique originel et de l'ordre divin transcendantal, le temporel de l'intemporel. Et du fait de cette prétention à l'autonomie, le droit sera conçu comme le résultat des volontés subjectives.

B. La traduction du discours juridique : la tentative péremptoire du positivisme juridique

Du fait que l'État soit introduit en Afrique dans un contexte de colonisation et donc de domination, et consécutivement, le manque d'une réelle inflexion dans le processus de construction de l'État après des indépendances politiques, le droit produit par l'État se veut encore de nos jours, péremptoire (1), et conduit inéluctablement à l'affirmation de la complétude comme signe de son infaillibilité (2).

1- Source péremptoire de la juridicité

Depuis MACHIAVEL, l'on note que les hommes sont belliqueux[1245]. Etant désormais le seul maître du fait du dessaisissement des notabilités traditionnelles, l'État en tant que commencement et source d'ordre laïcité, a le devoir de distiller l'ordre public, d'articuler social pour assurer la cohabitation des citoyens et la compossibilité de leurs libertés. C'est en cela qu'il est la seule source de juridicité. Pour le Professeur KALABA NSAPO,

---

[1243] Cf. HOBBES (Thomas), *Le Léviathan*, chap. XIII ET XVII, 1951, traduction de F. TRICAUD, Sirey, 1971, réimprimé en 1991, Dalloz.

[1244] Qu'il s'agisse de KANT ou de DESCARTES, l'idée de l'autonomie de l'individu et de sa volonté conquérante, remonte aux mythes fondateurs, du projet hellénique. Mythe d'Œdipe, mythe de Narcisse, et mythe de Prométhée. Cf. DE BROSSCHERE (Guy), *Les deux versants de l'histoire, Autopsie de la colonisation*, p. 30.

[1245] Cf. MACHIAVEL (Nicolas), *Le Prince*, chapitre XV, XVI, XVII et XXV.

on retrouve déjà cette idée, de source unique de juridicité dans la très haute antiquité négro-africaine. C'est notamment le cas dans l'État théologique pharaonique. À ce propos, dans les chapitres 100 et 200 des hymnes à Amon du papyrus de Leyde I-350, composée aux environs de l'année 1300 avant notre ère, il est écrit : « Celui qui inaugure l'existence la première fois. Amon, qui est venu à l'existence au commencement sans que son surgissement soit connu. Il n'y eut pas de dieu qui vint à l'existence avant lui…le dieu divin qui est venu à l'existence lui-même…il est le seigneur universel, le commencement des êtres »[1246]. Comme le note avec pertinence le professeur BILOLO : « Les conceptions de l'Egypte et de la Nubie antiques nous permettent de comprendre un peu plus en profondeur des bribes de pensée africaine véhiculées par l'oralité et la tradition écrite »[1247]. Il en va ainsi de la consubstantialité entre l'ordre, la notion de justice et dieu. Ici, la théorie de la norme varie entre l'ontogénèse[1248], la cosmogénèse[1249] et la biogenèse[1250] ; et participe des thèses théocentriques d'ordonnancement. De ces écoles se dégagent trois courants épistémologiques : celui de la « connaissance par illumination ou par révélation » ; celui de la « connaissance par comparaison ou par introspection » ; et celui de la « connaissance basée sur les données sensibles et contrôlables »[1251].

1246 Cf. KALAMBA NSAPO, *Théologie Africaine*, les grands courants de pensée de l'antiquité au 21e siècle, col. Op. Cit., pp. 51-52.

1247 Cf. BILOLO M., Les cosmo-théologies philosophiques de l'Egypte antique. Problématique-prémices herméneutiques et-postulats majeurs, Op. Cit., P. 11.

1248 Avec les écoles d'Héliopolis et de Hermopolis. « Le passage du « méta-être » - et - « méta-non-être » à l'être, c'est-à-dire le processus d'autocréation d'une part et de création ou organisation de « tout » ce qui est » d'autre part ». Cf. Dr NKOMBE OLEKO, professeur ordinaire au département de philosophie et religions africaines de la faculté de théologie catholique de Kinshasa/Zaïre. In préface à l'ouvrage de BILOLO M., *Métaphysique pharaonique IIIe millénaire av. J.C. Prolégomènes et postulats majeurs*, Op. Cit., p. vii.

1249 Les écoles de Memphis et d'Amarna, expliquent la cosmogénèse, son histoire à partir d'un modèle de la création par « la pensée-parole ». Le problème de l'Un et du Multiple, est au centre de toute « cosmo-théologie », caractéristique de l'école Thébaine. Cf. Dr NKOMBE OLEKO, professeur ordinaire au département de philosophie et religions africaines de la faculté de théologie catholique de Kinshasa/Zaïre. In préface à l'ouvrage de BILOLO M., *Métaphysique pharaonique IIIe millénaire av. J.C. Prolégomènes et postulats majeurs*, ibid.

1250 A travers les métaphores et les métonymies de « l'œuf » et de la « plante, certains hermopolitains se sont efforcés d'expliques la biogénèse. Cf. Dr NKOMBE OLEKO, professeur ordinaire au département de philosophie et religions africaines de la faculté de théologie catholique de Kinshasa/Zaïre. In préface à l'ouvrage de BILOLO M., *Métaphysique pharaonique IIIe millénaire av. J.C. Prolégomènes et postulats majeurs*, ibid.

1251 Cf. Dr NKOMBE OLEKO, professeur ordinaire au département de philosophie et religions africaines de la faculté de théologie catholique de Kinshasa/Zaïre. In préface à l'ouvrage de BILOLO M., *Métaphysique pharaonique IIIe millénaire av. J.C. Prolégomènes et postulats majeurs*, ibid.

On retrouve d'ailleurs cette dernière idée chez KELSEN, parlant de la théorie des normes, c'est l'idée des fondements et de la complétude. Sauf que comme le note pertinemment HEGEL, l'État a vocation à incarner le divin et par ricochet, à se substituer à l'ordre divin originel. C'est la raison pour laquelle la loi est l'expression d'un acte de volonté. Non pas une volonté divine et transcendantale, mais une volonté incarnée dans une société humaine donnée. C'est la traduction du monothéisme cosmologique[1252]. Une volonté dont l'État est le creuset, mais une volonté qui ne se conçoit pas au-delà de la nature. C'est bien là le sens du « mono-originisme ontologique »[1253] qui est en réalité un mono-originisme-théocratique[1254]. Car, « la réalité de l'Un permet aussi de rejoindre le concept de mono-originisme qui met en lumière un postulat de la pensée africaine : il s'agit de l'origine de tout ce qui est et de tout ce qui n'est pas encore ; tout cela a une seule et même origine. C'est le sens du mono-originisme ontologique »[1255]. Un mono-originisme, « dont nous parlons se situe au-delà de toute étiquette et de tout titre. C'est « l'Innommable », « Ineffable »[1256], la rectitude originelle incarné. Dans ses manifestations, l'Un est tour à tour, du *Noun,* magma inerte, matière informe incréée ou con-créée, désordre ou chaos, œuf originel[1257] ; de la *Maât,* mise en forme et structuration du chaos originaire au sein d'une société donnée, vérité, justice, harmonie et ordre politique ou cosmique[1258] ; et de l'État, incarnation positive de l'ordre originel au sein du corps social, selon la volonté positive

---

[1252] Cf. BILOLO M., *Les cosmo-théologies philosophiques de l'Egypte antique. Problématique-prémices herméneutiques et-postulats majeurs*, Op. Cit.

[1253] Cf. BILOLO M., *Métaphysique pharaonique IIIe millénaire av. J.C. Prolégomènes et postulats majeurs,* Op. Cit. ; KALAMBA NSAPO, *Théologie Africaine*, les grands courants de pensée de l'antiquité au 21e siècle, col. Sciences égyptologiques et développement (CSED), p. 49.

[1254] Cf. KALAMBA NSAPO (Sylvain), *Monothéisme*, Menaibuc, 2009.

[1255] Cf. KALAMBA NSAPO, *Théologie Africaine*, les grands courants de pensée de l'antiquité au 21e siècle, col. Sciences égyptologiques et développement (CSED), Op. Cit.

[1256] Cf. BILOLO M., *Les cosmo-théologies philosophiques de l'Egypte antique. Problématique-prémices herméneutiques et-postulats majeurs*, Op. Cit., pp. 172 et s.

[1257] Cf. OBENGA (Théophile*), La philosophie africaine de la période Pharaonique 2780-330 avant notre ère*, Op. Cit. pp. 21-51 ; ROUMEGUERE – HBERHARDT (Jacqueline), *Pensées et sociétés Africaines. Essais sur une dialectique de complémentarité antagoniste chez les Bantu du Sud-est*, Op. Cit. ; DPARRINDER (Geoffrrey), *La religion en Afrique occidentale illustré par les croyances et pratiques des Yorouba, des Ewe, des Akan, et peuples apparentés*, Op. Cit.

[1258] Il convient de rappeler que pour l'essentiel, les lieux de vie en Afrique noire, d'habitation, s'infèrent de ce Un primordial, de l'ordre universel. Exemple : le Yambassa *Mboka* désigne le pays, l'étendue ; le lingala *Mboka* désigne le village, le pays. Il en va de même De l'Eleku *Mboka*, du Mbenga *Mboka*, village, pays. Tout comme le Wolof *Bokk* désigne la famille, la parenté. Le bassa *Boga* désigne le village, le campement. Le douala *M'boko* désigne le campement ; l'Ewondo *Mvogo* désigne le pays, le lignage ; le Fang *Mvo* désigne le pays, le lignage, la descendance ; le Koyo *Mboga* désigne le village, le pays ; le Douala *Mboa* et le Bakweri *Bamboko* désignent le pays. Cf. DIBOMBARI MBOCK, *Bantu*, Op. Cit.

laïcisée. Surtout dans une perspective et une épistémologie d'ordre finaliste. Cet ordre qui fonde à la fois l'infaillibilité et la complétude même de l'ordre primordial est de nature consubstantielle depuis le bassin nilotique jusqu'à KELSEN Hans.

2- Source d'infaillibilité et affirmation de la complétude

A la base de l'État se trouve une idée métaphysique, la métaphysique l'ordre, de l'ordre transcendantal. Sa laïcisation[1259] est un phénomène de rationalisation récente. Si par le mono-originisme ontologique[1260] on désigne dans la conception africaine et animiste de l'ordre, « la réalité de l'Un permet aussi de rejoindre le concept de mono-originisme qui met en lumière un postulat de la pensée africaine : il s'agit de l'origine de tout ce qui est et de tout ce qui n'est pas encore ; tout cela a une seule et même origine »[1261]. L'âme divine est, en Afrique noire, le principe qui anime toute chose, dans un mouvement de liaison et de déliaison. Mais affirmer la communauté d'essence, et de l'antériorité négro-africaine n'est pas méconnaitre la grande bifurcation qui s'est produite entre d'une part la promotion du monothéisme politique[1262], incarné, malgré la laïcité affirmée, par l'ordre étatique ; et d'autre part la promotion d'un monothéisme dit cosmologique, de l'ordre immanent, disséminé dans les droits dits coutumiers. Ainsi, pour CHEIKH MOSTAR BA : « La pensée cosmologique égypto-pharaonique ne donne pas lieu à une succession des divinités à la souveraineté absolue comme c'est le cas pour les divinités grecques où les querelles et les conflits sont soldés par l'accession d'une nouvelle d'entre elles à la souveraineté »[1263].

La construction de l'État en occident est ainsi, de l'avis même de CHEIKH MOSTAR BA, et de par sa nature même, conflictuelle et imprégnée de la verticalité et de l'autorité imposée par le haut. Cette conception se

---

1259 Cf. la loi française du 09 décembre 1905.

1260 Cf. BILOLO M., *Les cosmo-théologies philosophiques de l'Egypte antique. Problématique-prémices herméneutiques et postulats majeurs*. L'auteur note que « l'Un demeure Unique dans son unicité. Il est même l'Unique qui s'est créé lui-même, c'est-à-dire qui s'est donné ses propres formes (ou ses propres qualités) ». Op. Cit. p. 172.

1261 Cf. KALAMBA NSAPO, *Théologie Africaine*, les grands courants de pensée de l'antiquité au 21e siècle, col. Sciences égyptologiques et développement (CSED), Op. Cit.

1262 Cf. DOUMBI –FAKOLY, *L'origine négro-africaine des religions dites révélées*, Menaibuc, 2004, pp. 23 et s.

1263 Cf. CHEIKH MOCTAR BA, *Les cosmogonies et cosmologies africaines et grecques, centralité et implications sociales*, édit. Connaissances et savoirs, col. Sciences humaines et sociales, 2013, p. 38.

retrouve aussi dans l'épistémè de KELSEN[1264]. Il reste donc que pour matérialiser cet ordre transcendantal d'origine divine, dont l'État est l'incarnation ou le réceptacle, il convient d'édicter la normativité et donc de mettre de l'ordre au sein de la société. Car, cette édiction a un effet psychologique indéniable. Ainsi, pour KELSEN, « comme le psychique n'est possible que dans l'individu, c'est-à-dire dans l'âme des individus singuliers, tout ce qui est supra individuel, placé au-delà de l'âme individuelle, possède nécessairement un caractère métapsychologique »[1265] . On retrouve cette idée aussi dans les théories du contrat social, théories qui consacrent la transcendance de la puissance publique et la verticalité de l'autorité. C'est toujours cette verticalité de la conception même de l'ordre qui fait que l'État a besoin de poser par un arrêt dogmatique la norme fondamentale, fondement de la structuration et de la complétude de toute la construction normative. De même, c'est cette conception verticale de l'ordre juridique qui fonde la conception ou la thèse de l'identité de l'État et du droit. L'État n'étant rien d'autre que l'incarnation de l'ordre juridique, le terrestre divin. Ce faisant, l'État s'affirme ainsi comme une source infaillible de la stabilité et de la normativité, et affirme implicitement sa complétude.

Cette complétude peut être analysée au moins à deux niveaux. Il s'agit tout d'abord d'une complétude d'ordre normative. Ici, se posant comme la source de la normativité diffuse, l'État ne reconnait aucune source qui lui soit antérieure ou supérieure ; si oui, par son seul consentement. C'est ainsi que pour être lié au plan international, l'État doit donner son accord en signant des traités et autres conventions. C'est aussi le cas lorsque pour être lié par les principes d'un droit naturel transcendantal, l'État se donne le devoir de consigner lesdits principes dans les textes à valeur Constitutionnelle ou infra Constitutionnelle.

En second lieu, cette complétude affirmée de l'État est une complétude d'ordre institutionnelle. Sur ce plan en effet, les institutions qui structurent la dynamique de l'État dans la réalisation de ses multiples fonctions[1266] sont considérées comme formant un seul corps. Inscrit dans cette perspective, l'État a beaucoup de mal à intégrer les institutions qui lui sont extérieures, dans une véritable logique de dialogue inconditionnel. Au Cameroun par exemple, les institutions politiques[1267] et administratives, au double plan de la

---

[1264] Cf. KELSEN (Hans), « Aperçu d'une théorie générale de l'État », RDPSP, n° 4, 1926. « Dans la langue courante comme pour les juristes, le mot État désigne un ordre avant tout normatif » p. 563.

[1265] Cf. KELSEN (Hans), « La notion d'État et la psychologie sociale. À propos de la théorie freudienne des foules » (1922), Hermes, n° 2, 1988, p. 153.

[1266] Fonctions juridiques et extra-juridiques.

[1267] Présidence de la république, gouvernement et parlement.

centralisation et de la décentralisation, ne font pas de place aux institutions politico-administratives traditionnelles que sont les chefferies traditionnelles[1268]. Lorsque l'État s'engage même dans une logique inverse, logique de prise en compte de ses institutions dites traditionnelles, la tendance reste toujours la même. Inféoder lesdites institutions à la dynamique globale de la hiérarchie verticale. Tel est le cas par exemple, de l'incorporation des juridictions dites traditionnelles à la structure des juridictions d'État, notamment par l'entremise de la loi portant organisation judiciaire.

II. Les coutumes, le paradigme égypto-nubien et le relativisme ontologique

L'hétéronomie fonde la relativité de l'ordre coutumier est liée à l'animisme. Elle inscrit la coutume dans une triple perspective. Le dénominateur commun ici est que les coutumes sont le résultat, non pas de la simple volonté humaine du fait de la hiérarchie de l'ordre traditionnel, mais une traduction des principes éternels, au nombre desquels, le principe de la justice-vérité[1269], l'ordre juste qui dérive de l'onto mythologie[1270]. Le droit est une donnée cosmologique de régulation. La nature est « *auto-réalisation* », « *autorégulation* »[1271], la volonté de l'homme est subordonnée et donc subsidiaire[1272]. Parler de relativisme ontologique ici ne signifie guère que l'ordre coutumier ne connait pas la complétude. Il connait aussi le rôle de la volonté, l'autonomie, mais seulement cette volonté est limitée par le monde immatériel. Ceci parce qu'elle est liée à l'hétéronomie cosmique de l'avis même de DIBOMBARI MBOCK[1273]. Il existe de ce fait un ordre fondamental, fondé sur la quête des principes éternels tels que : de la vertu, de la rectitude, la justice-vérité. Ce sont ces principes qui fondent ce qui est convenu

[1268] Au stade actuel de notre droit positif, la chefferie traditionnelle a un statut juridique ambigu. Elle n'est ni une circonscription administrative, ni une collectivité territoriale décentralisée.
[1269] Comme le note le Professeur Grégoire BIYOGO, lors son séminaire sur l'épistémologie de la recherche doctorale et postdoctorale, le 23 mars 2017 à la Fondation AfricAvenir Douala-Bonaberi, le professeur : « quel que soit le talent individuel assigné à une personne, quel que soit la brillance de son intellectualité, il reste que la vertu cardinale, la première des vertus c'est la justice. C'est cela qui est juste qui configure tout le reste ».
[1270] Cf. NKWATCHE (Dénis), *Les mythes et les mystères : Boussole de la vie des êtres humains*, collection mythes et légendes, Les éditions universitaires européenne, Düsseldorf 2018.
[1271] Cf. BILOLO M., *Les cosmo-théologies philosophiques de l'Egypte antique. Problématique-prémices herméneutiques et-postulats majeurs*. Op. Cit., pp. 137-140.
[1272] Ibid. P. 140.
[1273] Cf. DIBOMBARI MBOCK, *Bantu*. La titulature de l'ordre cosmique, de l'Un, et des lieux d'habitation, de ses démultiplications, le village, le lignage ; le prouve à suffisance. Op. Cit.

d'appeler les universaux juridiques des sociétés communautaires en Afrique noire.

Cette complétude on la retrouve déjà dans la déclinaison de l'ordre normatif traditionnel. C'est le cas de l'ordre constitutionnel *Mbok* chez les Bassa. C'est le propre du paradigme négro-africain et égypto-bantu[1274]. À titre d'exemple, la quête de la justice est le fondement de la palabre, sa raison d'être en tant qu'institution. Elle s'endosse sur la vérité, et la préservation de la communauté indique la pratique de la tempérance. L'ordre étant unique dans son essence, la communauté doit être soudée, comme pour reconstruire cette unité primordiale. C'est ce qui explique la primauté de la conciliation dans la structuration de l'espace public de la palabre. C'est en effet, cette tempérance qui dicte le recours à la théorie du bouc émissaire, ou encore l'atténuation de la peine pour la réinsertion au sein de la communauté. En dehors de la palabre, on retrouve cet ordre primordial, cette conjonction des vertus cardinales aussi bien dans les maximes, les proverbes[1275] ; mais aussi dans les chantes-fables entre autres récit de la tradition orale. Il est le fondement même de la morale communautaire, du vécu individuel, et partant de la quête de l'intégrité dans le monde négro-africain.

Par paradigme égypto-nubien[1276], il faut entendre ici la source d'éclosion, source du départ, de la civilisation de l'Afrique noire dans sa version la plus codifiée. Version qui prendra par la suite forme çà et là en Afrique. C'est du moins ce que témoigne l'origine des migrations des Yorouba, des Laobé, des Peuls, des Toucouleur, des Sérères, des Agni, des peuples Walaf[1277], des

---

[1274] Cf. ESSOH NGOME (Hilaire), *Parenté ethnoculturelle de l'Egypte ancienne et du monde bantu*, Paris, Menaibuc, 2014

[1275] Cf. TITINGA (Frédéric Pacero), *Pensées africaines, proverbes, dictons et sagesse des africains*, Harmattan, 2004, 363p.

[1276] Cf. ABD EL HAMID ZAYED, « Relations de l'Egypte avec le reste de l'Afrique », in : *Histoire générale de l'Afrique tome II. L'Afrique ancienne*. Sous la direction de G. MATHAR. MOKHTAR (G.), pp. 135 et s. « Dès le début de l'Ancien Empire, comme la Libye, le Soudan a fourni aux Egyptiens des hommes et des ressources en animaux et en minéraux. Les Nubiens ont tenu, eux aussi, une grande place dans l'armée égyptienne, où ils sont des archers réputés. De même sont-ils importés comme main-d'œuvre agricole (au Moyen Empire, au Fayoum par exemple, des villages de colons nubiens sont identifiables par le nom du village : « Village des Nubiens »). »

[1277] Cf. CHEIKH ANTA DIOP, « Origine des anciens Égyptiens » : in, *Histoire générale de l'Afrique tome II. L'Afrique ancienne*. Sous la direction de G. MATHAR. MOKHTAR (G.), ibid., pp.40 et s. « Le walaf, langue sénégalaise parlée dans l'extrême Ouest africain sur l'océan Atlantique, est peut-être aussi proche de l'égyptien ancien », pp. 164-174.

Fang[1278] et des Bamoun[1279]. Cette unité est à la fois une unité culturelle[1280], linguistique[1281], consonantique[1282], mythologique[1283], théologique[1284] et juridique[1285]. Voilà pourquoi le professeur DIOP est formel : «L'humanité noire a d'abord vécu en grappes dans le bassin du Nil, avant d'essaimer par pulsation successive, vers l'intérieur du continent[1286] ». Mieux encore, on pourrait « localiser ainsi dans la vallée du Nil, depuis les grands lacs, le berceau primitif de tous les peuples noirs qui vivent aujourd'hui à l'état dispersé sur les différents points du continent »[1287]. Cette étude ne peut être possible qu'en faisant recours aux nouvelles épistémologies des sciences, sur tout dans le cas de la coutume, avec l'apport de *l'internalisme épistémologique*[1288]. Il se décline entre autres une taxinomie qui analyse la culture africaine par le recours à une catégorisation interne, notamment : au corps de récits sacrés, aux corpus épiques, au corpus des chantes fables, aux mythes ou récits fondateurs et au corpus des récits de nature étiologique. Il s'agit là d'inscrire la pensée coutumière dans l'historiographie à travers les éléments de l'oralité, si tant il est établi que la tradition orale est la boite noire des peuples africains[1289]. À ces éléments il faut y joindre quelques sources écrites qu'on peut trouver ci et là.

Ce faisant, on établit que le monothéisme cosmologique ou cosmogénèse est le fondement de l'ordre coutumier. Mais en réalité la pensée africaine commence par le questionnement sur la connaissance de l'individu. Et comme l'individu est un élément de la nature, ce questionnement embrasse, selon la simple déduction mathématique, la compréhension de la nature, du cosmos.

[1278] Cf. BIYOGO (Grégoire), *Dictionnaire comparé égyptien/Fan-Béti, de la coappartenance* Kemit-Ekang, l'Egypte et l'Afrique en quête d'éternité, Paris, Imhotep, 2013. Op. Cit.

[1279] Cf. ANTA DIOP (Cheikh), *l'Afrique noire précoloniale*, Op. Cit., pp.206-222.

[1280] Cf. ANTA DIOP(Cheikh), *l'unité culturelle de l'Afrique Noire*, Présence Africaine, Seconde édition, 1982.

[1281] Cf. ANTA DIOP (Cheikh), *l'Afrique noire précoloniale*, Op. Cit. pp.223-266.

[1282] Cf. BIYOGO (Grégoire), *Dictionnaire comparé égyptien/Fan-Béti, de la coappartenance* Kemit-Ekang, l'Egypte et l'Afrique en quête d'éternité, Op. Cit.

[1283] Cf. DOUMBI –FAKOLY, *Horus, fils d'Isis, le mythe Osiris expliqué*, Op. Cit.

[1284] Cf. KALAMBA NSAPO, *Théologie Africaine*, les grands courants de pensée de l'antiquité au 21e siècle, Op. Cit.; OLUMIDE (Lucas), *The religion of the Yorubas*, C.M.S. Bookshop, Lagos, 1948. Cité par ANTA DIOP (Cheikh), *l'Afrique noire précoloniale*, Op. Cit., p. 206.

[1285]Cf. MBOG BASSONG, *La Théorie du droit en Afrique. Concept, objet, méthode et portée*, Op. Cit., pp. 71 et s.

[1286] Cf. ANTA DIOP (Cheikh), *l'Afrique noire précoloniale*, Op. Cit., p. 202.

[1287] Ibid., p. 204.

[1288] Nous empruntons ce terme au professeur Grégoire BIYOGO. Notamment dans son cours d'épistémologie de la recherche doctorale et postdoctorale, Fondation AfricAvenir International, des 13 au 15 avril 2017.

[1289] La toute première écriture connue d'Afrique porte d'ailleurs le non de « paroles de Dieu », « Nedou Netjer » ou « hiéroglyphe » en grec.

Une fois cela dit, il ne restera plus qu'à démontrer par la dialectique de l'un et du multiple que ce fondement unique est la base d'éclosion du relativisme ontologique, et donc de la multi traductibilité.

A. La question du fondement : le monothéisme cosmologique ou la cosmogénèse

La pensée coutumière est une pensée complexe de par sa nature même. Complexe parce qu'elle est à la fois le résultat du discours portant sur les faits observables, d'une abstraction intelligible, et d'un habillage allégorique (1) ; du fait de ce postulat, l'ordre positif de la société globale s'insère aisément dans le présupposé cosmique (2).

1- Fondement théologique, mythique et ontologique de la coutume

Ce qui est prosaïquement appelé coutume résulte moins de la pratique que des mythes fondateurs des sociétés, le monde n'étant pas hériter de lui-même. C'est notamment le cas chez les Bassa[1290], chez les Kotoko[1291], chez les Bamiléké[1292] et même chez les Dogon et les Bambara[1293]. Il s'agit de la quintessence d'un système complexe de droit qui se retrouve même à l'échelle individuelle[1294]. Un système de droit ayant un fondement mythologique et

---

1290 Cf. BAMA NJOCK (Philippe Robert), Droit religieux et droit humain dans la tradition Bassa du Cameroun, Mémoire du diplôme d'études approfondies d'histoire du droit, de l'économie et de la société, Université de Paris, Op. Cit.

1291 Cf. LEBEUF (Annie M. D.), *Les principautés Kotoko. Essai sur le caractère sacré de l'autorité*, Op. Cit.

1292 Cf. GHOMSI (Emmanuel), Les Bamiléké du Cameroun (essai d'étude historique des origines à 1920), Thèse de doctorat 3e cycle, Université de Paris – Sorbonne, 1972.

1293 Cf. OBENGA (Théophile), *La philosophie africaine de la période Pharaonique 2780-330 avant notre ère*, Op. Cit., p. 40. « Aux origines, les eaux, qui venus des « sources centrales du ciel », ruisselèrent sur la terre, étaient pures, claires, bénéfiques et aisées (…). Actuellement seule l'eau de pluie ruisselante a conservé son caractère, notamment celle de la première pluie qui tombe au début de l'hivernage. Considérée comme purificatrice par excellence, elle est dite Dne sandyi « eau qui ensemence », car elle apporte leur âme, ni, aux céréales ; la terre, stérile et « vide », devient peine et féconde, les plantes renaissent, les animaux et les insectes se reproduisent ».

1294 On retrouve cette complexité par exemple en parlant des éléments de la Constitution de la personne humaine. Ce sont entre autres éléments : « A- Les entités visibles et représentables (Le corps : Khat ; Le nom : Ren. ; L'ombre : Shout ou Khaibit.) B. Les entités invisibles de la personne. (L'âme : Le Ba ; L'énergie divine contenue dans le Double invisible : Le Ka ; L'esprit, principe lumineux et immortel : L'Akh.) Les entités de la puissance. (Le cœur, siège de la conscience et de la pensée : Ab/ib. ; La puissance : Sekhem. ; Le corps spiritualisé : Shu/Sakh) ». Cf. BIYOGO (Grégoire), *Dictionnaire des connaissances philosophiques de l'Egypte antique, contributions aux recherches sur les concepts majeurs de la philosophie, de*

théologique analogue à celui de l'État, le terrestre divin. Ce fondement est en réalité transcendantal parce qu'il est issu de l'ordre antérieur à la préhistoire et à la protohistoire des humanités africaines, l'ordre antérieur et purement mythologique[1295]. Ici, pour expliquer l'existant, on fait recours au mythe. La mythologie fonde l'ontologie, et le discours ontique prend des allures de théologie, de norme sociale.

Mais « en dehors de la pensée mythique se propulsant dans le sacré et le religieux, il y a le fait que cette pensée mythique n'est qu'une étape fonctionnelle d'un processus de rationalisation. Les divinités, qui sont des significations cristallisées engendrent elles-mêmes des schèmes directeurs qui donnent naissance à une pensée véritablement scientifique »[1296]. Pour s'en convaincre, citons le cas de la corrélation entre les éléments constitutifs de la personne et la recherche de la rectitude cosmique. En effet, La puissance, élément de la personne dans la conception africaine traditionnelle se dit : « *Sekhem* » en *Nedou Netjer*, et « c'est la quête de l'exactitude et de perfectibilité qui est le moteur de l'existence, en ses trois foyers de la Vallée de l'Omo (Berceau de l'Afrique Noire et de l'Humanité), de la Vallée du Nil (berceau égypto-nubien) et de l'Arabie phénicienne nègre (berceau théologique). L'exister lui-même autant que le penser – le philosopher – s'apparentent à la quête de la perfection à travers la triple exigence d'exactitude logique et mathématique, de justice et de mesure autant que d'harmonie »[1297]. De ce fait, il « n'y a donc pas de contradiction, ni même d'opposition entre la pensée mythique et la pensée scientifique. Il y a dans le dépassement de l'une par l'autre, un approfondissement et un affermissement. Là réside toute la logique filiatique, toute différente de la pensée monistique européenne »[1298]. C'est du moins, dans la cosmogonie africaine, le

---

l'égyptologie, de la théologie et du droit pharaoniques, pour bâtir un corps de sciences humaines et sociales nouvelles aujourd'hui. « Rek Nebou Kama : l'âge d'or de l'Afrique », Op. Cit., p. 345.

1295 Exemple de l'ordre mythologique égyptien, le mythe d'OSIRIS, antérieur à toute création humaine. Lire à cet effet DOUMBI –FAKOLY, *Horus, fils d'Isis, le mythe Osiris expliqué,* Op. Cit. Lire aussi le mythe Dogon du renard pâle ou encore, le mythe Douala de Jeky La Njambe. MBOG BASSONG, *La théorie du droit en Afrique, concept, objet et méthode et portée.* Édit. MeduNeter, 2015, pp. 71 et s. Lire aussi, NKWATCHE (Dénis*), Les mythes et les mystères : Boussole de la vie des êtres humains*, collection mythes et légendes, Op. Cit.

1296 Cf. DIKA-AKWA NYA BONAMBELA (Prince), *Les problèmes de l'anthropologie et de l'histoire africaine*, Op. Cit., p. 352.

1297 Cf. BIYOGO (Grégoire), *Dictionnaire des connaissances philosophiques de l'Egypte antique, contributions aux recherches sur les concepts majeurs de la philosophie, de l'égyptologie, de la théologie et du droit pharaoniques, pour bâtir un corps de sciences humaines et sociales nouvelles aujourd'hui. « Rek Nebou Kama : l'âge d'or de l'Afrique »*, Op. Cit. p. 30.

1298 Cf. DIKA-AKWA NYA BONAMBELA (Prince), *Les problèmes de l'anthropologie et de l'histoire africaine*, Op. Cit.

fondement indiscutable de l'ordre positif. L'ordre qui est en somme une auto propulsion du divin. En effet dans la cosmogonie éthiopienne, l'idée de la justice, de la justesse, de la vérité ou de la rectitude est représenté par le coudé royal, et l'idéogramme de la plume. C'est l'idée de la divine proportion, la section dorée, la conduite possible, la justice divine. Pour l'historien et égyptologue DIBOUMBARI MBOCK[1299], la translitération des idéogrammes qui compose *Maâ (en hiéroglyphes,)* donne le radical (consonantique) « *Ek* », « *Eka* », « *Ega* », dans les langues Bantou. Ce qui signifie : conduire, guider, diriger. En Bassa, *Egâ* signifie conduire, guider diriger. *Nègâ* désigne le dirigeant, le guide, celui qui montre le chemin. Mesurer se dit « *Kek* », et le bâton, la mesure se dise « *Ek* ». En Tigrinya, langue éthiopienne on dira *Negas*, pour désigner le roi, l'empereur, le guide. « *Egâ* » signifie en Bassa, accompagner, « *Mayegâ* » accompagnement, « *Yegâ* » accompagner quelqu'un. On retrouve aussi le radical « Ek » et son fond consonantique dans l'idée de rectitude chez les Bafia, le « Sa'ïk[1300] », synonyme de mesure, de vérité. Le paradigme des peuples éthiopiens[1301], et donc de l'Afrique noire est fondé sur la transcendance et l'immanence de la rectitude, comme règle de conduite, guide et accompagnateur de la communauté. Cette rectitude étant elle-même fille et hypostase de l'Un primordial, du monde invisible.

En effet, dans la pensée Bantou en général, Dieu, l'être primordial, est plus un préexistant qu'un existant[1302]. L'humanité et la vie en général se trouvent ainsi inscrits dans le temps, comme le note avec pertinence le professeur OBENGA : « Le temps est dynamique dans son va-et-vient périodique pour mettre toujours l'homme en relation l'ensemble du cosmos –cet essentiel pour la pensée pharaonique. Le temps réitère l'homme dans la totalité en tant que dynamisme venu des origines mêmes du monde. Tous les grands rythmes vitaux (années, saisons, mois, calendriers, travaux journaliers) sont autant d'affirmations de la destinée humaine dans la temporalité »[1303] ; mieux encore, « il y a dans la conception du temps et de l'éternité en Afrique noire, depuis l'Egypte antique, les idées d'ordre et de mesure qui permettent à l'homme de s'identifier avec de l'essentiel et réaliser ainsi, concrètement, par ses propres

---

1299 Extrait du *Webinaire* présenté par DIBOMBARI MBOCK, le vendredi 03 mars 2017. Maât est le concept sur lequel repose les institutions de l'Egypte pharaonique. Fonds documentaire fondation AfriAvenir International, Bibliothèque CHEIKH ANTA DIOP.

1300 Une forme de métathèse du Douala « *Kaise* », juger ; et du Bassa « *Keès* », juger. Cf. DIBOMBARI MBOCK, *Les hiéroglyphes égyptiens, La méthode illustrée*, Op. Cit.

1301 Cf. DIBOMBARI MBOCK, *Les caractères éthiopiens*, édit. Lulu, 2015, 246p.

1302 Cf. CHEIKH MOCTAR BA, *Les cosmogonies et cosmologies africaines et grecques, centralité et implications sociales*, édit. Connaissances et savoirs, col. Sciences humaines et sociales, 2013, pp. 39-40.

1303 Cf. OBENGA (Théophile), *La philosophie africaine de la période Pharaonique 2780-330 avant notre ère*, Op. Cit., p.110.

moyens sans révélation, une pensée essentielle, une ontologie[1304] ». Le temps est ainsi conçu, depuis la haute antiquité comme « une norme Trans empirique[1305] », un repère de l'ordre, de la calculabilité. Et de ce fait il est Trans empirique. Et parce qu'il est Trans empirique, il est avant tout le temps des origines. « À l'origine de tout, et avant tous les éléments fondamentaux, avant le Démiurge ou le créateur lui-même, existait le *NOUN*, imaginé comme une matière abyssale, aqueuse et vivante, posée comme l'un-substrat et lieu unique d'émergence plurale des éléments qui forment l'univers »[1306]. C'est le temps du vrai, des idées et de la circulation dont parlait déjà en son temps ARISTICLES, de son surnom PLATON, dans son allégorie de la caverne.

Dans le cadre consacré à l'État, le fondement ontologique de l'ordre était accompagné par un discours théologique et résultait d'une construction des visions du monde, fondée sur la querelle des dieux ; et par la suite la prépondérance de l'un d'entre eux[1307], d'abord selon la cosmogonie ancienne d'essence égypto-nubienne, et de ses multiples hypostases et ailleurs. C'est toujours dans cette perspective qu'il convient, de situer la naissance de la coutume, tans le temps Trans-empirique, mais dans la perspective du mono-originisme ontologique préexistant d'essence nilotique ; préexistant parce que dans sa cosmogénèse, le non-être précède l'être ; cette conception qui fonde en fait l'unité culture de l'Afrique noire[1308]. Le droit, élément de la culture globale n'échappe pas à cette réalité. Ainsi dans le récit pharaonique de la délivrance de l'humanité, selon la cosmogonie d'Héliopolis[1309], on peut voir en filigrane que le dieu fondateur « convoque une assemblée, un conseil des dieux pour discuter, échanger les avis, exposer tous les tenants et les

---

1304 Ibid.

1305 Ibid.

1306 Ibid., p. 509

1307 Notamment à l'image de YAHVE biblique « décidant tout seul et vengeant de façon extrémiste ». Cf OBENGA (Théophile*), La philosophie africaine de la période Pharaonique 2780-330 avant notre ère*, ibid., p. 147.

1308 Cf. ANTA DIOP (Cheikh), l'unité culturelle de l'Afrique Noire, Op. Cit.

1309 À l'époque Thinite (3000-2778 av. notre ère) et d'après la mythologie héliopolitainne élaborée à Héliopolis, centrée précisément sur le soleil (hélios en grec), il y a d'abord le NOUN, eau primordiale. ATOUM, le premier viendra à l'existence de lui-même du sein du NOUN. Un premier couple naîtra du crachat d'ATOUM : DHOU et NEFNOUT, donnant ensuite naissance à GEB, et à NOUT, qui engendrera par la suite OSIRIS, SETH, ISIS, et NEPHTYS. Autrefois Atoum régna à la fois sur les dieux et sur les hommes. A la longue il vieillit, et les dieux complotèrent contre lui. Mais il se rendit compte de leur complot. Il convoqua une grande assemblée des dieux présidée par la déesse HATHOR, pour trouver une solution de sortie de crise et éviter ainsi la perte de l'humanité. La déesse NOUN y prit part également. HATHOR se proposa d'anéantir l'humanité mais par un stratagème savamment pensé, ATOUM l'en empêcha. Cf. Cf. OBENGA (Théophile*), La philosophie africaine de la période Pharaonique 2780-330 avant notre ère*, ibid., p. 146.

aboutissants de l'affaire. La palabre est ainsi instaurée entre les dieux. La bible ignore cet esprit de dialogue et de concertation »[1310].

Pour le professeur ANTA DIOP Cheikh en effet, *Amon est le point de départ et la réunion de toutes les essences divines. Amon-Râ, Etre Suprême et primordial, étant son propre père et qualifié de mari de sa mère (Mouth), sa portion féminine renfermée est sa propre essence à la fois mâle et femelle.*

Le Nil était également représenté par un personnage androgyne. Amon est également le Dieu de toute l'Afrique noire. Soit dit en passant qu'au Soudan méroïtique, en Afrique noire et en Egypte, Amon est lié à l'idée d'eau. Son attribut dans tous ces pays est le bélier. C'est ainsi que dans le livre au titre significatif Dieu d'eau, de Marcel GRIAULE qui traite entre autres du Dieu Dogon Amma, ce dernier apparait sous forme d'un Dieu-bélier, avec une calebasse entre les cornes (disques d'Amon). Amon dans la cosmogonie Dogon (Soudan français) descend du ciel à la terre par l'arc-en-ciel, signe de la pluie et de l'humidité[1311].

L'ordre social n'est que le reflet de cette conception qui remonte au temps mythiques, et oscille permanemment entre la thèse de l' « *unopolarité* » ou thèse « *théocentrique*[1312]», et la thèse de « *l'andropolarité* » ou *anthropocentrique*[1313] » de la conception de la vie, des normes et du droit. « *Ubi societas ibi us* ». La difficulté survient à notre sens, lorsque l'on définit la coutume, empiriquement, comme une pratique, alors même que la conception du temps est Trans empirique, on coupe alors, arbitrairement, le non-être de l'être, alors même que la pratique est sa matérialisation en fonction des circonstances de l'espèce, de temps et de lieu, de l'ordre primordial préexistant et non incarné[1314]. Conçue sous l'angle de la simple pratique, il devient quasi impossible de remonter à son commencement, à la source originelle. Philippe JESTAZ[1315] affirme d'ailleurs cet embarras, et cette barrière due à cette césure qui obscurcit l'horizon de sens, à propos de la coutume, en ces termes : « La naissance de la coutume reste un mystère : d'où vient qu'une pratique se transforme -ou d'ailleurs ne se transforme pas- en

---

1310 Cf. OBENGA (Théophile), *La philosophie africaine de la période Pharaonique 2780-330 avant notre ère*, ibid., p. 147.

1311 Cf. ANTA DIOP (Cheikh), *Nation Nègres et Culture, De l'antiquité nègre égyptienne aux problèmes culturels de l'Afrique Noir d'aujourd'hui*, Op. Cit., pp.208-209.

1312 Cf. BILOLO M., *Les cosmo-théologies philosophiques de l'Egypte antique. Problématique-prémices herméneutiques et-postulats majeurs*, Op. Cit., pp. 187-188.

1313 Ibid., pp. 188-189.

1314 Cf. MOCTAR BA (Cheikh), *Les cosmogonies et cosmologies africaines et grecques, centralité et implications sociales*, édit. Connaissances et savoirs, col. Sciences humaines et sociales, 2013, Op. Cit.

1315 Cf. JESTAZ (Philippe), les sources du droit, Dalloz, col. Connaissance du droit, 2005, Op. Cit., p.99.

usages ? » l'auteur renchérit : « Personne ne détient la réponse ». Au mieux des cas, on va rattacher cette source première de la coutume à l'ancestralité[1316], et à une sacralité qui lui est consubstantielle, mais dont l'essence principielle échappe à nos instruments et outils analytiques. Pour essayer de démêler les écheveaux, il parait plus qu'urgent de se pencher sur l'antiquité africaine telle que retracée par l'étude des classiques africaines et sonder même la naissance de la tradition orale. Il convient aussi se placer au cœur même des sociétés coutumières dans leur vécu quotidien, et de cerner au-delà de la pratique, et de ses aspects folkloriques, le résidu commun et partout ailleurs partagés.

Tel est par exemple le cas, à titre d'exemplification, de la pratique de la palabre dans la structuration de l'espace public et de l'ordre social. Tel est aussi le cas, du recours au totémisme, de la référence à l'ancestralité comme élément non pas d'adaptabilité, mais comme d'une pratique donc les origines sont cosmogoniques[1317].

D'un point de vue historique, l'on situe l'origine de la coutume dans la démultiplication de l'ordre existentiel originaire, ordre immatériel de l'Un primordial, ordre appelé à s'incarner de manière diffuse dans la multiplicité à la fois des hommes et des sociétés. À titre de comparaison, si dans le cadre de l'ontogenèse de l'Etat il a été démontré que l'État a la prétention avouable, ou non, à incarner le divin[1318] dont il est la personnification, dans l'épistémè hégélien ; et par-dessus tout, son substitut terrestre. Il faut tout de suite noter que, le monothéisme cosmologique incarné par la coutume n'a pas la prétention à incarner le divin. Il est au mieux, sa démultiplication ontologique, dans la quête de l'ordre juste. La coutume résulte ainsi, non pas de l'incarnation de l'ordre primordial, dans son unicité, mais de son éclatement en de fines entités, entités appelées à se reconstituer en tant que de besoin, pour approximer, le cas échéant cet ordre primordial d'essence cosmique, d'où la cosmogénèse; d'où aussi, le recours à la palabre à la conciliation, à la concertation dans nos sociétés dites traditionnelles. Cette tendance se justifie par ailleurs, par le fait que personne, ni aucune entité ne peut prétendre, seule, à la vérité, à l'ordre, à la justice, qui ne sont que des horizons de perception

---

[1316] Cf. KAMTO (Maurice), *Pouvoir et droit en Afrique noire, Essai sur les fondements du Constitutionnalisme dans les États d'Afrique noire francophone*, ibid.

[1317] Cf. KALAMBA NSAPO, *Théologie Africaine, les grands courants de pensée de l'antiquité au XXIe siècle*, Op. Cit.

[1318] Le tout premier État connu état d'ailleurs l'État théologique pharaonique. Cf. VERCOUTTER (Jean*), L'Egypte et la vallée du Nil : Des origines à la fin de l'ancien empire*, tome I, PUF, 1992; VERCOUTTER (Jean), *L'Egypte et la vallée du Nil : De la fin de l'ancien empire, à la fin du nouvel empire*, tome II, PUF, 1998, VALBELLE (Dominique), *Histoire de l'État pharaonique,* Paris, PUF, 1998; SALL (Babacar), *Racines Ethiopiennes de l'Egypte ancienne*, L'Harmattan, 2016 Op. Cit.; ANTA DIOP (Cheikh), *Antériorité des civilisations nègres, mythe ou réalité historique* ? Paris, Présence Africaine, 1967.

de l'ordre idéal. C'est aussi ce qui justifie le recours à la justification et à la théorie dite du bouc émissaire lors du règlement des différends selon la perspective coutumière. Il en est ainsi parce que la faillibilité est, dans la conception africaine, l'essence ontologique. La vérité, l'ordre, la justice, et la vertu sont des horizons de sens, toujours recherchées mais jamais atteints. C'est cette perception, et elle seule, qui donne à la coutume un sens, une signification mieux encore une certaine histoire qui l'inscrit dans le prolongement du code ancestral de la justice générale, de la *Maât*. Code qui fonde, et irrigue la tradition de l'oralité, la rectitude légendaire de l'ancestralité. Perçu sous cet angle, celui de l'approximation de la justice, il serait donc absurde, par exemple, qu'on confie la responsabilité du procès à une seule personne, fut-elle juge, ou à une seule institution.

La tradition africaine, de l'avis même de BIDIMA, mise sur l'autre, l'autre à rencontrer. D'où le principe de la multiplicité et de la circulation. Et les coutumes matérielles ne sont au demeurant qu'une tentative de contextualisation de cet État de choses en fonction des circonstances de temps et de lieu. L'erreur provient donc, lorsque voulant poser positivement l'ordre juridique, l'on fait abstraction de cette réalité pour ne prendre en compte que la transfiguration, l'hypostase, et la partie immergée de l'ordre coutumier : la pratique. C'est d'ailleurs ce qu'affirmait en d'autres termes le spécialiste de la tradition orale africaine AMADOU HAMPATE BÂ[1319] lorsqu'il affirme que vouloir comprendre l'homme africain sans le rapport au sacré, c'est ouvrir une armoire vide de son contenu. C'est aussi ce que disent et martèlent les travaux du colloque sur la sacralité, le pouvoir et le droit en Afrique ; en ces termes : « Les pays africains que n'ont marqués ni le christianisme, ni l'islam ont chacun une autre représentation du monde. Sous son aspect sacral ce monde est un panthéon de puissances dont la dépendance à la vie et le bien-être de la société concernée et dont la caractéristique est que chacun dépend de tous les autres, de sorte qu'aucun d'eux fut-elle suprême ne peut jouer le rôle de puissance absolue. De même la tradition distingue entre les multiples pouvoirs selon qu'ils s'appliquent aux hommes, à la terre, aux richesses ou qu'il s'agit du chef, du prêtre, des sociétés secrètes, etc. »[1320]. Mieux encore : « L'homme qui exerce le pouvoir sur les autres, doit ajouter à son énergie personnelle une énergie cosmique qui assure la continuité et la prospérité de

---

1319 Cf. AMPATE BÂ (Amadou), *Aspects de la civilisation africaine*, Présence Africaine, 2000 ; *Contes initiatiques peuls*, Poket, 2000 ; *Vie et enseignement de Tierno BOKAR. Le sage BA*, point, 2014.

1320 Cf. Colloque sur la sacralité, le pouvoir et le droit en Afrique, Laboratoire d'anthropologie juridique, Univ. Panthéon-Sorbonne, Paris I, 2-5 janvier 1980, résolution finale, p. 2. Cité par DIKA-AKWA NYA BONAMBELA(Prince), *Les problèmes de l'anthropologie et de l'histoire africaine, Op. Cit.* p. 214.

la société (le chef qui ne peut les assurer est renversé) et son pouvoir ne doit pas normalement tendre vers l'absolu »[1321].

Or, c'est ce que la doctrine juridique récente a fait à propos de la coutume, en dégageant juste une définition purement positive. Faisant ainsi de la coutume une pratique observé dans le temps et considéré comme étant du droit. Pourtant, l'idée de rectitude précède et transcende l'ordre coutumier.

2- Démultiplication ontologique de l'ordre existentiel

Comme le note le professeur ANTA DIOP Cheikh : « L'histoire de l'humanité sera confuse aussi longtemps que l'on ne distinguera pas deux berceaux primitifs où la nature a façonné les instincts, le tempérament, les habitudes et les conceptions morales des deux fractions de cette humanité avant qu'elles ne se soient rencontrées, après une longue séparation datant de la préhistoire[1322](…) ». Le premier de ces berceaux, est la vallée du Nil, depuis les Grands Lacs jusqu'au Delta, en passant par le Soudan. Ici, « l'abondance des ressources de la vie, le caractère sédentaire et agricole de celle-ci, les conditions spécifiques de la vallée du Nil, vont engendrer chez l'homme, pacifique, imbue d'esprit de justice, gaie. Toutes ces vertus étaient, pour la plupart, indispensables à la coexistence quotidienne[1323] ». Cette conception de l'ordre coutumier est à la fois structurelle et matérielle. Elle est d'abord structurelle dans la mesure où les sociétés africaines privilégient une organisation souple de l'ordre politique. C'est notamment le cas dans la société bantou, société où le pouvoir politique est par essence fondé sur les lignages. Aussi, LABURTHE TORA note que les « Bétis étaient une société sans pouvoir central, composée de grands lignages patrilinéaires appelés Mvog[1324] ». L'instauration du centralisme politique, notamment la nomination des chefs et du chef supérieur, est contemporaine à la colonisation occidentale[1325]. Il en va de même dans la région septentrionale du Cameroun, région où, pour l'essentiel, les Lamibé sont le résultat des conquêtes islamiques[1326]. La preuve la plus évidente est que les sociétés Toupouri et les autres entités non Peuls, du Nord Cameroun, ont conservé une organisation

---

1321 Ibid. p. 2.

1322 Cf. ANTA DIOP (Cheikh), *Nation Nègres et Culture, De l'antiquité nègre égyptienne aux problèmes culturels de l'Afrique Noir d'aujourd'hui*, Op. Cit., p. 173.

1323 Ibid.

1324 Cf. LABURTHE- TOLRA (Philippe), *Initiations et sociétés secrètes au Cameroun : essai sur la religion Béti,* Paris, Karthala, Collection « hommes et sociétés », 1985, p. 8.

1325 Cf. NJEUMA (M. Z.), *Histoire du Cameroun, (XIXe s.- début XXe s.)*, l'Harmattan, 1989, p. 150.

1326 Cf. HURAULT (Jean), Histoire du Lamidat peul de Banyo (Cameroun), édit., Academie des Sciences D'outre-mer, 1975.

lignagère du pouvoir, malgré la désignation par l'administration coloniale et postcolonial des chefs administratifs. Cette conception de l'ordre politique est aussi perceptible partout ailleurs en Afrique, ou la tendance avant la double colonisation occidentale et musulmane est portée à l'établissement de l'ordre concerté, et donc par définition, non imposé par autorité. C'est notamment le cas dans la société Bassa avec l'institution Constitutionnelle du Mbock.

Ce qui est vrai du point de vue des structures politiques, n'est pas moins vrai parlant des structures juridictionnelles, surtout avec la permanence de la palabre dans la structuration de l'espace social[1327]. Dans un tel contexte, que dire de la structuration de l'ordre juridique au plan matériel ?

Comme le note le professeur KALAMBA[1328], la multitude est de l'essence même de la création. Ainsi dans l'hymne du pharaon AKHENATON[1329], l'idée de la création et celle de la mosaïque des langues et des cultures sont liées. Cette idée découle du mono-originisme ontologique. Terme qui désigne dans l'épistémè du Professeur KALAMBA, l'origine unique de la création, origine antérieure à de la démultiplication de l'ordre, de l'Un, en une pluralité des ordres parallèles et équivalents. « Combien nombreux sont tes œuvres, mystérieux à nos yeux… leurs langages sont divers, en paroles, leurs caractères aussi, et leur teint diffère ; tu as distingué les contrées ». Il va donc sans dire que c'est sous l'angle de la pluralité que les sociétés africaines précoloniales pensent la vie du groupe, l'en-commun, et leurs rapports au monde.

Au plan juridique, cette pluralité se conçoit sous le prisme de la dés-essentialisation de l'ordre divin originaire, à la fois au plan des groupes ethniques, qu'à l'intérieur de chaque groupe. Ceci, par la répartition équitable de l'ordre primordial existentiel à chaque membre du corps social, et une diversité se traduisant en une mosaïque des codes de conduite. D'où la pluralité et la diversité des coutumes ou mieux de la pratique coutumière. Il s'infère de là, la recherche de la conciliation comme mécanisme de quête de la justice, de la vérité, et donc de reconstitution de l'ordre originaire en perpétuelle mutation. Vu sous cet angle, il serait aussi, toute proportion gardée, illusoire de prétendre que la coutume est l'incarnation de l'ordre. Au mieux il s'agit de son approximation de sa démultiplication fondée sur le principe d'équilibre. Elle n'a guère vocation à se substituer à cet ordre, de

---

1327 Cf. BIDIMA (Jean Godefroy), *la palabre une juridiction de la parole*, Op. Cit.

1328 Cf. KALAMBA NSAPO (Sylvain), *Monothéisme*, Op. Cit. ; KALAMBA NSAPO, *Théologie Africaine*, les grands courants de pensée de l'antiquité au XXIe siècle, Op. Cit., p. 55.

1329 Lire à ce titre, *Hymnes de la religion d'Aton, (hymne du XIVe Siècle avant JC)*, texte présenté et traduit de l'ancien égyptien par Pierre GRANDET, sous la direction de Vincent BARDET, seuil, 1995.

plein droit ou d'un simple fait. La vérité elle-même est conçue au sens de la pluralité. Voilà pourquoi par exemple, en Afrique noire, il existe plusieurs vérités. Toute tentative péremptoire est condamnable. Le compromis étant la règle[1330]. Alors, dire avec le professeur GONIDEC que la coutume est maintenue à cause de l'analphabétisme[1331], c'est être dans l'erreur d'interprétation, elle-même consécutive à une erreur de définition réductionniste. Il s'agit aussi d'un manque de conceptualisation même de la coutume. C'est aussi, sans doute ignorer cette autre vision du monde locale. Le monde tel que pensé dans ses multiples ailleurs est donc diamétralement opposée à la vision du monde résultant uniquement du monothéisme politique. Cette vision qui structure la pensée philosophique occidentale. Et perçue sous cet angle, la dichotomie établie entre la pratique des campagnes[1332] et celle de villes à propos du respect des coutumes, s'évanouit elle aussi. Parce que la coutume n'est pas qu'une pratique. C'est une traduction d'une vision du monde. La preuve, la reproduction des « villages artificiels », du communautarisme, dans nos grands centres urbains, sous la forme des mouvements associatifs, et de la représentation des communautés traditionnelles, symbole de la résistance du droit traditionnel et du citoyen[1333] face au caractère purement révolutionnaire du droit légiféré. Cette structuration de la société globale a une réelle incidence sur les normes juridiques.

B. La traduction du discours juridique : le relativisme ontologique

La traduction du discours juridique se fait au moyen d'un relativisme ontologique, par l'entremise de la dialectique entre l'ordre cosmique et la structuration de l'ordre social[1334] pluriel (1), et du fait de ce relativisme, la coutume admet la faillibilité de l'ordre sociale. D'où son insertion dans un système normatif translogique et trans-relationnel (2).

[1330] Cf. OLAWALE (E. T.), *La Nature du Droit Coutumier Africain*, Op. Cit., pp. 231-278.

[1331] Cf. GONIDEC (Pierre François), *Les droits africains évolution et source,* Op. Cit, p. 45.

[1332] Ibid., p.272 et s.

[1333] Ibid., p. 273.

[1334] Cf. GRIAULE DE (Marcel), DIETERLEN (Germaine), *Le renard pâle, Religion ancienne d'Afrique de l'Ouest : histoire de la création de l'univers par le peuple Dogon*, Op. Cit.

1- La dialectique de la structuration de l'ordre social pluriel et la structuration formelle du discours juridique

Le pluralisme est le fruit de la dialectique de l'un et du multiple[1335]. Si le pouvoir africain est d'essence, mythologique, il remonte à la préhistoire africaine, et donc à la période pharaonique[1336]. Ce irrigue par la multiplicité des référents le pluralisme fondé sur la diversité, qui côtoie tant bien que mal dans l'ordre temporel, l'universalisme de l'ordre primordial. Ainsi peut-on lire en substance : « L'universalisme et la diversité ne font l'ombre d'aucun doute dans la pensée égyptienne reprise par AKHENATON ». L'enjeu transculturel[1337] de l'hymne d'AKHENATON semble être, comme l'Odyssée et l'Eliade, dans la civilisation occidentale, au fondement même de la civilisation africaine, de la juxtaposition des cultures et de leur structuration. C'est en effet « l'enjeu d'un monde pluriel sans lequel on ne peut bâtir une société où il fait bon vivre ». Et c'est ce besoin d'un mieux vivre culturel qui « attire notre attention sur l'universalisme qui se maintien jusqu'à nos jours dans la culture bantu »[1338] d'essence temporelle et atemporelle. Mieux encore, il fait partie des noyaux culturels et transrégionaux, qui véhiculent l'essence même de l'esprit fondamental et fondateur de la primauté de la vérité et de la justice.

Le pluralisme coutumier n'est que la traduction de cette idée sur le terrain de la régulation des rapports sociaux, à travers une panoplie de règles de conduite sociale et donc du droit. Cette structuration plurielle se retrouve dans tous les aspects de la vie quotidienne[1339] ; de telle sorte qu'il ne serait pas exagéré d'affirmer que la société traditionnelle africaine pense le monde au

---

[1335] Cf. BILOLO B. « L'UN » devient-il « Multiple » ? Approche pragmatique des formules relatives à « L'Un comme Multiple » ou à l'« Autodifférenciation » de l'Un dans les Hymnes Thébains du Nouvel Empire, Travail d'habilitation pour le grade de thèse d'habilitation, Faculté de Philosophie I de l'Université de Zürich, Zürich, 1992, 800p ; *Méta-Ontologie Égyptienne du -IIIè millénaire. Madwa Meta-Untu: Tum-Nunu ou Sha-Ntu* (AAT & Diop CES-INADEP, Sect. I, vol. 10), Kinshasa-Munich-Paris, 2008.

[1336] Cf. DURAND (Bernard), In *Histoire comparative des institutions Op. Cit.*, p.31-37 ; KALAMBA NSAPO (Sylvain), *Monothéisme*, Menaibuc, 2009 ; KALAMBA NSAPO, *Théologie Africaine, les grands courants de pensée de l'antiquité au XXIe siècle*, col. Sciences égyptologiques et développement (CSED), Op. Cit., p. 57.

[1337] Cet enjeu dit transculturel se fonde sur la théorie du continuum consonantique tel que développée par le Pr. Grégoire BIYOGO. Lire à cet effet, BIYOGO (Grégoire), *Dictionnaire comparé égyptien/Fan-Béti, de la coappartenance* Kemit-Ekang, l'Egypte et l'Afrique en quête d'éternité, Paris, Imhotep, 2013.

[1338] Cf. KALAMBA NSAPO (Sylvain), *Monothéisme*, Menaibuc, 2009 ; KALAMBA NSAPO, *Théologie Africaine*, les grands courants de pensée de l'antiquité au 21e siècle, col. Sciences égyptologiques et développement (CSED), Op. Cit.

[1339] Il s'agit là de l'approche pan juridique et même sociologique du droit. Cf. BARRAUD (Boris), *Le pragmatisme juridique*, Bibliothèques de droit, Op. Cit., pp. 40-73.

pluriel. Pluralité des dieux, des ethnies, des institutions, des langues, des formes de mariage. Cet ordre, se singularise et distingue comme instance unique d'équité, de vérité, et de justice. C'est donc la dialectique de l'un et du multiple dont traitait déjà PLATON[1340] en affirmant que l'unité est l'unité du multiple. En réalité il ne s'agit guère d'une dialectique proprement dite, mais bien plus d'une totalisation, une superposition du multiple dans ses déclinaisons spatio-temporelles. La multiplicité, de par même son ontologie propre, se veut relative, parce que le postulat de la faillibilité de l'ordre dérivé pensé et posé par les hommes sert de soubassement à la fois théorique et idéel à la structuration de l'espace public ; ceci, par l'entremise de la palabre, de la concertation, de la conciliation, et donc du code de l'oralité.

2- La faillibilité et le relativisme de l'ordre coutumier : structuration substantielle

La faillibilité est l'essence même de la conception hétéronome de l'ordre coutumier. L'avant vie (ordre mythologique), la vie (ordre politique social et moral) et l'après vie (ordre ancestral et ordre cosmique) sont ses registres. C'est la traduction de la vision cyclique du temps, et de la norme. Une norme inscrite dans la rectitude cosmique, vécu au sein de l'ordre politique et destiné à régir la vie dans l'au-delà. Cette infaillibilité interdit aussi toute fixation du juridique, et toute séparation du droit politique. L'ordre coutumier, au plan politique, n'affirme pas sa complétude[1341]. Il se conçoit et se décline dans la multitude des institutions[1342]. Il se vit dans la relativité comme la matérialisation de la justice particulière[1343]. L'existence du multiple est en lui-même source du relativisme ontologique et par voie de conséquence de prudence dans les processus de prise de décisions. D'où le recours par principe à la conciliation, à l'arbitrage et mieux encore à l'idée de la délibération. La certitude étant la rationalité la totalité, des principes originels ou des pré-principes dont les coutumes ne sont que le reflet imparfait. Imparfait, parce

[1340] Notons que le professeur OMOTUNDE établit la preuve de la formation de PLATON dans les écoles de mystères en Egypte. Cf. OMOTUNDE NIOUSSERE K., *L'Afrique noire : Initiation des législateurs antiques, Op. Cit.* Pour DIODORE de Sicile (I, 2è partie, XCVIII), « de l'Egypte, LYCURGE, SOLON, PLATON, ont appris les institutions politiques (lois, le droit) ». Cité par BIYOGO Grégoire, in *Histoire de la philosophie africaine, Livre I Le berceau égyptien de la philosophie*, L'Harmattan Gabon, 2006, 236p.

[1341] Complétude qui n'appartient qu'à l'ordre divin, pourvoyeur de la justice générale dans l'épistémè égyptien et aristotélicien.

[1342] Cf. DELAROZIERE (R.), *Les institutions politiques et sociales des populations dites Bamiléké*, Op. Cit. ; KWAYEB (Enock Katté), *Les institutions de droit public du pays Bamiléké (Cameroun). Evolution et régime actuel,* Op. Cit. ; BERTAUT (Maurice), *Le droit coutumier des Bulu – monographie d'une tribu du Sud Cameroun*, Op. Cit., pp : 77-104, et pp. 153-168 ;

[1343] Cf. ARISTOTE, *Ethique à Nicomaque, Livre V, La justice*, Traduction de Jean VOILQUIN, édit. Flammarion.

qu'étant par essence dans le produit de la pensée humaine, être ontologiquement limité ; et c'est la conscience de cette limitation qui fait intervenir le référent ancestral, ou l'ancestralité comme ordre de légitimation lignagère et clanique. Ce n'est pas une incomplétude d'indigence, mai une pratique délibérative, la pratique de la palabre le compense amplement ; comme le témoigne la tradition orale, le respect de la parole donné dans les traditions africaine, et notamment Peul[1344], Bassa[1345], Luba[1346] et Bambara[1347].

Ce relativisme ontologique, entre égalité et proportion, entre justice et droit, entre « *Dikaïoné* et *Dikaïon*[1348] », entre ordre originaire et l'ordre coutumier, est la nette démarcation qui distingue l'ordre juridique de l'État de l'ordre coutumier. Il fait de ce dernier, un ordre inclusif, ordre fondé sur l'englobement, l'intégration, la justification. Cette justification est elle-même structurée autour du principe réparateur de la solidarité et de la dette. La société n'est pas compréhensible à partir de l'individu[1349], mais l'inverse. De ce fait, isoler une règle coutumière et essayer de la comprendre en dehors de la totalité, c'est être sûr, d'effectuer une interprétation ou une compréhension totalement ou partiellement erronée. C'est bien là, « l'enjeu d'un monde pluriel sans lequel on ne peut bâtir une société où il fait bon vivre[1350] ». Comme le note avec plus d'emphase le Professeur OBENGA : « La palabre africaine est ainsi toute une méthode philosophique, et ses racines sont profondes, engendrant la paix et la beauté. L'homme œuvre toujours pour échapper à l'insensé, se détournant de la destruction de l'humanité, de la vallée des morts d'EZECHIEL aux ossements desséchés. La paix et la beauté formulent véritablement l'essentiel, ici-bas »[1351]. Cette conception, de l'ordre concerté, attire notre attention sur l'universalisme qui se maintient jusqu'à nos

---

[1344] Cf. AMADOU AMPATE BÂ, *Contes initiatiques peuls*, Poket, 2000, Op. Cit.

[1345] Cf. TONYE-MBUA, Le Serment chez les Bassa du Cameroun (un exemple du serment dans la pensée juridique africaine), Op. Cit.

[1346] Cf. KALAMBA NSAPO (Sylvain), *Monothéisme*, Op. Cit. ; KALAMBA NSAPO, *Théologie Africaine, les grands courants de pensée de l'antiquité au XXIe siècle*, Op. Cit., p. 61.

[1347] Ibid., pp. 62 et s.

[1348] SAINT THOMAS écrira que « Le droit (to dikaïon) sera donc l'objet de la justice, (…), le droit ne prend vraiment forme qu'à l'intérieur de la justice particulière ». Cité par MENU (Bernadette), « Maât, ordre social et inégalités », in *l'Egypte ancienne, de l'apport égyptien au concept gréco-romain de justice,* Op. Cit., p. 6 ; lire aussi ARISTOTE, *Ethique à Nicomaque*, Livre VII ET S., La justice, Op. Cit.

[1349] Pour ce qui est du statut juridique de l'individu, de l'enfant, de la femme, de l'homme et de l'étranger, lire OLAWALE (E. T.), *La Nature du Droit Coutumier Africain*, Op. Cit., pp. 113 et s.

[1350] Cf. KALAMBA NSAPO (Sylvain), *Monothéisme*, Op. Cit ; KALAMBA NSAPO, *Théologie Africaine*, les grands courants de pensée de l'antiquité au 21e siècle, Op. Cit., p. 60.

[1351] Cf. OBENGA (Théophile), *La philosophie africaine de la période Pharaonique 2780-330 avant notre ère*, Op. Cit.

jours dans la culture bantu. Cette conception de l'ordre social fait aussi partie intégrante des noyaux culturels et transrégionaux[1352]. Et, le moins qu'on puisse dire est, qu'elle est diamétralement à l'opposé d'une vision du monde transcendantal et impérial. Elle privilégie la complexification, l'imagination et non le monopole, et la certitude. La société traditionnelle est le laboratoire même de la complexité et d'adéquation à l'ordre cosmique. Car, « le *NOUN* est le germe de l'être et de la pensée, comme de notre pensée de l'être. Voilà pourquoi les Africains de l'Egypte pharaonique ont senti et pensé la nature comme un ordre cosmique, se renouvelant sans cesse, à la lumière du soleil qui se lève te se couche chaque jour »[1353]. Ainsi, cette consubstantialité entre l'ordre social et l'ordre cosmique de la cosmogonie africaine est, elle-même, issue de la matière primordiale[1354], des temps mythiques[1355]. On retrouve d'ailleurs la même perception de l'ordre premier de l'univers, en termes d'océan primordial dans la plus part des sociétés coutumières africaines, à l'instar des Douala du Cameroun, des Bê du Togo, et les Dogon[1356].

Ainsi, chez les Douala, le « mythe de la Constitution de l'univers et prise en compte de l'eau comme point de départ[1357]. » Aussi, à titre illustratif, « Nyambe lui-même aussi a trouvé l'Eau en même temps que celle-ci le découvrait »[1358] . La mer, le pan féminin de l'androgénie de dieu, « ce miroir magique sur lequel Nyambe se penche et se découvre avant de commencer la création, la langue douala l'exprime par une cabalistique confusion lexicale où Munja (la mer) devient Munj'a (l'épouse), comme pour confirmer la féminité du concept aquatique et clarifier pourquoi les esprits de l'eau se représentent bien souvent sous forme des femmes »[1359] ou des jeunes filles. Pour Théophile OBENGA en effet, « la théorie du *NOUN* fait que la vie préexiste dans la matière, mais se révèle comme force créatrice que lorsque l'intelligence (RÂ, ATOUM) – forme complexe et supérieure prise dans le par le *NOUN* lui-même en sa mutation structurale – implique à son tour une autre

---

1352 Voir les traditions d'Afrique Noire : les Peuls, Bambara, Lena, etc…

1353 Ibid., p. 510.

1354 « L'eau est matrice universelle, substance primordiale, génératrice et régénératrice ». Cf. VERDIER (Raymond), KALNOKY (Nathalie) et KERNEIS (Soazick), *Les justices de l'invisible*, Op. Cit., p.18.

1355 A ce titre, et en guise d'élément de testabilité, on peut véritablement s'endosser sur La théorie mono génétique de l'humanité (L'Homme est apparu pour la première fois à un seul endroit. Preuve : le faucille de Lucy l'australopithèque

1356 Cf. OBENGA (Théophile), *La philosophie africaine de la période Pharaonique 2780-330 avant notre ère*, Op. Cit.

1357 Cf. EPEE (Valère), *MBELE-WEI*, *Masomandala, bible orale des Sawa*, tome 1, édit. Mutibe, Douala, 2014, p. 102.

1358 Ibid.

1359 Ibid., p. 103.

théorie, celle de la *MAÂT*, principe primordial qui ordonne toutes les valeurs »[1360].

Le défi actuel, n'est point de penser le remplacement de la coutume par l'État, et le droit qu'il charrie, ou même l'inverse, de substituer la coutume à l'État, mais de penser le cadre de la rencontre. De penser le passage de l'ordre imposé par autorité vers un ordre plus négocié, et compatible au vécu des peuples, à leur histoire. C'est là l'enjeu de la reconnaissance du droit des peuples à être eux-mêmes. De penser et de repenser la rencontre, indépendamment de la ruse et de toute méprise. C'est d'ailleurs ce que traduit la transition de la société de gouvernement vers la société de gouvernance. Il est aussi question de la gouvernance normative. L'enjeu ici est celui de la gouvernabilité même de nos sociétés, par l'entremise d'une mise en perspective de notre rapport au monde, notre rapport à l'autre. Il est question, en un mot, de repenser le rapport à nous-mêmes et bien évidemment, de penser par ricochet le rapport au monde. Ce faisant, il est urgent de dépasser les logiques juridiques, souvent implicites, qui sont derrière des solutions pratiques, les normes juridiques. Parce qu'avant d'être un instrument de programmation, ou même de révolution, le droit est, de par son essence même, une technique de régulation sociale. Les sociétés n'étant pas les mêmes, les techniques ne sauraient être les mêmes. « *Ubi Societas Ibi Us* ». D'où l'urgence de la contextualisation de l'État, par le dépassement de la logique coloniale exclusive[1361] et la mise en œuvre des institutions inclusives et des dynamiques concertées. Ces dynamiques concertées semblent être la solution alternative à l'agonie de notre société telle que dépeinte, avec une facilité et une aisance prémonitoire, par le Professeur BIYOGO. Une société caractérisée par : « Les versions cosmologiques, théologiques, cosmogoniques restrictives du monde, nous les connaissons désormais, nous savons ce qu'elles ont fait du monde, en produisant des systèmes politiques et économiques agonistiques avec des institutions de « droit » régentées par la ruse, la force, la hiérarchisation, l'exclusion, la minoration, l'inféodation, la confiscation »[1362]. Il s'agit donc de sortir des institutions juridiques régentées par la ruse, la force, la hiérarchie, l'exclusion, la minoration, l'inféodation, la

[1360] Cf. OBENGA (Théophile), *La philosophie africaine de la période Pharaonique 2780-330 avant notre ère*, Op. Cit.

[1361] BIDIMA fait ainsi observer que dans ses rapports à l'autre, l'occident n'a jamais su relativiser ses vérités. Cf. BIDIMA (Jean Godefroy), *La palabre une juridiction de la parole*, Op. Cit., résumé, voir la 4e des couvertures.

[1362] Cf. BIYOGO (Grégoire), In, *Aux origines africaines de la bible et des religions du livre* : redire le sens premier des choses et les vérités enfouies par les oublis et les mensonges du temps. Colloque international du 3 au 4 mai 2017, Fondation AfricAvenir International, sous le thème : Confrontation armée programmée et déjà vécue à travers les religions et la spiritualité en Afrique au XXIe siècle, quelle alternative religieuse spirituelle dans une Afrique en pleine renaissance ? Op. Cit., p. 60.

confiscation et même la dénégation programmée de soi, de son héritage culturel multiséculaire. Il s'agit, de se recentrer sur la genèse même de l'évolution des sociétés humaines, de la matière dynamique. « Matière dynamique et vivante, le *NOUN* est essence de toute chose, et créé de lui-même le passage du non être à l'être, le passage aéré de l'avant à l'après, c'est-à-dire le passage de la somnolence de la conscience, à l'éveil de la raison qui, par le verbe, nomme, désigne, classifie, ordonne, commande, bref fait être »[1363]. Il est aussi question de s'engouffrer dans la brèche ouverte par la Constitution de 1996, qui reconnait et protège las valeurs traditionnelles. Et la construction communautaire de l'ordre social en est une.

Section 2- Modélisation de la perspective des institutions inclusives

Il s'agit ici de reconstruire le modèle africain tel que défini par l'onto-mythologie, et mieux encore de faire valoir la perspective de son progrès historique[1364]. Et pour ce faire, la coutume apparait, après analyse comme : « Un paradigme heuristique des chemins de la modernité en Afrique »[1365]. Pour y parvenir, retraçons succinctement son économie, sa conception multi-traductible du monde. On oppose les institutions inclusives aux institutions exclusives. Par la notion de construction des institutions inclusives, il faut entendre une coopération inconditionnée entre la logique de l'État et la logique coutumière.

La logique de l'État-puissance publique est aussi celle du droit, acte de commandement. Bien qu'ayant connu une relative inflexion avec le processus dit de la démocratisation, à partir de 1990, elle reste impérative vis à vis de dynamique coutumière. Toutefois, la Constitution de 1996 laisse entrevoir une brèche dans la construction de l'édifice institutionnelle et surtout normative. En consacrant la reconnaissance des valeurs traditionnelles, la Constitution rompt avec la ruse de l'idéologie négatrice de la civilisation aux sociétés traditionnelles. Elle pousse à repenser le devenir de l'État, sous le prisme du pluralisme (I). Ceci étant, ce pluralisme pose un défi majeur d'implémentation concrète et de coordination. Ce qui passe par l'entremise des principes régulateurs et des institutions régulatrices (II)

1363 Cf. OBENGA (Théophile), *La philosophie africaine de la période Pharaonique 2780-330 avant notre ère*, ibid

1364 Cf. DO-NASCIMENTO (José), *Les chemins de la modernité en Afrique, pour changer l'Afrique, changeons le paradigme*, Op. Cit., pp. 431 et s.

1365 Ibid., p. 447 et s.

I. L'institution du pluralisme à travers les institutions inclusives

La notion d'inclusion semble querellée, tant les rapports entre l'État et les coutumes sont complexes. Sommairement, il peut s'agir des rapports d'exclusion, de cohabitation, de subordination, d'union, et d'inclusion.

Aussi, après avoir posé le postulat de la réforme et de la fondation de l'État, d'un point de vue purement théorétique (A), la perspective de la mise en place des institutions inclusives sera déclinée. Elle se conçoit comme alternative à la logique unitaire jusqu'ici en vogue au sein des État d'Afrique noire (B).

A. Le postulat de la réforme ou de la fondation de l'État

Le devenir de l'État, sous sa forme actuelle est en débat. Non seulement à cause de la crise socio-politique dans les régions dites anglophones du Cameroun, mais aussi et surtout le sens même de l'État de droit, et de l'État démocratique. Ceci étant, le paradigme de régulation, la question de notre devenir collectif est à repenser[1366]. La question centrale abordée ici est celle de savoir comment penser l'État dans un contexte où il existe une absence de bijection réelle entre l'ordre juridique de l'État, tel qu'il est déclamé par la loi, expression présumée de la volonté générale, et les coutumes locales. Il s'agit là de la problématique de la réforme (1) ou de la fondation de l'État en Afrique noire (2).

1- La réforme de l'État

La thématique de la réforme de l'État n'est pas une thématique nouvelle au Cameroun. ABOUEM A TCHOYI David fait ainsi observer que la réforme fait et défait l'État[1367]. Il peut s'agir d'une réforme globale ou des réformes sectorielles : réforme judiciaire, administrative, politique, législative. Sauf que, dans la dynamique même qui préside à la création ou à la formation du jeune État naissant, il reste difficile de faire une distinction entre ce qui relève de la construction et la réforme proprement dite. A moins que d'un certain point de vue, la construction soit synonyme de réforme de l'État. Car il convient de le dire, la construction du jeune État camerounais est inachevée. Les édifices administratifs et juridictionnels étant progressivement mis en place.

[1366] Ibid., pp.101 et s.

[1367] CF. ABOUEM A TCHOYI (David) et M'BAFOU (Stéphane Claude), *50 ans de réforme de l'État au Cameroun, Stratégie, Bilan et perspectives*, Op. Cit.

Ce qui est nouveau parlant de la réforme de l'État ici, c'est l'extension du paradigme dominant, par l'intégration des données nouvelles. Le premier moment de cette démonstration a trait à la distinction entre ce qui relève de la réforme et ce qui relève de la construction de l'État.

A l'origine, le mot réforme à une forte connotation religieuse. La réforme désigne ainsi le rétablissement de l'ancienne discipline dans la doctrine chrétienne. C'est l'idée même d'un retour en arrière. Elle renvoie historiquement au mouvement religieux protestant du début du 16e siècle[1368]. Vue sous cet angle, la réforme est synonyme de suppression des distorsions, des abus. Car tout abus doit pouvoir être réformé, sauf si la réforme est plus dangereuse et donc plus préjudiciable que l'abus. La notion de réforme devient ainsi synonyme de suppression des abus, de retranchement et de rattrapage direct des malformations qui viennent nimber la réalité originaire. Réformer c'est en un mot revenir à la forme originelle. Au sens du dictionnaire universel Hachette, la réforme désigne la correction apportée en vue d'améliorer : on parle ainsi de réforme fiscale, de réforme agraire par exemple.

Relativement à l'avènement de l'État, il sied avant toute suppression, d'identifier lesdits abus et autres dysfonctionnements. Ce sont entre autres : la ruse de l'idéologie, le caractère révolutionnaire du droit, les obstacles idéologiques, finalistes, épistémologiques et même philologiques.

La construction de l'État, qu'il soit colonial ou postcolonial, est structurée de bout en bout, par le primat du discours, la logique de la prééminence des idées désincarnées, le rôle prééminent de l'idéologie. D'où le caractère révolutionnaire et civilisateur du droit produit par l'État ou sur son contrôle. On passe ainsi, par l'effet de l'idéologie du droit, de la règle de conduite sociale, au droit acte programmé de révolution sociale. Par exemple, les trois pouvoirs constitués de l'État, l'organisation administrative, judiciaire, sont, structurellement et fonctionnellement, tributaire de la dynamique institutionnelle et normative française, et notamment de la Constitution et des institutions de la cinquième république[1369].

On assiste à une mise à l'écart, quasi systématique des institutions et de la logique juridique locale dite traditionnelle. Cette mise à l'écart est le fait, non

[1368] Le premier réformateur, LUTHER, ne voulait pas créer une église indépendante : il espérait que l'église rétablirait dans sa pureté le christianisme des origines. La rupture fut consommée avec l'excommunication de LUTHER. Dictionnaire universel Hachette, Op. Cit., p.1063.

[1369] Cf. Constitution du 04 octobre 1958 : Titre Ier de la souveraineté ; Titre II Le Président de la République ; Titre III Le gouvernement ; Titre IV Le Parlement ; Titre V Des rapports entre le Gouvernement et le Parlement ; Titre VII Le conseil Constitutionnel ; etc. lire aussi, CHEVALLIER (Jean-Jacques) et CARCASSONNE (Guy), *Histoire de la 5e République*, Dalloz-Sirey, 2009.

seulement de la seule idéologie, mais aussi d'une pluralité d'obstacles d'ordre hégémonique, qui témoigne du présupposé civilisateur.

La réforme de l'État suppose ici la déconstruction de ces obstacles. La révision des obstacles idéologique notamment la contrariété entre les institutions politiques traditionnelles et la démocratie amène à poser le débat au moins sur trois angles, afin d'entamer la pensée, la réflexion sur la pensée du fondement et de la neutralité. Le premier angle est celui de la distinction entre la démocratie formelle et la démocratie substantielle. Le second consiste à dépasser ce premier moment de la distinction basique et de poser le débat sous le prisme de l'enjeu démocratique, au-delà même de toute injonction de civilisation. Le troisième moment interroge le présupposé démocratique. Il pose la question de l'existence des modèles de la démocratie formelle, surtout avec le triple phénomène de la crise de la représentation, de la partitocratie, et surtout de l'influence réelle des groupes de pression sur les élus des États démocratiques.

Le second obstacle épistémologique se rapporte à la fois à la conception même qu'on se fait du droit et à l'emprise étouffante de la logique binaire. La conception qu'on a du droit, se réfère soit au rapport du droit à la science, soit de son rapport à l'art. La dénégation des coutumes nait du fait de l'emprise du caractère scientifique du droit, sur l'art de régulation. Et ce déséquilibre apparait dès après l'extrême spécialisation. Avant d'être une science, le droit est d'abord un art. C'est l'art de régulation de la collectivité. Vu sous cet angle, chaque peuple a sa manière spécifique de formuler et de réguler la vie en communauté. Mais seulement, l'emprise de la logique binaire, en tant que logique du tiers exclu, conduit à la disqualification des épistémès parallèles. Tout comme l'exclusion ou la minoration de l'art de régulation, l'exclusion des épistèmês parallèles est un abus. Abus dont la réforme de l'État ne manquera pas de corriger. Déjà qu'en consacrant la reconnaissance des valeurs traditionnelles, le constituant camerounais de 1996 s'inscrit dans cette logique d'ouverture, de dialogue ; quoique la portée soit volontairement limitée par l'exclusion des langues nationales.

Le troisième moment de notre démonstration traite de la problématique des interférences entre la réforme et la construction de l'État dans l'historiographie normative et institutionnelle de l'État du Cameroun. Car le moins qu'on puisse dire est que les institutions ont une histoire. La question peut paraitre de prime à bord superficielle, une perte de temps en somme. Mais non, car l'État du Cameroun est un État naissant. En tant que tel, il a certes entamé sa mue, mais seulement cette dynamique est un processus qui s'inscrit à la fois dans l'espace et dans le temps. De ce fait, et du simple constat de cette incomplétude dans la mise en œuvre des institutions constitutionnelles et infra constitutionnelles, il devient difficile de faire la part des choses. C'est-à-dire, de distinguer ce qui relève de la construction de l'État et de la réforme. A moins que, comme suggéré, la sortie de la logique purement binaire facilite la tâche, dans l'opposition des abstractions. Et de ce simple fait, que l'on considère la réforme de l'État comme une partie intégrante de la construction de l'État. Mais en va-t-il de même de la fondation de l'État ?

2- La fondation de l'État

L'idée que véhicule la problématique de la fondation de l'État est simple. Elle se repose sur le postulat du tâtonnement institutionnel de l'État actuel, dérivant sur une idéologie autoritaire, bien loin de la conception délibérative de KELSN Hans[1370]. Ce qui est dû à son caractère naissant, incomplet et extravertie par rapport à la vision du monde locale. En effet, l'État en Afrique s'inscrit encore dans le « processus de mondialisation et d'occidentalisation progressive et irréversible des règles régissant le pouvoir »[1371]. En réalité, la problématique de la construction de l'État au Cameroun se pose aussi sous le prisme de sa fondation ou de la refondation du modèle dominant. Avec en exergue la recherche d'un compromis qui fasse consensus. Il s'agit de repenser les fondations des institutions pour la sauvegarde du vivre ensemble, l'articulation du contrat social au niveau local. En tant qu'institution sociale, l'État résulte des dynamiques sociales contradictoires. C'est notamment le cas avec l'exemple français que présente Maurice DUVERGER[1372]. Que la construction soit programmée ou non, l'État suit son cour, au gré des changements que subit la société et aussi du fait des expériences externes internalisées. Les sociétés vivent de l'ensemble de ces rencontres.

Cependant, le problème majeur que pose l'État au Cameroun, est l'observation d'un net décalage entre le vécu social et les injonctions de civilisation que promeut l'État-nation moniste de type occidental[1373]. Les africanistes ont par le biais du primat du logos évolutionniste et intéressé[1374]donné de l'État africain une connotation révolutionnaire. Image

[1370] Cf. KELSEN (Hans), *Théorie générale du droit et de l'État, la doctrine du droit naturel et du positivisme juridique,* Op. Cit.

[1371] ONDOA (Magloire), *Droit Constitutionnel et institutions politiques du Cameroun, livre 1er, la construction de l'État du Cameroun, sous-livre 1er, la création d'entités étatiques camerounaises*, Tome III, préface, Op. Cit.p.11.

[1372] Cf. DUVERGER (Maurice), *Institutions politiques et droit Constitutionnel*, tome 2, Le système politique français, Op. Cit.

[1373] ONDOA (Magloire), *Droit Constitutionnel et institutions politiques du Cameroun, livre 1er, la construction de l'État du Cameroun, sous-livre 1er, la création d'entités étatiques camerounaises*, Tome III, Op. Cit.

[1374] « Il est vrai que le discours « africaniste » est, à y regarder de plus près, moins important par ce qu'il dit que par ce qu'il empêche de regarder. Aussi faut-il seulement être attentif à la circulation et à la répétition de l'identique, aux ponctuations du discours de la norme, à la pensée

en rupture du vivre ensemble collectif et du droit des peuples à disposer d'eux-mêmes. L'État nation est dépeint comme le rivage. Il en résulte la crise de l'État de droit, la crise de la civilisation, crise de la normativité, et même la crise de la représentation de soi. Il s'agit en un mot d'une crise plurielle. Elle s'explique moins dans l'absence de bijection entre les politiques législatives de l'État avec les coutumes, que sur la construction de l'État sur un socle idéel pernicieux, résultant de la substitution des référentiels. À la base les fondations sont fausses, et parce que fausses, elles représentent une sorte de « talon d'Achille », du nom du personnage de la mythologie grecque, de l'édifice normatif tout entier. La crise dite anglophone est là pour nous rappeler que la théorie de l'État nation monocolore s'émousse. D'où il ressort la déconnexion du droit, toujours plus révolutionnaire que social, de la réalité prosaïque. Dans un tel contexte, ne convient-il pas de recommencer à penser le devenir de l'État, sa refondation aussi ? Cette action méditative et prospective se conçoit aussi comme un moment d'arrêt décisif pour renouvellement de la pensée, au nom d'une mondialisation équitable ; pour sortir des effets culturels de l'impérialisme[1375].

Dans ce travail de refondation, le recours aux sources premières de structuration des sociétés traditionnelles, au plan à la fois mythologique et temporel est impératif. Ce recours ne peut se faire qu'avec le concours de la science des sources, la philologie[1376] historique et comparée. C'est la condition de la mise sur place des institutions, non pas exclusives des dynamiques concurrentes, mais simplement inclusives. C'est aussi la marque du retour à un espace délibératif de structuration du vivre ensemble, du commun profit. C'est la réponse à la fois à la crise du droit, de l'État et même dans une certaine mesure, une réponse à la contestation de l'hégémonie de l'État jacobin. C'est

---

des mots qui s'effectuent dans le régime du discours qui ne peut autrement fonctionner qu'à réduire le particulier en manifestation de l'universel, l'autre au même, l'actuel à l'éternel… assurément ce régime de discours n'est pas simple forme d'une connaissance ou d'un ensemble de connaissances mais un appareil de pouvoir, un appareil de la production de la domination, une conscience savante et éveillée de la (néo)colonisation, la figure théorique et politique de l'impérialisme ». cf. LUFTACHI N'ZEMBELE, « L'Afrique et les Africanistes », in Peuples Noirs Peuples Africains, n°50, mars-avril 1986, pp. 8-43 ; SCHARZ (Alf), Colonialistes, africanistes et africains, Montréal, Nouvelle optique, 1979, 108p.

1375 Cf. LECLERC (Gérard), « L'impérialisme et ses effets culturels : orientalismes et intellectuels modernistes », in *La Mondialisation culturelle* (2000), pp. 154-170.

1376 L'importance de la philologie en tant que science des sources est de reconstituer la nomenclature et la logique de la dynamique coutumière. De dépasser le stade de son analyse superficiel, des définitions positives réductionnistes, en luttant contre l'oubli des principes premiers et l'oubli de l'oubli. C'est renouer avec le sens premier, la signification première des choses, c'est aller percevoir le réel à la source et ce, au-delà de ses mutations et dénaturations historiques.

aussi là, semble-t-il, la condition de la mise en place d'un dialogue fécond, et mutuellement constructif entre l'État et les coutumes au Cameroun.

Comme le note avec insistance le professeur BIYOGO[1377] : « Lorsque les philologues sont revenus des illusions, des erreurs accumulées, revenus aussi des certitudes monologiques, apodictiques, pour orthographier le moment multi traductible de la quête, celui qui, dès l'origine, noue la mutation et la permutation à la racine des mots, celui qui les rattache à l'ambivalence, à l'ouverture vers l'ambigüité, le dilemme, l'oxymore, les doublures problématologiques[1378] ». C'est aussi précise-t-il, le sens « de l'Un, de la dyade, de la triadure, de la quadrature, la quinade, l'ogdoade et l'ennéade, avec une tout autre exigence, d'autres traductions, d'autres transcriptions, d'autres lectures gagées, toujours à démultiplicatives, permutatives. Cela s'appelle la revenance protreptique des mots, des idées, des définitions et des significations. C'est donc le fait majeur de les déconstruire à partir du « A » matinal et nilotique (Nil dont les souches vont bien de l'Afrique subsaharienne à celle septentrionale), pour les transmuter, à partir de ce point déconstructiviste et revenantiel : où la lumière sort toujours de la pénombre et la pénombre de la lumière. Le « A, 3 » dit alors la pénombre initiale des choses, de laquelle ces choses portent en termes de virtualité le matin de leur devenir, qui va éclore graduellement au sein du *Noun*[1379] ». La théorie du Noun est dans la vision du monde africaine, l'élément de la transfiguration, de la structuration de l'existence ; elle fonde la communauté, et le modèle délibératif. On la retrouve dans tous les récits étiologiques, les mythologies des sociétés d'Afrique noire. Et elle se situe à mille lieux du modèle impératif jacobin.

Ce recours en arrière se justifie par l'impasse de l'existé, du fait l'ampleur des conjectures accumulées. Ce qui est symptomatique de l'épuisement même du paradigme, de la circularité des arguments en fin de cycle. Et du fait de cet aveu d'impuissance, le renouvellement est à chercher ailleurs. Il se décline dans la quête de son identité. Conscience a été prise qu'il ne peut y avoir renouvellement du paradigme sans repenser son épistémologie fondatrice. La finalité étant de réarticuler le discours juridique sous un angle moins

---

[1377] Cf. BIYOGO (Grégoire), *Dictionnaire des connaissances philosophiques de l'Egypte antique, contributions aux recherches sur les concepts majeurs de la philosophie, de l'égyptologie, de la théologie et du droit pharaoniques, pour bâtir un corps de sciences humaines et sociales nouvelles aujourd'hui. « Rek Nebou Kama : l'âge d'or de l'Afrique »*, Op. Cit., pp. 31 et s.

[1378] Au sens où les problèmes ne résolvent pas de manière définitive, mais s'ouvrent en de nouvelles séries de problèmes, dans la perspective de Meyer, **De la problématologie**, d'une conception complexe de leur résolution sur le mode de la pluralité des versions, de la multraductibilité. Ibid

[1379] Ibid.

péremptoire. Perçu comme telle, la mutation à venir s'inscrit d'ores et déjà, dans la perspective du dépassement de la modernité et l'élaboration de la pensée juridique de la postmodernité en Afrique noire. Il s'agit de penser l'après. Cette pensée s'endosse pour ce qui est de la science nouvelle, sur l'océan des possibilités qu'offrent la coutume et sa multi traductibilité. Ce nouveau paradigme de réarticulation de la pensée est fils de la complexité de société traditionnelle et de son ontologie. Pour le philologue, le Professeur BIYOGO, cette dialectique d'essence nilotique peut paraitre déroutante si l'on s'y méprend :

« A s'y méprendre, on ne parlerait de la pensée nilotique, en termes de logique de l'indifférencié, qui dit le possible avec l'impossible, le fini et l'infini, les oppositions avec l'unité, les contraires avec un ordre logique tacite, sans jamais se résoudre à tout séparer de manière radicale, ou à tout distinguer de manière mécanique. Ainsi donc, les choses n'obéissent jamais à une structure monologique, à un régime de vérité linéaire, verticale, à un programme apodictique de séparation et de distinction, mais toujours à la divisibilité, à la mutabilité, à la permutabilité des formes complexes, faites tantôt de séries tantôt de groupes : La monade (L'UN, I) est la somme complexe d'une multitude d'éléments. Les dyades (l'Un qui se redouble II) s'ouvrent par séries de combinaisons disant l'indifférencié du Même et sa gémellité originaire. Les triades (l'Un qui s'unit à la Dyade, et qui énonce sa triangulation : III) sont des séries ennéadiques disant l'inépuisable dans la profondeur des mystères. L'insondable, l'inassignable s'ouvrent sans cesse. Comme la quadrature du Cercle où l'Un s'unit à la triade et redouble de dyades : nommant des séries dont l'apérité (ouverture incessante) renvoie au reflet infini du soleil qui nomme l'infinité de ses reflets comme celle du divin mystère. Puis les quinades (notre nombre parfait, chiffre gris du Tout, en lequel s'opère l'addition de la Dyade et de la triade, laquelle est aussi une addition de Monades, celle de la monade et de la quadrature, et où l'Un s'étire et se quinarise et déroule la perfection sous ses régimes de tension, de torsion, et d'épanouissement vers l'éternité mobile et immobile »[1380].

De ce point de vue, la fondation de l'État se propose de s'articuler l'ordre, le droit et les institutions, sur une tout autre conceptualité que le seul prisme de l'injonction du modèle dominant. Cette conceptualité fait sienne, non seulement l'englobement des contraires, mais aussi, les épistémologies de la dissidence, la trans-rationalité induite par la pensée dite coutumière. En fait, il s'agit de la pensée de l'inversion et de l'interdépendance des éléments de l'Un, de l'ordre primordial. Cette pensée se propose au plan juridique de faire une analyse herméneutique du droit, du juridique, afin de dire non seulement

[1380] Ibid.

l'architecture du phénomène juridique, mais aussi la juridicité même dans toute sa consistance. Il s'agit de dire l'hétéronomie de la juridicité. C'est l'idée de la règle, de la mesure et de la calculabilité à la fois temporelle et intemporelle. La refondation est ainsi synonyme de reterritorialisation des paradigmes et d'endogénéisation de l'État, ses institutions, ses normes et sa logique.

B. L'implication : la mise en place des institutions inclusives

Cette mise en place est à inscrire dans ce que l'on pourrait appeler la quête du « bon gouvernement africain, la bonne manière de gouverner démocratiquement les sociétés africaines en général[1381] ». Parler de la mise en place des institutions inclusives revient vraisemblablement à préciser d'entrée de jeu l'économie de leur définition (1), avant d'envisager leur consistance (2).

1- La genèse des institutions organes

La définition des institutions inclusives en Afrique noire traditionnelle est liée aux récits fondateurs[1382], plus précisément aux postulats onto-mythologiques. Il est moins question ici de dire exactement, ce que devrait être chaque institution, que de poser les prémices d'une conception procédurale de l'ordre, qui va au-delà d'une simple pratique. Cette pensée se propose de sonder à la fois la cosmogonie, l'ontologie et l'historiographie des

[1381]Cf. OLINGA (Alain Didier), préface de l'ouvrage de Célestin TAGOU, Démocratie rotative, Transcendance et transformation politique des identités ethno-régionales dans l'Etat-Nation du XXIe siècle, Op. Cit., p. 9.

[1382] Cf. GRIAULE DE (Marcel), DIETERLEN (Germaine), *Le renard pâle, Religion ancienne d'Afrique de l'Ouest : histoire de la création de l'univers par le peuple Dogon*, Op. Cit., aussi, comme le précise la note de l'éditeur, l'« Origine aussi de la religion la plus ancienne d'Afrique de l'Ouest qui relate la création de l'univers par le Dieu unique Amma (…) ne raconte pas seulement des aventures, des rivalités entre les dieux ou encore des effets de l'amour ou de la haine - amour de Dieu, méchanceté du Malin - mais il examine les conditions de la vie et de la mort. L'univers est considéré comme un tout, mais aussi comme un corps vivant, ordonné, fonctionnel... Ce livre présente une organisation de l'univers, depuis celle du système stellaire jusqu'à celle du plus petit des grains, en passant par l'homme, image microcosmique de ce monde.

Les enquêtes poursuivies chez les Mandingue, les Bambara, les Bozo, les Samogo, les Marka, les Peul, les Dogons et les Kouroumba, ont permis de déceler l'existence d'une organisation de ces populations, qu'on peut qualifier d'internationale, et qui aurait été codifiée à l'époque de Soundiata (au 13e siècle).

La structure sociale de ses différentes populations, qui se reconnaissent des liens de parenté ou d'alliance, et pour certaines d'entre elles une origine commune, est basée sur des principes analogues et étayée par une cosmogonie identique ». 4e des couvertures

peuples africains et européens, leur conception de l'ordre, pour repenser la rencontre.

Parlant des cosmogonies, l'on constate des différences notables d'un point de vue des visions du monde, entre l'occident et l'Afrique. Ainsi, pour ce qui est de l'Afrique, il a été démontré que l'ordre social, dans sa configuration historique ne pouvait à lui seul donner une explication rationnelle de point de vue même de sa structuration. Pour cela, il est toujours utile de convoquer les mythes, la rationalité intelligible des faits. Tous les peuples d'Afrique noire ; qu'ils soient Bantou, Peul, Lena, Bambara ; posent un présupposé mythologique comme fondement des formes de l'existence[1383]. C'est ce présupposé qui sert de fondement à l'ordre social. Ainsi, dans la cosmogonie égyptienne, tout part de la matière informe[1384] ou de l'océan primordial incréé : le NOUN. Du NOUN[1385], émerge le principe créateur, dans sa double casquette scientifique, en tant principe organisateur, et allégorique, sous le prisme du dieu créateur. C'est le primat même de l'esprit de rectitude, synonyme d'ordre, d'équilibre, de justice et d'équité et de rectitude. Puis viennent les divinités primordiales et en fin les le reste de l'univers créé et les hommes. La particularité de cette cosmogonie réside dans le fait que le dieu créateur n'est pas séparé de sa créature. Il est à la fois partie et totalité de cette création. Cette immanence qui fonde la philosophie animiste et aussi le fait que l'organisation de l'ordre social soit endossé, sur la reprise des principes qui commandent le l'ordre cosmique[1386]. Il y a donc ainsi une inclusion, une

---

[1383] Cf. Hampâté Ba (Amadou), « La tradition vivante », In, Histoire Générale de l'Afrique, Méthodologie et Préhistoire Africaine, sous la direction de Joseph Ki-zerbo, « Il faut avoir présent à l'esprit que, d'une manière générale, toutes les traditions africaines postulent une vision religieuse du monde. L'univers visible est conçu et ressenti comme le signe, la concrétisation ou l'écorce d'un univers invisible et vivant constitué de forces en perpétuel mouvement. Au sein de cette vaste unité cosmique, tout est lié, tout est solidaire, et le comportement de l'homme vis-à-vis de lui-même comme vis-à-vis du monde qui l'entoure (monde minéral, végétal, animal, et société humaine) sera l'objet d'une réglementation rituelle très précise — pouvant d'ailleurs varier dans sa forme selon les ethnies ou les régions. La violation des lois sacrées était censée entraîner une perturbation dans l'équilibre des forces se traduisant par des troubles divers. C'est pourquoi l'action magique, c'est-à-dire la manipulation des forces, visait en général à restaurer l'équilibre perturbé, à rétablir l'harmonie dont l'Homme, nous l'avons vu précédemment, fut instauré le gardien par son Créateur », Op. Cit., p. 195.

[1384] L'ontologie résulte de la méta-ontologie

[1385] Le NOUN désigne l'océan des possibles. C'est lui qui contient toute chose à l'état de virtualité. Il est la condition de tout ce qui est, tandis qu'il n'a ni origine ni fin. C'est l'inconditionné. Il est au principe de l'inconditionné et de l'autoréférentialité. La Noun est la cause et la fin de tous les étants. Tout part de lui et tout lui retourne. Il désigne l'être. Mouvement progressif allant du chaos organique à l'organisation, et de l'étendue indistincte et antérieure à toute Constitution. cf. BIYOGO (Grégoire), *aux sources égyptiennes du savoir, Cheikh ANTA DIOP et la destruction du Logos classique*, édit. MENAIBUC, 2002, pp. 234-235.

[1386] Le cosmique résulte du méta-cosmique ou de la méta-cosmologie

indistinction entre les règles de conduite et les principes premiers qui régulent le fonctionnement de l'univers. Cette indistinction qui fait de la norme de conduite la résultante des principes éternels est le fondement de la sacralité[1387]. Car en effet, c'est le même principe premier de l'ordre universel, de la justice, qui structure à la fois le cosmos et l'ordre social. Il existe donc ici une sorte de juridicité immanente, dont le creuset est le code des vertus cardinales, le code de l'oralité dans sa dialectique originaire : l'avant vie (dimension mythologique et cosmique), une vie (dimension ontologique, sociale et terrestre), l'après-vie (dimension eschatologique et céleste).

À rebours de cette conception du monde, la vision du monde des peuples aryens véhiculée d'abord par la conception *judéo-christienne*, puis par la philosophie des lumières, se veut laïcisée. Ici, les différences sont notables. D'abord, l'origine du divin n'est pas expliquée. Car au commencement était la parole et la parole était Dieu[1388]. Dieu crée le monde de six jours et se repose le septième jour. Mieux encore il se retire au ciel ou il règne pour l'éternité. Se fondant sur cette mythologie, l'ordre aura une connotation d'imposition par le haut, par dieu, ou par l'État laïc après le prononcé de la mort de dieu. Comme dieu ici est transcendantal, le droit sera pensé de manière transcendantale et donc dictée à partir du haut. Imposé, soit par dieu lui-même, soit par l'État, le terrestre divin. La verticalité tout comme la hiérarchie sont respectées. L'idéologie du droit a survécu à la « mort » de dieu.

Du point de vue ontologique, il convient de constater une opposition tangible résultant de la cosmogonie. Pour l'Afrique noir en général, la régulation sociale repose sur l'ordre primordial, tel qu'il régule à la fois le cosmos, l'individu, la société et même les divinités primordiales. Cet ordre se retrouve en toute chose, en tant que manifestation de l'énergie vitale : dieu est nature. Voilà pourquoi, en Afrique noire la philosophie de l'animisme est présente partout. Dieu est présent en tout et tout est revêtu de sacralité. Le divin est à la fois totalité et parcelle de la totalité. Nyambe est chez les douala, la rectitude incarnée. Cette rectitude est la mère la sœur, l'âme et la conseillère de dieu pour les anciens égyptiens. La rectitude est la raison d'être de dieu,

[1387] Elle résulte de l'abolition de la barrière entre la mort et la vie, entre le monde divin, le monde animal et le monde végétal, entre l'homme et dieu ; mais aussi entre le passé et l'avenir, entre les différentes modalités de l'existence. Cf. KOLPAKTCHY (Grégoire), *Livre des morts des anciens Egyptiens*, Op. Cit., p. 24

[1388] Evangile selon saint Jean chapitre 1, verset 1 à 5.

elle est véhiculée par sa parole[1389]. Il s'agit de mettre fin au chaos et t'établir l'harmonie[1390].

Pour la tradition judéo-chrétienne, il y a une distinction entre dieu et la créature. Cette distinction est due, non seulement au fait que le créateur s'est reposé à la fin du sixième jour, mieux encore il s'est retiré au ciel. Cette conception va aussi se répercuter sur l'organisation sociale, où, le droit sera, non seulement le résultat de la volonté, mais mieux encore imposé par une autorité fut-elle laïque ou religieuse. Comme le témoigne l'historiographie de la Constitution des peuples européens jusqu'à la colonisation.

D'un point de vue de l'évolution historique, il faut noter que la définition de l'ordre concerté était la règle en Afrique Noire précoloniale.

[1389] Hampâté Ba (Amadou), « La tradition vivante », In, *Histoire Générale de l'Afrique, Méthodologie et Préhistoire Africaine*, sous la direction de Joseph Ki-zerbon. « Rappelons-nous, en effet, que tous les systèmes magico-religieux africains tendent à préserver ou à rétablir l'équilibre des forces, dont dépend l'harmonie du monde environnant, matériel et spirituel. Les doma sont, plus que tous les autres, astreints à cette obligation car, en tant que Maîtres-initiés, ils sont les grands détenteurs de la Parole, principal agent actif de la vie humaine et des esprits…Ils sont les héritiers des paroles sacrées et incantatoires transmises par la chaîne des ancêtres, et que l'on fait remonter aux premières vibrations sacrées émises par Maa, le premier homme. Si le traditionaliste doma est détenteur de la Parole, les autres hommes, eux, sont les dépositaires de la causerie… Je citerai le cas d'un Maître du couteau dogon, du pays de Pignari (cercle de Bandiagara) que j'ai connu dans ma jeunesse et qui avait été amené un jour à mentir pour sauver la vie d'une femme poursuivie qu'il avait cachée chez lui. Après cet événement, il se démit spontanément de sa charge, estimant ne plus remplir les conditions rituelles pour l'assumer valablement. Quand il s'agit des choses religieuses et sacrées, les grands maîtres traditionnels ne redoutent pas l'opinion défavorable des masses et, s'il leur arrive de se tromper, ils reconnaîtront publiquement leur erreur, sans excuses calculées ni faux-fuyants. Avouer leurs fautes éventuelles est pour eux une obligation, car c'est une purification de la souillure. Si le traditionaliste ou Connaisseur est tellement respecté en Afrique, c'est parce qu'il se respecte lui-même d'abord. Intérieurement en ordre, puisqu'il ne doit jamais mentir, c'est un homme « bien réglé », maître des forces qui l'habitent. Autour de lui les choses s'ordonnent et les troubles s'apaisent. Indépendamment de l'interdit de mensonge, il pratique la discipline de la parole et ne distribue pas celle-ci inconsidérément. Car si la parole, comme nous l'avons vu plus haut, est considérée comme l'extériorisation de la vibration des forces intérieures, à l'inverse, la force intérieure naît de l'intériorisation de la parole. On comprendra mieux, dans cette optique, l'importance donnée par l'éducation africaine traditionnelle à la maîtrise de soi. Parler peu est la marque d'une bonne éducation et le signe de la noblesse. Le jeune garçon apprendra très tôt à maîtriser l'expression de ses émotions ou de sa souffrance, à contenir les forces qui sont en lui, à l'image du Maa primordial qui contenait en lui-même, soumises et ordonnées, les forces du Cosmos ». Op. Cit., p. 200.

[1390] « De tout ce qui existe, réceptacle par excellence de la Force suprême en même temps que confluent de toutes les forces existantes, Maa, l'Homme, reçut en héritage une parcelle de la puissance créatrice divine, le don de l'Esprit et la Parole. Maa Ngala enseigna à Maa, son interlocuteur, les lois d'après lesquelles tous les éléments du cosmos furent formés et continuent d'exister. Il l'instaura gardien de son Univers et le chargea de veiller au maintien de l'Harmonie universelle », ibid. p. 194.

Indépendamment du fait qu'on se retrouve dans les sociétés lignagères ou dans les grands empires nécessitant un minimum de centralisation.

Pour ce qui est des empires, l'exemple de la Nubie et puis de l'Egypte sont assez illustratifs, dans la matérialisation de l'ordre cosmique. Ici, comme partout ailleurs en Afrique noire la structuration de l'ordre global se fonde sur le code de vertus cardinales ou code de l'oralité. La vie est ritualisée, la recherche de l'ordre universel est un postulat majeur de la conduite des citoyens et de la régulation de la société.

Ainsi, dans le mythe d'OSIRIS, comme dans celui du renard pale Dogon, la rupture de l'équilibre cosmique primordial[1391]est matière à délibération. Et les rivalités entre les divinités, et notamment l'assassinat d'OSIRIS par son frère jaloux SETH, créent un déséquilibre aux dépens à la fois de l'ordre cosmique, et de l'ordre social. La palabre des dieux qui en résulte, sous la bienveillance magnanime de Maât, permet de juguler, sans pour autant prononcer une condamnation vindicative. Ainsi, par l'entremise de cette affaire qui raconte en même temps la définition mythologique de l'instauration du tout premier pharaon, on retrouve ici, la préservation de l'ordre social, la justification de la faute, la resocialisation des divinités fautives, la restitution de la succession, le respect de l'ordre cosmique. Par-dessus tout, l'on note le rôle primordial, de la Maât principe universel de justice, d'ordre et d'équité cosmique, tel qu'il existe en toute chose. Cette conception mythologique de l'ordre est reprise partout en Afrique noire. Ce qui passe par la pratique de la palabre, et de l'animisme, en tant que processus sans fin, de réconciliation avec la société et avec la nature. Le code de l'oralité, code des vertus cardinales ou de la Maât est donc le fondement d'une vie ordonnée. On la retrouve partout ailleurs en Afrique sous forme de confession négative. C'est notamment le cas chez les Bafia. Toutefois, à cause des conquêtes extérieures, d'abord musulmanes, ensuite occidentales ; philosophie animiste et la palabre n'ont pas reçues une reconnaissance officielle.

En Europe, L'historiographie donne plutôt de constater, non seulement une hiérarchisation de la société, mais aussi du droit. Cette hiérarchisation est visible dès la très haute antiquité en Grèce, notamment avec les cités de Spartes et d'Athènes. Avec la distinction entre les Eupatrides et les Têtes, ou encore entre les Egaux et les Inférieurs. Cette stratification ne prévoit pas de place pour les étrangers. Leur place est donc par essence tragique. Ils doivent ou se soumettre volontairement à l'esclavage ou être tués. Tout l'ordonnancement juridique dicté par les rois, ou le tyran, après la révolution

[1391] Cf. GRIAULE DE (Marcel), DIETERLEN (Germaine), *Le renard pâle, Religion ancienne d'Afrique de l'Ouest : histoire de la création de l'univers par le peuple Dogon*, Op. Cit.

aristocratique, doit reposer sur ces équilibres fragiles. En Europe occidentale, on retrouve pareille organisation, d'abord avec l'empire romain. C'est le cas de l'opposition entre les patriciens et la plèbe, et surtout avec la stigmatisation de l'étranger, et la prééminence de l'autorité imposée par l'empereur ou le tyran. Ceci, selon que le royaume est contrôlé par la plèbe ou les patriciens.

Après Rome, le saint empire germanique règnera avec le concours des seigneurs locaux. C'est le retour en arrière, à la noblesse terrienne, conséquence des invasions barbares. Ces institutions, la réforme aristocratique a essayé tant bien que mal de les réformer sous SOLON et sur CLISTHENE. Cette organisation va, cependant, survivre jusqu'à l'aube des révolutions française et anglaise. Mais la forme du droit sera presque inchangée, et endossé à la structure globale de l'État. Et c'est cet État-législateur qui va s'exporter en Afrique sous la colonisation.

2- La définition des institutions normes

La question de la définition des institutions normes s'inscrit dans la brèche ouverte par le constituant du 18 janvier 1996. Il s'agit de reconnaissance et de protection des valeurs traditionnelles[1392]. Autrement dit, comment redéfinir d'un point de vue global le vivre ensemble au sein de l'État ? Définir un droit qui ne soit plus fondé sur le primat du discours, le prisme de l'idéologie, de la ruse, et de l'injonction de civilisation.

Au cœur de cette problématique nouvelle se trouve en réalité, la question de la légitimité des normes juridiques. Mais il s'agit aussi du fondement de leur autorité, du pouvoir dans les sociétés multiculturelles. Il faut le dire tout de suite, le débat ne se pose pas sur le maintien ou la suppression de telle ou telle norme dite coutumière, ou même sur le rejet de l'État. Mais, sur la production des normes juridiques selon la logique propre au peuple, c'est-à-dire, le droit dans un conteste d'animisme et des croyances locales.

De l'avis même du Professeur BIYOGO, l'Afrique noire parie « Sur l'universalité de la vérité (principe de justice générale), de la justice (justice particulière en tant qu'elle est la traduction de la justice générale selon les circonstances de temps et de lieu), et sur l'Équilibre général des relations entre les États, dans les échanges, en harmonie avec la Nature (complémentarité entre l'ordre social et l'ordre cosmique) ...

[1392] Ainsi peut-on lire de l'art. 1er al. 2 : « La République du Cameroun est un État unitaire décentralisé. Elle est une et indivisible, laïque, démocratique et sociale. Elle reconnait et protège les valeurs traditionnelles conformes aux principes démocratiques aux droits de l'homme et à la loi ».

L'étroitesse d'être de la civilisation technologique dominante, pour lui suppléer une toute autre inflexion : celle du partage équitable des lois, partage équilibré des échanges, partages équitables des normes de vérité qui nous rendraient plus proches les uns des Autres et plus attentif à tout ce qui est. Seules ces Normes équitables, Raisonnables et Équilibrées autoriseraient le partage critique de la Raison dans un monde qui rêve de plus en plus de se Mondialiser mais qui, à la vérité, ne parvient pas vraiment à se Déshabituer des Démons de la domination et de l'exclusion »[1393].

Mieux encore, « De la sorte, le monde actuel est incapable de se mondialiser dans les Termes de l'invention d'un monde plus juste, plus équilibré et plus attentif au principe de l'Universalisation multi-traductible des normes de Vérité, de justice d'éthique. Cette autre philosophie de l'histoire, cette philosophie de la nature, est d'abord philosophie mathématique de l'asymétrie, philosophie juridico-politique et cosmologique, créés par les prêtres philosophes et astronomes de Kémèt, qui l'ont alors nommé la Maât. Maât dit le vrai, dit le juste et dit la mesure en toute chose. Maât appelle un autre monde porteur de la possibilité véritable de l'extensionalité de sa mondialité. La mondialité actuelle porte en elle les germes de sa négation, de son envers, de sa restriction, de sa suspension, de sa rétention, de son auto-exclusion, de son refus d'une hétérologie du Monde, et du Grand danger de l'Anti-Monde, qui plane sur la Planète avec le risque permanent de sa propre explosion »[1394].

La coutume, conçue dans sa totalité, comme une ontologie et une théodicée d'ordre cosmique est la perspective d'une pensée juridique anhistorique. Ceci, parce qu'elle est faite de complétude et d'harmonie. Mais aussi, par le biais de l'immanence et de la transcendance du principe organisateur, de la force vitale. Comme le note LABURTHE-TORA Philippe : « Les dimensions religieuses de l'existence m'ont paru depuis longtemps identiques à la recherche de la vérité fondamentale ; le matérialisme ou l'athéisme méthodologique me semble certes être la condition de toute science moderne, qui est réduction du quantifiable, à l'espace et qui doit jouer à fond le jeu de l'explication démystifiante, je m'y emploie sans tergiverser ; mais pour essentiel qu'il soit, ce n'est là pour moi qu'un moment de la raison. En occurrence, l'inquiétude du domaine religieux à animer son enquête, et, somme toute, je pense qu'elle l'a servie, car je ne vois pas comment celui qui n'aurait aucune expérience d'arrière-mondes présents continument et parfois sensibles, ou aucune idée pratique des puissances transcendantales et

1393 Ibid. p. 27.
1394 Ibid.

d'impératifs absolus, pourrait se trouver de plain- pied avec des hommes qui baignent dans de telles certitudes, et qui en informent leur vie »[1395].

Cette approche fait de la conception africaine de l'ordre et du droit, une conception non exclusive, mais inclusive. Elle est intégrante et unificatrice par la transcendance, la parole et par conséquent inscrite dans le dialogue et la reconnaissance de l'altérité. La conception de l'ordre s'arrime en fait sur une vision transcendantale, vision qui englobe à la fois la calculabilité, ou référence à un ordre préconstitué ; l'équitabilité, au sens de recherche de l'équité, la justice particulière ; et l'équilibre. Equilibre du tout et de la partie, de la justice générale et de la justice particulière, de l'homme localisé dans une société donnée.

Enfin il s'agit de l'équilibre entre l'homme, la société et la nature, le cosmos. Car en Afrique, la pluralité n'est donc pas une nouveauté, c'est l'essence même de la vision du monde. C'est la conception « selon laquelle les Hommes sont tous égaux et libres parce que créés par un Dieu (puissance vitale), essence de la liberté et de la justice, idée devenue si mensongèrement légitimée qu'elle est en parfaite contradiction avec l'Afrique et le Monde moderne, qui s'alignent sur le principe de l'égalité ontologique, théologique et juridique et politique des êtres humains, eux-mêmes attentifs à tout ce qui est, de l'Environnement et ses compossibles »[1396]. Comme disait FRANTZ FANON, cette Civilisation de l'exclusion a créé des contradictions profondes, des déséquilibres, des lésions psychiques, de l'aliénation, masquée en assimilation ; puis, qualifiée par le discours officiel de civilisation. Mieux encore il est temps de repenser, « et l'on doit absolument en sortir », mais en sortir ensemble... « Choisir d'y demeurer pourrait bien être déraisonnable ». Le médecin psychiatre et penseur avait en son temps appelé à sortir de cette humanité de conquête, pourvoyeuse en réalité d'une sous-humanité, ou d'une humanité subalterne.

Ainsi, de l'avis même de FANON, « Dans une première phase, on a vu l'occupant légitimer son occupation par des arguments scientifiques. La race inférieure se niait en tant que race, parce que nulle autre solution ne lui est laissée, le groupe social radicalisé essaie d'imiter l'oppresseur et par là de se dé-racialiser. La race inférieure se nie en tant que race différente, elle partage avec la race supérieure, convictions doctrines et autres attendus la concernant. Ayant assisté à la liquidation de ses systèmes de référence, à l'écroulement de ces schèmes culturels, il ne reste plus à l'autochtone de reconnaitre avec

---

[1395] Cf. LABURTHE-TORA (Philippe), *Les Seigneurs de la forêt,* Sorbonne, Paris, 1981, p. 27.
[1396] Ibid. p. 29.

l'occupant que dieu n'est pas de son côté »[1397]. Ces propos du médecin psychiatre sont certes exagérés, mais cette exagération est une réponse à la liquidation, elle aussi exagérée de la culture africaine dans sa globalité au nom de la civilisation. Et le droit, élément de la culture globale, n'échappe pas à cette réalité. D'où l'appropriation des épistémologies exogènes et des logiques restrictives, comme socle de la construction des États africains. Le Diagnostic de ANTA DIOP Cheikh est identique, son humanisme scientifique a invité à sortir du réflexe décivilisé et réducteur pour entrer dans la Civilisation planétaire et penser par soi-même, le rapport à l'en soi. D'articuler ses institutions, ses normes et reconstruire ainsi ses schèmes de valeur, nos propres systèmes de référence préalablement liquidés.

Pour le professeur BIYOGO, cette conceptualisation, synonyme d'articulation est intimement liée à la cosmogénèse de l'Afrique noire. Et la question est celle de savoir, étant héritier d'une société de l'oralité et de sa sacralité originaire et plusieurs fois millénaire, « Comment donc rebâtir ensemble la spiritualité (en tant qu'elle est transcendance) sur fond de la Maât (et donc de l'équilibre), et redire ce que "habiter la Terre" et "Vivre ensemble" veulent Dire, si ce n'est en nous élevant à la pensée supérieure qu'exige de nous l'idée du vivre-ensemble planétaire par la science et par la théodicée ?

Cette tâche consistant à lire autrement, à interpréter autrement et à traduire tout autrement l'Absoluité dont parlent les Religions (y compris la religion du droit) en intégrant à l'avance l'idée d'exigence de liberté, d'une autre forme de sociabilité, différente de celle polémologique que celles-ci ont produite. Parce que ayant été et demeurant le continent qui le plus a été ostracisé, pillé économiquement et poussé à la guerre, c'est à l'Afrique qu'il revient le rôle paradoxal de penser et d'exiger une conception maâtique de la sociabilité avec l'idée d'unicité humaine, et d'indivisibilité de la citoyenneté, autant que celle de l'avènement des échanges multipolaires et complémentaires…

(et la place des leaders et intellectuels africains)qui ont tous combattu et ont quasiment tous été tués pour avoir défendu le simple principe de la coappartenance équitable à la citoyenneté républicaine, et s'ébattent encore pour accéder au partage identique des libertés Constitutionnelles et internationales, par des échanges économiques et politiques stables, équilibrés et émancipés de guerres asymétriques et d'obstructionnisme industriel et monétaire »[1398].

[1397] Cf. FRANTZ FANON, Enregistrement du Congrès national des écrivains et artiste Noirs, Sorbonne, du 19 au 22 septembre 1956. In https://www.youtube.com/watch?v=dh67P1f3ZHM, consulté le 01/08/2017 à 16h30.
[1398] Ibid. p. 30.

Certes, qu'il s'agisse des professeurs DIOP, KAMTO, KALAMBA, ou même du spécialiste de la tradition orale africaine, BIRAGO DIOP ou AMPATE BA Amadou, la sacralité est au cœur de la conception et de l'articulation du monde par les peuples éthiopiens. D'où l'animisme, cette philosophie de la nature, de la redevabilité cosmique[1399]. La déférence continuelle faite aux ancêtres[1400], malgré la pénétration des religions dites du livre, hypostase du grand hymne à AMON[1401] en est la preuve. C'est notamment le cas chez les Bamiléké de l'Ouest Cameroun. De l'avis du Professeur BIYOGO en effet, « le vivre-ensemble en dépend, l'impératif catégorique de notre temps est de revenir à l'Idée véritable de la Théodicée africaine, avec l'idée d'un Dieu à la fois éloigné, puissant, juste et prodigieux, auquel les hommes accèdent par le Mystère de la parousie christique, mais aussi par la magnanimité des Ancêtres selon une équivalence qui vaut bien ici angéologie, pour inviter à détruire les idées instrumentalisées et les pratiques obviées de Dieu et de la Religion »[1402]. Mieux encore, le philosophe de l'histoire affirme : « pour autant que l'idée qui se tienne derrière une telle théodicée, est celle de l'instigateur et l'instituant à partir de qui la Norme est norme, la sociabilité est garantie autant que les échanges mondiaux ». À l'auteur de conclure, qu'il incombe désormais, et ce, plus que jamais, aux penseurs de la nouvelle génération de chercheurs, de :

« Déchirer le voile des conjectures accumulées, des révisionnismes autorisés, des confusionnismes tus, des associationnismes concédés, là est le courage d'entrer dans ce Monde qui vient, et qui, abandonnant les idées autoritaires et l'autoritarisme (au nom de l'orthodoxie de la rationalité), entend orthographier autrement l'idée de liberté et de Civilitas, en les dés-essentialisant, surtout l'idée même d'échange et de dialogue avec le Grand Autre, désormais inséparable de ce côté complémentarité de l'écolo-Monde

---

1399 Elle participe de ce que Gérard COURTOIS appelle le dédoublement du monde. Cf. COURTOIS (Gérard) « Religion et dédoublement du monde », in VERDIER (Raymond), KALNOKY (Nathalie) et KERNEIS (Soazick), *Les justices de l'invisible,* Op. Cit., pp. 59-69.

1400 Cf. ITEANU (André), En Mélanisie : les ancêtres au service des hommes », in VERDIER (Raymond), KALNOKY (Nathalie) et KERNEIS (Soazick), *Les justices de l'invisible,* ibid., pp. 97-105.

1401 Cf. KALAMBA NSAPO (Sylvain), *Monothéisme,* Op. Cit., Cf. KALAMBA NSAPO, *Théologie Africaine*, les grands courants de pensée de l'antiquité au 21e siècle, Op. Cit.

1402 Cf. BIYOGO (Grégoire), In, *Aux origines africaines de la bible et des religions du livre* : redire le sens premier des choses et les vérités enfouies par les oublis et les mensonges du temps. Colloque international du 3 au 4 mai 2017, Fondation AfricAvenir International, sous le thème : Confrontation armée programmée et déjà vécue à travers les religions et la spiritualité en Afrique au XXIe siècle, quelle alternative religieuse spirituelle dans une Afrique en pleine renaissance ? Op. Cit.

l'Un est un canon qui formalise et se dégage dans le même temps de toute uniformisation »[1403].

Au plan normatif, penser l'État devient synonyme de penser par soi-même. De penser le droit qui articule sa construction, et en fonction des réalités de la société africaine, et non plus, comme par le passé, par simple emprunt et par l'idéologie. Le syncrétisme est de mise[1404].

La seconde difficulté réside dans la propension de la coutume, à déborder le cadre restrictif du juridique, de la conception occidentale. La cosmogénèse africaine fondée sur l'existence d'un code de l'oralité, la parole transcendantale, le verbe, fait du droit une jumelle et une sœur cadette de la parole, en tant qu'elle structure l'existence.

Mais cette référence au sacré n'est pas synonyme d'arbitraire. Elle dicte une vie juste, dictée par les principes éternels. Dans ce système normatif la palabre est au centre de tout, il est le centre ou le gage d'une vie harmonieuse et structurée. La palabre des dieux donne une idée assez claire. Qu'il s'agisse de l'atténuation des ardeurs de la déesse HATHOR[1405], dans ses allures vindicatives de circonstance, dans les ennéades[1406] héliopolitainnes. Ou encore, de la très connue succession d'HORUS et sa prétention à obtenir de tout prix la justice et l'héritage, de bon droit, mais, aux dépens de son père et oncle SEPTH. Ici ce qui est dit, c'est du droit, mais non pas une norme conçue d'avance par écrit.

À la systématisation et à la scientificité du droit savant, l'ordre coutumier oppose l'art de régulation fondée sur le verbe, la parole partagée. C'est l'idée constante d'équilibre cosmique. Dès lors, le défi de la postmodernité africaine réside dans la pensée et construction de la rencontre de ces deux rationalités. Il faut savoir comment ce droit du « passé », sans être passé, parce que vivant au-delà de la prescription, peut aider à résoudre bon nombre de problèmes qui nimbent la construction de l'État et donc de ce fait, se posent avec acuité le

---

1403 Ibid. p. 31.

1404 Cf. BARRAUD (Boris), *Le pragmatisme juridique*, Bibliotèques de droit, Harmattan, 2017, pp. 74 et s.

1405 Cf. OBENGA (Théophile), *La philosophie africaine de la période Pharaonique 2780-330 avant notre ère*, Op. Cit., pp. 139-147.

1406 L'Ennéade surgit sous l'égide du Démiurge ATOUM lui-même, qui déroule les neuf hypostases primordiales. Il s'agit des principes opérant comme des concepts d'origine cosmologique : Tefnout (l'humidité), Shou (l'air), Geb (la terre), Nout (le ciel), Ousir (la puissance), Aset (le renouvellement), Seth (désordre initial), Nephthys (la survie). Cf. BIYOGO (Grégoire), *Dictionnaire des connaissances philosophiques de l'Egypte antique, contributions aux recherches sur les concepts majeurs de la philosophie, de l'égyptologie, de la théologie et du droit pharaoniques, pour bâtir un corps de sciences humaines et sociales nouvelles aujourd'hui. « Rek Nebou Kama : l'âge d'or de l'Afrique »*, Op. Cit., P. 225

rapport entre prescription et pratique. De ce fait, la souplesse et immanence de la règle coutumière peuvent voler au secours d'une modernité en crise. Tel a d'ailleurs été le cas, surtout partout où l'État a subi des crises profondes du fait de son arrogance mono rationnelle. Tel est le cas au Rwanda, en Côte d'Ivoire, et en Afrique du Sud par exemple. Cela s'est traduit par la mise en place des juridictions traditionnelles, fonctionnant selon la logique originelle, la logique ancestrale de la diction, de la parole. L'hypothèse emblématique est celle des *Gacaca*.

II. Les institutions organes inclusives

Il semble impératif présenter d'une part l'ontogénèse des institutions organes (A), et d'analyser par la suite la possibilité d'une réelle bijection entre les institutions de l'État et les institutions coutumières (B).

A. La dynamique de l'inclusion des institutions organes

La dynamique des institutions organes concerne aussi bien les institutions coutumières (1), que les institutions étatiques (2).

1- La dynamique des institutions coutumières

Dans cette partie, il s'agit de présenter la dynamique des institutions coutumières sans prétendre à l'exhaustivité. Ceci, dans ce que ces institutions peuvent apporter comme crédit à la pratique républicaine, dans la nouvelle conception en perspective selon la Constitution de 1996. En fait, les sociétés traditionnelles africaines, comme toute autre société, se sont préoccupées dès les temps mythologiques de la fondation de la régulation même des rapports intersubjectifs, comme moyen de lutte contre l'arbitraire[1407]. Elles ont posé le

[1407] Pour STEFAN GOLTZBERG La notion d'arbitraire s'est imposée en théorie du droit – où il est question des moyens d'éviter l'arbitraire du juge ou du souverain – et en sémiotique, où la thèse de l'arbitraire du signe est associée à Saussure, un des pères de la sémiologie. Pourtant, aucune définition positive n'existe de l'arbitraire, ou du moins aucune ne s'est encore valablement imposée. Si l'on ne sait pas au juste ce qu'est l'arbitraire, il est remarquable que l'on sache exactement ce qu'il n'est pas : tant en théorie du droit qu'en sémiotique, l'arbitraire est défini négativement, en l'occurrence le plus souvent comme l'opposé de la motivation. Afin de dissiper quelque peu le flou qui accompagne la notion d'arbitraire, il ne sera pas inutile d'en préciser la définition et, le cas échéant, la connotation. Le terme arbitraire, en philosophie du droit, est susceptible de deux interprétations : l'une étymologique et l'autre plus courante. LALANDE précise du nom commun arbitraire qu'il est toujours péjoratif, et de l'adjectif arbitraire, il dit ceci : « Qui dépend uniquement d'une décision individuelle, non d'un ordre préétabli ou d'une raison valable pour tous." Il ajoute : "Sauf dans quelques cas très rares, tels que 'choisir une valeur arbitraire' (en mathématique par exemple), le mot a toujours un import péjoratif, et le plus souvent très énergique » (Lalande 1926). Lalande est catégorique : la

postulat de la transcendance de la justice et de la vérité, voire de l'équilibre, sur tout le reste. Cette logique dicte, de tirer succinctement les leçons de l'organisation et du fonctionnement des institutions dites coutumières selon la logique du tout et de la partie.

D'un point de vue de l'organisation, ces institutions sont dirigées par des classes d'âges, la gérontocratie qui peut être héréditaire ou rotative. C'est notamment le cas chez les Bafia où la famille comme le clan sont dirigés par les anciens. A titre d'exemple, pour ce qui est du cas atypique du village Bitang, les neuf grandes familles unies étaient dirigées de manière rotative par des patriarches issus des différentes familles. Au nombre desquels figuraient entre autres : MBOUSSI A SEKE, AMANG A GUILEGOCK, ABANDA A MENTONG. Le clan Beke qui regroupe aujourd'hui les trois villages autonomes, Bitang, Mouko, et Kiiki ; n'avait pas un chef unique, mais pouvait en tant que de besoin, surtout en cas de péril grave menaçant la vie des citoyens, voir se constituer une sorte de conseil de gouvernance ad hoc.

On retrouve la même organisation par exemple chez les Beti et chez les Douala. Les Beti et les Douala sont classés parmi les sociétés égalitaires. Force est de constater que dans la société traditionnelle de type segmentaire, la gérontocratie est donc au cœur du pouvoir. Il en est ainsi, parce que pour la

---

connotation est péjorative. Pour autant, il existe également un emploi étymologique d'arbitraire : est arbitraire ce qui dépend de la seule volonté, qui n'est pas lié par l'observation des règles. Cet emploi neutre, rare d'après Lalande, est défendu par certains auteurs. Ainsi, CARBONNIER écrit : « On entend par arbitraire, dans une acception technique à laquelle il ne faut prêter aucune nuance de dénigrement, la volonté pure soit d'un législateur, soit d'un juge » (Carbonnier, p. 349). Aucune nuance de dénigrement, voilà qui contredit le caractère péjoratif que Lalande associe à l'arbitraire. Carbonnier ajoute qu'un « noyau résistera toujours à l'explication causale » : il veut dire qu'en décrivant le droit, tel qu'il se fait, il ne sera pas possible d'expliquer causalement toutes les étapes suivies par le juge lors de sa prise de décision. Fort bien, mais ce qui résiste à l'explication causale, est-ce l'arbitraire ou est-ce plus sobrement l'usage de la liberté ? Il apparaît clairement qu'il est plus précis de parler de liberté que d'un usage arbitraire de celle-ci. Outre Carbonnier, Drieu Godefridi suggère également une conception axiologiquement neutre de l'arbitraire : « L'arbitraire n'est pas un concept moral ; ou plutôt, il peut l'être, mais secondairement : l'arbitraire est d'abord un concept formel, qui désigne ce qui, n'étant pas conforme à une norme préexistante, est le fruit de la souveraine volonté de son auteur. » (Godefridi 2010) L'arbitraire ne serait un concept moral que secondairement. On peut supposer que si l'arbitraire peut se voir charger d'une connotation négative, c'est en vertu d'un mauvais usage de cette souveraine liberté. Enfin, un troisième exemple d'usage neutre de l'arbitraire nous conduit à la pensée de Carl Schmitt. Celui-ci, dans un texte de 1912, Gesetz und Urteil, se penche sur le fonctionnement de la décision de justice et écrit que tout droit renferme "quant au contenu, un moment arbitraire" (Herrera, p. 349). Herrera ajoute tout de suite, comme pour tempérer la revendication schmittienne de l'arbitraire, que "la décision exprime ici un élément arbitraire dans le droit", alors que l'on aurait pu y voir une torsion à tout ce que le droit est censé défendre. Documents en ligne/sites internet Godefridi, Drieu. 2010. Arbitraire et droit dans la Grèce antique. Folia Electronica Classica. http://bcs.fltr.ucl.ac.be/fe/19/athenes.pdf. Consulté le 3 octobre 2017.

conception traditionnelle africaine, la vieillesse est synonyme de sagesse. D'où l'adage devenu lieu commun, qui stipule qu'un vieillard qui meurt est une bibliothèque qui brule. Toujours au plan statutaire, il existe une forme d'organisation stratifiée de type pyramidale, organisation qui fonctionne du point de vue de l'horizontalisation des rapports sociaux, comme un tout, allant de la famille à l'ethnie, pour ce qui est de l'occupation des sols. Ici, chaque type de société se distingue par une organisation spécifique de la société. C'est ainsi qu'au sein de chaque grande famille, on retrouve du point de vue de la hiérarchie verticale, le chef de famille, le conseil de famille, ou conseil des notables, la société secrète appelée Iroumé, et la forêt sacrée.

Chez les Béti, le Mengi-Mengi, est le plus grand notable, symbolisant la relation d'union entre les morts et les vivants. Le Ntig Medzo, choisi pour son intelligence et son habilité à régler les litiges, était le véritable juge. « Les relations entre groupes Béti s'établissaient principalement au moyen d'alliances matrimoniales, des réunions de conseil et des rites d'initiation. On distinguait trois principaux rites. Pour les hommes, le Ngii et le Sô. Ces deux rites avaient pour objectif d'assurer le passage de l'adolescence à l'âge adulte, à travers une série d'épreuves et d'enseignements[1408] ». Pour les femmes, le « rite d'initiation était le Mevungu. Ce rite avait pour objectif de créer une étroite union entre toutes les femmes mariées d'un village ou de tout un lignage »[1409].

Chez les Douala, le regroupement des populations lignagères se fait dans les Mboa, ou grandes familles. « À la tête du *Mboa* se trouve le *Sango à Mboa*. Beaucoup de *Mboa* constituent un *Diyo* et un certain nombre de *Diyo* formaient le *Ntumba*. Le *Sango Mboa* remplissait plusieurs fonctions : c'est lui qui partageait la terre et les biens de la communauté. Il était également le représentant du *Mboa* à l'extérieur. La classe des aînés sociaux jouait un rôle très important dans la société Douala, tant dans le domaine social que dans le domaine religieux. Cette classe avait le nom de *Mwemba*. Les vieux issus de cette classe étaient chargés de conduire les rites d'initiation ». Les vieux étaient aussi les dépositaires des traditions à travers les sociétés secrètes appelées Losango. Il s'agissait plus précisément d'associations religieuses, chacune attachée au culte d'une divinité, et spécialisée dans la pratique d'une activité déterminée par la possession de moyens magico-religieux propres »[1410]. Parmi ces cercles l'on peut citer le cas du Jengu, association vouée au culte de l'eau.

[1408] Cf. ELOUNDOU (Eugène Désiré), *Le Sud-Cameroun face à l'hégémonie allemande 1884-1916*, L'Harmattan, 2016, pp. 35-37.
[1409] Ibid.
[1410] Ibid. pp.38 et s.

Pour ce qui est des sociétés au pouvoir dit hiérarchisées, l'exemple des Bamiléké est assez illustratif. La Constitution des chefferies Bamiléké est récente ; elle remonte au 17e siècle. Ainsi que l'atteste le Professeur ELOUNDOU. « Dès leur installation sur les hauts plateaux de l'ouest (entre les XVIe et XVIIe siècles selon les différents auteurs), les Bamilékés vont se constituer en chefferies indépendantes les unes des autres ». De manière générale le chef Bamiléké exerçait les fonctions suivantes : « Le chef était maitre de la terre. La terre était un bien collectif géré par le chef. Elle revêtait un caractère sacré, vu la place qu'elle occupe dans les rituels. De plus, elle procurait au chef des redevances appréciables ; le chef était le maitre des cultes. C'est lui qui présidait cérémonie de sacrifices (...) ; le chef était le garant de la justice. Il était chargé de statuer en dernier ressort lorsque les litiges n'avaient pas trouvé de solution dans les instances inférieures. Les cas dont s'occupait généralement le chef étaient les litiges de terrain, les conflits matrimoniaux ou les affaires de sorcellerie(...) »[1411].

Notons que : « Le chef n'était pas chef par lui-même. Désigné secrètement et à son insu, il était chef de son groupe et il le restait sa vie durant. Il était proche de l'être suprême et des puissances supérieures »[1412]. Au double plan statutaire et fonctionnel, les institutions coutumières sont caractérisées par la souplesse, la complétude, et la référence à un ordre transcendantal, en tant ordre de fondement et de programmation. Les hiérarchies et la hiérarchisation se font dans le sens de la promotion de l'en-commun et non dans la logique de l'hégémonie, du logos et de la ruse. Comme le note le père PINI-PINI, il convient de « rendre au village africain ancestral, aujourd'hui exclu du processus politique, sa place première dans la gestion de la cité, la nation africaine ; le village africain ancestral devra retrouver sa place première de lieu de vie premier des gens, carrefour des clans, lieu des alliances matrimoniales, économiques et politiques, d'articulation des langues, de fabrication de la personne, d'apprentissage, de fabrication de l'identité africaine, source vitale et vivifiante africaine ; source des regroupements à l'origine des empires et des royaumes, y compris l'empire égyptien, notre Kama/Mama, Nsi, ancestral ; le village devra être célébré comme don sacré incarné, source de l'équilibre de la communauté, trésor, foyer des connaissances ancestrales millénaires »[1413].

Derrière l'idée du village africain, se cache l'idée du cadre d'amalgamation, de l'équilibre du des sociétés traditionnelles fondées sur un idéal. Il y'a tout un art de vivre et de gouverner. Dans la conception définie par

---

1411 Ibid. p.44.

1412 Ibid.

1413 Cf. KENTEY PINI-PINI NSASAY, *Manifeste de la renaissance africaine*, non daté, bibliothèque Cheik ANTA DIOP, fondation AfricAvenir, Douala.

la sagesse ancestrale, à travers les contes, les maximes et les légendes on retrouve cet idéal. Ainsi, les maximes de PTHAH HOTEP[1414] donnent une idée assez claire des principes de cette gouvernance, de la morale politique ancestrale. Mais aussi, il s'agit au sens propre, d'une pédagogie de l'exercice du pouvoir. Ainsi, s'adressant au dirigeant, l'auteur affirme « Si tu es un guide, que ta manière de gouverner voyage librement au moyen de ce que tu as ordonné. Tu dois accomplir des choses élevées. Songe aux jours à venir ensuite, qu'un malheur ne survienne pas au milieu des faveurs ; comme un crocodile émerge, la défaveur se produit »[1415]. Cet art est aussi lié à la nécessité d'écouter les requêtes de ses sujets. « Si tu es un guide, écoute sereinement le discours de celui qui t'adresse une requête ; ne le repousse pas, jusqu'à ce qu'il ait purgé son ventre de ce qu'il songeait à dire. Celui qui est accablé d'injustice désire que son cœur soit lavé, plus que la réalisation de ce pourquoi, il est venu. Quant à qui repousse celui qui adresse des requêtes, on dira « pour quelle raison »[1416]. Au-delà de l'écoute, il semble que le but de tout pouvoir est de satisfaire sa communauté : « Satisfais tes familiers en qui tu as confiance, au moyen de ce qui t'advient : tel est le destin de celui que dieu favorise. De celui qui faillit sans cesse à satisfaire ses familiers en qui il a confiance, on dira « c'est un ka trop satisfait de lui-même ». L'avenir est inconnu, même si on a l'intuition de demain. C'est une puissance créatrice, la juste puissance créatrice qui s'en satisfait. Si sont accomplis des actes dignes de louange, les familiers dignes de confiance disent : « bienvenue ! » Lorsqu'on ne procure pas la paix à la ville, on devra amener des familiers s'il se produit une calamite[1417] ». L'art de gouverner implique aussi l'art du bon usage de la parole : « Si tu es un homme de qualité en qui on a confiance, qui siège au conseil de son maître, "rassemble tout cœur vers la perfection". Sois silencieux, c'est plus utile que le bavardage. Parle seulement quand tu sais que

[1414] Nous faisons recours à ces maximes pour soulier le rôle primordial de l'initiation ou du système éducatif dans la formation du citoyen et de l'élite. Abondant dans ce sens, DO-DONACIMIENTO écrit : *« le système éducatif d'un pays doit être performant au regard de sa double vocation. À savoir : d'une part, continuer à insuffler à l'élite nationale une ambition historique, celle d'être l'agent de sa propre histoire et d'une histoire socio-linéaire ; d'autre part contribuer à former un ensemble de cadres dont les compétences confèrent au pays une autonomie intellectuelle, scientifique et technique à même de permettre au pays de produire par lui-même les conditions matérielles et immatérielles de sa propre existence »*. Cf. DO-NASCIMENTO (José), *Les chemins de la modernité en Afrique, pour changer l'Afrique, changeons le paradigme*, Op. Cit., p. 501.

[1415] Maxime n° 16, cité par BIYOGO (Grégoire), Dictionnaire des connaissances philosophiques de l'Egypte antique, contributions aux recherches sur les concepts majeurs de la philosophie, de l'égyptologie, de la théologie et du droit pharaoniques, pour bâtir un corps de sciences humaines et sociales nouvelles aujourd'hui. « Rek Nebou Kama : l'âge d'or de l'Afrique », Op. Cit., pp. 257-267.

[1416] Ibid. maxime 17.

[1417] Ibid. maxime 22.

tu apporteras une solution ; il doit être un artisan, celui qui parle dans le conseil ; parler est plus difficile que tout autre travail. C'est celui qui interprète cette maxime qui donne autorité à la parole »[1418].

Le moins qu'on puisse dire est que la gouvernance traditionnelle se fonde sur le respect d'un certain nombre de postulats propre à la communauté. Ce sont, la maitrise de soi*:* « Si tu es puissant, agi en sorte que l'on te respecte, en fonction de la connaissance et du calme du langage. Ne donne d'ordres que lorsque les circonstances l'exigent. Celui qui provoque de manière belliqueuse s'engage dans une mauvaise action. Ne sois pas vaniteux, tu ne seras pas abaissé. Ne sois pas vaniteux, mais gardes toi de fouler aux pieds, et de répondre à une parole avec flamme. Détourne ton visage, contrôles-toi, les flammes d'un individu au cœur bouillant le déprécient. Pour l'être rayonnant qui avance, le chemin est construit. Celui qui est triste de cœur, la journée durant, n'accomplira aucun mouvement heureux. Celui qui est frivole de cœur ne fondera pas de demeure. Celui qui atteindra une plénitude est comme celui qui tient le gouvernail, au moment de toucher terre. L'autre est fait prisonnier. Celui qui obéit à son cœur sera en ordre »[1419]. La quête de la vertu *:* « Ne t'oppose pas à l'action d'un grand, ne rends pas furieux le cœur de celui qui est lourdement chargé, car son hostilité se manifestera contre celui qui le combat. Libère l'énergie créatrice, toi qui es, celui qui l'aime sans cesse. Celui qui donne de la puissance est en compagnie de Dieu, ce qu'il aime sera accompli pour lui. Quant à toi, apaise le visage après l'explosion de rage ; la paix provient de sa puissance créatrice, l'hostilité de l'ennemi. C'est la puissance qui fait croître l'amour »[1420]. L'écoute et la transmission du savoir-vivre par l'initiation : « Enseigne à un grand ce qui lui est utile, suscite son accueil parmi l'espèce humaine, faisen sorte que sa sagesse retombe sur son maître. C'est de son énergie que proviennent les aliments qui te sont attribués ; le ventre de celui qui est aimé est comblé. Ton dos sera habillé grâce à lui. Ces conditions réalisées, préoccupes-toi de la vie de ta maison, dépendant du noble que tu aimes. Il vit grâce à cela, et, bien plus, il t'accordera une protection. Bien plus, c'est l'amour que tu inspires qui durera dans le ventre de ceux qui t'aiment. Vois, c'est le ka qui aime continuellement entendre »[1421]. Les délibérations juridictionnelles *:* « Si tu agis, fils d'un homme de la cour de justice, messager chargé de l'apaisement de la multitude, ôte les inutilités du document écrit. Quand tu parles, ne penche pas d'un côté ; prends garde

[1418] Ibid. maxime 24.
[1419] Ibid., maxime 25
[1420] Ibid., maxime 26
[1421] Ibid. maxime 27.

que soit formulée cette accusation : « juges, il place sa parole sur le côté qui lui convient ! » ; alors, ton action se retournerait en procès contre toi »[1422].

Le culte de l'indulgence justifié sur la posture de la rectitude en tant que postulat de conduite : « Si tu es indulgent à propos d'une affaire qui s'est produite, ne favorise un homme qu'à cause de sa rectitude. Passe sur son ancienne faute, ne te souviens pas d'elle, dès lors qu'il est silencieux envers toi le premier jour »[1423].

La sobriété et le nécessaire détachement des biens matériels : « Si tu es un grand après avoir été un petit, et si tu fais fortune après avoir subi la misère auparavant, dans la ville que tu connais, n'évoque pas en gémissant ce qui t'est arrivé auparavant. Ne place pas la confiance de ton cœur dans l'accumulation de tes biens matériels, car ce qui t'a été octroyé est un don de dieu. Tu ne seras pas derrière un autre ton semblable, qui aura vécu semblable événement »[1424]. Bref par ses maximes, PTHAHOTEP donne les principes directeurs de la gouvernance du pouvoir dit coutumier, la quête de la rectitude, de la vraie stabilité fondée sur les principes éternels de l'ordre, de la justice, de la connaissance et de l'équité.

2- La dynamique des institutions de l'État

L'hégémonie est la caractéristique fondamentale des institutions de l'État. Elle résulte de la substitution des postulats et de l'emprise réelle de l'idéologie. Elle se caractérise par une construction abstraite, et la primeur de l'ordre sur la justice. « Mieux vaut une injustice qu'un désordre », énonce un adage bien connu des juristes. La conception hégémonique relève en dehors du fait religieux, des données historiques qui président à la construction des structures politiques en Europe jusqu'au moyen âge : les invasions barbares. Cette hégémonie est perceptible tant du point de vue de l'individu, que de l'institution. Mais il importe d'appréhender ses origines et sa signification.

Parlant des origines, il faut distinguer, selon qu'on est antérieur ou postérieur à l'arrivée du christianisme en Europe continentale.

Pendant la haute antiquité, de profondes divisions de type hégémonique marquent le berceau de la civilisation européenne. Elles se fondent sur la mythologie qui préside à la dislocation espaces, ou la séparation de l'homme et du temps, la déchirure de la vie[1425].

[1422] Ibid. maxime 28.
[1423] Ibid. maxime 29.
[1424] Ibid., maxime 30.
[1425] « Le temps, chez les présocratiques est en effet l'expression d'une tragédie fondamentale de l'existence née d'une cassure, celle qui sépare –en les situant dans une distance- l'être et les

Ainsi en Grèce avec la division entre les Eupatrides et les Thètes. Puis à Rome, on retrouve cette même articulation de type hégémonique, entre les Patriciens et la Plèbe. Au moyen âge, on retrouve cette même hiérarchisation de la société entre la noble et le tiers état ; mais avec l'apparition d'une nouvelle classe, l'Aristocratie, qui se développe peu à peu, depuis l'introduction de la monnaie en Grèce, notamment à Milet, par les lydiens. Le christianisme romain, bien qu'ayant vulgarisé la conception d'un dieu unique pour tous les hommes, en Europe, va prendre position à côté de la noblesse et de la bourgeoisie naissante, du fait même de son organisation cléricale et de la logique de la construction du siège de l'église et son prosélytisme de conquête en gestation. À la domination politique va se greffer une domination théologique. On a donc clairement mis en place un système hiérarchique, système où les riches dominent sur les moins riches. Comme en Grèce, ces derniers n'ont pas vraiment le droit de cité. Mais en la faveur à la fois des révolutions aristocratiques et des mouvements libéraux des droits, pour la protection des opprimés, l'hégémonie des classes sera peu à peu délégitimée, et les libertés de la personne humaine, plus ou moins, garanties.

Dans ce processus, le christianisme pour sa part, ayant au préalable délégitimé les différentes divinités des cités antiques, comme en Grèce, et plus tard à Rome, va se voir à son tour mise, hors du champ du pouvoir politique temporel. Sauf que comme l'ordre social est une émanation divine, il faudra lui trouver un autre fondement. C'est le début de l'émergence des théories dites du contrat social. C'est ainsi qu'à l'hégémonie divine va succéder l'hégémonie de la personne du roi, du tyran, et plus tard du peuple. Par essence la société européenne est fondée sur la subordination, l'exploitation, l'hégémonie et le dessaisissement d'une classe par une autre. Vues sous cet angle, les déclarations solennelles des droits, bien que confirmant ce point de vue, ne sont au demeurant qu'une tentative d'endiguement de cet ordre prépondérant. En Grèce, par exemple, dans la haute antiquité, elle est un don, une conséquence de la révolution aristocratique. La société européenne est donc ontologiquement structurée de manière hégémonique. Cette hégémonie trouve son fondement idéologique dans la mythologie grecque. Notamment les mythes d'Œdipe, Narcisse et Prométhée[1426].

étants. Dans les mythes mêmes, des hommes luttent tragiquement contre le temps, qui est sans fin pour eux. Tantale, roi de Lydie, est condamné par Zeus à être sans cesse en proie à une soif et à une faim dévorante. Les Danaïdes, filles de Danaos, condamnées à remplir d'eau un tonneau sans fond. Sisyphe, roi de Corinthe, condamné après sa mort à pousser éternellement sur une pente d'une montagne un énorme rocher et à recommencer toujours son œuvre au sommet de la pente fatale », Cf. OBENGA (Théophile), *Les Bantu, Langues-peuples Civilisation*, Op. Cit., p. 219.

[1426] Cf. DE BROSSCHERE (Guy), *Les deux versants de l'histoire, Autopsie de la colonisation*, Op. Cit., p. 30.

Ainsi, « selon HEGEL, le Sphinx, qui est l'Egyptien représente l'esprit voilé ou l'inconscient la question qu'il pose à Œdipe (qu'est-ce qui marche à quatre pattes, le matin, à deux à midi et à trois le soir ?), il ne connaît pas lui-même la réponse claire. Lorsque Œdipe répondra correctement (c'est l'homme) le Sphinx tombera à la mer et se noiera. Ce qui signifie que la Grèce (qu'Œdipe personnifie en occurrence) a désormais donné forme à son destin, qu'elle a conscience de la voie singulière où elle s'engage[1427] » en s'isolant du reste de l'univers, dont l'Egypte est la représentation. Cette singularité du destin hellène sera éclairée par la suite, par deux autres mythes. « Le premier est le mythe de Narcisse, qui exalte à travers la prise de conscience de soi-même (l'homme se regardant), le culte de l'individu. Et il apparait en effet, que la démarche grecque sera désormais gouvernée par l'individualisme. À la propriété collective, la Grèce oppose la propriété privée. L'esclavage ne sera plus envisagé comme nécessité provisoire au service de la collectivité, mais comme un facteur indispensable et permanent de la prospérité individuelle[1428] ». Le second est le « mythe de Prométhée : l'homme qui viole le secret de la nature, qui dérobe le feu du ciel pour éclairer le monde. Ce mythe réfléchit l'image de l'**Homa Faber**, l'homme-inventeur, mais aussi l'homme de l'aventure et de l'exploration, préfiguration du colonisateur »[1429], et signe précurseur de la logique hégémonique de puissance, de rationalité et de domination.

Au sens du Professeur ELOUNDOU, il faut entendre par hégémonie, la suprématie, d'« un pouvoir prépondérant, dominateur d'un état ou d'un peuple sur un autre ou sur un groupe. C'est la domination dont l'objectif premier est d'établir un système, d'en assurer la pérennité par l'élimination des foyers de résistance. Pour cela, il faut mettre en place des mécanismes et des structures devant permettre un exercice exclusif du pouvoir de décision, une hégémonie peut être politique, économique, militaire ou culturelle ; elle peut également revêtir plusieurs ou tous ces aspects à la fois. La survivance et la solidité d'une hégémonie dépendent de la somme de complicités ou d'alliances qu'elle acquiert et crée dans la sphère de la domination »[1430]. C'est la création de ces sphères de domination, sous la haute autorisation de la papauté, par le biais de la bulle papale, et sous le couvert de la mission civilisatrice, que la colonisation de l'Afrique sera entreprise. Parce que comme le note avec insistance l'auteur, le pouvoir hégémonique est arbitraire de par son imposition et dans sa dynamique propre. « L'hégémonie en tant que pouvoir

---

1427 Ibid.
1428 Ibid.
1429 Ibid.
1430 Cf. ELOUNDOU (Eugène Désiré), *Le Sud-Cameroun face à l'hégémonie allemande 1884-1916*, Op. Cit.

autoritaire d'exploitation et de répression qui s'impose à un groupe peut engendrer des phénomènes de rejet ou de refus. Ceux-ci expriment à travers des révoltes ou diverses autres formes de contestations. L'hégémonie est un pouvoir limité dans le temps. Sa fin peut provenir, soit d'une dynamique interne, soit d'une perte d'intérêt »[1431]. Pouvant donc faire l'objet de contestation, ce pouvoir a besoin de se légitimer. Et c'est cette caution de légitimité que va lui fournir à la fois, le primat du logos, l'idéologie, les arguments scientifiques. L'orthodoxie de la rationalité positive est par essence exclusive ; ceci, au nom des intérêts apparents ou camouflés[1432].

B. La perspective de la mise en place des institutions inclusives

L'inclusion des institutions en perspective dans le processus de rationalisation de l'ordre juridique dominant, de l'État, se fait du point de vue de la juxtaposition et de la verticalité (1), mais aussi du point de vue de la totalisation pour plus cohérence et de lisibilité (2).

1- L'inclusion du point de vue de la juxtaposition et de la verticalité

Réhabilité « le village africain», le concept de pouvoir en Afrique[1433], pour reconstruire l'État et sortir à la fois du naufrage institutionnel et normatif semble être, à notre sens, la voie des institutions en perspective. Il s'agit de poser réellement la problématique de l'État en Afrique noire[1434] dans une approche syncrétique[1435]. Car, avant l'avènement des États, il y avait les rois africains. Mais la colonisation a essayé de mettre de côté les vielles dynasties, ceux-là qui ont dirigé l'Afrique pendant des millénaires. Pris par élan de modernité, plusieurs pays africains ont, après les indépendances, emboité le pas au colonisateur et ont supprimé les chefferies traditionnelles. Ce faisant, ils ont sapé la conception locale de l'autorité. Tel est le cas par exemple des pays comme le Mali, la République Centre Africaine. La réhabilitation des

---

1431 Ibid.

1432 Cf. DE BROSSCHERE (Guy), *Les deux versants de l'histoire, Autopsie de la colonisation*, Op. Cit., p. 37.

1433 Cf. Cf. DURAND (Bernard), In *Histoire comparative des institutions Op. Cit.*, pp. 30-37, et pp. 209-239 ; Collectif, *Le concept de pouvoir en Afrique*, presse de l'UNESCO, colloque de l'UNESCO d 1981. La logique du colloque était celle de décrire le pouvoir politique africain à travers les concepts politiques des langues africaines.

1434 Cf. *La problématique de l'État en Afrique noire*, Présence africaine, cahier n°127-128, 1983.

1435 Cf. BARRAUD (Boris), *Le pragmatisme juridique*, Bibliothèques de droit, Op. Cit., pp. 74 et s.

institutions traditionnelles africaines est une nécessité non pas pour éviter la crise déjà présente, mais pour éviter la déflagration totale des communautés. Surtout avec la montée des périls, terrorisme, intégrisme religieux, et autres guerres civiles qui déchirent les États africains depuis les indépendances.

Le retour aux valeurs traditionnelles se fait pressant. Le constituant camerounais en a d'ailleurs pris conscience. Même si cette conscience se limite à une simple reconnaissance et à la protection. La culture étant une promesse des valeurs, sa réhabilitation passe par un retour au sens, à la symphonie, à la fraternité comme gage de solidarité et à l'interaction culturelle caractéristique de l'Afrique traditionnelle. C'est d'ailleurs le sens de la philosophie Bantu de *« l'Ubuntu »*[1436].

Le paradigme africain est à la fois corrélatif et interactif. Le pouvoir et le droit se pensent dans la corrélation et l'interaction du social et du divin[1437]. C'est le paradigme de l'harmonie de l'ordre social et cosmique. Il s'arrache à la rationalité, à l'autonomie, pour se fonder sur le non encore être, le corpus des corpus. Malheureusement, les connaissances protreptiques[1438] ne sont pas encore intégrées dans les programmations heuristiques, et les catégories analytiques qui fonctionnent encore en Afrique noire, 50 ans après les indépendances politiques, sur le modèle de la science normale hérité de la colonisation.

Pour se faire, une nouvelle problématisation s'impose de plein droit. Surtout avec l'influence de la postmodernité et de la rationalité culturelle locale. Il est questions de constater que l'Afrique aspire à une mutation profonde, et pour se faire, il devient impératif de produire des connaissances pour suivre ces mutations. Mais aussi, accompagner cette démarche historique d'enracinement des institutions locales. Car aucune mutation n'est possible dans le paradigme qui a tant accumulé de conjectures. Il est question de coordonner les mutations sociales et le discours scientifique. De conjuguer le décalage. De penser la conversion des instruments analytiques pour appréhender le local.

Telle semble être le crédo de la prise en compte de la coutume dans la construction de l'État, et de la réarticulation de sa structure globale. Pour enfin sortir du bouillonnement théorétique à caractère sélectif et convaincu de sa

---

[1436] Cf. KOULAYAN (Nicole), « Mondialisation et dialogue des cultures : l'UBUNTU d'Afrique du Sud », Revue Hermes, 2008/2 (n°51), pp. 183-187.

[1437] « A l'origine les dieux régnaient sur terre le dernier d'entre eux, Osiris, avait laissé la royauté à son fils Horus. De lui étaient censés descendre tous les rois d'Egypte ». Cf. DURAND (Bernard), In *Histoire comparative des institutions Op. Cit.*, p. 31.

[1438] Par exemple il serait loisible, et même souhaitable, d'étudier le paradigme coutumier de régulation à partir des concepts juridiques opératoires des langues africaines.

propre rationalité. Mais cette rationalité dans laquelle se sont englués le paradigme des lumières, la logique de la philosophie positive, les déclamations de légitimation du Logos. Reprenant à ce propos, TAYLOR Charles dans l'articulation de sa politique de la différence, comme alternative au modèle de l'Etat nation, NAY Oliver écrit en substance que « dès lors que les identités sont construites par le dialogue pacifique entre les groupes, il apparait normal qu'une délibération de même nature puisse avoir lieu dans l'espace publique. En ce sens la vie politique ne saurait être seulement le lieu de confrontation entre les citoyens suivant les intérêts égoïstes. Elle est un milieu où les groupes doivent être capables de délibérer sur les différents aspects de leur identité »[1439].

En effet, le village joue dans l'Afrique ancestrale, et au sein des communautés dites traditionnelles un rôle de premier plan. C'est le lieu d'exercice de la compétence coutumière. Cette compétence s'inscrit elle-même dans une théorie tridimensionnelle de la cosmogénèse coutumière, théorie qui fait que le chef africain est, symboliquement, chef de tout ce qui se trouve sous le soleil selon une expression chère au professeur BILOLO MOUBABINGE.

Pour LUFTACHI N'ZEMBELE, « le chef coutumier (...) qui s'insère dans un contexte social global, loin d'incarner un pouvoir charismatique, messianique, despotique, totalitaire, à l'image de celui dont disposent nos actuels Timoniers et Guides Eclairés-Eclairants, personnifie plutôt « un pouvoir régulateur ». Pouvoir qui s'exerce comme centre et symbole de la rencontre et de la diffusion de réseaux complexes de pouvoir – lignagers, territoriaux et intemporels[1440] ». Mais commençons par faire l'économie des pouvoirs constitués au plan de l'ordre terrestre, avant d'interroger ses origines mythologiques et sa portée eschatologique.

Ainsi perçu, il ressort que le village africain ne peut plus être ignoré dans la dynamique de la reconstruction de nos États. L'apport des communautés traditionnelles à l'État peut se décliner au moins sur cinq points :

- L'établissement d'un dialogue continu et d'une véritable co-administration de l'État et de l'ordre républicain et la consécration du multiculturalisme non moins républicaine ;
- L'apport de l'expérience de la gouvernance traditionnelle, fondée sur la monarchie divine, l'autolimitation[1441], et matérialisé par la délibération et la

[1439] Cf. NAY (Olivier), *Histoire des idées politiques*, Op. Cit. Lire aussi les travaux de WALKER Michel et notamment sa conception du communautarisme libéral.
[1440] Cf. LUFTACHI N'ZEMBELE, « L'Afrique et les Africanistes », in Peuples Noirs Peuples Africains, n°50, mars-avril 1986, Op. Cit., p. 32.
[1441] Cf. DURAND (Bernard), In Histoire comparative des institutions Op. Cit., p.31.

palabre ; et le passage d'une nécessité métaphysique à une nécessité juridique[1442], voir temporelle. Cette conception résulte sur de l'antiquité africaine. Et les maximes de PTAH HOTEP sont assez caractéristiques ;

- La réarticulation de l'ordre social et son arrimage à l'ordre global, dans sa tridimensionnalité[1443], en tant qu'élément fondateur, organisateur et aussi vecteur de limitation des processus d'élaboration de la juridicité en Afrique noire;
- La domestication de la souveraineté, la réhabilitation des institutions et son articulation autour des intérêts et modes de fonctionnements premiers du continent noir[1444] et de sa sacralité ancestrale originaire. Non plus sous le modèle jupitérien, de l'ordre de la conquête, synonyme de conception ubuesque de la souveraineté, d'essence prométhéenne et donc, indoeuropéenne ;
- Et enfin l'acceptation de l'autorité, et la légitimation de l'ordre juridique par une réelle adhésion populaire, parce qu'étant le reflet de la réalité culturelle locale, d'un consensus normatif, et non plus de l'idéologie, ou du discours, des logiques et épistémès exogènes. Toute chose qui participe de l'inclusion, et donc du dépassement de la logique purement binaire et exclusive pour une nouvelle dynamique de la configuration du cadre ancillaire de la normativité. Le droit au service de la société, des individus et des communautés au nom de « *l'égalité de respect et de considération* » au sens de RONALL DWORKIN. Car avant d'être une science, le droit est avant tout un art. L'art au service de la régulation sociale. D'où l'urgence des politiques juridiques inclusives, tant du point de vue de la cohérence que de la totalisation.

2- L'inclusion d'un point de vue de la cohérence et de la totalisation

Cette inclusion est le credo de la construction de l'harmonie, des institutions. Cette acceptation se fonde non pas sur la dimension métapsychologique[1445] abstraite de la norme juridique, fut-elle le résultat des délibérations démocratiques, au sens que lui confèrent KELSEN. Mais, bien

[1442] Ibid.

[1443] Dimension lignagère et ancestrale ; la dimension territoriale et sociale, la dimension intemporelle et cosmique.

[1444] « Donc, pluralité des pouvoirs, pluralité des rapports à l'État. Mais aussi, bien entendu, pluralité des cultures. » Multi traductibilité de l'autorité au plan lignagère, territoriale, et intemporel. cf. LUFTACHI N'ZEMBELE, « L'Afrique et les Africanistes », in Peuples Noirs Peuples Africains, n°50, mars-avril 1986, ibid. p.38.

[1445] Cf. KELSEN (Hans), « La notion d'État et la psychologie sociale. À propos de la théorie freudienne des foules » (1922), Hermes, n 2, 1988, pp. 134-165

plus, elle se fonde à la fois sur l'origine ontologique unique, origine des théories juridiques qui irriguent le droit.

Il ne s'agit pas ici de l'intérêt général dans sa conception classique et légale rationnel. Il convient de l'entendre ici dans un sens nouveau, surtout dans la perspective du dépassement qu'en donne KELSEN, en ces termes : « en réalité, étant donnée l'opposition des intérêts, qui est l'expérience et qui est ici inévitable, la volonté générale, si elle ne doit pas être exclusivement l'intérêt d'un seul et unique groupe, ne peut être que la résultante de ces oppositions, un compromis entre intérêts opposés »[1446].

C'est aussi la perspective ouverte par le constituant du 18 janvier 1996, en termes de reconnaissance des valeurs traditionnelles. Ce qui, du moins implicitement, signifie que jusqu'ici, lesdites valeurs ont été foulées au pied par la définition et la conception d'un ordre juridique autoritaire. Le renouveau du droit se décline donc dans une réorientation du droit, le recadrage du pouvoir selon les schèmes de la pensée locale. Il s'articule sur l'enseignement[1447], l'écoute, pour une vie paisible. C'est le socle du vivre ensemble inspiré de la sauvegarde des valeurs traditionnelles. Ces valeurs dont traite la Constitution tracent les linéaments d'une vie dictée par la recherche de la justice. Une justice transcendantale qui régit à la fois l'avant vie, la vie et l'après vie.

Au plan social, elle se décline en trois catégories. Il s'agit, premièrement de l'engagement pour le cycle de vie. Ceci passe par la sauvegarde de la société, et de la communauté. La communauté étant le lieu par excellence de la manifestation de la vie[1448]. Il s'agit en suite du principe de non outrage. Principe qui postule d'éviter de commettre l'injustice ou de causer du tort à autrui[1449]. Il s'agit enfin de la protection des faibles[1450]. Parmi les faibles on peut citer : l'enfant, le vieillard, la veuve, l'étranger[1451], etc.

La dynamique des sociétés traditionnelles peut permettre de tirer, quelques enseignements d'ordre philosophique, politique et idéologique[1452]. Le premier est que l'ordre social coutumier ne naît pas nait ex-nihilo, il est issu de l'avant

---

1446 Cf. HANS KELSEN, *La démocratie, sa nature-sa valeur*, Op. Cit., pp. 26-27.

1447 On retrouve l'éloge de l'enseignement et des conseils aux chapitres 1 et 30 des enseignements d'AMENEMOPE. Cf. VINCENT (Pierre), LAISNEY (Michel), *L'Enseignement d'Aménémopé*, éditrice Pontifico Istituto Biblico, Roma, 2007.

1448 Cf. chapitres 2-10 des enseignements d'AMENEMOPE. Ibid.

1449 Cf. chapitres 11-20 des enseignements d'AMENEMOPE. Ibid.

1450 Cf. chapitres 21-29 des enseignements d'AMENEMOP., Ibid.

1451 Cf. chapitres 21-29 des enseignements d'AMENEMOPE. Ibid.

1452 Cf. MVOGO (Dieudonné Célestin), *La politique criminelle au Cameroun : De la confrontation des modèles traditionnel et moderne à la recherche de solutions adaptées à un processus de développement* ; Op. Cit., pp.94 et s.

vie. Il résulte de la matière informe, du corpus des corpus, du corpus des possibilités avenir. Il ne saurait de ce fait se déconnecter de l'ordre global qui en constitue le cadre de référence. Non seulement l'ordre coutumier ne nait pas par le hasard et ni par chaos, mais mieux encore, il résulte d'un ordre supérieur, l'ordre sacré ou mythologique. La pensée coutumière est donc une pensée de l'axiome, une axiomatique à caractère transcendantal et hétéronome. L'ordre social ici, est un ordre de seconde zone, et du fait de cette position subsidiaire, il n'a pas une ontologie propre. Il résulte de la méta-ontologie originaire. Il est donc par essence programmé, du moins d'un point de vue processuel. C'est l'idée de l'ordre Constitutionnel transcendantal et sacré ;

Le second est que l'ordonnancement se saurait se déconnecter du réel. C'est l'idée de l'Un primordial, du mono-originisme ontologique, la consubstantialité entre l'ontologie première et la norme;

Le troisième est que le temps historique n'est ni le temps du fondement, ni le temps de clôture. Il est l'intervalle entre l'avant vie et l'après vie. C'est simplement le temps du vécu, le temps empirique de la réalisation de l'être dans le temps. Le temps des fondements lui est d'essence mythologique. C'est le temps de la création, le temps du démurge, des divinités intermédiaires, de la parole (dite, visualisée, écrite et vécue), de la structuration. De ce fait, le temps mythologique recouvre à la fois une fonction de programmation et de fondement. De fondement parce qu'il est ontologiquement le temps qui crée l'ordre positif. Quant à la programmation, elle signifie que la structuration de l'ordre social n'est pas instantanée, elle est programmée et du fait de cette programmation, elle s'impose à l'ordre social. C'est ainsi que la référence constance à l'ancestralité sert de courroie de transmission. C'est l'idée de fondement et de programmation ;

Le dernier point est celui de la permanence d'un ordre transcendantal. Un ordre fondé sur les principes éternels posés par la tradition orale. A l'exemple des principes issus des textes moralistes et philosophiques de l'antiquité africaine. Il en va ainsi des maximes de PTAH HOTEP : « Si tu te trouves dans le porche où l'on rend la justice, soit debout ou assis, conformément à la procédure, qui te fut ordonnée le premier jour. Ne force pas le passage, tu seras repoussé. Perçante doit être la vue de celui qui entre après avoir été annoncé, large est le siège de celui qui fut appelé. Le porche où l'on rend la justice est conforme à la rectitude ; toute conduite doit être conforme au fil à plomb, c'est dieu qui avance le siège. Ne seront pas installés ceux à qui on prête trop l'épaule »[1453].

On retrouve la même conception de la permanence des principes supérieurs de justice partout ailleurs en Afrique noire. De ce point de vue, l'on note l'importance de la rectitude cosmique, synonyme de liberté (c'est-à-dire l'absence d'outrage), de justice (pureté absolue, intégrité), et de vérité (luminosité) ; dans les sociétés, Douala, Bulu, Béti, Wolof, Bafia et Dogon. C'est l'idée de l'unité de l'ordre coutumier, par la permanence d'un principe d'ordre, de justice et de vérité, dans la conception nilotique. Car, « la science comme la gouvernance sont inséparables de la recherche de la justice. Cette justice est d'essence cosmologique. Le désire de l'équité est la condition du vivre ensemble comme de la sociabilité en Egypte ». C'est ce même désir qui semble animer le rapport que l'Africain à avec la terre, et avec l'ordre de l'univers ; et même la conception qu'il se fait de la communauté. « Ainsi, Maât désigne la loi de la vérité-justice universelle[1454], elle-même inscrite dans le cosmos. Maât est l'essence de la philosophie, l'ordre dynamique qui ouvre sur le vrai. En n'y aspirant pas, le monde court sans cesse le risque de retourner à l'asociabilité. C'est la substance sans laquelle le monde devrait replonger dans le chaos ». Sans cette loi universelle, et son harmonie et sa justice consubstantielles, « le monde flotte, se perd. Il n'est capable ni de justice ni d'ordre. Mais est menacé par le chaos, par le désordre, par le retour de l'informe, du désordonné », et c'est la menace de la destruction.

Maât désigne le non outrage, l'harmonie, l'équilibre cosmique, principe fondamental de la justice politique. C'est la justice-vérité, surtout conçue comme, référentiel de la Constitution de l'ordre global. Elle est aussi conçue comme élément de facilitation, de contrainte et jonction des ordres pluriels par la définition d'une loi commune et universelle. Loi qui anime tout l'existant, et à laquelle ARISTOTE[1455] donnera le nom de justice générale. Ainsi

---

1453 Treizième maximes de PTAH HOTEP, cité par BIYOGO (Grégoire), Dictionnaire des connaissances philosophiques de l'Egypte antique, contributions aux recherches sur les concepts majeurs de la philosophie, de l'égyptologie, de la théologie et du droit pharaoniques, pour bâtir un corps de sciences humaines et sociales nouvelles aujourd'hui. « Rek Nebou Kama : l'âge d'or de l'Afrique » ; Op. Cit., p. 261.

1454 La Maât est d'abord tournée vers l'ordre cosmique. C'est la calculabilité (mesure géométrique, harmonie mathématique des ensembles. C'est la régularité mathématique et cosmologique. Dans la société elle est justice et droiture. Elle devient éthique et politique. Elle doit aussi se refléter dans la Douât (au-delà). Ou doit vivre selon les justes de voie (le parler ou le chemin). L'homme, lorsqu'il est célère, constellation céleste, est d'abord régenté par Maât. Quand il est dans la cité, il est projection de la droiture dans l'institution. Dans la Douât il redevient sujet de la maât.

1455 Cf. OMOTUNDE NIOUSSERE K., *L'Afrique noire : Initiation des législateurs antiques*, Anyjart, 2016 ; OMOTUNDE (Jean –Philippe), Les racines africaine de la civilisation européenne, Op. Cit.

pouvons-nous constater que l'animisme traduit la conformité de l'homme à l'ordre cosmique et, son insertion dans son environnement. La palabre, la recherche de la justice sociale et individuelle, l'éthique, la connexion personnelle à la justice-vérité. Et la déférence faite aux morts, comme la continuation de la Maât, code des vertus cardinales, dans la Douât, dans l'au-delà, révèle sa dimension eschatologique. Car dans la cosmogonie africaine « les morts ne sont pas mort ».

Il s'agit par l'entremise de ces principes, au sens du professeur BIYOGO, de dire l'Afrique et non de rêver l'Afrique. Il est question de redéfinir la coutume et le droit local. Comme *l'Homo Erectus*, refuser l'échec, les pesanteurs, la gravité. Il devient indispensable de marcher de l'avant, faire équilibre, d'affronter le vent. La conception programmatique de l'ordre est mythologique, alors réinterrogeons les récits fondateurs. La conception dynamique de la norme, la norme est unique. C'est l'âge normatif, du juridique fondé sur les principes premiers. Le juridique tel que traduit par les antiquités africaines[1456].

III. Propositions : L'apport concret des coutumes dans le processus la rationalisation de l'État : L'urgence de réhabiliter le « village africain[1457] » pour ré-territorialiser l'organisation et le fonctionnement de l'État[1458]

En guise de proposition et recommandation, il convient de recentrer l'analyse en précisant qu'il n'y a pas au fond, en dehors de l'idéologie coloniale, une dichotomie entre l'État et les coutumes. Ceci, parce que l'État c'est le cadre actuel de totalisation. Cette amalgamation ne peut se faire dans

---

[1456] En effet, Les antiquités africaines ont trois moments : le moment prédynastique, l'égypto-nubien, l'arabique et le phénicien nègre. C'est là l'économie de la tridimensionnalité des antiquités africaines.

[1457] « Nous avons les pré-nations au niveau de certaines ethnies, par exemple les ashanti étaient devenus une vraie nation, les Mossi sont pratiquement comparable à ces ashanti, c'est-à-dire à des configurations des chefferies qui sont assez structurées pour aborder un rôle d'amalgamation, de rassemblement, de réalisation trans-ethnique etc. mais on n'a pas eu le temps de réaliser ces nations-là ». cf. Interview avec le professeur KI-ZERBO sous le thème « identités/identité » pour l'Afrique. Réalisé par Dani KOUYATE, Op. Cit.

[1458] L'État est par définition un cadre d'objectivation du pouvoir, notamment l'État de droit. Mais l'Afrique n'a pas encore atteint ce niveau-là. Interview avec le professeur KI-WERBO sous le thème « identités/identité » pour l'Afrique. Réalisé par Dan I KOUYATE, ibid.

l'exclusion du paradigme local[1459]. Et comme autrefois la chefferie, le royaume, il est le nouveau cadre d'amalgamation et de construction trans-ethnique[1460]. Seulement, le problème se pose à partir du moment où cette nouvelle dynamique se fait non pas en coalisant les rationalités juridiques locales existantes, mais par la négation, le déni. D'où l'apparition de la conjecture, le risque d'anomie et surtout la nécessité de repenser l'État en structurant les coutumes[1461], la réappropriation d'une mémoire historique[1462] performante. Ceci, dans l'optique de décoloniser la lecture qui est faite du paradigme local. Il est question de lire par son l'herméneutique juridique propre, non pas, la phénoménalité de la coutume, la traduction de son horizon de sens, par ses normes et ses institutions[1463]. Il s'agit aussi de de comprendre son essence même, ce qui fait sa particularité. Ce qui la singularise dans sa mutation transhistorique. Ce qui permet de dire le sens inaugural de ses principes premiers. La coutume c'est certes, l'ensemble des mœurs, des règles et des institutions qui déterminent le vivre ensemble dans les sociétés communautaires. Mais la coutume dans son développement historique et sa matérialisation concrète découle de la conjonction des principes qui vont au-delà du simple transmis. Ce sont les principes organisateurs au plan institutionnel[1464] et les principes régulateurs au plan normatif[1465]. L'adjonction de ces deux catégories de principes donne naissance au plan social, moral et

---

[1459] Il s'agit de la Maat, synonyme de rectitude, de justice, d'équilibre, de vérité mathématique, de mesure, d'harmonie, de justesse, de droiture, la gestion ordonnée.

[1460] Cf. ELKE WINTER, *Max Weber et les relations ethniques, du refus du biologisme racial et l'État multinational*, Les presses de L'Université Laval, 2004, pp. 91-116.

[1461] Cf. KI-ZERBO (Joseph), *A quand l'Afrique* ? Entretien avec HOLENSTEIN René, Op. Cit., p.14. Car de l'avis de l'auteur, « il y a des phases où, parce qu'on n'a pas résolu les contradictions, des ruptures s'imposent : ce sont les phases de nécessité ».

[1462] « La mémoire historique est la représentation qu'un peuple véhicule sur les évènements, les idées, les croyances, les savoirs, les pratiques et les postures qui ont façonné sa trajectoire historique…la mémoire historique est le facteur le plus puissant qu'un peuple puisse se doter pour s'auto-insuffler l'ambition de se projeter dans l'histoire comme peuple capable d'historicité. Mais c'est aussi le facteur par le biais duquel une puissance coloniale d'occupation peut faire irruption dans l'imaginaire historique d'un peuple conquis pour lui inculquer par intrusion des réflexes de subordination axiologique, esthétique, psychologique, épistémologique et politique qui vont l'amputer de toute volonté politique »de vouloir « prendre en main son propre destin autrement que sous la tutelle de la puissance coloniale ». C'est la mémoire historique qui façonne l'identité culturelle d'un peuple. Cf. DO-NASCIMENTO (José), Les chemins de la modernité en Afrique, pour changer l'Afrique, changeons le paradigme, Op. Cit., p. 502.

[1463] « Le colonialisme était un système qui s'est entièrement substitué au système africain. Nous avons été aliénés, c'est-à-dire remplacés par d'autres, y compris même dans notre passé. » Affirme Joseph KI-ZERBO. In, Cf. KI-ZERBO (Joseph), *A quand l'Afrique* ? Entretien avec HOLENSTEIN René, p. 24.

[1464] Entre autres, le principe de la multiplicité, le principe de la circulation, et le principe de la solidarité.

[1465] Parmi lesquels, la justice, la vérité, et la mesure.

politique, à la vertu cardinale qui irrigue, guide et structure l'organisation sociale. De ce fait, les coutumes matérielles ne sont que la traduction, parfois imparfaite de cette réalité à la fois cosmique et humaine, immanente et transcendantale. Cette traduction est à la fois scientifique et allégorique, et tout dépend des registres de compréhension et de la finalité recherchée.

La société étant en mutation, la coutume en tant que règle sociale n'est pas immuable, elle est appelée à s'adapter, à épouser l'évolution sociale, dans un jeu d'équilibre entre l'ordre cosmique et la nécessité du compromis qu'implique la vie en société. Et cette référence se décline dans l'ordre hétéronome[1466].

Jusqu'ici, L'État a été pensé en mettant entre parenthèses les coutumes et de ce fait, il a produit l'aporie. La question est celle de savoir comment opérer la greffe, traduire les valeurs traditionnelles en droit. Ceci, pour résoudre efficacement les conjectures actuelles. L'État est ainsi structuré comme un lieu de gouvernabilité sous le principe de l'indivisibilité. Il s'agit de repenser l'ancien, les cultures locales[1467], et le moderne, l'État. Penser l'État[1468] revient ainsi à penser en même temps, le ne pas être de l'État, du fait de la marginalisation, par les connaissances institutionnelles, des coutumes sous l'emprise de l'ethnologie coloniale et partant l'arrière monde actuel. Vision qui prive les peuples autochtones du droit fondamental d'être eux-mêmes, de disposer d'eux-mêmes et de se réguler librement. De penser leurs institutions selon leur paradigme, leur modèle du commun profit. A titre d'horizon, les coutumes apparaissent comme la possibilité de ré-investigation et de réarticulation de l'État moderne, et de la consécration de la souveraineté

[1466] Elle résulte de l'abolition de la barrière entre la mort et la vie, entre le monde divin, le monde animal et le monde végétal, entre l'homme et dieu ; mais aussi entre le passé et l'avenir, entre les différentes modalités de l'existence. Cf. KOLPAKTCHY (Grégoire), *Livre des morts des anciens Egyptiens*, Op. Cit., p. 24

[1467] Cf. MBEDE (Christian), « Identité ethnique et construction d'un espace sociopolitique dans le contexte multiculturel de l'Afrique, in la Renaissance Africaine : de la théorie à la matérialisation à l'horizon 2060 », in Mélanges Internationaux offerts au Pr. Samuel EFOUA MBOZO'O, sous la direction scientifique de BOUDA MAMOUDOU, Dominique MEVA'A ABOMO, Ernest MESSINA MVOGO, Hanse Gilbert MBENG DANG, col. Politique Africaine en Mutation, pp. 202- 216 ; Lire aussi, *Habermas (Jugen), l'intégration républicaine, Essais des théories politiques*, traduction RAINER R. Paris, Fayard, 1998. HUNTINGTON (S), *le choc des civilisations*, Paris, Odile Jacob, 1997.

[1468] Notamment l'État démocratique, car « la démocratie et l'État de droit qu'elle présuppose ne requièrent ni homogénéité ethnique ni identité culturelle commune des citoyens. La seule condition ici réside dans l'existence d'un espace public à l'intérieur duquel les citoyens exercent librement leur droit sur la base de discussion rationnelles fondées sur la possibilité d'une entente mutuelle ». MBEDE (Christian), « Identité ethniques et construction d'un espace sociopolitique dans le contexte multiculturel de l'Afrique, in la Renaissance Africaine : de la théorie à la matérialisation à l'horizon 2060 », ibid.

populaire[1469]. D'où l'importance, pour ce qui est de l'Afrique, des sources anciennes, notamment, égypto-nubiennes et médiévales (Constitution mandingue). D'y inclure aussi le foisonnement juridique des sociétés traditionnelles de l'Afrique noire sub-saharienne, dans la reterritorialisation de sa souveraineté.

La question protreptique est donc de savoir comment penser l'État à l'aune de cette nouvelle greffe, de sorte qu'il y ait une nouvelle science juridique de l'État qui se mette en place. Puisque c'est de la confluence des deux réalités juridiques, de ces deux systèmes de pensée qu'une jonction peut et devrait être faite. Car comme le note MBENDE Christian, « *Le multiculturalisme s'oppose ainsi à une certaine vision jacobine qui postule la cohésion nationale dans l'adhésion de tous à une culture officielle* »[1470]. L'idée ici est que, jusqu'ici, c'est l'impensé de la coutume qui est ce qui paralyse l'État, son édification, sa légitimation et le fait apparaitre comme un contre sens, par rapport à son contexte d'adaptation. Il faut dès lors, par la conceptualisation du droit local, déterritorialiser le logos dominant et surtout ré-territorialiser l'État, tant du point de vue matériel, institutionnel, que du point de vue de la définition du référent global de régulation.

1- Proposition n°1 : la déconstruction de la logique autoritaire de type Prométhéen : vers une multi traductibilité du vivre ensemble, du juridique

C'est la reconsidération des prétentions de la thèse dite de *l'andropolarité* ou *anthropocentricité* thèse qui fonde la logique autoritaire et fait du droit un phénomène purement humain. Aussi, après la déconstruction de la logique autoritaire anthropocentrique, tout en respectant la logique unitaire d'amalgamation, le cadre d'expression de la pluralité, du fait que la république tout comme la citoyenneté est une et indivisible[1471], la multi-traductibilité du juridique invite à reconsidérer la manière dont les normes sont structurées. Le vécu de cette structuration, avec en prime la possibilité de faire mieux à

[1469] Au-delà du coup d'État Constitutionnel qui en limite l'exercice depuis la Constitution du 04 mars 1960, en son article 2. « ***Art. 2.-*** *La souveraineté nationale appartient au peuple camerounais qui l'exerce, soit par ses députés à l'Assemblée fédérale, soit par voie de référendum. Aucune fraction du peuple ni aucun individu ne peut s'en attribuer l'exercice.*
Le vote est égal et secret, y participent tous les citoyens âgés d'au moins vingt et un ans.
Les autorités chargées de diriger l'État tiennent leur pouvoir du peuple par la voie d'élections au suffrage universel direct ou indirect. »

[1470] Cf. MBEDE (Christian), « Identité ethniques et construction d'un espace sociopolitique dans le contexte multiculturel de l'Afrique », in *la Renaissance Africaine : de la théorie à la matérialisation à l'horizon 2060*, ibid., p. 207.

[1471] Art. 1er ali. 2 premièrement, de la Constitution du 18 janvier 1996. En effet cette disposition irrigue les différentes Constitution du Cameroun depuis le Constitution du 04 mars 1960.

chaque fois. Ceci étant, se trouve résolue la crise des rationalités entre prescription et pratique, parce que la logique de la reterritorialisation implique la prise en compte du droit concrètement vécu par la communauté dans la formulation de l'ordre juridique, du référentiel global. La coutume accède ainsi, au même titre que la loi, non pas à la juridicité, parce que celle-ci lui est consubstantielle, mais à une consécration, mieux une reconnaissance inconditionnée.

Ainsi, au plan matrimonial, le code de la famille du Sénégal[1472] consacre à égal valeur le mariage coutumier, le mariage religieux, et le mariage civil. Point besoin de passer automatiquement devant le maire, ou tout autre officier d'état civil, comme c'est encore le cas au Cameroun, pour contracter le mariage[1473]. De nombreux pays pourraient s'en inspirer pour ce qui est de la matière matrimoniale, pour la consécration des pratiques locales.

Au plan foncier par exemple on devrait reconsidérer la conception coutumière de la terre, mamelle nourricière de communautés. Pour cela, « Il semble aujourd'hui urgent d'arrêter les cessions de terres à grande échelle et les attributions de droits sur les terres et les ressources, jusqu'à ce que soient mis en place des mécanismes susceptibles (i) d'identifier et de protéger les droits des communautés, et (ii) de garantir la cohérence dans l'attribution des droits de nature commerciale afin d'éviter les chevauchements. La poursuite des attributions de terres se traduira par une multitude de conflits à l'avenir si le régime régissant les terres et les ressources actuellement en vigueur n'est pas amélioré et dûment appliqué »[1474]. C'est dire que la réforme foncière annoncée devra impérativement s'attaquer « à une série de questions non ou mal réglées ». C'est le cas notamment de, « La reconnaissance de la propriété coutumière comme étant de la propriété foncière. Le moyen le plus simple d'y parvenir serait d'adopter la position des chefs traditionnels du Cameroun, qui demandent que la propriété de chaque village soit reconnue sur ses terres. Il s'agirait d'une propriété collective sur l'ensemble du terroir villageois, qui ne pourrait faire l'objet d'aucune cession. À l'intérieur de ce terroir, les droits

---

[1472] Cf. Code de la famille Sénégalaise de l'an 2000, livre II : Du lien matrimoniale ; chapitre I, du mariage, pp. 21 et s.

[1473] Même s'il faut se sacrifier à la formalité de la déclaration préalable, surtout pour cause d'enregistrement. Cf. livre II : Du lien matrimoniale ; chapitre I, du mariage ; section III, conditions de forme ; paragraphe II, constatation du mariage par l'officier d'état civil, p.24.

[1474] Cf. KENFACK (Pierre-Etienne), NGUIFFO (Samuel), NKUINTCHUA (Téodyl), *Investissements fonciers, redevabilité et cadre légal : leçons du Cameroun*, 2005. Investissements fonciers, redevabilité et cadre légal : Leçons du Cameroun, in http://webcache.googleusercontent.com/search?q=cache:http://pubs.iied.org/pdfs/12588FIIED.pdf. Consulté le 02/11/2017.

coutumiers s'appliqueraient pour ce qui est de la reconnaissance des droits individuels »[1475].

2- Proposition n°2 : La réhabilitation du vivre ensemble communautaire, la revalorisation du modèle Épiméthéen de la coexistence

Il s'agit là, de la prise en compte de la théorie juridique de l'*unopolarité* ou *théocentricité* au sens qu'en donne le professeur BILOLO. C'est en gros, la dialectique de l'Un, en tant qu'il est Un et multiple, en tant que phénomène d'universalisation de la régulation de son essence ontologique. Il traduit l'immanence et la transcendance, ou est la condition de toute vie dans la logique africaine avec le recours au transcendantal ou nilotique à travers l'ordre juste : la mâat[1476].

En ruinant les constructions théorétiques, idéologiques et autres attendus qui jusqu'ici ont légitimés l'exclusion des institutions coutumières des sphères décisionnelles politiques, administratives et juridictionnelles ; l'État n'a plus d'excuse à continuer dans la logique unitaire de la construction des institutions en marginalisant l'héritage ancestral. Cette marginalisation des institutions locales tout en s'arrimant sur des réalités extra-culturelles n'ayant aucune assise sociologique, que sont par exemple les parties politiques[1477] est une véritable fuite en avant, malgré sa légitimité Constitutionnelle. D'où l'urgence de l'enracinement culturel de l'État, ou mieux encore sa reterritorialisation sur la base des institutions locales, les micro-nationalités, le lignage, le clan, la chefferie etc.

[1475] Cf. KENFACK (Pierre-Etienne), NGUIFFO (Samuel), NKUINTCHUA (Téodyl) : Investissements fonciers, redevabilité et cadre légal : leçons du Cameroun, 2005. Investissements fonciers, redevabilité et cadre légal : Leçons du Cameroun, ibid.

[1476] « Le concept de la maat est un lieu d'articulation de trois idéaux : a) l'idéal de la connaissance, c'est-à-dire l'amour de la science, l'aspiration vers la connaissance de l'être-véritable, de ce qui est vrai, sûr, certain ; b) l'idéal moral de de vérité, de justice et de rectitude et ; c) l'idéal métaphysique de l'amour et de la connaissance de l'Etre qui est au commencement de tout être. Nous pouvons aussi ajouter, un idéal écologique, dans la mesure ou l'idéal de la maat s'oppose à tout entreprise susceptible de détruire l'ordre cosmique, la nature, et de compromettre, par-là, le devenir ou le destin de l'humanité » Cf. BILOLO MUBABINGUE, Le créateur et la création dans la penséee menphite et amarnienne, Op. Cit., p.7.

[1477] Constitution du 18 janvier 1996, Art. 3.- Les partis et formations politiques concourent à l'expression du suffrage. Ils se forment et exercent leurs activités librement dans le cadre fixé par la loi et les règlements.
Ils doivent respecter les principes de la démocratie et de la souveraineté nationale.
Art. 4.- L'autorité fédérale est exercée par :
- Le Président de la République fédérale ;
- L'Assemblée nationale fédérale.

En effet comme le notait avec pertinence le Premier Ministre John NGU FONCHA. Dans le discours prononcé par ce dernier, lors de la réunification, « j'ai choisi le village comme base du bon gouvernement. L'organisation d'un village doit être telle que chaque villageois sache ses responsabilités »[1478]. L'enracinement de l'État, dont les contours restent à fixer avec précision, passe ainsi par la réhabilitation de la plus petite des collectivités humaines, la famille. Et par-dessus tout la responsabilisation des citoyens dès la cellule de base de la société, la famille lignagère et ce, dans tous les aspects de la vie sociale. Comme le note MONGO BETI, « la bonne politique consisterait à donner aux villageois la gestion de leur communauté parce que ce qu'il faut dans des pays comme le nôtre, c'est la gestion de proximité. Il faut que les gens sachent pourquoi on les réunit, pourquoi on leur fait payer de l'argent et quelle est l'utilité de cette argent, sinon, il ne bougent pas, ils restent apathiques là où ils proposeraient même leur bénévolat »[1479].

Ainsi, au plan du vivre ensemble collectif, que les mécanismes qui structurent les logiques coutumières : la famille, le lignage, le village, le clan, l'autorité du chef en général ; la conception de l'ordre par l'entremise de la palabre traditionnelle, l'Ubuntu, le Zo Kwé Zo, ou le Gacaca, bref tout ce qui participe de la redevance communautaire, du vivre ensemble individuel et collectif, à la préservation de l'ordre et de la paix sociale, la manière dont les population structurent leurs rapports, règlent leurs litiges, soit valorisée. C'est aussi dans ce sens qu'il faut inscrire la proposition de sortie de crise des chefs traditionnels des régions du Sud-Ouest et du Nord-Ouest en ces termes : « l'option d'une nation camerounaise unie et indivisible mais avec dix régions décentralisées, des conseils régionaux élus ayant une composante dédiée aux chefs traditionnels comme ce fut le cas avant 1972, du temps de l'ancien Cameroun occidental »[1480]. Sans oublier la démocratisation, de la responsabilité citoyenne, et des normes juridiques au sein des villages. Ceci

---

[1478] Cf. ZANG-ATANGANA (Joseph-Marie), *Les forces politiques au Cameroun Réunifié*, Tome 2, l'expérience de l'UC et du KNDP, Op. Cit., p. 155. Lire l'intégralité dudit discours, pp.153-161.

[1479] Cf. MONGO BETI, in *MONGO BETI Parle, Testament d'un esprit rebelle, Entretiens avec Ambroise KOM*, collection Latitudes Noires, édit. Homnisphères, Paris, 2006, p. 159. « Le fait est que, note l'auteur, nous dépendons du centre-ville, jusqu'à un rayon d'environ 30km. Des entités territoriales, situées à 12km de la ville, comme mon village et peuplées de 2500 habitants, n'ont ainsi aucune existence administrative autonome et sont interdites de toute initiative collective d'envergure. » p. 158.

[1480] Propos tenus par le secrétaire général des chefs traditionnels du Sud-Ouest, FRITGERALD NASAKO, lors de la visite du secrétaire général du Commonwealth, Patricia SCOTLAND au Sud-Ouest, le 22 décembre 2017. cf. *Cameroon Tribune* du mardi, 26 décembre 2017, p.06. À ce propos, le Dr. ATEM EBAKO, chef de TALAGANYE dans le Koupé-Manengouba, ajoutera que les éléments de la solution à cette crise se trouvent heureusement dans la Constitution actuelle, notamment au niveau des articles 55, 56, 57 et 58. Ibid.

étant, on aboutit à la responsabilisation par le bas, de l'individu, du citoyen, des sujets de droit dès la base[1481], au sein de la plus petite et la plus vieille des institutions humaines, la cellule de base de la société, la famille. Bref, il s'agit de « repenser l'État à partir de la nature plurinationale des sociétés »[1482] C'est là, la condition de l'acceptation de l'État, de sa légitimation, de la ré-légitimation du pouvoir, de l'assise de son autorité et de l'ordre public consenti. Et surtout dans l'optique d'empêcher sa propre conflagration au regard de conjectures accumulées et de la montée des périls[1483]. Ceci étant, la prise en compte des valeurs traditionnelles énumérées dans la Constitution du 18 janvier 1996 participe de cette vision.

Ainsi lors de rencontre de Bonabéri du 13 novembre 2017, où le jury du concours du CAMES 2017[1484], dans la spécialité histoire du droit et des institutions, était convié par le prince KUM'A NDUMBE III, à la *Fondation AfricAvenir International* sous le thème : « Les défis juridiques qui interpellent une Afrique encrée dans la tradition mais tournée vers une gouvernance moderne soucieuse du droit international », le Doyen BADJI faisait observer déjà « qu'il n'y a pas de société sans pouvoir, et il n'y a pas de pouvoir sans règles ». Pour signifier que les sociétés africaines étaient déjà régies par les règles avant la colonisation. Ces règles ne peuvent plus être ignorées. Et il est question, au sens du professeur Blaise Alfred NGANDO, de retrouver à travers l'histoire du droit et des institutions africaines, « la mémoire des normes et des institutions » afin de comprendre l'essence du pouvoir et le sens du droit et des institutions dans la refonte des institutions de l'État. Pour le professeur KUM'A NDUMBE III, il s'agit de « creuser notre héritage juridique, celui qui a régi nos sociétés pendant des millénaires avant la colonisation, pour faire une synthèse avec celui hérité de la colonisation pour aboutir à une législation adaptée en Afrique ».

[1481] Au sein même du tissu familial, parce que la famille est à la fois une institution sociale, une institution politique, une institution juridique et par-dessus tout une institution sacrée.

[1482] Cf. KI-ZERBO (Joseph), *A quand l'Afrique ? Entretien avec HOLENSTEIN René*, Op. Cit., p. 81.

[1483] Nous entendons par là entre autre, la crise de la loi, de la justice, de l'autorité, et tout ressèment la crise sociale et la remise en compte de la république et de la citoyenneté.

[1484] CAMES : Conseil Africain et Malgache de l'Enseignement Supérieur. Ont notamment honoré à l'invitation : le Pr MAMADOU BADJI (Université Cheikh ANTA DIOP Sénégal), le Pr. Philippe COCATRE ZILGIEN (Université Panthéon-Assas/Paris 2), le Pr. NENE BI BOTI Séraphin (Université Alassane OUTTARA, Côte d'Ivoire), et le Pr. Le Blaise Alfred NGANDO (directeur du centre des ressources documentaires de l'université de Yaoundé II).

3- Proposition n°3 : La réarticulation de l'ordre normatif autonome sur l'ordre hétéronome : la nécessaire prise en compte de l'esprit des normes coutumières dans la construction de l'ordre global

Il s'agit ici de la conciliation des thèses précédentes, sous la forme de la *théandricité* ou *l'uno-andro-polarité*[1485]. C'est le modèle platonicien d'organition de l'État. À titre exemplative, elle implique la conjonction entre le référentiel humain et le référentiel cosmique, et participe de la logique de la complémentarité, de l'englobement des mondes[1486]. Elle consiste par exemple à resituer l'ordre Constitutionnel, entre autonomie et hétéronomie, et surtout à placer une autorité morale, un idéal au-dessus de l'État jacobin. L'apport de la coutume ici consisterait à conjurer les limites de la volonté autonome fruit de la philosophie dites des lumières, fut-elle celle du pouvoir constituant, originaire ou dérivé. Cet apport va plus loin que le contrôle de Constitutionnalité des normes et se pose au sens de la réarticulation d'une sacralité émancipatrice de la seule rationalité et des intérêts partisans. Ici, le transcendantal joue le rôle d'essence génétique, de fondement ; et de glissière de sécurité. Il s'agit, non pas de sortir de l'autonomie de la volonté, mais d'insérer cette volonté dans son hétéronomie originelle. Cela n'est pas à notre sens un fait inédit, parce qu'en ce qui concerne les droits de l'homme, qu'il s'agit des textes nationaux, régionaux et même nationaux, la référence à la sacralité est un acquis et ne souffre point de contestation. Cette hétéronomie, les Grecs notamment ARISTOTE et PLATON, le situaient dans la justice transcendantale ; et les Egyptiens et les peuples éthiopiens, dans la justice-vérité, Maât. Epine dorsale de l'organisation des institutions traditionnelles. Car, « le *NOUN* est le germe de l'être et de la pensée, comme de notre pensée de l'être. Voilà pourquoi les Africains de l'Egypte pharaonique ont senti et pensé la nature comme un ordre cosmique, se renouvelant sans cesse, à la lumière du soleil qui se lève te se couche chaque jour »[1487].

Ainsi, cette consubstantialité entre l'ordre social et l'ordre cosmique de la cosmogonie africaine est, elle-même, issue de la matière primordiale, des temps mythiques. « Le grand dieu fluvial de la *Gold Cost* (Ghana) et de la Côte d'Ivoire est *Tano ou Ta KORA.* Dans le Nord du *Dahomey* (Bénin), *Kora*

[1485] Cf. BILOLO M., *Les cosmo-théologies philosophiques de l'Egypte antique. Problématique-prémices herméneutiques et-postulats majeurs*. Op. Cit, p. 188.

[1486] Sans cette conception « le monde d'aujourd'hui flotte à la dérive…c'est un bateau en perte de ses mats, de ses voiles et de son gouvernail. Ainsi dans un très proche avenir pourrait-il devenir la proie de la première bourrasque survenant à l'improviste ». Cf. KOLPAKTCHY (Grégoire), Livre des morts des anciens Egyptiens, Op. Cit., p. 43.

[1487] Cf. OBENGA (Théophile), *La philosophie africaine de la période Pharaonique 2780-330 avant notre ère*, Op. Cit., p. 510.

se dit du Niger, et signifie l'immense »[1488]. Bien plus, « le flux des fleuves Nil, Niger, Sénégal, Congo, Zambèze (…), tient du NOUN, du dedans. « Les sociétés agraires négro-africaines, depuis leur haute Antiquité, vivent ainsi à l'échelle cosmique, par la pensée des Grandes eaux qui permet alors l'action, au cœur des saisons et des jours, inlassablement. Le *NOUN* est donc alors toujours repris et recommencé par le flux vitalisant des Grandes eaux. Nous sommes pour ainsi dire dans le monde de la répétition, un monde de la création continuée. Les rituels assurent, en tant que geste essentiels, la contemporanéité de l'homme avec le cosmos »[1489]. En effet, dans la conception égypto-nubienne « la théorie du *NOUN* fait que la vie préexiste dans la matière, mais se révèle comme force créatrice que lorsque l'intelligence *(RÂ, ATOUM)* – forme complexe et supérieure prise dans le *NOUN* lui-même en sa mutation structurale – implique à son tour une autre théorie, celle de la *MAÂT*, principe primordial qui ordonne toutes les valeurs »[1490] , la rectitude cosmique, le *Mkpa'a,* dans ses dimensions non politiques, mais individuelles, cosmiques et eschatologiques. Ce faisant, on sortirait à la fois de l'impasse de la logique purement rationnelle, pour les sentiers nouveaux de la translogique, et même de la pensée de l'inversion, la conception spirale et cyclique de l'ordre global. Le droit, le politique et le sacré sont intimement liés[1491], le droit est le produit. En Afrique le droit est sacré et résulte en dernière analyse de l'intelligibilité cosmique. Ce faisant, le contrôle de Constitutionnalité serait renforcé et auréolé d'une nouvelle sacralité. Une sacralité liée non seulement à sa fondamentalité de la Constitution, en tant que norme suprême de référence, mais bien plus, une sacralité transrationnelle, en tant que déclinaison terrestre de l'ordre cosmique. Ceci étant, on sortirait des manipulations Constitutionnelles à des fins personnelles ou partisanes[1492]et de crise de la modernité. Le rapport entre ordre politique et le sacré est un rapport d'unité d'essence, de rupture de circonstance, au nom de raison triomphante et émancipatrice.

Mais c'est aussi un rapport appelé à se réarticuler face à une certaine désaffiliation populaire et même rationnelle, face à l'impasse de la construction de l'État de droit, ou de l'Etat Nation africaine hérité de la guerre

[1488] Ibid., p.40

[1489] Ibid., p. 41.

[1490] Ibid., p.510.

[1491] La Constitution du 18 janvier 1996, en son préambule : « Proclame que l'être humain, sans distinction de race, de religion, de sexe, de croyance, possède des droits inaliénables et sacrés ».

[1492] Nous faisons référence ici à l'éternel débat sur la limitation des mandats, débat qui secoue le continent africain depuis les années 1990 et la tenue des conférences nationales souveraines.

froide[1493]. Cette quête de la nouvelle « sacralité » est à la fois réparatrice et prospective.

Conclusion : De ce chapitre consacré au second moment de la modélisation de la théorie pluraliste du droit en Afrique noire, il ressort la différence fondamentale entre l'ordre coutumier et l'ordre étatique. Ceci, malgré leur fondement qui reste unique, parce que sacré. Il se conçoit en termes de passage de l'ordre hétéronome à l'ordre autonome. Cela ne signifie guère qu'un système normatif en soit dépourvu de rationalité, par rapport à l'autre, ou encore moins, qu'un ordre soit de par sa nature supérieure à l'autre. Deux hypothèses sont à prendre en compte ici.

Premièrement, le droit produit par l'État se veut et ne se conçoit que dans le paradigme de la philosophie positive, et donc de la double certitude cartésienne. Les mécanismes d'enseignement de la coutume sont occultés[1494]. D'où la conception de la norme juridique comme un acte de volonté. Et pour s'en convaincre, le constituant camerounais, dès le préambule, parle au nom du peuple camerounais. Le droit qu'il décline apparait ainsi comme la somme fictive des volontés particulières.

À rebours de cette conception, la coutume se conçoit dans un enchevêtrement des rationalités, positive, et extra-positive. D'aucuns à l'instar des ethnologues coloniaux, y ont vu, en référence à la pensée évolutionniste, une pensée ou une mentalité prélogique. Mais après examen, il ressort une intelligibilité de la norme coutumière, tant dans son essence que dans sa mise en œuvre. Mais aussi, il existe une complexité certainement due à la contexture translogique coutume.

Le second moment de la distinction réside dans la dynamique propre qui irrigue chaque système normatif. De ce point de vue, la logique de l'État est syllogistique et logico-déductible, d'abord de par sa conception du droit comme acte de volonté ; ensuite de par sa structuration, la conception pyramidale et hiérarchique de l'ordre ; et enfin, de par sa mise en œuvre, à l'instar du syllogisme judicaire.

[1493] C'est un État libertaire qui se caractérise par la recherche d'une validation internationale et la répression des mouvements irrédentistes au plan interne.

[1494] Parlant de ces mécanismes, il faut préciser comment s'effectue l'initiation à la coutume : à travers l'oralistique (Mythes et récits fondateurs, contes et légendes, épopées et récits épiques, maximes et adages et.) et la logique des institutions (politiques, sociales à l'instar de la famille ; mais aussi les sociétés secrète et…)

Or la logique coutumière est certes déductible du référentiel global, de la rectitude cosmique (ontogénèse, cosmogénèse, biogénèse), et de la justice générale perçue comme ordre transcendantal ; mais au plan terrestre et de la conception même de l'ordre politique. La seule référence est la rectitude qui doit être dictée ou incarnée, dans l'individu et dans la justice communautaire. Ce qui se fait par l'entremise de la parole et le palliatif de la mesure. Ceci tant dans la juridiction familiale que dans la grande palabre communautaire. La vie étant conçue comme un trait d'union entre l'ordre cosmique et l'au-delà, l'ordre même devient cyclique. L'homme est de ce fait appelé à se bonifier avec le temps. La société est structurée pour refléter, autant que possible, en fonction des contextes, l'ordre juste, l'harmonie universelle. La justice et la vérité sont donc les caractéristiques premières de structuration de la normativité communautaire. Et la justice sociale, une quête. Pour plus d'efficacité, seulement, cet ordre peut prendre des relents métaphoriques et allégoriques de sacralité. C'est la conception de la dimension métapsychologique même de la norme, la lutte contre le désordre originaire, l'anomie. Il va sans dire que depuis les temps mythologiques, les temps des fondements, cette structuration de l'ordre social communautaire se fait par la Constitution des assemblées de discussion, de diction de la parole de la vérité. Il n'est donc pas étonnant de retrouver partout en Afrique noire la pratique généralisée de la palabre, et ce, depuis la très haute antiquité.

Il va sans dire que du fait de la rencontre des deux visions du monde, et surtout de la tendance à la surenchère de l'ordre étatique impératif, l'ordre coutumier a pris la connotation de l'ordre informel. Il faut cependant souligner que du fait de la crise globale qui traverse, de bout en bout, l'État de droit en Afrique, la rencontre des rationalités étatiques et coutumières mérite d'être repensée, et mieux restructurée en vue de l'avènement d'un ordre juridique adapté à son contexte[1495]. Il s'agit là, de repenser la dialectique entre l'ordre et le désordre, mais aussi entre l'autorité et la citoyenneté, entre la légalité et la légitimité, deux bornes qui définissent le champ du juridique.

Pour ce faire, il est apparu nécessaire de revisiter dans le souci de restitution, par le recours à l'historiographie récente les mécanismes qui président et gouvernent chaque système normatif. Partant de là, poser les conditions d'un dialogue inclusif et inconditionné pour la conceptualisation du rapport de force, du droit, la redéfinition du juridique. Car le droit apparait comme le résultat des dynamiques sociales concertées, et rien d'autre de plus prétentieux qui relèverait de la conception d'une mission prométhéenne.

[1495] Cf. ONDOUA (Alain), *La Constitution camerounaise du 18 janvier 1996, bilan et perspectives*, Op. Cit.

Au total, le dépassement du paradigme aura consisté dans le dépassement des théories anthropocentriques du droit, phénomène de la seule volonté humaine, vers la prise en compte des théories juridiques théocentriques, Au sens de l'*unopolarité* de l'existé.

Conclusion titre 2 :

Le titre deux est pour l'essentiel consacré à la modélisation. Il présente au chapitre premier une certaine prescription heuristique. Le but final est de prendre les obstacles qui se dressent contre la coutume comme postulat, de les confronter méthodiquement aux faits afin d'éprouver leur véracité. C'est la déconstruction méthodique des obstacles évoqués çà et là, et qui sont de nature à empêcher un dialogue franc entre les héritages juridiques en concours. Mais, une fois ce premier travail fait, il devient presque inévitable de modéliser. C'est-à-dire de proposer le canal de la perspective du vivre ensemble collectif. Car, on pourrait l'oublier, ce qui est en jeu ici est la régulation sociale, une régulation négociée et non plus imposée par le désir de puissance, le décret. Aussi, en même temps que la citoyenneté, l'autorité de l'État en sortira renforcée.

Pour ne pas conclure, la logique qui irrigue la coutume pourrait informer, rationnaliser et corriger les distorsions et autres imperfections dans le fonctionnement des États en Afrique noire, mais aussi les institutions normes et organes. L'hypothèse d'école de l'apport de la coutume à la modernité, victime de son arrogance, est le cas des *Gacaca* au Rwanda, des comités vérité-réconciliation en Côte d'Ivoire, en Afrique du Sud, en Sierra Leone ou encore au Libéria. S'il l'on s'en doutait encore, ces exemples montrent que, lorsqu'en Afrique noire, l'État a failli[1496], la coutume est venue en rescousse. La modernité n'est donc pas à chercher hors des frontières des sociétés traditionnelles, elle est consubstantielle à l'histoire des peuples, elle est de ce fait dans nos us coutumes.

[1496] Cf. GAULME (François), « États faillis, États fragiles : concepts jumelés d'une nouvelle réflexion mondiale », Politique étrangère, Printemps, avril 2011, pp. 17-29.

Conclusion deuxième partie

Si la première partie permet de voir comment l'État s'est imposé par une ruse stratégique et au moins de la loi des monopoles, la seconde partie nous invite à une démarche alternative et méthodique. Cette démarche commence d'abord par l'exemplification des solutions de l'impasse du modèle. C'est-à-dire la tentative péremptoire que véhicule encore la juridicité des organes de l'État et la crise des solutions jusque-là proposées sous le couvert de l'idéologie et légitimées par les arguments et autres attendus juridiques. Ces solutions ont engendré les visions du monde restrictives, faites d'exclusion et de dénégation d'altérité. Il y'a de ce fait, une double crise. Il s'agit à la fois d'une crise de la prescription et d'une crise des solutions, des réformes jusque-là envisagées.

Pour revenir aux principes premiers structurant la logique coutumière et les institutions locales, une véritable « archéologie » de l'oralité nous a semblé utile. Elle conduit à retracer les linéaments du juridique selon la coutume, depuis son berceau égypto-nubien, voire éthiopien, jusqu'à nos jours. De cette étude, l'on peut conjurer l'oubli de la dynamique normative interne.

Ainsi, dans la vision prospective de l'instauration d'une pensée juridique prenant en compte l'altérité, et après avoir déconstruit les préjugés, l'idéologie et autres arguments scientifiques co-orientés[1497], une mise en tension des logiques de l'État et des coutumes est impérative pour changer de paradigme. Ce qui passe au préalable par la refondation de son épistémologie fondatrice. En cela, la présente thèse voudrait poser les prémices d'une pensée inaugurale de la connaissance du droit local. Elle se propose de repenser la rencontre historique, au-delà de toute injonction de civilisation et de tout postulat impératif. Il semble que, là réside la solution à la crise que traverse l'État de droit. C'est donc au final dans la dialectique de l'abstraction et de la pratique que se situe le débat juridique, et l'enjeu du vivre ensemble collectif

[1497] Cf. GOLTZBERG (Stefan), *L'argumentation juridique*, 2e édit., Dalloz, 2015, 124p. ; GOLTZBERG (Stefan), « Esquisse de typologie de l'argumentation juridique », Op. Cit.

CONCLUSION GÉNÉRALE

Le présent travail a pour thème « l'État et les coutumes au cameroun XIXe – XXIe siècle : contribution à une théorie pluraliste du droit en Afrique noire postcoloniale ». Elle se propose de résoudre à titre principal la conjecture entre la pratique et la prescription au Cameroun et dans les sociétés plurielles d'Afrique noire postcoloniale en général. Ces analyses se fondent sur la question de la compatibilité des politiques législatives de l'État avec les coutumes, au sens du paradigme local de régulation. Dans l'optique de voir s'il y a, bijection entre l'État et les coutumes, ou alors, si l'ordre juridique de l'État est caractérisé par l'exclusion. Ceci, pour envisager en connaissance de cause, la perspective de la construction d'un ordre juridique inclusif. Il en résulte des analyses, le constat d'une construction entéléchique de l'État. Du moins, depuis son imposition au Cameroun, en la faveur de la colonisation occidentale jusqu'après les indépendances. Une construction endossée sur la tentative péremptoire du Logos, surtout rythmée par le régime assuré des énoncés, des épistémès, des logiques et des rationalités évolutionnistes restrictives.

Aussi de 1884 à 1960 la construction de l'État se fait en rapport direct avec la constitution du territoire[1498]. Sa caractéristique majeure est la négation des sociétés coutumières, territorialisées[1499]. Le point de départ de cette dynamique est ici représenté par la déclaration de Berlin[1500]. De bout en bout, la logique qui irrigue ses assises est celle de la conquête et du partage d'un « *No Man's Land* ». La triple occupation française, anglaise et allemande en constitue la suite logique et surtout la preuve parfaite de cette logique.

Dans ce sens, l'instauration du protectorat allemand de 1884 à 1916 va poser les bases, en fait et en droit, du fait colonial, notamment le recours à l'idéologie de légitimation de la mission civilisatrice hérité des assises de

---

[1498] Cf. ONDOA (Magloire), *Traité de droit constitutionnel et institutions politiques du Cameroun, Livre premier, la construction de l'État du Cameroun, Sous-livre premier, la création d'entités étatiques camerounaises*, Tome II, l'accession des entités territoriales camerounaise à la souveraineté, Op. Cit., pp. 61 et s.

[1499] « Il va de soi que ces terres n'étaient pas inhabitées ou n'appartenaient à personne. Apparaît ainsi, l'une des curiosités du système juridique international d'alors. Dans son essence en effet, l'annexion suppose l'existence antérieure du territoire concerné et une vie humaine. Pourtant, dans la logique juridique de l'époque, cette existence et cette vie humaine préalables étaient niées, afin d'expliquer et de justifier l'annexion du territoire concerné », ibid., p. 75.

[1500] La Déclaration de Berlin, c'est l'acte issu de la conférence qui s'ouvrit à Berlin en Allemagne le 15 novembre 1884 et s'acheva le 26 février 1885. Ibid., pp.167 et s.

Berlin. Ces bases auront, au plan pratique une incidence particulière sur les structures politiques dessaisies, sur les institutions sociales inféodées, et aussi sur le territoire monopolisé dans son ensemble.

On assiste ainsi à la dépolitisation, synonyme de perte de souveraineté des rois et notabilités traditionnelles. Ce qui se fera au moyen de deux instruments : le droit et la guerre. Il s'agit de la conquête militaire du territoire, des traités d'annexion et des traités de paix[1501]. Au terme de ce processus, l'on aboutit alors au sacre du gouverneur de la colonie, représentant l'autorité suprême. De plus, avec l'arrivée des missionnaires, s'instaure de fait, aux côtés des dirigeants coutumiers une autorité morale concurrente, tant du point de vue de la légitimité que de celui de la sacralité : le catéchiste.

Les institutions judiciaires subiront les conséquences de cette logique de domination, avec en prime l'instauration d'un dualisme judiciaire au profit du droit écrit, devenu le droit de référence, légitimé par l'épistémologie coloniale. On assiste ainsi à une sclérose du champ matériel des compétences traditionnelles originelles.

Au plan social, l'on note un éclatement du lien familial traditionnel. Notamment le passage de la famille lignagère à la famille nucléaire. Le mariage, la dot subiront à leur tour la dénaturation de leur logique première. De plus, l'introduction de la morale sexuelle et religieuse aboutie à l'autonomisation des femmes, l'individualisation du lien familial et à la réduction du prestige et de l'autorité de leurs conjoints.

Au plan de la gestion et de l'aménagement du territoire, on note un regroupement automatique de toutes les souverainetés territoriales[1502], et la constitution d'un territoire unique sous la ferrure du gouverneur des colonies. De même, de la propriété collective coutumière, on passe à l'individualisation des droits fonciers sous le modèle de la noblesse d'essence indo-européenne.

La question de la gestion du lien contractuel n'est pas des moindres. Pour les rapports de travail par exemple, on passe d'un lien de travail coutumier d'essence coopérative, à un lien de travail symbolisé par le rapport de

---

[1501] KUM'A NDUMBE III, les traités Camerouno-germaniques : 1884-1907, in actes du colloque international « *Cent ans de relations entre l'Afrique et les Allemagnes 1884-1984 : le cas du Cameroun* » du 8 au 14 Avril 1985, Op. Cit., pp. 19 et s.

[1502] Le professeur GONIDEC note que les chefferies traditionnelles constituaient les États, au sens du droit constitutionnel. Il évoque à notre d'argument l'existence d'un territoire, d'une population et d'un pouvoir politique. Cf. Gonidec (P.F), *L'État africain*, pp. 30-31, cité par Magloire ONDOA, *in* Traité de droit constitutionnel et institutions politiques du Cameroun, Livre premier, la construction de l'État du Cameroun, Sous-livre premier, la création d'entités étatiques camerounaises, Tome II, « le refus de considérer les chefferies comme des États explique les difficultés que les auteurs éprouvent à dégager les causes de l'apparition (...) en Afrique », du phénomène étatique Op. Cit., p.79.

subordination. On assiste à la fois à l'instauration du travail forcé[1503] de droit, et de fait, avec l'instauration de l'impôt de capitation.

De 1916 à 1918, période du condominium franco-britannique, cette logique, fidèle à l'esprit de la conférence coloniale de Berlin est maintenue de plein droit, surtout au regard des circonstances exceptionnelles liées à la Première Guerre Mondiale.

Après les assises de Versailles et le mandat de la SDN de 1922, l'on note juste une différence nominale du point de vue de l'administration du territoire : le passage du protectorat au mandat. Au fond, malgré ou bon gré, les qualificatifs de *Direct* et de *Indirect Rule*, les structures politiques traditionnelles sont sous domination de l'Etat-colonial, la souveraineté ancestrale n'existe plus, les vielles dynasties traditionnelles ont été destituées.

De manière globale, la doctrine admet que le système britannique laisse une certaine flexibilité aux autorités traditionnelles ; ce qui permet de ce fait, une certaine marge de manœuvre dans la gestion des affaires domestiques. Mais l'emprise du Common Law est notable et son incompatibilité avec la coutume est réelle. Au point où d'aucuns parlent ouvertement de la survivance des coutumes[1504] dans le sous-système anglophone. L'article 27[1505] de la SCHCL de 1955 ne laisse transparaitre aucun doute à ce sujet, dans la mesure où elle écarte de plein droit les coutumes dites contraires aux lois et aux bonnes mœurs. Mais il ne faut pas se faire d'illusion, la domination politique, même dans le système britannique, n'a pas disparue pour autant. Dans les domaines aussi variés que la gestion des terres, la famille, le travail, c'est la poursuite du modèle allemand, et la logique des assises de Berlin.

Le système français se veut purement assimilationniste. Autrement dit, le système coutumier est purement et simplement appelé à s'effacer et à faire place à l'idéal de civilisation du modèle républicain hérité de la révolution de 1789, du moins en théorie.

[1503] Cf. KUM'A NDUMBE III, *Quand les anciens parlent, Les Bassa dans le Njokmassi colonial. Témoignages du vieux Papa PAGHA André sur la colonisation*, Op. Cit., pp. 135-254.

[1504] Cf. MIKANO E. KIYE, « The Repugnancy and Incompatibility Tests and Customary Law in Anglophone Cameroun », African Studies Quarterly, vol. 15, Issue 2, March 2015.

[1505] Cf. Section 27(1) de la SCHL de 1955, qui énonce que: « The High Court shall observe, and enforce the observance of every native law and custom which is not repugnant to natural justice, equity and good conscience, nor incompatible with any law for the time being in force, and nothing in this law shall deprive any person of the benefit of any such native law or custom », Op. Cit.

Aussi les pratiques telles que, l'introduction du code de l'indigénat[1506], le travail forcé, le salariat[1507], et l'encadrement du mariage coutumier et de la dot[1508] sont assez éloquents. De même, l'individualisation du lien foncier et l'administration du territoire par décret à partir d'un seul pôle concentrique, témoigne de la négation du référentiel communautaire de structuration de l'en-commun, de gestion des terres et d'administration du territoire.

Le découpage administratif du territoire sous mandat et sous tutelle finit de convaincre, mêmes les plus sceptiques, du fait de l'éviction des institutions coutumières par l'administration d'État, tant du point de vue structurel que fonctionnel. Elles sont réduites au rôle ingrat, d'auxiliaire et d'ancillaire de l'administration.

Tout ce qui suit témoigne de la négation de l'altérité aux sociétés coutumières dans la mise en œuvre du fait colonial. C'est la caractéristique de la marginalisation des coutumes, du fait du recours à l'idéologie, et au nom de la civilisation. Elle est marquée aussi par l'utilisation travestie d'une rationalité et d'une objectivation sujette à caution, du point de vue de l'analyse du fait empirique local. L'État colonial s'autoproclame comme référentiel unique et cherche par tous les moyens à s'inféoder le paradigme coutumier de régulation, tant au plan institutionnel que matériel. C'est du moins logique, dans une certaine mesure, par ce que la colonisation est par essence, un système de domination.

Dès l'accession à l'indépendance, on se serait attendu à une certaine inflexion. Une rupture de la logique impérative des épistémicides[1509], mais celle-ci n'aura pas lieu. La dynamique de la construction de l'État-jacobin, et de ce qui est désormais convenu d'appeler l'ordre républicain, ne va pas fondamentalement changer. Aussi, de la constitution 1960 à la Constitution de 1972[1510], les acquis coloniaux sont validés et légitimés, un à un. L'État représente la structure politique unique de référence et revendique, pour ne

---

[1506] Cf. parlant de l'indigénat ou du régime de l'indigénat, voir à cet effet Les dispositions du décret du 8 août 1924, Op. Cit. Voir aussi, Arrêté du Commissaire de la République du 14 mars 1917 déterminant les infractions spéciales à l'indigénat (J.O.C. 1er octobre 1917) complété par arrêté du 26 octobre 1917 (J.O.C. 1er novembre 1917).

[1507] Cf. Décret du 25 avril 1938, J.O.C DU 1Er octobre 1938, Op. Cit.

[1508] Cf. BASSE (Jacques), Les délits relatifs au mariage dans le Sud-Cameroun : L'abandon du domicile conjugal et l'escroquerie de la dot, Thèse de doctorat en droit, Paris, 1957.

[1509] Cf. BOAVENTURA DE SUSA SANTOS, *Epistemologies of the south. Justice against Epistemicide*, Boulder/Londres: Paradigm Publishers, 2014.

[1510] Il en va ainsi de la loi du 4 mars 1960; de la loi n 61-24 du 1er septembre 1961 portant révision Constitutionnelle et tendant à adapter la Constitution actuelle aux nécessités du Cameroun réunifié. C'est aussi le cas de la loi Constitutionnelle du 02 juin 1972 et de ses révisions subséquentes, notamment loi n° 96-06 du 18 janvier 1996 portant révision de la Constitution du 02 juin 1972.

point s'en douter, le monopole de la législation et de la force légitime. A peine, la question des minorités est abordée. Le recours à l'idéologie de la construction nationale interdit tout débat au fond, sur la réarticulation des identités micro nationalités. Le modèle choisit est le modèle jacobin, de la construction de l'État par le haut, et par décret. La loi devient le référentiel unique et l'instrument privilégier de la régulation ; d'où la compétence législative constitutionnalisée. Cette compétence se partage entre le Président de la République et le Parlement.

Le domaine foncier traditionnel devient le domaine privilégié de la législation. A titre d'exemple, les politiques coloniales sont validées, avec des reculs notables. Il en va ainsi de la remise en cause des certificats de propriété coutumière des terres, et l'instauration du titre foncier comme seule preuve de la propriété foncière. Du point de vu des droits personnels, la querelle autour de la question du mariage traditionnel et de la dot n'est pas résolue.

De plus, au nom de la science du droit, la proclamation de l'universalité des concepts juridiques vient biaiser la conceptualisation, l'analyse et la théorisation des coutumes dans le cursus des études institutionnelles et universitaires.

L'avènement de la révision constitutionnelle de 1996 marque cependant un pas décisif. Toutefois, les évolutions sont insuffisantes ; parce que rien ne change fondamentalement au fond. A titre d'exemple, la compétence législative est répartie sans tenir compte de la compétence coutumière originaire de ce territoire. La proclamation de la prise en compte des valeurs traditionnelles est tout de même actée. L'appropriation efficiente de cette mesure reste querellée. Le devenir de la coutume ne saurait aussi se réduire à une simple question de prise en compte des valeurs traditionnelles, fut-elle Constitutionnelle. Voilà pourquoi le constituant du 18 janvier 1996 veut aller plus loin.

Aussi, assiste-on à l'intégration des dépositaires de l'autorité traditionnelle dans les conseils régionaux[1511], avec en prime le processus de la départementalisation de leur choix. De la lettre même de l'article 57 al. 1 et 2 de la constitution, « les organes de la région sont : le conseil régional et le président du conseil régional. Le conseil régional et le président du conseil régional agissent dans le cadre des compétences transférées aux régions par l'État. Le conseil régional est l'organe délibérant de la région. Les conseillers régionaux dont le mandat est de cinq ans sont : les délégués de départements élus au suffrage universel indirect ; les représentants du commandement

[1511] C'est du moins ce que prévoit le titre X de la Constitution du 18 janvier 1996, intitulé : « les collectivités territoriales décentralisées » ; même si au demeurant cette mesure est encore inopérante.

traditionnel élu par leurs pairs ». Malgré tous ces efforts, le constat est clair : on est encore au stade du texte. De ce fait, l'État actuel apparait alors comme un arrière monde de l'Etat-colonial et ses politiques législatives appréhendent encore la coutume certes, mais dans la minoration et l'inféodation.

Une lecture plus poussée de la logique de l'État montre aussi la tradition juridique dominante prise en faute de systématisation. Surtout caractérisée par la méconnaissance et la dénaturation de la logique coutumière ; et produisant des épistémicides. D'où la réfutation que propose la présente thèse. Tous les acquis sont discutés : les confusionnismes jusque-là tus, des certitudes encore concédées, des dogmatismes les plus insidieux et l'absence de conceptualisation de la coutume dans les langues africaines.

Ce faisant, sont ruinées, en même temps que la théorie unitaire qui irrigue toute la construction de l'État ordre-juridique, la rigidité conceptuelle et la prétention à incarner d'autorité au dépend de la coutume, l'ordre, et le droit.

Plus fondamentalement, la présente thèse peut paraitre décalée vis-à-vis de la tradition juridique dominante dont elle est héritière. Et pourtant, il n'en est rien, car cette thèse démontre l'inadéquation du modèle occidental aux sociétés plurielles. Encore que, le véritable héritier est celui qui introduit des mutations profondes et des ruptures au sein même de la tradition. Allant, en tant que de besoin, jusqu'à en affecter significativement les croyances devenues naturelles, au point d'engendrer, par cet acte dit d'administration, une pensée nouvelle : la réification de l'entendement du juridique, au moyen de la prise en compte de l'épistémologie locale et la révision des codes idéologiques pour dépasser leur incohérence.

C'est dans cette optique, qu'après avoir démontré l'incompatibilité des politiques législatives de l'État vis-à-vis de la coutume, du fait du recours à l'idéologie, à la certitude de la philosophie dites des lumières, et à la ruse dans l'utilisation des catégories juridiques ; il nous a semblé utile de saisir à partir de l'étude des antiquités africaines[1512], la notion de coutume dans son développement transhistorique. L'horizon étant la perspective de restituer sa causalité historique, d'orthographier son contenu à travers son esprit, ses aspects matériels, immatériels et sa philosophie globale en s'articulant autour d'une vision onto mythologique, voir cosmique qui fonde sa substance. Ce qui participe de la redéfinition de la citoyenneté et partant l'avènement d'un ordre juridique nouveau, dans la brèche ouverte par le préambule de la Constitution du 18 janvier 1996. Un ordre fondé sur le dialogue

[1512] Cf. ABD EL HAMID ZAYED « relations de l'Egypte avec le reste de l'Afrique », in : *Histoire générale de l'Afrique tome II. L'Afrique ancienne*. Sous la direction de G. MATHAR. MOKHTAR (G.), Op.Cit. ; Cf. OBENGA (Théophile), *La philosophie africaine de la période Pharaonique 2780-330 avant notre ère*, Op. Cit.

inconditionné[1513] des héritages juridiques, fruit des rencontres historiques. Aussi, cette thèse participe à :

- La construction d'un modèle spécifique de l'État en Afrique noire, au besoin par le recours à un nouveau discours sur la méthode. Ce discours de la méthode implique le postulat d'objectivation au moins à un triple niveau : une objectivité descriptive, une objectivité reproductrice, et une objectivité logique ou systémique.
- L'extension du paradigme dominant pour une conception dynamique de la science: pour changer de paradigme, changeons l'épistémologie des connaissances institutionnelles, réinterrogeons le discours juridique dans les sociétés protéiformes, au besoin dépassons le cadre restrictif de l'épistémologie coloniale;
- La résolution de la crise plurielle que traverse l'État de droit : crise de la loi, de la justice, de la démocratie, de la légitimité, de l'identité de l'État-nation ;
- La redéfinition de la coutume. Ceci, au besoin, dans son évolution transhistorique, depuis la haute antiquité égypto-nubienne, éthiopienne, et la modernité des sociétés traditionnelles, en utilisant les langues africaines et en réaffirmant la consubstantialité.
- Dégager une généalogie de la pensée coutumière, pour comprendre sa filiation, sa composition et ses impulsions. Mais aussi, il faut dégager une définition des pré-principes et des principes trans-matérialistes de l'approche communautaire du droit;
- La relativisation de la supériorité présumée de l'État par rapport aux coutumes, mais aussi la discussion de l'anachronisme déclamé des coutumes ;
- La ré-conceptualisation du vivre ensemble, avec en prime, la dé-marginalisation des institutions coutumières, de leur socle, et la problématisation de leur amalgamation dans le cadre de la définition d'une citoyenneté multiculturelle et républicaine ;
- La précision des modalités d'enseignement et d'initiation à la coutume à travers l'initiation et la tradition orale : Mythes et récits fondateurs, contes et légendes, épopées et récits épiques, maximes et adages. Ceci, dans le but de restituer sa continuité historique, de la comprendre à partir de ces concepts juridiques opératoires véhiculés par les langues africaines ; et se réapproprier son épistémologie interne sans injonction.

À l'heure du tâtonnement institutionnel et de la contestation du monopole de l'État-nation mono culturel, cette thèse vient poser les jalons d'un nouveau contrat social, d'une citoyenneté adaptée aux sociétés plurielles. Elle apporte

[1513] Ce dialogue participe de ce que Jacques DERRIDA appelle l'invention de l'autre. Cf. DERRIDA (Jacques), *Psyché, Invention de l'autre*, Tome 2, Paris, Galilée, 2003.

sa contribution à la réflexion sur la définition du modèle politique africain, selon l'épistémologie du Sud[1514]. Ce faisant, elle participe aussi à orthographier autrement la connaissance que nous avons jusque-là des coutumes, et la perspective de l'avènement d'une nouvelle période de la science normale. À la continuité dominante du sens des théories coutumières, et contre l'orthodoxie, cette thèse propose l'élargissement des grilles[1515] de lecture, et donc du nouveau sens à découvrir.

Au total, cette nouvelle période dite de la science normale se fonde sur une théorie pluraliste du droit en Afrique noire postcoloniale. Pluraliste, cette théorie l'est, au moins sur trois plans :

Au premier plan, il s'agit d'un postulat d'ordre substantiel, en ce sens qu'il procède à une extension des sources de la normativité. Au sens de l'origine de la régulation, du droit. Sur ce plan, le droit n'est plus considéré comme un phénomène purement humain, vision matérialiste, mais un sous ensemble de la régulation globale de l'univers dans ses aspects visibles et invisibles. C'est du moins ce qu'attestent les postulats mythologiques et les récits étiologiques en Afrique noire. D'où l'indistinction postulée par l'ordre coutumier, et sa conséquence, l'immanence, la permanence et la transcendance du phénomène juridique.

Deuxièmement il s'agit d'un postulat onto-méthodologique. Aussi, cette théorie est pluraliste, parce qu'elle ne conçoit pas la définition de l'ordre social dans la minoration de l'autre et de ses instruments analytiques. Elle sort de l'orthodoxie de la logique binaire établie. La base du raisonnement privilégie l'englobement, au-delà même du processus de pré-conditionnement dû à la langue, à la culture et à l'idéologie. De ce fait, elle se propose de questionner les épistémologies alternatives dans la construction de l'ordre global, par exemple dans le monde négro-africain, partant des « *pré-principes* », du « *méta-être* », elle structure la condition d'existence de ce qui est[1516]. Ce faisant, elle réhabilite ainsi, l'épistémologie locale et pose la question de son appropriation scientifique et institutionnelle. Tout comme elle conditionne la validité du raisonnement juridique à la prise en compte des variantes herméneutiques qui existent dans les différentes cultures juridiques : c'est le processus ternaire d'objectivation. Une objectivation descriptive, discursive, logique ou systémique.

1514 Cf. BOAVENTURA DE SUSA SANTOS, *Epistemologies of the south. Justice against Epistemicide*, Op. Cit.

1515 Elles peuvent être historiques, herméneutiques, phénoménologiques, méthodologiques, conceptuelles, épistémologiques, systémiques etc.

1516 Cf. BILOLO MUBABINGE, *Les cosmo théologies philosophiques d'Héliopolis et d'Hermopolis, Essai de thématisation et de systématisation*, Op. Cit., pp. 11 et s.

En fin, cette théorie est pluraliste parce qu'elle compte s'affranchir de la pensée du fondement logique rationnel et sa fameuse neutralité querellée, pour souligner et dépasser les incohérences des codes idéologiques. Elle n'entend exclure ni les systèmes de pensée, si les pratiques locales, ni même marginaliser les auteurs de telles pratiques au nom de la sécurité juridique. On s'arrache ainsi de la stabilité de la science du droit, pour penser le mouvement, la redécouverte, la tension du mouvement interne de la pensée juridique. Elle s'affranchit parfois, utilement, des connaissances dites institutionnelles. Elle conçoit ainsi le droit social comme le résultat des délibérations provisoires, entre toutes les forces et les sensibilités qui participent à la régulation de la société à un moment donné. C'est en cela qu'elle embrasse la nouvelle configuration de la gouvernance normative.

BIBLIOGRAPHIE

I- LES OUVRAGRES

A- HISTOIRE DU DROIT ET DES INSTITUTIONS

1- BADJI (Mamadou) et THIAM (Samba), *Thalassa Thalassa, La « Grande Mer » et ses Passeurs, Itinéraire en Afrique de l'histoire du droit et des institutions, Mélanges en l'honneur de Bernard Durand,* L'Harmattan, 2020, 592p.

2- BAILLAUD (Emile), *La politique indigène de l'Angleterre en Afrique occidentale*, Toulouse 1912, édit. Edouard Privot, 558p.

3- BAUMONT (Maurice), *L'essor industrielle et impérialisme coloniale (1878-1904)*, PUF, 1965, 627p.

4- BERTHIAU (Dénis), *Histoire du droit et des institutions, les fondamentaux*, Hachette, Paris, 2004, 157p.

5- BOSHAB (Evariste), *Pouvoir et droit coutumiers à l'épreuve du temps*, édit. Academia, 2007, 338p.

6- BOUCHAUD (Joseph), *La côte du Cameroun dans l'Histoire et la Cartographie, des origines à l'annexion allemande (1884)*, Yaoundé, Institut Français d'Afrique Noire (IFAN), 1952.

7- BRUNSCHWIG (Henri), *L'Expansion Allemande d'Outre-Mer, du XVe siècle à nos jours*, PUF, Paris, 1957 ; 208p.

8- CARBASSE (Jean-Marie), *Manuel d'introduction historique au droit,* PUF, Paris, 2002, 310p.

9- CHEVALLIER (Jean-Jacques) et CARCASSONNE (Guy), *Histoire de la 5e République,* Dalloz-Sirey, 2009, 633p.

10- DARESTE (Pierre), *Traité de droit colonial*, tomes 1 et 2, édit. 1931-1932, Paris 1931.

11- DUCOS (Michel*), Rome et le droit,* Librairie Générale de droit français, 1996, 193p.

12- DURAND (Bernard), *Histoire comparative des institutions*, novelle édit., CREDILA, 1983, 402p.

13- DURAND (Bernard), *Introduction historique au droit colonial*, un ordre au gré des vents, Paris, Economia, 564P.

14- DURAND (Bernard), *In Histoire comparative des institutions,* les nouvelles Editions africaines, Dakar-Abidjan-Lomé, 1983.

15- DURAND (Bernard), et FABRE M., *Le juge et l'outre-mer,* les roches bleues de l'empire colonial, histoire de la justice, 2004.
16- DURAND (Bernard), « Les décrets coloniaux sont-ils des Lois ou des Règlements ? », *La Justice et le Droit : Instruments d'une stratégie coloniale (sous la direction du Professeur Bernard Durand),* vol. 1, UMR 5815.
17- EL MECHAT (Samia) et RENUCCI (Florence*), Les décolonisations au XXe siècle, Les hommes de la transition, itinéraires, Actions et Traces,* L'Harmattan, 2014, 274p.
18- EVANS (Lewin), *Le Régime Allemand en Afrique*, Paris, 1918.
19- FERRO (Marc), *Histoire des colonies, des conquêtes aux Indépendances XIIe – XXe siècle*, édit. SEUIL, Paris 1994, 525p.
20- GALIC (Robert), *Les colonies et les coloniaux, l'illustration, ou l'histoire en images*, L'Harmattan, 2013, 246p.
21- GAUDEMET (Jean), *Les institutions de l'Antiquité*, Montchrestien, Paris, 2002, 519p.
22- GASPARINI (Eric) et GOJOSSO (Eric), *Cour d'introduction historique au droit et d'histoire des institutions,* Licence 1, 9e édition, 2019-2020, 470p.
23- GONIDEC (Pierre Françoise), *Droit d'Outre-Mer, de l'empire coloniale de la France à la communauté*, Tome 1, Édition Montchrétien, 1049, 594p.
24- LABAND (Paul), *Le droit public de l'empire allemand*, tome II, libraires éditeurs, Paris 1901, 727p.
25- LEGRE OKOU (Henri), *Les conventions indigènes et la législation coloniale (1893-1946)*, Neter, 1994, 171p.
26- LEWIN (EVANS), *Le régime allemand en Afrique*, publication du comité de l'Afrique française, Paris 1918, 143p.
27- NENE BI BOTI (séraphin), Histoire comparative des institutions méditerranéennes et negro africaines : des origines à la fin du moyen-âge, Édition ABC, 2012, 301p.
28- NGANDO (Blaise Alfred), Génèse de l'État et du droit au Cameroun (1472-1961). Les racines d'une Nation en construction, Paris, L'Harmattan, 2020, 356 p.
29- NGOA (Victor Julius), *Le Cameroun de 1884 à nos jours (2018), Histoire d'un peuple*, édition relue et corrigée, Design House, Limbé, 2019, 486p.
30- NGONGO (Louis Paul), *Histoire des institutions et des faits sociaux du Cameroun*, Tome I, 1884-1945, Mondes d'histoire des en devenir-XVI, MANUELS B-L.-5, Berger-Levraut. 1999, 905p.

31- ONDOA (Magloire), *Introduction historique au droit camerounais : la formation initiale. Elément pour une théorie de l'autonomie des droits africains,* Éditions le Kilimandjaro, Yaoundé, 2013, 319p.

32- ONDOA (Magloire*), Droit Constitutionnel et institutions politiques du Cameroun, livre 1er, la construction de l'État du Cameroun, sous-livre 1er, la création d'entités étatiques camerounaises, Tome I, la formation des entités territoriales camerounaises* (document inédit), 353p.

33- ONDOA (Magloire), *Traité de Droit constitutionnel et institutions politiques du Cameroun*, 5 tomes, Yaoundé, Les Editions Le Kilimandjaro, 2018.

34- ONDOA (Magloire*), Textes et documents du Cameroun, Volume 19, Tome 78 à 82, Droit du Travail, 1815-2012, EDLK, 2013.*

35- ONDOA (Magloire*), Textes et documents du Cameroun, Volume10, Tome 72 à 77, Droit Pénal, 1815-2012, EDLK, 2013.*

36- ONDOA (Magloire*), Textes et documents du Cameroun, Volume 42, Organisation Judiciaire, 1815-2012, EDLK, 2013.*

37- ONDOA (Magloire*), Textes et documents du Cameroun, Volume 43, Organisation du travail, 1815-2012, EDLK, 2013.*

38- ONDOA (Magloire*), Textes et documents du Cameroun, Volume 51, Tome 192-194, régime Foncier, 1815-2012, EDLK, 2013.*

39- OWONA (Adalbert*), La naissance du Cameroun (1884-2010),* édit. L'Harmattan, Paris, 1996, 229p.

40- RENUCCI (Florence*), Dictionnaire des juristes ultramarin, XVIIe-XX s, ouvrage collectif, 2012.*

41- REVILLOUT (Eugène), *Les origines égyptiennes du droit civil romain : nouvelles études d'après les textes juridiques et démotiques. Supplément sur les contrats égypto-araméens,* édit Nabu Press, 2010, 184p.

42- REVILLOUT (Eugène), *Précis de droit égyptiens, comparé aux autres droits de l'antiquité*, second tome, Paris, Libraires éditeurs 1903.

43- ROULAND (Norbert), *Introduction historique au droit*, PUF, Paris, 1998, 722p.

44- ROLLAND (Louis), LAMPUE (Pierre), *Droit d'Outre-Mer*, trois Tomes, 1959, 558p.

45- THIAM SAMBA, *Introduction historique au droit en Afrique*, l'harmattan, 2011, 200p.

46- ZANG-ATANGANA (Joseph-Marie), *Les forces politiques au Cameroun Réunifié,* Tome 2, l'expérience de l'UC et du KNDP, L'Harmattan, Paris, 1989, 195p.

47- ZANG-ATANGANA (Joseph-Marie), Les forces politiques au Cameroun Réunifié, Tome 3, les groupes de pression, L'Harmattan Paris, 1989, 301p.

48- VILLEY (Michel), *Le droit romain, Que sais-je* ?, 2è édit., 127p.

49- WIJFFELS (A.), *Introduction historique au droit* : *France, Allemagne, Angleterre*, PUF, 2010, 374p.
50- WITZ (Claude), *Le droit allemand*, collection connaissance du droit, Dalloz, 2001, 166p.

B- THEORIE ET PHILOSOPHIE DU DROIT

1- ABOUEM A TCHOYI (David) et M'BAFOU (Stéphane Claude), *50 ans de réforme de l'État au Cameroun, Stratégie, Bilan et perspectives*, l'Harmattan, 2013, 526p.
2- ANOUKAHA (François), OLINGA (Alain Didier), *L'obligation*, Études offertes au Professeur Paul Gérard POUGOUE, Harmattan Cameroun, 2015, 1104p.
3- ARNAUD (André Jean), *Les juristes face à la société, du XIXe siècle à nos jours*, Paris, PUF, Col. SUP, 1975, 228p.
4- Cf. BARRAUD (Boris), *Le pragmatisme juridique*, Bibliothèques de droit, Harmattan, 2017, 331 p.
5- BAUME (Sandrine), *Kelsen, plaider la démocratie*, Michalon, 2007, 113p.
6- BILLIER (Jean-Cassien) et MARYOLI (Aglaé), *Histoire de la philosophie du droit*, Armand Colin, Paris, 2001, 322p.
7- BLUNDO (G.) et DE SARDAN (Olivier), *État et corruption en Afrique, Une anthropologie comparative des relations entre fonctionnaires et usagers (Bénin, Niger, Sénégal*), Karthala, 2007, 371p.
8- BOURETZ (Pierre), *La force du droit, panorama des débats contemporains*, édit. Esprit, Paris, 1991, 274p.
9- BRAUD (Philippe), *Penser l'État*, Points, 2204, 248p.
10- CAMARA (Fatou Kiné), *Pouvoir et justice dans la tradition des peuples noirs : Philosophie et pratique*, L'Harmattan, 2004, 246p.
11- CAMARA (Ousmane), *Mémoires d'un juge africain,* CREPOS et Karthala, juin 2010, 312p.
12- CHASSAGNARD-PINET (Sandrine), LEMY (Pierre), REGULSKI (Céline) et SIMONNEAU (Dorothée), *Droit, Arts, Sciences humaines et sociales : (dé)passer les frontières disciplinaires*, Droit et Société, lgdj, 2013, 292p.
13- CHIAPPINI (Philippe), *Le droit et le sacré, l'esprit du droit*, Dalloz, 2006, 352p.
14- COHEN-TANUGI (Laurent), *Le droit sans l'État,* Paris, 2e édition « Quadrige », 2007.

15- DAVID (René). *Les grands systèmes de droit contemporains*, septième édit., DALLOZ, 1978, 654p.
16- DUMONT (René), *Démocratie pour l'Afrique*, Seuil, 1991, 343p.
17- DUVERGER (Maurice), *Institutions politiques et droit Constitutionnel*, tome 2, Le système politique français, PUF, 1976, 389p.
18- FONTAINE (laureline), *Qu'est-ce qu'un « grand » juriste ?, essai sur les juristes et la pensée juridique moderne*, Paris, édit. Lextenso, 193p.
19- GAUCHET (Marcel), *La révolution des pouvoirs : la souveraineté, le peuple et la représentation :* 1789-1799, Paris, 1995, Gallimard, 304 p.
20- GOLTZBERG (Stefan), *L'argumentation juridique*, 2e édit., Dalloz, 2015, 124p.
21- GOLTZBERG (Stefan), *Le droit comparé*, Que sais-je ? Humensis, 2018, 127p.
22- GOLTZBERG (Stefan), *Les sources du droit*, Que sais-je ?, PUF, 2016.
23- HALPERIN (Jean-Louis), *Profils des mondialisations du droit*, Paris, Dalloz, 2009
24- HEGEL (Georg Wilhelm Friedrich) et FRICK, (Jean-Paul), *Principes de la philosophie du droit ou droit naturel et science de l'état en abrégé,* trad. Robert Éditeur scientifique Derathé, Paris, France, J. Vrin, 1982, 370 p.
25- JESTAZ (Philippe*), Le droit*, Dalloz, 9e édit., Col. Connaissance du droit, 2016, 178p.
26- JESTAZ (Philippe), *Les sources du droit*, Dalloz, 2e édit., Col. Connaissance du droit, 204p.
27- KAMTO (Maurice), Pouvoir et droit en Afrique noire, Essai sur les fondements du Constitutionnalisme dans les États d'Afrique noire francophone, LGDJ, 1987, 545p.
28- KELSEN (Hans), *La démocratie, sa nature-sa valeur*, Dalloz 2004, 121p.
29- KELSEN (Hans), *Théorie générale des normes,* Trad. O. BEAUD et F. MALKANI, Paris, PUF, 1996.
30- KELSEN (Hans), *Théorie générale du droit et de l'État, la doctrine du droit naturel et du positivisme juridique*, LGDJ, 1997, 517p.
31- KELSEN (Hans), *Théorie pure du droit,* traduction française, 2e édit. Par C. EISENMAN, Dalloz, Paris, 1962, 496p.
32- KOUASSIGAN (GUY ADJETE.), *Quelle est ma loi ? tradition et modernisme dans le droit privé de la famille en Afrique Noire Francophone*, Pédone, 1974, 311p.
33- *L'État moderne horizon 2000, Aspects internes et externes*, Mélanges offerte à P.F. GONIDEC, LGDJ, 1985, 534p.
34- LECA (Antoine), *La genèse du droit*, Presses Universitaires d'Aix-Marseille, 1998, 2007, 378p.

35- NYAMA. (Jean-Marie), *Régime foncier et domanialité publique*, presses de l'UAC, édition 2012.
36- OLINGA (Alain Didier), *Qu'est-ce qu'un juriste ?, Elément pour une dogmatique éthique,* Yaoundé, édit. Clé, 132p.
37- ONDOUA (Alain), *La Constitution camerounaise du 18 janvier 1996. Bilan et perspectives*, Afrédit, 2007, 268p.
38- OST (François), *À quoi sert le droit ? Usages, fonctions, finalités*, Emile Bruylant, 2016, 570p.
39- OST (François), *Le temps du droit*, Odile Jacob, 1999, 384p.
40- OST (François), *Dire le droit, faire justice,* Bruyant/ LGDJ, 2e édition, 2012, col. Penser le droit, 224p.
41- OST (François), *Du Sinaï au champ de Mars : L'autre et le même au fondement du droit*, Lessius, 2000, 126p.
42- OST (François), LENOBLE (Jacques), *Droit, Mythe Et Raison : Essai sur la dérive mythologique de la rationalité juridique,* édit., Facultés Universitaires Saint-Louis, 1980, 590p.
43- OST (François) et VAN DE KERCHOVE (M*), De la pyramide au réseau* ? *Pour une théorie dialectique du droit*, FUSL, Bruxelles, 2002, 599p.
44- OWONA (Joseph), *Droits Constitutionnels et institutions politiques du monde contemporain*, L'Harmattan, 2010, 730p.
45- PAMBOU TSHIVOUNDA (Guillaume), *Essai sur L'État africain postcolonial,* Paris, LGDJ, 1982, 165p.
46- PASHUKANIS (Eugen), *La théorie générale du droit et le marxisme*, Traduction Jean-Marie BROHM, éditions de l'Atelier, 2018, 300p.
47- RAWLS (John), *Théorie de la justice,* PUF, 1997, 633p.
48- RAYMON (Charles), *Histoire du droit pénal*, Que sais-je ?, PUF, 4e édit., 1955, 127p.
49- ROLAND (René), *De l'esprit du droit criminel, aux différentes époques dans l'antiquité, dans les temps modernes, et d'après Les nouveaux principes de la science pénitentiaire*, Paris, Arthur ROUSSEA, éditeur, 1880, 552p.
50- ROSSATANGA – RINAUTL (Guy), *Qui t'a fait roi ?, Légitimité, élections et démocratie en Afrique*, SEPIA, 2011, 172p.
51- IPERT (Georges), *Les forces créatrices du droit*, LGDJ, col. Reprint, 430p.
52- SIHAKA TSEME, *Droit pénal traditionnel au Cameroun et problématique d'une nouvelle conception du droit pénal africain*, thèse de doctorat en sciences criminelles, présentée et soutenue, Univ. Robert SCHUMAN-STRSBOURT III, 1989, 326p.
53- SINDJOUN (Luc), *L'État ailleurs, entre noyau dur et case vide*, AEF, Economica, 2002, 327p.

54- TAGOU (Célestin), Démocratie rotative, Transcendance et transformation politique des identités ethno-régionales dans l'Etat-Nation du XXIe siècle, Presses des Universités Protestantes D'Afrique, les éditions du Sahel, 2017, 166p.
55- TCHOUNGANG (Charles), *De l'impossible justice au Cameroun*, éditions du Schabel, 2015, 223p.
56- TJOUEN (A. D.), *Droit Domaniaux et techniques Foncières en Droit Camerounais, étude d'une réforme législative*, Economica, Paris, 1982, 209p.
57- TROPER (Michel), *La philosophie du droit*, Que sais-je ?, PUF, 2003, 2è édit., 127p.
58- TROPER (Michel), *Pour une théorie juridique de l'État*, col. Léviathan, PUF, 1994, 360p.

C- ANTHROPOLOGIE SOCIOLOGIE JURIDIQUE ET POLITIQUE

1- ABOUNA (Paul), *Le pouvoir de l'ethnie – Introduction à l'ethnocratie*, l'Harmattan, 2011, 131p.
2- AMBAERE TEMBELY (André), *Les dogon : procès pénal traditionnel et justice réparatrice*, L'Harmattan, 2009, 402p.
3- ANDRIEU (Louis Assier), *Coutume et rapports sociaux. Etude anthropologique des communautés paysannes du Capcir*, Paris, CNRS, 1981.
4- BENOIT (Jean-Pascal), *Kirdi au bord du monde, un médecin lyonnais au Cameroun*, Paris, René Julliard, 1957 54p
5- BERTAUT (M.) *Le droit coutumier des Boulous -monographie d'une tribu du Sud Cameroun*, Doumat-Monchretien. F. Loviton et Co, Paris, 1935, 308p.
6- BIDIMA (Jean Godefroy), *La palabre une juridiction de la parole*, édit. Michalon, Paris, 1997, 127p.
7- BUREAU (René), Le peuple du fleuve, sociologie de la conversion chez les Douala, Karthala, 1996, 231p.
8- CARBONNIER (Jean François), Flexible droit, pour une sociologie du droit sans rigueur, LGDJ, Paris, 2001, 493p.
9- CARBONNIER (Jean François), *Sociologie juridique*, Paris, P.U.F., 1978.
10- DESCHAMPS (Hubert), *Les institutions politiques de l'Afrique Noire*, PUF, 1965, 128p.
11- DOUMBE MOULONGO (Maurice), *Les coutumes et les droits au Cameroun*, Yaoundé, édit. Clé, 1972, 147p.

12- DOUMBE MOULONGO (Maurice), *L'évolution des coutumes et du droit,* société des éditions P. BORY, 1967,184p.

13- DOUMBE MOULONGO (Maurice), *Le Ngondo : Assemblée traditionnelle du peuple douala,* édit. Centre d'édition et de production des manuels, 1972, 61p.

14- DUBY (R.), *Coutumier civil des Douala, Circonscription de Douala, Wouri*, Bibliothèque académie de sciences d'outre-mer, Paris, non daté, 20p.

15- Eberhard (Christoph), *Le droit au miroir des cultures. Pour une autre mondialisation,* Paris, L.G.D.J, 2010.

16- EDWIGE (R.) – ANTOINE GENEVIEVE (C.) – VERNICOS, *Anthropologies et droits*, état des savoirs et orientations contemporaines, Dalloz, 2009, 370p.

17- EFFA OKUPA, *International Bibliographiy African Customary Law, Ius non croptum*, Iternational African Institute, London, 1998, 256p.

18- ELOUGA (Martin), Les Tikar du Cameroun central – Ethnogenèse, culture et relations avec les peuples voisins, L'Harmattan, 2014, 300p.

19- ESSAMA (Philippe Roger), *Evolution de la chefferie traditionnelle en pays Béti*, 6è édition, Paris, 1996, 320p.

20- ETOUGHE (Dominique), *Justice indigène et essor du droit coutumier au Gabon : la contribution de Léon M'BA,* 1924-1938, Harmathan, 2007, 178p.

21- FEENSTRA (Robert), Vander Linden (Jacques) et autres ; *La coutume, Antiquité, Afrique Noire, Amérique, Australie,* ouvrage collectif, Première Partie, De Boeck University, 1990, 354p.

22- GONIDEC (Pierre François), *Les droits africains évolution et source,* Paris, LGDJ, 1976, 280p.

23- HAMAN MANA et BISSECK (Mireille), *Rois et Royaumes Bamilékés*, édit. Du Schabel, 2010, 236p.

24- HEPP (Bernard), Coutumes des Peuls de l'Adamaoua, Thèse en droit, Université de Paris, 1948.

25- KANGA (Victor Jean-Claude), *Le droit coutumier Bamiléké au contact des droits européens,* Thèse pour le Doctorat, Faculté de droit, Université de Paris, 1957 256p.

26- KPWANG K. (Robert), *La chefferie « TRADITIONNELLE » dans les sociétés de la grande zone forestière du Sud-Cameroun* (1850-2010), ouvrage collectif, Harmattan, 2011, 490p.

27- KUYU MWISSA (Camille), *Repenser les droits africains pour le XXIe siècle,* ouvrage collectif, Yaoundé, édit. Menaibuc, 220p.

28- KWAYEB (ENOCK KATTE), Les institutions de droit public du pays Bamiléké (Cameroun). Evolution et régime actuel, Paris, L.G.D.J., 1960 280p.
29- *La coutume*, Recueils de la Société Jean Bodin pour l'histoire comparative des institutions, De Boeck Université, 1990, 354p.
30- LE ROY (Etienne), *La terre de l'autre. Une anthropologie des régimes d'appropriation foncière*, LGDJ, revue droit et société, Paris, 2011, 448p.
31- LE ROY (Etienne), *Théorie, Applications et Explications d'une Analyse Matricielle des Systèmes Fonciers Négro-Africains*, LAJP, Paris, 1970, 115p.
32- LEMBEZAT (B.), *Les populations païennes du Nord Cameroun*, Paris, Mémoire de l'Institut français d'Afrique Noire, Centre du Cameroun, 1958.
33- MAFO GOUNE NGUOGHIA *Jeannette, Us et Coutumes Bamiléké, une illustration par le cas de* FOWALAP FÔODJOUO TAMEZE Joseph, édit. AfricAvenir/Exchange and Dialogue 2008, 141p.
34- MAPPA (s.), *Pouvoirs traditionnels et pouvoir d'État en Afrique*, Karthala, 1998, 208p.
35- NDEBI BIYA, *Etre, Pouvoir et Génération. Le système Mbok chez les Bassa du Sud Cameroun,* Paris, L'Harmattan, 1987 370p.
36- MBONDE MOUANGUE (Auguste Léopold), *Pouvoir et conflit dans Jèki La Njambé, une épopée camerounaise*, L'Harmattan, 2005, 371p.
37- MELONE (Stanislas), *La parenté et la terre dans la stratégie de développement*, Klincksieck, Paris 1972, 201p.
38- MEVA'A M'EBOUTOU (Michel), *J'ai vu mourir une civilisation, Monographie sociologique de mon village,* Service du Premier Ministre, Yaoundé, 40p.
39- MOUNYEMB TENWO (Simon-Florent), *Une Belle Page de l'Histoire des Log Bakop du Cameroun, Psychanalyse d'un peuple*, l'Harmattan, 2012, 242p.
40- MOUSONGO (H.), *Histoire des Bassa* – manuscrit, non daté.
41- NDEBI BIYA, *Etre, Pouvoir et Génération. Le système Mbok chez les Bassa du Sud Cameroun*, Paris, L'Harmattan, 1987.
42- NDOUMBOUK, *Du droit dans les proverbes bassa du Cameroun, Mémoire pour le Diplôme d'Études Approfondies de philosophie du droit*, Université Panthéon-Assas, Paris 2, 1995, 125p.
43- NGAKO DAKAYI (J.B.), *Histoire et tradition des chefferies du pays Fé'éfé'é*, édit. Le prince, 2012, 273p.
44- NJOYA (Rabiatou), *Le sacre des dignitaires au Palais,* AfricAvenir, 2016, 72p.

45- NJOYA (Sultan), *Histoire et coutumes des Bamoun*, (trad.) MARTIN (Henri), in *Mémoires de l'IFAN,* Centre du Cameroun, Série population, 1972, 271 p.
46- NJOYA (Sultan), *Histoire et coutumes des Bamoun, Mémoire de l'institut français d'Afrique Noire,* 1952 390, 271p.
47- NOUHOU BARRYWA (HAMIDOU), *Le Lamidat de Tibati, Adamaoua-Cameroun, Histoire d'une résistance anticoloniale et organisation socio-administrative*, édit. AfricAvenir, 2016, 546p.
48- OLAWALE (E. T.), *La Nature du Droit Coutumier Africain*, Présence Africaine, Paris Vè, 1961, 325p.
49- OWONA (Joseph), *Les systèmes politiques précoloniaux aux Cameroun*, L'Harmattan, 2015, 114p.
50- POUKA (Louis-Marie), *le régime des peines dans le Droit coutumier de Bantous du Cameroun*, non daté, Académie des sciences d'outre-mer de Paris.
51- RAYNAL (Maryse), *Justice Traditionnelle, justice moderne, le devin, le juge et le sorcier,* Paris, L'Harmattan, Col., « Logiques juridiques », 1994, 338p.
52- RODOLFO SACCO*, Anthropologie juridique, apport à une macro – histoire du droit*, Dalloz, 270p.
53- ROULAND (Norbert), *Aux confins du droit. Anthropologie juridique de la modernité*, 1991, 320p.
54- RYCKMANS (André), MWLANZAMBI BAKWA, *Droit coutumier africain, proverbes judiciaires Kongo (Zaïre),* Paris, Equatoria-l'Harmattan, Collection « Zaïre- Histoire et société », 1992, 394p.
55- TARDITS (Claude), *Contribution à l'étude des populations bamiléké de l'Ouest-Cameroun*, Berger-Levrault Nancy, 1960, 140p.
56- TARDITS (Claude), *Contribution à la recherche ethnologique à l'histoire des civilisations du Cameroun*, Vol. II, Paris, 1981, CNRS.
57- TARDIS (Claude), *Contribution de la recherche ethnologique à l'histoire des civilisations du Cameroun,* volume 2, Paris, CNRS, 1981.
58- TARDITS (Claude), *Le royaume Bamoum*, Armand Colin, 1980.
59- TATSITSA (Théophile), Le système collégial et la démocratie traditionnelle africaine, Cognito, 2009, 94p.
60- TONYE-MBOUA, Systèmes matrimoniaux africains : exemple des Bassa au Cameroun, Paris, Laboratoire d'anthropologie juridique, 1970.
61- VANDERLINDEN (Jacques), *Les pluralismes juridiques*, penser la droit, Bruyant, non daté, 407p.
62- VANDERLINDEN (Jacques), Les systèmes juridiques africains, Paris PUF, 1983.

63- VERDIER (Raymond), KALNOKY (Nathalie) et KERNEIS (Soazick), *Les justices de l'invisible,* col. Droits et Cultures, L'Harmattan, 2010, 484p.

D- HISTOIRE, SOCIOLOGIE ET PHILOSOPHIE AFRICAINE

1- ABWA (Daniel), *Commissaires et Hauts Commissaires de la France au Cameroun*, Presses de l'UCAC, 2000,2è édit., 439p.
2- ADE AJAYI (J. F.), *Histoire Générale de l'Afrique, tome VI, l'Afrique du XIXe siècle jusque dans les années 1880*, édit. Unesco, 915p.
3- ADU BOHEN (A.), *Histoire Générale de l'Afrique, tome VII, l'Afrique sous domination coloniale 1880-1935*, édit. Unesco, 916p.
4- AMADOU AMPATE BÂ, *Aspects de la civilisation africaine*, Présence Africaine, 1972, 140p.
5- AMADOU AMPATE BÂ, *Contes initiatiques peuls,* Poket, 2000, 416p.
6- AMADOU AMPATE BÂ, *Vie et enseignement de Tierno Bokar. Le sage BA*, point, 2014, 272p.
7- ANTA DIOP (Cheikh), *Antériorité des civilisations nègres, mythe ou réalité historique* ? Paris, Présence africaine, 1967, 299p.
8- ANTA DIOP Cheikh, *Civilisation ou barbarie, Anthropologie sans complaisance*, Paris, Présence africaine, 1981.
9- ANTA DIOP Cheikh, *L'Afrique noire précoloniale*, col. Présence africain, 278p.
10- ANTA DIOP Cheikh, *L'unité culturelle de l'Afrique Noire*, présence Africaine, Seconde édition, 1982, 219p.
11- ANTA DIOP Cheikh, *Nations Nègres et Culture, De l'antiquité nègre égyptienne aux problèmes culturels de l'Afrique Noire d'aujourd'hui, troisième édition, Tome I,* Paris, Présence africaine, 1979, 335p.
12- ASSOUMOU (Jules) et AMABIAMINA (Flora), *Pour une culture africaine au service du développement*, édit. AfricAvenir, 2017, 351p.
13- BALANDIER (Georges), *Afrique ambiguë*, Paris, PLON, Terre Humaine, civilisation et société, 1977, 402p.
14- BALANDIER (Georges), *Sociologie actuelle de l'Afrique noire*, Paris, Quadrige/PUF, 1982, 530p.
15- BARUCQ (André) et DAUMAS (François), *Hymnes et prières de l'Egypte ancienne*, édit. Du Cerf, Paris, 2009, p. 559.
16- BILOLO MUBABINGE, *Métaphysique pharaonique IIIe millénaire av. J.C. Prolégomènes et postulats majeurs,* Munich-Kinshasa, 1994, 161p.
17- BILOLO MUBABINGE, *Les cosmothéologies philosophiques d'Héliopolis et d'Hermopolis, Essai de thématisassions et de systématisation*, Manaibuc, 2005, 260p.

18- BILOLO MUBEBINGE, *Les cosmo-théologies philosophiques de l'Egypte antique. Problématique-prémices herméneutiques et-postulat majeurs*, Kinshasa-Libreville-Munich, 1986, 260p.
19- BIMWENYI-KWESHI (O.), *Discours Théologique Negro- Africain, Problème des Fondements*, Présence Africaine, 1981, 681p.
20- BISSEGUE (Victor), *Le legs des pygmées du berceau nilotique à l'Egypte*, Harmattan, 2018, 227p.
21- BIYOGO (Grégoire), *Aux sources égyptiennes du savoir, vol. II, système et antisystème, CHEIKH ANTA DIOP et la destruction du Logos classique*, édit. MENAIBUC, 2002, 167P.
22- BIYOGO (Grégoire), *Kamit, antidémocrate* ?, *Essai d'élucidation de l'énigme de la souveraineté en Afrique et dans le monde noir. Nouveaux matériaux théoriques sur la question noire*, MENAIBUC, 2006, 108p.
23- BIYOGO (Grégoire), *Histoire de la philosophie africaine*, Livre III, *les courants de pensée et les livres de synthèse,* L'Harmattan Gabon, 2006, 209p.
24- BIYOGO (Grégoire), *Histoire de la philosophie africaine, Livre IV, entre la postmodernité et le néo-pragmatisme*, L'Harmattan, 2006, 252p.
25- BOOH BATENG (Eugène), *Eléments d'Epistémologie de la Communication africaine*, édit. Clé, 2014, 191p.
26- BRUNSCHWIG (Henri), *Le partage de l'Afrique*, Paris, Flammarion, col. « Question d'histoire » 1971, 186p.
27- DE ROSNY (Eric), *L'Afrique des guérisons*, Paris, Karthala, 1992, 223p.
28- DE ROSNY (Eric), *Les Yeux de ma chèvre, sur les pas des maîtres de la nuit en pays douala(Cameroun),* Plon, 1981, 458p.
29- DIANE (Pathé), *L'euro philosophie face à la pensée du Négro-Africain*, Dakar, Sankoré, 1982, 219p.
30- DIBOMBARI MBOCK, *Bantu*, édition Lulu, 2015, 122p.
31- DIBOMBARI MBOCK, *Kongo*, édit. Lulu. Com, 2014, 344p.
32- DIBOMBARI MBOCK, *Les Hiéroglyphes Egyptiens, La méthode illustrée*, Tome I, édit. Angeli, 2016, 548p.
33- DIETERLEN (Germaine), *Textes sacrés d'Afrique Noire*, col. Folio Essais, Gallimard, 1965, 389p.
34- DIKA-AKWA NYA BONAMBELA (Prince), *Les problèmes de l'anthropologie et de l'histoire africaine,* Edit. CLE, Yaoundé 1982, 372p.
35- DJACHE NZEFA (Sylvain), *Les civilisations du Cameroun, Histoire, Art, Architecture et Sociétés Traditionnelles,* éditions les Routes des Chefferies, 2012, 223p.
36- DO-NASCIMENTO (José), *Les chemin de la modernité en Afrique, pour changer l'Afrique, changeons le paradigme*, L'harmattan, 2017, 610p.

37- DOUMBI –FAKOLY, *Horus, fils d'Isis, le mythe Osiris expliqué*, Menaibuc, 2006, 82p.
38- DOUMBI –FAKOLY, *Introduction à la prière négro-africaine*, édit. Menaïbuc, 2005, 76p.
39- DOUMBI –FAKOLY, *L'origine négro-africaine des religions dites révélés*, Menaibuc, 2004, 162p.
40- DOUMBI –FAKOLY, *Les chemins de la Maât,* Menaibuc, 2008, 92p.
41- EDONGO NTEDE, (Pierre François), *Ethno-anthropologie des punitions en Afrique*, l'Harmattan Cameroun, 2010, préface du professeur MBONDJI EDJENGUELE, 282p.
42- EFFA (Gaston-Paul, *Le dieu perdu dans l'herbe*, Presses du Chatelet, 2015, 180p.
43- ELA (Jean-Marc), *L'Afrique à l'ère du savoir : science, société et pouvoir, L'Harmattan, 2006*, 411p.
44- ELA (Jean-Marc), *Le cri de l'homme africain : questions aux chrétiens et aux églises d'Afrique*, L'Harmattan, 1993, 173p.
45- ELA (Jean-Marc), *Les cultures africaines dans le champ de la rationalité scientifique*, L'Harmattan, 2007, 210p.
46- ELA (Jean-Marc), *Quand l'État pénètre en brousse : les ripostes paysannes à la crise*, Karthala, 1990, 272p.
47- ELIKIA MBOKOLO, *Afrique noire, histoire et civilisation*, tome 2, XIXe-XXe siècle, Paris, Hatier, 1992.
48- ELOUNDOU (Eugène Désiré), *Le Sud-Cameroun face à l'hégémonie allemande 1884-1916,* L'Harmattan, 2016, 342p.
49- EPEE (Valère), *MBELE-WEI, Masomandala, bible orale des Sawa*, tome 1, édit. Mutibe, Douala, 2014, 522p.
50- ESSOH NGOME (Hilaire), *Parenté ethnoculturelle de l'Egypte ancienne et du monde bantu*, Paris, Menaibuc, 2014, 422p.
51- FAUVELLE (François-Xavier), *L'Afrique ancienne de l'Accacus au Zimbawe*, - 20 000 *avant notre ère - XVII siècle la cliothèque*, édit. Berlin, 2018, 610p.
52- FONKOUE (Jean), *La parole dans la tradition philosophique africaine, le statut de la parole dans la pensée morale égyptienne de la période pharaonique,* Menaibuc, 2009, 91p.
53- GUILCHER (René – François), *Missions africaines*, édit. SMA, 1956, 187p.
54- HARDY (Georges), *Vue Générale de l'Histoire de l'Afrique*, col. Armand Colin, Librairie Armand Colin, Paris, 1922, 200p.
55- HOUNTONDJI (Paulin) ; *Les Savoirs Endogènes, Pistes pour une Recherche*, édit. Karthala, 1994, 345p.

56- HOWELLS (WILLAM), *Les païens*, Traduction de R. de Saint- Seine, Payot, Paris, 1950, 333p.

57- KABONGO, K. E. et BILOLO, M.; *Conception Bantu de l'Autorité. Suivie de Baluba: Bumfumu ne Bulongolodi,* Publications Universitiares Africaines, Munich-Kinshasa, 1994, 320 p.

58- KALAMBA NSAPO, *Théologie Africaine, les grands courants de pensée de l'antiquité au 21e siècle*, col. Sciences égyptologiques et développement (CSED), 2015, 389p.

59- KALAMBA NSAPO (Sylvain), *Monothéisme*, Menaibuc, 2009.

60- KANGUE EWANE (Fabien), Geste colonisatrice et mystique ésotérique judéo-chrétienne en Afrique, la problématique essentielle de la décolonisation, A&A, 2016,109p.

61- KENGNE POKAM (Emmanuel), *La problématique de l'unité nationale au Cameroun*, L'Harmattan, Paris, 1986,166p.

62- KENTEY PINI-PINI, *Croisade de l'Europe christianisée contre l'Afrique ancestrale, Tome I, pour comprendre l'effroyable, interminable et cruelle mise à mort du peuple Kongo-Katiopa (RDC), procès du christianisme*, édit. AfricAvenir, 2017, 260p.

63- KENTEY PINI-PINI NSASAY, *La mission civilisatrice au Congo, Réduire des espaces de vie en prisons et en enfer*, A&A., 2013, 340p.

64- KI-ZERBO (Joseph).et NIANE (D.) (T.), *Histoire générale de l'Afrique*, IV. L'Afrique du XIIe au XVIe siècle, Présence africaine/Edicef/Unesco, 1991, 416P.

65- KOLPAKTCHY (Grégoire), *Livre des morts des anciens Egyptiens*, édit. DERVY, 10è édition, 2012, 373p.

66- KUM'A NDUMBE III, *Quand les anciens parlent, Ces Bakoko vraiment, Quand les anciens parlent, Témoignages africains comme sources d'histoire coloniale*, édit. AfricAvenir, 2016, 57p.

67- KUM'A NDUMBE III, *Quand les anciens parlent, J'accepte les sorciers ? Témoignage du patriarche NJI FIFEN KUENDAP sur la colonisation*, édit. AfricAvenir, 2018, 264p

68- KUM'A NDUMBE III, *Quand les anciens parlent, Les Bassa dans le Mjokmassi colonial. Témoignages du vieux Papa PAGHA André sur la colonisation*, édit. AfricAvenir 2018, 254p.

69- KUM'A NDUMBE III, *Quand les anciens parlent, Témoignages africains comme sources d'histoire coloniale*, Actes du Symposium international de vienne, édit. AfricAvenir, 2016, 222p.

70- KUM'A NDUMBE III, *Quand les anciens parlent*, *Témoignage de papa LAMBE Robinson de Buea*, édit. AfricAvenir, 2006, 173p.

71- LABERTHE TORA (Philippe), *CURT VON MORGEN, A travers le Cameroun du Nord au Sud,* tome 2, l'Harmattan, 2009, 375p.

72- LABURTHE- TOLRA (Philippe), *Initiations et sociétés secrètes au Cameroun : essai sur la religion Béti,* Paris, Karthala, Collection « hommes et sociétés », 1985, 448 p.

73- LABURTHE-TOLRA (Philippe), *Les seigneurs de la forêt – Essai sur le passé historique, l'organisation et les normes éthiques des anciens Béti du Cameroun*, Paris, L'Harmattan, 2009, 490 p.

74- LABURTHE (Philippe) – TOLKA (Jean) – WARNIER (Pierre), *Ethnologie Anthropologie*, collection premier cycle, 1993, 384p.

75- LABRTHE-TORA Philippe, *Vers la lumière ? Ou le désir d'Ariel, A propos des Béti du Cameroun, Sociologie de la conversion*, Karthala, 1999, 648p.

76- MANGA BEKOMBO PRISO, *Penser l'Afrique, regard d'un ethnologue Dwàla*, Nanterre, Société d'ethnologie, 2009, 239p.

77- MALAPA MPOYI R., KALAMBA NSAPO, *Unité et pluralité de la vérité*. Mélanges en l'honneur du Professeur, Dr. Alphose NGINDU MUSHETE, Imhotep, 2014, 319p.

78- MAMOUSSE (Diagne), *Critique de la raison orale, les pratiques discursives en Afrique noire*, Karthala, 2005, 593p.

79- MBOG BASSONG, *La pensée africaine, Essai sur l'universisme philosophique*, Kiyikaat, 2012, 358p.

80- MBOG BASSONG, *La Théorie du droit en Afrique. Concept, objet, méthode et portée*, édit, Medu Neter, 254p.

81- MBOLI (Jean Claude), *Origine des langues africaines, essai d'application de la méthode comparative aux langues africaines anciennes et modernes*, L'Harmattan 2011, 630p.

82- MELANCON (Joseph), *Les sciences de la culture,* Essai, édit. Nota bene, 2002, 247p.

83- MOCTAR BA (Cheikh), *Etude comparative entre les cosmogonies grecques et africaines*, L'Harmathan, 2007, col. Études africaines, 274p.

84- MOCTAR BA (Cheikh), *Les cosmogonies et cosmologies africaines et grecques, centralité et implications sociales*, édit. Connaissances et savoirs, col. Sciences humaines et sociales, 2013, 264p.

85- MOKHTAR (G.), *Histoire Générale de l'Afrique,* tome II, l'Afrique ancienne, édit. Unesco, 887p.

86- MVENG (Egelbert), *L'Afrique dans l'église, Paroles d'un croyant*, L'Harmattan, 1985, 228p.

87- N'ZENGUET LOLO, *Au cœur des mons Bantu, la dénomination chez les Povė*, Harmattan, Gabon, 2009 ? 157P.

88- NIANE (D. T.), *Histoire Générale de l'Afrique, tome IV*, l'Afrique du VIIe au XIVe siècle, édit. Unesco, 797p.

89- NJEUMA (M. Z.), *Histoire du Cameroun, (XIXe s.- début XXe s.)*, l'Harmattan, 1989, 312p.

90- NKWATCHE (Dénis), *Les mythes et les mystères : Boussole de la vie des êtres humains*, collection mythes et légendes, Les éditions universitaires européenne, Düsseldorf 2018, 302p.

91- NSAME MBONDO, *Choc des civilisations ou recomposition des peuples ? Réflexions sur les différences, les différends et les développements des communautés,* Dianoia, 2004, 147p.

92- NSAME MBONGO, *La philosophie classique africaine*, l'Harmattan, 2013, 312p.

93- OBENGA (Théophile), *L'Egypte, la Grèce et l'école d'Alexandrie : histoire interculturelle dans l'antiquité aux sources égyptiennes de la philosophie grecque,* Khepera, 2005, 261p.

94- OBENGA (Théophile), *La Cuvette Congolaise, les hommes et les structures*, Présence africaine, 1976, 166p.

95- OBENGA (Théophile), *La philosophie africaine de la période Pharaonique 2780-330 avant notre ère*, L'Harmattan, 1990, 569p.

96- OBENGA (Théophile), *Le sens de la lutte contre l'africanisme eurocentriste*, l'harmattan, 2001, 123p.

97- OBENGA (Théophile), *Les Bantu, Langues-peuples Civilisation*, Présence Africaine, 1985, 376p.

98- OBENGA *Théophile, Les Peuples Bantu migrations, expansion et identité culturelle*, Tome 1, Harmattan, Libreville, 1989, 292p.

99- OBENGA (Théophile), *Origine commune de l'Egypte ancien du copte et des langues négro-africaines modernes, Introduction à la linguistique historique africaine,* Paris, L'Harmattan, 1993, 402p.

100- OBENGA (Théophile), *Racines Bantu*, CICIBA, 1991, 276p

101- OMOTUNDE NIOUSSERE K., *Cosmogénèse Kamite*, tome 1, Anyjart, 2015, 192p.

102- OMOTUNDE NIOUSSERE K., *Cosmogénèse Kamite, comprendre le grand livre céleste*, tome 2, Anyjart, 2015, 191p.

103- OMOTUNDE NIOUSSERE K., *Cosmogénèse Kamite, le mystère des divinités africaines transmuées en saints chrétiens*, tome 3, Anyjart, 2017, 308p.

104- OMOTUNDE NIOUSSERE K., *L'Afrique noire : Initiation des législateurs antiques,* Anyjart, 2016,

105- OMOTUNDE (Jean –Philippe), *L'origine négro-africaine du savoir grec*, Menaibuc, 2000, 117p.

106- OMOTUNDE (Jean –Philippe), *Les racines africaine de la civilisation européenne*, Menaibuc, 2004.

107- PRADELLES DE LATOUR (Charles-Henri), *Ethnopsychanalyse en Pays Bamiléké*, Paris, EPEL, 1991, 258p.

108- SALL (Babacar), *Racines Ethiopiennes de l'Egypte ancienne*, L'Harmattan, 2016, 452p.
109- SALVAING (Bernard), *Les missionnaires à la rencontre de l'Afrique au XIXe siècle*, L'Harmattan, 1994, 344p.
110- STAMM (Anne), *Histoire de l'Afrique précoloniale*, Paris, Presses universitaires de France, 1997, (Que sais-je ?), 125 p.
111- TITINGA (Frédéric Pacero), Pensées africaines, proverbes, dictons et sagesse des africains, Harmattan, 2004, 363p.
112- VALBELLE (Dominique), *Histoire de l'État pharaonique*, Paris, PUF, 1998, 445p.
113- VERCOUTTER (Jean), *L'Egypte et la vallée du Nil : De la fin de l'ancien empire, à la fin du nouvel empire*, tome II, PUF, 1998, 710P.
114- VERCOUTTER (Jean), *L'Egypte et la vallée du Nil : Des origines à la fin de l'ancien empire*, tome I, PUF, 1992, 448p.
115- VERRIER (Eugène), *La morale dans l'Egypte ancienne*, Imprimerie topographique Pascal Lieutier, 1909, 38p.

E- HISTOIRE DES IDEES POLITIQUES ET EPISTEMOLOGIE DES SCIENCES

1- APPADURAI ARJUN, *Après le colonialisme*, les conséquences culturelles de la globalisation, édit. Payot, 2005, 333p.
2- ARENDT (Hannah), *Le système totalitaire*, traduction J.-L. Bourget, le Seuil, 1972, 408p.
3- ARISTIDE (Jean-Bertrand), *Névrose vétérotestamentaire*, collection thèses et mémoires, édition Cediliv, 1994.
4- ARISTOTE *Éthique à Eudème*, trad. Vianney Décarie, Paris, 2007, J. Vrin 299 p.
5- ARISTOTE, *Éthique à Nicomaque*, trad. Jules Tricot, Paris, 2007, J. Vrin, 577 p.
6- ARISTOTE, *Les politiques*, Traduction, préface et notes Pierre Pellegrin. Paris, 1993, édit. Flammarion, 575 p.
7- ASSOUN (Paul-Laurent), *L'Ecole de Francfort,* Que Sais-Je ?, PUF ; 2001, 128p.
8- BACHELARD (Gaston), *La formation de l'esprit scientifique*, Paris, Librairie philosophique J. VRIN, 1970, 257p.
9- BACHELARD (Gaston), *Le nouvel esprit scientifique*, 10e édit., PUF, 1934, 181p.
10- BADIE (Bertrand), *L'État importé, l'occidentalisation de l'ordre politique*, Fayard, 1992, 331p.

11- BATIBONAK (Paul), *Indépendance inachevées en Afrique, nous n'avons jamais été indépendants*, Harmattan, 2020, 264p

12- BAYART (Jean-Francois), MBEMBE (Achille) et TOULABOR (COMI), *Le politique par le bas en Afrique noire*, Karthala, édition relue et augmentée, col. Las Afriques, 2007, 217p.

13- BIDIMA (Jean Godefroy), *Théorie critique et modernité négro-Africaine, de l'école de Francfort à la « DOCTA SPES AFRICANA »*, publication de la Sorbonne, 1995, 348p.

14- BIYOGO (Grégoire), *Adieu à Jacques DERRIDA, Enjeux et perspectives de la déconstruction*, L'Harmattan Gabon, 2005,160p.

15- BOAVENTURA DE SUSA SANTOS, *Epistemologies of the south. Justice against Epistemicide*, Boulder/Londres: Paradigm Publishers, 2014, 292p.

16- BOUOPDA KAME (Pierre), *La quête de libération politique au Cameroun (1884-1984)*, l'Harmattan, 2006, 253p.

17- CASTILLO (Monique), *La responsabilité des modernes : Essai sur l'universalisme kantien*, édit. Kimé, 2007, 287p.

18- CHOMIENNE (Gérard), *Lire les philosophes*, nouvelle édition, édit. HACHETTE, 2010, 575p.

19- CONSTANT (Benjamin), *De la liberté des anciens comparée à celle des modernes*, édit., Mille et une nuits, 2010, 59p.

20- DAN NABUDERE, *The political économiy of imperialism,* Tanzania publishing house, Dar Es Salam, 1965, 293p.

21- DE BROSSCHERE (Guy), *Les deux versants de l'histoire, Autopsie de la colonisation*, édit. Albin Michel, Paris, 1967, 326p.

22- DELAFOSSE (Maurice), *Les Noirs de l'Afrique*, col. Payot, Paris, 1922, 160p.

23- DERRIDA (Jacques), *Foi et Savoir, suivi de Le siècle et le pardon*, Paris, Seuil, Col. Essais, 2001, 137p.

24- DERRIDA (Jacques), *La démocratie à venir. Autour de Jacques Derrida*, Paris, Galilée, 2004, 621p.

25- DERRIDA (Jacques), *Positions,* Paris, Minuit, col. Critique, 1972, 135p.

26- DERRIDA (Jacques), *Psyché, Invention de l'autre*, Tome 1, Paris, Galilée, 1998, 422p.

27- DERRIDA (Jacques), *Psyché, Invention de l'autre*, Tome 2, Paris, Galilée, 2003, 307p.

28- ELIAS (Norbert*), La dynamique de l'occident*, col. Liberté et esprit, 1994, 328p.

29- ELIAS (Norbert*), La société de cour, édit.* Club pour lui, 1975, 323p.

30- ELKE WINTER, *Max Weber et les relations ethniques, du refus du biologisme racial et l'État multinational,* Les presses de L'Université Laval, 2004, 214p.
31- FANON (Frantz), *Peau noire et masque blanc*, Seuil, 1965, 190p.
32- FELWIN SARR, *Afrotopia,* Philippe Rey, 2016, 192p.
33- FELWIN SARR, *Méditations africaines,* Mémoire d'encrier, 2013, 371p.
34- FEYERABEND (Paul), C*ontre la méthode, esquisse d'une théorie anarchiste de la connaissance*, Seuil, 1988, 349p.
35- FEYERABEND (Paul*), La science en tant qu'art*, Albin Michel, 2003, 176p.
36- FEYERABEND (Paul), *La tyrannie de la science*, seuil, 2014, 192p.
37- FEYERABEND (Paul), *Philosophie de la nature*, seuil, 2014, 351p.
38- FOUCAULT (Michel), *Il faut défendre la société : cours au Collège de France, 1975-1976,* Editions. Mauro Bertiani et Association pour le Centre Michel Foucault, Paris, 2010, Seuil, 283 p.
39- FOUCAULT (Michel), *La volonté de savoir*, Paris, Gallimard, 1975, 332p.
40- GOUHUENHEIN (Sylvain), la Réforme grégorienne. De la lutte pour le sacré à la sécularisation du monde, Paris, Temps Présents, 2010, p. 262p.
41- GROUSSET (R.) et EMILE (G. Léonard), *Histoire universelle, tome I, Des origines à l'islam,* Gallimard, 1904p. (sommaire : la préhistoire, la protohistoire, l'Egypte ancienne).
42- HABERMAS (Jürgen), *Après l'État-nation : une nouvelle constellation politique*, Paris, 2000, édit. Fayard, 157 p.
43- HABIB SY (Jacques), *L'Afrique, berceau de l'écriture, et ses manuscrites en péril, volume 1, des origines de l'écriture aux manuscrits anciens (Egypte pharaoniques, Sahara, Sénégal, Ghana, Niger),* L'Harmattan, 2014, 427p.
44- HEGEL, *Leçons sur la philosophie de l'histoire*, trad. De J. Gilbelin, éd. Vrin, 1987, 349p.
45- JUGEN HABERMAS, *Connaissance et intérêt*, Gallimard, 1972, 392p.
46- JUGEN HABERMAS, *L'intégration républicaine*, Essais de théorie politique, Fayard, 1998, 386p.
47- JUGEN HABERMAS, *La pensée post-métaphysique : Essais philosofiques*, Armand Collin, 1997, 286p.
48- KOUNOU (Michel), *Le panafricanisme, de la crise à la renaissance, une stratégie globale de reconstruction effective pour le troisième millénaire*, édit. Clé, Yaoundé, 2007, 599p.
49- KRIEGEL (Blandine), *Les chemins de l'État*, Tome I, Calmann-Lévy, 1994, 310p.

50- KRIEGEL (Blandine), *Les chemin de l'État*, Tome I, Payot, 1994, 269p.
51- LABAT (Jean-Batiste), *Nouveau voyage aux iles françaises d'Amérique,* édition Forgotten Books, 2018, 276P.
52- LACHANCE (Louis), *L'humanisme politique de Saint Thomas D'Aquin*, Quentin Moreau, 2015, 531p.
53- LYOTARD (Jean-François), *La condition post-moderne*, édit. De Minuit, 1979, 109p.
54- MALOLO DISSAKE (Emmanuel), *Mathématique pharaonique égyptienne et théorie moderne des sciences*, DIANOÏA, 2005, 128p.
55- MAUS (Marcel), *Sociologie et anthropologie,* 2e édit., paris, PUF, 1960, 389p.
56- MBEMBE (Achille), *Critique de la raison nègre*, La Découverte, 2015, 267p.
57- MBEMBE (Achille), *De la postcolonie : essai sur l'imagination politique contemporaine*, Karthala, 2017. 293p.
58- MBEMBE (Achille), *Politiques de l'inimitié*, La Découverte, 2016, 184p.
59- MBOM (Clément), *Frantz Fanon, aujourd'hui et demain*, Nathan, 1985, 318p.
60- MIKHAIL BAKOUINE, *Dieu et l'État*, édit. Mille et une Nuits, 2000, 119p.
61- MOFELI KETE ASSANTE, *L'afrocentricité*, traduction MAGAMA, 2014, Philadelphia Pa. 1914, USA, 199p.
62- MOINEAU (Jean-Louis), *La découverte du Sahara et de l'Afrique Noire par les explorateurs du XIXè siècle*, L'Officine, 2016,
63- MORIN (Edgar), *Introduction à la pensée complexe*, Paris, édit. Du Seuil, 2005, 158p.
64- MORIN (Edgard), *Les sept savoirs nécessaires à l'éducation du futur*, édit. Du Seuil, 1999, 67p.
65- NAY (Olivier), *Histoire des idées politiques*, Armand Colin, 2004, 592p.
66- NDIAYE (Jean Pierre), *La jeunesse africaine face à l'impérialisme*, édit. François Maspero, Paris 1971, 190p.
67- NICOLE (J.) (M.), *Précis des religions*, édit. De l'Institut Biblique, Nogent-sur Marne, 1990, 175p.
68- NORBERT ELIAS, L*a Civilisation des mœurs*, Pocket 2003, 512p.
69- NORBERT ELIAS, *La dynamique de l'occident*, édit. Pocket, 2003, 320p ;
70- NORBERT ELIAS, *La société de cour*, édit. Flammarion, 2008, 330p ;
71- ONFRAY (Michel), *Cosmos*, édit. J'ai Lu, 2016, 733p.
72- ONFRAY (Michel), *La décadence*, Flammarion, 2017, 656p.
73- PONDI (Jean Emmanuel), *Cheikh Anta Diop dans la sphère des relations internationales,* Editions Afri'Eveil, Yaoundé, 2020, 197p.

74- RAMONET (Ignacio), *Géographie du chaos*, Paris, Gallimard, 1999, 269 p.
75- RENAUT (Alain), *Les philosophies politiques contemporaines (depuis 1945*), Paris, Calmann-Lévy, 500p.
76- RENOUVIER (Charles), *Les dilemmes de la métaphysique pûre*, édit.1901, col. Philosophie, 2013, 334p.
77- RENOUX-ZAGAME (Marie-France), *Du droit de Dieu au droit de l'homme*, PUF, 2003, 320p.
78- RICOEUR (Paul), *L'idéologie et l'utopie,* Essais, Seuil, 2016, 432p.
79- RICOEUR (Paul), *Le conflit des interprétations*, *Essais d'herméneutique*, Seuil, 2013, 617p.
80- ROUSSEAU (Jean Jacques), *Discours sur l'origine et les fondements des Inégalités parmi les Hommes,* 1754, 87p.
81- ROUSSEAU (Jean Jacques), *Du contrat social,* Flammarion, 2011, 255p.
82- SAINT THOMAS D'AQUIN, *Somme théologique*, Tome I, Cerf, 1984, 966p.
83- SAINT THOMAS D'AQUIN, *Somme théologique*, Tome II, Cerf, 1984, 825p.
84- SCHMITT (Carl) et ZARKA (*Yves Charles), Carl Schmitt ou le mythe du politique, trad. Denis Trierweiler,* Paris, 2009, P UF, 197 p.
85- SCHMITT (Carl), *La notion de politique suivie de Théorie du partisan.* Paris, 1992, édit. Flammarion, 323 p.
86- SIMON (Denys), [2001] *Le système juridique communautaire*, 3e édition, Paris, PUF, 2001, 779 p.
87- SMARTH (William), *Histoire de l'église catholique d'Haïti*, 1492-2003 : des points de repère, volume 1, éditions CIFOR, 2015.
88- SMARTH (William), *Histoire de l'église catholique d'Haïti*, 1492-2003 : des points de repère, volume 2, éditions CIFOR, 2015.
89- SPINOSA, *L'Ethique,* Gallimard, 1954, 398p.
90- SPINOZA (Baruch), *Traité théologico-politique.* Paris, 1997, Flammarion, 380 p.
91- TIMMERMANS (Benoit), *Les résolutions des problèmes de Descartes à Kant,* Paris, PUF, Col. L'interrogation philosophique, 1995, 319p.
92- TSHIAMALENGA (N.), *Le réel comme procès multiforme. Pour une philosophie du NOUS intégral, processuel et plural*, édit. Livre, Paris, 2014, 460p.

F- OUVRAGES DE METHODOLOGIE

1- BEAUD (Michel), *L'art de la thèse, Collection Guides*, Nouvelle édition, 198p.
2- BERGEL (Jean Louis), *Méthodologie juridique*, P.U.F., Thémis, 2001, 407p.
3- BIYOGO (Grégoire), *Traité de méthodologie et d'épistémologie de la recherche*, L'Harmattan 2005, 143p.
4- ELA (Jean-Marc), *Guide pédagogique de formation à la recherche pour le développement en Afrique*, L'Harmattan, 2001, 84P.
5- GRAWITZ (Madeleine), *Méthodes des sciences sociales*, Dalloz, 2001, 11e édition, 1019p.
6- OLIVIER (L.) BEDARD (G.) FERRON (J.) *L'Elaboration d'une problématique de recherche*, sources, outils et méthode, L'Harmattan, 2005, 94p.

G- LES DICTIONNAIRES ET LEXIQUES

1- ARNAUD (André Jean), *Dictionnaire Encyclopédique de la Théorie et de la Sociologie du Droit*, Paris, L.G.D.J, 2ième éd., 758 p.
2- BALANDIER (Georges) et MAQUET (Jacques), *dictionnaire des civilisations africaines*, éditeur Imprimerie Monnier, paris, 1968, 448p.
3- BIYOGO (Grégoire), *Dictionnaire comparé égyptien/Fan-Béti, de la coappartenance* Kemit-Ekang, l'Egypte et l'Afrique en quête d'éternité, Paris, Imhotep, 2013, 549p.
4- BIYOGO (Grégoire), *Dictionnaire des connaissances philosophiques de l'Egypte antique, contributions aux recherches sur les concepts majeurs de la philosophie, de l'égyptologie, de la théologie et du droit pharaoniques, pour bâtir un corps de sciences humaines et sociales nouvelles aujourd'hui. « Rek Nebou Kama : l'âge d'or de l'Afrique » ;* Imhotep, 2017, 398p.
5- BIYOGO (Grégoire), *Encyclopédie du Nvett I. Du Haut Nil en Afrique centrale. Tome I. la quête de l'éternité et la conquête du logos solaire*, Paris, 2002, 250p.
6- BIYOGO (Grégoire), *Encyclopédie du Nvett I. Du Haut Nil en Afrique centrale. La conquête de la science et l'expérience*, Paris, CIREF, 2002, 150P.
7- CHAMPOLLION LE GRAND (J. F.), *Dictionnaire égyptien, en écriture hiéroglyphique, publié d'après les manuscrits orthographes*, sous les auspices de monsieur VILLEMAIN, Ministre de l'instruction publique

par CHAMPOLLION VIGEAC, Paris FIRMIN DIDOT Frères, Librairies éditeurs, 526p.

8- CORNU (Gérard), *Le vocabulaire juridique*, 2e édit., Association Henri Capitant, PUF, 1987, 1095p.

9- Dictionnaire des idées, Encyclopedia Universalis, SA France, 2012, (1476p.),

10- La Grande Encyclopédie, Librairie Larousse, volumes 2-20, 1971-1976.

11- LECOURT (Dominique), *Dictionnaire d'histoire et de philosophie des sciences*, Paris, PUF, 1999.

12- NANTET (Bernard), *Dictionnaire d'Histoire et civilisations africaines*, Paris, Larousse, 1999, 228p.

13- VEILLARD (Thierry) et LUCOT (Hubert), *Dictionnaire de la culture juridique*, sous la direction de Denis Alland et Stéphan Rials, 1ère édit, PUF, 2003, 1555p.

II- LES THESES ET MEMOIRES

A- LES THESES

1- BASSE (Jacques), Les délits relatifs au mariage dans le Sud-Cameroun : L'abandon du domicile conjugal et l'escroquerie de la dot, Thèse de doctorat en droit, Paris, 1957.

2- BERTAUT (Maurice), Le droit coutumier des Boulous, monographie d'une tribu du sud Cameroun, thèse de droit, Domat-Monchrestien, paris, 1935, 308p.

3- BOUNOUNGOU NGONO (Régine) : La réforme du système pénitentiaire camerounais : entre héritage colonial et traditions culturelles, Th. de doctorat, université de Grenoble, 2012, 643p.

4- GHOMSI (Emmanuel), Les Bamiléké du Cameroun (essai d'étude historique des origines à 1920), Thèse de doctorat 3e cycle, Université de Paris – Sorbonne, 1972.

5- GOUDEM (Jules), L'organisation juridictionnelle du Cameroun, thèse de 3è cycle en droit privé, Univ. De Yaoundé II, 1983, 574p.

6- MELONE (Stanislas), La *parenté et la terre dans la stratégie de développement*, l'exemple du Cameroun, Th. De doctorat, faculté de droit et de sciences économiques de Paris, 1968, 201p.

7- MIENDJIEM (I. L.), Le droit des occupants et exploitant du domaine national, thèse pour le doctorat d'état en droit privé, Univ. De Yaoundé II, 2207, 379p.

8- MINKOA SHE (Adolph), *Essai sur l'évolution de la politique criminelle au Cameroun depuis l'indépendance*, Th. de doctorat d'Etat Strasbourg, 1987, 515p.

9- MOUICHE (Ibrahim), Les autorités traditionnelles dans la vie politique moderne au Cameroun : le cas de l'organisation municipale du NOUN, thèse de doctorat de 3e cycle en science politique, Univ. De Yaoundé, 1991-1992, 371p.

10- MVOGO (Dieudonné Célestin), La politique criminelle au Cameroun : De la confrontation des modèles traditionnel et moderne à la recherche de solutions adaptées à un processus de développement ; thèse pour le doctorat d'État en histoire du droit présentée et soutenue publiquement, Univ. de ParisI-Panthéon-Sorbonne, 1981.

11- NGANDO (Blaise Alfred), *La présence française au Cameroun (1916-1959) colonialisme ou mission civilisatrice*, PUAM, 2009, 455p.

12- NJOYA (Jean), Le pouvoir traditionnel en pays Bamoun : Essai sur la parenté gouvernante, thèse pour l'obtention du doctorat 3e cycle en science politique, Univ. De Yaoundé II, 1993,

13- NKOU MVONDO (Prosper), Le dualisme juridique en Afrique noire francophone, Du doit privé formel au droit privé informel, thèse de doctorat nouveau régime, Univ. Robert SCHUMAN de Strasbourg, 1995, 451p.

14- NOA ONANA (Godefroy), Tradition et modernité, quel modèle pour l'Afrique ? une étude du concept tradition dans ses rapports avec la modernité des lumières jusqu'à l'époque contemporaine, thèse de doctorat nouveau régime en philosophie : option Métaphysique, Epistémologie, Esthétique, Univ. De Paris-Est Creteil, 2013, 408p.

15- POUGOUE (Paul Gérard), La famille et la terre. Essai de contribution à la systématisation du droit privé du Cameroun, thèse de doctorat, bordeaux, 1977.

16- ROJE TADJIE, Politique foncière et urbaine au Cameroun, thèse de droit public, Univ. De Yaoundé II, 2007, 415p.

17- TONYE-MBUA, Le Serment chez les Basa du Cameroun (un exemple du serment dans la pensée juridique africaine), Thèse pour le Doctorat en droit (3e cycle), Spécialité: droit et économie des pays d'Afrique, Université de Paris 1, 1973, 299p.

B- LES MEMOIRES

1- EKOBENA (Marie-Josèphe), La régulation du trouble social dans les sociétés traditionnelles du Cameroun avant l'ère coloniale : contribution à une théorie africaine du droit pénal, mémoire de master 2, Univ. Ydé II-Soa, 2015.

2- ESSAMA (Emile), Le « régime des décrets » et le maintien des coutumes indigènes pendant la période du mandat français au Cameroun (1922-1946), mémoire de master 2, Univ. De Ydé II-Soa, 2015.

3- GERBER (Julien-François), Les communautés Bulu contre la plantation industrielle HEVECAM, Mémoire de recherche, Institut des Sciences et Technologies Environnementales (ICTA), Université Autonome de Barcelone (UAB) septembre 2007.

4- BATSOCK (Sévérin), Les élites dans le champ politique local au Cameroun : une étude de la participation politique dans la localité de Kiiki, Mémoire de master II en science politique, Univ. Yaoundé II, 2017.

5- Mémoire sur l'expropriation des biens fonciers des indigènes (de Bonanjo, Bonamadouma et de Bonaprio) de Douala (représentées par le chef supérieurs LOBE BELL Théodore et consorts ; assisté de Jean-Louis Henri, ancien magistrat et avocat à la Cour d'appel de Brazzaville), présenté au conseil du contentieux du Cameroun, fait à Paris le 30 juillet 1930.

6- MOUBEKE A MBOUSSI (Philémon), l'État colonial et les coutumes au Cameroun, approche comparative des régimes coloniaux allemand, français et britannique au Cameroun, Mémoire en vue de l'obtention du Master II, Univ. Ydé II- Soa, 2015.

7- BAMA NJOCK (Philippe Robert), Droit religieux et droit humain dans la tradition Bassa du Cameroun, Mémoire du diplôme d'études approfondies d'histoire du droit, de l'économie et de la société, Université de Paris.

III- LES ARTICLES

A- LES ARTICLES SCIENTIFIQUES

1- ABOLOLOU (Camille Roger), « Le discours juridique en Afrique Noire, terminologie et traduction du droit », RFLA, 2011, vol. XVI, pp. 17-31.

2- AGOSTINO CARRINO, « Le positivisme critique de Hans Kelsen : une fondation logico formelle - des normes », Cahiers de philosophie politique et juridique, n 20, 1991, pp. 79 - 88.

3- ALEXANDRE (Pierre), « Protohistoire du groupe Béti-bulu-fan, essai de synthèse provisoire », Cahiers d'études africaines, volume V, n° 20, édit. Mouton et Cie, PP. 520-600.

4- ALLIOT (Michel), « Anthropologie et juristique. Sur les conditions d'élaboration d'une véritable science de droit ». *Bulletin de liaison du L.A.J.P.* n°6, 1983, pp 83-117.
5- AMADEO (G.), « Ordre public et droit privé négro-africain », RJ. PUF, Octobre-décembre 1958, p. 610-636.
6- ANDRIEU (Louis Assier), « Le juridique des anthropologues », *Revue droit et société* n°5/1987.
7- ATANGANA MALONGUE (Thérèse), « Le principe d'égalité en droit camerounais de la famille », RIDC, 2006, vol. 58, n°3, pp. 823-858.
8- BADJI (Mamadou), « L'abolition de l'esclavage au Sénégal : entre plasticité du droit colonial et respect de l'État de droit », Droit et cultures [En ligne], 52 | 2006-2, mis en ligne le 10 avril 2009, consulté le 13 novembre 2017. URL : http://droitcultures.revues.org/729
9- BIDIMA (Jean-Godefroy), « L'acte de juger et le magistrat : de la précompréhension à l'occasion », collège international de philosophie, 2002/2 n°36, pp. 181-200.
10- BIDIMA (Jean-Godefroy), « Philosophie et tradition dans l'espace public africain », Association Sens-Public, cahiers sens public, 2009/2 n°10, pp. 113-132.
11- BOKALLI (Emmanuel Victor), « La coutume source de droit au Cameroun » (1997), 28 RGD, pp. 37-69.
12- BONNICHON (A.), « L'ordre public colonial, facteur d'évolution du droit indigène », Action Populaire, 10 janvier 1932, p. 1-18.
13- BOULEGUE (J.), « Dynamique de la contestation du pouvoir central dans les royaumes wolofs », Droit et cultures, n°6, 1983, p. 67-73.
14- BOURGEAU (J.), « Note sur la coutume des sérères du Sine et du Saloum », Bulletin du comité d'études historiques et scientifiques de l'AOF, T.XVI (1933) p. 1-62.
15- BRUNSCHWIG (R.), « Histoire, passé et frustration en Afrique noire », Annales, septembre octobre 1962, p. 873-884.
16- CAMARA (Fatou Kiné), « Les femmes et le pouvoir politique dans la tradition noire africaine : Maât et le matriarcat », in Revue d'Egyptologie et des Civilisations Africaines, ANKH, n° 18/19/20, 2009-2010-201, PP. 143-155.
17- CHARLIER (R.E.), « Les institutions politiques traditionnelles des indigènes et la politique coloniale française contemporaine », Rec. Panant, 1945, doct. p. 31 et s.
18- COQUERY-VIDROVITCH (C.), « Recherche sur un mode de production africain », la Pensée, n°144, 1969, p. 61-72.
19- DARESTE (P.), « Les collectivités indigènes devant les tribunaux français », Rec. Dareste, 1934, Jurisprudence, p. 201 et s.

20- DECHEIX (P.), « Réflexion sur le respect des coutumes », RJ.POM, 1959, p. 127-128.

21- DELAFOSSE (M.), « Sur l'orientation nouvelle de la politique indigène dans l'Afrique noire », Afrique française, n°7 [1921], p. 145-152.

22- DELCURROU, « De la juridiction française en pays de protectorat. Compétence territoriale des tribunaux français à l'égard du Cayor. Effets des traités et de l'arrêté de désannexion du 15 janvier 1890 », Rec. Penant, 1906. Doct. p. 17-32.

23- DELMAS-MARTY (Mireille), « Études juridiques comparatives et internationalisation du droit », L'annuaire du Collège de France 109/2010 », En ligne : http://annuaire-cdf. Revues. Org/37.

24- DELMAS-MARTY (Mireille), [2009] « Violence et massacres : entre droit pénal de l'ennemi et droit pénal de l'inhumain », Revue de science criminelle, édit. Dalloz, p. 59.

25- DEME (El Hadji Malick), « Circoncision et excision en Egypte Pharaonique et en Afrique noire : une même signification ontologique » in Revue d'Egyptologie et des Civilisations Africaines, ANKH, n° 18/19/20 ? 2009-2010-2011, PP. 97-106.

26- DERAULIN (Arnaud), « Le culte des chefs et la démocratie en Afrique », RJP, 56e année, n°1, 2002, pp.83-121.

27- DJAME (François Narcisse), « Observer la coutume autrement en Afrique centrale : l'exemple du droit administratif camerounais », », in, La fabrique du droit en Afrique, Actes du premier symposium juridique de Libreville (21-22 novembre 2013). Revue de la Fondation Raponda-Walter, n° 6 – 2013, p. 219-244.

28- DUGAST (Idelette), *Inventaire ethnique su Sud Cameroun*, IRCAM, Mémoire I, Série populations, Paris, 1949.

29- DUGAST (Idelette), « monographie de la tribu des Ndiki », t. II, Vie sociale et familiale. In, Revue Française d'anthropologie, 1961, pp. 125-126.

30- EBERHARD (Christoph), « Trois voix sur la juridicité ». *La quête anthropologique du droit*, Autour de la démarche d'Etienne LE ROY, les éditions Karthala, pp.547-559.

31- EBERHARD (Christoph), « Sur les traces d'Amadou Hampaté Bâ pour une approche africaine du droit ». *Le droit au miroir des cultures*. Pour une autre mondialisation, préface à E. LE ROY, *revue droit et société*, LGDJ, 2001, p.41-73.

32- FERAL (François), « Les ateliers et les inspirations plurielles du droit africain : syncrétisme, harmonisation ou désordre brownien de nouvelles normativités », in, La fabrique du droit en Afrique, Actes du premier symposium juridique de Libreville (21-22 novembre 2013). Revue de la Fondation Raponda-Walter, n° 6 – 2013, Pp. 81 et s.

33- FONTAINE (Lauréline), « Le pluralisme comme théorie des normes », dans Droit et pluralisme, Actes du colloque de Caen organisé par le Centre de recherche sur les droits fondamentaux et les évolutions du droit (C.R.D.F.E.D.) les 30 novembre et 1er décembre 2006, (sous la direction de Lauréline Fontaine), Collection Droit et Justice n°76, Bruxelles, Nemesis & Bruylant, 2007, pp. 125-160.
34- GAULME (François), « 'États faillis', 'États fragiles' : concepts jumelés d'une nouvelle réflexion mondiale », Politique étrangère, Printemps, avril 2011, pp. 17-29.

35- GEISMAR (L.), « L'action gouvernementale et les coutumes indigènes en Afrique occidentale française », Outre-mer, Revue générale de la colonisation, 2e trim. 1934, p. 157-166.

36- GILES (David) « L'irrédentisme des valeurs dans le droit : la quête du fondement axiologique » ; R.D.U.S, 42, 2012, p. 309-361.
37- GIRARD (J.), « De la communauté traditionnelle à la collectivité moderne en Casamance. Essai sur le dynamisme du droit traditionnel », Annales Africaines, 1963, p. 135-165.
38- GIRAULT (A.), « Enquête sur les coutumes des indigènes de l'AOF », Nouvelle Revue d'histoire du droit, 1903, p. 95 et s.
39- GIRAULT (A.), « De l'intérêt scientifique à l'étude de la législation coloniale », Rec. Penant, 1896.
40- GIRAULT (A.), « Le problème colonial : assujettissement, autonomie ou assimilation », Revue du droit public, 1894, gr-in 8.
41- GOLTZBERG (Stefan), « Confusion de concepts, concepts essentiellement contestés et définition », *Cahiers de méthodologie juridique*, n° 30, 2016-5, pp. 1980-1988.
42- GOLTZBERG (Stefan), « Esquisse de typologie de l'argumentation juridique », in, https://ulb.academia.edu/StefanGoltzberg
43- GOLTZBERG (Stefan), « Le contournement de la loi est-il hypocrite ? Statut de la ruse dans la loi juive », cahiers philosophiques n°145/2ᵉ trimestre 2016.
44- GOLTZBERG o(Stefan), « Statut de l'erreur en sciences sociales et en sciences de la nature », in, https://ulb.academia.edu/StefanGoltzberg.
45- GOLTZBERG (Stefan), « Système d'écriture, littéralité, herméneutique et talmudique », dossiers d'HEL, SHESL, 2016, écriture(s) et représentations du langage et des langues, 9, pp.333-345.
46- GONIDEC (Pierre François), « Constitutionnalismes africains », RDP, 50ᵉ année, n°01, janvier –avril 1996, pp. 23-50.
47- GONIDEC (Pierre François), « L'évolution des territoires d'outre-mer depuis 1946 », RJPUF, 1957, p. 429-477.

48- HAGENBUCHER – SACRIPANTI (Frank), « Les arabes dits "Suwa" du Nord Cameroun », dans Cahiers de l'Orstom, Vol. XIV, n° 3, Paris, Orstom, 1977.
49- HURAULT (J.), « Histoire du Lamidat peul de Banyo (Cameroun) », dans Compte rendus trimestriels des séances de l'Académie des Sciences d'outre-mer [séance du 20 juin 1975], Tome XXXV – 1 – 1975, pp. 421-463.
50- KEBA MBAYE, « La protection des droits de l'homme dans les rapports entre personnes privées », contribution à une publication de l'institut international des droits de l'homme, Paris, Pédone, 1997.
51- KEBA MBAYE, « Le destin du code civil en Afrique », in *livre du bicentenaire*, Dalloz, 2004, pp. 515-537.
52- KEBA MBAYE, « Sources et évolution du droit africain », *in Mélanges offerts à P.-F. Gonidec*, LGDJ, 1985, p. 343.
53- KELSEN (Hans), « Aperçu d'une théorie générale de l'État », RDPSP, n 4, 1926, pp. 561-646.
54- KELSEN (Hans), « Foundations of democraty », Ethics, Vol. 66, n 1, 1955, pp. 1-101.
55- KELSEN (Hans), « La notion d'État et la psychologie sociale. à propos de la théorie freudienne des foules » (1922), Hermes, n 2, 1988, pp. 134-165.
56- KELSEN (Hans), « Lettre autobiographique », (1927), Droit et Société, n 7, 1987, pp. 345-348.
57- KOULAYAN (Nicole), « Mondialisation et dialogue des cultures : l'UBUNTU d'Afrique du Sud », Revue Hermes, 2008/2 (n°51), pp. 183-187.
58- LABOURET (H.), « La politique indigène en Afrique », Bulletin du Comité de l'Afrique française, 1930, p. 331-333.
59- LABOURET (H.), « A la recherche d'une nouvelle politique indigène dans l'Ouest africain », Bulletin du Comité de l'Afrique française, 1930.
60- LAMPUE (P.), « Droit écrit et droit coutumier en Afrique francophone », Rec. Penant, 1979, p. 247 et s.
61- LE ROY (Etienne), « La terre de l'autre. Une anthropologie des régimes d'appropriation foncière », LGDJ, *revue droit et société*, Paris, 2011, 448p.
62- LE ROY (E.), « Réflexion sur une interprétation anthropologique du droit africain. Le laboratoire d'anthropologie de Paris », RJPIC, n°3, 1972, pp. 427-440.
63- LECLERC (Gérard), « L'impérialisme et ses effets culturels : orientalismes et intellectuels modernistes », in la Mondialisation culturelle (2000), pp. 154-170

64- LEVY-BRUHL (H.), « Introduction à l'étude du droit coutumier africain », RIDC, Vol. 8 n°1, 1956 ; pp. 67-77.
65- LUFTACHI N'ZEMBELE, « L'Afrique et les Africanistes », in Peuples Noirs Peuples Africains, n°50, mars-avril 1986, pp. 8-43.
66- MANDJACK (Albert), « L'intronisation traditionnelle des autorités publiques au Cameroun (la construction hégémonique à la confluence du sacré du national) », RJP, 64e année, n° 3, pp. 263-296.
67- MBEDE (Christian), « Identité ethniques et construction d'un espace sociopolitique dans le contexte multiculturel de l'Afrique, in la Renaissance Africaine : de la théorie à la matérialisation à l'horizon 2060 », in Mélanges Internationaux offerts au Professeur Samuel EFOUA MBOZO'O, sous la direction scientifique de BOUDA MAMOUDOU, Dominique MEVA'A ABOMO, Ernest MESSINA MVOGO, Hanse Gilbert MBENG DANG, col. Politique Africaine en Mutation, pp. 202- 216.
68- MEBENGA (Mathieu), « Itinéraire de l'histoire du droit et des institutions au Cameroun », A la recherche du droit africain du XXIe siècle, *collection connaissances et savoirs*, pp. 47-60.
69- MELONE (Stanislas), « Les juridictions mixtes de droit coutumier dans les pays en voie de développement. Du bon usage du pluralisme juridique : l'exemple du Cameroun », in RIDC, vol. 38 n°2, 1986, pp.327-346.
70- MELONE (Stanislas), « Du bon usage du pluralisme judiciaire en Afrique : l'exemple du Cameroun », (1986) 31-32 *Revue Camerounaise de doit*, P. 5.
71- MENU (Bernadette), « Maât, ordre social et inégalités dans l'Egypte ancienne, de l'apport égyptien au concept gréco-romain de justice » ; Droit et Culture, Revue Internationale Interdisciplinaires, n°69, 2015, pp. 51-71.
72- Michel (Marc), « Les plantations allemandes du Mont Cameroun », dans Revue Française d'histoire d'outre-mer, Tome LVII, n° 207, 2e trimestre 1970, pp. 183-213.
73- MIKANO E. KIYE, « The Repugnancy and Incompatibility Tests and Customary Law in Anglophone Cameroun », African Studies Quarterly, vol. 15, Issue 2, March 2015.
74- MOLEUR (B.), « La loi coloniale : son idéologie, ses contradictions », Systèmes fonciers à la ville et au village, dir. R. Verdier, A. Rochegude, Paris, l'Harmattan, 1986, p. 79-100.
75- MOLEUR (B.), « L'indigène aux urnes. Le droit de suffrage et la citoyenneté dans la colonie du Sénégal », Annales Africaines, 1989-1990-1991, p. 13-46.

76- MOLEUR (B.), « Traditions et loi relative au domaine national (Sénégal) », Annales Africaines, 1979-1980, p. 7-43.
77- MOYEN LEANDRE (Serge), « Contribution au droit africain (défossiliser) la lecture de CHEIKH ANTA DIOP, DJP, 62e année, n° 2, pp. 148-187.
78- MOUICHE (Ibrahim), « Autorités traditionnelles, multipartisme et gouvernance démocratique au Cameroun, Afrique et Développement, Vol. XXX, N°. 4, 2005.
79- MOUICHE (Ibrahim), chefferies traditionnelles, culture et développement au Cameroun.
80- NGANDO (Blaise Alfred), « La ''signature'' du ''traité'' germano-camerounais du 12 juillet 1884 : un contrat de dupes ? », dans le Gnomon » - Revue Internationale d'histoire du Notariat, n°200, juillet septembre 2019.
81- NGUELE ABADA (Marcelin), « La fabrique de la pensée juridique de l'État par les cabinets ministériels : l'exemple camerounais », in, La fabrique du droit en Afrique, Actes du premier symposium juridique de Libreville (21-22 novembre 2013). Revue de la Fondation Raponda-Walter, n° 6 – 2013, pp. 189 et s.
82- NKOU MVONDO (Prosper), « La justice parallèle au Cameroun : la réponse des populations camerounaises à la crise de la justice de l'État », *revue droit et société*, 51/52-2002, p.369-381.
83- NGUEMA (Isaac), « Pygmées et droits de l'homme », RJP, 56e année, n° 3, septembre-décembre 2002, pp. 334-344.
84- NGUIFFO (S.), KENFACK (P.) (E.), MBALLA (N.), « Les droits fonciers et les peuples de forêts d'Afrique, perspectives historiques et anthropologiques », document inédit, 2009.
85- ROULAND (Norbert), « La coutume et la pensée sauvage, apport des sociétés Inuits », in recueil de la société jean BBODIN pour l'histoire comparative des institutions, The BOECK University, 1980.
86- OBENGA (Théophile), « L'Egypte pharaonique tutrice de la Grèce de Thalès à Aristote », Ethiopiques, n° 52, Revue trimestrielle de culture négro-africaines, 1er semestre 1989-vol. 6 n°1.
87- OLAWALE (Elias), « La nature du droit coutumier africain, enquêtes et études », Présence africaine, 1961.
88- OUMAR KANE, « Épistémologie de la recherche qualitative en terrains africains : considérations liminaires », université de Québec Montréal, recherches qualitatives – vol. 31(1), pp. 152-173. Recherche qualitative en contexte africain - http://www.recherche-qualitative.qc.ca/revue.html.
89- OMBIONO (Siméon), « Le mariage coutumier dans le droit positif camerounais », (1989) *penant*, p.32.

90- RIPERT (Georges), « les forces créatrices du droit (note bibliographique) », RIDC, vol. 7, n° 4, pp. 877-878.
91- ROPIVIA (Marc-Louis), « Droit et Géographie, Leçon conclusive du 1er Symposium juridique de Libreville », in, La fabrique du droit en Afrique, Actes du premier symposium juridique de Libreville (21-22 novembre 2013). Revue de la Fondation Raponda-Walter, n° 6 – 2013, pp. 399-s.
92- SIETCHOUA DJUITCHOKO (Célestin), « Aspects de l'évolution des coutumes ancestrales dans le Droit public des chefferies traditionnelles au Cameroun » Revue générale de droit, vol. 32, n° 2, 2002, pp. 359-381.
93- SINDJOUN (Luc), « Les pratiques sociales dans les régimes politiques africains en vue de la démocratisation : hypothèse théorique et empirique sur le para constitution », Revue Canadienne des sciences politiques, vol 40, n°2, 2007, pp465-485.
94- SOBZE (Serge François), « De la création du droit en Afrique à comment fabrique-t-on le droit en Afrique ? quelles innovations pour la sécurité juridique en Afrique ? » in, La fabrique du droit en Afrique, Actes du premier symposium juridique de Libreville (21-22 novembre 2013). Revue de la Fondation Raponda-Walter, n° 6 – 2013, pp. 45 et s.
95- SOLUS (H.), « Le respect des coutumes indigènes », Rec. Dareste, 1933. Doct. p. 29-42.
96- VANDERLIDEN (Jacques), « Trente ans de longue marche sur la voie du pluralisme », *Cahier d'anthropologie du droit*, 2003, pp. 21-34.
97- YOSHIHITO SHIMADA, « Dynamique politique des États traditionnels sous l'INDIRECT RULE », du pouvoir à l'autorité, étude de cas du Lamidat de REY BOUBA, SENRI ETHNOLOGICAL STUDIES 15 1984, pp. 289-359.

B- LES ARTICLES DE PRESSE.

1- Cf. EKAMBI (David), « Succession de la chefferie Bandjoun, Esprit partisans et forces nouvelles du village face à la tradition », in, Camaroes, Traditions et Expressions, n°004, 18 décembre 2003, p. 6.
2- KEUKO (Richard), « A la découverte du peuple Bamiléké » traditions et expression, in Camaroes, (extrait du magazine Djam'na n° 5) culture et sport, n°003/20 novembre 2003, pp. 3 et 4.
3- Le Monde Diplomatique *L'impérialisme culturel*, décembre 1974, p. 7.
4- MBEMBE (Achille), « Esquisses d'une démocratie à l'africaine, entre coups d'État, élections reportées et mouvements sociaux », Le Monde Diplomatique, octobre 2000, pp. 20 et 21.
5- MEKOBE SONE (Daniel), allocution du premier président de la Cour Suprême, Daniel, à l'occasion de la rentrée solennelle de la haute juridiction. Journal mutation n°4318 du jeudi 23 février 2017

6- NGANDO (Blaise Alfred), « La découverte du Cameroun et les prémisses du droit occidental avant 1884 ». In, La Nouvelle Expression, n° 4603 du mardi 14 novembre 2017.

7- NGANDO (Blaise Alfred), « La peine de mort, l'idée chez les Bantu », in, La Nouvelle Expression, n° 4586 du 20/10/2017.

8- NGNIE KAMGA, propos recueillis par Pascal DIBAMOU, in Journal mutation n°4318 du jeudi 23 février 2017.

9- NSAME MBONGO : « Le contentieux Germano-duala, réalités et enseignements, (la rationalité juridique et philosophique des évènements de 1884-1914), in, Camaroes, Histoire, n°008/06 aout 2004, pp.2 et 3.

IV- LA JURISPRUDENCE

1- ANOUKAHA (François), Les grandes décisions de la jurisprudence civile camerounaise, col. Les grandes décisions, LERDA, 2008, pp. 85-140.

2- Arrêt n°28/CC du 10 décembre 1981, Affaire ANGOA Parfait c/ BEYIDI Pauline.

3- Arrêt n°48 du 10 janvier 1967, C.S.C.O. affaire BITENG Jean/NGO NATI Frieda. Cf. ANOUKAHA (François), Les grandes décisions de la jurisprudence civile camerounaise.

4- Arrêt n° 96 du 11 mars 1969, R.C.J.C.S. (Revue Camerounaise de Jurisprudence de la Cour Suprême),

5- Arrêt n° 42 du 18 janvier 1979, R.C.J.C.S

6- Arrêt du 23 septembre 1953, Cour d'appel du Cameroun, affaire Dame w.c./Sieur P. (Inédit). L'Arrêt n°48 du 10 janvier 1967, C.S.C.O. affaire BITENG Jean/NGO NATI Frieda. Cf. ANOUKAHA (François), Les grandes décisions de la jurisprudence civile camerounaise,

7- Arrêt du 23 septembre 1953, Cour d'appel du Cameroun, affaire Dame w.c./Sieur P. (Inédit). L'Arrêt n°48 du 10 janvier 1967, C.S.C.O. affaire BITENG Jean/NGO NATI Frieda. Cf. ANOUKAHA (François), Les grandes décisions de la jurisprudence civile camerounaise, Jugement CG/CA, 25 septembre 1980.)

8- Civ. Cass. 15 novembre 1911. Cité, Dareste (Pierre), « Droit public colonial » (chapitre IV), Traité de droit colonial, Tome I, Op. Cit., p. 341-390.

9- CS/CA, 29 novembre 1979, MBOUENDEU Jean de Dieu C/État du Cameroun.

10- CS/CA, MONKAM TIENTCHEU David C/État du Cameroun

11- Conseil du 21 mai 1762 (Moreau de Saint-Méry, t. 4, p. 464, et code de la Martinique, t. 2, p. 123). Cité, Dareste (Pierre), Traité de droit colonial,

Tome 1, Op. Cit., p. 87. Conseil d'État, 6 mars 1857, Recueil Lebon, p. 177. Cité, Dareste (Pierre), Traité de droit colonial, Tome 1, Op. Cit., p. 83.

12- Cour de cassation le 23 juin 1857 (Recueil Dalloz, 1857.1.241). Conseil d'État, 7 janvier 1864 (Recueil Lebon, p. 10). Cité, Dareste (Pierre), Traité de droit colonial, Tome 1, Op. Cit., p. 7

13- Conseil d'État, 12 novembre 1880, Recueil Lebon, p. 861. Cité, Dareste (Pierre), Traité de droit colonial, Tome 1, Op. Cit., p. 7. Conseil d'État, 23 novembre 1883, Recueil Lebon., p. 832. Cité, Dareste (Pierre), Traité de droit colonial, Tome 1, Op. Cit., p. 7.

14- Conseil d'État, 5 août 1887, Recueil Lebon, p. 625. Cité, Dareste (Pierre), Traité de droit colonial, Tome 1, Op. Cit., p. 7.

15- Conseil d'État, 15 février 1889, Recueil Lebon, p. 202. Cité, Dareste (Pierre), Traité de droit colonial, Tome 1, Op. Cit., p. 7 Civ., 30 décembre 1907. Cité, Dareste (Pierre), 1910, II, p. 289.

16- Chambre d'homologation du Cameroun. Audience du 10 janvier 1925 (Présidence de M. Attuly) - Affaire Goura et Amidou Saadou. Recueil Penant, vol. XXXV, 1926, Jurisprudence, Article 4705, pp. 209-211.

17- Chambre d'homologation du Cameroun, Audience du 20 août 1932 de la Cour en date du 28 septembre 1933 (Penant 1934, p. 39-42).

18- Chambre d'homologation du Cameroun, 13 octobre 1956. Cité, Basse (Jacques), Les délits relatifs au mariage dans le Sud-Cameroun : L'abandon du domicile conjugal et l'escroquerie de la dot.

19- Chambre spéciale d'homologation du Cameroun. Audience du 20 août 1932 (Présidence de M. Balland). Affaire Ministère public c. Njoncktet. Recueil Penant, vol. XLII, 1933, Article 5390, Jurisprudence, pp. 39-43.

20- Chambre spéciale d'homologation du Cameroun. Audience du 1er février 1933 (Présidence de M. Balland). Affaire N'doumb'a Doualla et autres (1ère espèce). Recueil Penant, vol. XLIII, 1934, Jurisprudence, Article 5323, pp. 157-162.

21- Conseil du contentieux administratif du Cameroun. Audience du 27 mai 1941 (Présidence de M. Carras). Affaire Difoum Moundourou. Recueil Penant, n° 540, Janvier 1946, Jurisprudence, Article 6046, pp. 54-58. Cour d'Appel de Dakar, 2 novembre 1947, Penant 1948, I, p. 279.

22- Conseil d'Appel du Cameroun. Audience du 7 août 1923 (Présidence de M. Attuly) - Affaire Baptist Mission c. Blat. Recueil Penant, n° 368, Janvier 1924, Jurisprudence, Article 4461, pp. 179-182.

23- Cour d'Appel du Cameroun, 10 juin 1952. Cité, Decheix (P.), Les compétences respectives des tribunaux de droit moderne et des tribunaux de droit traditionnel dans les Territoires d'Afrique Noire, Op. Cit., p. 47. Youego (Christine), Sources et évolution du droit des successions au Cameroun.

24- Tribunal supérieur d'Appel du Cameroun (Chambre correctionelle). Audience du 5 mars 1934 (Présidence de M. Balland). Affaire Bousquet, M. P., c. Rouly et Defouloy. Recueil Penant, vol. XLIII, 1934, Jurisprudence, Article 5514, Note de Ch. Fontanges, pp. 128-132.
25- Tribunal d'homologation du Cameroun. Audience du 20 juin 1931 (Présidence de M. Persinette-Gautrez) - Affaire Ministère public c. Ela Bolo et autre. Recueil Penant, vol. XL, 1931, Jurisprudence, Article 5237, pp. 213-215.Conseil d'État. Séance du 3 juillet 1931 (Présidence de M. Tissier) - Affaire Samé et Karl c. Ministre des colonies. Recueil Penant, vol. XL, 1931, Jurisprudence, Article 5242, pp. 226-229.
26- Tribunal de première instance de Douala. Audience du 25 juin 1931 (Présidence de M. Henric) - Affaire Jean Louis. Recueil Penant, vol. XLI, 1932, Jurisprudence, Article 5273, pp. 31-34.
27- Tribunal de première instance de Douala. Audience du 12 mai 1948 (Présidence de M. Guy Puech) - Affaire Nyambé et Toukam Nana.Recueil Penant, n° 586, Janvier 1951, Jurisprudence, pp. 60-66.
28- Tribunal supérieur d'Appel du Cameroun, 17 décembre 1951 (Penant 1955, p. 208) Chambre d'homologation du Cameroun, 29 décembre 1951, Penant 1955, I, p. 136.
29- Cour d'Appel de Yaoundé, 23 septembre 1953. Cité Basse (Jacques), Les délits relatifs au mariage dans le Sud-Cameroun : L'abandon du domicile conjugal et l'escroquerie de la dot, Op. Cit. Youego (Christine), Sources et évolution du droit des successions au Cameroun, Op. Cit., pp. 820-822.
30- Chambre d'annulation de la Cour d'Appel de Yaoundé, 21 décembre 1954. Cité Basse (Jacques), Les délits relatifs au mariage dans le Sud-Cameroun : L'abandon du domicile conjugal et l'escroquerie de la dot, Op. Cit. Conseil d'État –section du contentieux. Audience du 12 juillet 1956 (Présidence de M. Cassin). Affaire M'paye, N'gom et Moumié. Recueil Penant, n° 636, Janvier 1956, Jurisprudence, pp. 344-345.
31- Tribunal de Première instance de Douala, Audience du 25 juin 1934, Recueil Général de Jurisprudence, de Doctrine et de Législation Coloniales, 1932, pp.30-34.
32- Tribunal de Première Instance de douala, audience du 13 novembre 1936, Recueil Général de Jurisprudence, de Doctrine et de Législation Coloniales et Maritime, Penant, 1938, pp. 26-28.
33- Tribunal de Première Instance de douala, audience du 12 mai 1948, Recueil Général de Jurisprudence, de Doctrine et de Législation d'Outre-Mer, Penant, 1951.

ANNEXES

ANNEXE 1 : LA MYTHOLOGIE GRECQUE

1- LE MYTHE D'ŒDIPE

Œdipe, dans la mythologie grecque, roi de Thèbes, fils de Laïos et de Jocaste, roi et reine de Thèbes.

La reine Jocaste attend un enfant. Son mari, Laïos, roi de Thèbes, s'enquiert auprès des dieux, comme il est naturel, de ce qui va venir. La réponse de l'oracle est terrible : " Il tuera son père ; il épousera sa mère". Il décide d'échapper à son destin : il attacha les deux pieds de son fils nouveau-né, qu'ils percent, et ils ordonnent qu'il soit abandonné dans la montagne, aux bêtes sauvages sur les flancs du mont Cithéron. Le bébé gémissant émeut le cœur du serviteur chargé de la besogne. Il le confie à des bergers du roi de Corinthe, qui l'amènent à leur maître Polybos, roi de Corinthe sa femme Périboea désespérait justement d'avoir un héritier, Polybos l'appela Œdipe (" celui qui a les pieds enflés ", en grec) et l'éleva comme son propre fils. Des années passent. Un jour, pendant une querelle, un Corinthien traite Œdipe d'enfant trouvé. Celui-ci, alarmé, part demander la vérité à Pythie de Delphes. En chemin, un vieillard monté sur un char lui commande, un peu trop impérieusement, de s'écarter de son chemin. Œdipe, qui a le sang vif, le tue. C'était bien sûr le roi Laïos, son père. Ainsi, Œdipe accomplit la prophétie sans le vouloir.

Œdipe arriva à Thèbes, qui était sous la coupe d'un monstre sanguinaire appelé le Sphinx, lion à tête de femme. La créature bloquait les routes menant à la ville, tuant et dévorant les voyageurs qui ne pouvaient résoudre l'énigme fameuse qu'elle leur proposait : " Quel est l'animal qui le matin marche sur quatre pieds, à midi sur deux et le soir sur trois ?". Œdipe répond sans hésiter que c'est l'homme, qui au matin de sa vie marche à quatre pattes, va sur ses deux jambes à l'âge adulte et s'aide d'une canne pour soutenir sa vieillesse. Le Sphinx, vexé, se suicide. Œdipe s'attira les faveurs de la ville pour avoir libéré Thèbes du Sphinx. En remerciement, les Thébains le firent roi et lui donnèrent comme épouse la veuve de Laïos, Jocaste. Pendant de nombreuses années, le couple vécut heureux, ne sachant pas qu'ils étaient en réalité mère et fils. La seconde partie de l'oracle est accomplie.

Les années passent, des enfants naissent du couple incestueux, deux garçons (Etéocle et Polynice) et deux filles, Antigone et Ismène. Les dieux, qui ont longtemps favorisé le règne d'Œdipe, s'aperçoivent soudain, dans un spectaculaire accès de mauvaise foi, que ce roi est un meurtrier.

Jusqu'au jour où la peste ravagea le pays. Œdipe, innocemment, envoie son oncle Créon à Delphes, et l'oracle de Delphes proclama que le meurtre de Laïos devait être puni et que la maladie ravagera la cité tant que son meurtre ne sera pas vengé. Œdipe prononce alors contre le meurtrier une malédiction sauvage, et consulte le devin Tirésias pour connaître le nom du coupable. Tirésias esquive, feinte, suscite même contre lui des soupçons roi. Finalement, excédé, il conseille à Œdipe de consulter ses serviteurs. L'un d'eux, témoin du meurtre, est ce même esclave qui autrefois a "perdu" l'enfant sur le Mont Cithéron. La vérité est dévoilée et Jocaste s'en suicide de désespoir, et lorsqu'Œdipe se rendit compte qu'elle était morte et que leurs enfants, Etéocle, Polynice, Antigone et Ismène, étaient maudits, il se creva les yeux, avec les broches de la reine, et renonça au trône. Il part sur les routes, la main sur l'épaule d'Antigone, chercher un pardon problématique. Parvenu en Attique, il est purifié de son crime par Thésée, et en reconnaissance meurt à Cologne : un oracle n'a-t 'il pas déclarer que l'endroit où serait érigée sa tombe serait béni par les dieux ? Ses enfants ont d'ailleurs essayé en vain de le faire revenir à Thèbes. Source : mael.monnier.free.fr/ bac_francais/ antigone/mytheoedipe.htm 03/02/2018. À 11h20.

2- MYTHE DE PROMETHEE

" Il fut jadis un temps où les dieux existaient, mais non les espèces mortelles. Quand le temps que le destin avait assigné à leur création fut venu, les dieux les façonnèrent dans les entrailles de la terre d'un mélange de terre et de feu et des éléments qui s'allient au feu et à la terre.

Quand le moment de les amener à la lumière approcha, ils chargèrent Prométhée et Epiméthée de les pourvoir et d'attribuer à chacun des qualités appropriées. Mais Epiméthée demanda à Prométhée de lui laisser faire seul le partage. « Quand je l'aurai fini, dit-il, tu viendras l'examiner ». Sa demande accordée il fit le partage, et, en le faisant, il attribua aux uns la force sans la vitesse, aux autres la vitesse sans la force ; il donna des armes à ceux-ci, les refusa à ceux-là, mais il imagina pour eux d'autres moyens de conservation ; car à ceux d'entre eux qu'il logeait dans un corps de petite taille, il donna des ailes pour fuir ou un refuge souterrain ; pour ceux qui avaient l'avantage d'une grande taille, leur grandeur suffit à les conserver, et il appliqua ce procédé de compensation à tous les animaux. Ces mesures de précaution étaient destinées à prévenir la disparition des races. Mais quand il leur eut fourni les moyens d'échapper à une destruction mutuelle, il voulut les aider à supporter les saisons de Zeus ; il imagina pour cela de les revêtir de poils épais et de peaux serrées, suffisantes pour les garantir du froid, capables aussi de les protéger contre la chaleur et destinées enfin à servir, pour le temps du sommeil, de couvertures naturelles, propres à chacun d'eux ; il leur donna en outre comme chaussures, soit des sabots de cornes, soit des peaux calleuses et dépourvues de sang, ensuite il leur fournit des aliments variés suivant les espèces, aux uns l'herbe du sol, aux autres les fruits des arbres, aux autres des racines ; à quelques-uns mêmes il donna d'autres animaux à manger ; mais il limita leur fécondité et multiplia celle de leur victime pour assurer le salut de la race.

Cependant Epiméthée, qui n'était pas très réfléchi avait sans y prendre garde dépensé pour les animaux toutes les facultés dont il disposait et il lui restait la race humaine à pourvoir, et il ne savait que faire. Dans cet embarras, Prométhée vient pour examiner le partage ; il voit les animaux bien pourvus, mais l'homme nu, sans chaussures, ni couvertures ni armes, et le jour fixé approchait où il fallait l'amener du sein de la terre à la lumière. Alors Prométhée, ne sachant qu'imaginer pour donner à l'homme le moyen de se conserver, vole à Héphaïstos et à Athéna la connaissance des arts avec le feu ; car, sans le feu, la connaissance des arts était impossible et inutile ; et il en fait présent à l'homme. L'homme eut ainsi la science propre à conserver sa vie ; mais il n'avait pas la science politique ; celle-ci se trouvait chez Zeus et Prométhée n'avait plus le temps de pénétrer dans l'acropole que Zeus habite et où veillent d'ailleurs des gardes redoutables. Il se glisse donc furtivement dans l'atelier commun où Athéna et Héphaïstos cultivaient leur amour des arts, il y dérobe au dieu son art de manier le feu et à la déesse l'art qui lui est propre, et il en fait présent à l'homme, et c'est ainsi que l'homme peut se procurer des ressources pour vivre. Dans la suite, Prométhée fut, dit-on, puni du larcin qu'il avait commis par la faute d'Epiméthée.

Quand l'homme fut en possession de son lot divin, d'abord à cause de son affinité avec les dieux, il crut à leur existence, privilège qu'il a seul de tous les animaux, et il se mit à leur dresser des autels et des statues ; ensuite il eut bientôt fait, Quand l'homme fut en possession de son lot divin, d'abord à cause de son affinité avec les dieux, il crut à leur existence, privilège qu'il a seul de tous les animaux, et il se mit à leur dresser des autels et des statues ; ensuite il eut bientôt fait, grâce à la science qu'il avait d'articuler sa voix et de former les noms des choses, d'inventer les maisons, les habits, les chaussures, les lits, et de tirer les aliments du sol. Avec ces ressources, les hommes, à l'origine, vivaient isolés, et les villes n'existaient pas ; aussi périssaient-ils sous les coups des bêtes fauves toujours plus fortes qu'eux ; les arts mécaniques suffisaient à les faire vivre ; mais ils étaient d'un secours insuffisant dans la guerre contre les bêtes ; car ils ne possédaient pas encore la science politique dont l'art militaire fait partie. En conséquence ils cherchaient à se rassembler et à se mettre en sûreté en fondant des villes ; mais quand ils s'étaient rassemblés, ils se faisaient du mal les uns aux autres, parce que la science politique leur manquait, en sorte qu'ils se séparaient de nouveau et périssaient.

Alors Zeus, craignant que notre race ne fut anéantie, envoya Hermès apporter aux hommes la pudeur et la justice pour servir de règles aux cités et unir les hommes par les liens de l'amitié. Hermès alors demanda à Zeus de quelle manière il devait donner aux hommes la justice et la pudeur. « Dois-je les partager comme on a partagé les arts ? Or les arts ont été partagés de manière qu'un seul homme, expert en l'art médical, suffit pour un grand nombre de profanes, et les autres artisans de même. Dois-je répartir ainsi la justice et la pudeur parmi les hommes ou les partager entre tous » - «Entre tous répondit Zeus ; que tous y aient part, car les villes ne sauraient exister, si ces vertus étaient comme les arts, le partage exclusif de quelques-uns ; établis en outre en mon nom cette loi que tout homme incapable de pudeur et de justice sera exterminé comme un fléau de la société ».Voilà comment, Socrate, et voilà pourquoi les Athéniens et les autres, quand il s'agit d'architecture ou de tout autre art professionnel, pensent qu'il n'appartient qu'à un petit nombre de donner des conseils, et si quelque autre, en dehors de ce petit nombre se mêle de donner un avis, ils ne le tolèrent pas, comme tu dis, et ils ont raison selon moi. Mais quand on délibère sur la politique où tout repose sur la justice et la tempérance, ils ont raison d'admettre tout le monde, parce qu'il faut que tout le monde ait part à la vertu civile ; autrement il n'y a pas de cité". PLATON. *Protagoras*.320.321c. Traduction d'Emile Chambry.

3- MYTHE DE NARCISSE

« Narcisse » d'après Ovide / Résumé du mythe

Narcisse est l'enfant que Liriope a eu avec le fleuve Céphise. Il est doté d'une beauté rare, digne d'être aimé des nymphes. À sa naissance, Liriope va consulter le devin Tirésias qui lui prédit que Narcisse vivra vieux s'il ne voit jamais sa beauté.

La beauté exceptionnelle de Narcisse fait naître le désir. Nombreux jeunes gens en sont épris. Mais derrière cette beauté tendre se cache une indifférence si dure que ni jeunes hommes ni jeunes filles ne peuvent s'approcher.

La nymphe Echo, démunie de parole, répète la fin des phrases qu'elle entend ; elle éprouve une muette adoration pour Narcisse, le suit partout espérant un signe d'amour, d'affection, mais il la rejette avec mépris. Triste, pleine de honte, elle se cache au fond d'un bois et se laisse dépérir : son corps devient pierre, ne laissant d'elle que sa voix intacte. Pleine d'amour et de ressentiment, Echo continue inlassablement à renvoyer la fin des phrases de Narcisse jusqu'à la mort de ce dernier.

Une des victimes du dédain et de l'indifférence de Narcisse se plaint à la déesse de la vengeance. Le verdict est prononcé. Au cours d'une chasse, la déesse pousse le jeune homme à se désaltérer au bord d'un étang situé dans un magnifique endroit. Narcisse s'éprend alors d'amour pour le reflet de son visage que lui renvoie l'eau, pour cette image qu'il ne peut atteindre et dont il est incapable de se détacher. Plus il se regarde, plus folle est sa passion, il soupire, il pleure, il se frappe devant son reflet. Narcisse oublie de boire et de manger. Prenant racine au bord de l'étang, il se transforme peu à peu en la fleur qui porte son nom et qui, depuis, se reflète dans l'eau à la belle saison, pour dépérir à l'été »

Source : http://www.centraldogma.be/narcisseresumedu.html.

ANNEXE 2 : MYTHOLOGIE AFRICAINE.

1- LES MYTHES NILOTIQUE

Le NON-CREE INITIAL

Quand je naquis dans le Noun ; avant que le ciel ne vint à l'existence ; avant que la terre ne vint à l'existence ; avant que ce qui devait être établi ferme ne vint à l'existence, avant que le tourment ne vint à l'existence, avant que la crainte qu'inspire l'œil d'Horus ne vint à l'existence.

(Source : OBENGA (Théophile), *La philosophie africaine de la période Pharaonique 2780-330 avant notre ère*, ibid. 29.

L'AVANT COSMIQUE

La mère du roi était enceinte avec celui qui est dans le ciel inférieur ; le roi est né de son père Atoum, alors que le ciel n'existait pas encore, alors que la terre n'existait pas encore, alors que les hommes n'existaient pas encore, alors que les dieux n'étaient pas encore enfantés, alors que la mort même n'existait pas encore.

(Source : OBENGA (Théophile), *La philosophie africaine de la période Pharaonique 2780-330 avant notre ère*, ibid. P. 14.

LE NOUN, EAU PRIMORDIALE

Je suis Atoum quand je suis seul à exister étant seul dans le Noun, et je suis Râ quand il apparait en gloire, quand il commande et gouverne ce qu'il a créé. Qui est-ce ? – C'est Râ.

Je suis le grand dieu qui est venu à l'existence de lui-même, c'est l'eau, c'est Noun, Père des dieux.

Autre version : c'est Râ, il composa les noms de ses membres ; alors vinrent à l'existence ces dieux qui sont dans sa suite…

(Source : OBENGA (Théophile), *La philosophie africaine de la période Pharaonique 2780-330 avant notre ère*, ibid. p. 38.

LE MYTHE D'ISIS ET D'OSIRIS

ATUM s'ennuyait dans le ventre de Nun, l'autre lui-même.

Mais ATUM, qui était seul dans le sein de Nun, savait que le Nun contenait toutes les potentialités de la création.

ATUM décida alors de sortir de sa grande solitude.

(…) Puis ATUM dit à ces derniers : Avant de créer les créatures que je ferai de chair et d'os, je veux que vous me montriez comment ils se comporteront, puisque vous serez leurs modèles.

(…) moi, dit OSIRIS, je leur enseignerai la bonté, la droiture, l'humilité, l'amour filial à ton endroit et l'amour du prochain.

Moi, dit NEPHTYS, je leur enseignerai la fraternité, le discernement, le courage, la compassion.

Moi, dit ISIS, je leur enseignerai l'amour maternel, le don de soi, la quête de la justice et les mystères qui leur ouvriront le chemin qui mène vers toi.

Puisque je n'ai pas de choix, dit SETH, moi je serai toujours à vos côtés pour parsemer leurs routes, toutes leurs routes, d'obstacles destinés à fortifier leur volonté. Je leur enseignerai le désordre, la méchanceté, la mort et aussi les mystères. Car, Ô grand dieu qui est venu à l'existence de lui-même, Ô mère-père parfait de la perfection sans nom, nul ne doit pouvoir revenir en ton sein avant d'avoir appris à surmonter les épreuves purificatrices du souffle divin que tu lui as donné, dans ta grande miséricorde et qu'il aura corrompu par son existence terrestre.

(…) OSIRIS entra dans le magnifique coffre et se coucha. Il était à ses justes mesures.

Alors que ses lèvres commençaient à dessiner un sourire de victoire, SETH et deux de ses compagnons se précipitèrent pour lui rabattre le couvercle et le fermer hermétiquement.

(…) ISI et son fils trouvèrent SETH dans la grande salle de réception du palais.

…NUT suggéra alors à GEB une autre idée. Et si nous réunissons toutes les autres divinités pour examiner, ensemble, cette affaire. Qu'en penses-tu, ma fille Isis ? demanda GEB. Je suis d'accord, père (…)

(SOURCE : DOUMBI –FAKOLY, *Horus, fils d'Isis, le mythe Osiris expliqué*, Menaibuc, 2006, pp. 7-81.)

2- LES AUTRES MYTHOLOGIES AFRICAINES : MYTHE DOGON, MYTHE DOUALA, MYTHE LUBA.

EAU ET NOMMO CHEZ LES DOGON

Ogotemmêli employait différemment les termes « eau » et « Nommo ».

« Si ce n'est grâce au Nommo, disait-il, on ne pouvait pas même créer la terre, car la terre fut pétrie et c'est par l'eau (par Nommo) qu'elle reçut la vie.

Quelle vie est dans la terre ? demanda le Blanc.

La force vitale de la terre est l'eau ».

(Source : OBENGA (Théophile), *La philosophie africaine de la période Pharaonique 2780-330 avant notre ère*, ibid. p. 39.)

LES « EAUX » CENTRALES DU CIEL CHEZ LES BAMBARA.

« Aux origines, les eaux, qui venus des « sources centrales du ciel », ruisselèrent sur la terre, étaient pures, claires, bénéfiques et aisées (…). Actuellement seule l'eau de pluie ruisselante a conservé son caractère, notamment celle de la première pluie qui tombe au début de l'hivernage. Considérée comme purificatrice par excellence, elle est dite Dne sandyi « eau qui ensemence », car elle apporte leur âme, ni, aux céréales ; la terre, stérile et « vide », devient peine et féconde, les plantes renaissent, les animaux et les insectes se reproduisent ».

(Source : OBENGA (Théophile), *La philosophie africaine de la période Pharaonique 2780-330 avant notre ère*, ibid. p. 40.)

TANON, DIEU D'EAU DES AKAN DU GHANA ET DE COTE-D'IVOIRE

« Le grand dieu fluvial de la Gold Coast (Ghana) et de la Cote d'ivoire est Tano ou Ta Kora. Dans le Nord du Dahomey (Benin), Kora se dit du Niger, et signifie « immense ».

« Comme d'autres dieux de la terre, Tano est réputé créateur. Ceci se voit dans un extrait d'inscriptions sur tambour :

Le courant (du fleuve) a son origine dans le créateur. Il créa les choses Pur, pur Tano ».

(Source : OBENGA (Théophile), *La philosophie africaine de la période Pharaonique 2780-330 avant notre ère*, ibid. p. 40.)

TROU D'EAU TOURBILLONNANTE, LIEU DE LA PREMIERE CREATION CHEZ LES BANTU-VENDA

« Selon les Venda, et généralement chez les Bantu, le lieu de la première création est un grand trou d'eau tourbillonnante ou un lit de roseaux, situés à l'est ».

(Source : OBENGA (Théophile*), La philosophie africaine de la période Pharaonique 2780-330 avant notre ère*, ibid. p. 40.)

ANNEXE 3 :
LES ACTES JURIDIQUES MAJEURS :

1- LA BULLE PAPALE : document original.

« Nous avions jadis, par de précédentes lettres, concédé au roi ALPHONSE, entre autres choses, la faculté pleine et entière d'ATTAQUER, de CONQUERIR, de VAINCRE, de REDUIRE et de SOUMETTRE tous les nègres, païens et autres ennemis du Christ où qu'ils soient, avec leurs royaumes, duchés, principautés, domaines, propriétés, meubles et immeubles, tous les biens par eux détenus et possédés, de réduire leurs personnes en servitude perpétuelle (…) de s'attribuer et faire servir et utilité ses dits royaumes, duchés, contrés, principautés, propriétés, possessions et biens de ces infidèles nègres et païens…».

(*« Dieu offre l'Afrique à l'Europe. Prenez-la, dit VICTOR HUGO. Versez votre trop-plein dans cette Afrique, et du même coup, résolvez vos questions sociales, changez vos prolétaires en propriétaires. Allez, faites. Faites des routes, faites des ports, faites des villes, croisez, cultivez, colonisez, multipliez »*. VICTOR HUGO, in, Discours prononcé lors d'un banquet commémorant l'abolition de l'esclavage, 18 mai 1879, cité par EVARISTE PINI, in, Croisade de l'Europe christianisée contre l'Afrique ancestrale, Op. Cit., p. 65.)

(Source : http://uhem-mesut.com/medu/0003.php.) Consulté le 6 juin 2017 à 12h 46

2- L'ACTE GENERAL DE LA CONFERENCE DE BERLIN.

(Source : Les Grands Traités Politiques, Digithèque MJP, 02/03/2018. Pp. 1-12.)

Date : 26 février 1885.

Objet : La conférence qui réunit à Berlin les représentants de 14 pays européens, de novembre 1884 à février 1885, a pour objet de régler pacifiquement les litiges relatifs aux conquêtes coloniales en Afrique. L'Allemagne, qui ne s'est pas engagée dans la politique de colonisation joue les médiateurs et plaide en faveur de la liberté du commerce et de la navigation, notamment dans le bassin du Congo et celui du Niger. L'Acte final fixe les règles de la colonisation de l'Afrique et impose le principe de l'effectivité pour reconnaître une annexion.

Au nom de Dieu Tout-Puissant, Sa Majesté l'Empereur d'Allemagne, Roi de Prusse, Sa Majesté l'Empereur d'Autriche, Roi de Bohème, etc., et Roi apostolique de Hongrie, Sa Majesté le Roi des Belges, Sa Majesté le Roi de Danemark, Sa Majesté le Roi d'Espagne, le Président des États-Unis d'Amérique, le Président de la République Française, Sa Majesté la Reine du Royaume-Uni, de la Grande-Bretagne et d'Irlande, Impératrice des Indes, Sa Majesté le Roi d'Italie, Sa Majesté le Roi des Pays-Bas, Grand-Duc de Luxembourg, etc., Sa Majesté le Roi de Portugal et des Algarves, etc., Sa Majesté l'Empereur de toutes les Russies, Sa Majesté le Roi de Suède et Norvège, etc., et Sa Majesté l'Empereur des Ottomans,

Voulant régler, dans un esprit de bonne entente mutuelle, les conditions les plus **favorables au développement du commerce et de la civilisation dans certaines régions de l'Afrique,** et assurer à tous les peuples les avantages de la libre navigation sur les deux principaux fleuves africains qui se déversent dans l'océan Atlantique; désireux, d'autre part, de prévenir les malentendus et les contestations que pourraient soulever à l'avenir les prises de possession nouvelles sur les côtes de l'Afrique, et préoccupés en même temps des moyens d'accroître le bien-être moral et matériel des populations indigènes, ont résolu, sur l'invitation qui leur a été adressée par le gouvernement impérial d'Allemagne, d'accord avec le Gouvernement de la République Française, de réunir à cette fin une Conférence à Berlin (…).

3- LA COUR D'EQUITE :

« Cameroons Court of Equity » 1883-1884 avec 29 litiges traités

Archives du Prince KUM'A NDUMBE III, Douala - Bonabéri

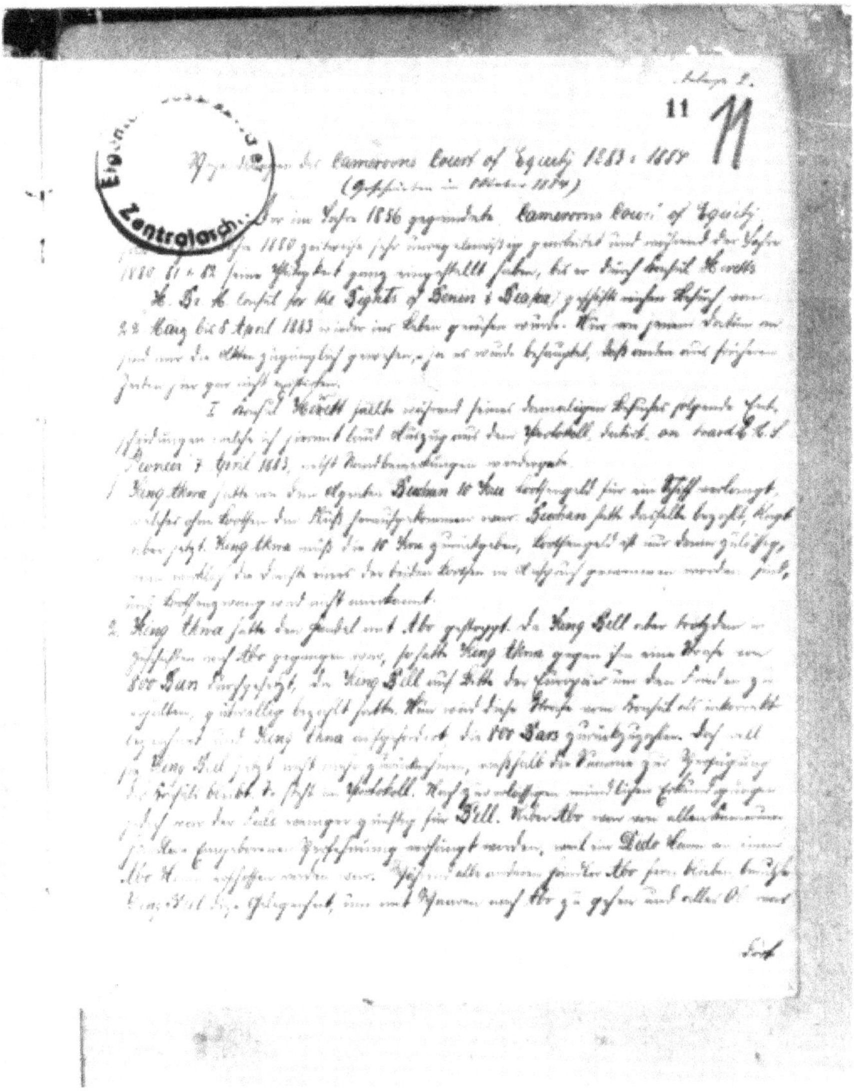
11

Cameroons Court of Equity 1883 - 1884

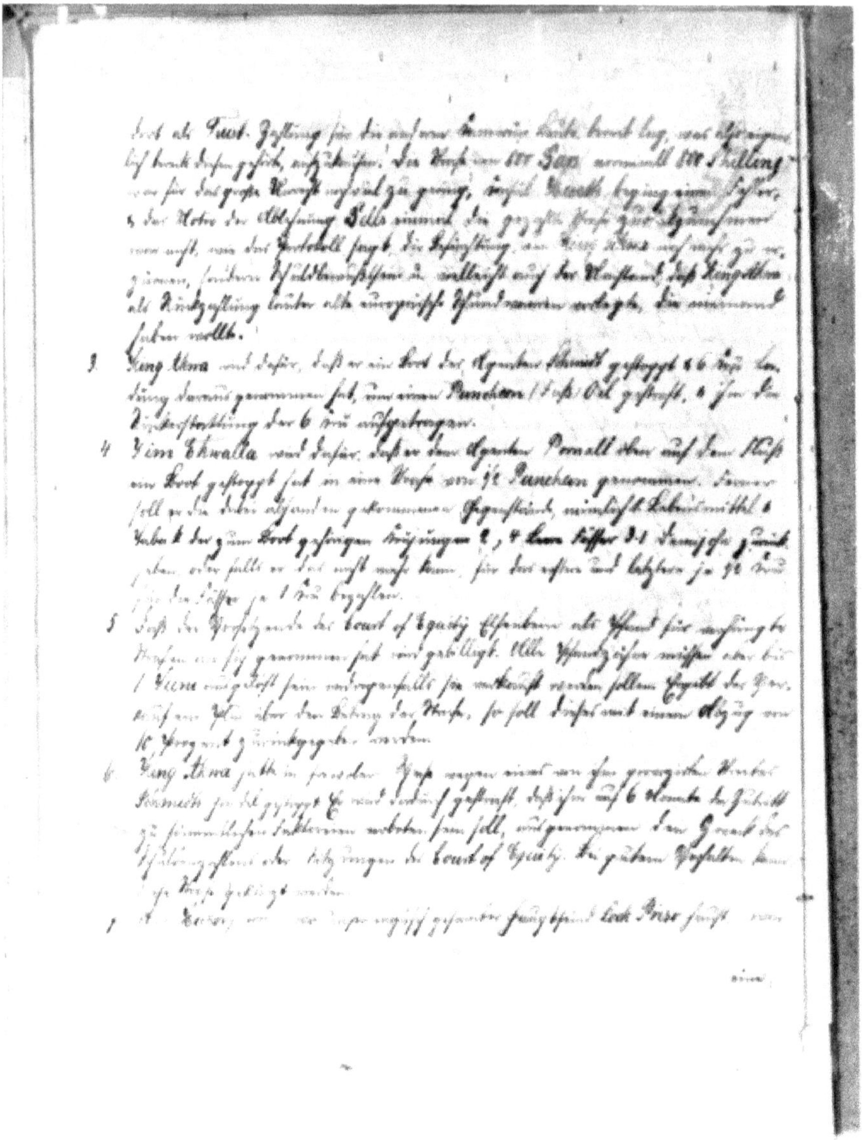

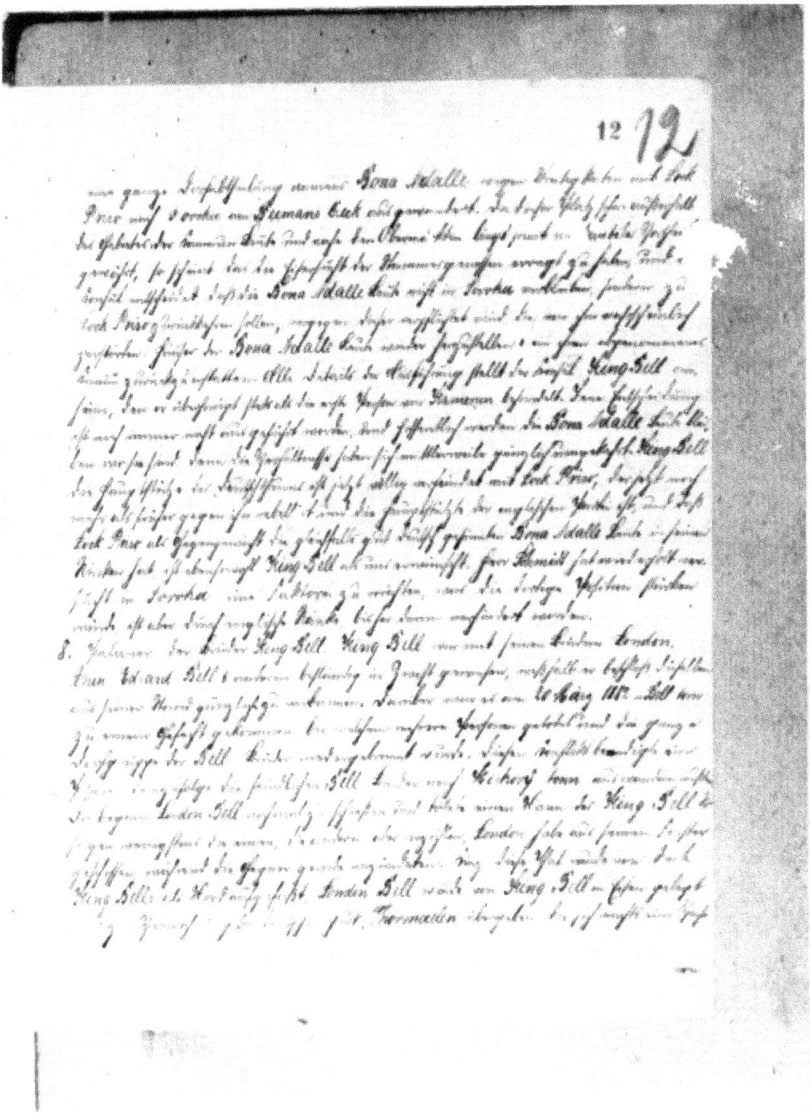

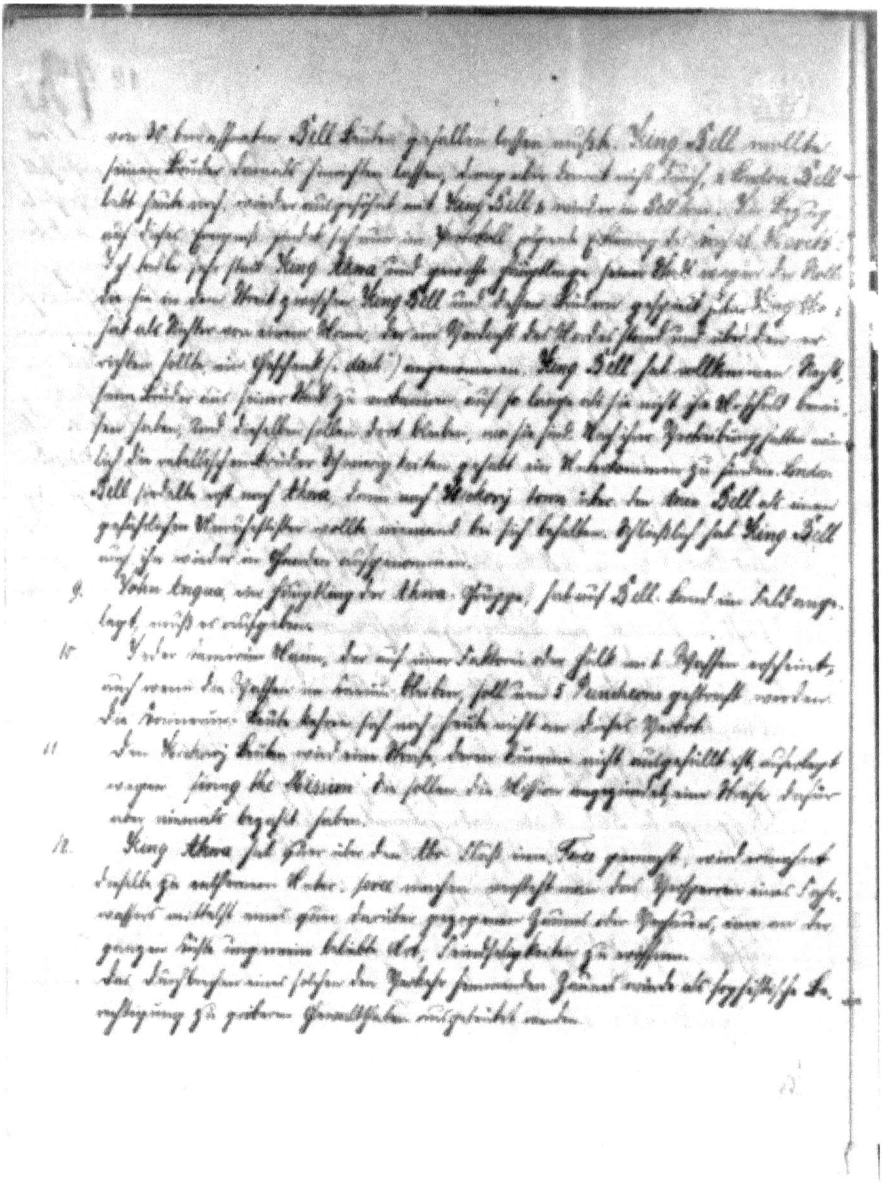

13

13 Idunga Palaver. Die Unterhäuptlinge des King Akwa beklagen sich, daß er die mit den Idunga-Leuten schwebende Palaver nicht beilegen will. Da seine Leute noch immer am Idunga Markt [illegible], er erlaube ihnen nicht hinzugehen, treibe aber selbst ganz ungestört dort seinen Handel. Er wird zur Beilegung dieser Klage ermahnt.

14 Streit der beiden Lootsen John Mullaty & Morgan Lottie Bell. Der Consul [illegible] keinen Grund ein[illegible], das Abkommen zwischen King Bell & King Akwa [illegible] [illegible] bezieht sich [illegible] auf folgende Verhältnisse. John Mullaty gehört zu Bell town, Morgan Lottie Bell zu Akwa town. Zuerst wurde das Lootsengeld an denjenigen King gezahlt, zu dessen Stadt das betreffende Schiff ankerte. In den meisten Fällen war dies Bell town weil [illegible] gelegen. Dagegen [illegible] King Akwa, & es wurde bestimmt, daß derjenige Lootse, der das Schiff hereingebracht, das Lootsengeld bekomme, gleichviel wo er ankern wolle. [illegible] soll auch die alte Bestimmung gelten, daß die Bezahlung sich nach dem Ankerplatz richte.

15. Alle entlaufenen Weiber müssen ihren rechtmäßigen Herren zurückgegeben werden.

Außer diesen 15 Streitfragen [illegible] Consul Hewett gelegentlich desselben Besuchs auch noch 1. einen Vertrag zwischen Bell & Akwa betreffs Aufrechterhaltung des Friedens 2. ging er im Strome nach Abo & Wuri, um durch seine persönliche Erscheinung mit Marine-Truppen einen Druck zur Beilegung von Streitigkeiten auszuüben, was einen sehr guten Erfolg gehabt haben soll.

In dem Vertrag zwischen Bell & Akwa sind zwei Punkte merkwürdig: 1 [illegible] Anerkennung der [illegible] durch § II & [illegible] das Recht des Consuls, eventuell die Todesstrafe zu verhängen [illegible] § III. Als weitere Merkwürdigkeit möge hier erwähnt werden, daß Consul Hewett gelegentlich früheren Besuchs einmal einen [illegible] namens Epea [illegible] wegen Fälschung und wegen [illegible] Verleumdungen einer europäischen Dame, einer Missionarin, öffentlich & offiziell [illegible] court of Equity, dem auch Offiziere [illegible] [illegible] Strafe [illegible]

Dieser

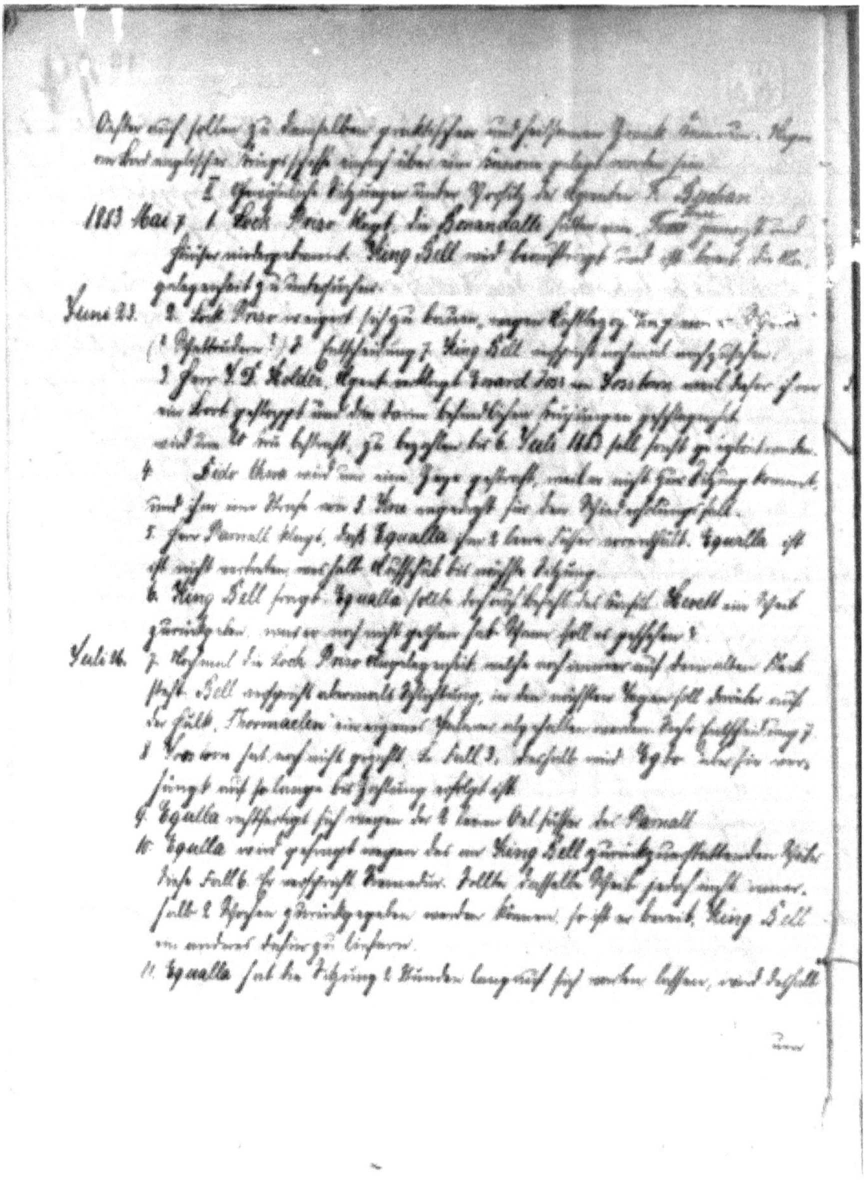
[illegible]

II. [illegible]

1883 Mai 7. 1. [illegible] King Bell [illegible]

June 23. 2. [illegible] King Bell [illegible]

3. [illegible]

4. [illegible]

5. [illegible] Equalla [illegible]

6. King Bell [illegible] Equalla [illegible]

Juli 16. 7. [illegible] Bell [illegible]

8. [illegible]

9. Equalla [illegible]

10. Equalla [illegible] King Bell [illegible] King Bell [illegible]

11. Equalla [illegible]

1374

um 3 Kru gestraft, die er sogleich bezahlt.

12\. Der Vorsitzende erklärt, King Akwa dürfe jetzt wieder in die [illegible] und auch die Gerichte kommen. Diese Entscheidung bei [illegible] 6

September 21. 13. Die ganze Sitzung wird ausgefüllt durch eine Zänkerei zwischen King Akwa und einigen seiner Unterhäuptlinge. Der Vorsitzende erklärt, dass sie um 5 Kru jeder gestraft werden sollen, wenn sie die Zeit des Courts nochmal in so fruchtloser Weise verschwenden.

14\. [illegible], Diese 3 & 6, hat die Strafe bezahlt mit 21 Stück Zeug 21 Kru.

September 28. 15. Nochmal Zänkerei des King Akwa mit Equalla Meskan(?), John Angua, Sand Ntalem(?), gegenseitige Anklagen ohne Ende. Die Weißen ziehen sich zurück, die Häuptlinge sollen im [illegible] ständigen Palaver. Schließlich erklärt Green Joss, die Angelegenheit sei zu Ende.

November 1. 16. Es wird gefragt warum der Dumbari(?) Handelsverkehr gesperrt. King Akwa verspricht sich Mühe zu geben, dass er geöffnet werde. Die Dumbari(?) und die Kameran haben seit [illegible] ihren Handel gegenseitig eingestellt, weil sie über die Preise sich nicht einigen konnten. Diese Differenz ist [illegible] 3 December 1884 nochmals beigelegt.

17\. Herr Holder(?) klagt Hala(?) Bell an wegen Wegnahme(?) eines [illegible], er wird zurückgegeben.

18\. Herr Alla(?) verklagt einen Lock Price Mann wegen Entführung eines Boots (Zahlungsverweigerung). Zugleich ergeben sich gegen denselben Mann von verschiedenen anderen Farben(?) Klagen. Er leugnet nicht. Lock Price, sein Häuptling, wird gefragt, ob er ihn festnehmen und seine Festhaltung bis zur Ankunft des Consul Hewett(?) garantieren wolle und könne. Lock Price verneint. Deshalb wird der Angeschuldigte von dem Vorsitzenden in Verwahr genommen. Er soll dann auf der Hulk des Herrn Buchan lange in Eisen gelegen haben, Buchan aber schließlich doch gezwungen sein, als er sich los machte und entwich.

19\. Lock Price klagt wieder über den Bonandalle(?) und die Fixe(?) die sie gemacht haben

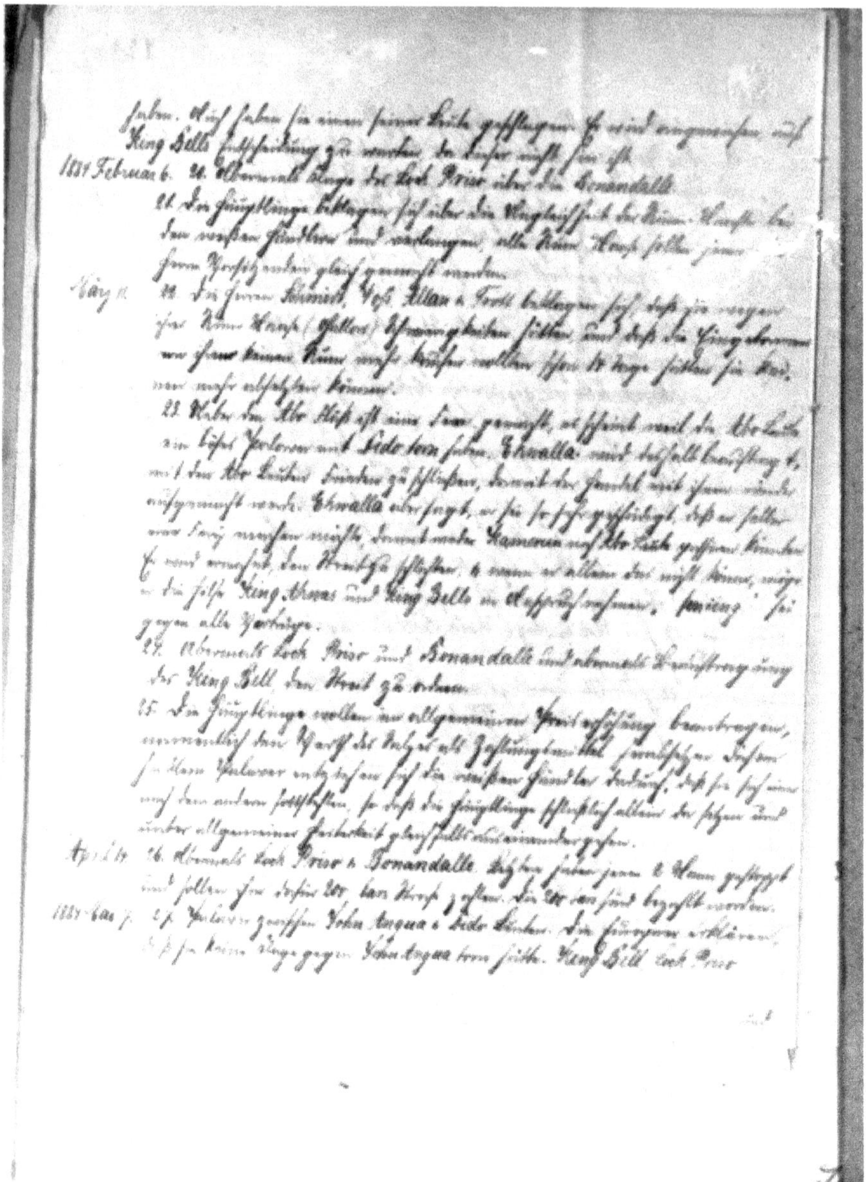

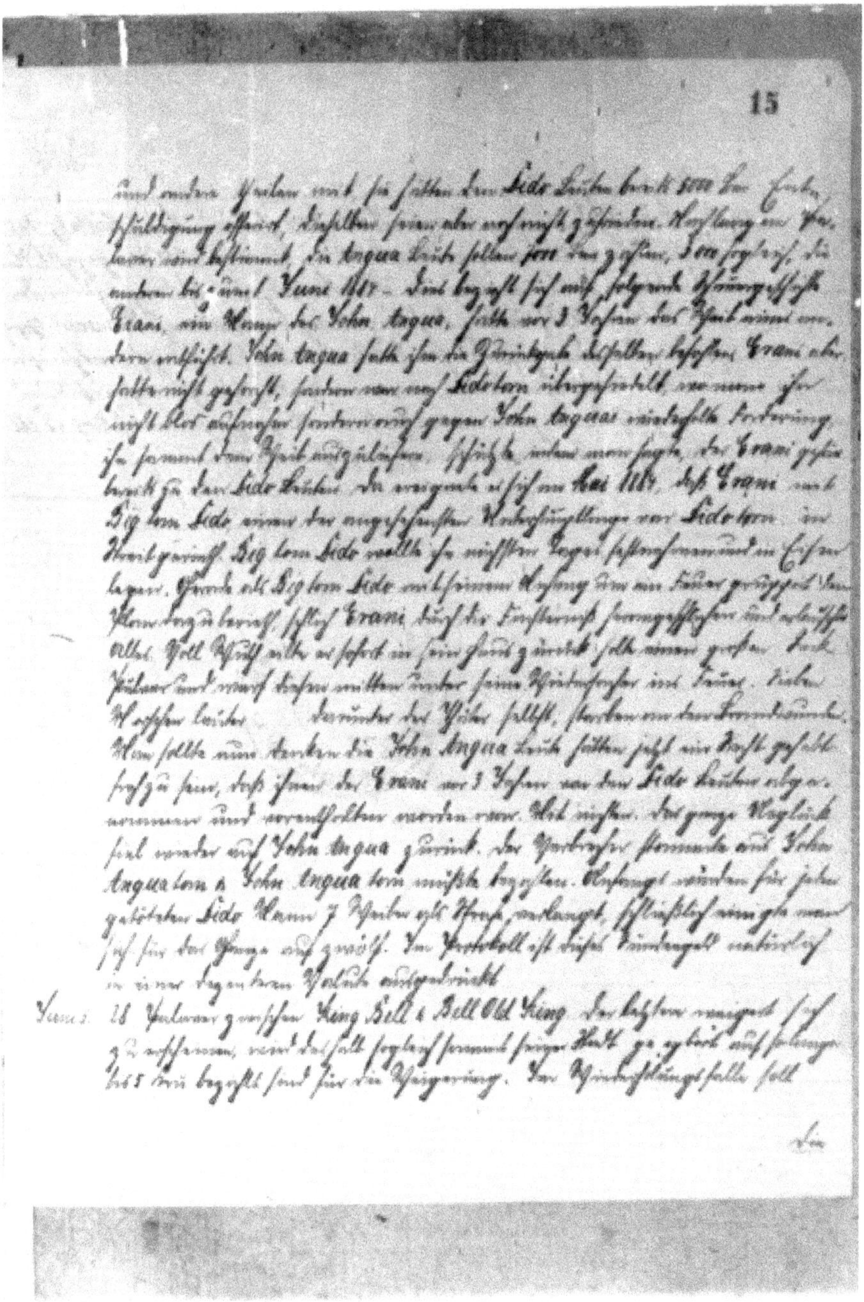

der Strafe entzogen worden.

29. Streit der beiden Lootsen. Morgan Bottle Beer hatte von John Mallaby das Lootsen erlernt und als Lehrgeld ein Schiff im Werthe von 200 M gezahlt. Nun ist dieses bereits über ein Jahr bei John Mallaby ohne [illegible] und John Mallaby will es demselben zurückgeben, was nach Kameruner Gesetz ganz in der Ordnung ist. Morgan Bottle Beer bietet als Ersatz ein [illegible] an, John Mallaby will aber von einem Schaden jetzt nichts wissen und verlangt Geld, was jener verweigert. Die Angelegenheit wird lange [illegible] ist aber noch heute nicht geschlichtet.

Eigentum des [illegible] Zentralarchivs

4- LES TRAITES GERMANO-CAMEROUN DES 11 ET 12 JUILLET 1884

8

We the undersigned independant Chiefs of the Country called Cameroons situated in the Cameroons River, named King Dido Town with dependences have in a meeting held to-day on the German Hulk, Louise, voluntarily concluded as follows:

We give this day our rights of Sovereignty, the Legislation and Management of this our Country entirely up to Mr Eduard Schmidt acting for the firm C. Woermann and Mr Johannes Voss acting for Messrs Jantzen & Thormählen, both in Hamburg and for many years trading in this River.

We have conveyed our rights of Sovereignty the Legislation and Management of this our Country to the firms mentioned above under the following reservations:

1 under reservation of the rights of any third persons.

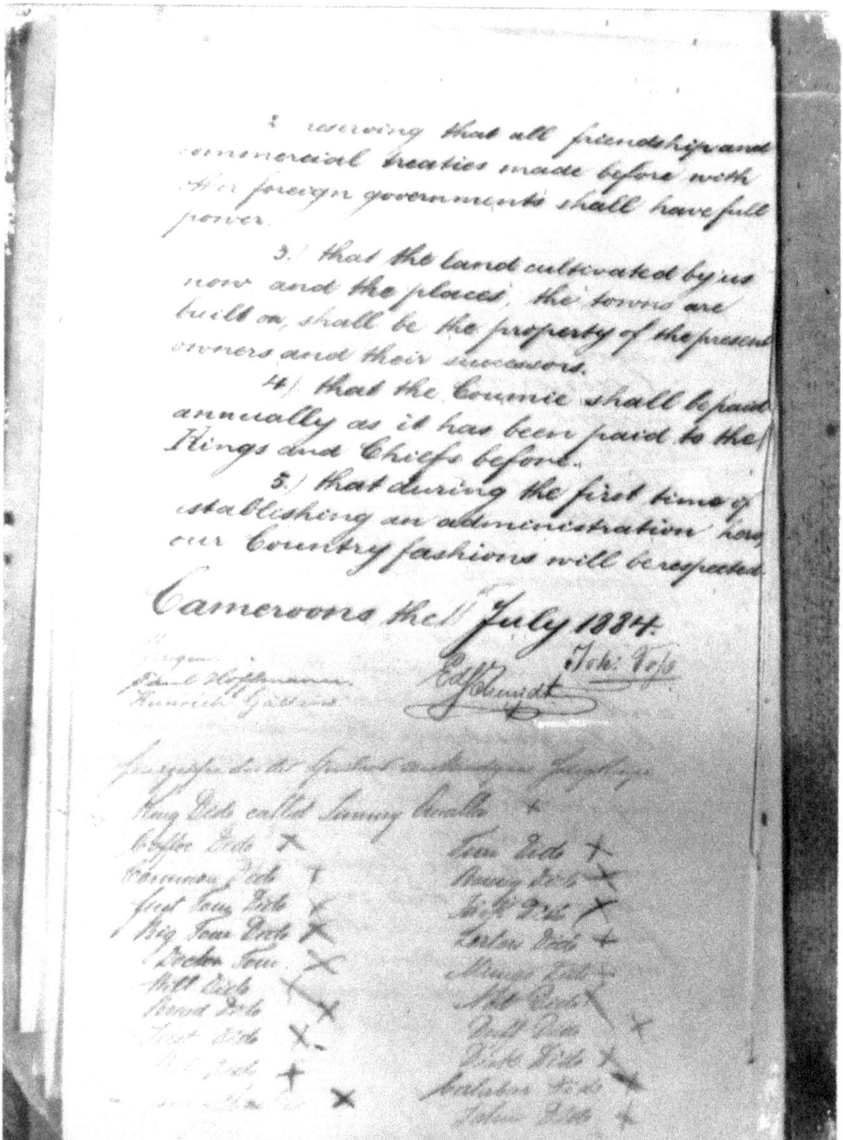
2. reserving that all friendship and commercial treaties made before with other foreign governments shall have full power.

3.) that the land cultivated by us now and the places, the towns are built on, shall be the property of the present owners and their successors.

4.) that the Coumie shall be paid annually as it has been paid to the Kings and Chiefs before.

5.) that during the first time of establishing an administration here our Country fashions will be respected.

Cameroons the 11 July 1884.

Joh: Voss

Ed. Schmidt

King Dido called Jimmy Equalla X

Traité de transfert de souveraineté de Deido, signé par King Dido (Jimmy ou Jim Equalla) le 11 juillet 1884, (donc 1 jour avant Bell et Akwa) /Eduard Schmidt (C. Woermann) Johannes Voss (Jantzen & Thormahlen), 11 juillet 1884

OUR WISHES, 12 juillet 1884, signé par le consul allemand Emil Schulze: l'Allemagne s'engage unilatéralement à respecter les droits politiques et commerciaux des Camerounais avant la signature du Traité signé par King Bell et King Akwa le 12 juillet 1884

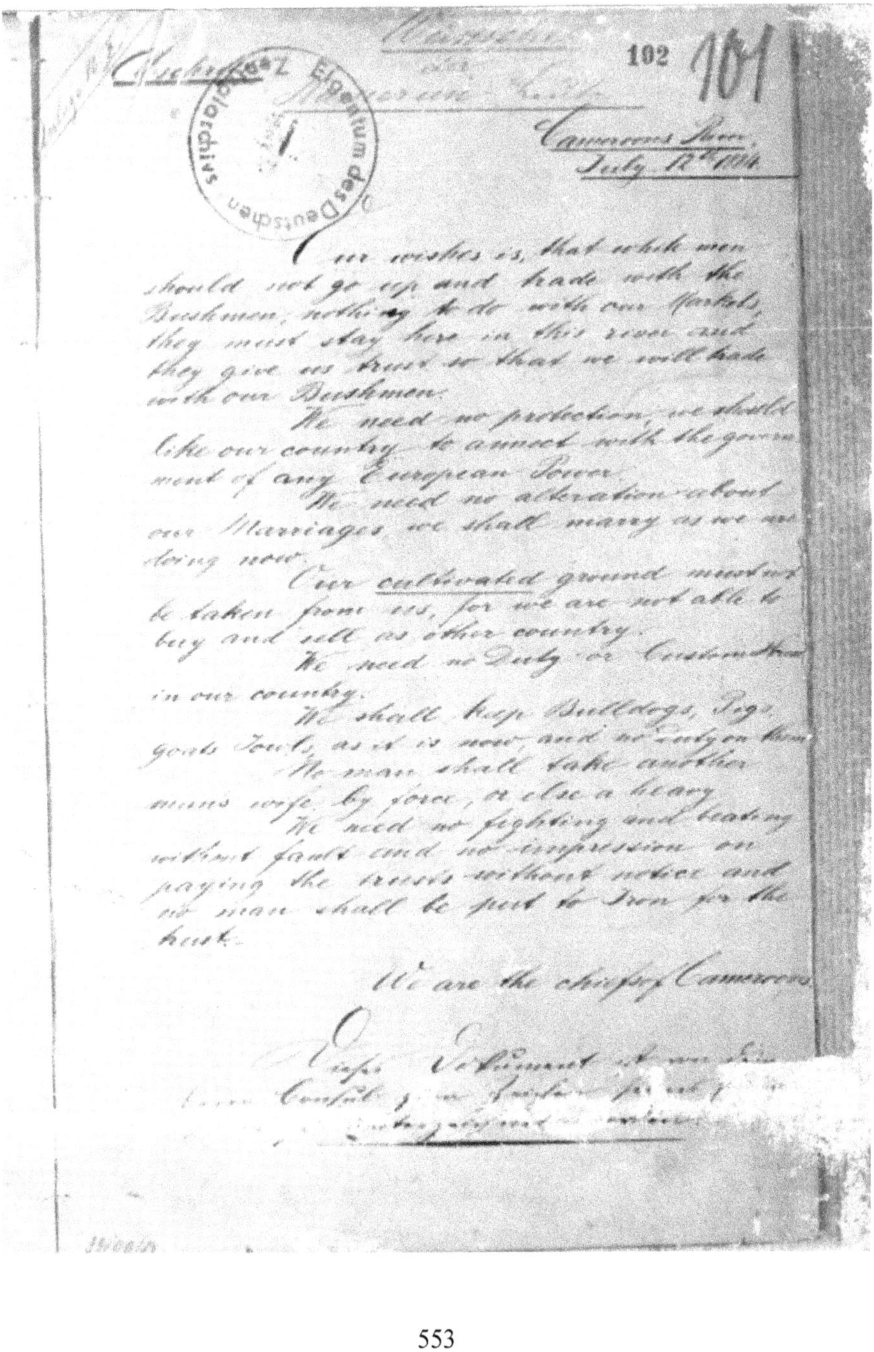

Cameroons River,
July 12th 1884.

Our wishes is, that white men should not go up and trade with the Bushmen, nothing to do with our Markets, they must stay here in this river and they give us trust so that we will trade with our Bushmen.

We need no protection, we should like our country to annex with the government of any European Power.

We need no alteration about our Marriages, we shall marry as we are doing now.

Our cultivated ground must not be taken from us, for we are not able to buy and sell as other country.

We need no Duty or Customhouse in our country.

We shall keep Bulldogs, Pigs, goats Fowls, as it is now, and no Duty on them.

No man shall take another mans wife by force, or else a heavy

We need no fighting and beating without fault and no imprisonment on paying the trusts without notice and no man shall be put to Iron for the trust.

We are the chiefs of Cameroons.

Traité de transfert de souveraineté de Bell et Akwa, signé par King Bell (Ndumb'a Lobe) et King Akwa (Dika Mpondo) /Eduard Schmidt (C. Woermann) Johannes Voss (Jantzen & Thormahlen), 12 juillet 1884

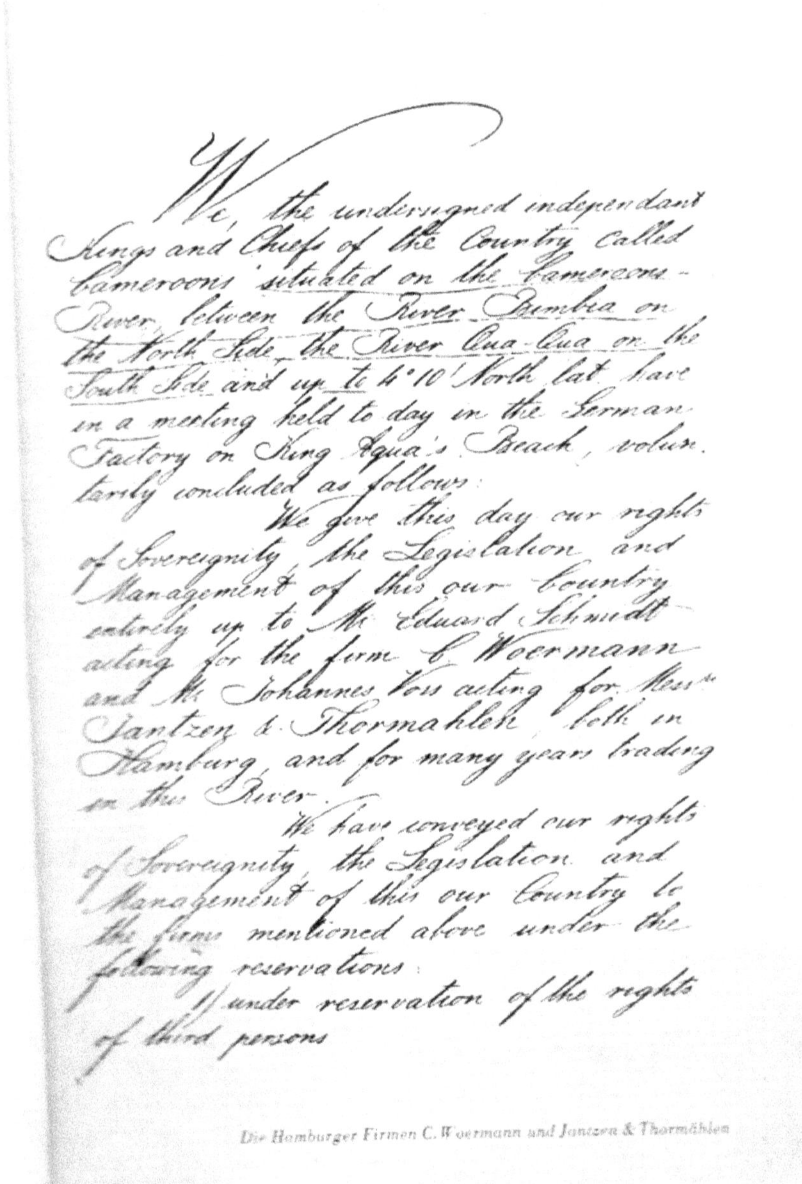

We, the undersigned independant Kings and Chiefs of the Country called Cameroons situated on the Cameroons-River, between the River Bimbia on the North Side, the River Qua-Qua on the South Side and up to 4°10' North lat. have in a meeting held to day in the German Factory on King Aqua's Beach, voluntarily concluded as follows:

We give this day our rights of Sovereignity, the Legislation and Management of this our Country entirely up to Mr Eduard Schmidt acting for the firm C. Woermann and Mr Johannes Voss acting for Messrs Jantzen & Thormahlen both in Hamburg, and for many years trading on this River.

We have conveyed our rights of Sovereignity, the Legislation and Management of this our Country to the firms mentioned above under the following reservations:

1) under reservation of the rights of third persons

Die Hamburger Firmen C. Woermann und Jantzen & Thormählen

2/ reserving that all friendship and commercial treaties made before with other foreign governments shall have full power

3/ that the land cultivated by us now and the places, the towns are built on shall be the property of the present owners and their successors.

4/ that the Coumie shall be paid annually as it has been paid to the Kings and Chiefs as before.

5/ that during the first time of establishing an administration here, our country fashions will be respected

Cameroons the twelfth day of July one thousand eight hundred and eighty four

John Voss

Zeugen { Ed. Woermann
E. Busch
Ed. Schmidt

King Acqua. ×
David Meetom ×
Endene Acqua ×
Black Acqua ×
Manga Acqua ×
Joe Garner Acqua ×
Scott Test. +
Big Dick Acqua × Lawton Acqua ×
Jeg Acqua × William Acqua ×
Ned Acqua × +

King Bell. × his mark
John Angua. × his mark
Coffee Angua. × his mark
Jim Joss. + his mark
Mall Joss. + his mark
Davis Joss. + his mark
Jacco Eligo. + his mark
London Bell. + his mark
Barron Peter. his mark
Elame Joss. + his mark
Lockwiggles Bell + his mark

erwerben die Hoheitsrechte über wichtige Gebiete Kameruns

ANNEXE 4
CARTES ET INFRASTRUCTURES

D'APRES L'EXPOSITION DU MUSEE MARITME DE DOUALA REALISEE PAR LE PRINCE KUM'A NDUMBE III SUR LE THEME : « PATRIMOINE DES PEUPLES DE L'EAU ET HISTOIRE MARITIME DU CAMEROUN »

PÉRIODE : JANVIER 2020 - MARS 2020, BIBLIOTHEQUE CHEIKH ANTA DIOP, FONDATION AFRICAVENIR INTERNATIONAL

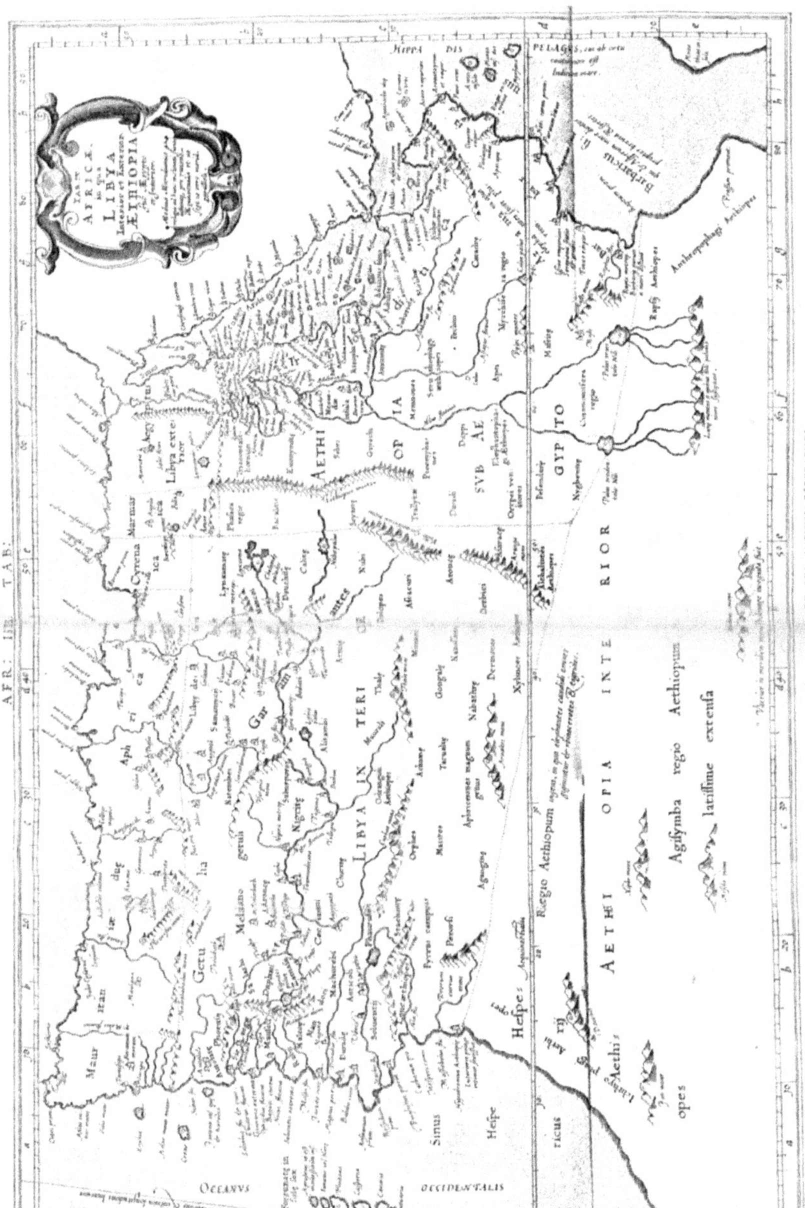

L'AFRIQUE D'APRES PTOLEMEE ET LES ANCIENS GEOGRAPHES

I- Les cartes de L'Afrique et du Cameroun avant 1884

L'Afrique d'après Claudius Ptolemy et les anciens géographes, Alexandrie, Egypte,100 - 170 ap. J.C.

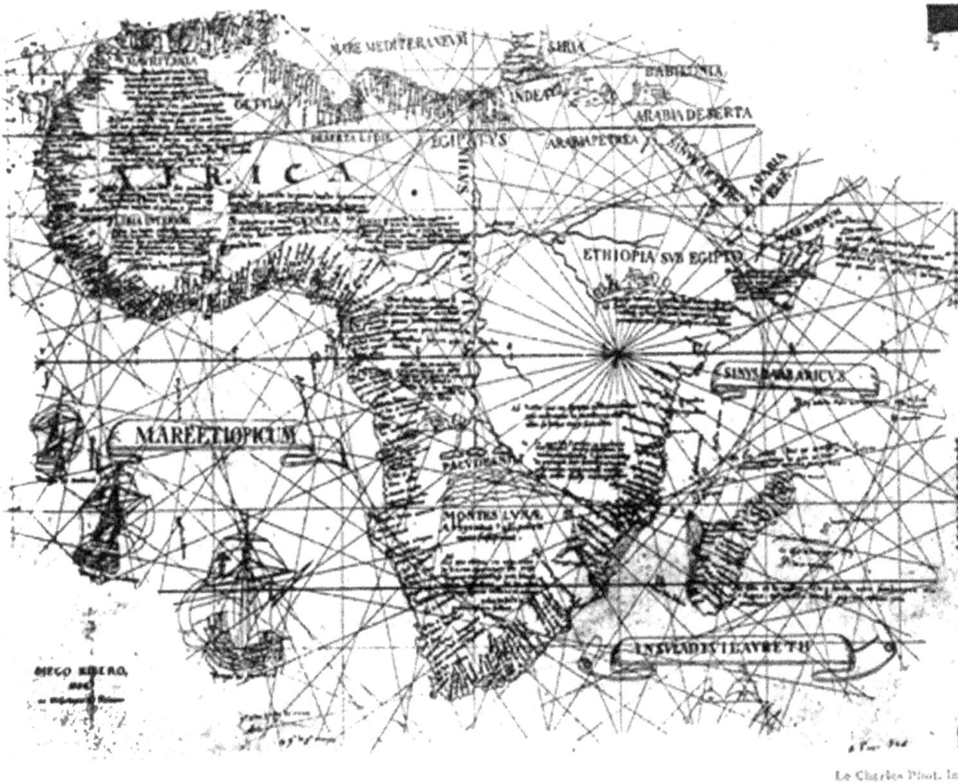

Inscriptions portugaises gravées sur des rochers à l'Embouchure du Congo ,

voir aussi/cf : P.P. Matkovic, Alte handschriftliche Schifferkarten in der kais. Hofbibliothek in Wien, Mit 2 dem Portolamo des Gr. Benincasa 1480 entnommen Karten von der Westküste Afrikas, 1480, 1860

Fondation AfricAvenir International, Bibliothèque Cheikh Anta Diop, Douala - Bonabéri

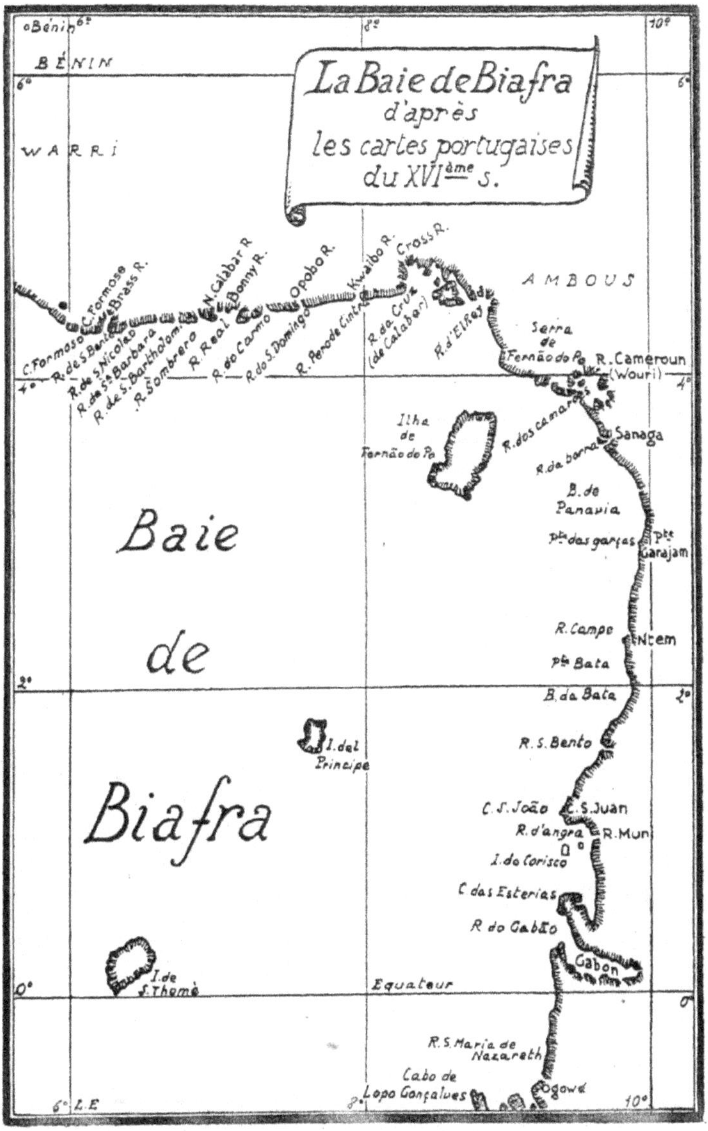

Source : J. Bouchaud, La côte du Cameroun dans l'histoire de la cartographie, des origines à l'annexion allemande (1884),

II- La période Allemande 1884-1919

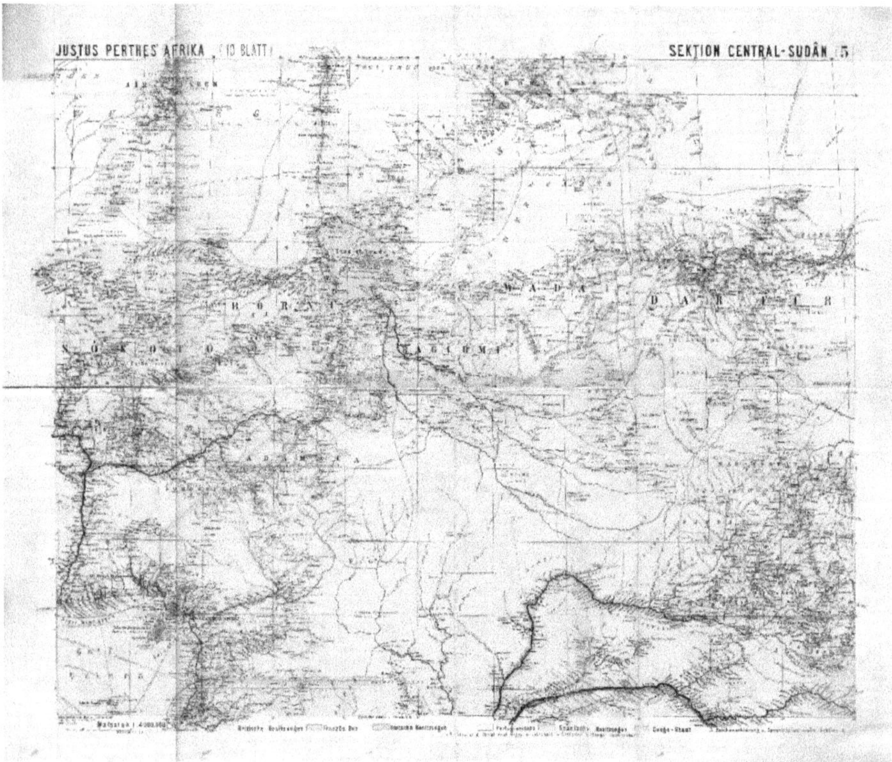

Carte de la Côte du Cameroun, juste après le début de la colonisation allemande, octobre 1891

Source: Justus Perthes, Spezialkarte von Afrika, entworfen von Hermann Habenicht, 10 Blatt im Masstab 1: 4000000, Gotha: Justus Perthes, 1893

Fondation AfricAvenir International, Bibliothèque Cheikh Anta Diop, Douala - Bonabéri

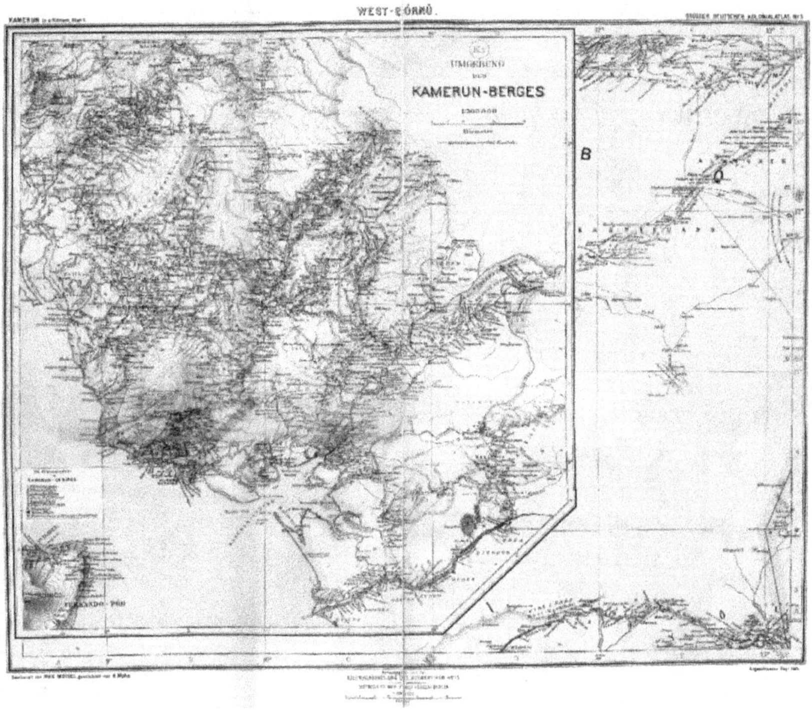

Carte de la Côte du Cameroun par Moisel Max, dessinée par A. Mühe, Septembre 1901

Source: Grosser Deutscher Kolonialatlas, bearbeitet von Paul Sprigade und Moisel Max, *hrsg. Kolonialabtheilung des Auswärtigen Amtes, Berlin 1901-1915, Dietrich Reimer (Ernst Vohsen), KOMET Verlag, Köln 2002*

Fondation AfricAvenir International, Bibliothèque Cheikh Anta Diop, Douala - Bonabéri

L'évolution des cartes géographiques du Kamerun allemand

Source : www.deutsche-schutzgebiete.de

Source : www.gallica.bnf.fr

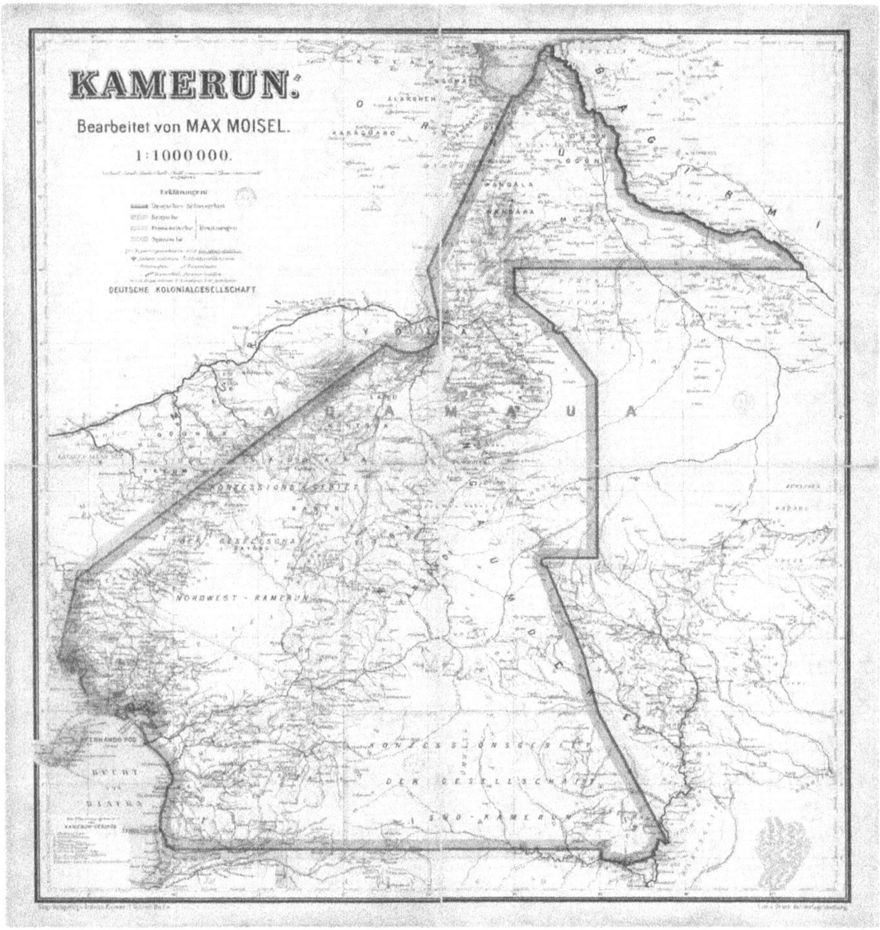

Source gallica.bnf.fr / Bibliothèque nationale de France

Kamerun, 1900

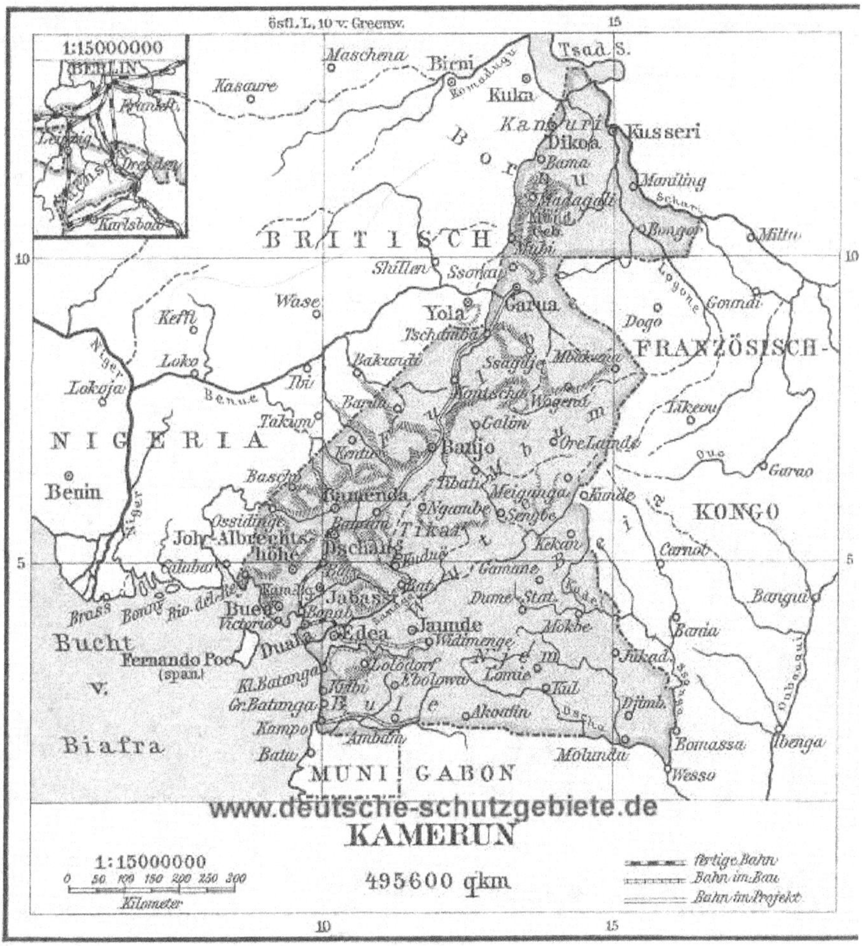
östl. L. 10 v. Greenw.
1:15000000
Berlin
Leipzig
Dresden
Karlsbad
Maschena
Birni
Kasaure
Kuka
Tsad S.
Kanuri
Dikoa
Kusseri
Bornu
Bama
Maniling
Bongor
Miltu
BRITISCH
Mubi
Shillen
Ssorau
Wase
Yola
Garua
Keffi
Tschamba
Dogo
Gonndi
FRANZÖSISCH-
Loko
Lokoja
Niger
Benue
Bakundi
Ssagdje
Ibi
Takum
Banjo
Galim
Tikem
NIGERIA
Benin
Bascho
Bamenda
Tibati
Meiganga
Kunde
Garao
Ngambe
Sengbe
KONGO
Ossidinge
Joh. Albrechtshöhe
Dschang
Bamum
Tikar
Kekan
Carnot
Calabar
Jabassi
Gamane
Bangui
Brass
Bonny
Rio del Rey
Buea
Victoria
Duala
Edea
Jaunde
Dume Stat.
Mokbe
Baria
Bucht v. Biafra
Fernando Poo (span.)
Lolodorf
Ebolowa
Lomie
Kul
Jukad
Kl. Batanga
Gr. Batanga
Kribi
Bule
Njem
Akoafim
Djimb
Kampo
Ambam
Molundu
Bomassa
Ibenga
Batu
Wesso
MUNI
GABON
www.deutsche-schutzgebiete.de
KAMERUN
1:15000000
0 50 100 150 200 250 300
Kilometer
495600 qkm
fertige Bahn
Bahn im Bau
Bahn im Projekt

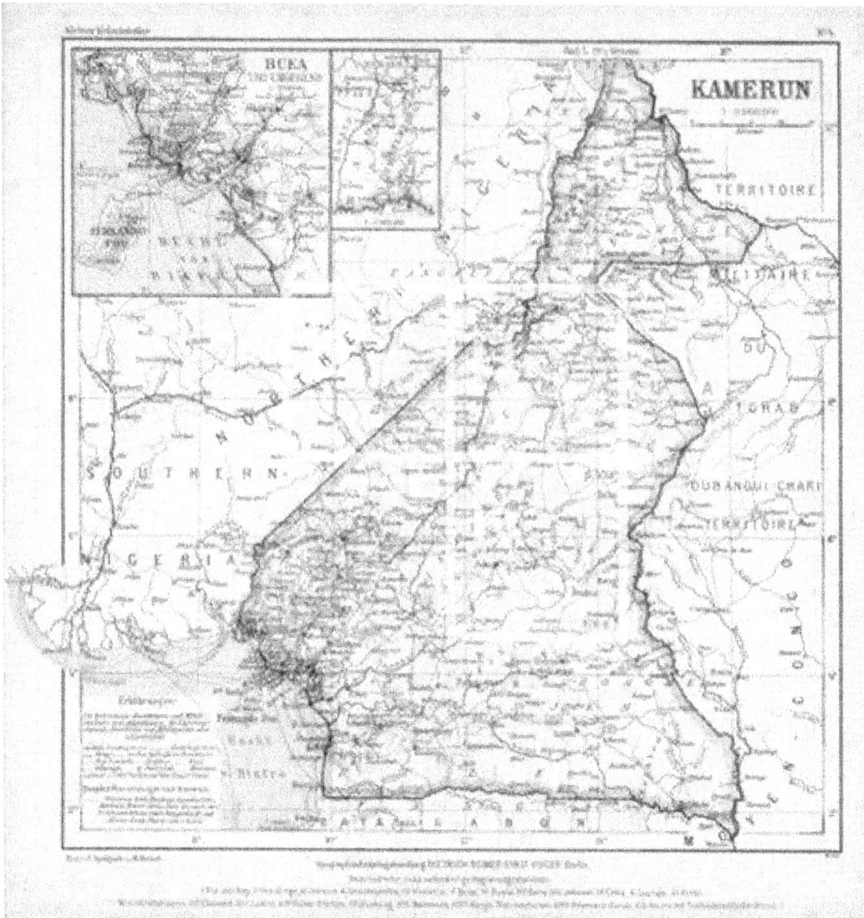

Kamerun, 1912

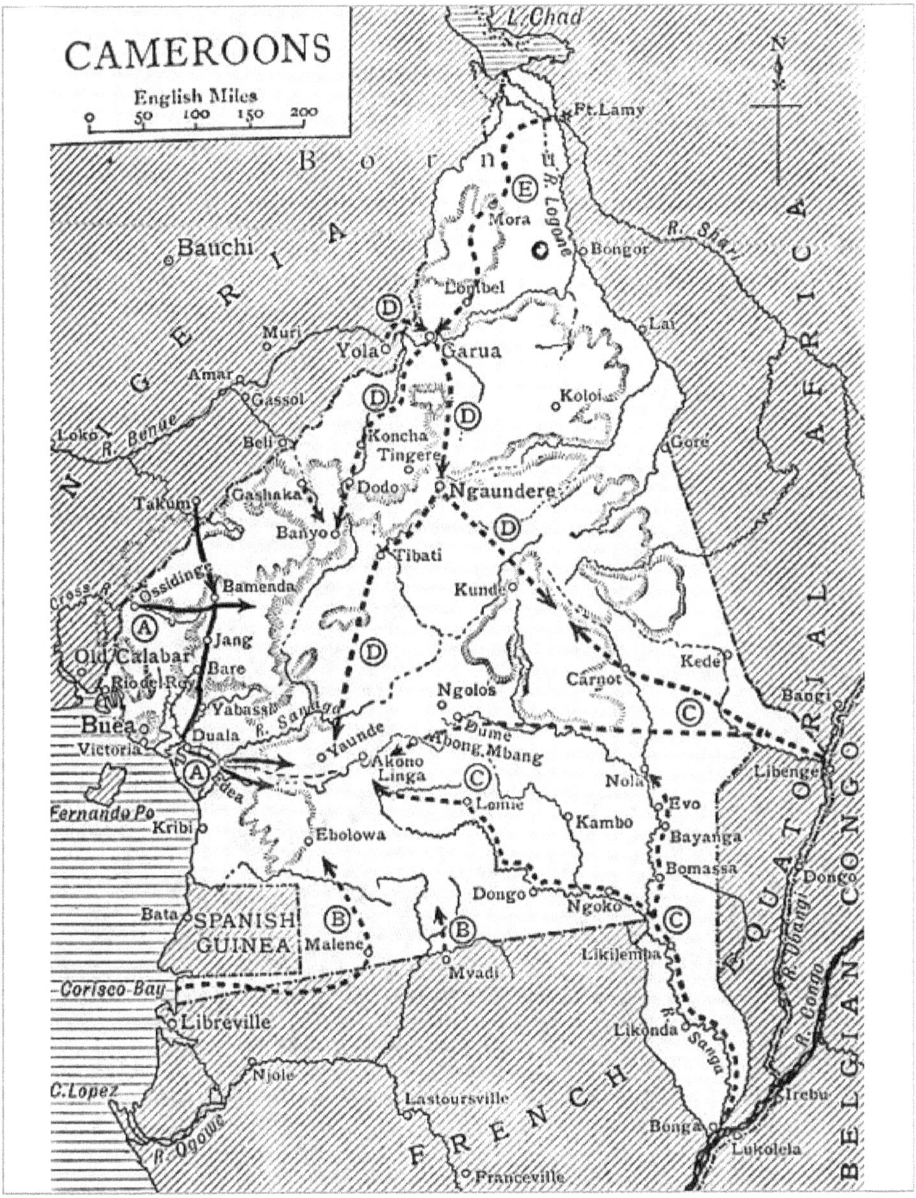

Kamerun, 1914

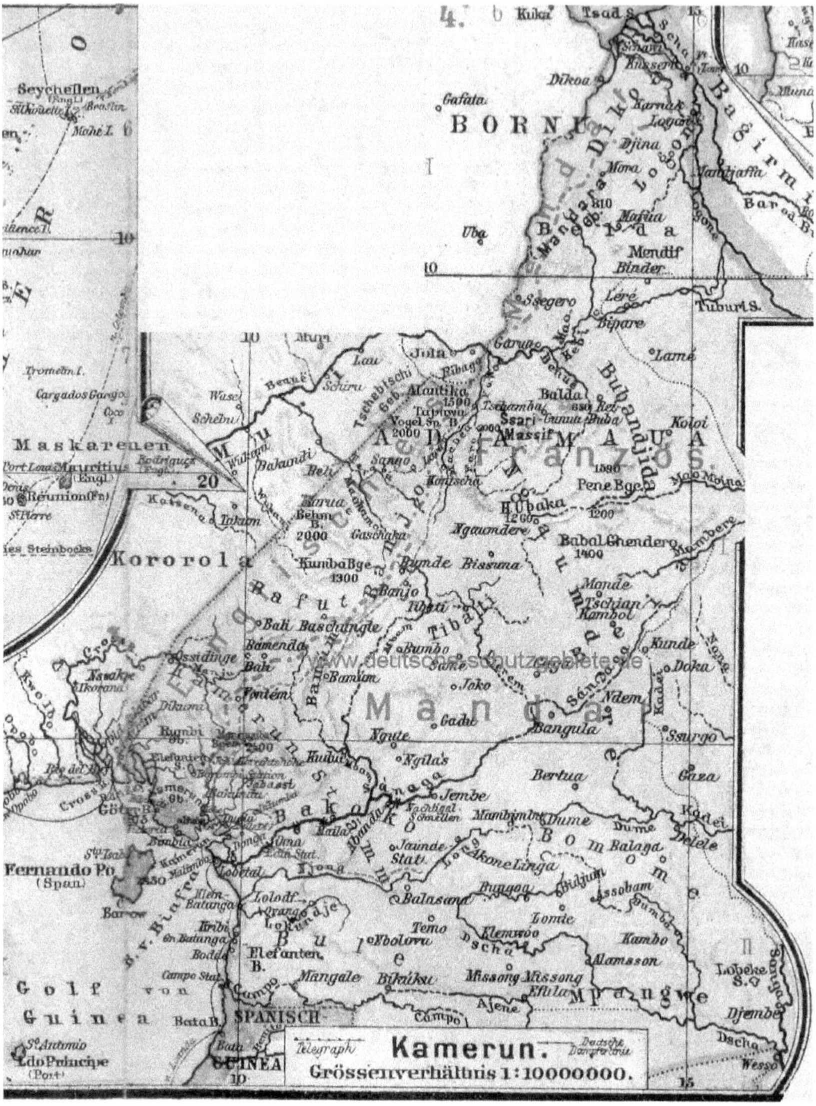

Kamerun 1919

Introduction de la mission chrétienne, de l'école allemande et de l'armée

L'Eglise baptiste à Akwa, 1910, construite dès 1900. Se situe actuellement à Akwa – Douala, au « Boulevard de la liberté », près de la Boulangerie Zepol

Source : Michael Hofmann, Deutsche Kolonialarchitektur und Siedlungen in Afrika, Michael Imhof Verlag,2013, p 66

Fondation AfricAvenir International, Bibliothèque Cheikh Anta Diop, Douala – Bonabéri

Eglise de la Mission de Bâle à Bonaduma-Douala
Source : www.deutsche-schutzgebiete.de

Das alte Schulhaus in Bonamandone.

Première Ecole allemande à Bonamandone/ Bonanjo avec le tout premier maître d'école allemand, Théodor Christaller et ses élèves/

Source: Hermann Faulhaber, *Theodor Christaller, Der erste Deutsche Reichsschullehrer in Kamerun, Leipzig, Buchhandlung für Innere Mission, 1897, p 38*

Fondation AfricAvenir International, Bibliothèque Cheikh Anta Diop, Douala – Bonabéri

Das neue Schulhaus in Bonamandone. Rechts die Küche.

Le nouveau bâtiment de l'école allemande à Bonamandone, Bonanjo, à droite la cuisine

Source: Hermann Faulhaber, *Theodor Christaller, Der erste Deutsche Reichsschullehrer in Kamerun, Leipzig, Buchhandlung für Innere Mission, 1897, p 58*

Fondation AfricAvenir International, Bibliothèque Cheikh Anta Diop, Douala – Bonabéri

Les 20 premiers policiers locaux au Cameroun entraînés par le Lieutenant Steinhausen – au centre - (1891)

et des Camerounais, encadrés par quelques officiers allemands…

Source : http://ghdi.ghi-dc.org/sub_image.cfm?image_id=1471

Dahomeschutztruppe vor dem Gouvernementsgebäude in Kamerun.
(links oben Zollverwalter Claus, rechts oben Gouverneur von Zimmer.)
In der Mitte zwischen zwei Unteroffizieren Assessor Wehlau.

L'armée allemande composée de Dahoméens devant l'immeuble du gouvernement (En haut à gauche l'administrateur des Douanes Claus et à droite le gouverneur Von Zimmer

Sources: Hermann Faulhaber, Theodor Christaller, Der erste Deutsche Reichsschullehrer in Kamerun Leipzig, Buchhandlung für Innere Mission, 1897, p 145

Fondation AfricAvenir International, Bibliothèque Cheikh Anta Diop, Douala – Bonabéri

La Schutztruppe, l'armée du protectorat au Cameroun allemand

www.deutsche-schutzgebiete.de

Un bataillon de la police au protectorat Kamerun

Source : www.deutsche-schutztruppe.de

Composition de la Schutztruppe, l'armée du protectorat au Cameroun allemand

1898 : La Schutztruppe, armée du protectorat allemand au Cameroun, est composée de :

1 Commandant, 6 Officiers, 2 médecins, 16 sous-officiers, 311 Hommes de couleur. Le corps de la police sous le commandement de militaires allemands se trouve dans les différents districts.

1912 : La Schutztruppe, armée du protectorat allemand au Cameroun, est composée de :

2 Officiers d'Etat-major, 16 colonels, 44 Lieutenants-colonels et Lieutenants, 17 officiers sanitaires, 2 Trésoriers payeurs, 10 Trésoriers-payeurs adjoints, 3 Sapeurs-pompiers supérieurs et sapeurs-pompiers, 8 armuriers, 70 sous-officiers, 28 sous-officiers sanitaires, 1550 soldats de couleur.

La Schutztruppe est divisée en 12 compagnies et 1 détachement d'artillerie

TABLE DES MATIERES

REMERCIEMENTS 11

PRINCIPALES ABRÉVIATIONS 13

SOMMAIRE 15

INTRODUCTION GÉNÉRALE 19

PREMIÈRE PARTIE

DES POLITIQUES LÉGISLATIVES INADAPTÉES AUX COUTUMES LOCALES : LA CONSTRUCTION DU MONOPOLE D'ÉTAT PAR LA MISE EN PLACE DES INSTITUTIONS EXCLUSIVES 59

TITRE 1- LE DESSAISISSEMENT INSTITUTIONNEL : LE PROCESSUS DE DÉCONSTRUCTION ET DE REMODELAGE DES INSTITUTIONS COUTUMIÈRES 61

CHAPITRE 1- L'ÉTAT COLONIAL ET L'ASSUJETTISSEMENT DES INSTITUTIONS TRADITIONNELLES 63

Section 1 : Le dessaisissement des institutions politiques 65

I. La déconstruction-reconstruction des institutions politiques traditionnelles. 65

A. Le préalable de désacralisation par l'œuvre des missionnaires et par l'idéologie : une stratégie coloniale 66

1- L'idéologie de la mission civilisatrice et le conditionnement global 66

B. Le remodelage des institutions politiques : les fondements juridiques (le traité germano-camerounais) 77

1- Les fondements du remodelage : le droit et le fait 77

2- L'incidence de la conquête de l'hinterland sur les structures traditionnelles 80

II. La déconstruction-reconstruction de la justice traditionnelle 85

A. La déconstruction de la nomenclature de la justice précoloniale 85

1- De la conception traditionnelle de la justice en Afrique noire 85

2- De la déconstruction proprement dite : éclatement des compétences, restriction des domaines, désacralisation de la figure du chef 88

B. La nouvelle configuration de la justice sous l'État colonial . 91

1- L'inféodation structurelle 91

2- L'inféodation fonctionnelle: confusion de la coutume à une simple norme empirique 95

Section 2 : Le dessaisissement des institutions sociales 97

I. Le remodelage du mariage traditionnel 97

A. Le mariage traditionnel 97

1- Typologie : union sans dot et union légitime 97

2- Processus de Constitution du mariage, portée contemporaine 100

B. La désacralisation du mariage traditionnel 102

1- Le rôle des missionnaires 102

2- Le rôle des administrations 103

II. Le dessaisissement de la communauté coutumière : la sclérose du lien social et la promotion d'une société individualiste 105

A. L'individualisation en matière immobilière 105

1- De la conception classique de la propriété immobilière 105

2- L'instauration des titres d'individualisation 110

B. En matière mobilière et contractuelle 117

1- La propriété privée mobilière 117

2- Le renouveau du lien contractuel et des obligations 119

CHAPITRE 2- LA DYNAMIQUE DE LA RECONSTRUCTION DU NOUVEL ÉTAT INDÉPENDANT 127

Section I : Le fondement de l'État-nation : l'idéologie de la construction nationale 128

I. La primeur construction de l'unité nationale 128

A. La promotion de l'idée de nation 128

1- Présentation de l'idéologie de la construction nationale 129

2- Implication matérielle de l'idéologie de la construction de la nation : Interaction unité nationale et réunification unification 132

B. Le rôle majeur de l'État, acteur prépondérant de la construction de l'unité nationale 136

1- La mobilisation des moyens juridiques 136

2- La mobilisation des moyens administratifs : la dialectique du centralisme et de la décentralisation 139

II. La logique développementaliste du jeune État-nation nouvellement indépendant 144

A. L'incapacité structurelle proclamée des coutumes à conduire au développement 144

1- Du point de vue normatif : le caractère traditionnel de la coutume, anachronisme par rapport à la société capitaliste et individualiste 144

2- Du point de vue structurel : caractère ancestral des structures, et l'inadéquation avec les exigences d'une société capitaliste 148

B. L'inscription sur agenda de la logique développementaliste 151

1- La convergence des discours politiques 152

2- La logique développementaliste et la convergence des politiques législatives 154

Section II : La conséquence logique : la poursuite des politiques coloniales, et l'inféodation des structures traditionnelles à l'administration de l'État 156

I. La matérialisation idéologique 157

A. La prétention à l'universalité de l'ordre étatique 157
1- L'État et la revendication de l'universalité 157
2- L'État et les idéaux républicains 159
B. Le positionnement paradigmatique 161
1- La confusion État, ordre juridique 161
2- La marginalisation de l'ordre juridique traditionnel et la révolte des droits informels 162
II. La matérialisation pratique 164
A. Du point de vue des structures politiques........................... 164
1- La dépolitisation 164
2- La ré-politisation 165
B. Du point de vue des structures administratives 168
1- L'inféodation statutaire 168
2- L'inféodation fonctionnelle... 172
TITRE 2- LE DESSAISISSEMENT NORMATIF : LE PROCESSUS D'ABROGATION ET DE RESTRICTION PROGRESSIVE DU CHAMP MATÉRIEL D'APPLICATION DES COUTUMES 177
CHAPITRE 1- L'ÉTAT JUGE DES COUTUMES : LA RELÉGATION DE LA COUTUME AU RANG DE SOURCE SECONDAIRE DU DROIT 179
Section 1 : Les techniques législatives de mise en « jugement des coutumes », source du droit 181
I. L'abrogation des coutumes 182
A. La notion d'abrogation 182
1- Définition de la notion 182
2- Portée de la notion.. 182
B. Les formes d'abrogation.. 184
1- L'abrogation expresse 184
2- L'abrogation tacite 186
II. La règle de l'option et le déclinatoire de compétence devant les juridictions coutumières 188
A. La règle de l'option 188

1- Genèse de la règle 188

2- Fondements législatifs et jurisprudentiels de la règle de l'option 189

B. Le déclinatoire de compétence 191

1- Fondement et signification du déclinatoire de compétence 191

2- La portée du déclinatoire de compétence 192

Section 2 : les techniques jurisprudentielles d'inféodation de la coutume comme source du droit 193

I. Taxinomie des principes de contrôle de la légalité de la coutume 193

A. Le contrôle de la légalité et de la conformité à l'ordre public 193

1- Le contrôle de la légalité 194

2- La conformité de la coutume à l'ordre public 197

B. La notion dite de la coutume évoluée 200

1- Fondement et signification 200

2- Les implications de la notion de la coutume évoluée 201

II. La problématisation du recrutement du personnel judiciaire et leur rapport à la coutume 202

A. Le personnel judiciaire permanent et la coutume : Le cas des magistrats 202

1- Du recrutement des magistrats 202

2- De l'office juridictionnel des magistrats face à la coutume. 204

B. Le personnel judiciaire occasionnel et la coutume 206

CHAPITRE 2- LA RATIONALITÉ COUTUMIÈRE EN JUGEMENT : LA RESTRICTION DU CHAMP D'APPLICATION DU DROIT PROFANE AU PROFIT DU DROIT POLITIQUE 211

Section 1 : La restriction du droit « profane » 213

I. La notion de droit profane 214

A. La signification de la notion 214

1- Une étymologie révélatrice 214
2- Une littéralité non moins révélatrice 219
B. La pratique coutumière ou pratique profane 220
1- La pratique institutionnelle 220
2- La pratique matérielle 224
II. La qualification de la norme coutumière 228
A. La classification définitionnelle 229
1- L'influence de la philosophie politique 229
2- Portée : valeur et limites de la qualification de la coutume. 230
B. La requalification statutaire et fonctionnelle 233
1- La confusion dans la qualification des fonctions politico-juridictionnelles : le cas typique du Cameroun 233
2- L'inversion des qualifications et la phagocytose de l'État la manipulation permanente du pouvoir traditionnel 235
Section 2 : La « rationalisation » des modes de production traditionnelle 239
I. Description du processus de rationalisation 239
A. La subordination des modes de production profane aux modes capitalistes 239
1- Exposé des faits 239
2- Processus de rationalisation 243
B. L'apparition des modes de gestion féodale des terres coutumières 244
1- Le préalable juridique, les réformes domaniales et foncières 245
2- La conséquence logique, l'appropriation des terres et l'apparition du salariat de type nouveau 246
II. L'absence des outils conceptuels 247
A. Les fondements de l'absence des outils conceptuels 247
1- Le point de la tradition académique 247

2- Les théories négatrices d'altérité ou théorie de l'universalisme 251
B. La matérialisation par réflexe de disqualification 253
1- La disqualification conceptuelle et idéelle : la question de la scientificité 253
2- La disqualification matérielle 256
CONCLUSION DE LA PREMIÈRE PARTIE 260

DEUXIEME PARTIE

DES POLITIQUES LÉGISLATIVES ADAPTABLES : LE PROCESSUS DE RATIONALISATION DE LA PRESCRIPTION, ET LA DYNAMIQUE DES INSTITUTIONS INCLUSIVES 263

TITRE 1- LA CRISE DU MONISME JURIDIQUE, DE L'ENDOGENISME, ET LA PERTE DES SENS PREMIERS DES COUTUMES 265

CHAPITRE 1- TAXINOMIE DES PRINCIPES PREMIERS, STRUCTURANT L'ORDRE COUTUMIER INTITUTIONNEL ..267

Section I : Les principes organisateurs 269
I. Le principe de la circulation ou du mouvement 270
A. De la circulation des biens 271
1- Les biens appropriables 271
2- Les biens insusceptibles d'appropriation 273
B. De la circulation des hommes 279
1- Circulation à l'intérieur d'un même groupe ethnique 279
2- Circulation à l'extérieur du groupe 281
II. Le principe de la multiplicité, de la démultiplication ou de la dés-essentialisation 284
A. La multiplicité organique et fonctionnelle 284
1- La multiplicité des organes 285
2- La multiplicité des fonctions 288
B. La multiplicité des coutumes matérielles 291
1- Selon le référent géographique 291
2- La multiplicité selon le révérend normatif 294

Section II : Le principe régulateur ou réparateur : principe de la solidarité de la dette 299
I. L'énoncé du principe 299
A. La solidarité entre les vivants 299
1- Le devoir d'assistance mutuelle 299
2- Le devoir de justification 302
B. La solidarité entre les vivants et les « morts » 303
1- Solidarité des vivants à l'égard des morts 304
2- Solidarité des morts à l'égard des vivants 308
II. Les implications du principe réparateur 310
A. Les implications en temps normal et en temps de crise 310
1- La dynamique communauté-individu 311
2- La protection du groupe 312
B. La destruction contemporaine du principe de la dette 316

CHAPITRE 2- MATERIALISATION DE LA CRISE DU MODELE ETATIQUE : LES CONTOURS D'UNE CRISE DES HYPOSTASES DE LA RATIONALITE JURIDIQUE 319

Section I : L'hypostase légale rationnelle : la crise de la loi 320
I. La cause du problème 320
A. Les causes liées à l'historiographie de la construction récente de l'État 320
1- Le mouvement de démocratisation 321
2- La crise de la dette et la libéralisation de l'économie 322
B. Les causes inhérentes à l'autoréférentialité du paradigme 324
1- Le paradigme et la logique binaire 324
2- Le paradigme, la circularité et l'auto validation 326
II. Les manifestations du problème : approche pratique et la survivance des droits informels comme preuve de l'affrontement des paradigmes juridiques 328
A. La survivance des droits informels 328

1- En milieu rural 328
2- En milieu urbain.. 330
B. La survivance et l'opposition des rationalités 332
1- La survivance de la rationalité coutumière 332
2- L'opposition ou conflit des rationalités 333
Section 2 : L'hypostase juridictionnelle : la crise de la justice 334
I. La construction incomplète du monopole juridictionnel de l'État 335
A. L'incomplétude d'ordre judiciaire 335
1- Les prescriptions légales 335
2- Les juridictions manquantes.. 336
B. Le délitement de la justice étatique au plan fonctionnel 338
1- Les causes de délitement 338
2- Les manifestations du délitement................................... 341
C. Les justices informelles et l'alternative juridictionnelle 343
1- La notion de justice informelle : justice populaire, justice néo-institutionnelle, justice privée protéiforme 343
2- Portée : la justice informelle, une alternative au monopole juridictionnel de l'État.. 345
TITRE 2- LA RETERRITORIALISATION DU LIEN ETAT-COUTUMES : LA PERSPECTIVE DE LA MODELISATION DES UNIONS, NORMATIVES ET INSTITUTIONNELLES....................349
CHAPITRE 1- LE PREMIER MOMENT DE MODÉLISATION : ENTRE RETERRITORIALISATION ET PROBLÉMATISATION DU NOUVEL ESPRIT SCIENTIFIQUE D'INCLUSION...............351
Section 1 : L'inclusion par le nouvel esprit pédagogique de l'entendement 353
I. Le nouvel esprit pédagogique 353
A. Le sens bachelardien de l'esprit scientifique...................... 353
1- L'exposé du sens 354
2- La portée du sens du renouvellement de l'esprit scientifique 356

B. Le renouvellement pédagogique 357
1- Du renouvellement conceptuel.. 357
2- De la redéfinition catégorielle.. 359
II. Le nouvel esprit de l'entendement 361
A. L'entendement classique 361
1- Exposé de l'entendement classique.. 361
2- Remise en cause de l'entendement classique................ 363
B. Le nouvel entendement et du ré-entendement.................... 364
1- L'entendement générique de la coutume en friche 364
2- Le ré-entendement de l'ordre juridique de l'État post-westphalien : la nécessaire inflexion de l'autorité au nom du principe de la faillibilité 367
Section 2 : L'inclusion par le nouvel esprit d'appropriation-réappropriation des obstacles 369
I. L'esprit d'appropriation des obstacles idéologiques et épistémologiques 369
A. L'appropriation des obstacles épistémologiques................ 370
1- L'essentialisation de la vision dans l'appréhension de la coutume 370
2- La place de l'erreur 372
B. L'appropriation des obstacles idéologiques 375
1- La coutume et l'appropriation de la thématique de la démocratie 375
2- La coutume et l'appropriation de la thématique des libertés et des droits de l'homme 380
II. L'esprit de réappropriation des obstacles finalistes 383
A. La place de la conception finaliste 383
1- La place de la conception finaliste dans la définition du juridique 383
2- La place de la conception finaliste dans la science du droit 384
B. La réappropriation des obstacles finalistes........................ 386

1- La finalité comme tension 387

2- La finalité comme horizon de sens 388

III. .Proposition : La consécration d'une épistémologie fondatrice dans la réarticulation des rapports entre les coutumes et de l'État 392

1- Identification des conjectures, et apport des épistémès nouvelles 393

2- Déduction : démonstration de l'apport des épistémès en redéfinition dans la résolution des conjectures accumulées 394

CHAPITRE 2- LE SECOND MOMENT DE LA MODELISATION : ENTRE RETERRITORIALISATION ET REDEFINITION DU PARADIGME JURIDIQUE EN AFRIQUE NOIRE 399

Section 1- Modélisation du nouveau paradigme du point de vue des fondations hétéronomes de l'État et des coutumes : les prémices majeures 402

I. L'État, le paradigme positif, et la tentative péremptoire..... 402

A. La question du fondement 402

1- Le fondement théologique de l'État 403

2- La récupération des idées scolastiques par la philosophie des lumières 408

B. La traduction du discours juridique : la tentative péremptoire du positivisme juridique 410

1- Source péremptoire de la juridicité 410

2- Source d'infaillibilité et affirmation de la complétude .. 413

II. Les coutumes, le paradigme égypto-nubien et le relativisme ontologique 415

A. La question du fondement : le monothéisme cosmologique ou la cosmogénèse 418

1- Fondement théologique, mythique et ontologique de la coutume 418

2- Démultiplication ontologique de l'ordre existentiel 425

B. La traduction du discours juridique : le relativisme ontologique 427

1- La dialectique de la structuration de l'ordre social pluriel et la structuration formelle du discours juridique 428

2- La faillibilité et le relativisme de l'ordre coutumier : structuration substantielle.. 429

Section 2- Modélisation de la perspective des institutions inclusives.. 433

I. L'institution du pluralisme à travers les institutions inclusives 434

A. Le postulat de la réforme ou de la fondation de l'État........ 434

1- La réforme de l'État... 434

2- La fondation de l'État 437

B. L'implication : la mise en place des institutions inclusives 441

1- La genèse des institutions organes................................ 441

2- La définition des institutions normes 446

II. Les institutions organes inclusives.................................... 452

A. La dynamique de l'inclusion des institutions organes 452

1- La dynamique des institutions coutumières.................. 452

2- La dynamique des institutions de l'État........................ 458

B. La perspective de la mise en place des institutions inclusives.. 461

1- L'inclusion du point de vue de la juxtaposition et de la verticalité... 461

2- L'inclusion d'un point de vue de la cohérence et de la totalisation 464

III. Propositions : L'apport concret des coutumes dans le processus la rationalisation de l'État : L'urgence de réhabiliter le « village africain » pour ré-territorialiser l'organisation et le fonctionnement de l'État 468

1- Proposition n°1 : la déconstruction de la logique autoritaire de type Prométhéen : vers une multi traductibilité du vivre ensemble, du juridique 471

2- Proposition n°2 : La réhabilitation du vivre ensemble communautaire, la revalorisation du modèle Épiméthéen de la coexistence 473

3- Proposition n°3 : La réarticulation de l'ordre normatif autonome sur l'ordre hétéronome : la nécessaire prise en compte de l'esprit des normes coutumières dans la construction de l'ordre global 476

CONCLUSION DEUXIEME PARTIE 481

CONCLUSION GÉNÉRALE 483

BIBLIOGRAPHIE 493

ANNEXES 529

Structures éditoriales du groupe L'Harmattan

L'Harmattan Italie
Via degli Artisti, 15
10124 Torino
harmattan.italia@gmail.com

L'Harmattan Hongrie
Kossuth l. u. 14-16.
1053 Budapest
harmattan@harmattan.hu

L'Harmattan Sénégal
10 VDN en face Mermoz
BP 45034 Dakar-Fann
senharmattan@gmail.com

L'Harmattan Cameroun
TSINGA/FECAFOOT
BP 11486 Yaoundé
inkoukam@gmail.com

L'Harmattan Burkina Faso
Achille Somé – tengnule@hotmail.fr

L'Harmattan Guinée
Almamya, rue KA 028 OKB Agency
BP 3470 Conakry
harmattanguinee@yahoo.fr

L'Harmattan RDC
185, avenue Nyangwe
Commune de Lingwala – Kinshasa
matangilamusadila@yahoo.fr

L'Harmattan Congo
219, avenue Nelson Mandela
BP 2874 Brazzaville
harmattan.congo@yahoo.fr

L'Harmattan Mali
ACI 2000 - Immeuble Mgr Jean Marie Cisse
Bureau 10
BP 145 Bamako-Mali
mali@harmattan.fr

L'Harmattan Togo
Djidjole – Lomé
Maison Amela
face EPP BATOME
ddamela@aol.com

L'Harmattan Côte d'Ivoire
Résidence Karl – Cité des Arts
Abidjan-Cocody
03 BP 1588 Abidjan
espace_harmattan.ci@hotmail.fr

Nos librairies en France

Librairie internationale
16, rue des Écoles
75005 Paris
librairie.internationale@harmattan.fr
01 40 46 79 11
www.librairieharmattan.com

Librairie des savoirs
21, rue des Écoles
75005 Paris
librairie.sh@harmattan.fr
01 46 34 13 71
www.librairieharmattansh.com

Librairie Le Lucernaire
53, rue Notre-Dame-des-Champs
75006 Paris
librairie@lucernaire.fr
01 42 22 67 13

www.ingramcontent.com/pod-product-compliance
Lightning Source LLC
LaVergne TN
LVHW011221061026
849535LV00001BA/127
9782140326936